HEYNE FILMBIBLIOTHEK

Dieses Buch gehört:
Thomas Ratjen
Franz-Stockbauerweg 21
8390 Passau
Adalbert-Stifter-Gymnasium
Kl 9d

DER KLASSISCHE AMERIKANISCHE ZEICHEN TRICKFILM

Der berühmteste Film der Welt und seine Geschichte

von LEONARD MALTIN

Deutsche Erstveröffentlichung

WILHELM HEYNE VERLAG
MÜNCHEN

Deutsche Übersetzung: Bernd Eckhardt/Claudia Walter
Redaktion: Bernd Eckhardt

Titel der amerikanischen Originalausgabe:
OF MICE AND MAGIC

Copyright © 1980 by Leonard Maltin
Published by arrangement with The New American Library, Inc., New York
Copyright © der deutschen Übersetzung 1982 by
Wilhelm Heyne Verlag, München
Umschlaggestaltung: Atelier Heinrichs & Schütz, München
Printed in Germany 1982
Druck und Verarbeitung: Ebner Ulm

ISBN 3-453-86042-X

Inhalt

Vorwort   7

1. Die Stummfilmzeit   12
2. Walt Disney   68
3. Max Fleischer   163
4. Paul Terry und die Terrytoons   238
5. Walter Lantz   297
6. Ub Iwerks   341
7. Das Van Beuren-Studio   356
8. Columbia: Charles Mintz und Screen Gems   372
9. Warner Brothers   392
10. MGM   481
11. Paramount/Famous Studios   528
12. UPA   550
13. ... und all die anderen   583

Vorwort

Ich liebe Zeichentrickfilme.
Das war schon immer so. Als Kind der Fernsehgeneration wuchs ich mit Farmer Al Falfa, Porky Pig, Mickey Mouse und Dutzenden von anderen Zeichentrickfiguren auf. Ich hatte keine Ahnung, daß sie zwanzig bis dreißig Jahre alt waren. Zumindest zu jener Zeit noch nicht. Für mich waren sie neu.
Als Heranwachsender wurde mir gesagt, daß Zeichentrickfilme eigentlich für Kinder gemacht würden, aber meine Liebe für diese Figuren und diese Filme hat sich nie verändert. Statt dessen wurde ich neugierig und wollte mehr darüber wissen: Wann waren sie entstanden, wer hatte sie geschaffen, warum waren einige Serien lustiger als die anderen und warum mußten in jedem Zeichentrickfilm von Paul Terry immer Tausende von Mäusen über den Bildschirm huschen?
Alles, was ich in den Büchereien finden konnte, waren verschiedene Bücher über Walt Disney. Umfangreiche filmgeschichtliche Bände erwähnten nur sehr wenig über den Zeichentrickfilm. Was an Platz in diesen Werken übrig geblieben war, befaßte sich mit Walt Disney und den Pionieren des experimentellen Zeichentricks (Len Lye, Lotte Reiniger, Norman McLaren und anderen).
In diesen Berichten wurde nur ganz am Rande etwas über Bugs Bunny gesagt, über seine Schöpfer fast überhaupt nichts.
Vor einigen Dekaden bestand noch eine snobistische Barriere dem Zeichentrickfilm Hollywoods gegenüber. Diese Barriere verwehrte dem Cartoon ernsthafte Anerkennung. Eine spitzfindige Unterscheidung gelangte jedoch recht bald an die Oberfläche, da man versucht war, zwischen dem Wort »Cartoon« und den Worten »animated film« Unterschiede zu sehen. Die letztere Bezeichnung wurde mit einem unabhängigen, nicht aus einem Studio erwachsenen Bemühen verbunden. Diese Art von Film erlangte durch Filmmuseen, Schulen und Publikationen Anerkennung, da man diesen Zeichentrickfilmen das Wort »künstlerisch« zugesellte.
Das lag wohl daran, daß Hollywoods Zeichentrickfilme auf kommerzieller Basis einfach zu erfolgreich waren. Aus die-

sem Grunde ließ sich mit dieser Art von Filmen, also den »Cartoons«, das Wort »künstlerisch« nicht in Einklang bringen. Vielleicht arbeitete ihre Anspruchslosigkeit gegen den Zeichentrickfilm aus Hollywood. Vielleicht lag es auch an der Tatsache, daß die Filmindustrie diese Zeichentrickfilme ignorierte (zumindest zu dem Zeitpunkt ihres Entstehens). Ihre Bitte um Anerkennung stieß von dieser Seite aus jedenfalls zeitweilig auf taube Ohren.

Erst vor einigen Jahren, als junge Leute sich von diesen Zeichentrickfilmen abwandten und sich Filmstudien mit diesen Filmen befaßten, fand der Hollywood-Zeichentrickfilm zu sich selbst. In den vergangenen fünf Jahren hat sich die Aufmerksamkeit erst wieder so recht auf die Zeichentrickfilme gelenkt, als es in den letzten fünfundzwanzig Jahren zusammen der Fall gewesen ist. Leute, die bislang den Zeichentrickfilm hinnahmen, ohne sich groß Gedanken darüber zu machen, entdeckten, welches bemerkenswerte filmische Werk dahinter steckt, so daß die großen Zeichentrickfilmer in ihrer Eigenschaft als Regisseure und Künstler zum Bereiche der *Filmemacher* gezählt wurden, weil sie wissen oder wußten, welche Potenz in ihrem Genre steckt bzw. steckte. Ihre Beherrschung filmischer Techniken wurde ihren Befähigungen zur Unterhaltung gleichgesetzt. Meine Freunde und Kollegen Joe Adamson, Mike Barrier, John Canemaker und Greg Ford waren gleichsam Pioniere innerhalb dieser »Neuen Welle« für die Anerkennung des Zeichentrickfilmes.

Aber immer noch muß eine Menge Arbeit getan werden. Als ich mich entschloß, dieses Buch zu schreiben, entdeckte ich, daß ich einem großen Berg gegenüber stand, den ich erst überwinden mußte in meiner generellen Suche nach entsprechenden Quellen. Es gab eigentlich keinerlei bekannte Quellen, an die ich mich heranwagen konnte, um die simpelsten Details über amerikanische Zeichentrickstudios in Erfahrung zu bringen. Handelszeitschriften der zwanziger, dreißiger und vierziger Jahre hatten nur sehr wenig Material anzubieten, denn Neuigkeiten aus den Studios der Zeichentrickfilmer wurden seinerzeit für nicht sonderlich wichtig erachtet. Die Zeichentrickabteilungen namhafter und großer Hollywoodstudios waren so sehr mit ihrem täglichen Kleinkram und ihren täglichen Operationen beschäftigt, daß ein Sprecher einer solchen Gesellschaft, den ich kontaktierte, schwor, er hätte gar nicht gewußt, daß in seinem Studio, innerhalb seiner Filmgesellschaft, eine Abteilung für Zeichentrickfilm bestünde bzw. bestanden hätte.

Um eine Linie in die Geschichte des Zeichentrickfilms zu bekommen, kam ich mir vor, als forschte ich nach allen möglichen Stücken von einem großen Puzzlespiel. Glücklicherweise sind viele von den bekannten und berühmten Animationsveteranen noch am Leben, und sie waren so gütig und zuvorkommend, mir ihre Erinnerungen mitzuteilen. Viele dieser Veteranen haben mir ihre Alben und Akten geöffnet und mir wertvolle Dokumente und Illustrationen zur Verfügung gestellt.

Als dieses Buch Formen annahm, entschloß ich mich, es auf den amerikanischen Zeichentrickfilm zu begrenzen, der in unsere Kinos gelangte. Dieser Tätigkeit habe ich mich so gut wie nur irgend möglich entledigt. Eine weltweite Geschichte des Zeichentrickfilms und eine Geschichte des amerikanischen Zeichentrickfilms, der von unabhängigen Leuten gemacht wurde, der von Industriefirmen gefördert wurde und der ausschließlich für das Fernsehen gestaltet wurde, das wären dann bücherlange Studien für sich selbst.

Für ihre Hilfe und den mir zugesprochenen Mut und die Aufmunterung bin ich den folgenden Personen zu tiefstem Dank verpflichtet und fühle mich in deren Schuld: Al Eugster, Dick Huemer (der leider verstarb), Shamus Culhane, Chuck Jones, Friz Freleng, I. Klein, Bob Clampett, Jack Hannah, Walter Lantz, Jack Zander, Preston Blair, Jules Engel, Michael Lah, Myron Waldman, Dick Lundy, Zack Schwartz, Phil Klein, Ray Patterson, Bill Hurtz, Ed Cullen, Emery Hawkins, Grim Natwick, Harry Love, Sid Marcus, Irv Spence, Bill Littlejohn, Dave Hilberman, Eli Bauer, Al Kouzel, Otto Messmer, Bill Hendricks, Hal Elias, Steve Bosustow, Bill Melendez, Lu Guarnier, Tissa David, Howard Bekkerman, Adrian Woolery, Howard Post, Willi Pyle, Paul Sommer und Jules Feiffer. Frühere Unterhaltungen mit Ward Kimball, Frank Thomas, Ernie Pintoff, Gene Deitch, Richard Williams und dem verstorbenen John Hubley waren ebenfalls ungeheuer hilfreich und wichtig.

Mehrere andere Personen halfen mir bei diesem Projekt und bei der Suche nach Informationen, liehen mir Material aus, besorgten mir Einblicke in Filme und Illustrationen, halfen mir bei deren Beschaffung und boten mir ihre Hilfe an: Alan Greenfield, Mark Mayerson, Will Timbes Friedwold, Gordon Berkow, William K. Everson, Ron Schwarz, Mark Langer, Leslie Cabarga, Joe Adamson, Ron und Chris Hall, Mark Kausler, David und Kathy Mruz, Gary Terry, Jeff Missine, Burt Shapiro, Ron Billen, Bob Smith, Steve Schneider, Jerry Haber, Don Krim, Seth Willenson, Charles Pavlicek und Milton Menell von der Sammlung der Select Film, George Nelson, Stanley Solson, Sue Henderson, Rita Moriarty und Hal Geer von Warner Brothers, Bill Theiss von Viacom, Bill Kently von Paramount Pictures, Gary Bordzuk und Hal Cranton von MCA-Universal, Susan Dalton und Maxine Fleckner vom Wisconsin Center of Film and Theater Research und der Stab des Department of Film vom Museum of Modern Art.

Harvey Deneroff lieh mir freundlicherweise sein Material aus, das er in Interviews mit dem verstorbenen Paul Terry und dessen Mitarbeitern Tommy Morrison und Mannie Davis gewonnen hatte.

David R. Smith von den Walt-Disney-Archiven beantwortete mir geduldig Dutzende von Fragen und stellte mir wertvolle Informationen zur Verfügung. Seine Gründlichkeit hebt alle Animationsfilmer auf eine höhere Ebene und kann anderen Filmhistorikern von Bedeutung sein.

Jan Kucik verschaffte mir Zugang zu seinem Wissen über den Zeichentrickfilm und ließ mich Einblick haben in seine Sammlung über Materialien von Animationsfilmern. Dies tat er mit großer Begeisterung.

Phil Johnson überprüfte meine Ansammlungen von Illustrationen und sorgte dafür, daß das Ganze keinen verschwommenen Eindruck beim Leser bzw. Betrachter hinterlassen kann. Außerdem sorgte er dafür, daß wichtige Illustrationen aus vielen Zeichentrickfilmen Zugang zu diesem Buch fanden.

1973 verschaffte mir Michael S. Engl die Möglichkeit, eine Klasse ins Leben zu rufen, die ich dann in der Geschichte des Zeichentrickfilms an der New School for Social Research in New York unterrichten konnte. Diese Erfahrung führte zur grundsätzlichen Arbeit an diesem Buch. Stets werde ich Mike dankbar sein für seine Güte und seine Unterstützung. Donald

Spoto hat dann die Aufgabe übernommen, die Klasse zu ermuntern und zu hegen.

In meiner Klasse traf ich Jerry Beck, dessen nimmermüde Verehrung für den Zeichentrickfilm dafür sorgte, daß er ein wertvoller Kollege in der Verfassung und Gestaltung dieses Buches wurde. Seine Emsigkeit bei der Suche nach Informationen für dieses Buch wird lediglich noch von seiner Liebe für Bosko übertroffen, die ich nicht erklären sollte.

Meine Danksagung wäre keineswegs vollständig ohne einen ganz speziellen Dank an Barry Lippman, der dieses Werk unterstützte und geduldig wartete, während ich einige trübe Tage hatte. Außerdem danke ich John Thornton und Gerry Howard, die diesem Buch zu seinem endgültigen Gelingen verhalfen.

Letztlich und zum Schluß danke ich meiner Frau, Alice, die nicht nur einige meiner Interviews vom Band aufs Papier übertrug, sondern auch den größten Teil des Manuskriptes schrieb und sich über ein Jahr lang in das Leben und Werk verschiedener Zeichentrickfilmer hineinversetzte. Ohne ihre Liebe und Unterstützung wäre dieses Buch nicht entstanden.

1. Die Stummfilmzeit

Gegen Ende der zwanziger Jahre trafen sich Zeichentrickfilmer, und es war eine große Gruppe, aus New York in New York zu einem Dinner für Winsor McCay, der von vielen Personen aus dem Kreise der Animationsfilmer zu ihrem Mentor bestimmt worden war. Wie sich I. Klein erinnerte, schlossen McCays kurze Äußerungen offen mit den wenig schmeichelhaften Worten: »Der Zeichentrickfilm sollte eine Kunstform sein, so habe ich ihn ersonnen. Aber ... was ihr Burschen damit gemacht habt, ihr habt eine Ware daraus gemacht ... keine Kunst, aber eine Ware ... eine üble Sache.«

McCay hatte nicht ganz recht. Animation war eine Ware geworden, etwas, womit man Handel trieb, aber das löschte nicht die Potenz des Zeichentrickfilms als Kunstform aus. Wie die Comics, so wurde auch der Zeichentrickfilm eine Kunstform auf populärer Basis. Was ihn in der Stummfilmzeit be-

Gertie, der Dinosaurier

hinderte, populär zu werden oder zu einer Kunstform heranzureifen, lag in der Tatsache begründet, daß wirtschaftlicher Druck und Gründe von Sparsamkeit maßgeblich daran beteiligt waren, den Zeichentrickfilm zu einem Äquivalent zum Comic strip der Zeitungen und Zeitschriften werden zu lassen. Dazu hätte er so oft wie möglich produziert werden müssen. Zeichentrickfilmer, die pro Woche einen Film herunterkurbelten, hatten sehr wenig Möglichkeit, ihr Medium zu analysieren. Außerdem hatten sie keine Zeit für Experimente oder Vervollkommnung, außer es ging um die tägliche Arbeit. Daß das Medium gegen Ende der zwanziger Jahre Fortschritte erzielte und sich weiter entwickelte und umfangreicher, größer wurde, ist nur den frühen Animatoren, ihrem Geist und ihrer Hingabe zu verdanken.

Aber Animation entwickelte sich in der Stummfilmzeit zwar recht schnell, trat aber dann auf der Stelle. Es gab keinen neuen Weg, den man beschreiten konnte, so daß lediglich der stumme, schwarz-weiße Zeichentrickgag immer in neueren Varianten zutage kam. Es schien jedenfalls keinen neuen Weg zu geben. Kreative Männer fuhren damit fort, unterhaltsame Filme auf den Markt und damit in die Kinos zu bringen, aber ein Tretmühleneffekt setzte sich fest, bis der Ton den Zeichentrickfilm aus seiner Depressionsphase herausholte.

Das führte zu einem Nachdenkprozeß. Es ist erstaunlich zu sehen, wie viele bedeutende Entwicklungen vor 1920 das Licht der Welt erblickten, obwohl der Film an sich selbst noch immer in den Kinderschuhen steckte.

Das Jahrhundert begann mit J. Stuart Blacktons *The Enchanted Drawing,* einem kurzen Film aus der Edison-Produktion, der auf den Ideen der Zeitungszeichner beruhte, die ihre Zeichnungen dem Vaudeville entlehnten und »chalk-talk« nannten (das ist »Zeichnen und Reden«): Auf einem großen Block aus Papier zeichnete Blackton das Gesicht eines Mannes mit einer Flasche und einem Glas über dessen Kopf. Dann griff er in Richtung seiner Staffelei, um Flasche und Glas anzuheben (jetzt waren sie dreidimensionale Objekte) und sich einen Drink einzugießen. Dies verärgert den gezeichneten Mann, dessen Gesichtsausdruck sich in Mißmut verändert, sobald Flasche und Glas entfernt sind.

In diesem Kurzfilm von 1900 gibt es eigentlich keine Animation, aber er bedient sich phantasievoll der Möglichkeiten

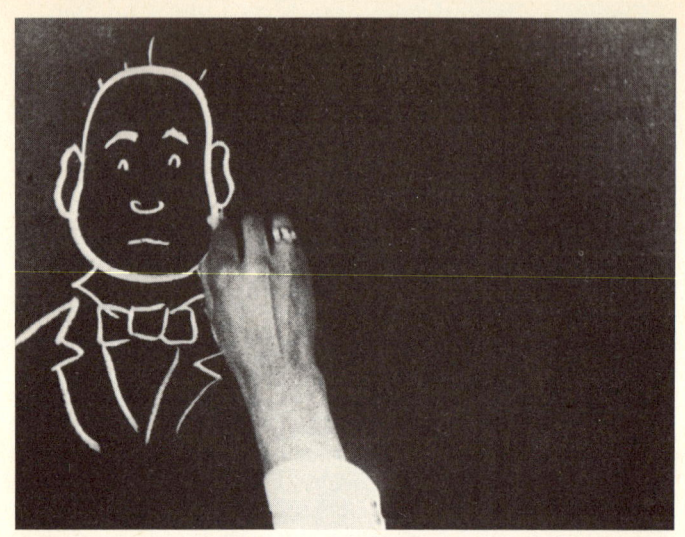

J. Stuart Blackton erweckt Zeichnungen zum Leben in ›Humorous Phases of Funny Faces‹ (1906).

des Mediums Film. Da der Film eine Sequenz aus verschiedenen individuellen Bildern war, wußte Blackton, daß man die Bewegung eines Films einfach mit Hilfe der Kamera unterbrechen konnte, angemessene Veränderungen, was Requisiten und Zeichnungen anbelangte, durchführen konnte, um dann auf andere Weise fortzufahren. Der Zuschauer eines Films, eines laufenden Bildes, gelangte damit zu der Überzeugung, daß »Sehen Glauben ist«.

Blackton führte seine Erfahrungen sechs Jahre später am Beispiel eines anderen Filmes fort, von dem viele behaupteten, er sei der erste Zeichentrickfilm: *Humorous Phases of Funny Faces* (1906). Hier werden Buchstaben, Worte und Gesichter von einer *unsichtbaren* Hand zu Leben erweckt. Das war tatsächlich »Film-Magie«.

Tatsächlich ist es der Fall, daß der Film um Jahre zurückdatiert werden kann, denn die Illusion, Zeichnungen mit Bewegung zu beseelen, hat es schon an anderer Stelle gegeben. Logisch aufeinanderfolgende Zeichnungen wurden bereits von Höhlenbewohnern angefertigt und numerierte Illustrationen haben sich auch in späteren Zivilisationen entwickelt. Die Entdeckung der »Beharrlichkeit einer Vision« im neunzehnten Jahrhundert führte zu der Erfindung solcher Geräte wie das Zoetrope, oder das »Rad des Lebens«. Dieses Gerät bestand aus einem Zylinder, der auf einer Achse gedreht wurde; auf der Innenseite der offenen Trommel wurde ein Streifen mit Zeichnungen befestigt, wobei sich jede Zeichnung ein wenig von der darauffolgenden unterschied. Die Trommel wurde mit kleinen Schlitzen perforiert, durch die dann das Auge blicken konnte, sobald der Zylinder bewegt wurde. Der Effekt des sich bewegenden Bildes wurde durch das menschliche Auge kreiert, das das vorhergehende Bild solange festhielt, bis daß das nächste Bild zum Vorschein kam. Die ununterbrochene Folge von Schlitzen wirkte wie eine Jalousie innerhalb eines Projektors. Das Zoetrope war ein direkter Vorläufer des Films, des bewegten Bildes, und diejenigen Männer, die für das Zoetrope Zeichnungen anfertigten, waren also tatsächlich die ersten Zeichentrickfilmer.

Aber das Zoetrope (ein stroboskopischer Zylinder also) und ähnliche Geräte bzw. Maschinen oder Vorrichtungen wurden mehr oder minder sehr bald als neuartiges Spielzeug abgetan, sie waren aber tatsächlich eine etwas cleverer durchdachte Version der »flip-books«*, die es zu jener Zeit ebenfalls bereits gab, und die seinerzeit sehr populär waren. Es war die Unkompliziertheit der Zeichnungen, die solche Gefühle hervorrief. Die Handlung innerhalb dieser Art von Trickfilm auf gezeichneter Basis war kurz und bündig: ein Mädchen hüpft Seil, ein Mann springt durch einen Reifen und so weiter.

Immerhin waren es solche Erfindungen, die elementare Prozeduren etablierten, woraus dann der Animationsfilm entstehen konnte. Man darf also lediglich spekulieren, daß die Gründe, einen Zeichentrickfilm so viele Jahre nach Erfindung des Films herzustellen, nur darin zu suchen sind, daß niemand bereit war, sich der gewaltigen Arbeit zu unterwerfen, die damit verbunden gewesen wäre, ein gezeichnetes laufendes Bild herzustellen. Bei sechzehn Bildern pro Sekunde benötigt man nahezu tausend Zeichnungen, um einen Zeichentrickfilm von einer Minute Länge herstellen zu können – weit entfernt also von den Anforderungen, die für ein »flip-book« ausreichend waren. Hinzu kamen die vielen technischen Fragen, und es gab niemanden, den man hätte um Rat konsultieren können.

Zwei Männer überwanden diese Hindernisse mit ihren pionierhaften Taten und produzierten Zeichentrickfilme, die man heute als Modelle für alles was nachfolgte ansehen kann. Einer von den beiden war ein Franzose, Emile Cohl, der andere ein Amerikaner, Winsor McCay.

Obwohl dieses Buch sich fast ausschließlich mit dem amerikanischen Zeichentrickfilm beschäftigt, würde es trotzdem unverständlich bleiben, die Talente und Fertigkeiten von Emile Cohl nicht zu erwähnen. Einige Jahre, noch bevor Winsor McCay seinen ersten Kurzfilm herstellte, produzierte Cohl eine ganze Reihe von Zeichentrickfilmen, die sich auf intelligente Weise den Konzepten der Bewegung, des Designs, des Humors und des Formates verschworen. Außer Ton und Farbe beinhalten sie alle Ingredienzien, die man auch in einem modernen Zeichentrickfilm wiederfindet.

Cohls komische Vignetten werden pantomimisch von einigen Strichfiguren gestaltet, die weiß vor einem schwarzen Hintergrund agieren. Die Hintergründe erscheinen und wech-

---

* *flip-books* gibt es auch heute noch. Es sind Zeichnungen, die in chronologischer Reihenfolge auf Papier erscheinen, dessen Blätter man dann möglichst schnell vor dem Auge ablaufen läßt, indem man sie vom letzten Blatt aus beginnend mit Daumen und Zeigefinger durchblättert. (A.d.Ü.)

Walt Disney untersucht ein Praxinoskop, ein naher Verwandter des Zoetrops. Bildsequenzen erscheinen im inneren Kreis des Zylinders. Dreht man den Zylinder, erhält der Betrachter in den Spiegeln im Inneren der Maschine die Illusion bewegter Bilder.

seln in Form von Metamorphose, entwickeln sich von einem Bild zum anderen in einer kontinuierlich fließenden Bewegung, als wenn ihre Linien bzw. Striche aus Lehm gebrannt wären und den Marotten des Künstlers unterlägen. Die Genialität eines Filmes wie *Drame chez les Fantoches* (1908) wirkt nur durch seinen Charme.

McCay erwähnte niemals Cohls Arbeit; es ist also nicht bekannt, ob er die Möglichkeit hatte, jene Filme zu betrachten, bevor er sich seinen eigenen Fimprojekten verschrieb.

Winsor McCay war ein Witzzeichner und Karikaturist bei der Zeitung gewesen, dessen Bemühungen während der ersten zehn Jahre dieses Jahrhunderts in umfangreichem Maße als Höhepunkte amerikanischer Zeichenkunst angesehen werden können. McCay kombinierte die Fähigkeiten eines superben zeichnerischen Gestalters mit seinen meisterhaften Fähigkeiten eines Geschichtenerzählers. Solche Comic strips wie *Little Nemo in Slumberland* und *Dreams of a Rarebit Fiend* werden heute noch gefeiert.

McCay schreibt seine Inspiration zu seinen ersten filmischen Bemühungen seinem Sohn zu, der eines Tages mit verschiedenen flip-books nach Hause kam. Auch die Arbeit von J. Stuart Blackton mag einen Einfluß auf McCay ausgeübt haben: immerhin war es Blackton, der die lebenswirklichen Bilder bzw. Sequenzen von McCays erstem Film inszenierte, dabei also Regie führte. Wie auch jedesmal der Fall lag, McCay stürzte sich in dieses Experiment mit typischem Enthusiasmus – und mit Vitalität. Fast vier Jahre lang arbeitete er an *Little Nemo*. Letztlich wurde 1911 dieser Film zum ersten Mal gezeigt. Nachdem er sich damit beschäftigt hatte, in umfangreicher Arbeit viertausend Zeichnungen anzufertigen, nahm sich McCay noch einmal die 35mm-Bilder vor, um sie von Hand zu kolorieren, um einen Überraschungseffekt bei seiner Varietévorführung zu erlangen, wo die Kurzfilme zuerst gezeigt wurden (Dieses Farbmaterial existiert noch immer).

Es gibt keine Handlung in diesem gezeichneten Film. Die Stars von McCays Comic strip erklären ihre Handlungen per Sprechblase: »Sieh zu, wir bewegen uns!«, und genau das tun sie dann auch – in einer fortlaufenden Parade von Bewegung, Verwandlung und Übertreibung.

Little Nemo fand überall Anerkennung, so daß McCay sich entschloß, einen zweiten Zeichentrickfilm in Angriff zu nehmen: *The Story of a Mosquito*. Dieser Film nahm ein Jahr Arbeit in Anspruch und bediente sich der Pyrotechnik von *Little Nemo,* um die komische Geschichte eines Moskitos zu erzählen, der auf einen betrunkenen Mann stößt. McCay schrieb später: »Während diese Filme ein großer Erfolg waren, vermuteten die Theaterbesitzer, daß ich mit Drähten einige Tricks vollführte. Erst als ich *Gertie the Dinosaur* fertig hatte, kam das Publikum dahinter, daß ich durch Zeichnungen Bewegung entstehen ließ.« Das ist zwar kaum zu glauben, aber es ist wahr. Viele Kinobesucher waren naiv und versuchten sich zunächst erst einmal an die Idee von bewegten Bildern zu gewöhnen. Infolgedessen war der Gedanke, etwas Gezeichnetes zu sehen, das dazu auch noch zu leben schien, verblüf-

›Gertie the Dinosaur‹ (1914) verschlingt eine Baumkrone.

fend – ein Dinosaurier war das Objekt einer Zeichnung. Das war schrecklich, einfach furchteinflößend. Anzeigen für *Gertie the Dinosaur* erklärten: »Sie ißt, trinkt und atmet! Sie lacht und weint! Sie lebte vor Millionen von Jahren, lange noch bevor Menschen auf dieser Erde waren, und niemand hat sie seit diesem Zeitpunkt je gesehen!«

McCay integrierte die gezeichnete Gertie in seine raffinierte Vaudeville-Vorführung, wobei er als ihr Trainer hervortrat und sie auf der Bühne neckte und herausforderte. Man sah, daß Gertie seinen Befehlen folgte, auf sein Kommando reagierte und sogar einen Kürbis verschlang, der ihr als Appetithappen in das Maul geworfen wurde. Zum Finale schien es, als würde McCay geradewegs auf die Leinwand springen, um sich dann von Gertie auf ihrem Rücken davontragen zu lassen.

Gertie the Dinosaur übte auf das Publikum einen belebenden Effekt aus. Diejenigen, die McCay nicht persönlich sehen und erleben konnten, schwelgten in der Erinnerung an einen kurzen Ausschnitt aus *Little Nemo,* worin der Zeichentrickfilmer eine Bitte zeitgenössischer Cartoon-Zeichner (darunter George McManus) entgegennahm, einen Dinosaurier zu neuem Leben zu erwecken. Dem Publikum wurde dann eine kurze Vorstellung vermittelt, wie ein solcher Film zu machen sei, mit gewaltigen Stapeln von Zeichnungen, wobei sich die nachfolgende jeweils von der vorhergehenden unterschied. Letztlich wurde dann auch noch McCays Dialog mit dem Dinosaurier in Form von Titelblättern reproduziert.

In diesem kurzen Film gab es zehntausend Zeichnungen, die alle auf Reispapier aufgetragen und auf Kartonpapier aufgeklebt worden waren. Der gesamte Film, Gertie und der Hintergrund, wurde für jedes einzelne Bild des Films noch einmal gezeichnet. McCay besorgte alle Zeichnungen von Gertie, während sein Assistent John A. Fitzsimmons den Background besorgte. Aus diesem Grunde ist auch die instabile Linienzeichnung bzw. Linienführung erklärlich, die durch den gesamten Film wackelt; trotz seiner Genauigkeit war es McCay nicht möglich, ein solches Problem zu eliminieren.

Der Künstler, der für seine Schnelligkeit und seine Genauigkeit (sprich: Präzision) bekannt war, bastelte sich eine primitive Maschine, um seinen fertigen Film bewegen zu kön-

Eine Originalanzeige für ›Gertie the Dinosaur‹ (1914). Die Anzeige versteht es, die Vorzüge der gezeigten Figur darzustellen: Winsor McCay präsentiert (mit Erlaubnis des Hearst Zeitungskonzerns) Gertie, seinen vorzüglich trainierten Dinosaurier. Gerite ist zum Schreien komisch, sie ißt, trinkt und atmet! Sie lacht und weint! Sie tanzt den Tango, beantwortet Fragen und folgt jedem Befehl! Sie lebte vor Millionen von Jahren, noch bevor je ein Mensch auf dieser Erde war und ist seitdem noch nie gesehen worden! Wenn man der Wissenschaft Glauben schenken kann, hat dieses Monster einmal diesen Planeten beherrscht. Jetzt hat man Skelette ausgegraben, die bis zu 50 Meter lang waren. Ein Elefant dürfte sich neben Gertie wie eine Maus ausmachen. Die größte Tiersensation der Welt! – Winsor McCay war der Schöpfer verschiedener Zeitungscartoons: ›Little Nemo, Dreams of a Rarebit Fiend,‹ die in den Zeitungen von Hearst erschienen.

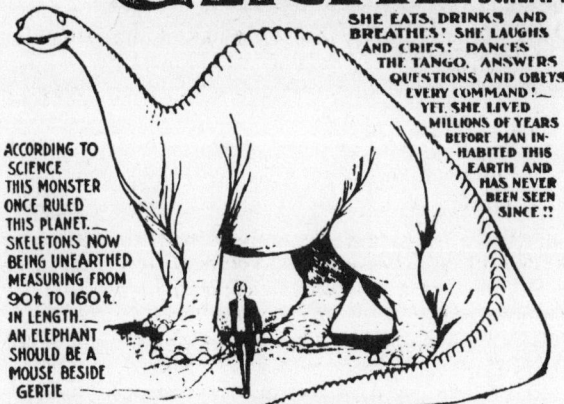

nen. Dieses Verfahren versetzte ihn in die Lage, seine eigene Arbeit einer genauen Prüfung zu unterziehen und Bilder neu zu fertigen, die er in verschiedenen Sequenzen für nicht zufriedenstellend befand.

Aber McCay hatte niemanden, der ihn hätte belehren können, was seine Zeichenkünste anbelangte. Er bewegte sich auf Neuland, und er mußte seine eigenen Maßstäbe setzen. Während Gertie eine Baumkrone pflückt, um sie zum Lunch zu verspeisen, zeichnet McCay gewissenhaft genau die Wurzeln des Baumes, die an die Oberfläche treten und verwendet auch Sorgfalt darauf, die Erdbrocken und Staubpartikel zu zeichnen, die vom Baum fallen, während Gertie die Krone des Baumes vom Stamm zu trennen versucht. McCays Gertie kaut, schluckt, trinkt, atmet, tanzt und weint und irgendwie, da diese Tätigkeiten im Vordergrund stehen, ignoriert der Betrachter die zitternden Umrisse, die verschwommene Qualität der meisten noch erhältlichen Kopien. Gertie *lebt.* Der Dinosaurier hat eine *Persönlichkeit,* und er strahlt immer noch seinen schelmischen Charme aus wie im Jahre 1914, als er sein Publikum verblüffte und für sich einnahm. Gertie ist wie ein großes Kind, verspielt und ausgelassen, ja sogar boshaft. Während Gertie von McCay gescholten wird, beginnt sie zu weinen, und sogar heutige Betrachter reagieren akustisch vernehmbar, wenn sie diese schmerzlich-komische Szene zu Gesicht bekommen.

Gertie the Dinosaur war so erfolgreich, daß die Leute vergaßen, daß es vorher schon gezeichnete Filme gegeben hatte, selbst wenn sie von McCay gewesen waren.

Viele Männer, die in der Zeit von 1915 bis 1920 damit begannen, sich dem Zeichentrickfilm zu widmen, mögen wohl von Winsor McCays Gertie-Film beeinflußt worden sein, von diesem einen Film. Man ist sogar versucht zu sagen, daß *Gertie the Dinosaur* den Grundstein gelegt hat für die gesamte Zeichentrickindustrie.

Schlimm genug, denn McCay verspürte keinerlei Wunsch, Teil dieser Industrie zu sein. Er zog es vor, seine Auftritte im Vaudeville zu vollführen, verblieb bei seinen Comic strips in den Zeitungen und verstand es, seine Filme nach seinem eigenen Geschmack und dem ihm eigenen Tempo (sprich: Marschrichtung) zu fertigen.

Alle seine Filme, die er nach *Gertie the Dinosaur* entstehen ließ, zeichnen sich auch durch seine graphische Präzision aus, die er auch seiner Arbeit für die Zeitungen angedeihen ließ. Perspektive und zeichnerische Genauigkeit waren für McCay stets von ausschlaggebender Bedeutung. Seine naturalistischen Bilder in *The Centaurs* und *The Sinking of the Lusitania* halten jedem Vergleich stand, dem man seine Filme mit denen anderer Zeichentrickfilmer innerhalb der nächsten dreißig Jahre aussetzte. Seine lebenslange Handhabung bzw. Behandlung humaner Formen, im Detail in *The Centaurs* und im Großen in *The Sinking of the Lusitania* machen heutzutage jeden Zeichentrickfilmer stolz.

Zu Anfang der zwanziger Jahre verschwand McCay langsam aber sicher ganz aus dem Zeichentrickfilm, aber voller Stolz nannte er sich »Schöpfer des Zeichentrickfilms«, und in gewisser Weise war er es auch.

Andere Künstler des Comic strips versuchten, aus McCays Erfolg für sich Kapital zu schlagen, indem sie Zeichentrickfilme fabrizierten. Henry (Hy) Mayer, ein produktiver Illustrator, Autor und zeitweiliger Herausgeber der *Puck*-Serie, zeichnete von 1913 an für Universal Weekly die Leinwand-Bildergeschichten und verpflichtete schon bald den jungen Otto Messmer als seinen Assistenten, der dann später dafür bekannt wurde, die Figur von Felix the Cat ins Leben gerufen zu haben. Außerdem arbeitete er an einer populären Serie, die in Filmzeitschriften unter dem Titel *Travelaughs* erschien. Bert Green, der zeitweilig für Mayer arbeitete, illustrierte kurze Zeichentrickfilme für die wöchentliche Wochenschau von Pathé. Und 1921 produzierte er einen ganz speziellen Kurzfilm über die Entstehung von Zeichentrickfilmen.

Rube Goldberg setzte Greens Arbeit innerhalb des Zeichentrickfilms für Pathé fort, und das mit ganz charakteristischer Inbrunst. Pathé stattete ihn mit einem lukrativen Vertrag aus, der ihn in die Lage versetzte, einen wöchentlichen Spaß für die Wochenschau herauszubringen, der den Titel *The Boob Weekly* trug. Goldberg eröffnete sein eigenes, kleines Studio, um die Filme entstehen lassen zu können und kam auch nebenher noch seinen Verpflichtungen seinen Zeitungen gegenüber nach. Die Serie war ein großer Erfolg, aber bereits nach einem Jahr war Goldberg erschöpft und mußte seine Arbeit aufgeben. Biograph Peter C. Marzio berichtete, daß Rube Goldberg 75 000 Dollar für dieses Jahr voller Arbeit erhalten hatte. Und das war eine gewaltige Summe für jene Zeit, zumal Goldberg sie auch noch für Zeichentrickfilmarbeit erhalten hatte. Wenn man diese Summe vernimmt, kann man erkennen, wie populär Goldberg zu jener Zeit gewesen war, und wie erfolgreich. Die beiden noch existierenden Filme aus seiner Serie, *Nutty News* und *Leap Year,* sind ausgesprochen ausgelassen und vergnügt. *Leap Year* erzählt die Geschichte von »Miss Ophelia Fadeout, deren Gesicht allen Kindern der Nachbarschaft Angst einflößte, die aber, nichtsdestotrotz, immer noch hofft, einen dummen Einfaltspinsel zur Heirat zu bewegen«.

George McManus, Milt Gross und Sidney Smith waren andere Zeichner von Bildergeschichten, die sich am Zeichentrickfilm versuchten, aber sie ließen das dazugehörige Interes-

In Riesenweber's Restaurant in New York zeichnet Winsor McCay seinen Dinosaurier Gertie zur Einführung für den Zeichentrickfilm vor seinen Freunden (darunter George McManus von ›Bringing Up Father‹, links sitzend).

John R. Bray's ›Colonel Heeza Liar in Africa‹ (1913).

se vermissen und blieben nicht bei der Sache. Es blieb anderen überlassen, den Zeichentrickfilm mit kommerziellem Format auszustatten und ihn in neue Gefilde zu führen.

John Randolph Bray war ein erfolgreicher Cartoonist bei der Zeitung, der sich seit 1910 dem Animationsfilm verschrieb. Bray war aber davon überzeugt, daß es einen einfacheren Weg geben mußte, einen Film entstehen zu lassen, ohne daß man ihn in seiner Gesamtheit immer und immer wieder zeichnen mußte. Er gab seine Arbeit bei der Zeitung auf, um sich diesem Problem widmen zu können und brachte einen bezaubernden Kurzfilm heraus: *The Dachshund and the Sausage* (auch unter dem Titel *The Artist's Dream* bekannt) heraus.*
Die Handlung dieses Films ist äußerst simpel: Ein Künstler wird unterbrochen, während er eine Zeichnung vollendet. Während er sich außerhalb seines Zimmers befindet, taucht ein gezeichneter Hund auf und ißt einen Teller mit Würstchen leer, die auf dem Schreibpult lagen. Der Künstler kommt zurück und traut seinen Augen nicht.

Als Bray seinen fertigen Film Charles Pathé vorführte, ge-

---
* Obwohl dieser Film von Filmhistorikern in seiner Entstehung in das Jahr 1910 verlegt wurde, wurde er jedoch von Pathé erst im Juni 1913 veröffentlicht.

fiel dieser dem Produzenten und Verleiher so sehr, daß er Bray ermutigte, weitere Zeichentrickfilme zu machen und bot ihm auch an, diese zukünftigen Filme zu verleihen. Brays zweiter Film führte sogleich einen neuen Charakter ein, den er Colonel Heeza Liar nannte und auf der Figur des Lügenbarons von Münchhausen basierte. *Colonel Heeza Liar in Africa* (1913) beginnt mit einer Strophe, die sogleich mit einer zeitkritischen Anspielung einhergeht:

>»Heeza Liar was his name,
>and Colonel was his handle.
>He roamed the desert seeking fame,
>to snuff out T. R.'s candle.«
>(»Heeza Liar war sein Name,

Illustrationen von John R. Bray's Patentanmeldung zu ›Colonel Heeza Liar in Africa‹ (Patentiert am 11. August 1914). Hier zeigt er in Form bewegter Bilder seine Methode, Cartoons zum Leben zu erwecken.

und Oberst sein, war sein Geschäft.
Er stöberte ruhmbeflissen durch die Wüste,
um T. R. das Wasser reichen zu können.«)

Hinter den Buchstaben T. R. stand tatsächlich Teddy Roosevelt, dessen Ausflüge nach Afrika in aller Munde waren, wodurch der passionierte Großwildjäger für Schlagzeilen in den Zeitungen sorgte und zu verschiedenen Spielfilmen inspirierte (Eine andere Episode aus der *Heeza-Liar*-Serie karikierte Woodrow Wilson, einen weiteren Präsidenten der Vereinigten Staaten). Der Film enthält verschiedene Eskapaden von Heeza Liar mit verschiedenen Dschungeltieren. Der gesamte Kommentar wird in gereimten Versen wiedergegeben.

Rein technisch gesehen, entspricht der Film dem damaligen

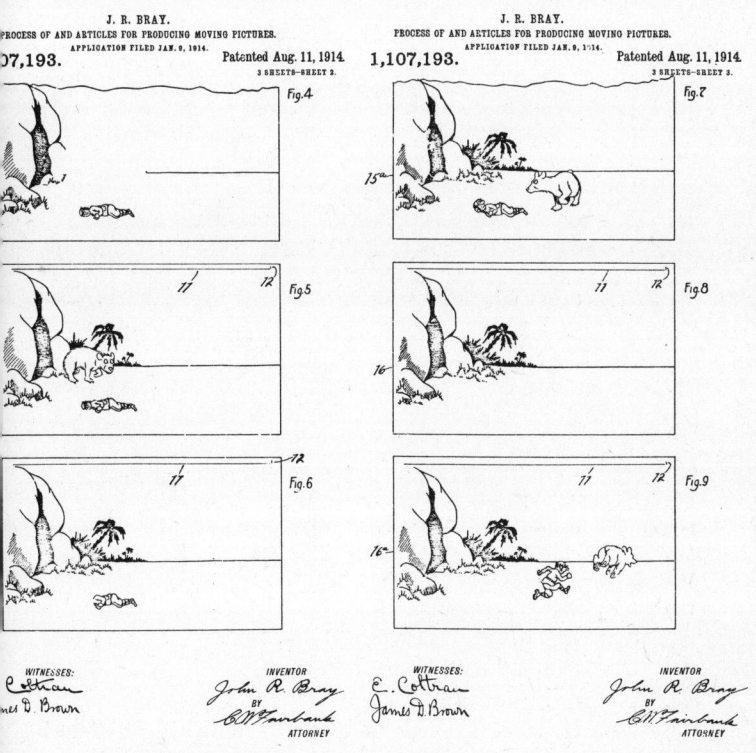

Standard. Bray versteht sich auf Perspektive und Proportionen; wenn die Figur im Kreis läuft, verbleibt Brays Zeichenkunst folgerichtig und akkurat. Bewegung ist keineswegs glatt oder geschmeidig, aber sie ist mehr als adäquat, um die simple Geschichte und die Gags voranzutreiben. Ein Mangel von sekundärer Bedeutung besteht darin, daß die Kamera immer wieder die Falten des Zeichenpapiers auffängt. Diesen Mangel haben auch andere Zeichentrickfilme der Stummfilmzeit.

Colonel Heeza Liar in Africa ist der erste Zeichentrickfilm, der aus kommerziellen Gesichtspunkten heraus veröffentlicht wurde; er war keineswegs Teil einer Vorführung innerhalb des Vaudeville noch ein einmaliger Versuch. Er stand am Anfang einer *Serie*. Und das bedeutete einen Wendepunkt in der Geschichte des Zeichentrickfilms.

Bray war auch zuständig für andere Meilensteine. Im Januar 1914 brachte er eine Erfindung hervor, die am 11. August des Jahres patentiert wurde. Es handelte sich dabei um eine im Labor auszuführende Methode, Zeichentrickfilme zu machen. Bray druckte mehrere Kopien seines Filmbackgrounds auf durchsichtiges Papier. Auf verschiedenen Blättern wurden ganz verschiedene Proportionen ausgespart. Dann legte er das Produkt auf weißes Papier und zeichnete nur den Teil der Szene aus, der der Bewegung unterlag. Die durchsichtigen Blätter wurden unter der Kamera zusammengelegt und erschienen als eine fertige Zeichnung.

Für diese Patentanmeldung bediente sich Bray seines Films *Colonel Heeza Liar in Africa,* um diese Methode illustriert zeigen zu können und erreichte damit, daß Charakter und Background in ihrer Gesamtheit wie gedruckt erschienen. Eine Ausnahme bedeutete lediglich der Kopf des Colonels, der gedreht werden konnte. Bray wollte damit erklären, daß es bedeutend einfacher war, die gesamte Figur neu zu zeichnen, als viel Zeit und Aufwand damit zu verwenden, fortlaufende Zeichnungen bzw. Bilder zu fertigen. Er hob außerdem hervor, daß er nun die Möglichkeit hatte, den gezeichneten Charakter für verschiedene Bilder und Sequenzen ausschneiden zu können, um eine bestimmte Wirkung zu erreichen.

Im Juli 1914 beantragte Bray ein zweites Patent, das ihm erst am 9. November 1915 bestätigt wurde. Hierbei ging es ihm darum, in einfacher Art und Weise einen Farbton in seine Zeichnungen mit einbringen zu können, nämlich grau, zumal seine Bilder bis dato stets in Schwarz-weiß entstanden waren. Er schrieb: »Angesichts meiner gegenwärtigen Erfindung bin ich in der Lage, verschiedenen Teilen meines Bildes unterschiedliche Farbtöne oder Schattierungen zu vermitteln, und zwar in einfacher und nicht teurer Art ... Nicht nur das Variieren der Schattierungen und Tönungen in verschiedenen Teilen des Films läßt denselben attraktiver und effektiver erscheinen, sondern bewirkt auch, daß bevorzugte Teile des Films besser zur Geltung kommen, und zur gleichen Zeit ... dämpft sie andererseits den offensichtlich hervortretenden weißen Glanz der Bilder und macht diese dem Auge des Betrachters zugänglicher. Weiterhin, wenn der Film auf der Leinwand mit schwarzen Strichen auf einem weißen Hintergrund erscheint, tauchen schwarze Kratzer durch die mehrmalige Vorführung auf und wenn der Film nicht sorgfältig behandelt wird. Angesichts meiner Erfindung bin ich in der Lage, diese Dinge augenfällig zu beseitigen, so daß der fertige Film öfter gezeigt werden kann und zufriedenstellendere Ergebnisse zeitigt.«

Die Methode, die Bray verfolgte war eine Variante seiner vorhergehenden Erfindung: Auseinandernehmen einer Szene in alle Einzelheiten, auf denen sie basierte; Veränderungen verschiedener Teile des Bildes (Figur und Background) mit Schwarz, Weiß und Grau auf der Rückseite des durchsichtigen Papiers; Herstellung von nicht mehr als fünf Lagen für eine Aufnahme. Durch den Animationsprozeß blieben einige Lagen starr, andere veränderten und bewegten sich.

Offensichtlich erforderten diese Techniken die Entwicklung moderner Systeme innerhalb des Zeichentricks. Aber Bray war es unmöglich, diesen Prozeß auf einen simplen Nenner zu bringen. Er war der Sache schon sehr nahe und erwähnte sogar bereits das Wort, das später die Zeichentrickfilm-Industrie revolutionieren sollte – allerdings lediglich als einen nachträglichen Einfall:

»Um meine Erfindung vorzutragen, muß ich sagen, daß die Bilder in jeder angemessenen Art auf verschiedenen Blättern einen solchen Grad der Durchsichtigkeit oder Transparenz erhalten, wie Farbton oder Schattierung als Unterscheidungsmerkmal es zulassen. Praktisch heißt das, daß ich Pauspapier verwende, es ist jedoch augenscheinlich, daß anderes Material einen unterschiedlichen Grad von Durchsichtigkeit besitzt und unter anderen Konditionen trotzdem sicher zu den gleichen Resultaten führt. Beispielsweise, wenn das Blatt aus einem solchen Material ist, durch das man aufgrund seiner Stärke nicht hindurchsehen kann, aber trotzdem immer noch durchscheinend ist, wenn man ein Licht in seiner Nähe aufstellt ... Das Blatt sollte möglichst nicht ganz so durchsichtig sein wie Pauspapier, beispielsweise so wie Zelluloid ...«

Zelluloid. Da haben wir das Wort, und es steht für die einzige große Veränderung im Zeichentrickfilm.

Während Bray dem Ziel schon sehr nahe kam, als er seine präzisen, wohldurchdachten und detailreichen Ideen zu Papier brachte, war es ein anderer ehemaliger Zeitungscartoo-

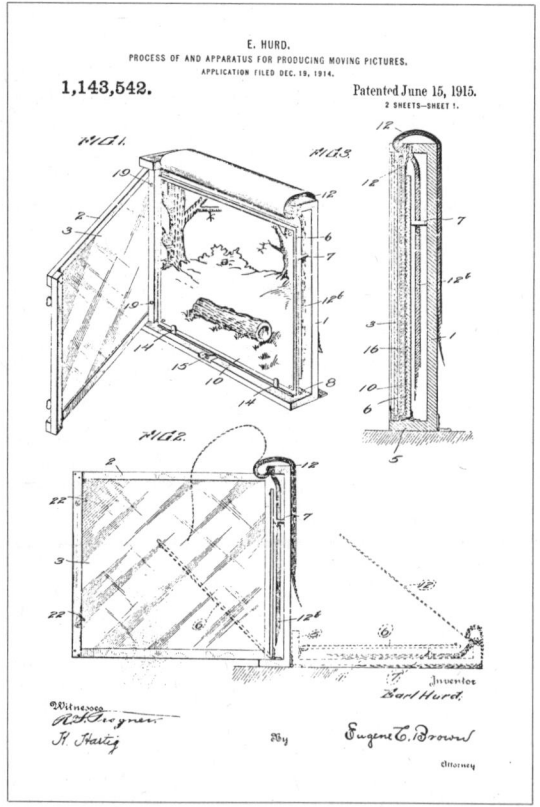

nist, Earl Hurd, der das Ei des Kolumbus fand. Am 19. Dezember meldete er ein Patent an, das noch heute für den Zeichentrickfilm seine Gültigkeit hat. Hurd beantragte, die Zeichnungen in ihrer Gesamtheit vor einem stationären Hintergrund auf das Papier zu bringen, während die Figuren (sprich: Charaktere) auf Zelluloid aufgetragen werden sollten, das man dann über die Hintergrundzeichnung legen konnte. Auf dem durchsichtigen Zelluloid sollten ebenfalls Farbunterschiede angebracht werden. »Ich glaube, ich bin der Erste, der ein oder mehrere durchsichtige Blätter mit einem Hintergrund in Verbindung gebracht hat, von wo aus man

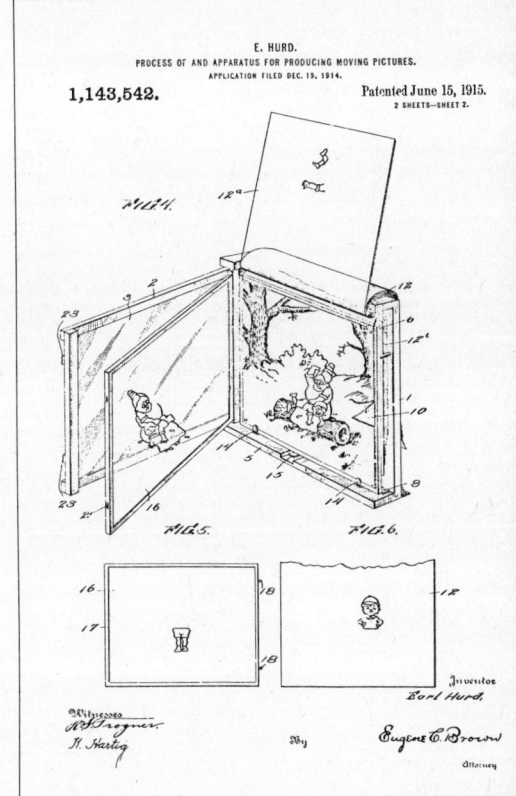

Die gezeigten Abbildungen zeigen Illustrationen einer Patentanmeldung von Earl Hurd (Patentiert am 15. Juni 1915). Hurd tritt hier als ›Inventor‹, also ›Erfinder‹ auf.

dann durch die Blätter auf einen Negativfilm hindurch fotografieren kann,« bemerkte er auf seiner Patentanmeldung. Folgendermaßen fuhr er mit seinen Erklärungen fort: »Meine Erfindung erfordert lediglich einen einzigen Hintergrund, damit man mehrere Bilder anfertigen kann, die für eine Szene erforderlich sind. Der Hintergrund zeigt alle Teile einer Szene, die nicht bewegt werden müssen und bequem ausgemalt, mit Zeichnungen versehen oder bedruckt werden können, entweder auf Karton oder anderem brauchbaren Material. Ich ziehe es vor, die Figuren auf dem Hintergrund in starken schwarzen und weißen Strichen zu zeichnen innerhalb eines mittleren dunkelgrauen Papiers, und wenn das durchsichtige Blatt, das die beweglichen Objekte enthält, über den grauegetönten Background gelegt wird, dann erscheinen die Objekte auf dem durchsichtigen Papier reliefmäßig und erhalten gewissermaßen eine Art ›Poster-Effekt‹«.

Man muß der Wichtigkeit halber erwähnen, daß auch Hurd nicht allein daran interessiert war, seine Figuren auf Zelluloid aufzutragen, sondern daß auch er – wie Bray – das Interesse mit sich führte, bei seinen Techniken Zeit zu sparen. Das Entscheidende bei Hurds Patent bestand darin, daß er verschiedene Zelluloidstreifen verwenden wollte. Das Beispiel seiner Patentanmeldung zeigt eine Frau, die ihren kleinen Sohn versohlt. Bei dieser Tätigkeit bewegen sich lediglich ihr rechter Arm und die Beine des Kindes, da diese Komponenten sich auf verschiedenen Zelluloidstreifen befinden, während ein weiterer Streifen aus Zelluloid den Körper der Frau zeigt und den Jungen, der auf ihrem Schoß liegt. Also waren es keineswegs Hanna und Barbera, die in der Fernsehära diese Art von Montagezeichnungen entdeckten, sondern es waren John Randolph Bray und Earl Hurd vierzig Jahre früher.
Ironischerweise wurde Earl Hurds Verfahren, Zelluloid und Background zueinanderzufügen, nicht sofort in die Entwicklung des Zeichentrickfilms integriert. Die meisten frühen Animatoren zogen es vor, weiterhin mit Papier zu arbeiten und sahen keinen Grund, das Verfahren zu komplizieren (so sahen sie es), indem sie ihre Zeichnungen auf Zelluloid auftrugen. Obwohl Hurds Methode durchaus Zustimmung fand, mußten jedoch noch einige Jahre bis zum Aufkommen des Tonfilms vergehen, bis man sich seiner Erfindung und seiner Idee annahm.

Schlimm genug, denn es war eine andere patentierte Methode von Bray, die sich innerhalb der frühen Zeichentrickstudios manifestierte. Diese Methode, am 30. Juli 1915 dem Patentamt eingereicht, und am 11. April 1916 patentiert, hat zur Grundlage, daß die festen, unbeweglichen Objekte auf durchsichtiges Papier gezeichnet werden und dann *über* ein Stück Papier gelegt werden, auf dem die Figuren und Objekte gezeichnet werden. Das Endresulat ergab nichts anderes, als die von Hurd vorgeschlagene und fortgeführte Prozedur (der Hintergrund, der nur einmal gezeichnet wurde), aber, wie Bray ausführte, konnte man in seiner Methode zeigen, wie Charaktere in höchst einfacher Manier und realistischer Fasson hinter irgendwelchen Objekten einhergehen konnten, weil sie »unterhalb« solcher Objekte fotografiert wurden.*

Der nächste gewaltige Schritt nach vorn kam von einer Organisation, die man als das erste volldurchorganisierte Zeichentrickstudio bezeichnen kann. Der Gründer dieses Studios war Raoul Barré, ein Kanadier französischen Ursprungs, ein Künstler, der, wie so viele Cartoonisten, die von der Zeitung her kamen, sich dem Zeichentrickfilm bereits verschrieb, als er noch in den Kinderschuhen steckte, also bereits um 1910 herum. Bereits 1912 fertigten er und Bill Nolan primitive gezeichnete Werbefilme; zwei Jahre später eröffnete Barré in der Bronx sein eigenes Studio zusammen mit Nolan. Dort kamen sie innerhalb eines Jahres auf drei Entdeckungen von entscheidender Bedeutung.

Die erste Entdeckung war das »peg system« (»Stecktafelsystem«). Bis zu diesem Zeitpunkt bedienten sich die Animatoren behelfsmäßiger Methoden, um ihre Zeichnungen zu regi-

---

* Walter Lantz erinnert sich daran, daß er sich verschiedener Varianten innerhalb dieser Entwicklung bediente, als er 1916 begann, für die Hearst International Studios zu arbeiten. Vereinfachungsgründe gab es genügend, denn die »Backgrounds« waren ungewöhnlich dünn und spärlich. »Gewöhnlich legten wir die Horizonte sehr hoch an«, erinnert sich Lantz, »und dann schnitten wir die Zeichnungen unmittelbar unter der Horizontallinie aus dem Papier heraus und benutzten diese Linie für unsere weiteren Zeichnungen. Dann, wenn wir einen Stuhl oder irgendein anderes Objekt hatten, das von der Figur im Vordergrund hin und her bewegt wurde, mußten wir den Stuhl *mit* der Figur zeichnen, wenn Bewegung erforderlich war. Das wackelte dann alles furchtbar, aber so machten wir es.« Paul Terry entwickelte eine andere Methode, die ebenfalls doppelte Aufnahmen erforderte. »Zuerst fotografierte ich den Hintergrund, dann kehrte ich den Film um und machte einen Vaterfilm und einen Mutterfilm aus ihm,« berichtete er Harvey Deneroff. Mit anderen Worten: das Matte-Verfahren. Aber Terry verwarf sehr bald diese Methode zugunsten von Earl Hurds Zelluloidverfahren.

strieren, so daß jede neue Zeichnung folgerichtig hinter der vorhergehenden erschien.

In seiner Broschüre »In Search of Raoul Barré« (1976 durch die Cinematheque Quebecoise veröffentlicht) schreibt Andre Martin:

»1914 löste Barré das Problem der Registrierung und des Formatmachens, indem er das ›peg system‹ erfand. Jede Zeichnung konnte nun automatisch und mechanisch perforiert werden. Diese Löcher bewirkten innerhalb der Blätter, daß diese auf einer Stecktafel in Reih und Glied ausgerichtet werden konnten. Auf diese Art konnten aufeinanderfolgende Phasen innerhalb des Animationsprozesses immer wieder zu Rate gezogen werden.«

Barrés nächste Entwicklung war das »slash system« (»Schlitzsystem«), eine Variante von Brays Methoden, in welcher das bemalte Papier an seinen Trennungslinien eingeschnitten wurde, damit man zwischen Background, also festem Hintergrund, und beweglichen Teilen unterscheiden konnte. Ein Charakter konnte auf dem ersten Stück Papier sich ruhig verhalten, während ein anderer Charakter sich auf den darauffolgenden Seiten zu bewegen hatte. Dieses System fand in den zwanziger Jahren bei verschiedenen Studios Anwendung.

Der letzte große Durchbruch kam von Bill Nolan, der daraufhin bald als der beste Praktiker des Zeichentrickfilms bekannt wurde. Er entdeckte, daß, wenn ein Hintergrund auf lange Blätter Papier gezeichnet wurde, dieser dann unter den Charakter passend die Illusion von horizontaler (oder auch vertikaler) Bewegung vermittelte, auch dann, wenn der Charakter sich auf der Stelle bewegte. Diese Entdeckung war von elementarer Bedeutung für die Entwicklung des Zeichentrickfilms.

Es gab da allerdings auch noch andere Ideen, Vorstellungen und Entdeckungen in den frühen Tagen des Zeichentrickfilms. Barré selbst experimentierte mit neuen Techniken, so auch mit Glas, das er über fertige Zeichnungen legte (also Spezial-Effekte im Zeichentrick). Grim Natwick, ein Veteran unter den Zeichentrickfilmern, sagt, daß einer der wichtigsten Schritte innerhalb der Animation gemacht wurde, als man »die Glasscheibe in den zwanziger Jahren über das Zeichenbrett legte. Das erleichterte das Zeichnen, denn man konnte stets die Scheibe herumdrehen, um leichter Striche und Linien an den Dingen anzubringen. Ohne mit der eigenen Hand die Sicht zu versperren, konnte man genau sehen, was man gerade tat.« Diese Neuerung wurde von dem Zeichner George Stallings eingeführt.

Aber der größte Fortschritt innerhalb der zwanziger Jahre war die Entwicklung der Animation selbst; als Kunst, als Industrie und als Stand und Beruf.

Der Zeichentrickfilm hatte sein Zentrum in den zwanziger Jahren in New York (ebenso wie die Produktion von Spielfilmen), und drei große Zeichentrickstudios etablierten sich dort: das von Raoul Barré, das von Hearst International und das von John Randolph Bray.

Barré war in New York der Erste. Er ließ sich in der Bronx nieder und stellte zwei junge Cartoonisten ein, Gregory La-Cava und Frank Moser. Ihre erste gemeinsame Arbeit war eine Serie mit dem Titel *Animated Grouch Chasers*, deren Produzent und Verleiher von 1915 bis 1916 Edison war. Diese Kurzfilme begannen mit Realfilmmaterial und gingen dann in Zeichentrick über.

Anzeige zu Raoul Barré's erster Zeichentrickserie ›The Grouch Chaser‹.

Diese Serie bedeutete einen Wendepunkt. Andre Martin schreibt:

»Die Serie *Animated Grouch Chasers* entwickelte Beispiele für logisch strukturierte Metamorphose und logisch strukturierten Nonsens und grenzte den Standard des amerikanischen Zeichentrickfilms für die nächsten dreißig Jahre ab. In *Cartoons on the Beach* verschwindet Mr. Hicks am Himmel, beschäftigt sich mit einer Wolke und breitet plötzlich Flügel aus. In *Cartoons in the Hotel* frißt eine Kuh Silas Bunkums Bart, so daß ihr umgehend ein eigener Bart wächst und sie sich in den Frisierladen begeben muß; ein Huhn frißt das Futter eines Straußes, wächst zu überdimensionaler Größe an und legt ein gewaltiges Ei, aus dem wiederum ein kleines Auto schlüpft. Es ist offensichtlich, daß Barré bewußt surreale Elemente in seine Filme mit einbringt. Die Anstandsdame eines jungen Mädchens verwandelt sich in einer Episode von *Cartoons in the Parlour* buchstäblich in einen Drachen. In *Black's Mysterious Box* tauchen aus einer Zauberschachtel zwei haarige Arme hervor, zerren den Helden in das Innere der Schachtel und grabschen nach allem, was in ihre Reichweite kommt.«

1916 entschied sich der Zeitungsgigant William Randolph Hearst, der zu jener Zeit großen Erfolg mit Comic strips hatte, die er in seinen Zeitungen erscheinen ließ, diese Cartoons auf die Leinwand zu bringen, wozu er ein Zeichentrickfilmstudio eröffnete. Er nannte seine Firma International Film Service und lockte LaCava, Moser und Bill Nolan von Barré fort. LaCava stand dem Studio vor. Da er sehr viel Arbeit hatte, übergab er von seiner Arbeit einiges an Barré, möglicherweise auf seine eigene Intervention Hearst gegenüber hin. So fertigte Barré eine ganze Anzahl von Titeln aus der *Phables*-Serie, die auf der klugen Comic-Serie von Tom E. Powers basieren.

Barrés Zusammenarbeit mit Hearst war jedoch von kurzer Dauer. Noch im gleichen Jahr griff er auf die Kräfte und das Können eines anderen Karikaturisten, Charles Bowers, zurück, der die Verfilmungsrechte von Bud Fishers populärer *Mutt and Jeff*-Serie gekauft hatte. So entstanden die ersten Kurzfilme dieser Serie. Peter Milne schrieb am 15. April 1916 in *Motion Picture News:*

»Da wir uns nun schon mal auf Erkundungspfaden bewe-

Eine aktuelle Verkaufsanzeige für die ›Mutt and Jeff‹-Zeichentrickserie aus dem Jahre 1918 von Captain Bud Fisher (Mutt sagt: Meine Herren vom Friedenskongreß – ich denke, wir sollten zunächst einmal Patagonia für Schweden annektieren, zweitens ... äh ... also ... na ja ...). Der untere Teil der Anzeige fordert die Kinobesucher auf: ›Nun verleiben auch Sie sich etwas von dem Profit ein, denn Captain Bud Fisher's Mutt and Jeff-Cartoons verhelfen Ihnen zu einem vollen Haus.‹

gen, stoßen wir auch mit Sicherheit auf *Jeff's Toothache* und *The Submarine,* die ersten beiden Zeichentrickfilme von Bud Fisher ... (Sie) sind exzellent gezeichnete Zeichentrickfilmkomödien mit lustigen Bildern und lustiger Handlung und wirklicher Handlung ... Mr. Fisher hat alle Schwierigkeiten gemeistert, denen er sich gegenüber sah, als er sich entschied, in anstrengender Arbeit für die Kamera zu zeichnen. Seine Bilder sind schnell in der Bewegung, geschmeidig in der Ausführung ohne daß sie die Augen überanstrengen und, was man im Überschwang noch hinzufügen muß, sie zeigen sogar die Figuren Mutt und Jeff, die man so gut von der Zeitung her kennt.«

Fisher, der bereits durch seine Karikaturen reich geworden war, die man in über hundert Tageszeitungen bewundern konnte, gründete mit Bowers als Leiter The Mutt and Jeff Film Company, aber bereits nach einem Jahr zog Bowers zu Barré und dessen Studio. Fishers ursprüngliche Vorstellung, die Kurzfilme auf eigene Faust in den Verleih zu bringen, führte jedoch zu der etwas praktischeren Methode, sich einer bereits etablierten Verleihfirma anzuschließen. In diesem Falle war es Fox Films.

Eine Sache, die Fisher niemals aufgab, fußte auf seinem immensen Erfolg in der Öffentlichkeit. Zu keiner Zeit brachte er die Namen Bowers oder Barré mit seinen Zeichentrickfilmen zusammen. Wenn man die immense Publicity betrachtet, die diese Serie umgab, ist es verwunderlich anzunehmen, daß Bud Fisher die gesamte Arbeit allein getan haben soll. 1919, aufgrund einer Presseveröffentlichung, in der Fisher vorgab, interviewt worden zu sein (was allerdings nicht der Fall war) sprach er von seiner erst kürzlich beendeten Europareise: »Zunächst einmal,« begann er, »bin ich mächtig froh, daß der Krieg aus ist. Ich war ganz schön beschäftigt mit den Zeichnungen für meine Filme und mußte dazu auch noch die Produktion per Telegraph dirigieren. Von meinen Reisen habe ich mächtig viele Ideen mitgebracht, so daß ich Mutt und Jeff seit meiner Rückkehr ziemlich auf Trab gebracht habe.«

Diese Mitteilung muß als Neuigkeit zu Barré, Bowers und ihrem Stab gekommen sein, die nur dann Bud Fisher im Studio zu Gesicht bekamen, wenn er nicht gerade mit seinen weitschweifigen Reisen beschäftigt war. Zeichner I. Klein erinnert sich daran, daß Fisher gelegentlich nach dem Rechten schaute und sagte: »Bei diesen Gelegenheiten traf er jedesmal mit zwei auffallenden, großen Mädchen ein, die er zur Schau stellte. Niemals jedoch mit immer denselben Mädchen. Immer waren es zwei andere. Dann schlenderte er, den Hut auf dem Kopfe, durch das Studio, die Daumen in den Ärmelausschnitten seiner Weste, während die Mädchen an seinen Ellbogen hingen. Seinen Kopf hatte er in königlicher Manier zurückgeworfen, und von seiner olympischen Höhe hatte er selten einen Blick für seine Untertanen übrig.«

Obwohl der Boss selten mit seinen »Untertanen« in Berührung geriet, brachte das Studio in den folgenden Jahren eine ganze Reihe vielversprechender Talente hervor: Dick Huemer, Burt Gillett, Mannie Davis, Ben Sharpsteen, Vladimir (Bill) Tytla, Albert Hurter, I. Klein, Ted Sears, George Rufle, Ben Harrison, Manny Gould, George Stallings und Frank Moser – jeder Name ein Eckpfeiler in der folgenden Entwicklung des Zeichentrickfilms. »Vet« Anderson, ein wohlbekannter Herausgeber von Karikaturen, stieß ebenfalls zu dem Stab und auch Milt Gross gab dort ein kurzes Gastspiel.

Die *Mutt and Jeff*-Serie war schmissig und schwungvoll, unterhaltender Zeichentrickfilm. Ihr Humor kam nicht so sehr von Bud Fisher selbst, sondern vom Barré-Bowers-Stab; grob, derb und erdhaft auf der einen Seite und ethnisch auf der anderen – von typisch New Yorker Abstammung.

Wichtiger noch war folgender Umstand, daß man den Filmen auch die Begeisterung ansah, die zur Zeit ihrer Entstehung unter den Schöpfern herrschte. Der junge Stab erhob keinerlei Anspruch, etwas mit Kunst zu tun zu haben, und, da man jede Woche einen neuen Kurzfilm herausbringen mußte, forderte dies auch entsprechendes Opfer. Aber die potentielle Weitschweifigkeit wurde auch von der Freiheit überlagert, die jedermann zum Experimentieren hatte und zum Formen und Ausleben eigener, neuer Ideen und Vorstellungen. In einem berühmten Kurzfilm, *Sound Your A,* tritt Jeff auf, um mit dem Dirigenten eines Orchesters zu sprechen, eine Standardidee der Kinos jener Tage, und geht dann dazu über, das Orchester selber zu leiten – sein Taktstock bewegt sich vollkommen exakt zu den Klängen, die das Orchester intoniert.

Ein späterer Film, *On Strike,* wurde auf enthusiastische Weise von F.C. »Wid« Gunning am 18. Januar 1920 in der Handelszeitschrift *Wid's Daily* beschrieben:

»Einmal den bekannten Weg eingeschlagen und verfolgend, entscheiden sich Mutt und Jeff in diesem Zeichentrickfilm der Fox zum Streik. Sie betrachten sich die Bequemlichkeit und den Komfort ihres Schöpfers Bud Fisher (die Rolle enthält verschiedene Einstellungen des Karikaturisten) und entschließen sich, ihre eigene Produktionsfirma zu gründen. Das wird eine Pleite, und dieses Versagen ermuntert sie, in den Schoß der Familie zurückzukehren. Die Idee ist neuartig und ungewöhnlich und das Geschenk sollte in jedem Programm gebracht werden.«

Jedermann im Studio schaute zu Albert Hurter auf, einem Schweizer Künstler, der irgendwie zum Zeichentrickfilm geraten war. »Er war der einzige, wirkliche Künstler dort,« sagte I. Klein. »Er war in Europa unterrichtet worden; er wußte einiges über die Kunst des Zeichnens. Das erste Mal, als ich von Van Gogh hörte, stand Albert Hurter dahinter. Er war ein großer Verehrer der Malerei. Seine spezielle Verehrung galt Heinrich Kley, dem deutschen Künstler der graphischen Darstellung. Seine Zeichnungen waren realistisch; wenn sie irgend etwas brauchten, das echt auszusehen hatte, übergaben sie es Hurter.« Seine berühmteste Fertigkeit innerhalb der Mutt und Jeff-Serie bestand darin, die amerikanische Flagge im Winde wehend dafür zu zeichnen; er beobachtete die Wirklichkeit und reproduzierte den Vorgang bis in das kleinste Detail. Hurter wurde später ein angesehener Sketchzeichner innerhalb des Disney-Studios.

1918 verließ Raoul Barré sein Studio und gab das Zeichentrickfilmen auf – allerdings nur für eine Weile. Es hatte Reibereien zwischen ihm und Bowers gegeben, und Geschichten machten die Runde, Barré sei verrückt geworden. Wie auch immer der Fall lag, Bowers übernahm das Studio und beaufsichtigte die entstehenden Filme, so wie Barré es vor ihm getan hatte. »Das häufigste Wort in seinen Scripts war stets ›ad lib‹ (ad libitum = Improvisation, nach Belieben weitermachen),« erinnert sich I. Klein. »Mutt tritt in die Handlung ein ... ad lib ... bedeutete, daß der Zeichner nach seinem eigenen Gutdünken irgend etwas Lustiges hinzuimprovisieren mußte. Mit anderen Worten, die Geschichten, die Handlung, bestand nur aus einer vorher bekanntgegebenen Schlagzeile, an der dann gearbeitet werden konnte. Der Witz innerhalb der einzelnen Szenen unterlag dem Witz des einzelnen Zeichners.« Als talentierter Karikaturist, gab Bowers seinen Zeichnern nur flüchtig hingeworfene Skizzen, die ihnen als Unterlage zur weiteren eigenen Arbeit dienten.

Seine Regentschaft als Studioboß war kurz. 1919 feuerte ihn Bud Fisher aus Gründen finanzieller Untauglichkeit. Aber nur sehr kurze Zeit war er untätig und arbeitslos. In weniger als einem Jahr überredete er Fisher dazu, daß er ihm Arbeit und Brot als unabhängiger Vertragsangestellter verschaffte, und zwar als Produzent der *Mutt and Jeff*-Karikaturen. In Mount Vernon, New-York, eröffnete er ein winziges Studio und stellte einige Zeichner ein, die bereits in der Bronx für ihn und Fisher gearbeitet hatten. Gegen Ende des Jahres 1921 hatte er sich entschlossen, ein neues Risiko einzugehen und stellte sein Produzentendasein ein, nur, um sich drei Jahre später erneut niederzulassen, dieses Mal in Astoria und mit einem neuen Vertrag von Fisher in der Tasche. Aber aus Astoria wurde er von einer anderen Kooperative vertrieben, die aus Zeichnern bestand, die mit Bud Fisher selbst verhandelten, um an der *Mutt and Jeff*-Serie allein arbeiten zu können. Bowers verschwand von nun an aus dem Zeichentrickfilmgeschehen für immer.

Während dieser Abenteuer hatte das ehemalige Barré-Bowers-Studio nicht aufgehört zu existieren, anfangs unter der Leitung des Zeichners Dick Friel, später dann mit Burt Gillett an der Spitze. Nachdem Bowers 1921 aus dem Geschehen um Mutt und Jeff verschwunden war, setzte Friel die Arbeit unter dem Banner der Jefferson Film Corporation fort.

Alles in allem wurden Archibald J. Mutt und Edgar Horace Jeff von mehreren verschiedenen Leuten in mehreren verschiedenen Studios gezeichnet, als jeder andere Charakter innerhalb der Geschichte des Zeichentrickfilms. Ihre andauernde Popularität hatte ihnen einen festen Platz unter den Lustbarkeiten der Lichtspielhäuser verschafft, wobei es überhaupt keine Rolle spielte, wer diese Filme produzierte, wo sie entstanden oder zu welchem Zeitpunkt die Produktion vollkommen unterbrochen war.

Das Erfinden von Charakteren innerhalb des Comic strips war das Hauptanliegen von Hearst's International Film Service, der sich 1915 entwickelt und gefestigt hatte. Hearst's King Features Syndicate besaß die Rechte an den volkstümlichen »Stars« Krazy Kat, Happy Hooligan und den Katzenjammer Kids. Es schien, daß Hearst an gezeichneten und für die Leinwand belebten Ebenbildern sehr viel lag, zumal er ihre Popularität dadurch noch vergrößern konnte – und wenn sich dabei, wenn diese Figuren auf der Leinwand erschienen, auch noch ein ansehnlicher Profit erwirtschaften ließ, dann war es um so besser. In Absprache mit Hearst durften diese Zeichentrickfilme nicht länger sein, als ein Drittel einer Filmrolle, so daß sie gemeinsam mit Hearsts allwöchentlicher Wochenschau veröffentlicht werden konnten.

Wie bereits vorher an anderer Stelle erwähnt, hatte Hearst Gregory LaCava und Frank Moser für sein Studio verpflichtet, und zwar hatte er sie von Raoul Barré fortgelockt, damit sie seiner neuen Organisation vorstehen konnten. Die Gründe für dieses (typisch) Hearstsche Verhalten lagen auf der Hand: Er brauchte Leute mit der notwendigen Erfahrung, und in den wenigen etablierten Studios gab es niemanden, den man auf diese Weise hätte umdrehen können. LaCava war ein überaus geübter und tüchtiger Karikaturist, aber seine wahren Talente lagen auf dem Gebiete der Komödie. In den zwanziger Jahren kehrte er den Zeichentrickfilmstudios den Rücken und wandte sich dem Spielfilm zu, und innerhalb kürzester Zeit zählte er zu den Spitzenregisseuren Hollywoods; man erinnert sich bestens an seine »screwball comedy« *My Man Godfrey*.

Frank Moser hatte keineswegs solche Ambitionen, aber er entwickelte eine Qualität, die bedeutend für diese frühen Jahre war. Sein Weggenosse, der Karikaturist Bert Green, seines Zeichens auch Animator und Zeichentrickfilmer, nannte ihn »den schnellsten Zeichentrickfilmer weit und breit.«

Raubzüge in andere, rivalisierende Studios auf der Suche nach neuen Talenten waren während der nächsten zwanzig Jahre an der Tagesordnung. Wenn man alle erfahrenen Zeichentrickfilmer der Vereinigten Staaten in einem U-Bahnwagen zusammenbrachte, dann konnte man gewiß sein, daß immer noch ein paar Plätze leer blieben. »Es gab keine weiteren Animatoren mehr, und das war eine Tatsache,« erklärt Grim Natwick diesen Umstand. »Und niemand bildete solche Leute aus. Aus diesem Grunde begann Walt Disney später damit, Zeichner auszubilden. Ich hatte das Glück, ein funktionierender Zeichner zu sein, und es hat Zeiten gegeben, in denen ich alle zwei Wochen irgendwelche Angebote von anderen Studios auf dem Tisch hatte und so weiter.«

Auch Natwick begann von unten, wie jeder in diesem Ge-

Krazy Kat und Ignatz Mouse in einer Szene aus ›Krazy Kat, Invalid‹ (1916), zum Leben erweckt von Leon Searl. Krazy Kat leidet an einer Ataxie, hat also Koordinationsstörungen im Bewegungsablauf, weil er vermutlich mit einer Lokomotive aneinander geraten ist.

schäft. 1916 gab es keine Senioren unter den Zeichentrickfilmern, denn das Medium war vollkommen neu und jedermann war noch in seinen Lehrjahren. Die einzigen Senioren tauchten dann auf, wenn Zeitungskarikaturisten von einigem Ansehen den Weg in die Zeichentrickfilmstudios fanden. Den Rest des Stabes in den einzelnen Studios bildeten die jungen Leute, meist jünger als Dreißig, einige davon kamen von den Kunsterziehungsschulen, andere hatten eben nur ein Faible fürs Zeichnen.

In Natwicks Fall war es so gewesen, daß er und Gregory La-Cava gemeinsam in Chicago eine Kunsterziehungsschule besucht hatten. Während LaCava sich dem neuen Medium Spielfilm verschrieb, verdiente sich Natwick einen guten Teil seines Lebensunterhaltes damit, Notenblätter und deren Umschlagseiten zu illustrieren. Als Natwick von Chicago nach

New York kam, machte er sich auf die Suche nach seinem alten Freund, der nun dem International Studio in New Yorks 729 Seventh Avenue vorstand. »Eines Tages ging ich mit La-Cava zum Essen und er sagte ›Warum versuchst du es nicht mal hiermit?‹. Es war sehr schwer für ihn, für sein Studio Künstler zu gewinnen; niemand verstand es, aus Comic strips Zeichentrickfilme zu machen. Die Leute kamen zwar, um sich umzuschauen und sahen den anderen beim Zeichnen zu. Aber als sie erfuhren, daß einer am Tage hundert Zeichnungen anfertigte, bekamen sie kalte Füße. Wir kannten uns gegenseitig recht gut, und ich hatte ihm bei Gelegenheit mal einen Stapel lustiger Zeichnungen von mir gezeigt, so daß er keine Ruhe ließ, bis ich für ein paar Wochen zu ihm kam. So fing es an – und ich blieb fünfzig Jahre.«

Unter den jüngeren Zeichnern befanden sich auch solche, die an Kursen teilgenommen hatten, aber nachdem sie nun einmal in den Studios, wie auch bei Hearst, einen ausgefüllten Tagesarbeitsplan hatten, war an Weiterbildung nicht mehr zu denken. Es fehlte die Zeit dazu. Einige der Älteren, die keinerlei ähnliche Ausbildung wie die Jüngeren hatten, schüchterten diese nicht selten ein. Shamus Culhane erinnert sich daran, als er in den zwanziger Jahren bei Harrison and Gould als Kopierer arbeitete: »Ich war ein sonderbarer Kauz. Zunächst einmal brachte ich zum Lunch Bücher mit, um darin zu lesen – furchtbar! Danach, wenn ich erwähnte, daß ich zur Kunststudentenvereinigung gehen wollte, um Unterricht als Radierer und Kupferstecher zu nehmen, zog mich einer der Zeichner beiseite und sagte ›Hör doch auf damit, den ganzen Mist zu lernen. Das macht dich doch bloß blöd.‹ Das sagte er wörtlich.«

Meistens lernten die Zeichner während der Arbeit. Walter Lantz, der später der Schöpfer von Woody Woodpecker wurde, begann im Alter von sechzehn Jahren bei Hearst, zunächst als Kameramann, später dann Kopierer und danach Zeichentrickfilmer. Er sagte: »Ich nahm mir die alten Charlie-Chaplin-Filme vor und projizierte ein Bild davon auf die Leinwand, dann zeichnete ich über Chaplins Bewegung, fügte die Zeichnungen zu einem Stapel zusammen und ließ sie durch meine Finger gleiten, um zu sehen, wie er sich bewegte. So oder ähnlich lernten viele von uns, mit dem Zeichentrick umzugehen.« Diese besondere Form von »Aktionsanalyse« wurde viele Jahre später zu einem Eckpfeiler der Kunst-Kurse in den Disneystudios.

Während Bud Fisher die Gallionsfigur, das Aushängeschild und sozusagen auch der »Schöpfer« der *Mutt and Jeff*-Serie war, zumindest was die Comic strips anbelangte, so hatten jedoch die Zeichentrickexperten bei Hearst keinerlei Beziehung bzw. Kontakt zu den Schöpfern der Hearstschen Figuren. Zu diesen Karikaturisten bei Hearst gehörten George Herriman, Rudolph Dirks und Frederick Opper. Bei Hearst wurden die Animatoren in Verbindung mit ihren Filmen auf der Leinwand namentlich genannt, damit der Eindruck entstehen sollte, bei dem Film handele es sich um eine Zusammenarbeit zwischen »Schöpfer« und Animator. Ein Beispiel für diese Verfahrensweise sieht man an dem Film *Krazy Kat and Ignatz Mouse at the Circus,* wo auf dem Titelplakat zu lesen steht – »A Cartoon by George Herriman« und darunter in kleinerem Druck – »Animated by Leon Searl«.

Herrimans brillante Comic strip-Figur *Krazy Kat* litt sehr unter den Händen der Zeichner Hearsts, die dazu angehalten wurden zu vereinfachen und aus diesem Grunde den komplizierten Zeichenstil Herrimans fortfallen ließen und fast alle Hintergründe eliminierten, um damit die Figur der vorhandenen Produktionsbasis anzupassen. Dadurch wurde auch der urspüngliche Witz der Serie verwässert. Die *Katzenjammer Kids* überstanden die Übertragung auf die Leinwand wesentlich besser als *Krazy Kat.* Hierbei konnten sich die Zeichner auf die simple Reproduktion der bekannten Figuren und ihre Charaktere konzentrieren und endlos das Thema jugendlicher Streiche variieren.

Andere Adaptationen umschlossen George McManus' *Bringing Up Father,* Tad Dorgans *Silk Hat Harry* und *Tad's Indoor Sports,* Walter Hobans *Jerry On the Job* und Jimmy Swinnertons *Little Jimmy.* T.E. Powers *Phables,* möglicherweise der ungewöhnlichste Comic strip, starb unter dem einfachen Stil des Künstlers, obwohl er oft von boshaftem, spitzbübischem Humor war. Verschiedene menschliche Schwächen werden hier illustriert, und die miniaturhaften Figuren einer griechischen Tanztruppe, die Joys (stockähnliche Weiber mit breitlächelnden Gesichtern und weiten Gewändern) und die Glooms (mit spitzen Mützen, spitzen Nasen und Spitzbärten) geben stets ihren metaphorischen Kommentar vom unteren Bildrand her zum Geschehen ab.

Rein visuell gesehen, blieben die Hearst-Zeichentrickfilme primitiv. Graue Töne waren unbekannt. Charaktere und Hintergrund wurden lediglich in dünnen Strichen angedeutet, auf Papier gezeichnet und auch kopiert. Bewegungen waren äußerst sparsam, der Dialog (in den üblichen Sprechblasen der Comic strips gehalten) war zu manchen Zeiten im Übermaß vorhanden und filmische Neuerungen gab es nur ein paar wenige. Diese Filme waren nichts mehr als »lebende Comic strips« in des Wortes wahrster Bedeutung, aber ohne graphisches Styling, das die besseren Filme des Genres so bemerkenswert machte.

Hearst schloß sein Studio im Juli 1918, aber er fuhr fort, Zeichentrickfilme, die auf den in seinen Zeitungen erscheinenden Comic strips fußten, zu finanzieren und zu lizensieren.

John Terry (Pauls Bruder, und ein früher Experimentierer mit Animation in seiner Heimatstadt San Francisco) eröffnete im New Yorker Greenwich Village ein Studio (mit Hearsts Unterstützung) und übernahm auch den größten Teil von der ehemaligen Hearst International, nämlich Gregory LaCava, Bill Nolan, Burt Gillett, Grim Natwick, Ben Sharpsteen, Walter Lantz und Jack King, um an den Zeichentrickserien *Phables, Happy Hooligan, Bringing Up Father* und *Judge Rummy* weiterarbeiten zu können.

1919 trugen noch andere Filme den Namen International Film Service und stammten aus den Bray-Studios, und schon bald produzierte auch Bray neue Zeichentrickfilme mit den Hearst-Figuren *Krazy Kat* und *Jerry*. Das kam wohl daher zustande (so wie Bray behauptete), daß Hearst Brays Patente verletzt hatte. »Wir wollten gerichtlich gegen ihn vorgehen,«

Einige der New Yorker Trickfilmzeichner in einem seltenen Moment der Entspannung. Vordere Reihe v. l. n. r.: Sammy Stimson, John Foster, George Stallings, Grim Natwick, unbekannt, Jack King, ein Büroangestellter; hintere Reihe v. l. n. r.: Bing Fuller, Joe Armstrong, Guy Gaston, Frank Sherman, Clyde (Gerry) Geronimi, Bill Nolan, Walter Lantz, unbekannt.

erklärte Bray später, »dann erkannte ich jedoch, daß er zu groß und mächtig für uns war. Er hätte uns zu einem Knoten zusammenbinden können und uns zehn oder zwölf Jahre wie Marionetten behandeln können, bis uns die Luft ausgegangen wäre. So befaßte ich mich also als Gegenleistung mit dem Verleih seiner Zeichentrickfilme ... Aber wir fanden bald heraus, daß sie nicht sonderlich erfolgreich waren. Sie waren nicht gut gemacht.«

Bray fuhr wesentlich besser damit, mit den bereits etablierten Charakteren neue Zeichentrickfilme anzufertigen. Es gibt aus dieser Zeit noch einen Zeichentrickfilm, *Krazy Kat – The Great Cheese Robbery* (unter der Regie von Vernon »George« Stallings), der zeigt, daß er den früheren Filmen aus der *Krazy Kat*-Serie gewaltig überlegen war, die von Hearst selbst produziert worden waren. Nicht nur die Technik des Filmes ist gewitzter, auch die Story ist deutlich definiert und entwickelt sich bestens. In dieser Episode klaut Ignatz Mouse ein wenig Käse; Krazy wird des Diebstahls beschuldigt, aber alles, was Ignatz weiß, ist, daß die Polizei sich bereits mit ihm beschäftigt. Sein Gewissen plagt ihn, auch wegen des verdächtigten Krazy und schon bald wird er von allen Gegenständen im Haus, der Zeitung, der Bettdecke und anderen Dingen angeklagt, denn sie weisen mit Fingern auf ihn. Dann holt er allerdings den armen Teufel trotzdem aus der Klemme. Diese Geschichte aus der *Krazy-Kat*-Serie unterscheidet sich im Wesentlichen von den früheren Episoden der Serie, wo mitunter eine echte Handlung nicht in den Vordergrund rücken konnte, weil vieles einfach mit Worten in Form von Sprechblasen abgetan wurde.

Wenn John R. Bray mit seinen Filmen sehr eigen war, so kann man ihm diese Besonderheiten durchaus zugestehen. Er hatte auch allen Grund, stolz auf seine Arbeit zu sein, denn sein Studio brachte in seiner Pionierarbeit und in der Entwicklungsphase des Zeichentrickfilms eine Reihe intelligenter und witziger Cartoons heraus. Das war in den zwanziger Jahren.

Bray war auch der erste erfolgreiche Trickfilmzeichner, der ein noch erfolgreicherer Produzent von Zeichentrickfilmen wurde. Nach dem Erfolg seiner Serie *Colonel Heeza Liar* und der Entwicklung von drei verschiedenen wichtigen Patenten und deren weiteren Verbreitung, etablierte er sich fest und verpflichtete andere Karikaturisten für sich und sein Studio.

Der erste war Earl Hurd, der nicht nur seine Talente und seine Phantasie zur Verfügung stellte, sondern auch noch dem Studio Brays sein Patent über den fachgerechten Gebrauch von Zelluloid übermittelte. Zusammen formierten sie die Bray-Hurd-Patent-Vereinigung und forderten Lizenzgebühren von allen anderen Studios, die sich ihrer Patente bedienten, und sozusagen auch den von ihnen geformten Trickfilmtechniken. (Die meisten der New Yorker Studios zeichneten in den zwanziger Jahren immer noch auf Papier und umgingen irgendwelche Tarifgebühren für die Benutzung neuer Patente, aber in den frühen dreißiger Jahren arbeitete fast jeder mit dem Material Zelluloid und zahlte bereitwillig an Bray und Hurd für die Ausbeutung ihrer Patente.)

Hurd mag wohl bestens dafür bekannt geworden sein, daß er das Material Zelluloid dem Zeichentrickfilm zuführte, aber vor 1920 sorgte er ebenso für eine bedeutsame Sache, da er sich durch seine *Bobby-Bumps*-Cartoons einen Namen gemacht hatte. Der erste Film dieser Serie entstand 1915 für die Universal, und möglicherweise führte dessen Erfolg zum Produktionsangebot von Bray. Die Filme der *Bobby Bumps*-Serie gehören zweifelsohne zu den reifsten und bestens ausgestatteten Filmen der Stummfilmzeit, möglicherweise sind sie sogar die besten Arbeiten von 1915 bis 1920. Die Filme verwenden in vollem Maße graue Farbschattierungen ebenso bei den Figuren wie auch innerhalb des Backgrounds, und das mit zufriedenstellenden Effekten. Die Zeichnungen und Bewegungen sind, wenn auch nicht fließend, so doch kraftvoll und zweckbetont. Die Figuren Bobby Bumps und sein Hund Fido sind liebenswert, und man kann von ihnen behaupten, daß sie Persönlichkeit besitzen, mehr wohl durch Dialoge, Handlung und Gesichtsausdruck als durch geistig anspruchsvolle Animation, aber Persönlichkeit haben sie alle Male. Was von besonderer Bedeutung ist, liegt in der Substanz der Filme, und deshalb können sie jedem Vergleich standhalten. Die *Bobby Bumps*-Filme von Earl Hurd haben einen Anfang, einen Mittelteil und ein Ende. Sie sind wohldurchdacht, ebenso wie ein guter Comic strip, mit herausragenden Einfällen innerhalb der Geschichte, die sie erzählen, und sie bringen stets effektvolle Überraschungen. Dazu kommt auch, daß wohldurchdachte und klug angewandte filmische Fertigkeit ihre Wirkung und Zugkraft nicht verfehlen kann.

Beispiel: *Bobby Bumps – Before and After* beginnt damit, daß Bobby eine Flasche in einer Kiste voller Küchenabfälle findet. Ungewöhnlich für die Zeichentrickfilme der damaligen Zeit ist die Tatsache, daß der Film in *Überblendungen zeigt,* daß die Flasche ein Haarwuchsmittel enthält, und das in Nah- bzw. Großaufnahmen. Bobby wendet dieses Mittel an Fido an, und der Film zeigt in Großaufnahme Fidos Hinterteil. Dazu kann man die Zeile »What Bobby Expected« (»Was Bobby erwartete«) lesen, woraufhin man sieht, wie Haare an dem Hund wachsen. Dann verkündet eine andere Schlagzeile »What Came Up« (»Was kam dabei heraus?«), und förmlich vom Körper des Hundes herab fließen die Buchstaben N-O-T-H-I-N-G (»Nichts«).

Die Handlung geht so weiter, daß Bobby seinem Vater die Flasche mit dem Haarwuchsmittel verkauft, der sich daraufhin vorstellt, wie neues Haar seinen blanken Schädel bevölkert. Er wird von Fidos Aussehen hinters Licht geführt, indem ihm zwei Hunde, ein kurzhaariger und ein langhaariger, vorgesetzt werden, die den Anschein von Fido einmal vor der Behandlung mit dem Haarwuchsmittel und einmal nachher erwecken. Während der Nacht, als Pappi schläft, kleben Bobby und Fido Federn auf seinen Kopf. Am Morgen bestraft ein wenig begeisterter Vater seinen Sohn damit, daß sein Kopfhautmassagegerät den Sohn versohlt.

Die Skala von visuellen Ideen in Hurds Repertoire ist ungewöhnlich breit. In *Bobby Bumps Sets Out to School* wird der Standpunkt des Burschen dem Schulwesen gegenüber dergestalt illustriert, daß er unter der Last überdimensionaler Schulbücher auf seinem Rücken fast zusammenbricht. Ein Dialog ist hier vollkommen überflüssig. In *Bobby Bumps Puts a Beanery on the Bum* gerät Fido in einen Kampf mit einer Katze, die ihn schlicht und ergreifend einfach mit dem Wort »Köter« betituliert. »Ich werde dafür sorgen, daß sie dieses Wort frißt,« warnt Fido, während er die Katze auffordert, das Gesagte noch einmal zu wiederholen. »Du dreckiger Köter,« schimpft die Katze daraufhin. Fido langt nach der Sprechblase mit dem Wort »Köter«, drückt sie zusammen und steckt sie der Katze in den Schlund!

Bobby Bumps Puts a Beanery on the Bum ist voller Wechselbeziehungen mit dem unsichtbaren Animator, ein Einfall, der auch später von Max Fleischer für dessen *Inkwell*-Serie

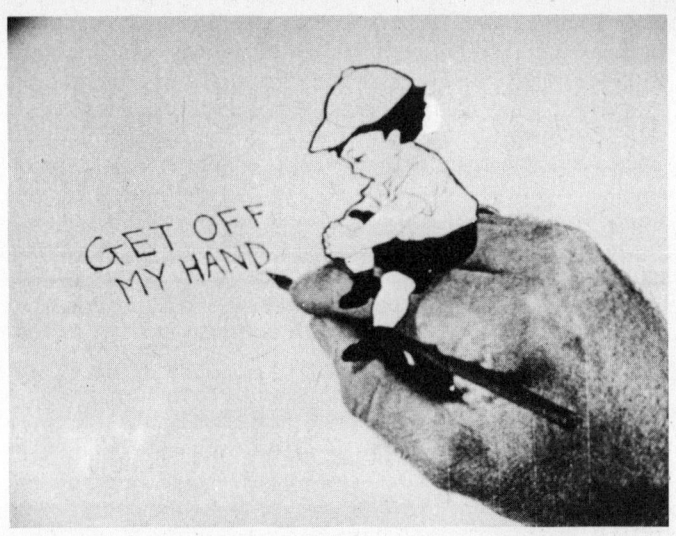

Animator Earl Hurd schreibt seinem jungen Star in ›Bobby Bumps Puts a Beanery on the Bum‹ (1918): ›Geh' von meiner Hand runter.‹

aufgegriffen wurde. Die Hand des Zeichners skizziert Bobbys Silhouette wie er auf dem Boden liegt. Bobby steht auf, und der Animator sagt: »Hut ab!« Er sagt es deshalb, damit sich die Hand zeichnerisch mit Bobbys Frisur beschäftigen kann, mit seinen Gesichtszügen und seiner Kleidung. Der Rest des Zeichentrickfilms behält diese neckische Spielerei bei und kulminiert in einem *deus ex machina,* wobei der Zeichner den Hilfeschreien von Bobby und Fido gerecht wird, ihnen eine Leiter zu zeichnen, die sie erklettern, um den Klauen eines aufgebrachten Koches entkommen zu können. Der Zeichner radiert daraufhin in einer Form an der Zeichnung, daß der Verfolger keine Möglichkeit bekommt, die Flüchtenden zu ergreifen. Zu guter Letzt überläßt der Animator Bobby noch sein Tintenfaß, damit dieser seinen Widersacher auslöschen kann.

Die Zeichentrickfilme von Earl Hurd verstanden es, einen Standard zu setzen, dem seine Kollegen nur schwerlich zu folgen vermochten. Unter den anderen Karikaturisten, die bei

Bray zu ihm stießen, befand sich auch Leighton Budd, der Schöpfer der *Lunyland*-Serie, F.M. Follett war dabei, der für seine Zeitungs-Cartoons* *Private Conscience* und *The See-See Kid* bekannt war. Follet kreierte die Serie *The Quacky Doodles Family*. Zu Earl Hurds Kollegen zählte auch Wallace Carlson, dessen Kreationen *Dreamy Dud, Otto Luck* und *Goodrich Dirt* waren, wobei, was Format und Design anbelangte, vieles der Figur *Bobby Bumps* zugute kam.

Aber Brays Entdeckungen von größerer Bedeutung für den Zeichentrickfilm der Zukunft waren Max Fleischer, Paul Terry und Walter Lantz. Alle drei arbeiteten für Bray, gingen dann ihre eigenen Wege und eröffneten ihre eigenen erfolgreichen Studios.

Mit diesen talentierten Männern unter seinen Fittichen war es Bray möglich, Verträge einzugehen, die von ihm verlangten, pro Woche einen Film zu liefern, der dann im letzten Teil des Leinwandmagazins *The Paramount-Bray Pictograph* gemeinsam mit anderen Live-Filmen pro Ausgabe über die Kinoleinwand ging. Diese Folgen waren denen von Hearst ähnlich. Jeder Künstler hatte einen Monat Zeit, um einen Film zu komplettieren, und es wurde die Zeit arbeitsmäßig so eingerichtet, daß pro Woche ein Film Brays Studio fertig verlassen konnte. Wenn einer der führenden Karikaturisten das Studio verließ (wie es Fleischer und Terry während des Ersten Weltkrieges taten), dann ergab sich die Notwendigkeit, umgehend für Ersatz zu sorgen, damit der wöchentliche Ausstoß nicht ins Schwanken geriet.

Bray operierte mit seinem Studio bereits so effektvoll wie ein modernes Zeichentrickstudio. »Wir hatten so um die dreißig bis vierzig Künstler, die in unserem Studio arbeiteten,« erinnerte er sich 1972. »Wir arbeiteten bereits nach einem System, das ungefähr so aussah: Der Original-Karikaturist machte einen Entwurf mit dem Zeichenstift. Dann übernahm sein Kollege die Blätter, um sie mit Tusche zu bearbeiten, wenigstens Teile davon. Danach trugen ein Mädchen oder ein Junge Farbe auf die Rückseite auf ... Sicher, das war alles

---

* Verschiedene Zeitungskarikaturisten unterwarfen sich den Härten und Gesetzen der Animation, während andere davon nichts hielten. Carl Anderson zeichnete Brays *Police Dog*-Serie, hatte aber wesentlich mehr Erfolg mit seinem *Henry*-Comic-strip. Louis Glackens, der Bruder des bekannten Malers William Glackens, versuchte sich auch kurze Zeit beim Zeichentrickfilm, ebenso wie der als Herausgeber von Cartoons bekannt gewordene »Vet« Anderson.

noch sehr undurchdacht, was wir da taten. Aber wir wurden immer perfekter, und schließlich gelang uns alles sehr gut, nehme ich an, und das kann man ja auch bei den meisten unserer Zeichentrickfilme sehen ...«

Bray setzte auch Maßstäbe innerhalb einer weniger formellen Tradition, als er vom Zeichenbrett den Weg zum Geschäftsführer einschlug. Nach einigen Zeichentrickfilmen aus der Serie *Colonel Heeza Liar* aus den Jahren 1914 und 1915 (durch die er anspruchslos in den Ruf kam, »der Welt größter Zeichentrickfilmer« zu sein) hörte er selbst mit dem Zeichnen auf, um sein schnell wachsendes Geschäft überblicken zu können. Eine Verpflichtung der Paramount gegenüber, von 1916 an für die wöchentlichen *Pictographs* Filmszenen, die mit Zeichentrick nichts zu tun hatten, zu produzieren, führte dazu, daß, auf Anregung von J.F. Leventhal – einem Konstruktionszeichner, der 1917 zur Paramount gestoßen war – Brays erste Schulungs- und Lehrfilme entstanden, die im Ersten Weltkrieg Verwendung fanden.

Bray war ein Mann, der Phantasie und Weitblick hatte, und der stets neue Wege ging. Als der Zeitschriftenillustrator C. Allen Gilbert zu ihm kam und ihm vorschlug, Silhouetten-Zeichentrick und Dokumentarfilmmaterial miteinander zu verbinden, unterstützte Bray ihn während dieses kurzlebigen Experimentes. Als er von einer Entwicklung hörte, die sich Brewster Color nannte, wendete er dieses Verfahren bei einem Kurzfilm an (*The Debut of Thomas Cat,* 1920), aber er wiederholte diesen Vorgang nicht noch einmal, da das Filmmaterial mit seiner doppelten Emulsionsschicht zu anfällig für Kratzer war.

Außerdem finanzierte und unterstützte er einen anderen Versuch, der in *Wid's Daily* vom 30. November 1919 beschrieben wurde:

»Drüben im Rialto zeigten sie kürzlich einen ungewöhnlichen Kurzfilm – einen Zeichentrickfilm, der auf einer Idee von Leventhal von der Bray-Organisation fußt und zeigt, wie Dr. Hugo Riesenfeld sein Orchester leitet und einen Walzer dirigiert. Das Orchester wurde bestens auf Gleichklang mit den Bildern gebracht, und das war eine große Sache, als es über die Leinwand ging. Abgesehen davon, ist der Doktor auch außerhalb von New York bestens dafür bekannt, daß außer Frage steht, wie gut er sein Orchester leitet, aber wenn man so etwas sieht, braucht man es erst gar nicht als ein Riesenfield-Kunststück anzusehen, sondern man kann den Namen seines eigenen Dirigenten darunter setzen, und die Sache läuft ...«

Brays gewaltigster Schritt vollzog sich in das Gebiet des Lehrfilms. J.F. Leventhal beeindruckte Bray mit seiner Fähigkeit, realistisch gezeichnete Bilder zu schaffen, und das führte dazu, daß der Produzent einen neuen Weg einschlug, der auf das große und unerforschte Gebiet des Bildungsfilmmarktes führte. Bray entwickelte den Prototyp des Filmstreifens und des dazugehörigen Projektors. Als der nichtentzündliche 16mm-Film vorgestellt wurde, veröffentlichte er seine ganze Wagenladung von Filmmaterial aus den *Paramount*- (und später *Goldwyn*) *Pictographs* mit ungewöhnlich großem Erfolg. Brays Lehrfilmabteilung gedieh noch lange nachdem der Markt für derlei Filme nicht mehr sehr groß war, und das Studio, das seinen Namen trägt, arbeitet heute noch.

Als Bray seine Aufmerksamkeit diesem neuen Betätigungsbereich zuwandte, hielt er Ausschau nach einem Mann, der die Befähigung mit sich brachte, die Zeichentrickfilmabteilung zu beaufsichtigen. Seine Wahl fiel auf George Stallings, der zu jener Zeit noch mit Vornamen Vernon hieß. Ein talentierter Trickfilmzeichner, stieß Stallings in einer Periode zu Bray, in der in dessen Trickfilmabteilung nicht viel getan wurde. Paul Terry hatte nach dem Ersten Weltkrieg sein eigenes Studio eröffnet. Max Fleischer war 1921 gegangen und hatte seine populäre Serie *Out of the Inkwell* mit sich genommen, während Earl Hurd zur Paramount gegangen war, allerdings auch unter Mitnahme seiner *Bobby Bumps*-Aktivitäten. Milt Gross, am Rande einer großen Karriere als Zeitungskarikaturist, machte 1920 für Bray einige Filme, darunter einen für ihn ganz typischen mit dem Titel *Frenchy Discovers America*, ging aber nach einer kurzen Zeit auch seiner eigenen Wege. Neue Einfälle waren selten; bei *Krazy Kat* und *Jerry on the Job* war die Luft raus, und in Ermangelung besserer Ideen wurde *Colonel Heeza Liar* wieder aus der Mottenkiste hervorgezogen.

Dann wurde Stallings durch einen ehrgeizigen jungen Trickzeichner namens Walter Lantz ausgetauscht. Lantz war voller frischer Ideen, und die Produkte des Studios verbesserten sich. Sein *Dinky Doodles,* dessen Filme Live-Material mit

Zeichentrickmaterial kombinierten, entfachten wieder neues Interesse, wie es einige Jahre vorher Max Fleischers *Out of the Inkwell*-Serie getan hatte. Lantz ließ die Serien *Unnatural History* und *Hot Dog* mit Pete the Pup folgen, beide mit ähnlich großem Erfolg. Unter dem Stab bei Bray befand sich ebenfalls zu jener Zeit ein harter Kern von Zeichnern, die nur zehn Jahre später die Wege des Walt-Disney-Studios entscheidend mitbestimmten: Jack King, David Hand, Clyde »Gerry« Geronimi, und, in der Lehrfilmabteilung Cy Young und Alec Geiss.

Ein anderer junger Mann, der seine Karriere als Trickfilmzeichner in den zwanziger Jahren bei Bray begann, war Shamus Culhane, der sich an einige der maßgeblichen Probleme jener Zeit erinnert: »Das Zelluloid damals war eine Katastrophe. In erster Linie bestand es aus Nitrat. Es war verwunderlich, wie die Leute damals mit dem verdammten Zeug umgingen. Warum wir nicht alle in die Luft geflogen sind, ist mir heute noch ein Rätsel.« Keiner machte sich jemals Gedanken darüber, mit brennender Zigarette über dem Material zu arbeiten, obwohl jedermann wußte, daß das Zelluloid äußerst feuergefährlich war.

»Das größte Problem war die Tusche,« fährt Culhane fort. »Man arbeitete den ganzen Tag, um eine Einstellung fertig zu bekommen, ständig mit einem Stapel von Zeichnungen vor sich, die bereits auf Zelluloid übertragen waren. Das Wetter änderte sich hier sehr schnell und plötzlich, nachdem man morgens aufgewacht war, war es glühend heiß. Ich rannte dann hinunter in das Studio, und alle hingen bereits wieder über ihren Zeichnungen. Oder im Winter drehten sie die Heizungen im Studio samstags und sonntags ab, so daß es sehr, sehr kalt wurde. Man kam am Morgen ins Studio, nahm sich ein paar Zelluloidstreifen zur Hand, und die ganze Farbe fiel auf den Tisch. Sie war rissig geworden. Das sah alles schrecklich aus, und man mußte die Farbe vollkommen herunter kratzen und die ganze Arbeit noch einmal von vorn beginnen. Wir machten alles Mögliche und versuchten sogar, Maismehl auf das Zelluloid zu streuen, um zu sehen, ob es wohl die Feuchtigkeit absorbieren würde. Manchmal gelang es, meistens jedoch nicht. Das ging einem ganz schön auf den Wecker; überall war man mit Maismehl bestreut, und auch die Zeichnungen waren voller Mehl. Das waren vielleicht Arbeitsbedingungen ...«

Aber schließlich schloß Bray plötzlich im Jahre 1927 sein Studio. Der Markt für Zeichentrickfilme war unbeständig, und nachdem er seinen Verleihvertrag mit Goldwyn verloren hatte, gingen die Einnahmen rapide zurück. Bray fuhr jedoch damit fort, Lehrfilme herzustellen und die Trickzeichner mußten sich nach anderer Arbeit umsehen.

Brays Studio war das letzte Studio aus der Zeit von 1910 bis 1920, das zu den größeren gehörte und seine Pforten schloß. Hearsts International Film Service hatte die zweite Dekade des Jahrhunderts nicht überlebt ebenso wie Barrés Studio, obwohl dessen Nachfolger noch Anfang der zwanziger Jahre ihre Arbeit dort fortsetzten. Es waren Fleischer und Terry, Brays Schüler, die in den zwanziger Jahren New Yorks erfolgreichsten Zeichentrickfilmstudios vorstanden, und die noch viele zukünftige Jahre überlebten. Hinzu kamen andere Trickzeichner, Pat Sullivan beispielsweise, und mit ihm, Terry und Fleischer bildete sich ein Triumvirat in der Zeichentrickfilmindustrie, das die restlichen Jahre der Stummfilmzeit beherrschte.

Sullivan, in Australien geboren, hatte ein buntes Leben hinter sich, bevor er eine ständige Anstellung als Zeitungskarikaturist gefunden hatte, und zwar bereits in den USA. Als Assistent des populären William F. Marriner, übernahm er dessen Comic strips, als Marriner 1914 bei einem Brand ums Leben kam. Umgehend machte Sullivan aus einem Comic strip, *Sambo and his Funny Noises,* eine Zeichentrickfilmserie mit dem Titel *Sammy* (oder *Sammie*) *Johnsin*. Das war 1916.

Sullivan fotografierte seine Arbeit im Universal Studio in Fort Lee, New Jersey, wo er einen jungen Künstler namens Otto Messmer kennenlernte, der gerade damit beschäftigt war, die grundsätzlichen Regeln des Zeichentricks zu erlernen. Messmer ging mit Sullivan nach New York, um für ihn zu arbeiten, und, mit Ausnahme von Messmer's Aktivitäten im Ersten Weltkrieg, blieben die beiden bis zu Sullivans Tod beisammen.

Ihre Zusammenarbeit vollzog sich enger als jede andere Zusammenarbeit zwischen Vorgesetzten und Angestellten. Als Messmer sich ein meisterliches Können aneignete, ließ ihm Sullivan mehr Freiheit bei seinen Filmen. Das führte dann so weit, daß Messmer mit einigen Assistenten die ganze Arbeit besorgte. Sullivan zeichnete niemals mehr auch nur einen Strich, profitierte aber mit seinem Namen voll und ganz von der Tätigkeit Messmers.

Neben *Sammie Johnsin* produzierte Sullivan eine Reihe von Filmen, worin er Charlie Chaplin für den Zeichentrickfilm zeichnete, von der Otto Messmer sagte, daß sie dem Schauspieler gefallen hätte. Diese Serie vermittelte Messmer die Möglichkeit, Chaplins Pantomime und seine Bewegungen zu studieren, was sein zukünftiges Werk grundlegend beeinflußte. Eine andere Serie Sullivans trug den Titel *Boomer Bill*. Aber Messmer ist am stolzesten auf einen Kurzfilm mit dem Titel *20.000 Laughs Under the Sea,* der zunächst einmal titelmäßig auf einen Spielfilm der Universal zurückgeht und dann natürlich auch auf die Erzählung *20.000 Meilen unter dem Meer* von Jules Verne.

1919 verließ John R. Bray die Paramount, um seine Filme durch Goldwyn verleihen zu lassen und drängte die Paramount dadurch in eine andere Richtung, denn sie hatte ja in ihrem wöchentlichen Kinomagazin stets Zeichentrickfilme mit veröffentlicht. Eine Gruppe von Trickfilmern unter der Führung von Paul Terry kümmerte sich nun um das wöchentliche Trickfilmprogramm der Paramount, aber John King, ein Produzent der Paramount, berief sich auch auf die Mitarbeit von Pat Sullivan.

Otto Messmer erinnert sich an einen wichtigen Augenblick in der Geschichte des Zeichentrickfilms: »Das Studio hatte sehr viel Arbeit, da bat mich Sullivan, in meiner Freizeit zu Hause mal schnell einen Film zu zeichnen. Ich entledigte mich sehr schnell der Aufgabe und zeichnete eine schwarze Katze, die von einer Maus an der Nase herumgeführt wird. In diese Geschichte brachte ich eine Menge von bildlichen Gags mit hinein. Paramount gefiel das, und die Gesellschaft lockte mit einem Vertrag für ihr *Paramount Screen Magazine*. Der Film wurde ein voller Erfolg bei den Zuschauern. Ich schrieb ihn und zeichnete ihn allein mit einigen Mitarbeitern des Studios. Die Beliebtheit dieser schwarzen Katze stieg ständig an, und als Forderungen nach weiteren Folgen immer häufiger kamen, stellte mir Sullivan weitere Zeichner zur Verfügung, damit sie mir zu unterschiedlichen Zeiten zur Hand gehen konnten.«

Der Name Felix stammte von John King, der den Kontrast

zwischen »Felix« und »Felicity« mochte (Felicity = glücklicher Einfall), hinzu kam der ganze Aberglaube, der schwarzen Katzen anhängt. Messmer hatte Felix schwarz gezeichnet, da er sich dadurch eine ganze Menge Arbeit ersparte, denn »viele Linien und andere zeichnerische Dinge fielen dabei weg, und ein fester Körper in Schwarz bewegt sich besser«.

Messmer erinnert sich daran, daß der Name der ersten Folge *Feline Follies* hieß, die aus dem Jahre 1919 stammt, und daß die zweite Folge den Titel *Musical News* erhielt, nachdem die schwarze Katze (oder vielmehr der schwarze Kater) endlich seinen Namen Felix bekommen hatte (bei uns: *Felix der Kater*). Der Entwurf des Charakters unterschied sich wesentlich von dem Aussehen, das Felix in späteren Jahren bekam. John Canemaker beschrieb diese frühe Version von Felix mit den Worten »eckiger Hund«.

Eckig oder nicht, für Sullivan war Felix erfolgreich genug, um sich auszubreiten. Gegen Ende des Jahres 1921 verließ er die Paramount und unterzeichnete einen Vertrag mit M.J. (Margaret) Winkler, die die Filme weltweit verlieh. Sullivan verpflichtete sich, monatlich einen Film zu liefern, und der erste Kurzfilm, der an M.J. Winkler ausgeliefert wurde (Anfang 1922), trug den Titel *Felix Saves the Day*. Arg genug, denn dieser Film ist Otto Messmers Favorit unter den Filmen dieser Serie, nicht so wegen seiner Handlung (in der Felix als Maskottchen der New Yorker Yankees agiert, und zwar als Glücksbringer im wahrsten Sinne des Wortes), sondern mehr aus der Tatsache heraus, daß er ihn fast ausschließlich allein zeichnete.

The Five Senses as Interpreted

Sullivan war ein listiger Mann der Show, und er tat alles, um seine neue Figur populär zu machen (und dadurch natürlich auch seinen eigenen Namen). Schon bald entdeckte er, daß Felix eigentlich in England populärer als in den Vereinigten Staaten war, und sein Ruhm stieg stetig von Jahr zu Jahr. Handelswaren mit dem Emblem von Felix kamen auf den Markt, so daß Sullivan (wie Disney zehn Jahre später) ständige Einnahmen hatte, als er Lizenzen vergab, durch die die Figur von Felix anderweitig vermarktet werden konnte. Später kam dann noch eine Comic-strip-Serie hinzu, die Messmer lange Jahre zeichnete.

Als die Serie weiter produziert wurde, machte Messmer eine Entdeckung von Bedeutung: »Ich fand heraus, daß ich die größten Lacher produzieren konnte lediglich durch eine Geste der Figur – ein Augenzwinkern oder ein Wedeln mit dem Schwanz – mehr noch, als durch einen witzigen Einfall.« Darin lag der Schlüssel zum Erfolg von *Felix the Cat*. Die Geschichten waren durch die Bank gut und die Gags geistreich und witzig, aber die Entwicklung einer spezifischen *Persönlichkeit* gab den Ausschlag, daß Felix die bekannteste Figur der stummen Trickfilmzeit wurde.

Felix hatte ein Gedächtnis, und er benutzte es, um heil jede Geschichte zu überstehen. Aus diesen Grundlagen kam das Markenzeichen der Serie: der tiefsinnige, nachdenkliche Gang von Felix, wobei er den Kopf sinnierend gebeugt hielt und die Hände auf dem Rücken zusammenfaltete sowie seine besondere Fähigkeit, seinen Schwanz den Erfordernissen der Situation anpassen zu können – ein Ruder, wenn gerudert

Eine Werbeanzeige aus dem Jahre 1921 zeigt einen noch ganz jungen Felix the Cat von Pat Sullivan: die fünf Sinne, wie Felix sie sieht – Sehen, Hören, Riechen, Schmekken und Fühlen.

werden mußte, einen Baseballschläger, wenn Baseball gespielt werden mußte, ein Angelhaken, wenn es darum ging, Fische aus dem Wasser zu holen, ein Teleskop, wenn Entfernungen überbrückt werden mußten. Diese Talente ergänzten sich ungemein mit der Tatsache, daß Felix ständige Ausflüge in wirklichkeitsfremde Gefilde unternahm: Er konnte in ein Telephon hüpfen und sich durch die Leitung zwängen, er konnte mit Hilfe von Fragezeichen, die seinem Kopf entströmten, tiefe Abgründe überwinden; auch wenn er sich selbst in einen Koffer verwandelte, um das Reisegeld per Bahn zu sparen, dann nahm man ihm das ab.

Felix wurde oft als der Charlie Chaplin unter den Zeichentrickfiguren bezeichnet. Mark Langer schrieb: »Wie Chaplin, so ist auch Felix ein Einzelgänger, ein Einsamer, in einer feindseligen und sehr interesselosen Welt, der Klugheit und Wendigkeit mit einem Touch von Verderbtheit verbindet, um zu überleben.« In dem Streifen *Felix in Hollywood* macht der Kater seinen Weg durch die Filmstudios und versucht einen Produzenten dadurch zu beeindrucken, daß er Charlie Chaplin imitiert, indem er seinen Schwanz als Spazierstöckchen benutzt. Wem sollte er wohl schon in die Arme laufen, als Chaplin selber, der ihn anschnauzt und sagt: »Klaust mir meine Tricks, was?«

Das schnelle und scharfsinnige Denkvermögen von Felix zwang Otto Messmer dazu, fortwährend clevere Ideen für Handlung und Gags zu ersinnen. Nicht alles war für die Figur gut genug, ein sicheres Zeichen dafür, daß die Persönlichkeit von Felix Wurzeln geschlagen hatte. Ist die Episode mit Chaplin keß und unverschämt, sie stammt aus dem Jahre 1923, so erhält Felix in späteren Folgen seinen monatlichen Gehaltsscheck von Pat Sullivan in *Whys and Otherwise,* nimmt er seine Kinder nur deshalb mit ins Kino, damit sie sehen können, daß »Daddy« auf der Leinwand ist *(Flim Flam Films)* oder redet mit seinem Animator in *Comicalamities.*

Wenn Messmer berichtet, welche Formel der Figur von Felix zum Erfolg verhalf, so ist das entwaffnend einfach: »Ich setzte Akzente für die Persönlichkeit von Felix, indem ich seine Augen und seine Gesichtszüge bewegte und begann jeden Film mit einem besonderen Thema, das das Interesse des Zuschauers wachrief.« Dieses einfache Credo, durch eine unbegrenzte Fantasie hervorgerufen, bewirkte, daß Felix sich sei-

Felix in seiner Blütezeit: eine Originalzeichnung auf Papier aus einem Kurzfilm des Jahres 1926.

nen Weg durch mehrere hundert Abenteuer bahnte, so daß auch Sullivan seinen jährlichen Ausstoß von *Felix the Cat*-Filmen von zwölf auf sechsundzwanzig erhöhte.

Zu diesem Zeitpunkt hatte Messmer einige Helfer. Während er bis dato alles in eigener Regie gemacht hatte (Geschichten schreiben, Regie führen und auch Zeichnen, und das fast bei jedem Film), stieß 1923 Bill Nolan zum Sullivan-Stab, den er als »einen Superzeichner, der eine Menge Klasse in die Felix-Filme brachte« bezeichnete. Nolans legendäre Geschwindigkeit spielte dabei auch eine nicht unwesentliche Rolle.

Unter den anderen Männern, die zu jener Zeit zu dem noch winzigen Studio von Pat Sullivan stießen, waren auch Harold (Hal) Walker, Dana Parker und ein Trio, bestehend aus jungen Männern, die aus der simplen Beschäftigung von »Ausmalern« zu Trickfilmern der dreißiger Jahre wurden: Al Eugster, Rudy Zamora und George Cannata.

Als Nolan das Studio 1925 verließ, um seine eigenen Zeichentrickfilme mit *Krazy Kat* zu produzieren, wurde er von einem Mann ersetzt, der zu Otto Messmers Idolen gehörte: Raoul Barré. »Er war ein Genie unter den Trickzeichnern und jahrelang aus dem Rennen gewesen, hatte Ölgemälde gemacht und große, kunstvolle Poster für eine Werbeagentur,« erinnert sich Messmer. »Es war schon eine Sensation, daß dieser Mann mit mir an *Felix the Cat* arbeitete. Er besaß große Begabung in der Erfindung von witzigen Einfällen und trickreichen Effekten, die die Geschichte um Felix bereicherten, die ich entworfen hatte. Ich vermißte ihn, als er so um 1927 herum das Studio wieder verließ.«

Barré war der Schöpfer eines großen Vokabulars gewesen, dessen er sich ständig bedienen konnte, denn er brachte seine Erfahrungen aus seinem eigenen Studio mit. Jetzt war er wieder in sein Metier eingetreten und entwickelte einige herrliche Ideen für die Serie. Andre Martin zitiert die bemerkenswerten »betrunkenen Blumen« aus *Two Lip Time* (eine Verballhornung von »Tulip Time«, nämlich »Tulpenzeit«) und die verzerrte Kameralinse aus *Felix Busts a Bubble* als zwei Sequenzen, die von Raoul Barré stammen.

Die Zeichentrickfilme aus der Felix-Serie der späten zwanziger Jahre sind bemerkenswert intelligent, was Witz und Filmtechnik anbelangt. Abgesehen von dem Handicap, keine Stimme zu haben, ist Felix trotzdem von dem Flair umgeben, eine bemerkenswertere »Persönlichkeit« zu sein als jeder spätere Zeichentrick-Star nach ihm. Sein wohldurchdachtes Design war es nicht allein, was ihn bemerkenswert erscheinen ließ, aber die großen weißen Flächen um Augen und Mund sind geeignete Schaufenster, um seine Ausdrucksfähigkeit zur Geltung kommen zu lassen, und das auf die bestmöglichste Art und Weise.

Max und Dave Fleischer schufen einiges an bemerkenswertem Zusammenspiel zwischen ihrer Figur *Koko the Clown* und dem Trickzeichner an seinem Zeichenbrett, und Jahre später machte Chuck Jones eine definitive Aussage über das kurzlebige Naturell von Zeichentrickfiguren in seinem Film *Duck Amuck,* aber keiner dieser Zeichentrickfilme kommt an die Brillanz des Felix-Films *Comicalamities* aus dem Jahre 1928 heran. Hier vergaßen seine Schöpfer, sein Äußeres mit Schwarz auszufüllen, so daß Felix selber Hand anlegt, indem er sich mit Schuhcreme schwärzt und in seinen ursprünglichen Zustand versetzt. Als der Regisseur den Film mit einer Großaufnahme der Iris beenden will, hält Felix den Film an und läßt verlauten: »Dieser Film ist noch nicht zu Ende, weil eine lange Einstellung fehlt.« Für sein eigenes Finale ergreift sich

Felix einen Radiergummi und verändert das Gesicht einer hausbackenen Katze so, daß aus ihr eine aufreizende Katze wird. Eine Liebesromanze erwartend, fährt er plötzlich zurück, als die Katze ihn abblitzen läßt. Im Gegensatz zu seinem Helden Charlie Chaplin läßt er sich nicht zum Narren halten, sondern er greift nach der gezeichneten Katzendame und zerreißt sie!

Die Beweglichkeit und die Ausstrahlung dieser Zeichentrickfilme blieb von der Kritik nicht vollends unbemerkt. 1929

Zeichentrickfilmer Pat Sullivan (ganz links) posiert für ein Werbefoto (1925). Rechts von ihm die Männer, die die Felix-Zeichentrickfilme in Wirklichkeit fertigten: Otto Messmer, Raoul Barré, Dana Parker, Hal Walker, Al Eugster, Jack Boyle, George Cannata, Tom Byrne und Kameramann Alfred Thurber. Aus diesen zehn Personen bestand zu jener Zeit das gesamte Studiopersonal.

sang Creighton Peet in *The New Republic* ein Loblied auf den Zeichentrickfilm.

»Wenn es um ›pures Kino‹, ›visuellen Einfluß‹, ›grafische Präsentation‹, ›die Freiheit des Mediums Film‹ und all die anderen Dinge geht, über die der ausländische Filmenthusiast spricht, nichts, was Jannings oder Lubitsch oder Murnau oder Greta Garbo oder Rin Tin Tin tun könnten, dann sollte man sich mal eine Rolle Zelluloid ansehen, die Felix the Cat oder andere gezeichnete Charaktere präsentiert...«

»In drei Dimensionen auf der Leinwand wild hin und her schwankend (oder vielleicht in vier oder fünf, ich weiß nicht), am entferntesten Punkt der Plausibilität dahinschlitternd, steht die kleine schwarze Zeichentrickkatze unverzagt den Fakten des Lebens gegenüber, die ein mehr substantielles Katzentier aus Haaren und Krallen verunsichern würde. Fröhlich, auf unerhörte Art, macht sie Klimmzüge im leeren Raum, hievt sie sich hoch in eine Welt aus zahllosen, elastischen Dimensionen uneingeschränkter Möglichkeiten, in der jeder Baum und Stein nicht nur ein potentielles Leben hat, sondern auch alle menschlichen Gefühle ...«

In den kommenden Jahren wurden die Zeichentrickfilme sorgfältiger und kunstvoller gemacht – mit Farbe, Ton und zunehmend intellektuellerer Animation. Aber nur wenige, einige nur, hatten die Fähigkeiten, den Glanz und die Lebenskraft von Felix erneut in ihr Werk einfließen zu lassen.

Unglücklicherweise erlebte Felix das Aufkommen des Tonfilms, die Tonfilmära überhaupt, nicht. Pat Sullivan ließ sich von den Möglichkeiten des Tons und des Tonfilms nicht beeindrucken, und hatte überhaupt kein Interesse daran, Geld in etwas zu stecken, von dem er nicht überzeugt war. Das Ergebnis lag auf der Hand: Innerhalb eines Jahres sank die Popularität von Felix, dem Kater, und er war veraltet. Sullivans Alkoholismus und seine schwindende Gesundheit nach dem Tode seiner Frau, die bei einem Unfall ums Leben gekommen war, machten es äußerst schwierig, mit ihm irgendein ernstes bzw. ernsthaftes Wort über Geschäfte zu wechseln, und als er 1933 starb, waren seine Geschäfte so in Unordnung geraten, daß weder Messmer oder ein anderer aus dem Sullivan-Stab eine Möglichkeit sah, mit dem bisher Erreichten fortzufahren. Felix erfuhr durch das Van-Beuren-Studio im Jahre 1935 eine kurzzeitige Wiedergeburt, aber bereits nach einigen Filmen hauchte er endgültig innerhalb des Zeichentrickfilms sein Leben aus. Die nächsten fünfundzwanzig Jahre begegnete man der Figur lediglich noch auf den Witzseiten der Zeitungen und Zeitschriften, und das war so etwas wie eine Verbannung.

Otto Messmer selbst trennte sich vom Zeichentrickfilm, als Sullivans Studio zusammenklappte, und lediglich Mitte der vierziger Jahre kehrte er kurz zu den Famous Studios zurück, um dort als Geschichtenerfinder seine Arbeit zu verrichten. Es dauerte noch bis zum Jahre 1967, bis er von offizieller Seite Anerkennung für seine Pionierarbeit mit Felix und innerhalb des Zeichentrickfilms erhielt, und in den darauffolgenden Jahren versuchten verschiedene Institutionen und Filmenthusiasten, diesem Meister und Schöpfer lebendigen Zeichentrickfilms die erforderliche Huldigung angedeihen zu lassen, nachdem er mehr als ein halbes Menschenalter der Vergessenheit preisgegeben war.

Für die anderen Zeichentrickfilmer der Stummfilmzeit veränderte sich die Welt nunmehr zu Ausgang der zwanziger Jahre. Zum einen gab es mittlerweile, nicht in New York aber in Kalifornien, einen neuen Namen, mit dem man sich zu messen hatte: Walt Disney. Er und der größte Teil seines Stabes waren aus Kansas City gekommen, wo ihr größtes Vorbild Paul Terrys *Aesop's Fables* gewesen waren und ein Handbuch über Zeichentrick, das Edward Lutz 1920 verfaßt hatte. Jetzt forcierten und entwickelten sie einen neuen, flüssigeren Stil beim Zeichentrick, der einige New Yorker aufhorchen ließ. Walter Lantz und Bill Nolan ließen sich ebenfalls in Kalifornien nieder, und nach und nach wanderten alle nach Westen, die mit Zeichentrickfilmen zu tun hatten. Zum ersten Mal arbeiteten junge Leute auf diesem Betätigungsfeld, die nicht mehr der New Yorker Zeitungswelt entstammten.

Dann trieb Disney seine Mitbewerber in die Produktion von Tonfilmen, denn er hatte *Steamboat Willie* gemacht, einen Film, der ein Meilenstein war, zumal auch Mickey Mouse sich zum ersten Mal des gesprochenen Wortes bediente. Viele der New Yorker Zeichentrickfilmer fuhren damit fort, ihre stummen Filme zu veröffentlichen, zwar mit Tonspuren, die Musik und Toneffekte enthielten, wie sie es bis zum Jahre 1929 getan hatten, aber 1930 war es keine Frage mehr, daß der Zeichentrickfilm nur noch leben konnte, wenn aus ihm ein Zeichentrick-Tonfilm wurde.

Für einige Leute war das Aufkommen des Tons die Rettung für den Zeichentrickfilm, dem sie sonst einen schleichenden Tod prophezeit hätten. Der Ton eröffnete neue Aussichten und rief äußerste Disziplin hervor, in Gefilden, in denen bereits das Chaos geherrscht hatte.

Einige Leute des Spielfilms fanden, lange bevor der Ton eine Realität geworden war, daß der Ton für den Zeichentrickfilm ein ideales Zubehör gewesen wäre. F.C. »Wid« Gunning schrieb 1919:

»Wenn man das alles überarbeiten würde, dieses alte, knurrende Zeugs, synchron in die Handlung mit dem Zeichentrickfilm bringen würde, das würde mächtig helfen. Und dazu all die anderen Klamotten wie das Summen von Moskitos, das wirbelnde Lachen des Wirbelsturmes, das Hühnergegacker und das alles, das würde helfen. Das würde sogar sehr helfen, als eigentlich nur das Kunststück zu vollbringen, den Film einfach ›nur laufen zu lassen‹.«

Es handelte sich genau um diese Art von Effekten, die Disney mit seinem *Steamboat Willie* erreicht hatte – und sofort setzte eine Suche an, um mehr aus Ton und Musik herauszuholen, damit intelligentere und überzeugendere Effekte erreicht werden konnten.

Wenn man sich rückblickend die Zeichentrickfilme betrachtet, die zwischen 1910 und 1930 entstanden, so ist es eigentlich sehr schmerzlich festzustellen, daß die Trickfilmer unfähig waren (oder auch abgeneigt), die visuelle Virtuosität beizubehalten, um die sie eigentlich eifrig bemüht waren. Earl Hurd, Otto Messmer und die Fleischers liebäugelten mit dem Surrealismus und der vierten Dimension nicht durch ein künstlerisches Credo, aber von der einfachen Notwendigkeit aus, sich selbst in rein visueller Art auszudrücken und neue Wege einzuschlagen und zu entdecken, aus Gründen lustiger Effekte. 1976 schrieb der Kritiker Vincent Canby von der *New York Times* darüber, nachdem er noch einmal auf die Zeichentrickfilme der *Felix the Cat*-Serie zurückblickte. Er schrieb, daß »Messmers Hintergrundprojektion in seiner Aussage auf simple philosophische Tatbestände zurückführt (ein Baum ist alle Bäume, ein Haus ist alle Häuser usw.) ...«, und daß in diesem Filmen »die Freiheit der Form vollkommen avantgardistisch aussieht.«

Wie wahr, und wie traurig, daß die Zeichentrickfilmer in

ihrem Wunsche nach »Fortschritt« und Expandierung des Mediums diese Qualitäten kurzerhand als von der Tonlosigkeit auferlegte Einschränkung abtaten, anstatt sie selbst als erfolgreich anzusehen und im Ton eine Erweiterung ihrer Arbeit zu sehen. Mit dem Zusatz von Ton, Farbe und verfeinerten Zeichentechniken erachtete man es für atavistisch und unerheblich, mit Raum und Dimension zu spielen, um unzeichenbaren Objekten Leben einzuhauchen und um komische Effekte zu erzielen. Diese Trends kamen in den dreißiger Jahren nur sehr kurz auf und verschwanden dann aus dem Denkungsbereich der Trickfilmer.

Niemand beklagte das Hinscheiden des stummen Zeichentrickfilms. Der Ton brachte Produktionssteigerung mit sich, größeren Wohlstand und künstlerisches und technisches Wachstum.

Aber der Zeichentrickfilm ohne Stimme hatte etwas zu sagen, und wenn er durch kreative Künstler wie Cohl, McCay, Hurd und Messmer etwas zu sagen gehabt hätte, dann wäre er ebenso beredsam gewesen wie in dem halben Jahrhundert, das nach seinem Niedergang folgte.

2. Walt Disney

Mickey Mouse

Es ist unmöglich, den Einfluß nicht zu übertreiben, den Walt Disney auf die Entwicklung des Zeichentrickfilms ausübte. Man könnte es jedoch auch mit anderen Worten ausdrücken: Es ist nicht richtig, den Einfluß zu übertreiben, den Walt Disney auf die Entwicklung des Zeichentrickfilms ausübte.

Er erfand zwar das Medium nicht, aber er definierte es, er grenzte es ab. Disney erneuerte und verbesserte Ideen und Techniken, die den Weg des Zeichentrickfilms auf dramatische Weise veränderten. Durch seine Perfektion geriet das Medium auf einen neuen Kurs. Einige waren äußerst einfach, während andere ungemein komplex waren.

Er hatte keinerlei Illusionen über den Weg, den dieser Fortschritt nehmen sollte. 1940 erklärte er: »Die Spanne von zwölf Jahren zwischen *Steamboat Willie,* dem ersten Mickey-Mouse-Film mit Ton und *Fantasia* ist die Brücke zwischen dem primitiven und dem modernen Zeichentrickfilm. Sie wurde durch harte Arbeit erbaut und mit Begeisterung, mit Rechtschaffenheit und ehrlicher Absicht, mit Hingabe zu unserem Medium, mit Vertrauen in seine Zukunft und, über allem, mit einem beständigen tagtäglichen Wachstum, wobei wir alle ganz einfach unser Geschäft verstanden haben und dazulernten.«[*]

---

[*] Diese und die meisten noch folgenden Erklärungen von Walt Disney sind seiner Rede entnommen, die er im Herbst 1940 vor der Society of Motion Picture Engineers hielt. Später wurde sie im *Journal* dieser Vereinigung abgedruckt.

Disney achtete die Arbeit eines jeden Mitarbeiters seines Stabes und besaß die seltene Begabung, dies seinen Mitarbeitern auch zu zeigen. »Er war eher ein Mann, der seine Mitarbeiter dirigieren konnte, als ein Filmregisseur«, sagt Animator Grim Natwick. Frank Thomas, ein Veteran in Disneys Studio, fügt hinzu: »Er hatte die Begabung, Dinge aus seinen Leuten herauszuholen, von denen sie nicht wußten, daß sie sie besaßen.«

Das ist etwas, was Disneys Konkurrenz gern herausbekommen hätte.

Die Trickfilmer in New York beeilten sich in den dreißiger Jahren stets, jeden neuen Film von Walt Disney zu betrachten. Al Eugster, der zu jener Zeit für Fleischer arbeitete, sagt: »Frustration war das, was damals herrschte, denn wir betrachteten uns die Filme von Disney und wußten, daß wir künstlerisch nicht an sie heranreichen konnten. Mein Gott, ich glaube, daß die meisten Animatoren neugierig darauf waren, wie Disneys Filme hergestellt wurden ... es war die reinste Zauberei. Und aus diesem Grunde gingen dann auch später zahlreiche Animatoren zu Disney, um für ihn zu arbeiten. Sie wollten herausfinden, welche Kniffe hinter den Zeichentrickfilmen von Disney standen.«

»Ich hatte niemals zuvor ein Storyboard gesehen, bis ich 1933 zu Disney kam,« sagt Dick Huemer. »Alle diejenigen, die mit Disney nichts zu tun hatten, dachten, es gäbe ein großes Geheimnis, das seine Filme so erfolgreich machte. Als ich die Storyboards sah, dachte ich, aha, das ist es! Nun ja, das war nur *ein Teil* des Geheimnisses – der Rest, das war sein Genie und sein Perfektionismus.

Über dieses Genie und dessen Wurzeln kann man nur Spekulationen anstellen. Nichts in Disneys persönlichem Background bietet einen Anhaltspunkt für potentielle Größe. Aber in der rauhen Kindheitsgeschichte des Mannes aus dem Mittelwesten stößt man auf einige charakteristische Wesensmerkmale. Er mußte das Arbeiten lernen, das harte Arbeiten von Kindesbeinen an. Disney kannte keinen Luxus. Zeichnen, das war mehr als nur ein Zeitvertreib für ihn; es war eine Möglichkeit zur Flucht aus der herben Wirklichkeit des Lebens. Disneys Vater war ein herumreisender Tunichtgut. Man muß annehmen, daß Disneys Leben als Erwachsener eine Reaktion auf Erfahrungen und Situationen gewesen ist, die er in seiner Kindheit gemacht hatte und denen er begegnet war. Er war von der Arbeit besessen, ein Mann, der nur die Arbeit kannte. Das führte verständlicherweise immer wieder zu Zusammenstößen mit seinen Angestellten, die nicht von seinem Arbeitseifer besessen waren. Wirklichkeitsflucht und glückliche Ausgänge waren die Eckpfeiler von Disneys Unterhaltsamkeit. Das gilt für seine Filme ebenso wie für seine Vergnügungsparks. Aus Gründen des Erfolges wollte Walt Disney keineswegs das Versagen seines Vaters ungeschehen machen. Er war dazu bestimmt, in seiner Branche der Erfolgreichste zu sein, und um sein Ziel zu erreichen, bot er, geistig und physisch, all seine Kräfte auf.

Es begann alles 1919 in Kansas City, wo der Teenager Disney Beschäftigung als kommerzieller Künstler fand und einen anderen Zeichner traf, nämlich Ub Iwerks. Gemeinsam beschlossen sie, für die Kansas City Film Ad Company zu arbeiten, die für die örtlichen Geschäftsleute und Händler kleine gezeichnete kommerzielle Kurzfilme entwarf, die dann in den Kinos von Kansas City gezeigt wurden. Nachdem er die grundsätzlichen Techniken des Zeichentricks erlernt hatte, entschied sich Walt dafür, sein Glück allein zu versuchen. Zuerst entwarf er Werbeanzeigen und lustige Vignetten für Newman's Theater. Diese Serie trug den Titel *Newman's Laugh-O-Grams*. Dann, 1922, wandte er sich dem Zeichentrickfilm überhaupt zu und zeichnete die Serie *Laugh-O-Grams,* die märchenartige Geschichten zum Inhalt hatten wie »Aschenbrödel« und »Der gestiefelte Kater«.

Von Anfang an wurde es Walt Disney klar, daß der Zeichentrickfilm kein Ein-Mann-Geschäft war. Er war ein recht fähiger Karikaturist, aber Ub Iwerks war wesentlich fähiger, so daß Walt sich auf ihn verließ und auch auf die anderen Mitglieder seines kleinen Stabes, den er um sich versammelt hatte, darunter Hugh Harman, Rudolf Ising und Carmen »Max« Maxwell. Die *Laugh-O-Grams* waren, alles in allem, nicht schlecht, und die wenigen, die noch existieren, haben Charme und Fantasie. Während der Zeichentrick das Wesentliche enthält, kann man sehr deutlich erkennen, daß man den Filmen Qualität geben wollte, speziell in *Puss in Boots.* Jede Menge Tonschattierungen und eine ungewöhnlich gut detaillierte Backgroundzeichnung sind signifikant dafür, daß Disney darum bemüht war, seine Filme gut aussehen zu lassen.

Walt entwickelte auch schon sehr bald die Gewohnheit, mehr in seine Filme hineinzustecken, als er damit verdienen konnte. Das führte dazu (auch mit entsprechenden Verleihproblemen), daß er bereits nach einem Jahr aus dem Geschäft war. Aber ein Pilotfilm für eine neue Serie mit dem Titel *Alice in Cartoonland* vermittelte ihm die Triebkraft, nach Hollywood zu gehen und neu zu beginnen. Der M.-J.-Winkler-Verleih war bereit, die Serie *Alice in Cartoonland* zu finanzieren, nachdem man den Pilotfilm dazu gesehen hatte, so daß Disney ein provisorisches Studio in Kalifornien errichtete. Bruder Roy Disney wurde ein nachsichtiger Geschäftsführer. Schon bald waren auch Iwerks, Harman und Harmans Bruder Walker zur Stelle.

Walt Disney, Ub Iwerks, Rudolf Ising und Hugh Harman treiben ihre Späße vor der Kamera zu einem Kurzfilm aus der Serie ›Alice in Cartoonland‹.

Alice in Cartoonland war ein unverhohlener Versuch, Max Fleischers Idee von *Out of the Inkwell* (einer Serie) entgegenzuwirken. Anstelle einer Zeichentrickfigur, die in Spielfilmszenen agierte, benutzte Disney ein Mädchen, das in der Zeichentrickwelt agierte. Die Menge der Wechselwirkung zwischen Alice und ihren gezeichneten Freunden variierte von einer Episode zur nächsten und war von dem dringenden Bedürfnis nach Zeit und Geld abhängig. In manchen Filmen tritt Alice fast überhaupt nicht auf, während andere Filme wieder kunstvolle Beispiele sind, wo durch Wechselwirkung zwischen Zeichentrickfiguren und einem lebenden Menschen der Phantasie des Zeichentricks keine Grenzen gesetzt sind. In dem Film *Alice's Wild West Show* bläst das Mädchen Rauchringe, die gezeichnet worden sind; in *Alice's Egg Plant* wird es mit gezeichneten Eiern bespritzt, und in *Alice Chops the Suey* sieht man sehr deutlich den Einfluß von Max Fleischer, wenn eine gezeichnete Silhouette aus einem Tintenfaß hüpft, die Tinte abschüttelt und wieder als das Mädchen Alice hervortritt.

Da diese Kurzfilme aus der Serie *Alice in Cartoonland* mit je einer Folge innerhalb von zwei oder drei Wochen herauskamen, blieb nicht viel Zeit für Verbesserungen. Man befand sich in einer Sackgasse. In dieser Situation taten Walt Disney und die anderen trotzdem ihr Bestes, um amüsante Kurzfilme zu produzieren, wenn sie auch lediglich auf bekannten Gags basierten. Viele dieser Gags sind allerdings noch heute recht lustig.

Die Zeichnungen und der Animationsstil dieser Kurzfilme sind einfach. Die Hintergründe wurden schlicht und spärlich angelegt, und man sieht den Filmen auch das Prinzip des »corner cuttings« an. Disney räumte später ein, daß Paul Terrys *Aesop's Fables*-Zeichentrickserie die Grundlage für das Entwerfen von Zeichentrickcharakteren dieser Periode war, während Alices katzenartiger Freund Julius an einen Cousin von Felix (dem Kater) erinnert. (Ein Charakter in *Alice Solves the Puzzle* war ein direkter Vorläufer von Disneys eigener Figur Peg Leg Pete – auch er wurde als Bär gezeigt und Design und Name, nämlich Bootleg Pete, waren ähnlich.)

Die Serie wurde von Anfang an bestens aufgenommen. *Moving Picture World* kritisierte den Kurzfilm *Alice's Wild West Show* am 10. Mai 1924 und schrieb: »In diesem Film,

Ein Werbefoto für die Serie ›Alice in Cartoonland‹.

dem ersten aus einer von Walt Disney produzierten und von M. J. Winkler für die Vereinigten Staaten verliehenen Serie werden Fotografie und Zeichentrick raffiniert miteinander kombiniert. In beachtlichem Maße erkennt man, mit welch neuartigen Mitteln dies bewerkstelligt wird, denn die fotografierten Figuren und die Zeichentrickfiguren agieren miteinander vor einem gezeichneten Hintergrund; es gibt da auch ein paar Szenen, bei der nur die Kamera eingesetzt wurde. Ein hübsches und talentiertes kleines Mädchen, Alice, ist die Hauptdarstellerin, und sie wird sich wohl bald in die Herzen aller Zuschauer spielen ...«

Disney hatte zu diesem Zeitpunkt mit dem Zeichnen aufgehört, so daß sich eine populäre Meinung verbreitete, er könne gar nicht zeichnen. Das ist Unsinn. In mehreren Jahren hatte er sich seinen Lebensunterhalt damit verdient, daß er für Werbefirmen zeichnete, und er hatte damit teilweise Erfolg gehabt. Er war tüchtig gewesen, möglicherweise sogar von seiner Tätigkeit begeistert. Aber er konnte sich mit Ub Iwerks nicht vergleichen, der präzise und schnell wie der Blitz war, auch nicht mit Hugh Harman, der, mit den anderen Männern des Studios, sehr bald herausfand, daß sich seine Künste mit den Jahren verbesserten. Die Erfahrung bei der Arbeit war der beste Lehrmeister, und Disney selbst war der beste Lehrer, der seine jungen Mitarbeiter stets ansporte und zu Höchstleistungen herausforderte. Der ständige Druck von Winkler aus New York tat sein Übriges, damit ein Fortschritt bei der Serie gemacht wurde. Das alles sind entscheidende Faktoren dafür, daß Disneys Kampf mit den Problemen der Verbesserung kaum ein Ende nahm.

Zu der Zeit, als die Serie *Alice in Cartoonland* in den Kinos gezeigt wurde, produzierte Disney eine neue Serie, nämlich *Oswald the Lucky Rabbit*. Zu diesem Zeitpunkt bewegte sich die Zeichentrickkunst des Studios bereits auf einem höheren Niveau. Die Qualität der Serie wurde von der Handelspresse bestätigt. Hier eine Kritik aus *Film Daily:* »Oswald, eine neue Figur, ist ein Rivale aller anderen Zeichentrickfiguren. Und Oswald schaut auch wie ein echter Konkurrent aus. Diese neue Serie kommt von Walt Disney. Lustig eigentlich, daß sich die Zeichentrickkünstler niemals zuvor mit einem Hasen befaßt haben. Mit seinen langen Ohren hat Oswald eine Chance für neue lustige Gags, und da sind auch schon sehr viele Gags drin. Universal suchte bereits seit Jahren nach einem gut gezeichneten Stoff. Man hat ihn nun gefunden.« Ebenso wichtig war es für Disney, daß man ihm innerhalb der Zeichentrickszene nun die notwendige Aufmerksamkeit schenkte. Dick Huemer: »Seine Oswald-Serie war etwas besser als das, was wir zu jener Zeit in New York machten.«

Dieses »etwas besser« lag daran, daß sich Disneys Figuren flexibler bewegten, und daß die Gags frisch und amüsant waren. In *Oh, What A Knight* wringt sich Oswald selbst aus, um schneller trocken zu werden. Später, wenn er einer Jahrmarktsschönen die Hand küßt, zieht er aus ihrem Ärmel einen überlangen Arm hervor, damit er mehr Platz hat, um seine Küsse anbringen zu können! In *Trolley Trouble* ist Oswalds Wagen so flexibel, daß er sich allen Widerwärtigkeiten auf den Schienen anzupassen vermag. Je nach Bedarf kann er größer oder kleiner werden.

Bright Lights hat auch diese Art von Elastizität, macht aber zusätzlich auch noch einen Schritt nach vorn: Nicht nur Oswalds Beine können ausweichen, indem sie sich einfach vom Körper trennen, auch sein Körper löst sich in zehn Einzelteile auf, als er mit einem anderen Gegenstand zusammenprallt.

Walt Disney's Version von Oswald the Lucky Rabbit.

Diese Zeichentrickfilme experimentieren auch mit filmischen Mitteln, denen sich Disney in seiner früheren Serie *Alice in Cartoonland* noch nicht bedienen konnte. In *Oh, What A Knight* ist der Höhepunkt der Kampf mit den Schwertern. Man sieht diesen Kampf als Schattenspiel an der Mauer eines Schlosses. *Bright Lights* ist voll von ungewöhnlichen visuellen Ideen und Einfällen. Ein Trio, bestehend aus drei Löwen, beugt sich zu dem Betrachter. Die Leinwand wird vollkommen schwarz, und während die Löwen ihren brüllenden Rachen aufreißen, wird die Linse der Kamera verdeckt. In einer früheren Szene lüpft Oswald den Schatten eines großen Mannes und schlüpft darunter, um ungesehen an einer Veranstaltungskasse vorbeikommen zu können, weil er das Eintrittsgeld sparen möchte.

Viele dieser visuellen Neuerungen kamen von Ub Iwerks. Einige waren auch das Impromptu anderer Zeichner, die sich später mit Oswald beschäftigten, nämlich Isadore »Friz« Freleng, der aus Kansas City herbeigerufen wurde, um 1927 Rollin »Ham« Hamiltons Platz einzunehmen. Walt selbst übernahm eine Position, die er über Jahre hinweg wahrnahm, nämlich die des Mannes, der für das Austüfteln von Geschichten verantwortlich war. Die *Oswald*-Zeichentrickfilme wurden nicht formell entworfen – weder Drehbücher noch Storyboards hielt man für notwendig, zumindest nicht zu jenem Zeitpunkt. Die ursprünglichen Ideen und die einzelnen Gags entstanden durch die Männer des Studios, die sich oft unter der Leitung von Walt Disney zusammensetzten und Vorschläge und Ideen zum Besten gaben. Walt übernahm daraufhin die Organisation für den zu entstehenden Film und verteilte die anstehenden Aufgaben unter seine vier Karikaturisten, die wiederum die Freiheit hatten, die Geschichten zu verzieren und auszuschmücken, außer Walt Disney selbst legte sein Veto ein.

Auf diese Periode zurückblickend, sagte Walt Disney später: »Wir arbeiteten an den Serien. Wir hatten uns unsere eigene kleine Organisation geschaffen. Roy und ich, wir hatten jeder unser eigenes Zuhause und ein altes Auto. Wir hatten Geld auf der Bank und besaßen Sicherheiten. Aber wir sahen nicht gern in die Zukunft. Der Zeichentrickfilm schien keine Zukunft zu haben, er bewegte sich im Kreise. Die Filme wurden in Eile hergestellt und waren zu teuer. Es drehte sich alles ums Geld. Zeichentrickfilme waren eine schäbige Aschenbrödel-Version der Filmindustrie. Sie wurden den Kinobesitzern lediglich als Beigabe zugestanden, wenn sie Spielfilme einkauften. Ich ärgerte mich darüber. Langsam kam es mir zu Bewußtsein, welche Möglichkeiten das Medium des Zeichentrickfilms hatte. Und zur gleichen Zeit konnten wir sehen, daß das Medium langsam dahinsiechte und starb. Die Leichenstarre hatte schon eingesetzt. Ich fühlte das auch in mir selber. Mit mehr Geld und mehr Zeit, auch das fühlte ich, hätten wir bessere Filme machen können, um selbst die ausgefahrenen Gleise zu verlassen.«

Disney reiste in den Osten, um seinen Verleiher in New York um mehr Geld anzugehen. Die *Oswald*-Serie war ein Hit, Disney steckte mehr Geld in seine Filme, als für ihn dabei heraussprang. Und er wollte, daß auch für ihn etwas dabei herausschaute. Aber er erhielt den Schock seines Lebens, als Charles Mintz (der Ehemann von Margaret Winkler, der nunmehr ihrer Verleihfirma vorstand) ihm berichtete, daß er nicht nur die vorgesehenen 2.500 Dollar Produktionshonorar nicht bezahlen, sondern lediglich 1.800 Dollar zahlen würde, wenn er darüber hinaus auch noch die Rechte an der *Oswald*-Serie erwerben könnte. Disney wußte, daß er an Oswald keine Rechte hatte, aber er wollte es einfach nicht glauben, daß ihn seine Zeichentrickkollegen im Stich lassen wollten; ein heftiges Telefongespräch mit Roy führte zu der Bestätigung, daß alle Zeichner Disneys, mit Ausnahme von Ub Iwerks, bereit waren, für Mintz zu arbeiten, denn Mintz wollte auch Disneys Animatoren übernehmen.

Niedergeschlagen fügte sich Disney in die Niederlage und erklärte Mintz, daß er keine Möglichkeit sähe, einen Zeichentrickfilm für 1.800 Dollar herzustellen. Ohne eine klare Vorstellung zu haben von dem, was er als Nächstes unternehmen konnte, kehrte Disney nach Kalifornien zurück.

Von diesem Zeitpunkt an versäumte es Disney nie mehr, sich Eigentumsrechte an seinen Filmen vorzubehalten; dies galt auch für alle anderen Kreationen, die sein Studio verließen. Gemeinsam mit Ub Iwerks besprach er alle Möglichkeiten, eine neue Zeichentrickfigur zu schaffen, um eine neue Serie ins Leben rufen zu können. Iwerks führte daraufhin einige Zeichnungen aus, entwarf grob eine neue Figur aus dem Bereich der Nagetiere. Diese Figur sollte den Namen Mickey Mouse tragen. Walt gefiel diese Figur, und er machte sich den gerade herrschenden Sportfimmel um Charles Lindbergh, den Ozeanflieger, zueigen, erfand eine passende Story dazu und nannte den Film *Plane Crazy*. Up Iwerks zeichnete den gesamten Film vollkommen allein in weniger als zwei Wochen! Dann, im Frühling des Jahres 1928, kreierte er einen zweiten Film um die Figur der Mickey Mouse mit dem Titel *Gallopin' Gaucho*. Vorausgehende Vorführungen des Films bei potentiellen Verleihern stießen auf keinerlei Echo. Beide Filme waren gute Kurzfilme, aber sie hatten nichts Spezielles oder etwas, das es in derlei Filmen noch nicht gegeben hatte. Mickeys Bewegungen und auch sein Gesichtsausdruck entsprachen tatsächlich denen von Oswald, und zwar ganz präzise, zumal Oswald ja auch von Iwerks gezeichnet worden war.

Dann schlug der Blitz ein. Der gewaltige Erfolg des Spielfilms *The Jazzsinger* gleich zu Anfang des Jahres 1928 hatte das gesamte Hollywood in Aufruhr versetzt, und es gab nur noch ein Thema; nämlich den Tonfilm. Studios und Kinobesitzer teilten sich in zwei Lager in bezug auf den Tonfilm, aber das Kinopublikum hatte sich klar und deutlich entschieden – der Tonfilm verhieß das große Geschäft zu werden. Während viele Produzenten noch über den Wert des Tonfilms debattierten, sah Disney seine Möglichkeit ganz klar vor sich, etwas Ungewöhnliches und Einmaliges zu schaffen, nämlich den Zeichentrickfilm mit Ton.

Für den dritten Film mit Mickey Mouse, *Steamboat Willie*, wurde ein Test gemacht. »Nachdem der Film zur Hälfte fertig war, befaßten wir uns mit dem Ton«, erinnerte sich Disney später. »Einige meiner Jungens konnten Noten lesen, und einer von ihnen (Wilfried Jackson) konnte Mundharmonika spielen. Wir steckten sie in einen Raum, von wo aus sie die Leinwand nicht sehen konnten und bewerkstelligten es, daß ihre Töne in den Raum geleitet werden konnten, in welchem unsere Frauen und Freunde den Film betrachteten. Die Jungens arbeiteten nach einer Musikpartitur, auf der auch die Toneffekte eingetragen waren. Nach einigen Fehlstarts stimmten Ton und Filmbewegung überein. Der Mundharmonikaspieler spielte sein Lied, und der Rest von uns aus der Tonabteilung hämmerte auf Pfannen aus Zinn herum und spielte auf Pfeifen und Flöten. Der Synchroneffekt war beinahe erreicht.«

»Die Reaktion unseres kleinen Publikums war ganz eindeutig: es war wie elektrisiert. Es war ganz instinktiv auf die Einheit von Ton und Bild äußerst ansprechbar. Ich dachte, mein Publikum würde mich an der Nase herumführen. So führte man mich also in den Vorführraum, und der Film wurde noch einmal gezeigt einschließlich der dazu gehörigen Geräusche. Es hörte sich schrecklich an, aber es war wunderbar! Und es war etwas Neues!«

Die einzelnen Details dieser mittlerweile historischen Filmvorführung variieren vom einen Erzähler zum anderen, aber die Wirkung blieb auf jeden, der dabei gewesen war, die gleiche. Ub Iwerks sagte später: »Niemals war ich so erregt, wie zu jenem Zeitpunkt. Und auch danach gab es nichts, was dieser Erregung gleichgekommen wäre.« Die winzige Disney-Mannschaft, bestehend aus Walt und Roy Disney, Ub Iwerks, Les Clark, Johnny Cannon und Amateurmusiker Wilfried Jackson, hatte das Wunder des Tonfilms entdeckt.

Die Reaktionen des Publikums dem fertiggestellten Film *Steamboat Willie* gegenüber entsprachen der gleichen Erre-

Mickey Mouse in ›Steamboat Willie‹ (1928). Obwohl es in diesem Kurzfilm recht gewalttätig zugeht, hat man doch seinen Spaß beim Zuschauen.

gung, die die Privatvorführung Monate vorher hervorgebracht hatte. Die Idee, Glauben zu machen, daß Zeichentrickfiguren sprechen, singen, Instrumente spielen und sich nach einem musikalischen Rhythmus bewegen konnten, wurde schlicht und einfach als Zauber bezeichnet und betrachtet.

Es war der Mundharmonikaspieler Jackson, der Disney mit dem Metronom vertraut gemacht und vorgeschlagen hatte, daß man, nach einem Muster von musikalischen Rhythmen mathematisch genau die Geschwindigkeit eines Filmes ausrichten konnte. Das bedeutete, daß die endgültige Musikpartitur nicht mehr länger vor der Entstehung eines Filmes geschrieben werden mußte; nur eine Meßskala mußte ermittelt werden. Die Wichtigkeit dieser Methode bestätigte sich dann, als Disney seine bisher unveröffentlichten stummen Zeichentrickfilme *Plane Crazy* und *Gallopin' Gaucho* vertonte. Die fertigen Produkte verrieten ihren Ursprung, denn die Zeichnungen waren nicht nach einem speziellen Rhythmus angelegt und die Gags waren nicht Teilen von Toneffekten oder Liedern angepaßt, so daß kein Durcheinander zwischen Ton und Bild entstand.

Um eine Möglichkeit zu haben, in den Besitz von Backgroundmusik zu kommen und diese Aspekte einer Produktion zu überblicken, schloß Wald Disney die Bekanntschaft mit einem Manne namens Carl Stalling, der in Kansas City begleitend zu Stummfilmen die Orgel gespielt hatte. Dieser komponierte und arrangierte nicht nur die Musik für *Steamboat Willie,* sondern lieferte auch die Idee für den Film *The Skeleton Dance* und rief die Serie *Silly Symphonies* ins Leben.

Der Film *The Skeleton Dance* war auf verschiedene Art ein kühnes Unterfangen. Zunächst einmal gibt es in diesem Zeichentrickfilm keinerlei bereits bekannte Zeichentrickfiguren. Zum Zweiten bot er keinerlei Story und war auch kein geeignetes Vehikel für komödiantische Gags, und er war aus einer Laune heraus entstanden. Zum Dritten entstand *The Skeleton Dance* teilweise nach einer Musikpartitur, die die Grundlage für viele Zeichnungen bildete. Der fertige Film war ein Triumph für Disney, Iwerks und Stalling, ein konzeptionelles Werk, das durch seine brillante Machart jedermann zufriedenstellen konnte. Über fünfzig Jahre sind seitdem vergangen und der Zeichentrickfilm unterlag endlosen Veränderungen, *The Skeleton Dance* bleibt aber trotzdem wohl einer der besten kurzen Zeichentrickfilme, die jemals gemacht worden sind. Er ist gezeichnete Fantasie auf höchster künstlerischer Ebene.

Der Erfolg des Films *The Skeleton Dance* inspirierte zu einer fortsetzenden Serie von Zeichentrickfilmen ohne Charaktere, die die gleichen Vorfälle, Zutaten und Situationen und Hintergründe zu neuem Leben erweckte. Möglicherweise lag es an der Herausforderung, die diese Filme in ihrer ambitionierten Form mit sich brachten, daß Walt Disney sich darüber Gedanken machte, die Fähigkeiten und Tauglichkeiten seines Stabes einer Überprüfung zu unterziehen – oder vielleicht lag es auch daran, der Möglichkeit nach größerem Wachstum und Ausweitung nicht länger abgeneigt gegenüber zu stehen, weil Ub Iwerks plötzlich in den frühen dreißiger Jahren das Studio verließ, so daß die Überlebenschancen innerhalb der Disneyproduktion nicht sonderlich gut standen – auf jeden Fall blieb Disney selbst nichts anderes übrig, als angestrengt nach neuen Leuten Ausschau zu halten.

»Ich war ehrgeizig und wollte bessere Filme machen«, erinnerte sich Disney später an diese Zeit, »aber der Umfang mei-

Ein klassischer Augenblick aus einem klassischen Zeichentrickfilm von Walt Disney: ›The Skeleton Dance‹ *(Tanz der Skelette, 1929).*

nes Blickes in die Zukunft hing von folgendem Zugeständnis ab: Um 1930 herum hatte ich folgende Ambitionen: nämlich in der Lage zu sein, Zeichentrickfilme zu machen, die ebenso gut waren wie die Serie *Aesop's Fables.*«

Die Reaktionen des Publikums und des Handels hätten Disneys Zuversicht durchaus untermauern können, zumal seine Mickey-Mouse-Filme ungewöhnlich populär waren. Innerhalb von zwei Jahren war Mickey eine nationale Persönlichkeit mit einer »größeren Zuschauergefolgschaft als neun von zehn Stars in Hollywood«. So sagte es jedenfalls die Kolumnistin (und gelegentliche Schauspielerin) Louella Parsons. In *Motion Picture Daily* stand zu lesen: »Wenn ein Film sich auf dem Standard eines Mickey-Mouse-Zeichentrickfilms befindet, dann erübrigen sich alle weiteren Worte.« Solche Komplimente waren für den Zeichentrickfilm überhaupt äußerst selten, aber Mickey Mouse war auch kein gewöhnlicher Zeichentrickstar. Der Eindruck, den diese Figur weltweit hinterließ, war beispiellos. Nicht selten plazierten Kinobesitzer den Namen des neuesten Filmes mit Mickey Mouse auf ihren Ankündigungsflächen noch über dem Namen ihres täglichen Spielfilmprogramms. Mickeys Gefolgschaft rekrutierte sich nicht nur aus kleinen Kindern, sondern bestand auch aus berühmten Intellektuellen. 1932 erhielt Walt Disney für die Schöpfung der Figur der Mickey Mouse einen Sonder-OSCAR von der amerikanischen Academy of Motion Picture Arts and Sciences.

Mit seinem Erfolg kamen aber auch Probleme. Ein Problem erläuterte Terry Ramsay am 28. Februar 1931 im *Motion Picture Herald:*

»Mickey Mouse, das kunstvolle Kind Walt Disneys, ist mit den Zensoren auf breiter Ebene in Konflikt geraten, zum größten Teil wegen seines ungewöhnlichen Erfolges. Papas und Mamas, speziell die Mamas, sprachen energisch mit den Zensurbehörden und anderen Organisationen über das Thema, daß Mickey Mouse ein gar so teuflisches, ungezogenes Tier geworden sei. Nun finden wir, daß Mickey nicht raucht, nicht trinkt und auch nicht die Peitsche auf dem Scheunenhof schwingt. Mickey wurde der Hintern versohlt.«

»Das ist wieder einmal die uralte Geschichte. Wenn dich niemand kennt, dann kannst du alles mögliche machen, und wenn dich alle kennen, dann hast du keine Möglicheit alles mögliche zu tun, außer man tut etwas, das Jedermann gutheißt, und das ist sehr wenig. Das ist nicht selten den menschlichen Stars der Leinwand widerfahren, und jetzt hat es auch den kleinen Burschen in Schwarz-Weiß erwischt, der nicht dicker als ein Tintenfleck und lediglich ein Kind des Geistes ist.«

Das verschärfte nur noch ein Problem, das seit längerem in den Disney-Studios bekannt war: Mickeys schwer zu klassifizierende Persönlichkeit. Als Ub Iwerks die Figur ins Leben rief, war sie nichts weiter, als eine andere, neue Zeichentrickfigur; Mickey hatte keine charakteristische Eigenschaft, die ihn von den anderen Zeichentrickfiguren unterschied. Zu keiner Zeit statteten Iwerks und Disney diese Figur mit einem bestimmten Wesen oder bestimmten Wesensarten aus. Individuelle Charaktereigenschaften oder Wesensmerkmale oder gar Verstand fehlten. Nun war Mickey aber zum Star avanciert, und das Disney-Studio mußte geeignete Geschichten für seinen Star entwerfen. Vulgärer Humor und andere schlüpfrige Dinge mußten aus den Geschichten verschwinden oder durften erst gar nicht auftauchen. Das war eine weitere Herausforderung an den Stab Disneys; Mickeys frühe Eskapaden waren voller zweifelhafter Stellen in den einzelnen Szenen, und seine Behandlung verschiedener Zeichentrickcharaktere konnte niemals Zustimmung bei der menschlichen Gesellschaft finden.

Um diese Probleme aus der Welt zu schaffen, vermittelte man der Figur eine neue witzige Wesensart, und um sie am Leben zu erhalten: Gags und immer wieder neue Gags wurden ersonnen. Andere Charaktere (Nebendarsteller sozusagen) wurden Mickey Mouse zur Seite gestellt, nämlich Minnie Mouse, Peg Leg Pete, Pluto, Horace Horsecollar und Clarabelle Cow. Und Musik kam hinzu. Sie wurde zum Rückgrat und zum raison d'être dieser Kurzfilme für die nächsten Jahre.

Eine Szene aus dem Mickey-Mouse-Zeichentrickfilm ›Mickey's Steamroller‹ (1934).

Aber Disney war immer noch nicht zufriedengestellt. Allein unter den Produzenten von Zeichentrickfilmen, erkannte er, daß irgend etwas geschehen mußte, eine Art Reifeprozeß, oder es gab keinen Ausweg mehr aus dieser Art von Tretmühle. Die erste aller Hausaufgaben bildete die Ausschau nach neuen Talenten. Und nicht nur das, sie mußten auch für das Studio gewonnen werden. Die Zahl kunstfertiger und erfahrener Karikaturisten in den dreißiger Jahren war nicht sonderlich groß, so daß Walt und Roy beträchtliches an Zeit aufbrachten, um an anderen Stellen um die Spitzenmänner aus dem Zeichentrickgeschäft zu werben. Diese Werbemaßnahmen bezogen sich nicht nur auf die Westküste, sondern fanden auch in New York statt. Das Gebot der Stunde bestand darin, neue, fähige Leute für das eigene Studio zu gewinnen. Als die Mannschaft wuchs, begann Disney, sich mit den speziellen Fähigkeiten und Stärken seiner Leute zu beschäftigen und führte diese in die richtigen Kanäle, damit sie effektiv arbeiten konnten. Damit begann das Spezialistentum beim Zeichentrickfilm, und Disney war der Erste, der dessen Wichtigkeit erkannte. Er verpflichtete Ted Sears, um dem Story Department vorzustehen. Bis dahin waren Karikaturisten auch Erfinder bzw. Ersinner von Gags. Nun verpflichtete Disney einige von ihnen dazu, sich auf Handlungen und Geschichten zu konzentrieren. Als Animatoren verstanden sie nicht nur die Möglichkeit des Mediums, sondern auch dessen Notwendigkeiten und hatten die Fähigkeiten, ihre visuellen Ideen zu Papier zu bringen.

Das Story Department wurde zu einer festen Einrichtung innerhalb Disneys Studio, aber Disney schloß keineswegs die Türen nach außen hin, und befaßte sich auch mit Geschichten, die dem Studio von anderer Seite zuflossen, insbesondere aus den Reihen der anderen Mitglieder des Disneystabes. So wurden also unter den Bediensteten ständig Notizen hin und her gereicht, und Disney verteilte einen Bonus zusätzlich zum Monatsgehalt des einzelnen Mitarbeiters, wenn dieser irgendwelche Gags bzw. Ideen für einen neuen Film beigesteuert hatte.

Von Webb Smith sagt man, daß er der erste Mann gewesen sei, der ein Storyboard verwendete, um seine Geschichten entwickeln zu können. So einleuchtend diese Neuerung auch war, so revolutionär war sie auch zu jener Zeit. Geschriebene

Vermerke, schnell hingeworfene Zeichnungen, sogar visuelle Umrisse und Konturzeichnungen wurden zu Rate gezogen, um aus Sequenzen einen ganzen Film zusammenzubasteln. Zum ersten Male bediente man sich dieser Methode, um aus einem Puzzle von kleinen Notizen und Zeichnungen zum Endergebnis eines fertigen Films zu gelangen. Rohzeichnungen, Zeichnungen, die auch schon etwas aussagten, wurden mit Reißzwecken oder ähnlichen Befestigungsmethoden an einer hölzernen Wandtafel befestigt, damit jedermann, der mit dem bestimmten Film zu tun hatte, auch die Möglichkeit besaß, koordinativ an seiner Fortentwicklung mitzuarbeiten, damit ein gemeinsames Ziel angestrebt und erreicht werden konnte. Das war ein praktischer und durchorganisierter Weg, eine Geschichte zu entwickeln, und Walt Disney und seine Regisseure hatten nunmehr größere Kontrolle über den Weg, den ein Film nahm, als es vorher bei den strapazenreicheren Methoden, einen Film entstehen zu lassen, gewesen war. Disney selbst wurde wohlbekannt für seine Fähigkeit, eine Filmstory auf dem Storyboard einer kritischen Überprüfung zu unterziehen. Er roch, wo die Handlung schwache Stellen hatte, durchhing oder wo sie gestrafft werden mußte. Es ist dadurch ganz eindeutig, daß die Entwicklung des Storyboards eine integrale Kraft darstellte. Disneys Kurzfilme wurden dadurch zu den künstlerisch und zeichnerisch besten Produkten der frühen dreißiger Jahre. Disneys Zeichentrickfilme hatten einen Anfang, eine Mitte und ein Ende, und das zu einer Zeit, als andere Studios mehr oder minder krampfhaft damit befaßt waren, sechs Minuten Zeit auszufüllen.

Das alles kam der Vervollkommnung der Mickey-Mouse-Serie zugute.

Die Veröffentlichungen des Jahres 1929, *Mickey's Follies* oder *The Jazz Fool* sind zerstückelte Musicals, versehen mit allbekannten Gags. Ab 1931 brachte das Studio herrlich und wundervoll konstruierte Zeichentrickfilme heraus, so zum Beispiel *The Delivery Boy* und *Barnyard Broadcast,* in denen die Musik im Mittelpunkt stand und Gags eingestreut wurden, um den Film zu einem bestimmten Höhepunkt hinzuführen.

In *The Delivery Boy* unterbricht Plutos Entdeckung einer Dynamitladung Mickeys und Minnies Ausführung von »The Stars and Stripes Forever«, während in *Barnyard Broadcast* zwei boshafte Kätzchen um Mickeys Rundfunkstation herum-

Minnie Mouse in der Tierhandlung: ›The Pet Store‹ (1933), einem Film aus der Walt-Disney-Produktion. Links wird ›Vogelsamen‹ angeboten und der ›gezähmte Strauß‹ (rechts) ist ›sehr preiswert‹.

streunen, deren Mutter Mickey bittet, die Beiden zu verfolgen, wobei sie durch das Dach stürzen und für ein rauhes Finale sorgen. Die Gags sind witzig, die Musik überschäumend, und die Animation ist besser als jemals zuvor.

Disney wußte, daß die Verbesserungen, die er sich vorstellte, mit erhöhten Geldausgaben verbunden waren; darin lag die Quelle vieler Disharmonien zwischen Produzent und Verleihern, die das Geld für die Produktion von Zeichentrickfilmen vorstreckten. Als er sich verzweifelt damit befaßte, einen Verleiher zu finden, der auch für die Übertragung des Tons in seinen Lichtspielhäusern Sorge trug und den Film *Steamboat Willie* dadurch in sein Verleihprogramm aufnehmen konnte, unterzeichnete er einen Vertrag mit dem Produzenten Pat Powers. Als seine Zeichentrickfilme erfolgreich wurden und Powers vom Erlös den Löwenanteil einstrich, wurde Disney von Columbia Pictures gerettet. Die Columbia erklärte sich bereit, in den Vertrag mit Powers einzusteigen und ihn zu übernehmen. Daraufhin teilte sich Disney mit der Columbia das Risiko, denn die Columbia hatte kein Interesse daran, Disney mehr Geld zur Verfügung zu stellen, damit er seine Filme machen konnte.

»1931,« so erklärte Disney, »waren die Produktionskosten eines Zeichentrickfilms von 5.400 Dollar auf 13.500 Dollar angestiegen. Von solchen Summen hatte man bislang nichts gehört, sie schienen unerhört zu sein. Und ein Jahr später, als wir Carl Laemmles Angebot ausschlugen, uns 15.000 Dollar für einen Film zu zahlen, erzählte er mir vollkommen ehrlich und offen, daß ich auf dem besten Wege sei, bankrott anzumelden. Für seinen Teil war das keineswegs kurzsichtig. Er hatte keine Ahnung, welche Möglichkeiten wir in der Zukunft unseres Mediums sahen.«

Disney fand eine ideale Heimstätte bei United Artists, wo er immerhin mit solchen bemerkenswerten Produzenten unter einem Dach war wie Charlie Chaplin oder Samuel Goldwyn. Dort hatte er endlich den geeigneten Verhandlungs- und Verleihpartner gefunden, der seinen Wünschen Rechnung trug. Dieses Arrangement mit der United Artists verhalf ihm zu der notwendigen freien Zeit, die er einfach brauchte, um sich auf seine Produkte zu konzentrieren, anstatt sich mit Problemen des Verleihs herumzuplagen, denen er sich schon so lange hatte unterwerfen müssen.*

In all dieser Zeit hatte er stets seinen Bruder Roy als stellvertretenden Geschäftsführer um sich, der auch zugleich sein engster Vertrauter war.

Walt Disneys nächster Schritt von entscheidender Bedeutung war die Hinwendung zum Farbfilm. Zu Beginn der dreißiger Jahre hatten bereits verschiedene andere Zeichentrickstudios Experimente mit dem Farbfilm vollzogen, die sich lediglich auf einen Zwei-Farben-Prozeß beschränkten. Hierbei bedienten sie sich der Farben rot und grün und den sich daraus ergebenden Farbnuancen, aber die Ergebnisse rechtfertigten

---

* Disney verließ die United Artists im Jahre 1937, um zu günstigeren Konditionen mit der RKO Radio Pictures abzuschließen. Sein nächster Schritt führte dazu, daß er in den fünfziger Jahren Buena Vista ins Leben rief, seine eigene Verleihfirma.

keinesfalls die zusätzliche Arbeit und die zusätzlich anfallenden Unkosten. Nun aber trat die Firma Technicolor mit ihren neusten Testen aus einem Drei-Farben-System an Disney heran, so daß also die Möglichkeit bestand, alle Farben des Regenbogens mit einzubeziehen.

Stets waren es ähnliche Situationen, die Disneys Karriere vorantrieben. Als die Sprache auf das Thema Technicolor kam, war er der einzige, der an die Vorzüge des Farbfilms glaubte, und er wußte, daß das Technicolor-Farbverfahren einen wichtigen Aktivposten in der Weiterentwicklung seiner Filme bedeuten würde. Sogar Roy versuchte, seinen Bruder vom Farbfilm wegzubringen. Walt aber unterzeichnete einen Vertrag, der ihm für die Dauer von drei Jahren innerhalb des Zeichentrickbusiness exklusiv das Recht zugestand, Farben von Technicolor zu verwenden. Disneys Narretei (was die Weiterentwicklung seiner Filme anbelangte) führte dazu, daß er wieder einmal einen Glückstreffer gelandet hatte, als er, als ein relativ junger Produzent, mit seinem ersten farbigen Kurzfilm *Flowers and Trees,* landesweit für eine Sensation sorgte, so daß dieser Film sogar als bester Zeichentrickfilm des Jahres in der Kategorie Zeichentrickkurzfilm einen OSCAR gewann. Das war 1932.

Flowers and Trees vereinigt die besten Elemente der *Silly Symphonies* in einer archetypischen Geschichte. In der Morgendämmerung erwacht der Wald zu neuem Leben. Bäume, Blumen und Teile der restlichen Waldesflora strecken sich, schütteln die Köpfe (bzw. Kronen) und begrüßen den neuen Tag. Das Liebeswerben zweier junger Bäume wird drohend unterbrochen, als ein gerissener Baumstumpf versucht, das »weibliche« Bäumchen zu entführen. Glockenblumen läuten Alarm, und der ganze Wald gerät in Aufregung, bis eine Gruppe von Vögeln in die Wolken am Himmel Löcher pickt, damit es zu regnen beginnt, so daß todbringendes Feuer gelöscht werden kann. Der Baumstumpf, der durch seine Niederlage auf Rache sann, hatte den Wald in Brand gesetzt. Jetzt aber kommt er durch sein eigenes Feuer ums Leben und zwei Geier stürzen sich auf seinen »Kadaver« nieder. Die sich liebenden Bäume werden durch Hochzeit wieder vereinigt, und der Wald frohlockt, weil er wieder glücklich sein kann.

Die Qualitäten der Vermenschlichung und Personifikation, die man in den *Silly Symphonies* beobachten kann, kommen in diesem Kurzfilm bestens zur Geltung. Bäume, Blumen und Pflanzen haben menschliche Gesichter, Gesichtszüge und Charakteristika, die irgendwie natürlich und passend erscheinen, und zwar so sehr, daß die Geschichte vollkommen pantomimisch erzählt werden kann. Die Musik ergänzt und bringt tatsächlich die Handlung zur Geltung, Melodien von Rossini und Schubert verstärken die verschiedenen Stimmungen des Films.

Der Gebrauch von Farbe ist teilweise imponierend und wirkungsvoll, seitdem Disneys Künstler sich nachdrücklich mit der Farbe auseinandersetzten und als eine Herausforderung an ihr Medium betrachteten. Unterschiedliche Tönungen wurden benutzt, um Abstufungen innerhalb der verschiedenen Charaktere zu erhalten, und als der »weibliche« Baum sein Spiegelbild im Wasser betrachtet, sieht er sich selbst und den Hintergrund in bleicheren Tönungen.

Der Film *Flowers and Trees* brachte die Serie *Silly Symphonies* auf einen Erfolgskurs, der mehr als sechs Jahre lang anhielt. Die Verwendung von Farbe sicherte den Erfolg an den Kinokassen, Disney jedoch hatte andere Dinge mit dieser Serie im Sinn. Während die Mickey-Mouse-Serie sich bereits in einer komfortablen Studioecke niedergelassen hatte, sah Disney in den *Silly Symphonies* eine Versuchsreihe, der neue Ideen und junge Talente zugeführt werden sollten.

Eine von Walt Disneys wichtigsten Zielvorstellungen lag in der Entwicklung von Individualität innerhalb seiner Filme im Zeichentrickbereich. Er wollte, daß sich die Zuschauer auf eine Vielzahl von Emotionen einstellten, und er wußte, daß glaubwürdige Charaktere seinen Figuren helfen würden, diese zum Erfolg zu bringen. Er sah in dieser Art von Charakterbildung die wichtigste Zutat für erfolgreiches Filmen. »Nach allem«, konstatierte er, »kann man von gezeichneten Stöcken keinen Charme erwarten.«

Als die Zeit herankam, mit den Arbeiten zu einem Zeichentrickfilm mit dem Titel *The Three Little Pigs* zu beginnen, unterstrich er seinen Wunsch, die Hauptcharaktere mit einer starken Persönlichkeit aufzubauen. Einige seiner Zeichner wußten, was Walt verlangte, ebenso wie der Regisseur des Films, Burt Gillett. Das Ergebnis bestand aus einem Film, der neue Maßstäbe innerhalb der Zeichentrickfilmgeschichte setzte.

»Das war überhaupt das erste Mal, daß jemand regelrechte Charaktere ins Leben rief«, sagt Chuck Jones, der sich auf die Reaktionen auf diesen Film aus dem Jahre 1933 besinnt. »Da gab es also drei Charaktere, die sich *ähnlich* sahen, aber *unterschiedlich* handelten; es lag an der Art ihrer Bewegungen, die sie voneinander unterschied. Vor diesem Zeitpunkt, wie zum Beispiel in *Steamboat Willie,* war der Schurke ein großer, kräftiger Bursche, während der Held klein war. Die Bewegungen waren die gleichen. Auch in Fleischers Filmen bestand die grundsätzlichste Unterscheidung zwischen Popeye und Pluto in der verschiedenen Größe, da lag der Unterschied, nicht aber in den Bewegungen.«

Zu jener Zeit gelangten die Grundsätze der Zusammenarbeit innerhalb Disneys Studio zu voller Blüte. Disney verfügte über die Mitarbeit eines Veteranen unter den Zeichnern, nämlich Albert Hurter. Dieser arbeitete ausschließlich an einleitenden und vorbereitenden Zeichnungen für die Filme. Seine ausdrucksstarken Zeichnungen waren überaus gut für charakterliche Eigenschaften der Figuren und die entsprechende Ausarbeitung, so daß andere Zeichner es leicht hatten, den Figuren Leben einzuhauchen. Hurter war es, der die drei kleinen Schweinchen schuf und auch die Figur des Big Bad Wolf (des bösen Wolfes). Studiomusiker Frank Churchill befaßte sich mit der Komposition eines Hauptschlagers für den Film und Ted Sears, der Geschichtenerfinder, steuerte den Titel des Songs bei:* Who's Afraid of the Big Bad Wolf?« (Wer hat Angst vor dem bösen Wolf?). Pinto Colvig, ebenfalls »story man« bei Disney, der aber auch in der Synchronabteilung arbeitete (und am bekanntesten dafür geworden ist, daß er der Figur des Pluto seine Stimme lieh), sang die Komposition. Burt Gillett, der Regisseur des Kurzfilms, ebenfalls ein Veteran, der nicht nur scharfe Augen hatte, sondern auch ein gutes Gehör, war dafür bekannt geworden, daß er bei *Flowers and Trees* mitgewirkt hatte und auch bei den besten Trickfilmen aus der Mickey-Mouse-Serie dabeigewesen war.

Die Animatoren begannen Spezialistentum zu entfalten, und ihre individuellen Fähigkeiten und Talente diesem Film zuzuführen. Norman »Fergy« Ferguson, der in der Zeichentrickindustrie zu einer Legende wurde, weil er die Rohzeich-

---

* Die gesamten Verse für das Lied schrieb Ann Ronell.

nung für die Figur des Pluto entwarf, befaßte sich mit dem Big Bad Wolf. Dick Lundy, der sich bei gezeichneten Tänzen auskannte, entwarf alle Szenen, in denen die Schweinchen zu den Klängen des forschen, frechen Liedes tanzten. Fred Moore, einer der jüngsten Animatoren in Disneys Studio, der eine enorme Befähigung besaß, Wesenszüge bei den Charakteren zu zeichnen, befaßte sich zum größten Teil mit den Szenen, in denen die drei kleinen Schweinchen vorkamen. Und ein Neuling von der Ostküste, Art Babbitt, schuf die verbleibenden Szenen.

Der Film *The Three Little Pigs* verließ im Mai 1933 das Studio. »Er rief keine sonderlich große Aufregung hervor, als er Premiere im Radio City hatte«, erinnerte sich Disney später. »Tatsache war, daß viele Kritiker den Film *Father Noah's Ark*, der ungefähr zur gleichen Zeit aufgeführt wurde, vorzogen.« Wie dem auch sei, ob das große Publikum sich mit den Fortschritten innerhalb der Persönlichkeitsstrukturen der Hauptcharaktere des Films auseinandersetzte oder sie überhaupt erkannte, kann man nicht mit Bestimmtheit sagen. Aber die »Botschaft« des Films, die im lustigen Lied über den bösen Wolf zur Geltung kommt, hatte eine belebende Wirkung auf die Zuschauer der Depressionsjahre. »Who's Afraid ot the Big Bad Wolf?« war Disneys erstes Hit-Lied und sorgte dafür, daß *The Three Little Pigs* zum populärsten kurzen Zeichentrickfilm aller Zeiten wurde.

The Three Little Pigs war allerdings nur ein Anfang für Walt Disney; er wußte, daß er nur an der Oberfläche der Animationskunst gekratzt hatte. Von diesem Zeitpunkt an entwikkelten sich die *Silly Symphonies* beständig meisterlich nach vorn. Disney suchte nach Geschichten mit »Herz«, die dann wiederum seinen Stab inspirieren sollten. »Bereits schon 1935 sah man dem Film *The Three Little Pigs* sein Entstehungsjahr an, und verglich man ihn gar mit den neueren *Silly Symphonies,* wirkte er geradezu schäbig,« rühmte sich Disney später.

Ein gutes Beispiel für Kultiviertheit und geistige Differenziertheit konnte man bereits 1934 bei dem Film *The Flying Mouse* feststellen. Disneys Filme wurden anspruchsvoller. Die Geschichte handelt von einer kleinen Maus, die mit ihrer Familie und ihren Freunden im Wald lebt und sich nichts sehnlicher wünscht, als fliegen zu können. Als sie tapfer aus den Netzen einer Spinne einen Schmetterling rettet, entpuppt sich dieser sehr bald als gute Fee und stellt der Maus einen Wunsch frei. Die Maus äußert ihren Wunsch: Sie möchte fliegen. »Mäuse sind nicht zum Fliegen bestimmt«, antwortet die Fee, aber die Maus bleibt hartnäckig in der Erfüllung ihres Wunsches, und die Fee kann dem Wunsche nur noch zustimmen. Der Maus wachsen Flügel und sie erfreut sich der neuen Fertigkeiten, aber schon bald tauchen ungeahnte Schwierigkeiten auf. Die Vögel betrachten die fliegende Maus als eine Art Mißgeburt und lehnen es ab, mit ihr zu spielen. Der Schatten, den die Maus auf den Boden wirft, erinnert mehr an einen Geier oder an eine Fledermaus, so daß Mutter und drei Brüder erschreckt Reißaus nehmen.

Sie fliegt daraufhin in eine Höhle und trifft drinnen auf drei schmierig aussehende Fledermäuse, die den Neuankömmling als »Bruder« begrüßen. Als die Maus protestiert und darauf besteht, lediglich eine Maus und keine Fledermaus zu sein, erhält sie zur Antwort, sie sei weder Maus noch Fledermaus. Zu aller Schmach tanzen die Fledermäuse noch um sie herum und singen ein Spottlied: »You're Nothing but a Nothing« (Du bist nichts weiter als ein Nichts). Die erschrockene Maus flieht aus der Höhle und beklagt ihr Schicksal. Aus einer ihrer Tränen entsteht wieder die gute Fee, die sich die Klagen anhört und eine Rückverwandlung vornimmt. Auch ein Ratschlag folgt der Verwandlung: »Do your best ... be yourself ... and life will smile on you« (»Tue dein Bestes ... sei du selbst ... und das Leben wird dir zulächeln«). Die Maus nimmt glückselig die Ratschläge der Fee an und eilt nach Hause, um von einer glücklichen Mutter und einem glücklichen Vater begrüßt zu werden.

Der emotionale Gehalt dieses Märchens wurde nicht nur allein durch ausgezeichnete Animation und Geschicklichkeit in der Handhabung der Story bewerkstelligt, sondern durch die bemerkenswerte Verwendung der Farbe. Die Geschichte spielt sich zwischen Morgen und Abend ab, und das *Licht wechselt* in jeder aufeinanderfolgenden Sequenz. Der Film beginnt sehr leuchtend mit sanften Pastellfarben; der Himmel hat noch nicht das sonst übliche strahlende, tiefe Blau. Die Farbe wird intensiver, sobald die Handlung voranschreitet, und als die Maus in die Höhle fliegt, ist sie von tiefen Farbtönen umgeben. Die Höhle selbst ist schwarz; in dem Augenblick, wo die Fledermäuse ihr Spottlied auf die erschrockene

Maus anstimmen, ist das Bild vollkommen schwarz mit Ausnahme der Charaktere in der Bildmitte. Draußen vor der Höhle ist der Himmel noch voller Farbe, aber schon ein wenig dunkler. In dem Augenblick, wo die Maus ihr Spiegelbild in einem Tümpel betrachtet, geht die Sonne unter. Strahlen aus Gelb und Gold erhellen immer noch den Horizont, während darüber ein tiefes Blau liegt. Als die Fee unseren Helden wieder in eine ganz ordinäre Maus zurückverwandelt und er nach Hause marschiert, wirft er einen langen Schatten. In dem Augenblick, als er die Haustür seiner elterlichen Wohnung erreicht hat, ist es finster draußen und Sterne funkeln am Himmel. Seine Mutter steht in der hellerleuchteten Haustür und erwartet ihren Sohn zurück. Das Licht der Wohnung besteht aus einem warmen Glühen.

Siebzehn Jahre später, als die UPA aus psychologischen Gründen bei *Gerald McBoing Boing* Farbe »einführte«, sah man darin den Durchbruch des Zeichentrickfilms. Aber Disney hatte diese Idee bereits 1934 und bediente sich der Farbeffekte auf brillante Art und Weise in *The Flying Mouse*.

Trotz all des Erfolges, hat *The Flying Mouse* jedoch auch seine Mängel. Um den Helden des Films vom Star des Studios, nämlich Mickey Mouse, zu unterscheiden, wurden er und die anderen Mäuse in mäßiger Art und Weise realistischer gezeichnet. Sie haben Schnauzen, Schnurrhaare, kleine Augen und lange Schwänze. In dem Augenblick, wo die bemerkenswerte Zeichentrick-Spinne auftaucht, ist der Effekt irgendwie unangenehm. In diesem Teil des Films erscheint die Spinne irgendwie als Widersinnigkeit. Die Verwandlung des Schmetterlings in eine Fee hingegen ist hervorragend gelungen, aber die Fee selbst ist steif und nicht reizvoll genug. Sogar Disneys Künstler hatten, mit all ihrem Talent, nicht die beste Hand, eine einigermaßen glaubwürdige menschliche Figur zu Papier zu bringen.

Kritiker und Publikum sahen diese Mängel nicht, aber Disney erkannte sie und suchte beständig nach neuen Wegen, um die Qualität seiner Zeichentrickfilme zu vervollkommnen. Eine revolutionäre Idee erwuchs ihm in der Anwendung der »pencil tests«, d.h., er ließ rohe Zeichnungen erst fotografieren, bevor sie verbessert, mit Tusche versehen und ausgemalt wurden.

Die Kosten der *Silly Symphonies* schnellten in die Höhe.

Der Film *The Three Little Pigs* verschlang 60 000 Dollar, und einige spätere Beispiele aus der Serie erreichten fast die 100 000-Dollar-Grenze. Aber Disney verbuchte diese Kosten unter den Kategorien »Forschung und Weiterentwicklung«, und hielt nicht darin inne, seine immer noch mageren Profite wieder in neue Projekte zu stecken.

Die Jahre 1934 und 1935 brachten einen Wendepunkt in der Geschichte des Disney-Studios. Es entstanden nicht nur solch überragende und neue Filme wie *The Grashopper and the Ant, The Tortoise and the Hare* und *The Band Concert,* sondern das Studio geriet auch in eine neue und aufregende Richtung.

Walt Disney wollte einen abendfüllenden Film machen. 1933 hatte es Gerüchte gegeben, die besagten, daß ein abendfüllender Film mit Mickey Mouse entstehen würde, und im gleichen Jahr entstanden auch Pläne, *Alice in Wonderland* mit Mary Pickford in der Hauptrolle zu verfilmen. Mary Pickford hatte zugestimmt, den Film zu produzieren und zu finanzieren, und die Vorarbeiten dazu waren bereits in vollem Gange, als die Paramount ihre eigene Version dieses Themas auf die Leinwand brachte, so daß Disneys Projekt in den Aktenschränken verschwand.

1935 wurde Mickey Mouse sieben Jahre alt. Aus diesem Grunde ließ Disney eine Werbeanzeige fertigen, aus der karikiert hervorgeht, daß zu diesem großen Ereignis allerlei Schauspieler und Komiker gratulieren, so z. B. Buster Keaton, Groucho Marx, Jimmy Durante, Oliver Hardy, George Arliss, Wallace Beery, Joe E. Brown, Charlie Chaplin, Marlene Dietrich usw. Text der Anzeige: ›Am 28. September 1935 wird Mickey Mouse genau sieben Jahre alt. Gerade dieser Vorfall erhält ungeteilten enthusiastischen Zuspruch in den Zeitungen und Zeitschriften; berühmte Bandleader spielen auf allen Kanälen Lieder aus den Disney-Filmen; Hersteller aller Arten mit den Emblemen von Mickey-Mouse-Handelswaren zeigen Tausende von Displays in ihren Schaufenstern. Internationale Rundfunkanstalten rund um den Globus aus London, New York, Paris und Hollywood sind bei der Gratulationsfeier zugegen. – Clevere Showleute haben sich bereits der Bewegung angeschlossen und buchen ›Walt-Disney-Revuen‹ für

> # Congratulations Mickey on your Seventh Birthday!
>
> **O**N September 28th, 1935, Mickey Mouse will be exactly seven years old. Already this event is receiving unlimited enthusiastic publicity in newspapers and magazines; famous band-leaders are broadcasting Walt Disney tunes over the air; manufacturers of all types of Mickey Mouse merchandise are giving Mickey thousands of window displays. International broadcasts will encircle the globe with London, New York, Paris and Hollywood joining the celebration.
>
> Smart showmen have already jumped on the band wagon by scheduling "Walt Disney Revues" for their theatres. Other exhibitors anxious to capitalize on the tremendous public interest being aroused, are booking every available Silly Symphony and Mickey Mouse subject.
>
> *Don't be left out in the cold. Visit your United Artists Exchange today and get your share of prosperity.*
>
> ## SEPTEMBER 28th to OCTOBER 4th
> ## 7th Anniversary Week!

ihre Kinos. Andere Schausteller sind lebhaft darum bemüht, an dem gewaltigen Erfolg teilzuhaben, indem sie jeden greifbaren Film aus den ›Silly Symphonies‹ und der ›Mickey-Mouse-Serie‹ ordern. – Stehen Sie nicht länger abseits. Schauen Sie noch heute in den Katalog der United Artists und holen Sie sich sofort Ihren Teil vom Erfolg.‹

Jetzt hatte Disney sich selbst neue Ziele gesetzt. Seine Ambitionen bewegten sich sowohl in praktischen Richtungen wie auch in persönlicher Hinsicht. Er verbrauchte immer mehr Geld für seine Kurzfilme, während die Kosten dafür recht bald an eine Grenze gerieten, wo keine Profite mehr gemacht werden konnten. Die Theaterbesitzer zahlten nicht mehr als einen Bruchteil ihres Einspielergebnisses aus dem Vorführen von Spielfilmen, wenn sie im Beiprogramm einen Kurzfilm zeigten. Dabei spielte es auch überhaupt keine Rolle, ob der Kurzfilm gut oder schlecht war. Disney spürte, daß er sich in einer Sackgasse befand. Er wußte auch sehr genau, daß Expansion das Lebensblut seines Geschäftes war, jedoch war die Produktion von abendfüllenden Filmen keineswegs eine logische Entwicklung, allerdings aber eine unausweichliche.

Nachdem er den harten und langen Weg von *Steamboat Willie* bis zu *The Three Little Pigs* unbeschadet überstanden hatte, wußte Walt, daß ein gewaltiges Pensum von Training, Preparation und Prüfung auf ihn und seine Leute zukommen würde, um unbeschadet einen abendfüllenden Film auf die Beine zu stellen. Er wußte auch, daß er bei der Verfolgung eines solchen Zieles talentiertere Leute anheuern mußte, um für ihn zu arbeiten.

Als zu Beginn der dreißiger Jahre in seinem Studio ein Leck entstand, brauchbare Künstler zu verpflichten oder heranzuziehen, sandte er einige seiner jungen Zeichner in Abendkurse der Chouinard Art School in Los Angeles. Er förderte die Weiterentwicklung seiner Mitarbeiter zusätzlich noch dadurch, daß er Don Graham, einen Lehrer von der Chouinard Art School im November 1932 für die Leitung der Abendkurse engagierte.

Jetzt, da sich seine Forderung nach neuen Talenten vergrößerte – und seine Pläne sich für einen abendfüllenden Film festigten – verpflichtete Walt Don Graham als ständigen Mitarbeiter. Die Absicht, die dahinterstand, setzte sich nicht nur aus dem Wunsche zusammen, junge Zeichner in ihren Befähigungen zu vervollkommnen, sondern übertrug sich auch auf jeden anderen Künstler seines Stabes, damit überall die Geschicklichkeiten und Fachkenntnisse im Verständnis um das Wesen der Zeichentrickkunst verbessert und vervollständigt werden konnten.

Walt brachte die Qualifikation eines guten Zeichners auf

einen Nenner: »Die Aufzählung beginnt mit den zeichnerischen Fähigkeiten eines Animators; dann kommt die Fähigkeit, Handlung zeichnerisch umzusetzen, sie in Zeichnungen zu zerlegen, um die Bewegung analysieren zu können. Von diesem Punkt aus kommen wir zu den Fähigkeiten des Zeichners, ob und wie er Handlungen karikieren kann, wenn er am Beispiel natürlicher menschlicher Bewegung diese in angemessener Weise verstärken kann, um die spaßige Seite daran zu sehen. So kann man Effekte oder Illusionen im Gemüt des Menschen erwirken, der sich die Handlung betrachtet.«

»Ebenso ist es wichtig für den Zeichner, die Fähigkeit zu erlangen, Empfindungen umzusetzen und die Kraft hinter diesen Empfindungen zu fühlen, die Empfindung zeichnerisch zu Papier zu bringen. In Verbindung damit soll der Animator lernen, was es ist, das Lacher produziert und was die Zuschauer als besonders lustig empfinden.«

Graham leitete Zeichenklassen mit lebenden Objekten, Seminare, Ausflüge in den örtlichen Tierpark und Übungsstunden für die verschiedensten Spezialisten des Studios, aber die wichtigste Arbeit von allen war, wie Walt vorausgesagt hatte, eine Klasse zu leiten, wo Bewegung analysiert werden konnte. Hier unterzogen die Animatoren und ihre Assistenten Spielfilmmaterial einer eingehenden Prüfung, wobei auch Filme von Charlie Chaplin und anderen Komikern der Stummfilmzeit zu Rate gezogen wurden, ebenso auch die bereits fertigen und älteren Zeichentrickfilme des Studios, um die Dynamik der Bewegung zu entdecken und zu erkunden. Anfangs hegten die älteren Zeichner einigen Groll gegen diese neue Einrichtung, denn sie waren der Meinung, sie wüßten über ihr Handwerk vollkommen Bescheid. Aber die jüngere Garde von Zeichnern aus dem Stabe Disneys, von denen viele Kunsterziehungsschulen besucht hatten, wurden durch dieses Unterfangen stimuliert, und schon sehr bald gab es eine bemerkenswerte junge Garde innerhalb des Studios.

Wenn man sich daran erinnert, so ist es wichtig, festzustellen, daß all dies in den Jahren der Depression vonstatten ging, wo die Jobs jeglicher Art dünn gesät waren und besonders irgendwelche Tätigkeiten in irgendeiner Kunstrichtung. Diese ganzen Vorgänge wurden für Disney eines Tages zum Vorteil, als er 1934/35 an einem größeren Projekt arbeitete. Hunderte von Bewerbern meldeten sich aus dem ganzen Lande, die meisten davon jung und gerade aus den Kunstfakultäten der Schulen entlassen. Gemeinsam mit dem Veteran Les Clark bildeten diese Männer den harten Kern von Disneys Filmcrew, an die man sich später unter der Bezeichnung »nine old men« (die neun Alten) erinnerte: Frank Thomas, Ollie Johnston, Milt Kahl, Marc Davis, Wolfgang (Woolie) Reitherman, Eric Larson, John Lounsbery, Ward Kimball, und natürlich Les Clark.

Diese waren lediglich einige der vielen tausend talentierten Leute, die während dieser unvergessenen Periode zu Walt Disneys Studio stießen. Auch andere Männer jener Zeit erlangten Ruhm und Ansehen in den Gefilden der »komischen Kunst« (wie Walt Kelly, Virgil »Vip« Partch, Hank Ketcham, Claude Smith, Sam Cobean), und viele arbeiteten in den Studios von Walter Lantz, bei MGM, Screen Gems und UPA.

Nicht jeder, der zu jener Zeit zu Disney stieß, kam gerade von der Schule. Einige davon waren bereits ausgebildete Zeichner und hatten in anderen Studios gearbeitet. Viele, die bereits für Ub Iwerks, Charles Mintz und Walter Lantz gearbeitet hatten, strebten zu Disney, als sich sein Studio in der besagten Expansionsphase befand. Viele dieser Männer fanden sehr bald heraus, daß sie sich schlechte Angewohnheiten wieder abgewöhnen und eine neue Einstellung zur Zeichentrickkunst angewöhnen mußten, und viele wünschten sich auch, sie wären zu Disneys Studio gestoßen, ohne große Erfahrungen innerhalb des Zeichentricks zu besitzen.

Gerade unter den Männern dieser talentierten Gruppe gab es auch bereits offensichtliche »Stars«. Einer dieser Stars war Bill Tytla. Zack Schwartz, der in den späten dreißiger Jahren Atelierleiter bei Disney wurde, schließt sich einer bekannten Meinung, die zu jener Zeit herrschte, an, wenn er sagt: »Bill Tytla war der größte Zeichenkünstler den ich kannte, nicht nur in der Animation, sondern überhaupt. Er war kein Karikaturist; er war ein Bildhauer. Seine Arbeiten waren von einer gewaltigen Kraft und Form.«

Angesichts dieser Reputation war Tytla ein häufiger Dozent innerhalb der Kurse von Don Graham. Sein lebhaftes Interesse am Zeichentrick als einer Art Kunstform, gepaart mit einem Mangel an Verstellung und Vortäuschung, machte ihn zu einem idealen Lehrer. Graham bat ihn häufig zu sich, wenn es darum ging, mit Assistenzzeichnern zu sprechen oder mit

Der Titelcharakter aus ›The Country Cousin‹ (Der Cousin vom Lande, 1936) hat zum ersten Male in seinem Leben Champagner getrunken. Das verursacht bei ihm einen Schluckauf. Zwei ausdrucksvolle Zeichnungen von Art Babbitt aus der Walt-Disney-Produktion.

Leuten, die zur Verbesserung von Zeichnungen angestellt waren und die darüber hinaus nicht den Bonus kreativer Freiheit besaßen, aber deren Arbeit überaus wichtig für den Erfolg des Studios war.

Don Grahams Stunden mit den arbeitenden Zeichnern hatten oftmals das Thema *Lässigkeit* zum Inhalt, das heißt, es wurde versucht, den einfachsten Weg aus einer Situation herauszufinden, ohne sich einer neuen Herausforderung stellen zu müssen. »Man stelle sich vor, die Ente geht in ein Zimmer«, sagte er zu einer Gruppe. »Der Zeichner mag da wohl eine gewisse Gangart im Sinn haben oder gelernt haben, vielleicht auch fünf verschiedene Bewegungsarten darzustellen, aber keine davon drückt die momentane Stimmung der Figur exakt aus. Also bedient er sich der Gangart, die der Gemütsverfassung der Figur am nächsten kommt. Wenn er vielleicht noch einmal sein Vorhaben überdenkt und sich fragt, welches Gefühl will ich eigentlich genau zeigen, dann hat er das Problem schon von einer anderen Seite betrachtet, und ein völlig neuer Gang mag dabei herauskommen. Das wäre dann ein echter Beitrag für die Fortentwicklung unserer Bemühungen, und andere Burschen würden einen Schritt nach vorn machen und aus eigener Initiative über die Dinge nachdenken. Das ist eine Sache des Mutes, der Animator mag sich wohl in seinen Bemühungen nicht ganz seinem Konzept unterworfen haben und Bewegung so dargestellt haben, wie er erhoffte. Der Regisseur kann sagen, die Sache ist miserabel – es liegt nicht an Donald Duck, es liegt auch nicht an Pluto, aber wenn er sieht, daß der Versuch gemacht worden ist, gefühlsmäßige Dinge in seine Handlung hineinzubringen, vielleicht sogar Dinge, die es vorher niemals gegeben hat, und wenn dann trotzdem der ursprüngliche Charakter der Figur nicht verlorengegangen ist, dann wird die Sache am Ende von Erfolg gekrönt sein. Auch aus diesem Grunde ist jeder Animator heute hier – er soll etwas Neues versuchen und sehen, wie es vorangeht.«

Die Atmosphäre der Selbstüberprüfung beherrschte Don Grahams Kurse und breitete sich aus. Von der Gründung seines Studios an hatte Disney die Praktik entwickelt, Dinge, die ihn beschäftigten, niederzuschreiben. Er glaubte an den Nutzen von Notizen. Stenotypistinnen wurden verpflichtet, die bei den Treffen dabei waren und jedes Wort mitschrieben, wenn über die Entwicklung einer Filmstory gesprochen wurde. Jeder Teilnehmer bekam dann davon eine Kopie. Jetzt ließ er alles, was in Don Grahams Stunden gesagt wurde, mitschreiben, übergab das Geschriebene seinem Stab, seinen Regisseuren und den einzelnen Abteilungsleitern, damit diese wiederum in der Lage waren, längere Notizen über die verschiedensten Aspekte der jeweilig anstehenden Produktion anzufertigen.

1935 befaßte sich Ted Sears, der Chef des »story departments«, mit einer detaillierten Analyse, wobei er Disneys bekannte Zeichentrickfiguren untersuchte, auf ihre etablierten Persönlichkeitsmerkmale einging und ganz bestimmte Szenen hervorhob, bei denen diese Elemente zum Vorschein kamen.

Über die Figur der Mickey Mouse schrieb er: »Mickey ist kein Clown ... er ist weder dämlich noch dumm. Seine Komik basiert voll und ganz auf der Situation, in die er gebracht wird. Mickey ist ganz besonders dann amüsant, wenn er sich in einer ernsten mißlichen Lage befindet und versucht, unter Schwierigkeiten oder Zeitdruck ein Ziel zu erreichen. Wenn Mickey unter schwierigen Verhältnissen arbeitet, dann kommen die Lacher immer auf den Höhepunkten jedes kleinen Vorfalles oder jeder kleinen Handlung. Zum größten Teil liegt das an Mickeys Ausdruck, seiner Position, seiner Haltung oder seinem Gemütszustand usw. und an der zeichnerischen Art, wie diese Dinge gezeigt werden. Mickey ist selten in einem Verfolgungsfilm lustig, weil dort sein Charakter und sein Ausdruck gewöhnlich verloren gehen.«

Über Pluto: »Pluto wird dann bestens gewürdigt, wenn er nicht sonderlich smart ist. Sein Charakter sollte stets der eines richtigen Hundes sein mit gerade dem Quentchen Übertreibung, das ihn komisch wirken läßt. Plutos stumme Nachdenklichkeit oder seine Schlußfolgerungen sind ebenso lustig. Pluto ist nervös und sensitiv und leicht erregbar. Seine Gefühle sind sehr schnell verletzt wenn er gescholten wird. Er ist eher tollkühn als tapfer. Pluto vermag nur dann echte Tapferkeit zeigen, wenn Mickey in Gefahr ist ... an anderer Stelle besteht sein Mut zu 90% aus Bluff. Er sollte mehr als ein Hasenfuß gezeigt werden.«

Goofy wurde im Studio ständig nur unter dem Namen »the Goof« (der Trottel, der Blöde) genannt: »Goofys Sprachlosigkeit ist von anderer Art, als die von Pluto«, schrieb Sears. »Er ist mehr von einer dämlichen Blödheit und stets vollkommen harmlos. Er versucht Dinge in einer Art auszuführen, von der nur er der Meinung ist, sie sei clever. Er macht sie allerdings stets falsch, wobei er am Ende jedesmal auf närrische Weise kleinlaut lacht. Er verliert selten die Geduld. Dadurch wird er für die heißblütige Ente (Donald Duck) zu einem echten Kontrast und Angriffspunkt. Bei der Behandlung Goofys können wir uns Freiheiten erlauben ... schwer zu gestaltende Objekte könnten mehr Leben haben – sie können hervorgehoben werden und vermenschlicht werden, wenn Goofy ihnen ins Gehege kommt, weil wir fühlen, daß er sie mehr auf diese Art sieht.«

Sears hatte die Fähigkeit, jene Figuren ganz klar zu zerlegen, aber seine Schlußfolgerungen waren ihm aus mehreren Entwicklungsjahren bei Walt Disney erwachsen, wo er mit Geschichtenerfindern, Regisseuren und ganz speziell Zeichnern zusammengekommen war. Obwohl mehrere Personen in den dreißiger Jahren an Disneys bekanntesten Figuren arbeiteten, gibt es jedoch keinen Zweifel, daß Norman Ferguson die Figur des Pluto erst wirklich etabliert hat, Fred Moore sich mit der Figur der Mickey Mouse und den entsprechenden Neuerungen an ihr befaßte und Art Babbitt derjenige war, der ganz zu Anfang die Figur des Goofy definierte und in eine ganz bestimmte Richtung lenkte.

Ferguson, wie bereits gesagt, wurde so etwas wie eine Legende; er war ein Mann, dem man Achtung im gesamten Zeichentrickfilmgeschäft entgegenbrachte. Und das, obwohl er nicht sonderlich gut zeichnen konnte (im gewöhnlichen Sinne des Wortes). Ferguson war einer der ersten Männer, die erkannten, daß Zeichentrick aus *Bewegung* und *Ausdruck* bestand, nicht nur aus einer Reihe von Zeichnungen. Er mag sowohl Disneys ursprüngliche Inspiration für dessen Aufgebot von Assistenzanimatoren, Mittelsmännern und Reinzeichnern gewesen sein. Walt hatte erkannt, daß es sehr leicht war, Männer zu finden, die zeichnen konnten, aber es war schwer, jemanden zu finden, der karikieren konnte. Deshalb überließ er den Zeichentrick, das Ausarbeiten von Bewegungen, Stellungen und Charaktereigenschaften jenen Männern vom Schlage eines Norman Ferguson, um ihn dann erst in dieser rohen Form den Assistenzzeichnern und Reinzeichnern zu übergeben, die sich mit den Details zu befassen hatten, die der Animator angedeutet hatte. Diese Art der Arbeitsweise entwickelte sich zum Standard auch in allen anderen Studios, aber Fergys Zeichnungen waren stets eine gewaltige Herausforderung an seine Assistenten. Jack Hannah begann als ein Mitarbeiter und Assistent bei Ferguson, und er erinnert sich: »Wenn man von ihm solche Zeichnungen zur weiteren Bearbeitung übernehmen mußte, oh, mein Gott!« Walt wußte, daß die zusätzliche Arbeit, die in Verbesserungen bestand, Fergusons Tätigkeit rechtfertigte, nicht weil er so besonders gut war, sondern weil er es verstand, äußerst schnell zu arbeiten.

Es war Ferguson, der die Figur des Pluto zuerst in einem Zeichentrickfilm mit Mickey Mouse aus dem Jahre 1930 als eine Art Bluthund zeichnete, und zwar in *The Chain Gang*. Da es Zeit in Anspruch nahm, Plutos Charakter zu entwickeln, bis er Mickeys verspielter Schoßhund wurde, war es wiederum Ferguson, der es für wichtig erachtete, Pluto mit einem *Gemüt* auszustatten, damit er als pantomimische Persönlichkeit die Chance zum Erfolg hatte. Er erkannte, daß Gesichtsausdrücke bedeutungslos blieben, wenn nicht ein gedanklicher Prozeß hinter ihnen stand.

Unabhängig von der Tatsache, daß das Studio ständig präziser arbeitete und immer mehr durchorganisiert wurde, führte Ferguson seine Ansicht fort, daß Zeichentrick grundsätzlich eine Art instinktiver Kunst sei. Im Falle der Pluto-Figur fühlte er, daß es absolut unmöglich war, das Timing einer vorgegebenen Szene vorher zu entwerfen. »Es ist schwer, die notwendigen Gefühle in gewissen Einstellungen vorauszuempfinden, wenn ein Ausdruck angebracht erscheint«, schrieb er. »Das bedeutet mitunter, daß es eine Notwendigkeit ist, bereits vorhandenes Material hinzuzufügen, den Film zu strecken, wenn man zum Ziel gelangen will.«

Fred Moore kam 1930 zum Studio, als er gerade achtzehn Jahre alt geworden war. Auch er besaß eine feine Nase für Persönlichkeitszeichnung, die Walt Disney sehr bald entdeckte, und bereits Mitte der dreißiger Jahre war er der Mann, der sich um die Figur der Mickey Mouse kümmerte. Zu einer Zeit, wo Mickeys Filmen ein wenig der Wind aus den Segeln genommen war, weil andere Figuren im Vordergrund standen, zeichnete Moore die Figur neu und vermittelte ihr mehr Flexibilität und modernere Gesichtsausdrücke.

Goofy kam zu Anfang der dreißiger Jahre auf die Leinwand, zunächst als ein etwas vereinfachter Charakter namens

Dippy Dawg. Er hatte eine dämliche Lache, die ihm Pinto Colvig lieh. Seine ebenso dämlichen Manieren paßten zu diesem Lachen. Aber er erreichte erst dann annähernd Starqualitäten, nachdem Art Babbitt sich mit dieser Figur befaßt hatte. Gegen Ende des Jahres 1935 schrieb Babbitt: »Meiner Meinung nach ist der Goofy bis jetzt immer noch eine schwache Zeichentrickfigur, denn seine Physis und seine Gesinnung sind undefinierbar und unbestimmt ... das einzige charakteristische für ihn, das sich mit ihm identifiziert, ist seine Stimme. Bisher sind keinerlei Anstrengungen unternommen worden, ihn einer passenden Bestimmung zuzuführen, beispielsweise irgendwelche Manieriertheiten oder mentalen Attitüden ...«

»Ich denke mir Goofy als eine Mischung aus fortwährendem Optimismus, als eine Art einfältigem guten Samariter, als Halbidiot ... und als eine Art Bauerntrampel. Er ist schlaksig und trottelig aber nicht gummiartig. Er kann schnell gehen, wenn es die Situation erfordert, legt aber niemals eine Überanstrengung an den Tag, denn er nimmt, wie er meint, stets den leichtesten Weg. Er nimmt es, wie es kommt. Egal was geschieht, letztlich akzeptiert er das Geschehene und hält es für das Beste oder Amüsanteste ... Sehr selten, wenn überhaupt, erreicht er sein Ziel oder beendet das, was er angefangen hat.«

Wie seine Kollegen, so legte Babbitt ganz bestimmte physische Eigenschaften für die Figur des Goofy fest: »Seine Haltung ist gleich Null. Sein Rücken beugt sich an der falschen Stelle und sein kleiner Bauch steht vor. Sein Kopf, sein Bauch und seine Knie beherrschen seinen Körper. Sein Hals ist sehr lang und mager. Seine Knie hängen durch, seine Füße sind groß und platt. Er geht auf den Fersen und seine Zehen stehen nach oben. Seine Schultern stehen sehr eng aneinander und neigen sich schräg, so daß die obere Hälfte seines Körpers dünn erscheint, wodurch die Arme lang und schwer erschei-

Goofy 1937. Die Bilder zeigen, wie Walt Disney sich die Figur des Goofy vorstellt: Egal, was Goofy tut, alle Bewegungen sollen ein wenig tölpelhaft und verschroben aussehen. Wenn Augenlider gezeigt werden, soll eines immer ein wenig mehr hochgezogen sein, als das andere, um einen ›Goofy‹-Blick zu bekommen. Beim Lachen von vorn ist die Schnauze zu verkürzen, damit der Eindruck eines verdrehten Kopfes entsteht, usw.

nen. Seine Hände (sprich: Pfoten) sind sehr sensitiv, ausdrucksvoll und kräftig. Seine Gesten sind sehr ausholend, sie sollten den Gentleman reflektieren. Seine Hinterpfoten sind keinesweg teigig, wie sonst im Zeichentrick. Sein Buckel ist schon lange zusammengefallen und seine Pfoten sollten ganz bestimmte Eigenschaften haben.«

Keine anderen Animatoren, außer die von Disney, kannten ihre Figuren so gut, aber das geschah trotzdem nicht ohne Probleme und immer wieder neuen Zeichnungen. Als die Figuren Pluto und Goofy immer mehr ihr jetziges Aussehen annahmen, mußten ältere Figuren, die eindimensional geblieben waren wie Horace Horsecollar und Clarabelle Cow, mehr in den Hintergrund treten. Sie boten keine Potenz für eine Weiterentwicklung.

Aber trotzdem gab es fortwährend Probleme mit Mickey Mouse, denn man wußte nicht, in welche Richtung man mit ihr gehen sollte. Mickey blieb auch in den nächsten zwanzig Jahren der Star von Kurzfilmen und ist nach wie vor das Aushängeschild der Disneyorganisation. Aber, so entsprach es der Wahrheit, Mickeys Totenglocke läutete bereits im Jahre 1934, angekündigt in Form eines Quakens. Dieses Quaken gehörte zu Clarence Nash, und die Figur, die dieses Quaken von sich gab, hieß Donald Duck.

Donald war außergewöhnlich, denn sein Quaken führte zu seiner Entstehung. Disney hatte gehört, wie Clarence Nash »Mary Had a Little Lamb« rezitiert hatte, und zwar in stimmlicher Form einer nervösen Ente während einer Radiosendung in Los Angeles. Er erkannte sofort das Potential dieser Stimme für eine Zeichentrickfigur. Donald machte sein Filmdebüt als Nebendarsteller in dem Film *The Wise Little Hen,* einem Film aus der Serie der *Silly Symphonies;* danach wurde er in *Orphan's Benefit* herausgestellt, wo er noch einmal sein Gedicht rezitierte, und zwar vor einem höhnenden Publikum, das aus lauter boshaften Mäusekindern bestand.

Donalds Leinwandpersönlichkeit entsprach zum größten Teil der Kreation von Animator Dick Lundy, der sich an seine Arbeit bei *The Orphan's Benefit* erinnert: »Ich lauschte dem Dialogtonstreifen und entschied mich dafür, ihn als egoistischen Prahlhans zu zeigen. Wenn ihm irgendetwas nicht nach der Nase ging, wurde er verrückt und plusterte sich auf.«

1935 entwarf Animator Fred Spencer eine Charakteranalyse von Donald Duck, die sich teilweise so anhört: »Donald hat sich zu einem der interessantesten Leinwandkomiker entwickelt. Das Publikum mag ihn überall, weil er seinem eigenen Charakter treu bleibt. Seine besten Merkmale sind seine frechen, prahlerischen und großtuerischen Attitüden, die sich recht bald in Zorn verwandeln, wenn man ihn herausfordern will. Seine typisch zornige Haltung, mit der sich das Publikum identifiziert, und ganz besonders seine kämpferische Pose mit der absonderlich quäkenden Stimme, harmoniert sehr gut mit seiner drohenden Gebärde, wenn er in Zorn gerät.«

»Die Ente (gemeint ist Donald Duck) hat eine Vorliebe, vor anderen Leuten imposant zu erscheinen und diese zu behelligen; sie verliert aber sehr schnell ihr Temperament, wenn der Wind sich gedreht hat. Mit anderen Worten, sie kann austeilen, aber nicht einstecken.«

Donalds aggressiver Charakter gefiel dem Publikum auf Anhieb, das bis dahin lediglich diese fröhlichen, freundlichen und nachsichtigen Figuren in Hauptrollen zu sehen bekommen hatte. Sogar in dem Film *The Band Concert,* wo die Animation der Mickey Mouse auf außergewöhnliche Weise expressiv war, bewerkstelligte es Donald mit seinem bombastischen Gehabe, den anderen Figuren den Rang abzulaufen.

Donalds Erfolg über Nacht, verbunden mit der Entwicklung von Goofy und Pluto, verdeutlichte sehr eindringlich, daß die Tage der Mickey Mouse als Solostar gezählt waren.

Der Konkurrenzkampf mit den anderen Figuren war nicht der einzige Grund für Mickeys Niedergang. Ward Kimball sagte, daß andere Faktoren, subtilerer Art, hierfür verantwortlich waren: »Desto mehr wir uns der Realität näherten, desto abstrakter wurde Mickey«, berichtete er Anfang 1970 dem Zeichentrickfilm-Historiker Mike Barrier. »In den alten Tagen des Zeichentricks hatten die Figuren sehr wenig mit der Realität zu tun. Man konnte alles Mögliche in einen Film hineinbringen, und das Publikum akzeptierte das. Aber wer hatte schon etwas von einer Maus gehört, die 1,20 m groß gewesen wäre? Da lag das Problem. Donald Duck, Goofy, Pluto, Clarabelle Cow und all die anderen waren maßstabgerecht gezeichnet worden. Sie waren glaubwürdig, denn sie besaßen eine glaubwürdige Größe. Und dann kommt eine Maus daher, so groß wie sie, und die Sache funktioniert nicht mehr.«

Walt Disney hatte zu jener Zeit keinerlei Interesse, Mickey

aus dem Zeichentrickfilm zurückzuziehen. Mickey war immerhin eine weltbekannte Persönlichkeit, ein Handelsobjekt auf breitester Basis und ein Eckstein innerhalb Disneys beständig wachsendem Studio. Mickey stand Walt Disney in vielerlei Hinsicht nahe; Disney selbst hatte sogar dieser Figur die Stimme geliehen, und zwar von Anbeginn der Tonfilmzeit.

Die Lösung des Mickey-Mouse-Problems bestand darin, sie von nun an mit den anderen Figuren des Studios zusammenzubringen, und, mit verschiedentlichen Ausnahmen, verbrachte Mickey nun die weiteren Jahre auf der Leinwand. (Diese Ausnahmen umschließen zwei von Mickeys kunstfertigsten und lustigsten Filmen: *Thru the Mirror,* ein Märchen à la Lewis Carroll, worin Mickey in einem fremdartigen, surrealen Wunderland festgehalten wird und *The Brave Little Tailor,* [Das tapfere kleine Schneiderlein] einer lebhaften Nacherzählung des bekannten klassischen Märchens, worin Mickey gegen

Ein Bild aus einem anspruchsvollen Mickey-Mouse-Film: ›The Brave Little Tailor‹ (Das tapfere, kleine Schneiderlein, 1938).

Zwei Zeichnungen von Pluto aus ›Pantry Pirate‹ (1941).

einen monströsen und bedrohlichen Riesen kämpfen muß.) Am erfolgreichsten waren jedoch die früheren Kurzfilme, worin das Trio Mickey, Donald und Goofy auftraten, *Mickey's Service Station, Mickey's Fire Brigade, Moving Day, Clock Cleaners, Lonesome Ghosts* und *Mickey's Trailer,* um nur ein paar zu nennen. Diese hervorragend gezeichneten Kurzfilme führen die Figuren in eine vorgegebene Situation, fallen dann in Soloepisoden auseinander, bevor sie im Finale wieder zusammenkommen.

Die einzige Kritik, die man diesen Kurzfilmen vorhalten konnte, bestand darin, daß sie beständig spitzfindiger wurden, Charakterliches zu sehr in den Vordergrund stellten und Gags und Bewegung in den Hintergrund treten ließen. Diese Entwicklung war ebenso unvermeidlich wie die Entwicklung bei Animatoren, die davon entwöhnt worden waren, Kurzfilme mit dünnen Geschichtchen in Musical-Zeichentrickfilme mit schneller Action auszudehnen, um ihr gesammeltes Wissen und ihre Befähigungen zur Geltung bringen zu können. Niemand, mit Ausnahme von Disneys Stab, hätte solche »Charakter-Gags« in ähnlicher Form »ausmelken« können, aber das führte dazu, daß die Zeichentrickfilme »sanft« wurden und introspektiv anstelle von lustig. Eine Geschichte wäre sehr bald in eine Sackgasse geraten, wenn Pluto in *Mickey's Grand Opera* beständig um den Hut eines Zauberers herumgeschnüffelt hätte, wiewohl auch Goofy mit einem fast menschlichen Klavier auf endlosen Filmmetern in *Moving Day* Verstecken spielte.

Sogar innerhalb des Studios machte sich ein Gefühl breit, daß die neuen Zeichentrickfilme den Geist der Filme aus den frühen dreißiger Jahren vermissen ließen, als Mickey und seine Kohorten solch sorgenfreie Attitüden an den Tag legten und die Animatoren sich unbehindert in endlosen Details verloren und sich fast ununterbrochen auf ständig gleichen Pfaden bewegten. Dies führte dazu, daß die Qualen beständig wuchsen.

Während ein Teil des Disneystabes fortwährend damit beschäftigt war, die »Stars« der Disneyzeichentrickfilme zu kultivieren, machte ein anderer Teil Vorstöße innerhalb der *Silly Symphonies* in andere Richtungen. Als die Arbeit an einem abendfüllenden Film begonnen hatte, zählte Disney mehr und mehr auf die *Silly Symphonies,* damit seine Crew die Möglichkeit hatte, neue Techniken zu entwickeln. Ganz spezielle Errungenschaften, wie das erste erfolgreiche Anwenden von Geschwindigkeit in *The Tortoise and the Hare,* wurden nicht nur vom Studio begeistert aufgenommen und weiterverwendet, sondern fanden innerhalb der gesamten Zeichentrickfilmindustrie Zugang. Andere Filme wie *Who Killed Cock Robin?, Music Land, The Country Cousin, Little Hiawatha, Ferdinand the Bull, Mother Goose Goes Hollywood* und *The Ugly Duckling* brachten der Mannschaft Disneys zusätzliches Lob und Prestige.

The Old Mill, 1937 veröffentlicht, war ein neuer Meilenstein in der Geschichte des Studios; abgesehen davon, daß der Streifen ein hervorragender Zeichentrickfilm war, führt er auch Disneys neueste Errungenschaft auf technischem Gebiet

Disney's berühmter Aufbau für die Multiplan-Kamera. Die oben angebrachte Kamera blickt durch mehrere Zeichenblätter, die jeweils separat von der Seite aus beleuchtet werden.

ein, nämlich die Multiplane-Kamera. Zu einem Preis von 70 000 Dollar entwickelt und aufrecht stehend 4,20 m hoch, besaß diese Erfindung die Möglichkeit, durch eine ganze Serie von Zeichnungen hindurchzublicken (anstelle von bisher nur einer Zeichnung), so daß ein fertiger Film das Gefühl von Tiefe und Dimension vermitteln konnte.

Ub Iwerks hatte Mitte der dreißiger Jahre etwas Ähnliches

entwickelt, aber er brachte seine Erfindung nicht zu solcher Vervollkommnung wie Disney seine Multiplane-Kamera. Die optische Scharfeinstellung und kontrollierbare Beleuchtung auf sieben Ebenen war nur ein Teil dieser Neuerung. William Stull beschrieb das überaus schwierige Arbeiten und Funktionieren dieser Multiplane-Kamera im Februar 1938 in einem Artikel der Zeitschrift *American Cinematographer:*

»Die Probleme von Perspektive, Proportion und Timing in diesen Szenen mit der Multiplane-Kamera können ungewöhnlich komplex sein. Man stelle sich beispielsweise nur einmal in einer beweglichen Einstellung mit der Kamera einen gezeichneten Charakter vor, wenn die Kamera ihm durch eine Landschaft folgen muß.

Auf eine Schicht der Zeichnungen (auf Zelluloid) mit einem Charakter, der sich bewegt, folgt ein Schema mit Perspektive und Timing. Dahinter zieht der Background vorüber, nicht nur in einer unterschiedlichen physischen Schicht, sondern auch vollkommen unterschiedlich in zeitliche Relation gebracht mit dem notwendigen starren wohlproportionierten Grad von Bewegung zwischen den einzelnen Lagen.

Im Vordergund können ein, zwei oder drei Schichten Zelluloid sein, vielleicht bereits in Bewegung, vielleicht mehr vorüberziehend, aber immer noch unterschiedlich proportioniert und zeitlich abgestimmt.

Die Reihe der Angleichungen, die dieses Gerät mit sich bringt, ist fotografisch ungewöhnlich groß. Jede einzelne Fläche ist auf und ab verstellbar und regulierbar entlang der optischen Achse der Kamera und kann seitlich in jede Richtung gedreht werden, nördlich oder südlich, östlich oder westlich, wie die Ingenieure Disneys es idiomatisch ausdrücken.

Die Kamera selbst ist für alle Angleichungen empfänglich und kann volle 360 Grad im Kreis um die Kameralinse bewegt werden. Zusammenfassend sind Kamera, Backgrounds, Vordergründe und die gezeichnete Bewegung in nicht weniger als vierundsechzig verschiedene und unterschiedliche Einstellungen gegenüber einem jeden Bild zu bringen!

Zwei graduierte Ingenieure des California Institute of Technology sind ständig damit beschäftigt, das Mathematische in den Zeichnungen auszuarbeiten und die Bilder zu fotografieren. Dank ihres Könnens sind die Probleme beim eigentlichen Fotografieren nur sehr klein.«

Die Kamera war also ein Werkzeug. Disney und sein kreativer Stab sind von der Entwicklung und dem Einsatz der Multiplane-Kamera nicht mehr zu trennen, denn dieses Gerät blieb für sie eine Herausforderung und vergößerte die bis dahin bekannten dramatischen Möglichkeiten für einen Zeichentrickfilm.

Aufgrund der Erfindung dieses Gerätes etablierte Disney bald darauf innerhalb seines Studios eine Abteilung, die sich nur mit fotografischen Effekten zu beschäftigen hatte. Animatoren waren bereits vorher formlos in Spezialistenkategorien eingeteilt worden, aber zu diesem Zeitpunkt geschah es zum ersten Male, daß irgendein Mann sich nur mit Effekten zu befassen hatte. Jetzt hatten die Charakteranimatoren endlich Zeit, sich ihren »Schauspielern« (sprich: Figuren) zu widmen, während eine separate Abteilung, zu der Joshua Meador, Cy Young, Don McManus und George Rowley gehörten, Wolken, Regen, sich kräuselndes Wasser, Reflektionen und andere Elemente entwarf, gerade wie der jeweilige Film sie erforderte.

Diese Entwicklung muß für die Veteranen unter den Zeichnern wohl mehr als ein Schock gewesen sein, wenn sie sich an die Zeiten erinnerten, in denen sie für nahezu alles, was in einer Szene geschah bzw. geschehen sollte zuständig waren – die Figuren, die Hintergründe, das Layout, die Gags und sogar das Übertragen der Zeichnungen auf Zelluloid. I. Klein erinnert sich an diese Zeit, wo nach dem eigentlichen Zeichnen noch so viele Verzierungen (einschließlich Bearbeitung mit der Multiplane-Kamera) an seinen Bildern zu seinem Film *Wynken, Blynken and Nod* angebracht wurden, so daß er sein eigentliches Werk nicht mehr wiedererkannte, nachdem er es auf der Leinwand betrachtet hatte.

All diese technischen und künstlerischen Entwicklungen kulminierten in Disneys erstem langen, abendfüllenden Zeichentrickfilm *Snow White and the Seven Dwarfs* (Schneewittchen und die sieben Zwerge, 1937).

Zurückblickend sagte Disney einmal:

»In seiner Definition von ›Abenteuer‹ bringt Webster den Geist von *Snow White* in kurzen Worten auf einen Nenner: ›Risiko, Gefahr; Begegnung mit riskanten Unternehmungen; wagemutige Großtat; ein kühnes Unterfangen, wobei das Problem in unvorhergesehenen Vorfällen liegt‹.«

Disney bewegte sich in unbekannten Gefilden, auf mehrfache Weise. Er hatte das Publikum tatsächlich emotional lediglich dann auf die Probe gestellt, wenn er ihm Kurzfilme in Zeichentrickform vorgesetzt hatte, die nicht länger als sieben Minuten dauerten. Jedoch wußte er nicht, ob er auch sein Publikum für siebzig Minuten oder noch länger fesseln konnte. Verschiedene Leute in der Filmindustrie waren nämlich der Ansicht, daß kein Erwachsener Interesse an einem abendfüllenden Zeichentrickfilm besaß. Disney überdachte diese Hindernisse sehr wohl, aber er glaubte auch daran, daß er sie umgehen bzw. aus dem Weg räumen konnte.

Das größte Problem bestand darin, in der Entwicklung und Ausarbeitung eines abendfüllenden Zeichentrickfilms eine Grenze abzustecken. »Man konnte unmöglich alles, was wir gelernt hatten oder noch zu lernen im Begriff waren, in den Film *Snow White and the Seven Dwarfs* mit einbringen«, berichtete Disney dem Reporter Paul Harrison, als der Film fertiggestellt war. »Wir begannen recht lebhaft in dem schnellen Tempo unserer Kurzfilme, wobei wir gewisse Techniken entwickelt hatten. Aber das reichte nicht; wir erkannten sehr bald, daß wir Gefahr liefen, das Publikum zu langweilen und zu ermüden. Es war so vieles zu beachten.«

Unkompliziertheit hieß der Schlüssel zu einem erfolgreichen abendfüllenden Zeichentrickfilm und, wie Disney erfahren mußte, war diese Verfahrensmethode sehr schwierig zu bewerkstelligen. Sich auf ein klassisches Märchen wie Schneewittchen zu stützen, war nicht nur von Nutzen, sondern brachte auch Probleme mit sich. Erzählte man die Geschichte in ihrer knappen Form, wäre die Handlung eigentlich zu dünn gewesen (und zu kurz), um einen abendfüllenden Film entstehen zu lassen, aber die Geschichte auszuschlachten, könnte möglicherweise unnötigen Wirrwarr und Langatmigkeit innerhalb dieses berühmten Märchens mit sich bringen.

Was Disney brauchte, war ein zusammenhängendes Dreh-

Modellzeichnungen für ›Snow White and the Seven Dwarfs‹ (Schneewittchen und die sieben Zwerge, 1937). Proportionen und Haltung der Charaktere werden verdeutlicht. (Der Zwerg Doc ist einen Viertelkopf kleiner als die anderen Zwerge. Zwerg Grumpy hat die Durchschnittsgröße eines Zwerges. Zwerg Dopey ist der Kleinste und ein wenig kleiner als die anderen.)

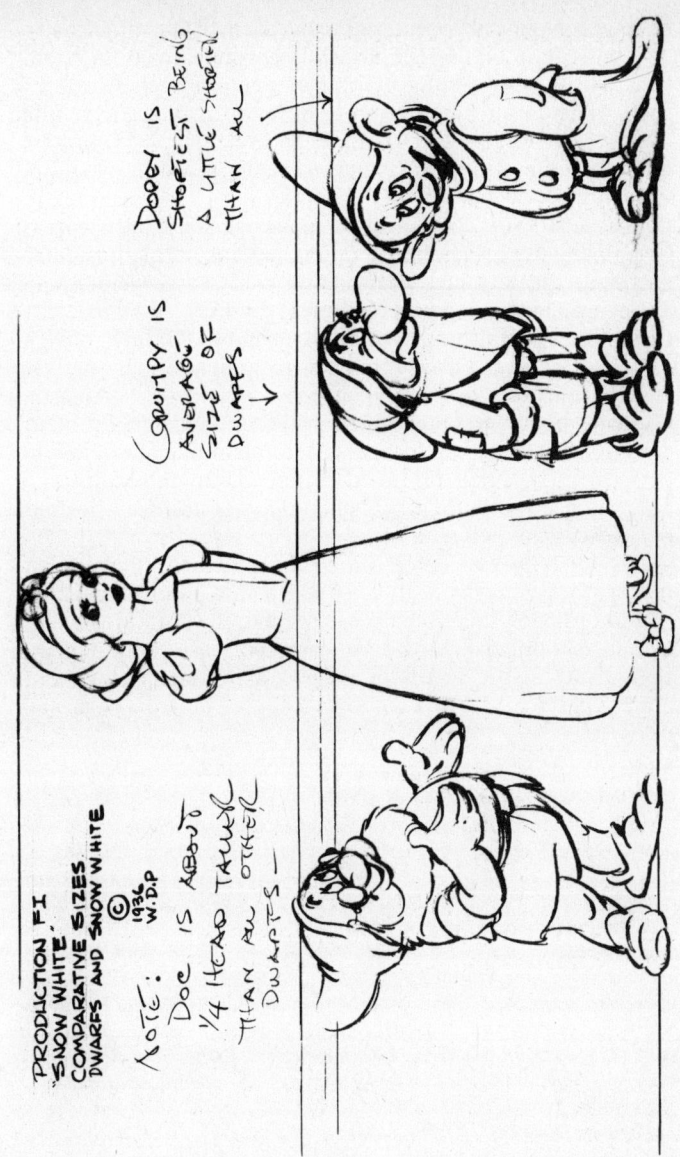

buch, worin eine Szene nahtlos in die nächste überfließen würde und Komik und Musik als Zwischenspiel so etwas Ähnliches wie Auspolsterung benötigte. Sein Wunsch wurde erfüllt, aber dieser brachte auf dem Wege zum fertigen Film allerlei schwierige Entscheidungen mit sich. »Wesentlich mehr als nur ein paar experimentelle Einstellungen und Zeichnungen wanderten in den Papierkorb«, sagte ein zeitgenössischer Report aus. »Zwei lange fertige Sequenzen wurden widerwillig herausgeschnitten, um die Laufzeit nicht zu überschreiten. In der einen Szene aßen die Zwerge gerade eine Suppe und in der anderen bauten sie ein Bett für Schneewittchen. In einer Nacht mußten zweitausend Fuß Film herausgeschnitten werden. Disney mußte sich damit abfinden, und das tat ihm sehr weh, mehr als man sich denken kann.« Aber die Laufzeit bedeutete tatsächlich nicht das einzige Problem. Eine ganze Menge von fertigem Material mußte aus dem Film verschwinden. Walt fühlte, daß diese zwar unterhaltsamen aber auch unwesentlichen Szenen den geradlinigen Fortlauf der Geschichte behinderten.

Als der Film *The Three Little Pigs* ein Trio ähnlicher Charaktere präsentiert hatte, die jedoch mit unterschiedlichen charakterlichen Eigenschaften ausgestattet waren, wurde dies als ein gewaltiger Schritt nach vorn gepriesen. Nun übertraf sich Disney selbst, indem er *sieben* vollkommen sich voneinander unterscheidende Figuren erschöpfen ließ, die dazu auch

Modellzeichnungen der Zwerge Sleedy, Bashful, Grumpy und Dopey, woraus hervorgeht, daß Sleedy den längsten und gewaltigsten Bart aller sieben Zwerge hat, daß ihm die Ärmel seiner Jacke zu lang sind und die Hände fest verdecken, daß er die Schultern hängen läßt und sich stets nach vornüber beugt, als hätte er Schwierigkeiten, sich gerade zu halten. Bashfuls Bart hat die Form des Bartes von Sleedy, ist aber ein wenig kleiner. Er trägt den Mützenzipfel im Gegensatz zu Sleedy hoch, hat aber auch wie Sleedy und Grumpy keinen Hals. Er trägt den Kopf gewöhnlich gesenkt und blickt mit seinen Augen noch oben. Grumpy trägt ebenso wie Basaful hochgezogene Schultern, um Stolz zu verdeutlichen. Er hat einen strähnigen Bart und seine Magerkeit soll den Eindruck des knarzigen, bärbeißigen Alten unterstreichen. Dopey trägt stets Kleider, die ihm zu groß sind und blickt müde und abgeschlafft drein. Er ist bartlos und wohl der Jüngste der Zwerge. Seine Zipfelmütze verändert sich mit seinen Stimmungen. Er hat einen Hals, aber sehr schmale Schultern. Aus der Walt-Disney-Produktion von 1937.

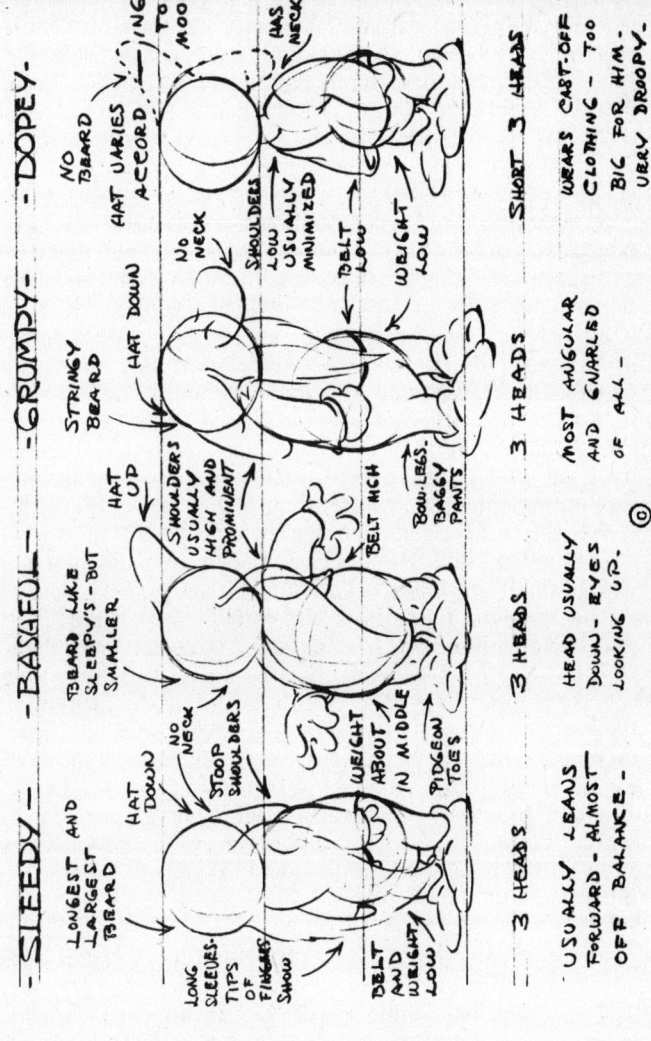

noch physische Eigenschaften mit sich brachten und den Betrachter anregten. Außerdem mußten diese sieben Zwerge alle unterschiedlich voneinander behandelt werden. Man konnte Doc nicht für Grumpy halten oder Dopey für Bashful, das war im fertigen Film vollkommen klar. Das war aber auch das Ergebnis einer sorgfältigen Detailgenauigkeit, der sich jeder im Disneystudio, der mit den Zwergen zu tun gehabt hatte, unterwerfen mußte.

Jede individuelle Szene des Films wuchs sich zu einem komplizierten Vorgang aus. Shamus Culhane zeichnete die Zwerge, während sie aus ihrem Bergwerkstollen nach Hause marschierten und »Heigh Ho« sangen. »Ich arbeitete sechs Monate an diesem verdammten Ding, und ich glaube, das Ganze ist im fertigen Film noch nicht einmal eine Minute lang«, sagte er. Warum sechs Monate? »Nun ja, in erster Linie gab es Probleme mit den vorgeschlagenen Plänen. Jeder Zwerg hatte eine Gangart, die sich von der eines anderen vollkommen unterschied. Sie gingen stets in einer Reihe, und man mußte sie zusammenhalten. Und oftmals waren sie gehend in Perspektive zu sehen, ganz deutlich in manchen Fällen, was wiederum bedeutete, daß man sich niedersetzen mußte und jeden verdammten Schritt mit einem Blaustift und einem Lineal auszeichnen mußte. In der Perspektive mußte man diese Schritte dermaßen vermindern, so daß jeder Zwerg sicher verkleinert werden konnte, und dazu hatte jeder noch eine andere Gangart. Und Dopey kam beim Gehen immer aus dem Rhythmus. Ich hatte drei Assistenten, von denen einer stets ein Mittelsmann war, und alle vier arbeiteten wir ein halbes Jahr an diesem Heimweg der Zwerge. Es war halt sehr viel Arbeit.«

Es jemandem recht zu machen war nicht genug. Der Film mußte *gut* sein, und niemand war ein größerer Kritiker, als Walt Disney selbst. Als er im »Schwitzkasten« (wie der Vorführraum von allen genannt wurde) einige erste Szenen des Films betrachtete, beanstandete er eine ganze Reihe brauchbaren Materials, das gut genug für Kurzfilme gewesen wäre, aber nicht gut genug für *Snow White and the Seven Dwarfs*.

Von all den Problemen, die dieser Film aufwarf, war keines so groß, wie die realistische Gestaltung echter Menschen. Einige Kritiker fanden hierin einen großen Mangel, insbesondere in der Gestaltung des Prinzen. Leute aus der Zeichentrickindustrie hatten zu großen Respekt vor Disneys Leistung,

Teil des fertigen Produktes: Der herzzerreißende Höhepunkt aus ›Snow White and the Seven Dwarfs‹ (Schneewittchen und die sieben Zwerge, 1937).

um den »menschlichen« Zeichentrick herabzusetzen, jedoch betrachteten viele von ihnen diese Darstellung als zu *oberflächlich*.

Aber Grim Natwick, der Mann, der hauptsächlich für die Figur von Snow White verantwortlich war, erhellte die Geschichten, die über die Gestaltung dieser Figur mit technischen Mitteln im Umlauf waren. »Wir gingen auch andere Wege, als die Figur nur nach Fotomaterial entstehen zu lassen«, sagte er. »Jedesmal, wenn wir Fotomaterial zu Hilfe nahmen, kam ihr Kinn stets ihrem Busen zu nahe, so daß wir den ganzen Körper rekonstruieren mußten; wir bewerkstelligten das, indem wir ihre Taille verkürzten. Sie sehen, daß Snow White kleiner ist, als die menschliche Form es gewöhnlich vorschreibt. Wenn auch die Beinbewegungen in Ordnung waren, so konnten wir einiges aus dem Film verwenden. Aber es mußte tatsächlich alles neu gezeichnet werden.«

»Lassen Sie mich etwas über Realismus sagen«, fuhr Natwick fort. »So ganz wahrheitsgetreu war das alles eigentlich nicht. Es gab wohl so zirka zweitausend unterschiedliche Zeichnungen, als versucht wurde, Schneewittchen zu entwikkeln. Zunächst war die Figur so gestaltet worden, als stamme sie aus einem Märchen, und das schien nicht richtig zu sein. Als die Figur sich veränderte, hatten wir zwei volle Monate, um die Praktiken an Schneewittchen zu erproben. Erst dann hatten wir eine einzige Szene, die auch zum Film Zugang fand. Wenn wir ein Muster vom *design department* erhielten, das wir daraufhin mit Zeichentrick verwandelten und Dinge fanden, die uns nicht gefielen, schickten wir das Muster einfach zurück und erklärten unsere Beanstandung. Es ist eine Tatsache, daß jedes Muster, das vom *design department* hereingereicht wurde, erst dann bei Disney von den Animatoren bearbeitet wurde, wenn der Animator selbst sein o.k. dazu abgegeben hatte.«

Natwick hatte nicht weniger als *fünf* Assistenten für die Figur des Schneewittchens, und das aus gutem Grund: »Jede Zeichnung war kompliziert und war praktisch anfangs nicht mehr als eine Illustration. Ich hatte stets gewaltigen Respekt vor Marc Davis, Les Novros und den anderen Kameraden, die mit mir arbeiteten. Sie mußten exzellent sein. Jene Zeichnungen waren so gut wie der Durchschnitt in den illustrierten Kinderbüchern jener Tage, oder sogar wie heute. Die Zwerge waren wesentlich leichter zu zeichnen, weil man Nase, Augen und Bart zusammenziehen konnte, und wenn man keinen perfekten Kontrolleur hatte, fielen einem die Fehler gar nicht auf. Aber bei der Figur des Schneewittchens war das anders, weil die Augen in einem Nichts lagen; die Augen und andere Elemente wie der Mund mußten sich *perfekt* bewegen, sonst hätte man andererseits ein Zittern oder ein unruhiges Bild bekommen (wie das bei verschiedenen Einstellungen der Fall war), so benutzten wir jeden bekannten Trick, um diese Fährnisse zu umgehen.«

Der Arbeitsanfall, der bei der Ausarbeitung der Figur des Schneewittchens auftrat, war so gewaltig, daß niemand eine zeitliche Voraussage machen konnte. »Wir trugen uns mit dem Gedanken, den Titel des Films von *Snow White and the Seven Dwarfs* in *Frankenstein* umzubenennen«, verkündete Disney einmal an anderer Stelle, wobei er nicht nur auf die nie enden wollende Arbeit und die stets steigenden Kosten anspielen wollte. Ursprünglich hatte er gehofft, den Film für 250 000 Dollar zu produzieren, aber als der Film fertiggestellt worden war, waren die Kosten auf das sechsfache gestiegen. Auf dem Wege dahin wurden in der Entwicklung von zeichnerischen Techniken gewaltige Fortschritte gemacht, auf kreativer Basis ebenso wie auf technischer. Während diese Entwicklung stets ein Quelle der Befriedigung für Disney war, beklagte er sich auch darüber, daß so viele Fortschritte erst gemacht wurden, während der Film seiner Fertigstellung entgegen ging.

Was jetzt noch ausstand, war die Reaktion des Publikums. Keine der technischen Errungenschaften und Entdeckungen zählte mehr, wenn der fertige Film sie nicht entsprechend zur Geltung bringen konnte.

Der Kritiker von *Variety* brachte den weltweiten Widerhall auf den fertigen Film auf einen Nenner:

»Es ist niemals zuvor irgendetwas Ähnliches in den Kinos gewesen wie Disneys *Snow White and the Seven Dwarfs,* sieben Rollen Zeichentrickfilm in Technicolor, wovon man vollkommen gefesselt ist, interessant und zu manchen Zeitpunkten packende Unterhaltung. Die Illusion ist so perfekt, die Liebesromanze so zärtlich und die Fantasie so emotionell, wenn das Handeln der Figuren eine Tiefe erreicht, die der Innigkeit menschlicher Darsteller gleichkommt. Der Film hat wirkliche Größe.«

All die Liebe, Hingabe und harte Arbeit an *Snow White and the Seven Dwarfs* machte sich bezahlt. In den Jahren 1937 und 1938 war der Film ein gewaltiger Erfolg und spielte rund um den Erdball mehr als acht Millionen Dollar ein. Seine Lieder wurden nicht nur Hits sondern Allgemeingut, und die Figuren erfreuten sich eines ähnlichen Handelserfolges wie er durch Mickey und seine Freunde zu Beginn der dreißiger Jahre hervorgerufen worden war.

Für Walt Disney und seinen Stab war das eine große Befriedigung. Kein anderes Filmprojekt fing jemals diese besondere Erregung wieder ein. Der Film wurde der erste abendfüllende Zeichentrickfilm. In der Zukunft sollte es noch andere Herausforderungen geben, doch *Snow White and the Seven Dwarfs* blieb eine ungeteilte Erfahrung für alle Leute, die daran arbeitsmäßig beteiligt gewesen waren.

Es war keineswegs so, daß sich irgend jemand auf den Lorbeeren ausruhte. Sobald *Snow White and the Seven Dwarfs* beendet war und man monatelang damit beschäftigt gewesen war, den Premierentag auf Weihnachten zu legen, begann schon in voller Breite die Arbeit an dem Film *Pinocchio* (Pinocchio, 1940).

»Die zwei Jahre zwischen *Snow White* und *Pinocchio* waren Jahre des Durcheinanders, der schnellen Expansion und der Reorganisation«, sagte Disney. »Hunderte von jungen Leuten wurden unterrichtet und in eine Maschinerie eingepaßt, die Unterhaltung produzierte, die wiederum verblüffend komplex geworden war. Und diese Maschinerie mußte nun fast über Nacht in Gang gesetzt werden, um an Stelle von Kurzfilmen hauptsächlich abendfüllende Zeichentrickfilme auf den Markt bringen zu können.«

Ein Nebenprodukt dieser Ausweitung, die sich seit Mitte der dreißiger Jahre vollzogen hatte, war Walts sich vergrößernde Verbundenheit mit der Position eines Zwischenhändlers, denn er hatte den stets sich steigernden Ausstoß an Filmen des Studios zu überwachen. Jene Regisseure, die für ihn arbeiteten, waren vormals Animatoren bei ihm gewesen, die er gefördert hatte. Die meisten waren sehr brauchbar und fähig, aber einige von ihnen fürchteten um ihre Stellung und hatten keine Veranlassung, Walt Disney, insbesondere im Hinblick auf die Kosten, zu verärgern. Konsequent unterdrückten sie die Animatoren und Künstler, damit sie keinen Mut mehr aufbringen konnten, neue Erfindungen und Ideen in die Filme mit einzubringen, obwohl Walt Disney selbst darauf wartete, daß sich eine Weiterentwicklung vollzog. Hatten die Animatoren verschiedentlich selbst mit Walt Disney zu tun und erfuhren dadurch, was eigentlich von ihnen gefordert war, so wuchs lediglich ihre Frustration.

Trotz finanziellen Druckes lehnte es Disney ab, auf Kosten der Qualität Kompromisse einzugehen, und er verfügte, daß alles, was man bei *Snow White and the Seven Dwarfs* gelernt hatte, dem Film *Pinocchio* zugute zu kommen hatte. Pläne wurden gemacht, damit dieser zweite abendfüllende Zeichentrickfilm noch kunstvoller und sorgfältiger gestaltet werden konnte als der erste. Disney erklärte das später wie folgt:

»*Pinocchio* mag wohl Schneewittchens Herzlichkeit entbehren, aber technisch und künstlerisch ist er hervorragend.«

5 Zeichnungen zeigen eine frühe Form der ›Pinocchio‹-Figur aus Disney's gleichnamigem Zeichentrickfilm.

Das Konzipieren einer Geschichte schien wohl die größten Schwierigkeiten mit sich zu bringen. Eines Tages entschloß sich Disney zu einer schwerwiegenden Entscheidung, denn er ließ die Arbeit von fünf Monaten verwerfen, weil sie ihm nicht gefiel. Das *Pinocchio*-Team begann erneut, und es förderte besseres Material zutage.

Die Anzahl der Figuren in *Pinocchio* und deren Art stellten Disneys Team eine ganze Reihe von Hürden in den Weg. Pinocchio selbst mußte wie ein kleiner Junge aussehen, obwohl er auf der anderen Seite seinem Image als eine hölzerne Puppe nicht verlustig gehen durfte. Jiminy Cricket (die Grille) hatte als eine wichtige Figur zu erscheinen, obwohl seine Größe nur einen Bruchteil der Größe der Hauptfigur ausmachen durfte. Die Märchenfee mußte eine wunderschöne Frau sein, ätherisch, und nicht ein »Glamour Girl«. Die beiden Schurken, Stromboli und J. Worthington Foulfellow (der Fuchs) wurden als zwei grundverschiedene Gangstertypen bzw. Gaunertypen entwickelt. Der erstere eine bombastische Personifikation des Bösen und der letztere ein schlitzohriger Typ und Betrüger.

Daß die Animation von Monstro, dem Wal, ein vollkommen anders gelagertes Problem unterschiedlicher Form mit sich brachte, kann man in der Januarausgabe von *Popular Mechanics* aus dem Jahre 1940 nachlesen:

»Die Erschaffung von Monstro, dem Wal, lag in etwa zu gleichen Teilen in den Händen der regulären Animatoren, der Animatoren, die mit den Effekten zu tun hatten, und den Männern vom Layout. Monatelang experimentierten sie mit Monstro herum, um seine Form gestalten zu können, so daß sein riesiger Bauch Tiefe bekam, Perspektive und Betonung. Der Wal wurde zunächst mit der Feder auf normales Zeichenpapier gezeichnet. Dann wurden diese Zeichnungen auf ganz spezielles Farbpapier übertragen, damit die zu betonenden Merkmale in Kreide gefertigt werden konnten.«

»Von nun an gingen die Zeichnungen durch den sogenannten *tracing-dyeing-photographing process* (Durchpausen-Färben-Tönen-Fotografieren) in Verbindung mit einer Art neuentwickeltem sensitiven Film. Durch dieses Verfahren konnten die Feinheiten der zu betonenden Merkmale auch in Verbindung mit der Perspektive gefertigt werden, ebenso wie die Nuancen und Schattierungen, die durch ein reguläres Bemalen nicht zu bewerkstelligen waren. Walmodelle, die man im Studio entworfen hatte, halfen den Animatoren ebenso bei der Arbeit wie den Männern vom Layout. Auch ein Miniaturskelett eines Wales, 1,50 m lang, wurde hergestellt, welches die Zeichner drehen und wenden konnten wie sie es für richtig hielten. Die Modellabteilung hatte ein Rippengerüst mit einer Lunge angefertigt, in die man Luft hineinpumpen konnte, um den Atemvorgang eines Wales zu simulieren. Modelle aus Ton und Lehm wurden gebrannt und in Öl bemalt, so daß die Künstler die Gelegenheit hatten, an Hand der Modelle die entsprechenden Besonderheiten eines Wales kennenzulernen und Lichtveränderungen von Monstros Haut zu erforschen.«

Sogar die Abteilung für die Toneffekte *(sounds effects)* befaßte sich mit Monstro und experimentierte mit ihm, insbesondere der tüchtige Jim Macdonald, ein Hexenmeister des Tons bei Disney.

Der fertige Film war intelligenter als *Snow White and the Seven Dwarfs,* nicht nur in Bezug auf das Erzählen einer Geschichte, sondern auch was die Bilder anbelangte und die Techniken. War *Snow White and the Seven Dwarfs* ein Märchen, das auch Momente hatte, worin es Angst und Schrecken verbreiten konnte, so war *Pinocchio* ein ausladender Alptraum mit wiederholt vorkommenden humorvollen Einwürfen. Viele der große Sequenzen – die Entführung Pinocchios durch Stromboli, die Verwandlung von Lampwick in einen Dummkopf auf Pleasure Island, die Hetzjagd auf See, um Monstro zu entkommen – gehören zu den herrlichsten Augenblicken der Filmgeschichte. Es war das Dramatische auf höchster Ebene, welches den Film *Pinocchio* auf so machtvolle Weise erfolgreich und wirkungsvoll machte.

Pinocchio wurde Disneys zweiter abendfüllender Zeichentrickfilm. Die Kritiker überschlugen sich und ergingen sich in Lob, und Skeptiker, die gemeint hatten, *Snow White and the Seven Dwarfs* könne keineswegs ein erfolgreicher Film werden, verstummten. Viele Leute sind noch heute der Meinung, *Pinocchio* sei Disneys beste Errungenschaft in der Kategorie abendfüllender Zeichentrickfilme.

Nun aber überraschte Disney *jeden,* denn er wandte sich einem Projekt zu, das so ungewöhnlich und einmalig wurde, daß es wohl niemand schaffen wird, diesen Erfolg noch einmal zu wiederholen – weder Disney selbst noch irgendwelche Rivalen. Der Originaltitel des Film lautete *Concert Feature,* aber dieser wurde später in *Fantasia* (Fantasia, 1940) umgetauft.

Der Entstehung des Films liegt eine Folge der *Silly Symphonies* zugrunde, die schon einmal, mit Mickey Mouse in der Hauptrolle, ein Musikstück von Paul Dukas, nämlich sein berühmtes »The Sorcerer's Apprentice« (Der Zauberlehrling) illustrierte. Ein glückliches Zusammentreffen zwischen Walt Disney und dem großen Dirigenten führte dazu, daß Stokowski an dem Film mitarbeitete. Disney gab sich überschwenglich der Idee hin, und seine Erwartungen für den Kurzfilm wurden von seiner enthusiastischen Mannschaft getragen und verwirklicht.

Die Begeisterungsfähigkeit und die Notwendigkeit, daß Stokowski hundert Musiker in einem anderen Studio dirigierte, brachten den Kurzfilm auf ein Gesamtbudget von 125 000 Dollar. An dieser Stelle ermahnte Roy Disney seinen Bruder und unterrichtete ihn davon, daß er keinerlei Möglichkeit sehe, diese gewaltigen Kosten durch Einspielergebnisse des Kurzfilmes wieder hereinzubekommen. Aus diesem Grunde setzte Walt im Frühjahr des Jahres 1938 (während der Film *Pinocchio* noch im Entstehen war) seine Idee in Umlauf, Stokowski noch einmal zu engagieren, und zwar diesmal für einen abendfüllenden Film, von dem *The Sorcerer's Apprentice* ein Teil werden sollte. Einmal gefesselt von dieser Idee, ging Disney dieses Projekt mit der gewohnten Leidenschaft an und unterrichtete den Chefingenieur Bill Garity davon, daß er für diesen Film neue Projektionsmöglichkeiten suche und ein völlig neues Tonsystem.

Die nächste schwierige Arbeit bestand darin, andere Musikstücke, ähnlich wie *The Sorcerer's Apprentice,* aufzuspüren und auszuwählen, die sich in ähnlicher Weise für eine visuelle Adaption eigneten. Bei der endgültigen Entscheidung war man auf folgende Stücke gekommen: »Toccata und Fuge in D-Moll« von Johann Sebastian Bach, »Nußknackersuite« von Peter Tschaikowsky, »Le Sacre du Printemps« von Igor Strawinsky, »Symphonie Nr. 6, F-Dur, Pastorale« von Ludwig van Beethoven, »Tanz der Stunden« von Amilcare Ponchielli, »Die Nacht auf dem kahlen Berge« von Modest Mussorgsky und das »Ave Maria« von Franz Schubert. Claude Debussys »Claire de Lune« hatte man ebenfalls eingespielt, der Titel fand aber im fertigen Film keine Verwendung.

Preston Blair hat Mickey Mouse für ›Fantasia‹ (1940) gezeichnet. In dem Filmteil »The Sorcerer's Apprentice« (Der Zauberlehrling) nach der Musik von Paul Dukas kämpft er gegen die Wasserfluten an, die er herbeigezaubert hat.

Jeder Teil des Filmes wurde in einem sich vom anderen unterscheidenden Design gehalten, um eine andere Stimmung zu vermitteln und einen anderen Animationsstil. Toccata und Fuge in D-Moll mit seinen visuellen Impressionen innerhalb des Tons war von den Experimentalfilmen Oskar Fischingers inspiriert worden. Ironischerweise hatte Fischinger selbst im Jahre 1936 eine Zusammenarbeit mit Leopold Stokowski vorgeschlagen; das Projekt war jedoch schließlich nie zu einem Ergebnis gelangt, und jetzt, drei Jahre später, befand sich Fischinger unter den Mitgliedern von Disneys Stab, um diese ungewöhnliche Sequenz mit ins Leben zu rufen. Aber die komiteeähnliche Atmosphäre des Studios war keineswegs dazu angetan, einen Künstler wie Fischinger zu inspirieren. Überdies hegten Disney und seine Crew ein heiliges Mißtrauen dem Worte »abstrakt« gegenüber und erachteten diese Kunst für geringschätzig.

In einem Rundschreiben des Studios rief sich der Effektzeichner Miles Pike die anfänglichen Diskussionen über die Sequenz noch einmal ins Gedächtnis, wo die Arbeit von Fischinger als »hübscher, guter Stoff« bezeichnet wurde. Aber er berichtete auch über die Worte eines anderen Teilnehmers beim Betrachten des Fischinger-Materials: »Wir können so etwas nicht gebrauchen, oder?« und ein anderer erwiderte darauf: »Zum Teufel, nein!« Die gesamte Idee des Films bestand

darin, Musik in Form von abstrakten Figuren zu zeichnen, und die Animatoren orientierten sich an Anhaltspunkten aus Fischingers früheren Arbeiten. (Fischinger verließ daraufhin frustriert und unglücklich das Studio.)

Das Rundschreiben berichtet weiter: »Eines der mühsamsten Unterfangen bestand darin, einen Gesamteffekt für die Nußknacker Suite zu entwickeln, indem man von der überdimensionalen Bühne weg kam, um letztlich eine kleine und intime Welt auf der Bühne entstehen zu lassen. In dieser Mückenatmosphäre fand man schließlich die entsprechende Vollendung.« Der denkwürdigste Teil dieses Filmsegmentes war der Tanz der Champignons, ein entwaffnend einfaches aber beredtsames Beispiel zeichentricktechnischer Arbeit.

Jules Engel erinnert sich: »Als ich damit begann, die Arbeit am chinesischen Tanz aufzunehmen, waren die Pilzfiguren bereits fertig, aber die Leute, die an jenem Material arbeiteten, hatten nie in ihrem Leben einer Ballettaufführung beigewohnt, und ich glaube sogar, daß sie niemals ein Theater von innen gesehen hatten. Ein Mitglied dieser Gruppe, Elmer Plummer, war ein wirklich guter Kolorist und zeichnete ungewöhnlich gut. Aber er hatte noch nie ein Ballett gesehen, ebenso wie der Regisseur, der an dieser Sache arbeitete. Für mich war das sehr einfach, denn ich hatte nicht nur meine Erkenntnisse des Zeichnens hinter mir, sondern die Welt des Tanzes war mir vertraut. Es gab keinerlei Probleme, die Sache in die Hand zu nehmen und sie fortzusetzen. Dann besorgte Art Babbitt die Animation.«

»The Rite of Spring« (Le Sacre du Printemps) war dafür vorgesehen, die Schöpfungsgeschichte zeichnerisch zu verdeutlichen. Walt Disney stellte sich das Resultat so vor: »... so, als wenn das Studio eine Expedition ausgesandt hätte, um die Welt vor sechs Millionen Jahren zu erforschen«, und, demzufolge, beschäftigte sich sein Stab ausführlich mit naturwissenschaftlichen Nachforschungen. Einige der praktischen Auflösungen von zeichnerischen Problemen hatten sehr wenig mit der Naturwissenschaft zu tun. Bill Roberts erzählte seinen Kollegen: »Zeichne perspektivisch ein zwölfstöckiges Hochhaus, dann verwandle es in einen Dinosaurier und setze ihn in Bewegung.«

Die Persönlichkeitszeichnung der Figuren war einer der Schlüsselfaktoren, die zu dem Erfolg von *The Sorcerer's Ap-*

Details und immer wieder Details: Betty Reynolds legt letzte Hand an einen Zelloloidstreifen für Disney's ›Fantasia‹ (1940).

prentice mit der Mickey Mouse geführt hatten. Fred Moore überwachte die Bearbeitung von Mickey Mouse, überarbeitete die Figur noch einmal, so daß sie zum ersten Mal auf der Leinwand Augen mit Pupillen hatte. Aber das Segment *The Sorcerer's Apprentice* fußte ebenso auf Effekten in der Animation wie die anderen Teile von *Fantasia*. *Art director* Zack Schwartz erinnert sich an die Ausführung der Animation: »Ugo D'Orsi bearbeitete das Wasser in *The Sorcerer's Apprentice* ganz für sich allein. Selbst die Übertragung auf Zelluloidstreifen besorgte er allein. Er befaßte sich vom ersten Strich mit dieser Sache bis zum letzten, und anstatt die Sache, was Tinte und Farbe anbelangte, an einen anderen weiter zu geben, erledigte er auch noch das.« D'Orsi filmte Wasser mit der Kamera und betrachtete sich seinen Film Bild für Bild – nicht um es zu skizzieren, jedoch wollte er die Beschaffenheit von Wasser kennenlernen, um daraufhin seine Bewegungen gestalten zu können.

Die *Symphonie Nr. 6* (Pastorale) ist hauptsächlich durch die

Erregung bekannt geworden (was den Zeichentrick anbelangt), für die das Büro des Hollywood Production Code (eine Zensurbehörde) sorgte: Diese Behörde bestand darauf, daß die von Fred Moore entworfenen »Zentauretten« (eine Art Zwitterwesen) Büstenhalter zu tragen hätten. Künstlerisch liegt die interessanteste Errungenschaft in der Tatsache, daß für diesen Filmteil ein stilisierter Background entworfen wurde. »Formen wurden angedeutet und nicht so sehr realistisch präsentiert«, kann man im Rundschreiben des Studios lesen.

Der »Tanz der Stunden« (»Dance of the Hours«) war der Teil des fertigen Films, an den man sich am ehesten erinnert, denn er vereint und kombiniert Musik, Tanz und Komik in köstlicher und unprätentiöser Art. Alligatoren, Strauße und Nilpferde vollführen einen eleganten und akkurat inszenierten Ballettanz, wobei die Disney-Künstler sich phantasievoll in den Vorlagen der Bilder des Malers Heinrich Kley bedienten. Hinzu kommt, daß der Filmteil tatsächlich mit Mitteln der Choreografie arbeitet, so daß diese Sequenz von der Bewegung lebt, die auf graphischen Überlegungen beruht. (Die Choreografie entwickelte sich deshalb so auffallend, weil sie auf den Erkenntnissen eines Films beruht, der führende Ballettkünstler in Aktion zeigte, und den die Künstler innerhalb Disneys Studio zu Zwecken der Animation genauestens studierten.)

»Bevor überhaupt mit einem groben Layout begonnen wurde, befaßten wir uns mit einem geradlinigen Leitmotiv für jede Sequenz«, schrieb *art director* Ken O'Connor. »In der ersten Sequenz bestand unser Leitmotiv in einem vertikalen und horizontalen Design. Dies paßt sehr gut zu den vertikalen Hälsen und Beinen der Strauße und soweit es möglich war, ließen wir die Vögel sich horizontal und vertikal bewegen ... In der zweiten Sequenz ... hatten wir die Ellipse als Leitmotiv. Dies war aktiver, als das Motiv der ersten Sequenz und paßt wieder sehr gut zu den rundlichen Nilpferden und ihren kreisförmigen Tanzbewegungen ... In die Sequenz, die die Krokodile vorstellt, brachten wir ein Zick-Zack-Leitmotiv mit ein, denn es verkörpert die Gefahr. Es stand im Einklang mit dem Winkelförmigen der Reptilien und vollzieht sich auf diagonalen Aktionswegen.« Eine ähnliche Sorgfalt galt auch für den Einsatz von Farbe:

Die Animation dieser Sequenz war eine *tour de force*, zeit-

Deems Taylor, Leopold Stokowski und Walt Disney während der Musikaufnahmen zu ›Fantasia‹ (1940). Stokowski erhielt für seine Mitwirkung an diesem Zeichentrickfilm einen OSCAR.

weilig mit bemerkenswerten Arbeiten von Howard Swift (an den Straußen) und Preston Blair (an den Nilpferden).

Eines der berühmtesten Teilstücke für gekonnte Animation in *Fantasia* liegt in der Ausführung des Black God, den Bill Tytla für die Sequenz *Night on Bald Mountain* (Die Nacht auf dem kahlen Berge) beisteuerte. Disney selbst wußte, daß er in Bill Tytla den richtigen Mann hatte, der diese gewichtige Arbeit ausführen konnte. Deshalb bot er ihm alle erdenkliche Hilfe an, damit diese Arbeit zufriedenstellend ausfallen konnte. Kay Nielsens Illustrationen auf dem *storyboard* bedeuteten die Grundlage für die Szenen der Kreuzigungszeremonie, zumal visuelle Elemente und Bewegungsabläufe hierfür besser zur Geltung kamen. Der Schauspieler Bela Lugosi wurde verpflichtet, um in einer Spielfilmszene die Rolle des Black God zu interpretieren. Daraufhin befaßte sich Bill Tytla aus Studiengründen mit diesem Material. Das Ergebnis dieser Sequenz liegt offenkundig in voller Kraft und Lebhaftigkeit auf der Leinwand, und viele Betrachter mußten einmütig bekennen, daß sie Ähnliches bislang noch nicht gesehen hatten.

Die Sequenz »Die Nacht auf dem kahlen Berge« steht mit ihrem Ausdruck des Bösen im krassen Kontrast zu dem Filmteil, der das »Ave Maria« zum Inhalt hat. Hier ist alles von Reinheit erfüllt und bildet den Schluß des gesamten Films. Obwohl dieser letzte Teil des Films nicht so ausdrucksvoll und kompliziert wie Bill Tytlas Arbeit sein mag, schrieb Disneys Belegschaftsmitglied Ed Gershman 1940:

»Zu dem wohl gelungensten Animationsmaterial, das je im Disneyschen Studio das Licht der Welt erblickte, gehört zweifelsohne die Szene mit den Nonnen in dem großen Schwenk. Die Anwendung von Animationstechniken war hier so vollkommen, daß lediglich eine kleine Abweichung in der Linienführung ein ›Zittern‹ des Bildes hervorgerufen hätte. Das gilt nicht nur für die Animationstechnik, sondern für die Arbeit aller Mitarbeiter, die mit jener Szene befaßt waren.«

Die technischen Probleme bei der Entstehung von *Fantasia* müssen wohl anfangs unüberwindlich erschienen sein. Der Toningenieur Robert Cook hatte entdeckt, daß der Rohfilmlieferant des Studios eine neuartige Tinte verwendet hatte, um das Material zu kennzeichnen und daß diese Tinte abzublättern begann und kleine Teilchen über das gesamte Filmbild verstreute, die wiederum dem Filmton schadeten, nachdem das Material kopiert worden war. Eine Säuberungsaktion schien zu keinerlei Erfolg zu führen, so daß verschiedene Techniker tatsächlich die sichtbarsten Fleckchen mit Farbe übermalen mußten.

Im *camera department* sorgte ein anderer Umstand für Kopfzerbrechen. »*Fantasia* war der erste abendfüllende Zeichentrickfilm, bei dem die beiden neuen Multiplane-Kräne des Studios eingesetzt wurden«, steht in dem besagten Rundschreiben zu lesen. »Von den rund 2800 Metern Film sind rund 1200 Meter mit dem Multiplane-Gerät hergestellt worden, mehr also, als in *Snow White and the Seven Dwarfs* und *Pinocchio* zusammen. Wenn 2800 Meter die Länge des endgültig veröffentlichten Films ausmachen, so ist dazu zu sagen, daß in Wirklichkeit 2 ½ mal soviel Filmmaterial fotografiert wurde, also 6800 Meter Negativfilm zur Verfügung stand, aus denen dann die Leinwandversion von *Fantasia* zusammengestellt wurde.«

Zusätzlich zu den technischen Herausforderungen mußte sich Disney mit den Problemen seines *Fantasound* herumschlagen, einem Tonsystem, das mit mehreren Tonspuren arbeitete und mit mehreren Lautsprechern. Da der Krieg hier Prioritäten setzte, war eine Masseninstallation dieser neuen Geräte unausführbar.

Da nun alles gesagt und getan war, taucht die Frage auf, ob dieser gesamte Massenaufwand sich überhaupt rentierte? Einige Kritiker waren der Meinung, daß sich der Aufwand tatsächlich gelohnt hätte, während andere wiederum Disney Blasphemie vorwarfen, in bezug auf den Einsatz klassischer Musik. Das Publikum hatte sich in zwei Lager geteilt, was die Reaktionen anbelangte. Die große Masse der Zuschauer Disneys blieb allerdings diesem Film fern, denn er war inhaltlich sicherlich zu intellektuell.

Für die Künstler und Techniker, die diesen Film mitgestaltet hatten, war *Fantasia* möglicherweise die größte Herausforderung ihrer gesamten Karriere. Und Walt Disney selbst war unerschütterlich in seiner Haltung gegenüber diesem Film:

»*Fantasia* bedeutete für uns mehr und mehr, daß unsere anderen Filme irgendwie unreif aussahen«, sagte er zu jenem Zeitpunkt, als der Film in die Kinos gelangte. »Man sieht an ihm zum ersten Mal, welche Möglichkeiten sich unserem Medium in Zukunft bieten. Was ich in der Zukunft sehe, ist noch zu nebulös, als daß ich es mit Worten beschreiben könnte. Aber es sieht irgendwie groß und glitzernd aus. Gerade das ist es, was ich an diesem Geschäft so liebe, die Gewißheit, daß hinter der nächsten Biegung noch etwas liegt, was größer und erregender ist als das was wir zur Zeit gerade machen; und dazu kommt natürlich auch noch die Ungewißheit, die in allem Neuen liegt.«

Ungewißheit war gewiß genau das richtige Wort, das Disney in den nächsten Jahren begleiten sollte, denn diese Zeit hielt einige Vorfälle bereit, die sich der Meister sicherlich wohl nicht hätte vorstellen können zu einem Zeitpunkt, als *Fantasia* um die Welt ging.

Den ersten Höhepunkt an Ungewißheit brachte der Ausbruch des Zweiten Weltkrieges mit sich, der sich in Europa vollzogen hatte und damit auch für jene Tatsache zuständig war, daß Disneys hohe Profite aus dem europäischen Raum ausblieben, die er so notwendig für die weitere Entwicklung seines Studios benötigte. Alle Gewinne aus *Snow White and the Seven Dwarfs* waren in die Expansion des Studios geflossen (und die Konstruktion einer neuen Niederlassung in Burbank). Die restlichen Beträge aus diesem profitablen Film wanderten zu den Entstehungskosten von *Pinocchio* und *Fantasia*. Die Schwierigkeiten, die das mit *Fantasound* ausgestattete Material mit sich brachte, waren anfangs 1940 nur Vorläufer der Schwierigkeiten, die sich noch einstellen sollten. Amerikas Eintritt in den Krieg im Dezember 1941 verminderte nicht nur Disneys Stab, sondern beschnitt auch die Versorgungswege mit neuem Material, beispielsweise Farbfilmmaterial. Darüber hinaus legte die Regierung der Vereinigten Staaten ihm noch die Verpflichtung auf, für sie zeitgenössische Filme herzustellen, die das Thema Krieg zum Inhalt hatten. Er wurde also dazu gezwungen, andere Prioritäten zu setzen, was der Regierung gerade recht war, aber sein Publikum, das ihm so sehr am Herzen lag, mußte darunter natürlich leiden.

Ein anderes Problem bestand zusätzlich noch darin, daß *Fantasia* kommerziell kein erfolgreicher Film wurde. Hinzu kamen noch die heftigen ablehnenden Kritiken aus verschiedenen Lagern. Dies alles war dazu angetan, einen Mann wie Disney zu entmutigen. Er hatte daran geglaubt, daß sein Verbundensein mit seinem Medium Signale für eine neue Morgenröte innerhalb des Zeichentrickfilms setzen würde. Er hätte den leichten Weg einschlagen und einen schnellen Nachfolger für *Snow White and the Seven Dwarfs* produzieren können, aber anstelle einer solchen Entwicklung wagte er sich vor in neue Gefilde und unerforschtes Territorium. Er mußte erfahren, daß solche kreativen Experimente ihren Preis forderten. Pläne, *Fantasia* in Form von jährlich neu erscheinenden Teilen wieder in den Vordergrund zu bringen, wurden niemals realisiert.

Einen weiteren Schlag brachten für Disney die Streiks in seinem Studio in der Mitte des Jahres 1941. Von diesen Vorfällen war Disney, und dieser Meinung schließen sich andere Personen bedingungslos an, unmittelbar betroffen. Disney war ein Visionär und ein Genie, aber er war auch ein Mann, den man mit den Worten *self-made man* umschreiben konnte. Seine qualvollen Erfahrungen mit betrügerischen Verleihern und unloyalen Mitarbeitern zu Beginn seiner Tätigkeit im Zeichentrickfilm verhalfen ihm dazu, seine Ansichten über Erfolg zu verfeinern und bildeten auch die Grundlage dafür, daß er sich mehr und mehr zu einer Art gütigem Despot entwickelte.

Keinerlei Kosten wurden gescheut, wenn es um die Produktionen des Studios ging; Disney selbst sorgte sogar dafür, daß an diejenigen Mitarbeiter ein Bonus ausgeschüttet wurde, die neue Wege innerhalb des Zeichentricks erforschten und etwas schufen, das man für Spitzenqualität hielt. Aber gerade deshalb, weil Walt Disney von sich selbst soviel verlangte, verlangte er auch von jedem seiner Mitarbeiter eine gehörige Portion Hingabe an das Studio. Viele Personen arbeiteten nicht nur nächtelang, oder sogar an den Wochenenden, um *Snow White and the Seven Dwarfs* beizeiten fertigstellen zu können. Ein Entgelt für geleistete Überstunden gab es allerdings dafür nicht.

Disney verspürte persönlich den Glanz des Erfolges und dachte, daß auch seine Mitarbeiter seine Gefühle teilten. Aber bereits 1940 hatte das Studio fabrikähnliche Proportionen angenommen, eine Entwicklung die sicherlich auch dazu hinführen mußte, größere Arbeitsflächen in Burbank entstehen zu lassen, damit man der baufälligen Enge in der Hyperion Street entfliehen konnte. Nicht wenige Mitarbeiter hatten direkten Umgang mit Walt Disney, hielten sich aber nichtsdestotrotz zurück, was seine Hingabe an das Medium betraf. Sie teilten seine Ziele nicht, denn sie fühlten sich immer mehr mißachtet und hielten sich für unterbezahlt.

Disneys naive aber eigensinnige Attitüde zu Unionismus und gewerkschaftlichen Bewegungen schüttete neues Öl in das bereits brennende Feuer, so daß sich viele seiner ranglich hochstehenden Mitarbeiter den Gewerkschaftsbewegungen anschlossen. Walt ließ Statements verlauten, in denen er das Gewerkschaftswesen als legales Mittel seiner Arbeiterschaft bezeichnete, um Vergünstigungen zu erwirken, privat allerdings war er außer sich und fühlte sich verletzt, daß seine Arbeiter gegen ihren Chef vorgehen wollten, zumal er, seiner Meinung nach, ihnen so viel gegeben hatte und ganz generell gesehen natürlich auch der Zeichentrickfilmindustrie. Zumindest war er schlecht beraten, als er ankündigte, die gewerkschaftlichen Aktivisten unter seinen Mitarbeitern zu feuern.

Die Wogen schlugen nur noch höher, an Versöhnung war nicht mehr zu denken. Am 28. Mai 1941 bauten sich über fünfhundert Streikposten vor dem Studio auf, um Nichtstreikenden den Zugang zum Werksgelände zu verwehren.

Der Disney-Streik ist durchaus eine komplizierte Angelegenheit, und es steht außer Frage, daß beide Seiten ernsthafte Forderungen zu stellen hatten. Aber eines ist gewiß vollkommen klar: Die Stimmung innerhalb des Studios nach dem Streik war eine vollkommen andere und schlug sich verständlicherweise in der filmischen Arbeit nieder, die sich in den folgenden Jahren innerhalb des Studios vollzog.

Und Disney verlor viele seiner besten Leute, darunter Art Babbitt und Bill Tytla, dazu eine Gruppe jüngerer Männer, die schließlich den Kernpunkt der UPA bildeten: John Hubley, Dave Hilberman, Steve Bosustow, Adrian Woolery, Bill Hurtz und andere. Unter denjenigen, die blieben, formte sich niemals mehr so etwas wie ein gemeinschaftliches Fühlen und Handeln, und der Geist des Abenteuers war verschwunden. Und auch Walt Disney war keineswegs mehr derselbe, der er einmal in seiner Haltung gegenüber seinem Stab gewesen war.

Es ist äußerst ironisch, daß in der Mitte des Streiks von der RKO *The Reluctant Dragon* veröffentlicht wurde, ein Film, in welchem sich das Disney-Studio selbst darstellte und sich als die Gemeinschaft aus Harmonie und Temperament präsentierte, die vor dem Streik bestanden hatte. Der interessanteste und wichtigste Teil dieses leichtgewichtigen Films besteht aus dem Segment mit dem Titel *Baby Weems,* einer liebenswerten Geschichte über ein Kind mit dem Intelligenzquotienten eines Genies, die wie in einer Serie erzählt wird und nur aus sehr wenig Animationsbewegung besteht. Man betrachtete diesen Filmteil mit gemischten Gefühlen, weil man ihn für »Mogelei« hielt, da er so wenig Arbeit in Anspruch genommen hatte. Wenn man allerdings heute auf diesen Film zurückblickt, so ist *Baby Weems* in Stil und »limitierter Animation« ein Vorläufer der Filme der UPA. Ob nun bewußt oder nicht, so waren doch einige Künstler bei Disney eifrig darum bemüht (immerhin schrieb man noch das Jahr 1941), zu zeigen, daß es mehrere Möglichkeiten gab, Zeichentrickfilm zu machen.

Die letzten abendfüllenden Zeichentrickfilme aus Disneys Studio, die unversehrt, trotz Krieg, Streik und anderer Pro-

Phyllis Bounds bemalt Zelluloidstreifen von Timothy the Mouse für Disney's Film ›Dumbo‹; ein zusätzlicher Streifen, der schwarze Krähen zeigt, liegt noch auf ihrem Tisch.

bleme in die Kinos gelangten, waren *Dumbo* (Dumbo, 1941) und *Bambi* (Bambi, 1942).

Darüber berichtet Dick Huemer:

»Die Saga von *Dumbo* ist in der Tat recht kompliziert und keineswegs leicht und in wenigen Worten zu umschreiben. Alle abendfüllenden Zeichentrickfilme Disneys basierten auf einem Buch oder einer bereits etablierten Geschichte. Von dieser Grundlage aus entwickelte sich die Geschichte zeichnerisch auf den *storyboards* Stück für Stück durch mehrere Mitarbeiter, die daraufhin ihre erarbeiteten Teile Walt vorlegten. Traf man sich auf Konferenzen, um die weitere Entwicklung der Geschichte zu besprechen, so wurde stets etwas hinzugefügt oder abgezogen, entweder durch Walt selber oder durch andere. Viele dieser Konferenzen warteten zum Schluß mit einem Ergebnis auf, mit dem auch Walt einverstanden war. So viel hierzu. Nun wanderte die abgehakt und für gut befundene Sequenz in das Büro des jeweiligen Regisseurs, wo man sich mit dem zeitlichen Ablauf befaßte und das bereits fertige Material in kleinere Teile zerlegte. Dann erst gelangten die fertigen Zeichnungen zum Layout, und die Animatoren konnten sich damit befassen, die Bilder in Bewegung zu bringen. Dann gab es noch ständige Vorführungen, um das Entstandene zu perfektionieren, damit es dem Über-Perfektionisten Walt vorgelegt werden konnte. So viel zu dem üblichen Verfahren.

Bei *Dumbo* war es anders. Es kam ein zusätzlicher Schritt hinzu, der niemals zuvor gegangen worden war. Schritt Zwei mit dem Aufbau der Geschichte auf dem *storyboard* mit den entsprechenden Konferenzen war getan, und die Original-Idee für die Geschichte (mehr gab es dazu nicht) wurde breitgewalzt und ausgeschmückt. Viele neue Elemente kamen hinzu, die Figur des Casey Junior entstand und dann ließ Walt alles fallen. Ich weiß nicht warum.

Was einige Zeit später geschah, kann man mit den Worten ungewöhnlicher Schritt umschreiben. Joe Grant und ich selbst, die wir uns als Autoren-Team etabliert hatten, taten etwas, was schon lange nicht mehr getan worden war. Wir entschieden uns dafür, Walts verschwundene Begeisterung für die Dumbo-Sache wieder aufleben zu lassen. Das wurde so bewerkstelligt, daß wir die gesamte Geschichte zu Papier brachten, die Dinge entschärften, die mal ein Stein des Anstoßes gewesen waren, neue Ideen hineinfließen ließen (wie beispielsweise die lila Elefanten) und das Ganze kapitelmäßig Walt zum Lesen übergaben, als handele es sich um eine Art Fortsetzungsroman. Walt war über diese Verfahrensweise so begeistert (zumal man vorher niemals diesen Weg gegangen war), daß er umgehend den Film wieder auf den Produktionsplan setzte. Nun folgte wieder die übliche Prozedur, wobei sehr vieles hinzugefügt wurde, Gags, Handlung und Dialoge. Ungeachtet der oben geschilderten Abweichung von der Regel, läßt *Dumbo* nicht das charakteristische Gemeinstreben vermissen, das bei allen früheren Filmen den Weg zur Leinwand fand.«

Durch Huemers und Grants Basisarbeit, war *Dumbo* einer der leichtesten Filme, die jemals von Disney und seinen Mitarbeitern verfilmt worden waren. Die Abänderungen und sonstigen Probleme waren sehr gering, nachdem die Arbeit an dem Film wieder in Gang gesetzt worden war. Jedermann war durchdrungen von dem wunderbaren Geist und der »Einfachheit« der Geschichte über einen fliegenden Elefanten. Die

Produktionszeit war sehr kurz, und auch die Produktionskosten waren niedriger als bei jedem vorangegangenen abendfüllenden Zeichentrickfilm des Studios.

Abgesehen von Herz und Witz brachte *Dumbo* auch die erste surrealistische Sequenz des Studios hervor, nämlich den Teil *Pink Elephants on Parade*. Spätere Kurzfilme wie *The Fuehrer's Face* und *Plutopia* waren von dieser Sequenz inspiriert, und abendfüllende Filme wie *The Three Caballeros, Make Mine Musik* und *Melody Time* versuchten, diese Prinzipien auszuweiten, aber die Sequenz *Pink Elephants on Parade* bleibt bis heute unvergeßlich und einzigartig. Hier werden auch Dumbos bewußtseinserweiternde Visionen gezeigt, nachdem er ein Becken voller Champagner leergetrunken hat. Diese fantasievollen Szenen sind so perfekt eingefangen worden, wie es ein Spielfilm wohl kaum besser machen könnte. Das war Zeichentrick auf dem Höhepunkt seiner Kraft.

Die naturalistische Schönheit von *Bambi* war sicherlich ein großer Kontrast zu der hochfliegenden Fantasie von *Dumbo*. Disney hatte sich um die Verfilmungsrechte von Felix Saltens lyrischem Buch bemüht, das das Waldleben beschreibt. Das war 1937 gewesen. Er erkannte, daß er hierbei vollkommen neue stilistische Wege gehen mußte und konnte. Er verpflichtete eine Spezialmannschaft für den *Bambi*-Film, während der Rest der Mannschaft mit *Pinocchio, Fantasia* und anderen Filmen beschäftigt war. Mit einigen Unterbrechungen benötigte diese Spezialmannschaft fünf Jahre dafür, um die Geschichte, die Charaktere und die Zeichentechniken für *Bambi* auf die Leinwand zu übertragen.

Niemals zuvor hatten sich Disneys Künstler so sehr mit dem Studium der Natur befaßt. Sie wußten, daß sie Bambis Geschichte nur dann umsetzen konnten, wenn sie sie vor einen vollkommen glaubwürdig inszenierten Hintergrund stellen konnten. Dazu mußten die Figuren den Eindruck vermitteln, als handele es sich um richtige Tiere. Karikatur, Übertreibung und Stilisierung wurden nur dann verstärkt betrieben, wenn sie zur Ausschmückung der Realität dienlich waren.

Auch diese Geschichte präsentierte eine ganze Reihe unterschiedlicher Prinzipien, denen sich der Disneystab bis dato noch nicht unterworfen hatte. In *Bambi* begegnet man auch dem Element der Komik, aber grundsätzlich bleibt der Film ernsthaft: Er ist ein visuelles Gedicht, das den Glanz der Natur verdeutlicht, veranschaulicht im Zyklus der Jahreszeiten und den unerschütterlichen Mustern und Grundbildern tierischen Lebens im Wald, von der Geburt bis zum Erwachsensein. Ein falscher Schritt hätte diese delikate Geschichte auf den Kopf stellen können: ein wenig Komik im falschen Augenblick, ein schwerfälliges Beschreiben einer neuen Jahreszeit.

Aber *Bambi* behielt den einmal angesteuerten Kurs von Anfang bis Ende bei und ist einer von Disneys liebenswertesten Filmen.

Unglücklicherweise war *Bambi* Disneys letzter großer Zeichentrickfilm für eine ganze Reihe von Jahren. Die finanzielle Last des Krieges und die Notwendigkeit, mit Geld das Studio am Überleben zu halten, sorgten dafür, daß Disney selbst mit weniger ambitionierten Filmen die nächste Dekade überwinden konnte. Keiner der in jenen Jahren entstandenen Filme brachte etwas Neues oder sank unter das Niveau vorhergehender Projekte ab. Sie waren eben alle wenger schwierig in ihrem Entstehen und bei weitem nicht zeitmäßig so lang wie *Snow White and the Seven Dwarfs, Pinocchio, Fantasia* oder *Bambi.*

Victory Through Air Power brachte neue, realistische Zeichentricktechniken mit sich, die Disneys Mannschaft sich angeeignet hatte, während sie Lehrfilme für verschiedene Abteilungen der Streitkräfte herstellte. Sie beeindruckten die Leute durch ihre propagandistisch eingesetzte Kraft der Zeichentrickkunst. Bei *Victory Through Air Power* wurden die Kriegstheorien des Flugexperten Major Alexander de Seversky visuell umgesetzt.

Saludos Amigos (Saludos Amigos, 1943) war mehr oder minder eine Kette von vier aneinandergereihten Kurzfilmen, denen Spielfilmmaterial hinzugefügt worden war. Er unterbreitete Amerikas Politik der »guten Nachbarschaft«. Der Film diente auf verschiedene Weise als Vorlage für den wesentlich umfangreicheren Film *The Three Caballeros* (Drei Caballeros, 1945). Dieser hatte mehr Handlung, die sich wie ein roter Faden durch das Projekt zog, obwohl seine Segmente sich willkürlicher und unzusammenhängender aneinanderreihten, als es bei früheren ähnlichen Unternehmungen der

Fall gewesen war. *The Three Caballeros* bewegte sich mit seinen kühnen verblüffenden Zeichentricktechniken abseits der Aussagen der Kurzfilme des Studios, die einem anderen Reich entstammten.

The Three Caballeros beinhaltet auch einige der kunstvoll inszenierten fotografischen Prozesse, die man bis dato in Hollywood noch nicht gesehen hatte. Der größte Teil dieses Materials wurde von Ub Iwerks gestaltet, der 1940 wieder zu Disney zurückgekehrt war, um sich ausschließlich auf technische Vorgänge zu konzentrieren.

The Three Caballeros war der erste Film, bei dem Disney ausführlich Gebrauch von einer Kombination aus Spielfilm- und Zeichentrickfilmmaterial gemacht hatte, abgesehen von seinen frühen Versuchen mit den Alice-Kurzfilmen Anfang der zwanziger Jahre. Aber die Effekte dieses Films lagen noch unter dem Standard der Effekte des Films *Song of the South,* für den Iwerks, was das zeichentricktechnische anbelangte, ebenfalls zuständig gewesen war. Diese die Augen beanspruchenden Sequenzen des Films wurden zwanzig Jahre lang nicht mehr angerührt, und erst, als *Mary Poppins* (Mary Poppins, 1964, Regie: Robert Stevenson) auf die Leinwand kam, erreichte man Ultimatives in der Vermischung von Spielfilmszenen mit Zeichentrickmaterial.

Die Live-Geschehnisse von *Song of the South* (Das Lied des Südens, 1946, Regie: Wilfred Jackson und Harve Foster) beeindruckten im Jahre 1946 niemanden, aber den Zeichentrick begrüßte man als Disneys beste Arbeit seit Jahren. Tatsächlich sind diese lebhaften Nacherzählungen von Joel Chandler Harris' berühmten Morallektionen (mit Brer Rabbit, Brer Fox und Brer Bear) so perfekt wie man es sich nur vorstellen kann.

Dieser Film sprach sein Publikum an, denn zum ersten Mal seit vielen Jahren wurde ungewöhnlich gute Charakteranimation mit einer unwiderstehlichen Geschichte gepaart.

Ichabod and Mr. Toad, drei Jahre später veröffentlicht, behielt in der Bearbeitung von Kenneth Grahames *The Wind in the Willows* diesen Standard bei und wurde zu einem der geschicktesten Filme des Studios. Wie alle großen Disney-Filme, so läßt auch dieser in beliebiger Zahl Figuren und Situationen auf fantasiereicher Grundlage agieren. Darüber hinaus vertrat der Film auch noch einen konsistenten Standpunkt, wenn er die Geschichte von J. Thaddeus Toad und seinem adoptierten Pferd mit Witz und Vorstellungskraft erzählt.

Die zweite Hälfte dieses abendfüllenden Zeichentrickfilms, »The Legend of Sleepy Hollow«, ist in Aussehen und Behandlung der Geschichte konventioneller, aber ebenso kunstvoll gezeichnet und sehr unterhaltend. Alles in allem hielt sich *Ichabod and Mr. Toad* wesentlich besser, als alle anderen Visitenkarten Disneys der vierziger Jahre, die gleich zwei Geschichten zu erzählen hatten, wie *Make Mine Music* (1946), *Fun and Fancy Free* (1947) und *Melody Time* (1948). Da sie die thematische Dichte und *Fantasia* vermissen ließen, stiegen und fielen diese Filme mit dem künstlerischen Wert jeder einzelnen Sequenz, die man je nachdem mit den Worten exzellent, gewöhnlich oder ungewöhnlich schlecht umschreiben könnte. Es gab keinerlei Möglichkeit, sie als kohäsive Einheiten zu betrachten, und heute ist es mehr eine akademische bzw. hypothetische Frage, sie anhand ihrer besseren Segmente zu diskutieren, die allenthalben nur noch als eigenständige Kurzfilme gezeigt werden und nicht mehr im Zusammenhang mit dem sie umgebenden früheren Material (Beispiele: *Willie the Operatic Whale, Johnny Appleseed* und andere).

Cartoon eines Tagesablaufs von Walt Disney (1943), gezeichnet von Roy Williams, mit Text versehen von Ralph Parker. Möglicherweise war dieser Tagesablauf Disneys nicht sonderlich weit von der Realität entfernt. Ein Tag mit Mr. Disney (obere Reihe von links): Walt, der gerade im Studio eintrifft, wird von einem Empfangskomitee begrüßt, das ihm sehr zusetzt. – Die Armee und die Flotte begleiten Walt zum Konferenztisch . . . – Joe Grant überreicht Walt eine Idee, fixiert ihn mit seinen elektrischen Augen, während Dick Huemer voller Hoffnung um Annahme der Idee betet . . . – Walt hört aufmerksam Donald Duck's Beschwerden zu . . . – (Mitte) Walt ißt zu Mittag, während er gleichzeitig zu drei verschiedenen Tischen spricht . . . – Walt raucht in Ruhe eine Zigarette, während sein Geist ruhelos umherirrt . . . – Walt beantwortet Fanpost . . . – Walt spricht Mickey's Stimme, ein Vorrecht, das stets nur ihm vorbehalten blieb . . . – (unten) Walt befindet sich in der Empfangshalle, wo er von Leuten bedrängt wird, die irgendwelche Probleme haben . . . – Walt lauscht einer Gruppe, die ihm einen Gag verkaufen will für ›Victory Through Air Power‹ . . . – Walt kommt aus einem Schlupfwinkel hervor mit der Idee zum Titelbild von Motion Picture Herald zum 4. Juli . . . – Walt als Anhalter.

Walt, arriving at the studio, is greeted by a reception committee bearing messages....

—eats lunch, talking to three tables at the same time....

—journeys into the hall, where he is approached by persons having problems....

The army and navy join Walt at the conference table....

—enjoys a quiet cigarette while his mind roves....

—listens to the gang "selling" a gag in "Victory Through Air Power."...

Joe Grant, offering an idea to Walt, holds him with his electric eye while Dick Huemer prays hopefully....

—answers fan mail....

Walt comes off the nest with Motion Picture Herald's Fourth of July cover idea....

—gives careful consideration to Donald Duck's comments about his work for the day....

—speaks Mickey Mouse's voice, an assignment which has always been his exclusively....

—hitches a ride with a car pool.

The drawings by Roy Williams, the words by Ralph Parker, from Disney's "Dispatch"—with variations.

Walt Disneys Verbundenheit mit abendfüllenden Zeichentrickfilmen und anderen Projekten (Kultur- und Tierfilme) ließ die Kurzfilmabteilung des Studios zu einer Art Stiefkind werden. Während vor zehn oder fünfzehn Jahren der Kurzfilm mit seiner Laufzeit von sieben Minuten noch das Studio mit Brot und Arbeit versorgte, die Lernbasis gewesen war und zu neuen Ufern und Entwicklungen hinführte, war das in den vierziger Jahren keineswegs mehr der Fall.

Längst war an den Kurzfilmen das große Geld nicht mehr zu verdienen. Aber sie schufen eine wertvolle Vermögensmasse, förderten und stellten die Hauptfiguren, die Stars des Studios, vor und hatten die Cartoonfabrik stets in hektischerem Getriebe gehalten, als das die abendfüllenden Zeichentrickfilme jemals vermocht hätten. Disney wußte stets, daß er einen Zeichner, der sich mit abendfüllendem Filmmaterial befaßte in Zeiten der Flaute stets wieder dem Kurzfilm zuführen konnte, damit die Zeit sinnvoll ausgefüllt blieb.

Arbeitete man an den Kurzfilmen, hatte man, wie auch immer, den Leuten vom abendfüllenden Film gegenüber einen Vorteil, denn diese hatten nicht die Freiheiten in kreativer Arbeit, wie die Regisseure des großen Films. Aber Walt Disney hielt trotzdem seine Finger auf jedem Kurzfilm, der innerhalb des Studios hergestellt wurde, bevor noch überhaupt irgendein Strich gezeichnet worden war. Erst wenn er sein Ja-Wort gegeben hatte, überließ er den Film in der kreativen Ausführung seinen Regisseuren.

Viele der Regisseure der dreißiger Jahre, die sich mit den Kurzfilmen befaßt hatten (David Hand, Wilfred Jackson, Ben Sharpsteen) wechselten gegen Ende der Dekade in das Fach des abendfüllenden Films über. Andere wie Dick Huemer und Clyde Geronimi gingen später ebenfalls diesen Weg, während Burt Gillett und Dick Lundy das Studio verließen. Dieser Umstand sorgte dafür, daß einem Team neuer Regisseure einige Wege geebnet wurden, die alle in entsprechend niedereren Positionen innerhalb der Disney-Fabrik gearbeitet hatten. Zunächst waren das vier Personen, später drei, die für den Ausstoß von Kurzfilmen in den fünfziger Jahren verantwortlich waren. Sie entwickelten auf ihre Art einen persönlichen Stil, der, hätten sie an abendfüllendem Material gearbeitet, niemals zustande und zum Tragen gekommen wäre.

Der Senior dieses Teams war Jack King, der bereits seit den

frühen Tagen der Mickey Mouse für Disney gearbeitet hatte, aber Mitte der dreißiger Jahre für den Produzenten Leon Schlesinger tätig gewesen war, und zwar als Regisseur. Als er wieder zu Disney zurückkehrte, übergab dieser ihm die Figur des Donald Duck, der zu einer Serienfigur aufgebaut werden sollte. King arbeitete von 1937 bis 1947 mit dieser Figur. King war ein fähiger, wenn auch uninspirierter Mann, der sich mehr auf seine Autoren verließ als auf seinen eigenen Witz und seine eigene visuelle Vorstellungsgabe. Viele seiner Zeichentrickfilme leiden unter einer mangelhaften und phantasielosen Präsentation, und sein Unvermögen, die Zügel einmal loszulassen, war für die Autorenteams, speziell Carl Barks und Jack Hannah äußerst frustrierend. Barks blieb allerdings bei der Stange und wurde ein hochgeehrter Zeichner und Autor an den Mickey-Mouse-Heften, wo er sich mit den Figuren Donald Duck und Uncle Scrooge (Onkel Dagobert Duck) befaßte, während Jack Hannah in den Regiestuhl übersiedelte. War ihre Arbeit gut, stimulierte das Jack King, so wie Roy Williams das Jahre später mit den Geschichten für zwei exzellente Kurzfilme tat, nämlich *Donald's Dilemma* und *Donald's Dream Voice*. Beide Filme wurden 1947 veröffentlicht, zu einem Zeitpunkt also, da Jack King in den Ruhestand versetzt wurde.

Mit dem Film *Bone Trouble* gab der Animator Jack Kinney sein eindrucksvolles Regiedebüt. *Bone Trouble* ist einer der besten Kurzfilme mit Pluto, der in einem Spiegelkabinett zu denkwürdiger Höchstform auflief. Es gab zwar bereits einige Experten, die sich der Figur des Pluto verschrieben hatten, aber niemanden, der es verstand, mit Goofy umzugehen, nachdem Dick Huemer dieser Figur in dem Film *Goofy and Wilbur* zu einer »Solokarriere« verholfen hatte. Es gab außerdem auch noch ein vollkommen logisches Problem, denn Pinto Colvig, Plutos Stimme, war nach Miami gegangen, um für Max Fleischer zu arbeiten. Die Lösung fand man dann allerdings, als Ralph Wright für Goofy ein neues Format entwickelte. Diese Form stellte er in einem Segment für den Film *The Reluctant Dragon* vor, das den Titel *How to Ride a Horse* erhielt. Die einzige Stimme auf der Tonspur kommt von einem Erzähler, der Goofy bei seinen Bemühungen begleitet, während dieser versucht, allerdings auf dem falschen Wege, ein perfekter Reiter zu werden. Das Resultat ist höchst amüsant und unterhaltend. Der Erfolg dieses Segmentes führte dann zu einer langandauernden Serie von Filmen mit Goofy, wo er seine sportlichen Fähigkeiten unter Beweis zu stellen versucht. Alle Filme wurden von Jack Kinney inszeniert.

Jacks Bruder, Dick Kinney, schrieb die Stories für einige dieser Kurzfilme und hatte in den vierziger Jahren eine Menge mit der Entwicklung des Humors des Disney-Studios zu tun. Beide Kinneys entdeckten in den Cartoons zweier rivalisierender Zeichentrickstudios, Warner Brothers und MGM, eine Veränderung der Komik innerhalb des zeitgenössischen Zeichentrickfilms. Während Disney das Feld in den dreißiger Jahren beherrscht hatte, waren nunmehr Bugs Bunny und Tom und Jerry die neuen Stars, und zwar in ungestüm lustigen, schnellen und oftmals gewaltsam heftigen Zeichentrickfilmen, weit entfernt von der Disneyschen Norm. Die Kinneys arbeiteten daran, diese Bresche zu schließen und erreichten mit *Hockey Homicide* (1945) die Spitze an Perfektion. *Hockey Homicide* ist ein wilder, furioser und satirischer Film, worin die Gewalttätigkeit des Hockeyspiels in der Beschleunigung einen Höhepunkt findet, wenn schnellfeuernde Gegenstände (darunter eine Einstellung von Monstro, dem Wal aus *Pinocchio*) dem Beträchter entgegengeschleudert werden, um ein totales Chaos zu simulieren.

Kinney war auch der Regisseur von Disneys berühmtestem Film aus der Kriegszeit, *The Fuehrer's Face* worin Donald Duck ein unwilliger Fließbandarbeiter ist, und zwar in Naziland. Kinneys weitherzige und anregende Auslegung von *comedy* ließ ihn die geeignete Person für diesen Kurzfilm sein, der nicht verniedlichte, aber auch keine Finessen und Spitzfindigkeiten bot. Der Film sollte in seiner Verulkung von Hitlers tyrannischem Reich direkt das Publikum treffen; und er tat es auch.

Ebenso wie Kinney war auch Charles »Nick« Nichols ein Animator aus Disneys Stab, dessen Beförderung zum Regisseur vonstatten ging, als ein anderer den Platz freimachte. In diesem Fall war das Clyde Geronimi, der sich auf Mickey und Pluto spezialisiert hatte, und die Wahlverwandtschaft von Nichols diesen Figuren gegenüber, ließ es zu, daß er ein erfolgreicher Nachfolger wurde, obwohl er nicht so vielseitig und wendig wie Geronimi war. Nichols hielt mehr von *action* und *slapstick gags*. Sein ungewöhnlichster Film enthielt in *Plutopia*

Gewalttätigkeit wird gleich ausbrechen in ›Hockey Homicide‹ (1945) von Walt Disney.

Szene aus ›The Fuehrer's Face‹ (1943) aus der Walt-Disney-Produktion mit Donald Duck.

(1950) Plutos surrealistische Alpträume, die noch einmal auf den früheren Traumsequenzen aus *Dumbo* und *The Fuehrer's Face* basierten.

Der letzte Regisseur, der sich dem Zeichentrickkurzfilm zugesellte, war Jack Hannah, der den Weg *in-betweener* – Animator – Autor genommen hatte. 1944, im selben Jahr wie Nichols, stieg er zum Regisseur auf. Seitdem seine Spezialität im *story department* Donald Duck gewesen war, übernahm er auch weiterhin in erster Linie das Inszenieren von Geschichten über Donald. Bis zu Jack Kings Rücktritt arbeitete Hannah neben King abwechselnd an Donald-Duck-Kurzfilmen. Hannah entwickelte auch die Figuren Chip 'n' Dale, die beiden schelmischen und ausgelassenen gestreiften Eichhörnchen mit den quiekenden Stimmchen (bei uns heißen sie Ahörnchen und Behörnchen). Diese beiden Tierchen wurden geradezu ideale Gegner für Donald Duck. Hannah teilte mit Kinney eine Vorliebe für schnellablaufende Handlung, für Geschwindigkeit also, und tatkräftige und energische Gags, wie man sie in einigen seiner frühen Kurzfilme wie *No Sail* (1945) bewundern kann, wo Donald und Goofy sich hilflos auf hoher See befinden, und in dem exzellent gestalteten Sportkurzfilm mit Goofy, nämlich *Double Dribble* (1946).

Um eine eventuelle Stagnation zu verhindern, wurde eine Arbeitsgemeinschft von Autoren und Animatoren ins Leben gerufen, denen man Material zur Bearbeitung überließ, das daraufhin von den Regisseuren begutachtet und ausgewählt wurde. Dann verpflichtete man vier oder fünf Animatoren, die das für einen Film ausgewählte Material zu bearbeiten hatten.

Walt Disneys erster Kontakt mit einem Kurzfilm vollzog sich dann, wenn die Geschichte zeichnerisch am *storyboard* entwickelt war und dargelegt werden konnte. Zu solchen Zeitpunkten griff er ein, gab seinen Kommentar ab oder machte Vorschläge; gefiel ihm die Sache, wurde der Film produktionsmäßig in Angriff genommen. Nachdem der Ton aufgenommen war und die Animatoren den letzten Schliff an ihren bewegten Bildern vorgenommen hatten, wurde eine Filmrolle zusammengesetzt.

Es gab keine festgelegten Produktionszeiten, aber Regisseure, Autoren und die anderen wußten eigentlich stets, wieviel Zeit sie für jede Phase der Produktion in Anspruch nehmen würden. Ein Regisseur mochte zur gleichen Zeit wohl manchmal bis zu sechs Kurzfilme in Arbeit haben, wobei jeder sich in einer anderen Abteilung des Studios befand.

Es steht außer Frage, daß die Disney-Kurzfilme bestens verpackt wurden und von Experten hergestellt worden waren, aber in den späten vierziger Jahren entstanden sie alle mehr oder minder in routinemäßigen Arbeitsabläufen.

Ein solches Verfahren war aber unvermeidlich. Angesichts des großen Stabes von Autoren innerhalb des Studios konnte Disney sich nicht auch noch den Problemen jedes Zeichentrickstudios zugänglich machen, indem er sich darum kümmerte, daß neue Ideen und neue Methoden an die einzelnen Figuren herangetragen wurden, zumal die bekannten Zeichentrickcharaktere bei Disney bereits zehn oder sogar zwanzig Jahre im Umlauf waren. Jack Hannah:

»Mir hing diese verdammte Stimme dieser Ente (Donald Duck) so sehr zum Halse heraus, daß ich es nicht ertragen konnte, die ganze Zeit mit dieser Figur zu arbeiten.« Und man kann sich vorstellen, daß seine Kollegen ähnliche Gefühle ihren langzeitigen »Stars« entgegen brachten.

Eine Erlösung, wenn auch nur teilweise, fand zu Beginn der fünfziger Jahre statt, als die Autoren und Regisseure des Kurzfilms sich mit Zeichentrickfilmen befaßten, die sich nicht ausschließlich mit den etablierten »Stars« des Studios befaßten. Das signalisierte eine späte Rückkehr zu der Idee der *Silly Symphonies*. Zur gleichen Zeit kehrten Animatoren und Regisseure, die mit dem abendfüllenden Zeichentrickfilm befaßt gewesen waren, wieder zum Kurzfilm zurück, um sich dort mit ganz speziellen Filmen auseinanderzusetzen, in denen die bekannten Figuren des Studios nicht vertreten waren. Zu diesen Personen gehörten Ward Kimball, Wilfred Jackson, Clyde Geronimi, Hamilton Luske und Wolfgang (Woolie) Reitherman.

Unter den besten dieser Filme sind die folgenden zu nennen: *Melody* und *Toot, Whistle, Plunk and Boom,* Teile einer projektierten Serie über Aspekte der Musik, entwickelt von Dick Huemer und gleich gemeinsam von zwei Regisseuren inszeniert, nämlich Ward Kimball und Charles Nichols. *Pigs is Pigs* ist ein anderer graphisch stilisierter Zeichentrickfilm von Jack Kinney, und *Ben and Me* ist ein geschmackvoll inszenierter längerer Kurzfilm, entstanden unter der Regie von Hamil-

Disney wird modern. In ›Melody‹ (1953) treibt er seinen Spaß auf die Spitze.

ton Luske über eine Maus der Kolonialisierungszeit, von der sich Benjamin Franklin inspirieren läßt.

Auch Jack Hannah kam Mitte der fünfziger Jahre in Fahrt und entwickelte zwei neue Charaktere bzw. Figuren: einen großen, dummen, hungrigen Bären namens Humphrey und einen anspruchsvollen Wildhüter. Der Bär, in den meisten Fällen von Bob Carlson gezeichnet, wurde in einem Donald-Duck-Film mit dem Titel *Rugged Bear* zum ersten Male gezeigt und wurde danach fester Bestandteil einer Wildhüter-Serie mit Donald Duck. Das war 1954 und 1955. Diese Zeichentrickfilme, beispielsweise *Grin and Bear It* und *Beezy Bear,* sind Projekte bei denen man sich vor Lachen den Bauch halten muß. Humphrey und der Wildhüter waren so erfolgreich, daß sie die Stars einer eigenen Serie wurden und den Marktwert von Donald Duck als Bezugspunkt nicht mehr benötigten.

Unglücklicherweise bedeuteten diese unterhaltenden Filme das Ende einer Ära bei Disney, denn aus Gründen neuer filmtechnischer Entwicklungen wie CinemaScope, Stereoton und 3-D, schrumpfte der Markt für Zeichentrickkurzfilme ganz erheblich. Disney konnte es nicht mehr länger verantworten, 75.000 Dollar für einen Kurzfilm auszugeben, der ja, wie bekannt, eine Länge von 7 Minuten hatte, und gegen Ende des Jahres 1955 stellte er seine Kurzfilmproduktion ein, entließ einige Mitarbeiter und heuerte einige neue an, um an seiner *Disneyland*-Serie für das Fernsehen zu arbeiten.

Bis in die frühen sechziger Jahre hinein wurden im Disney-Studio hin und wieder in unregelmäßigen Abständen längere Kurzfilme produziert. Einige davon waren recht gut, von Bill Justices einfallsreichem *A Cowboy Needs a Horse* und *Noah's Ark,* einem Zeichentrickfilm, für den gezeichnete Puppen verwendet wurden bis hin zu dem Film *Paul Bunyan.* Aber so, wie die Disneyschen Zeichentrick-Kurzfilme einmal ihr Publikum innerhalb von dreißig Jahren fasziniert hatten, waren sie nicht mehr. In jeder Hinsicht waren sie tot.

Während die fünfziger Jahre den Niedergang der kurzen Zeichentrickfilme in Disneys Studio einleiteten, war diese Zeit auch die Dekade, in der die Produktion von abendfüllenden Filmen einen gewaltigen Schritt nach vorn tat. Seit Mitte der vierziger Jahre hatten sich die Kritiker darüber beklagt, daß Disney sich mit seinen Filmen auf dem falschen Weg befinde. Möglicherweise aus dem Grunde, weil man sah, daß er die besondere Note, die in seinen Filmen *Snow White and the Seven Dwarfs* und *Dumbo* so evident gewesen war, verloren hatte. Es war nicht einfach für die Filme *Saludos Amigos* und *Fun and Fancy Free* (1947) eine ähnliche Begeisterung an den Tag zu legen, wie bei den zuvor genannten Filmen, zumal auch bei den Produktionen *Pinocchio* und *Bambi* die Reaktionen des Publikums noch ganz charakteristisch gewesen waren. Diese neuen Filme mit den zahlreichen Episoden *(Saludos Amigos, The Three Caballeros, Make Mine Music, Fun and Fancy Free, Melody Time)* ließen eine solide Handlung vermissen ebenso wie Herzlichkeit und Wärme, Qualitäten also, die dem Publikum an Disneys abendfüllenden Zeichentrickfilmen so besonders gut gefallen hatten.

Nachdem der Zweite Weltkrieg und die Arbeitertumulte und Streiks nunmehr der Vergangenheit angehörten, entschloß sich Disney dazu, größere und bessere abendfüllende

Zeichentrickfilme herzustellen. Und, wie bereits zu früheren Zeitpunkten, gab er seinen Entschluß bekannt, pro Jahr einen neuen Langfilm herauszubringen. Drei Jahre lang blieb er dieser Devise treu.

Der erste neue Film »klassischer« Tradition hieß *Cinderella* (Cinderella, 1950). Ähnlichkeiten zu *Snow White and the Seven Dwarfs* wurden erwartet, aber Disney hatte nichts zu befürchten, denn der neue Film brauchte auch den Vergleich zu seinem Gegenstück vergangener Tage (1937) nicht zu fürchten. Zunächst einmal, wie bereits zu früheren Anlässen, kreierte Disneys Crew komische Nebendarsteller (wie Jacques und Gus, die Mäuse), um ein Gleichgewicht zu der vermenschlichten Heroine und ihrer Abenteuer herzustellen. Wieder einmal waren es die fesselnden und klangvoll-melodischen Lieder, die dafür sorgten, daß die Geschichte in Gang blieb und dem Publikum gefiel. Der Film stattete eine traditionelle Märchenerzählung mit Musik, Komik, visueller Imagination und Charme aus. Nicht zur sonderlichen Überraschung aller, war *Cinderella* Disneys größter Erfolg an den Kinokassen.

Alice in Wonderland (Alice im Wunderland, 1951, Regie: Clyde Geronimi, Hamilton Luske und Wilfred Jackson, die Regisseure, die auch *Cinderella* inszeniert hatten), ein Jahr später in die Kinos gekommen, erging es nicht so gut. Die Kritiker bemängelten Disneys Einmischung in die klassische Erzählung von Lewis Carroll, und auch das Publikum fand diese Art von Film wesentlich uninteressanter, als die märchenhaften Erzählerfilme, für die Disneys Studio weltweit bekannt geworden war und mit denen man sich identifizieren konnte. Der rauhe Humor von *Alice in Wonderland* und das episodenhafte Naturell des Films machten es schwierig, sich mit den Charakteren zu identifizieren. Allerdings war *Alice in Wonderland* auch ein Film, der hervorragende Szenen und Teile hatte, die dem gesamten Film gut zu Gesicht standen. Beispielsweise findet man diese in der Animation von Cheshire Cat, dem Marsch der Spielkarten und in der frechen Teegesellschaft. Wie bei *Cinderella* (»Bibbidi Bobbidi Boo«) brachte auch *Alice in Wonderland* in Form eines Songs einen Hit hervor (»I'm Late«).

Ein weiteres Jahr verging und ein neuer Zeichentrickfilm wurde fertiggestellt: *Peter Pan* (Peter Pan's heitere Abenteuer, 1953, wieder unter der Regie von Hamilton Luske, Wilfred Jackson und Clyde Geronimi). Dieses Projekt, mit seinen beständigen Figuren wie Tinker Bell und Captain Hook und seinem durchgehend attraktiven Produktionsdesign, war, in der gekonnten Bearbeitung von James Barries Märchen, einer der liebenswertesten Filme des Studios.

Weil Filme wie *Cinderella* und *Peter Pan* ihr Publikum nicht mit schrecklichen filmischen Neuerungen in Rage brachten, entstand eine Tendenz, sich den Bemühungen von Disneys Mannschaft nicht entgegenzustellen. Tatsächlich hatte sich etwas eingestellt, nach dem Disneys Künstler in der Zeit ab der Entstehung von *Snow White and the Seven Dwarfs* bis hin zu *Peter Pan* so verzweifelt gesucht hatten. In den fünfziger Jahren fand ihre Suche endlich Erfüllung: etwas zu gestalten, das leicht und beschwingt aussah.

Zeichentrickfilm war nun mittlerweile für das Publikum nichts Neues mehr, ebensowenig für die Kritiker. Jedermann hatte sich an Disneys Fehlerlosigkeit gewöhnt, so daß diese Filme leicht und glatt aussahen. Im Falle von *Peter Pan* war man nicht mehr sehr weit von der Wahrheit, der Einzigartikeit, entfernt.

Ein Gefühl von Schwerelosigkeit bei zweidimensionalen Zeichentrickfiguren herbeizuzaubern, war sicherlich eine Herausforderung. Animator Milt Kahl erklärt das so:

»Es ist im Zeichentrickfilm nichts schwerer, als nichts zu tun. *Bewegung* ist unser Medium.«

Eine Charakterisierung auszufeilen, ließ sich ebenfalls nicht mit einem Achselzucken abtun. Animator Frank Thomas berichtete darüber seinem Interviewer John Canemaker:

»Ich hatte es zeitweilig recht schwer, mit Captain Hook zurande zu kommen. Ich befand mich an einem Tiefpunkt meines Lebens. Da waren die ersten Szenen von ihm, als er ging, über sein Schiffsdeck eilte und sagte: ›Dieser Peter Pan! Wenn ich ihn doch nur an meinen Haken bekäme!‹, oder was auch immer. Ich hatte vier Szenen. Er war weder bedrohlich noch stutzerhaft. Das lag an der Konfusion, die sich in den Köpfen der Regisseure und Autoren breit gemacht hatte. In der Geschichte hatte Ed Penner die Figur des Captain Hook stets als sehr stutzerhaft geschildert, als eine nicht strenge, aber dandyhafte Figur, die die Eleganz und den Putz liebte. Allerdings von der Seite des Betrügers aus. Gerry (Clyde) Geronimi, der

Regisseur, sah in ihm einen Ernest Torrence: einen wüsten, ekelhaften Charakter, von dem mit seinem Haken eine ständige Bedrohung ausging.«

Bereits 1935 hatte Disney mit seinen Vorbereitungen für *Peter Pan* begonnen. Während das Studio sich fortentwickelte, konnte man feststellen, daß sich seit dem Film *The Reluctant Dragon* (1941) bereits ähnliche Charaktere wie Captain Hook etabliert hatten und auch bereits in anderer Form und Gestalt verwendet bzw. eingesetzt worden waren. Bevor überhaupt irgendeine Szene irgendeines Filmes fotografiert wurde, befaßten sich gedanklich eine ganze Menge von Leuten mit den einzelnen Charakteren.

Lady and the Tramp (Susi und Strolch, 1955), Disneys nächster abendfüllender Zeichentrickfilm, wurde 1955 veröffentlicht, aber Frank Tashlin erinnerte sich daran, daß er bereits 1940 mit Sam Cobean an der Entwicklung der Handlung gearbeitet hatte. *Lady and the Tramp* war so etwas Ähnliches wie eine Abwendung vom üblichen Standard des Studios, denn der Film präsentiert eine Geschichte unserer Tage (und spielt so um die Jahrhundertwende). Außerdem basierte er keineswegs auf einem bereits bekannten Buch. Der Stab entwarf eine ganze Reihe von starken und liebenswerten Hunde-Charakteren in einer Handlung, die weder auf stramm festgelegten Abläufen oder breitangelegter Komödie basierte. *Lady and the Tramp* war ein Film voller *Persönlichkeiten* und von einigem Charme. Er war auch der erste Film des Studios in CinemaScope, dem neuen Verfahren für die große Leinwand, der dem Studio entsprechende Veränderungen in Layout und Schnitt auferlegte sowie entsprechend breites Zelluloid für die Hintergründe verlangte.

Disney ließ noch einmal einen Film in CinemaScope entstehen und erachtete ihn als sein Meisterstück: *Sleeping Beauty* (Dornröschen und der Prinz). 1959 in die Kinos gekommen, war für Disney ein weiterer Schritt nach vorn, was seine Entwicklung in den fünfziger Jahren anbelangte. Er war Disneys teuerster langer Zeichentrickfilm (sechs Millionen Dollar), und der Meister verlangte, daß jeder Dollar auf der Leinwand auch zur Geltung kam. Das für die große Leinwand entwickelte Technirama-Verfahren und dazu Stereoton unterstützte die Animation, so daß aus diesem Projekt Disneys kunstvoll durchdachtester und strukturell bester Film seit *Pinocchio* wurde. Eine andere Abweichung von Wichtigkeit bestand in der Tatsache, daß *Sleeping Beauty* zu einem stilisierten Film wurde, der in Design und Hintergrund formell blieb und sich für alle Zeiten der sanften und abgerundeten Figuren, denen das Studio sich in den dreißiger und vierziger Jahren verschrieben hatte, entledigte.

Zum Zeitpunkt seiner Premiere war *Sleeping Beauty* für die meisten Kritiker eine Enttäuschung, denn sie verglichen den Film mit *Snow White and the Seven Dwarfs* und *Cinderella*. Sie verurteilten das Werk, weil sie es für schwerfällig hielten. Der größte Teil der Kritik entstand als eine Art Rückprall gegen Disneys Werbemaschinerie, die den Film als das Ultimative innerhalb des Zeichentricks angepriesen hatte. Wenn man ihn heute betrachtet, so ist *Sleeping Beauty* ein in jeder Hinsicht außergewöhnlicher Film, und wenn er auch den frohlockenden Geist von *Snow White and the Seven Dwarfs* nicht besaß, so verfügte er doch über Elemente der Reife und der Intelligenz, die wiederum die älteren Filme vermissen ließen.

Als *Sleeping Beauty* sich in Produktion befand, erneuerte sich innerhalb des Studios wieder der Gedanke, Spielfilmmaterial zur Bearbeitung des Zeichentricks heranzuziehen. Man filmte die ganze Handlung zunächst in Form eines Spielfilms, damit die Zeichner die Gelegenheit hatten, dieses Material einer eingehenden Studie zu unterziehen, und Disney selbst verlangte von seinen Mitarbeitern, die Figuren »so real wie möglich, fast aus Fleisch und Blut« entstehen zu lassen. Einige Leute, wie Milt Kahl, wiesen diese Methode zurück und nannten sie »eine Krücke, eine Versteifung kreativer Bemühungen«. »Jedermann, der sein Geld in diesem Geschäft wert war, *wußte,* wie Menschen zu gehen hatten,« fügte Milt Kahl hinzu.

Als Reaktion auf den Formalismus, die wirklichkeitsgetreue Darstellung in *Sleeping Beauty,* änderte die Studiomannschaft vollkommen die Stilisierung menschlicher Charaktere im nächsten Zeichentrickfilm. Hunde waren in diesem Falle die Stars des Films *101 Dalmations* (Pongo und Perdita, 1961), aber die Figur, an die man sich am ehesten in diesem Film erinnert, war die bösartige Cruella de Vil, hervorragend zeichentricktechnisch von Marc Davis bearbeitet. In der Schöpfung von Menschen, die zumeist breitangelegte Karikaturen der Wirklichkeit waren, tat Disneys Studio einen gewaltigen Schritt in eine neue Richtung, und das geschah auch in diesem Falle in einem entwaffnenden Film, der sich wieder einmal Disneys Spezialität bediente, Fantasiegebilde vor einen realistischen Hintergrund zu führen.

Bei *One-Hundred and one Dalmations* wurde zum ersten Male in größerem Umfang von dem Xerox-Verfahren Gebrauch gemacht, das auf Geschicklichkeit bei der Übertragung des gezeichneten Materials auf Zelluloid verzichten konnte. Dieses Verfahren brachte es auch mit sich, daß in umfangreichem Maße Geld und Zeit eingespart werden konnte. Außerdem ermutigte das Verfahren zu rauherer Linienführung innerhalb des Zeichentricks und ließ das Studio sich vom Zeichenstil der dreißiger Jahre fortbewegen. Das Xerox-Verfahren brachte auch noch andere Vorteile mit sich, nämlich das Potential der Vervielfältigung. Es wird behauptet, ohne Übertreibung, daß niemand dazu in der Lage gewesen wäre, einen Film mit 101 Figuren entstehen zu lassen, wenn es das Xerox-Verfahren zu jener Zeit noch nicht gegeben hätte.

In den sechziger Jahren verwandelte sich Disneys Zeichentrickmannschaft in eine kleine Gruppe von Spezialisten, die einheitlicher in ihren Zielen und Vorstellungen blieb, und ebenso unbeirrbar in ihrem Stil, obwohl es bei früheren Projekten anders gewesen war, wo weitschweifige Teams sich mit den Filmen befaßten. Wolfgang (Woolie) Reitherman war der Regisseur, Ken Anderson hatte eine Doppelfunktion als *art director* und Figuren-Designer. Gemeinsam mit den Veteranen des Studios, den regieführenden Animatoren Milt Kahl, Frank Thomas, Ollie Johnston und John Lounsbery, steuerten sie Disneys Schiff. Ward Kimball, Les Clark und Eric Larson, die anderen Mitglieder der »neun alten Männer«, stiegen aus der Spielfilmproduktion aus, um sich anderen Unternehmungen des Studios zu widmen.

Mittlerweile nahm es längere Zeitabläufe in Anspruch, einen neuen abendfüllenden Zeichentrickfilm herauszubringen, seitdem die Mannschaft zusammengeschrumpft war. Außerdem gab es die Kurzfilm-Crew nicht mehr, auf die man in Zeiten der Not hätte zurückgreifen können. So übertrug sich also automatisch mehr Verantwortlichkeit auf die genannten sechs Männer, die Schlüsselpositionen bekleideten. *The Sword in the Stone* (Merlin und Mim), 1963 auf den Markt gekommen, bediente sich einer »todsicheren« Materie (E. B.

Whites Erzählung über das Leben des jungen König Arthur). Aus dem Material entstand ein untadeliger und fließender Film, der allerdings von der früheren Magie der Disneyfilme nichts mehr besaß.

The Jungle Book (Das Dschungelbuch), vier Jahre später veröffentlicht, war der letzte Zeichentrickfilm, mit dem Walt Disney noch persönlich zu tun gehabt hatte. Einer von Disneys Hauptgründen, ein starkes, schlagkräftiges und zuverlässiges Team von Animatoren heranzubilden, lag in der Tatsache begründet, daß er sich der Filmproduktion fern hielt, vom Spielfilm ebenso wie vom Zeichentrickfilm. Sein Verstand arbeitete noch so stark wie früher, und seine Fähigkeit, mit Problemen von filmischen Handlungsabläufen ebenso fertig zu werden, wie völlig einfache Lösungen für Probleme unterschiedlichster Art zu finden, versetzte die Veteranen des Studios stets in helle Aufregung. Aber er suchte ständig nach neuen Herausforderungen und fand sie eher in der Gestaltung seiner Vergnügungsparks (Disneyland) als in irgendwelchen Filmprojekten.

The Jungle Book, ein Jahr nach Walt Disneys Tod in die Kinos gebracht, wurde mit großer Begeisterung aufgenommen, von den Kritikern ebenso wie vom Publikum. Der Film entwickelte sich zu einem der erfolgreichsten Projekte in der Geschichte des Studios. Aber *The Jungle Book* war weniger ein großer Film, eher ein Vehikel, um die Größe von Zeichentrickkunst auf die Leinwand zu bringen. Zu zeigen, was Zeichentrick alles vermochte, behielt sich das Studio auch in den folgenden Jahren vor.

Expressive Charaktere, plastisch dichte Figuren für den Zeichentrickfilm zu gestalten, darauf verstehen sich Männer wie Frank Thomas, Milt Kahl, Ollie Johnston und John Lounsbery am besten. Andere Künstler entwickeln lieber gefällige Hintergründe und fügen verblüffende Zeichentrickeffekte hinzu. Aber einem Film Herz und Seele einzuhauchen ist nicht so einfach zu bewerkstelligen. *The Jungle Book* hat diese Qualitäten nicht, führte aber stellvertretend eine ganze Galerie von Figuren vor, die identisch mit den Schauspielern und Schauspielerinnen sind, die ihnen ihre Stimmen liehen. Es machte den Animatoren sehr viel Spaß mit Leuten wie George Sanders, Louis Prima oder Phil Harris zu arbeiten. Diese Darsteller verstanden es, ihre eigene Persönlichkeit in die gezeichneten Figuren hineinzulegen. Das Publikum nahm diese Verfahrensweise wohlwollend auf, so daß die Animatoren sich verpflichtet fühlten, in diesem Sinne weiterzuarbeiten und zu gestalten.

Wenn aber Spielfilmmaterial aus Gründen genauerer Animationstechniken herangezogen wurde, wurde diese Verfahrensweise in den Augen einiger Leute als eine Art Schwindel am Zeichentrickfilm hingestellt, und Schauspieler als Vorlagen für Charakterisierungen herbeizuzitieren, wurde als künstlerische Faulheit und Bequemlichkeit angesehen. Die forsche, prahlerische Art von Phil Harris als Bär Baloo fügte sich allerdings so gut in den Film *The Jungle Book* ein, daß man ihn wiederholt einsetzte. In dem Film *Aristocats* (Aristocats, 1970) fungiert Harris stimmlich als Kater Thomas O'Malley und in *Robin Hood* (Robin Hood, 1973) leiht er der Figur des Little John seine Stimme. Alle drei Figuren waren sich im wesentlichen ähnlich, beherrscht von der Ausstrahlung der gleichen Stimme.

Der Einsatz starker Stimmen, an die sich das Publikum immer wieder erinnert, beruht auf einem Trick von Hanna und Barbera, den sie in ihren nur schwach beweglichen Filmen für das Fernsehen anwenden, da die Lücke fehlender Persönlichkeit im Zeichentrick von einer bekannten Stimme stets ausgeglichen wird.

Ein anderer Trick, hinter den die Zuschauer nicht so leicht blicken konnten, war der Einsatz älteren Zeichentrickmaterials, das bereits einmal in anderen Filmen Verwendung gefunden hatte. Das methodische Vorgehen des Studios, alte Bleistiftzeichnungen und älteres Zeichentrickfilmmaterial systematisch aufzubewahren, kam demjenigen zustatten, der aus Gründen des besseren Verständnisses ältere Filme des Studios konsultierte, um zu überprüfen, wie das eine oder andere zustande gekommen war. Diese Prozedur bewegte sich allerdings noch einen Schritt weiter, als man, beispielsweise, eine Tanzsequenz für *Robin Hood* benötigte, und diese dem Original gemäß aus *Snow White and the Seven Dwarfs* nachzeichnete.

In vielerlei Hinsicht findet man den besten Zeichentrick der sechziger und frühen siebziger Jahre innerhalb des Studios nicht in den abendfüllenden Zeichentrickfilmen, sondern in anderen, weniger konventionellen Projekten. Hamilton Lus-

Für ›It's Tough to Be a Bird‹ (1969) erhielt Ward Kimball einen OSCAR. Szene aus einer Walt-Disney-Produktion.

ke war der Regisseur der geschmackvollen Animationssequenzen in Disneys Kassenschlager *Mary Poppins* (Mary Poppins, 1964, Regie: Robert Stevenson). Ein absoluter Höhepunkt darin ist die *Jolly Holiday*-Sequenz. Hier singen Bauernhoftiere aufgrund ihrer Zuneigung für Mary Poppins (Julie Andrews) und ein Quartett aus Pinguinen tanzt mit Dick Van Dyke. Ward Kimball führte Regie bei den ebenfalls engagierten Zeichentricksequenzen in dem weniger erfolgreichen Film *Bedknobs and Broomsticks* (Die tollkühne Hexe in ihrem fliegenden Bett, 1971).

Kimball, der den abendfüllenden Zeichentrickfilm verließ, um die Oberaufsicht bei der Disney-Fernsehshow zu führen, traf ebenfalls vollkommen ins Schwarze, als er den halbstündigen Zeichentrickfilm *It's Tough to be a Bird* inszenierte, der jede bekannte Regel des Disneyschen Studios außer Kraft setzte. Und er gewann dafür einen *Oscar* (Academy Award)! Dieser unehrerbietige Blick auf Vögel und alles was fliegt (oder fliegen will) bediente sich nicht nur herausragender Animation, sondern auch Ausschnitten aus alten Disneyfilmen.

Das Studio fuhr auch mit einem Paar von Minifilmen besser, deren Figuren und Handlungsabläufe auf einer Gestalt von A.A. Milne beruhen: *Winnie the Pooh*. Die Titel: *Winnie the Pooh and the Honey Tree* und *Winnie the Pooh and the Blustery Day*. Diese geschickt gestalteten halblangen Zeichentrickfilme verstanden es, das Aussehen von Milnes Original-

Illustrationen wieder für den Film aufleben zu lassen, während sie sich auf Disneyschem Territorium befanden. Die dreißigminütigen Filme stellten einen intelligenten Kompromiß zwischen Kurzfilm und Langfilm dar und versetzten die Autoren und Animatoren in die angenehme Lage, solide Charakterisierungen zu liefern, ohne jedoch das Script unnötigerweise zusammenzustreichen oder auszudehnen. Ein dritter Kurzfilm, *Winnie the Pooh and Tigger Too,* folgte 1974; bei allen dreien führte Wolfgang Reitherman Regie.

In den frühen Tagen der Disney-Fernsehshow überwachten Jack Hannah, Jack Kinney und Charles Nichols die Produktion neuer Animationsmöglichkeiten, um alte Kurzfilme unter verschiedenen Themenstellungen zusammenzuführen. Man konnte am Schnitt keineswegs feststellen, wann das alte Zeichentrickmaterial beendet war und das neue begann. Andere Sequenzen kombinierten Spielfilmszenen mit Zeichentrickfilmmaterial und zeigten oftmals Walt Disney selbst, wenn er in seinem Büro durch die Figur von Donald Duck sprach. Aber diese Art von Produktion war kostspielig und wurde in den sechziger Jahren generell eingestellt. Fragte man Disney nach den Möglichkeiten, Zeichentrickfilme auf regulärer Basis für das Fernsehen zu produzieren, antwortete er gewöhnlich:

»Wir haben unsere eigenen Zeichentricktechniken über eine lange Periode von Jahren hin entwickelt und waren dabei sehr erfolgreich. Warum sollten wir daran etwas ändern? Wir könnten jede Woche einen halbstündigen Zeichentrickfilm herausbringen, aber das würde bedeuten, daß wir mogeln müßten.«

Nachdem Walt Disney von der Lebensbühne abgetreten war und viele seiner Animatoren aus dem Filmbusiness ausgeschieden waren, gab es in den späten sechziger Jahren eine Zeit, die sich bis in die frühen siebziger Jahre hinzog, von der man annehmen mußte, Disneys Zeichentrickfilm sei generell gestorben. Dann folgte eine Zeit des Wiederauflebens, der Wiedererweckung durch solche erfolgreichen Filme wie *The Aristocats* und *Robin Hood.* Die Räder waren wieder in Bewegung gesetzt worden, nicht nur, um die Zeichentrickabteilung zu neuem Leben zu erwecken, sondern um einen Weg zu finden, um sie gesunden und wachsen zu lassen. Neue Künstler wurden von Schulen weg engagiert, die über das ganze

Land verteilt waren, und ein Lehr- und Trainingsprogramm wurde beim Californian Institute of the Arts ins Leben gerufen, jener Universität, deren Mitbegründer Walt Disney gewesen war.

The Rescuers (Bernard und Bianca, – Die Mäusepolizei 1977) war der erste lange Zeichentrickfilm seit Jahren, der die Arbeiten der Studioveteranen mit denen der Newcomer vereinigte. Wie auch immer das Wesen eines solchen Zusammenwirkens in der Praxis ausgesehen haben mag, ist dieser Zeichentrickfilm der Beste, unvoreingenommen, seit das Studio fünfzehn Jahre zuvor *One-Hundred and One Dalmatians* auf den Markt gebracht hatte. Die Geschichte des Films handelt von zwei Mäusen, die sich daran machen, ein entführtes Mädchen aus den Fängen der Kidnapper zu befreien. Er hatte wieder einmal das, was so viele andere Filme vermissen ließen – nämlich Herz.

Außerdem verfügt *The Rescuers* über wunderbare Charaktere, die der Vorstellungsgabe ihrer Schöpfer erwachsen sind und nicht von stimmlichen Persönlichkeiten abhängig waren.

Ein Disney-Erfolg jüngster Tage: Bernard und Evinrude in ›The Rescuers‹ (Bernard und Bianca, 1977).

Madame Medusa, Mr. Snoops, Evinrude und Orville, der Albatross, das sind Figuren, die zu den schönsten gehören, die je in einem Zeichentrickfilm der Disneyproduktion existent waren. Darüber hinaus wird ihre Existenz noch durch ein bestens zusammengefügtes Drehbuch verstärkt, wobei sie jedem Zuschauer ans Herz wachsen. Die Zuschauer unterstützten mitfühlend die Abenteuer und Rettungsversuche von Bernard und Bianca.

Der Film *The Rescuers* setzt die große Tradition Disneyscher Zeichentrickkunst fort, indem er eine Fantasiewelt erschafft, die auf einer von Mäuseaugen veranschaulichten Welt fußt. Jede einzelne Szene sagt: »Dies ist ein Zeichentrickfilm, kein imitierter menschlicher Lebensablauf.«

Was für ein gutes Gefühl hat man da, wenn man so etwas in einem Film sieht, der die Disneysche Zeichentrickkunst von ihrer Erschaffung bis zu einer Art Wasserscheide hin getragen hat – ein Schwanengesang für einige Studiogewaltige und ein Debüt für einige ambitionierte Newcomer. Man kann nur hoffen, wenn die jungen Leute sich ihre ersten Sporen in Animationstechnik verdient haben, daß sie das Beste aus der Vergangenheit in sich aufsaugen und umfassend neue und neuartige Ideen hervorbringen. Niemand würde sich das mehr gewünscht haben, als Walt Disney höchstpersönlich.

»Wie glücklich sind wir doch als Künstler,« sagte er 1940, »deren potentielle Grenzen in unserem Medium noch in weiter Zukunft liegen, einem Medium der Unterhaltung, dessen einzige Grenzen letztendlich doch nur im Vorstellungsvermögen des Künstlers liegen. Wie wir es bereits in der Vergangenheit gesehen haben, liegt die wichtigste Entscheidung in der Tatsache, daß das Publikum gern für Qualität bezahlt, und die unbekannte Zukunft wird dafür Sorge tragen, daß jedermann jeden Tag ein wenig über sich hinauswächst.«

Der Zeichentrickfilm wartet immer noch auf eine neue Generation von Walt Disneys, um den Weg künstlerischer Größe und künstlerischen Wachstums zu erweitern und somit innerhalb dieses grenzenlosen Mediums eine Wiedergeburt zu erwirken.

3. Max Fleischer

Max Fleischers Zeichentrickfilme sind einzigartig. In der Stummfilmzeit brillierten sie mit neuen, ungewohnten Ideen und technischer Hexenkunst, und während der dreißiger Jahre wurden sie durch ihr spezifisches Markenzeichen und durch ihren Witz auf ein höheres Podest gestellt.

Immer noch erinnert Max Fleischer in den Annalen des Zeichentrickfilms an einen unbesungenen Helden. Zwei seiner Brüder, die in umfangreicher Art und Weise den Erfolg seines Studios mitbegründeten, sind nahezu unbekannt. Sogar Fleischers bemerkenswerte technische Errungenschaften und Neuerungen sind zum größten Teil die Jahre hindurch ignoriert worden.

Warum?

Zunächst und zuallererst war Fleischer kein guter Geschäftsmann. Obwohl er für verschiedene wichtige Patente zuständig war, behielt er sich niemals das Urheberrecht und das Eigentum- und Besitzrecht an seinen Zeichentrickfilmen vor. Er besitzt die Rechte an verschiedenen Figuren, aber sein

Zwei bekannte Fleischer-Figuren:
Bimbo und Betty Boop.

größter Zeichentrickfilm-Star, Popeye, der Seemann, war und ist immer noch der Besitz des King Features Syndikats.

Fleischer konnte auch für sich nicht in entsprechendem Maße die Werbetrommel rühren.

Ein anderes Problem lag in Fleischers bescheidenem Ausblick in die Zukunft. Er war mehr an mechanischen Neuerungen interessiert als an künstlerischen Erfolgen. Dies alles behinderte die Wege seines Studios zu einer Zeit, als Disney einen hohen Standard bereits vorgelegt hatte und jeder Konkurrenz gewachsen zu sein schien. Während der zwanziger und der frühen dreißiger Jahre arbeiteten einige der talentiertesten und vielversprechendsten Männer des Zeichentrickgewerbes für Fleischer, aber die meisten von ihnen wanderten nach Westen und ließen sich bei Disney nieder. Sie witterten die Herausforderung und erkannten die Potenz der Größe, die Max nicht versprechen konnte.

Dies hemmte das Wachstum der künstlerischen Größe, die noch einmal gestutzt wurde, als Fleischer 1942 die Kontrolle über sein Studio verlor, aber man kann nicht verbergen, daß Fleischer in einem zwanzigjährigen Schaffen eine ganze Reihe kunstvoller und höchst unterhaltsamer Cartoons geschaffen hat – Zeichentrickfilme, die mehr auf technischer Raffinesse beruhten und nicht so sehr nach komischen Gesichtspunkten entstanden. Fleischers Filme brachten ein anderes Ergebnis zu Tage als die Filme Disneys; sie erschufen ihre eigene Art von Magie.

Fleischer wurde am 19. Juli 1883 in Wien (Österreich) geboren, und sein Leben lief in ähnlichen Bahnen wie das seiner Zeitgenossen. Seine Eltern emigrierten in die Vereinigten Staaten, als er vier Jahre alt war. Max wuchs in Manhattan auf, danach in Brooklyn, New York. Er hatte einen älteren Bruder namens Charles, drei jüngere Brüder namens Joe, Lou und Dave, und eine Schwester namens Ethel. Verschiedentlich und auch gemeinsam arbeiteten alle fünf Brüder in Fleischers Studio.

Max studierte an der Art Students League and Cooper Union in New York, aber offensichtlich hatte er keine Ambitionen, das Gelernte in einem ständigen Job anzuwenden. Er wurde ein tüchtiger Karikaturist und ein kommerzieller Künstler und arbeitete eine zeitlang als Fachkraft im Lichtdruckverfahren. Während er als Künstler beim Stab des

Brooklyn Daily Eagle beschäftigt war, wurde er mit einem anderen Karikaturisten bekannt, der sich bereits einigermaßen etabliert hatte: John R. Bray. Bray sollte später eine wichtige Rolle innerhalb Max Fleischers Filmkarriere spielen.

Ebenso wie sein Bruder Joe (Josef) besaß Max (Maximilian) großes Interesse an allem Mechanischen, was ihm wiederum dazu verhalf, einen Job als eine Art künstlerischer Herausgeber, Schriftleiter und Redakteur einer Zeitschrift namens *Popular Science Monthly* zu bekommen. Später schrieb er darüber:

»Während ich bei *Popular Science Monthly* arbeitete, erhielt ich die Möglichkeit, technische Artikel über die neuesten Erfindungen zu schreiben, und ich fragte mich, ob es mir möglich sein würde, mechanische Vorgänge mit dem Zeichentrick in Verbindung zu bringen, um maschinell Zeichentrickfilme herstellen zu können. Das war 1915.« So wurde also Max Fleischers Interesse am Zeichentrickfilm durch Mechanik geweckt und nicht aus künstlerischen Erwägungen – ein wichtiger Faktor, um die nachfolgende Karriere verstehen zu können.

Winsor McCay und John R. Bray hatten zu jener Zeit bereits Zeichentrickfilme gemacht, aber Max war von der Idee besessen, eine Maschine zu verwenden, um lebensechte Bewegungen per Zeichentrick fertigen zu können. Er wollte das Herumgerate und die reinen Vermutungen in der Entwicklung des Zeichentricks umgehen. Seine Idee wurde als das »Rotoscope« patentiert, und diese Erfindung war der Beginn seiner Karriere als Zeichentrickfilmer. Die Idee der Maschine war elementar, aber ihre Konstruktion war es nicht: Eine Kamera nimmt ein Stück (Live)-Film auf, ein Bild nur über einem Lichttisch, um einem Künstler die Möglichkeit zu geben, dieses eine Bild mittels Bleistift auf ein Stück Papier zu kopieren. Der Künstler dreht dann an einer Kurbel den Film um ein Bild weiter, um seine nächste Zeichnung zu machen. Ganz einfach die Idee: Das Rotoscope versetzte den Zeichner in die Lage, einen Film Bild für Bild abzukopieren, und zwar auf Animationspapier, so daß er vollkommen realistische Ergebnisse erzielen konnte. Dergestalt konnte eine Zeichentrickfigur sich bewegen und sich wie ein lebendiger Schauspieler geben.

An diesem Experiment arbeitete Max mit seinen Brüdern

Joe und Dave (David). Joe war im Umgang mit der Maschine sehr geschickt, aber Dave hatte eine ebenso wichtige Funktion: Er posierte für den Livefilm in einem Clownkostüm und war somit das erste Modell für Koko, den Clown. (Außerdem entwarf er das Szenario für diesen Zeichentrickfilm.)

»Es verging von unseren Anfängen aus ein Jahr, bis wir einen Film beisammen hatten, der dreißig Meter lang war,« erinnerte sich Max später. »Ein Stück Film, das man in einer Minute auf der Leinwand betrachten konnte. Das setzte ein Jahr Arbeit voraus, aber wir wußten dadurch, daß wir auf dem richtigen Wege waren.«

Max Fleischers nächster Schritt bestand darin, jemandem seine Entwicklung zu verkaufen, damit dieser damit Zeichentrickfilme herstellen konnte. Der erste Mann, den der naive Künstler und Erfinder aufsuchte, erklärte ihm, daß das Rotoscope wertlos sei, wenn er damit nicht eine Massenproduktion von Filmen auf regulärer Basis bewerkstelligen könne. Max dachte darüber nach und erkannte, daß es nicht notwendig war, jedes einzelne Bild in seiner Gesamtheit zum Abpausen festzuhalten, zumal verschiedene Elemente einer sich bewegenden Figur unbeweglich blieben. Durch Planung, Beobachtung und Erfahrung konnte man die Vielzahl der Bilder verringern und trotzdem noch einen zufriedenstellenden Film herstellen. (Das Rotoscope blieb allerdings doch in Fleischers Händen, zumal er es verwenden konnte, wenn präzise Bewegungen erforderlich waren. Das Gleichgewicht des Films wurde dann durch Zeichnungen per Hand hergestellt.)

Fleischer machte sich dann auf den Weg, seine Musterrolle dem Präsidenten der Paramount, Adolph Zukor, vorzuführen. Dabei traf er per Zufall in den Büroräumen auf John R. Bray. Als Max den Zweck seines Kommens erläuterte, informierte ihn Bray von der Tatsache, daß er selbst einen Exklusivvertrag in Händen halte, durch den er die Paramount mit kurzen Zeichentrickfilmen zu beliefern hatte. Aber er drückte auch sein Interesse an Fleischers Film aus. Umgehend heuerte Bray Max Fleischer an, um jeden Monat einen Film aus der Serie *Out of the Inkwell* für ihn zu fertigen. Diese Zeichentrickfilme waren dann Teil des *Paramount Pictograph*-Leinwand-Magazins.

Die Produktion der Serie hatte gerade begonnen, als die Vereinigten Staaten in den Ersten Weltkrieg eintraten, und

Eine Verkaufsanzeige an die Kinobesitzer und Schausteller aus dem Jahre 1921 für ›Out of the Inkwell‹.

Max von Bray abbeordert wurde, um Lehrfilme für die Army in Fort Sill, Oklahoma, zu machen. Diese Arbeit führte er bis zur Zeit des Waffenstillstands 1918 aus.

Mittlerweile hatte Bruder Dave seine ersten Erfahrungen als Filmcutter gesammelt, zunächst für Pathé, dann für die Army. Diese Tätigkeit versetzte Dave in die Lage, die Widrigkeiten des Timing zu erlernen, was wiederum seiner späteren Arbeit für Max zugute kam. eine Zeitlang arbeitete Dave freiberuflich und unabhängig an eigenen Zeichentrickprojekten.

Nach dem Krieg nahm Max seine Arbeit dort wieder auf, wo er sie bei Bray verlassen hatte, nämlich bei der *Out of the Inkwell*-Serie. Die Filmreihe wurde in wöchentlichen Abständen für Brays Leinwandmagazin fortgesetzt. Das Echo darauf war groß. Am 21. April 1919 schrieb ein anonymer Rezensent in der *New York Times:*

»Der erste Gedanke, der einem kommt, wenn man diese kleinen Arbeiten sieht, lautet ›Warum bringt Mr. Fleischer nicht mehr davon?‹ Nach einer Sintflut von ›Komödien‹ aus Bleistift und Tinte, in denen sich die Figuren mechanisch und ruckartig bewegen, mit sehr wenig Witz oder gar keinem, ist es geradezu ein Hochgenuß, Mr. Fleischers Figuren mit ihren zügigen und sanften Bewegungen zu betrachten und sich der Cleverness zu erfreuen, mit der sie zum Leben erweckt wurden.« Später, im gleichen Jahr, schrieb dieser Rezensent: »Mr. Fleischers Werk in seiner Konzeption voller Esprit und der kunstgerechten Ausführung läßt den Rest der Zeichentrickfilme dumm und unreif aussehen.«

Im September 1919 verließ Bray die Paramount und gliederte sich der Goldwyn-Organisation ein. In *Moving Picture World* ließ er aus Werbegründen eine ganze Seite einschalten, die unter dem Banner der Schlagzeile *Out of the Inkwell* stand. Dort war zu lesen:

»In einigen Bray Pictographs der Vergangenheit experimentierten wir ein wenig mit einem brandneuen Super-Zeichentrickfilm. Wir wollten sehen, wie das Publikum darauf anspricht. Wir wollten sehen, ob dem Publikum der Film genau so gut gefiel wie uns. Er gefiel. *Out of the Inkwell* von Max Fleischer ist ein Klassiker unter den gezeichneten Trickfilmen. Nichts ähnliches war bisher in einem solchen Film zu sehen: Witz, Überraschungen, Leckerbissen und Akkuratesse der Handlung, der Bewegung.«

Ungeachtet der übertreibenden Reklame war dies ein ungewöhnliches Lob vom Verleiher für einen Zeichentrickfilm. Man bekommt dadurch aber auch einen Eindruck, wie hoch Bray Fleischers Arbeit bewertete. Nicht lange, und er machte Max zu einem Aktienteilhaber und Vorstandsmitglied seiner Organisation. Aber 1921 fühlte Max, daß er seiner Position innerhalb Brays Studio entwachsen war und entschied sich dafür, allein seinen Geschäften nachzugehen. Dave wurde sein neuer Partner in einer neuen Firma mit dem Namen Out of the Inkwell Films, Inc.

Die fließenden Bewegungen von Koko dem Clown (später nur noch der Clown) gefielen dem Publikum, aber das wirklich Neue innerhalb Fleischers Filme war die Verbindung von Livefilmmaterial mit Zeichentrickfilm: Koko entwickelte sich aus einem Punkt, den der Cartoonist vorgegeben hatte, entfuhr seinem Tintenfaß und agierte dann vor einem Live-Hintergrund auf seinem Zeichenbrett.

Max spielte selbst in diesen Filmen, posierte als Kokos »Meister« und manchmal auch als dessen Nemesis. Die reizende Einführung jedes Films, bei dem Max, so wie es schien, seine Figur und den Hintergrund vor den Augen des Betrachters entstehen ließ, wurde ausgeführt, indem man von Fleischers Hand eine Fotografie anfertigte, die den Bleistift hielt und Bild für Bild jede einzelne Zeichnung zum Leben erweckte. Die Illusion war nahezu perfekt.

Die Fleischers fanden heraus, daß die qualitativ hochwertigen Fotos sich in einem sich bewegenden Film sehr gut ausmachten. Und das war ein weiterer Aktivposten für die zahlreichen Tricks in der *Out of the Inkwell*-Serie. Um Koko vom Zeichenbrett herunter auf einen Stuhl hüpfen zu lassen, fotografierte Max sein Zeichenbrett und machte eine Großaufnahme seines Stuhls. Koko wurde dann auf das Zelluloid übertragen, das man dann später über die schwarz-weiß Fotos legte, als wären sie gezeichnete Hintergründe. Wieder einmal gab es exzellente Ergebnisse.

Ein gekonnter Schnitt und das Nebeneinanderstellen von Live-Film und Zeichentrickfilm funktionierte gut. In dem Filmchen *Modeling* (1923) zum Beispiel arbeitet ein Bildhauer an der Büste eines hakennasigen Gönners im Hintergrund vor dem Zeichenbrett von Max Fleischer. Koko treibt seine Späßchen vor dem Mann.

Ohne die Unterstützung von Mattefotografie, dem Verfahren von *process screens,* oder komplizierten Techniken, präsentierten Max und Dave Fleischer eine ungewöhnlich große Spannweite von Spezialeffekten in diesen Filmen. Nach mehr als einem halben Jahrhundert ist der Film *Bedtime* (1923) immer noch verblüffend, worin Koko an Max Rache nehmen will, weil dieser ihn auf seinem Zeichenbrett auf die Spitze eines Berges gestellt hat. Das Zeichenbrett thront aus verschiedenen Gründen auf dem Schreibpult, das Max in seinem Schlafzimmer eingerichtet hat. Koko hüpft vom Schreibpult herunter und begibt sich zur Ecke von Max Fleischers Bett.

Auf dem Fußbrett am Bett spaziert er balancierend herum, atmet kräftig durch, nimmt, die Arme in trotziger Manier gefaltet, eine herausfordernde Stellung an und gibt sich den Befehl, größer zu werden. Vor den Augen von Max (und natürlich auch vor unseren) schwillt Koko so sehr an, daß er nicht mehr in das winzige Schlafzimmer hinein paßt! Max rennt erschreckt nach draußen. Als Nächstes sehen wir einen gigantischen Koko, wie dieser auf der Suche nach seinem Herrn die Straßen New Yorks durchwandert. Er überragt sogar noch die Wolkenkratzer Manhattans, und in einer wirklich unvergessenen Szene, hebt er das Dach eines mittelgroßen Gebäudes ab, fährt mit einem Arm in das Innere des Hauses und bohrt seine Finger aus den Fenstern heraus, um zu sehen, ob ein Raum wirklich leer ist. Letztlich wird er seines leibhaftigen Herrn angesichtig, verfolgt ihn bis zu einer Wand und schaut auf ihn mit verzerrtem Gesicht hinab. Seine riesige Hand bewegt sich nach unten (in einer Einstellung von Max aus) und greift sich den erschrockenen Fleischer, der natürlich versucht, sich freizuwinden. In diesem Augenblick wacht Max auf. Ein schrecklicher Alptraum hat ihn gequält, aber, um auch wirklich sicher zu sein, steht er auf, eilt zu seinem Schreibpult und »gießt« Koko vom Brett herunter in das Tintenfaß zurück.

Die Einstellungen des riesengroßen Koko vor New Yorks Wolkenkratzern entstanden auf die simpelste Art und Weise – Fleischer ließ den Clown vor schwarz-weiß Fotografien von New Yorks Straße agieren. Spezialeffekte-Teams des heutigen Hollywood haben furchteinflößende Hintergründe für die Filme *Earthquake* (Erdbeben, 1974, Regie: Mark Robson) und *Star Wars* (Krieg der Sterne) entworfen, aber es gibt dort nicht eine einzige Szene, die sich mit dem simplen Charme von Koko in *Bedtime* vergleichen ließe.

Das Fleischer-Studio war winzig. 1923 bestand der ganze Stab, von Max bis hinunter zum Büroburschen, aus neunzehn Personen, aber eine Fülle origineller Ideen zeichnete die monatlichen Folgen der *Out of the Inkwell*-Serie aus. Max selbst hatte mit dem Zeichnen und der Animation aufgehört, um sich um das Geschäftliche kümmern zu können. Dazu gehörte auch, daß er sich die geeigneten Verleiher für sein Programm suchte. Bis zur Mitte der zwanziger Jahre hin gab er seine Filme in die Hände von unabhängigen Verleihern, die sein Programm innerhalb der USA vertrieben. Danach gründete Fleischer seine eigene, allerdings nur sehr kurzlebige, Verleihfirma. Daneben trat er aber ständig in seinen Filmen auf und übernahm also einen ehrenvollen Job, denn er porträtierte sich selbst.

Mittlerweile mauserte Bruder Dave sich zum Regisseur der Serie. Er entwarf Geschichten und Ideen und arbeitete mit den Animatoren an der Ausarbeitung von Gags. All dies geschah auf einer höchst formlosen Basis. Es gab noch nicht die Wand (das Storyboard), wo man seine Geschichten auch zeichnerisch entwickeln konnte, nur eine ganz generelle Idee, aus der heraus der Film dann entworfen wurde. Jeder Animator erhielt die Ausarbeitung einer Sequenz mit einer vagen Aussage, auf einen gewissen Punkt hinzuarbeiten; ein anderer Animator übernahm dann an der Verbindungsstelle das Weitere.

Einer der ersten Animatoren, der zu den Fleischers stieß, war Roland »Doc« Crandall, der mehrere Jahre blieb. Sein Nachfolger wurde Burt Gillett; Dick Huemer, Mannie Davis und Ben Sharpsteen, sie alle kamen bereits mit einiger Erfahrung zu den Fleischers. Aus diesen Gründen wurde es nicht mehr nötig, sich allzuoft der Dienste des *Rotoscopes* zu bedienen, so daß die Erfindung lediglich nur noch für ganz spezielle Sequenzen benutzt wurde.

Wie dem auch sei, Max erfand ein neues Gerät, das er den *Rotographen* nannte. Diese Erfindung gab den Animatoren mehr Flexibilität in der Verbindung von Spielfilmmaterial mit Zeichentrickfilmmaterial. In dieser Variante des *Rotoscopes* projizierte ein Projektor ein Bild eines Livefilms auf die Unterseite einer durchsichtigen Glasscheibe. Der Animator

Max Fleischer bringt Koko auf die Leinwand in ›Sparring Partner‹ (1924): Das ist dein Sparringspartner: Behandle ihn grob.

legte dann seinen Zelluloidstreifen mit Koko auf die Glasscheibe, brachte die Zeichnung mit dem Film in Einklang, worauf das Ganze dann von oben herab von einer Kamera fotografiert wurde. Dieser Vorgang versetzte Koko in die Lage, in einer sich bewegenden Sequenz aufzutreten, anstatt lediglich in Form von Fotografien seine Abenteuer in der Welt der Wirklichkeit zu bestehen.

Einer der geistreichsten Aspekte innerhalb der *Out of the Inkwell*-Serie war stets Kokos Auftritt zu Beginn eines jeden Streifens. Dave Fleischer versuchte stets, seine Figur zu Beginn eines jeden Zeichtrickfilms auf unterschiedliche Art und Weise zu präsentieren. Aus diesem Grunde ist es unmöglich, daß innerhalb der noch existierenden Filme einmal mit Koko zu Beginn eines jeden Streifens etwas veranstaltet und gezeigt wurde, was bereits bei einem anderen Film eingesetzt worden war. In *Sparring Partner* zeichnete Max Fleischer Koko in kleinen Stücken, die alle von einem Draht zusammengehalten werden; zog er an einem Seil, das auf Kokos Bauch angebracht war, verwandelte der Clown sich in sich selbst. In *Contest* zeichnete Max seine Figur auf bemerkenswerte Weise während des Gehens: zuerst den Körper, und dann den Kopf. In *Mechanical Doll* geht Max die Tinte aus, so daß er lediglich die obere Hälfte von Kokos Anzug mit Schwarz ausfüllen kann. Koko springt auf und ab, damit die Tinte auch die untere Hälfte seiner Bekleidung ausfüllt. In *Koko's Catch* zeichnete Max einen schwarzen Ball, der heftig über die Leinwand springt. Max muß letztlich Salz streuen, damit der Ball zum Stillstand kommt, dann nimmt er den sich windenden Kloß in seine Hände und formt aus ihm die Figur des Clowns. Die stürmischste Eröffnungsszene kommt möglicherweise in dem Film *Koko Gets Egg-Cited* vor. Darin nimmt Koko einen Zeichenstift in die Hand, um den gesamten Hintergrund, der aus Livefilmmaterial besteht, zu »zeichnen«. Er zeichnet auch Max, so daß der Eindruck entsteht, Koko zeichne einen Zeichentrickfilm.

Diese Tricks wurden vom Publikum stets mit größtem Interesse aufgenommen, aber die Cartoon-Sequenzen, die den »Körper« vieler *Inkwell*-Filme ausmachten, ließen viele Wünsche offen. Hier macht sich die Fehlorganisation bemerkbar, die innerhalb Fleischers Studio herrschte, denn niemand war in der Lage, irgendwelche Fehler zu erkennen. Die wirkliche Animation wurde von Jahr zu Jahr flüssiger, allerdings kann man das Gleiche nicht von den Scripts sagen. Die besten Filme sind immer noch die, in denen Koko mit den Gegenständen spielt, die ihn in Livefilmsequenzen umgeben.

Was die Gags anbelangte, so waren diese immer einem gesunden Wettbewerb unterlegen. Das lag allerdings nicht an den klugen Animatoren, sondern mehr an Dave Fleischer selbst. Dave hatte bereits als Kind künstlerische Talente entwickelt und gezeigt, aber sich nicht ernsthaft mit dieser Tatsache auseinandergesetzt. Was er entwickelte, war ein produktiver und schöpferischer Sinn, der sich auf Gags konzentrierte. Dave überließ es seinem Bruder, sich um die geschäftlichen Belange des Studios zu kümmern. Die Animation lag in den Händen des ständig sich vergrößernden Stabes, aber Dave beschäftigte sich fortwährend damit, daß für genügend Lacher und Gags in den Filmen gesorgt war. Diese Gags reflektierten seinen Sinn für derbe Späße und einen unprätentiösen Humor.

An Techniken bedienten sich Fleischers Leute eines Systems, das man das »Slash«-System nannte, und welches für den Zeichentrickfilm ursprünglich von Raoul Barré entwickelt worden war. Dieses System hatte zur Grundlage, daß die Zeichnungen und auch das Einfärben auf Papier vorgenommen wurden. Eine Ausnahme bedeuteten lediglich die aus Livefilmmaterial bestehenden Hintergründe, bei denen man Zelluloid verwendete. Stützte man sich allerdings auf solche Elemente, so betraf das nicht nur die Figuren, sondern auch die Hintergründe, die von einer Einstellung zur nächsten starr blieben. Der Kameramann schlitzte dann das Papier auf und fotografierte dann in angemessener Weise das, was zur Komplettierung des Films erforderlich war. Das wurde starr während des Fotografierens unter einer Glasscheibe befestigt. Die vermutliche Anwendung von hochkontrastiertem Filmmate-

Koko der Clown und Fitz, 1977 von Dick Huemer gezeichnet.

Ein riesenhafter Koko auf der Suche nach Max Fleischer in Manhattan; eine Spitzenszene aus ›Bedtime‹ (1923).

rial ließ die Ränder der Papierfragmente auf der Leinwand verschwinden, aber viele der noch existierenden Kopien enthüllen diese recht deutlich.

Dick Huemer erinnerte sich daran, daß zur Gestaltung von Umrissen aufgrund des verwendeten Filmmaterials Tusche genommen wurde, mit der die Umrisse und Konturen stärker dargestellt werden konnten, so daß die Figuren von dem starren weißen Hintergrund hervorstachen und fest umrissen standen. Innerhalb dieses Verfahrens entwickelte Huemer in bezug auf die aus Tinte angelegten Konturen eine besondere Gewandtheit, die er bis heute nicht verloren hat. Außerdem behauptet er, der erste Animator gewesen zu sein, der sich eines Assistenten bediente, eines *in-betweeners*. Die Fleischers wußten Huemers Arbeit zu schätzen, und aus Gründen des schnelleren Arbeitsablaufs in der Entwicklung und Ausarbeitung extremer Posen stellten sie ihm einen Assistenten zur Seite. Huemer konnte sich dadurch mehr auf extreme Bewegungsabläufe innerhalb der Figuren konzentrieren. Bei dieser Verfahrensweise behielten sie recht. Der *in-betweener,* der Mittelsmann oder Assistent, wurde zu einer festen Einrichtung innerhalb der Expansion der einzelnen Zeichentrickfilmstudios. Der erste Mann, den man als *in-betweener* bezeichnen kann und der Dick Huemers Assistent war, war Art Davis, der Bruder von Mannie Davis. Art Davis entwickelte sich später selber zu einem respektablen Animator und Regisseur.

Nachdem er die *Inkwell*-Serie fest auf dem Zeichentrickfilmmarkt etabliert hatte, verlegte sich Max Fleischer Mitte der zwanziger Jahre auf eine Reihe von Experimentalfilmen, die seinen Neigungen entsprachen. Der erste Film dieser Reihe befaßte sich mit der Erklärung von Albert Einsteins Relativitätstheorie und hatte eine Laufzeit von zirka einer Stunde *(four reels)*. Viele nahmen an, hierbei hätte es sich um den ersten langen (und abendfüllenden) Zeichentrickfilm gehandelt. Das stimmt allerdings nicht, denn mit Ausnahme von einigen graphischen Diagrammen hat der Film mit Zeichentrick kaum etwas zu tun. Er war allerdings ein Meilenstein in der Karriere von Max Fleischer.

Um dieses Bemühen in die Tat umzusetzen, arbeitete Fleischer mit einem geachteten wissenschaftlichen Autor zusammen, der für den *New York American* schrieb: Professor Garrett P. Serviss. Dazu berief er sich auch noch auf die Kooperation einiger Assistenten von Albert Einstein. Während des Ersten Weltkrieges hatte Max Fleischer bereits bei einer großen Anzahl von Dokumentar- und Instruktionsfilmen die Oberaufsicht geführt und verstand es, einem großen Publikum auf deutliche und verständliche Art und Weise Wissen zu vermitteln. Fleischer besaß den Wunsch, während des Films die Phrase »Sterne funkeln« zu verwenden. Dabei geriet er mit Serviss aneinander, denn diese Phrase ist wissenschaftlich unzulänglich. Der Produzent von Zeichentrickfilmen sagte daraufhin zum Professor:

»Professor, vielleicht ist dies eine Sache, die Sie nicht realisieren können. Seit fünfzehn Jahren lese ich jeden Ihrer Artikel, und sie faszinierten mich immer. Und wenn ich dann zum Ende der Kolumne kam und etwas gelesen hatte, das mir nicht vollkommen klar gewesen war, dann blätterte ich zurück und las das Teilstück noch einmal. Nun, Professor, ist das ein Vorteil, den Sie beim Schreiben haben. Diesen Vorteil haben wir im Film nicht, denn wenn wir einmal in einem Film etwas gesagt haben, was nicht besonders verständlich war, dann kann das Publikum den Film nicht zurückdrehen und die Stelle noch einmal betrachten. Wir müssen unserem Publikum gleich beim ersten Male die Fakten in einer Sprache präsentieren, die es versteht. Ich stimme Ihnen zu, wenn Sie behaupten, daß es Unsinn sei, Sterne würden ›funkeln‹, aber das Publikum wird diese Phrase verstehen und nicht den Wunsch verspüren, den Film noch einmal zu sehen.«

Fleischers Stolz war berechtigt, als er diese Geschichte noch einmal im Jahre 1939 in der Autobiographie seines Studios wiederholte, denn er verstand es wahrhaftig, die Prinzipien eines erfolgreichen pädagogischen Films darzulegen.

Ermuntert durch den offensichtlichen Erfolg dieses Films, ließ Max Fleischer einen zweiten abendfüllenden Film mit dem Titel *Evolution* folgen, in diesem Falle unter Mitwirkung des amerikanischen Museums für Naturgeschichte (American Museum of Natural History). Der Film hatte eine Laufzeit von fünfundsiebzig Minuten (five reels) und, wie sein Vorgänger, verband er Realfilmmaterial mit Fotos, Diagrammen und rudimentärer Animation.

Aber Fleischers neueste Errungenschaft war 1924 die Schöpfung des *Bouncing Ball*. Dave und Max waren zu gleichen Teilen daran beteiligt; Max behauptete, daß sein Vorläufer ein *pointer*-System war, das er 1917 während seiner Zeit als Filmemacher von Lehrfilmen für die Armee entwickelt hatte. Wie auch immer die Umstände der Entstehung lagen, wurde diese Neuerung recht schnell zum beständigsten Aktivposten in Max Fleischers Studio.

Es sollte betont werden, daß die Fleischers keineswegs den Mitsingfilm entwickelten *(Sing-along-film)* oder erfanden. Mitsingfilme, bei denen die Zeilen bekannter Lieder auf der Leinwand gezeigt wurden, waren Massenware, lange bevor die Fleischers mit ihrem *Bouncing Ball* an die Öffentlichkeit traten.

Die Fleischers waren die ersten, die in solche Filme das Moment der Bewegung mit hineinbrachten, denn vordem wurden die Lieder unbeweglich präsentiert. Außerdem führten sie bei dem traditionellen Mitsingfilm Witz und Fiktion ein. Darüber hinaus waren diese Zeichentrickfilme in der Lage, das Publikum mit dem jeweiligen Film eng zusammenzuschweißen – eine zweispurige Kommunikationsmöglichkeit, die die ansonsten traditionellen Aktiv-Passiv-Rollen zwischen Darsteller und Betrachter in lebendiger und unterhaltsamer Weise veränderten. Dick Huemer, der Animator des ersten Films aus der *Song-Car-Tune*-Serie, *Oh Mabel,* erinnerte sich daran, daß beim ersten Zeigen des Films in New Yorks *Circle Theater* die Faszination des Publikums so stark war, daß der Kinobesitzer den Film umgehend zurückspulte, um ihn daraufhin noch einmal zeigen zu können.

Diese frühen Mitsingfilme wurden von Cartoon-Sequenzen eingerahmt, bei denen Koko, der Clown, eine Rolle spielte, aber der hüpfende Punkt selbst, der über jedem Wort aufleuchtete, das gerade gesungen werden sollte, war nicht immer gezeichnet. Diese Vorgänge wurden vorher gefilmt, wenn ein Mitglied von Fleischers Mannschaft einen langen Stock in der Hand führte, an dessen Spitze eine leuchtende weiße Kugel angebracht worden war. Ein anderer Mitarbeiter drehte einen trommelartigen Zylinder, auf dem die Liederzeilen bzw. Worte aufgedruckt worden waren. Während des Drehens wurde der Stock mit der Leuchtspitze von Wort zu Wort geführt (und zwar per Hand). Dieser Vorgang wurde dann gefilmt, in diesen Fällen mit kontrastreichem Filmmaterial. Derjenige, der den Stock von Wort zu Wort führte, war im Film nicht zu sehen. Damit auch jeder in der Lage war, die Worte exakt und deutlich lesen zu können, entwickelte man die Filme in einer negativen Form: die Buchstaben waren weiß, der Hintergrund schwarz.

Zusätzlich zu dem »hüpfenden Punkt« gab es bei diesen Mitsingfilmen auch ungewöhlich gute visuelle Ideen während der zweiten und der dritten Strophe, wobei der Punkt durch eine Zeichentrickfigur ersetzt wurde, die über die Worte hüpfte.

Die kurzen Einführungen zu den Songs in Form von Zeichentrick sind sehr unterhaltend und amüsant. Dirigent Koko greift sich zu Beginn von *In the Good Old Summertime* den Hund Fitz und schüttelt ihn so lange, bis aus ihm eine Stimmgabel wird. Er schlägt das Instrument kurz an seinem Dirigentenpult an, und es bringt einen Ton hervor; aus der Stimmgabel wird wieder Fitz, und der Hund verschluckt prompt die Note! In *Darling Nellie Gray* stellt der Clown ›Das Koko

Kwartet‹ vor: »voller Harmonie, voller Melodie und Geflügelsalat«. Das Quartett singt mit dem Publikum.

Aber die größte Neuheit von allen kam kurz nach der Einführung dieser *Song Car-Tunes,* als nämlich der Dirigent, Orchesterleiter und Theaterunternehmer Hugo Riesenfeld eine Zusammenkunft von Max Fleischer mit Dr. Lee DeForest arrangierte, der zu jener Zeit gerade mit Tonfilmen experimentierte. DeForest hatte ein Synchronisationsverfahren entwickkelt, mit dem er gerade innerhalb einer Serie von Kurzfilmen mit dem Titel *Phonofilms* seine Versuche machte. Unglücklicherweise war die Filmindustrie noch nicht so weit, sich auf die Erfindung von DeForest einzustellen und sie als praktische Realität oder gegebene Tatsache hinzunehmen, so daß beides, seine Erfindung und seine Filme größtenteils keinerlei Beachtung fanden.

DeForest war hartnäckig (wie auch immer), und er verbrachte viel Zeit damit, namhafte Darsteller für seine Filme zu verpflichten, damit die Möglichkeit bestand, seinen einfachen Filmen Erfolg an den Kinokassen zu vermitteln. Fleischers Mitsingfilme schienen geradezu geeignet zu sein, um DeForests Erfindung in den Blickpunkt zu stellen, und Max selber verschrieb sich dieser gemeinsamen Idee mit großer Begeisterung. Immerhin bedeutete DeForests Synchronisationsverfahren einen weiteren Schritt in der Technologie und der weiteren Entwicklung des Zeichentrickfilms.

Infolgedessen produzierte Max Fleischer, einige Jahre vor Walt Disneys *Steamboat Willie,* eine ganze Reihe von synchronisierten Zeichentrickfilmen mit Ton und mit Dr. Lee DeForest. *My Old Kentucky Home* war, wie verlautete, der erste Film dieser Serie. Es sang das Metropolitan Quartet mit Jimmy Flora an der Orgel. Ein Hund spielt den »Amboß-Refrain« (»Anvil Chorus«) mit einem Holzhämmerchen auf seinen Zähnen, dann »My Old Kentucky Home« auf einer Posaune. Dann dreht er sich zum Publikum um und sagt: »Folgen Sie dem Punkt und singen Sie mit, alle.« Seine Lippenbewegungen sind mit großer Sorgfalt zeichnerisch gestaltet worden und die Zeilen, die in Verbindung mit dem Soundtrack erscheinen, lassen sich bewußt gut lesen, aber in einigen noch existierenden Tonkopien ist die Synchronisation nicht immer »synchron«. Der Gleichklang beim »Amboß-Refrain« ist wesentlich besser.

Sicher, es war ein Beginn und ein ehrgeiziges Experiment. Die meisten nachfolgenden Zeichentrickfilme, die das Herzeigen von Songs zum Inhalt hatten, vermieden jegliche Dialoge und kehrten zu der Ursprungsform mit dem »hüpfenden Ball« zurück; das war zwar für alle Beteiligten kaum einfacher, aber Fleischer hatte dadurch die Möglichkeit, die gleichen Kopien *ohne* Soundtrack innerhalb seiner eingefahrenen Vertriebs- bzw. Verleihwege zu veröffentlichen.

In vielerlei Hinsicht war das Jahr 1924 Fleischers arbeitsreichstes Jahr. Er gründete seine eigene Verleihfirma, die Red Seal Pictures (gemeinsam mit Edwin Miles Fadiman) und befaßte sich auf einer regulären Basis auch mit der Herstellung einer Serie von Livefilmen. Einige davon wurden von anderen unabhängigen Produzenten erworben und andere wiederum entstanden in Fleischers eigenem Studio. Red Seal verlieh die *Animated Hair*-Zeichentrickfilme, die durch den bedeutenden Karikaturisten Marcus entstanden (nicht durch den ebenfalls bekannten Animator Sid Marcus, wie oft behauptet wird). In diesen Filmen wurden Persönlichkeiten karikiert, stets von der gleichen Grundidee ausgehend. Max Fleischer zeigte auch großes Interesse an einer Entwicklung des Begriffes »Zeitlupenverfahren«. Diese Neuerung entstand durch die Novagraph Company, mit der er als Co-Produzent eine Serie mit dem Titel *Marvels of Motion* entstehen ließ, die wiederum die verschiedensten bekannten filmischen Vorgänge durch Zeitlupenaufnahmen untersuchte, indem starre Fotografien verwendet wurden und Rücklauffilmverfahren. Red Seal bot in seinem Katalog für die Saison 1924–25 immerhin eine Summe von einhundertzwanzig Filmen an, allerdings waren nur fünfunddreißig davon in Fleischers Studios entstanden.

Wie dem auch sei, Red Seal hatte auf jeden Fall Probleme unterschiedlichster Art, einmal finanziell, zum anderen personell, und bereits nach zwei Jahren mußten die Fleischers mit Red Seal einsehen, daß sie vor dem Konkurs standen. Aus der Klemme half ihnen ein Geschäftsmann mit dem Namen Alfred Weiss, der es bewerkstelligte, daß ihre Filme von 1927 an von der Paramount verliehen wurden. Es stellte sich allerdings dabei heraus, daß Weiss mehr oder minder ein Betrüger gewesen war, Fleischers Verbindung zur Paramount aber hielt stand.

Die Zeichentrickfilme der *Out of the Inkwell*-Serie der späten zwanziger Jahre zeigen dieselben Stärken und Schwächen wie die ersten Folgen der Serie. Wenn sie gut sind, dann stehen sie in einer Reihe mit den besten Zeichentrickfilmen aller Zeiten, aber jene innerhalb eines Jahres entstandenen Streifen, die nur deshalb produziert wurden, um die Kassen des Studios zu füllen und Verträge nicht zu gefährden, sind nichts weiter als Lückenbüßer, die auf Kosten der Liebenswürdigkeit der Charaktere gehen. Innerhalb nur weniger Wochen jeweils einen Film zu gestalten ging auf Kosten des Formats, so daß es notwendig wurde, Livefilmmaterial mit Zeichentrickfilmmaterial zu vermischen.

Die Verschmelzung von dokumentarischem mit Zeichentrickfilmmaterial hatte jedoch seinen Reiz nicht verloren, und die Fleischers fanden neue Ideen, um ihr technisches Wissen, ihre Techniken, an den Filmen unter Beweis zu stellen. In *Koko's Earth Control* zieht Fitz aus Versehen an einem Hebel, der die Aufschrift trägt »Danger/Beware – if this handle is pulled, the world will come to an end« (»Achtung – Gefahr! – Wenn man diesen Griff zieht, geht die Welt unter«). Die Welt haucht nun keineswegs ihren Atem aus, aber durch eine ganze Anzahl verschiedener Kameratricks scheint es, als würde sie verrückt werden: Normale Bewegungsabläufe wie Gehen und Fahren vollziehen sich mit unheimlicher Geschwindigkeit, Häuser scheinen umzustürzen, nachdem die Welt aus den Angeln gehoben scheint und die Fußgänger schlittern über die Bürgersteige! Andere Filme belieferten staatenweit ein Publikum mit kurzen Eindrücken des New Yorks der zwanziger Jahre, von Manhattans Bürgersteigen bis hin zur berühmten Berg- und Talbahn (Cyclone) von Coney Island, mit der ein Animator in *Koko Squeals* fährt.

Jeder Film wird mit Koko begonnen, und das bleibt immer ein besonderes Schlaglicht in den Streifen der Serie. In *Koko the Kid* hängt an Max Fleischers Federhalter ein Tropfen Tinte. Er führt diesen Tintentropfen eine zeitlang über das Papier, hält dann inne, der Tropfen verwandelt sich in eine Silhouette von Koko. Hinzu kommt der ungewöhnlich clevere Einsatz der Metamorphose, wobei Koko und sein Hundegefährte Fitz und andere dazugehörige Figuren einer ständigen Verwandlung unterliegen, so daß diese Filme eine ungewöhnlich gute Ausstrahlung erhalten, zumal es die rivalisierenden

Studios mittlerweile verstanden, ihre Filme mit charakteristischen Eigenarten auszustatten. Koko und Fitz waren auch die »Stars« der neuen Serie mit dem Titel *Inkwell Imps*.

Die Metamorphose – die Verwandlung eines Gegenstandes in einen anderen – war keineswegs eine neue Idee; sie bildete die Grundlage für Emile Cohls frühe Zeichentrickexperimente um die Jahrhundertwende. Was die Fleischers in dieser Richtung unternahmen, grenzt mitunter an das Surreale, wie beispielsweise in *Koko the Kop*. Schutzmann Koko ist auf der Jagd nach Fitz, der plötzlich auf eine Mauer springt und sich in ein Fenster verwandelt, mit attraktiver Hausfrau und allem Drum und Dran darin! Sie flirtet mit Koko, und er küßt sie. Und während des Kusses verwandelt sich die Hausfrau wieder zurück in Fitz. Dieser Film zeigt eine ganze Parade bizarrer visueller Ideen, denn Koko und Fitz ziehen darin zahlreiche Hintergründe beiseite, um festzustellen, daß sich dahinter nur wieder andere Hintergründe verbergen, dann rennen sie durch undefinierbare »Löcher« und setzen die Jagd fort. Zum Schluß verfolgt Koko Fitz auf einer Geraden. Die Kamera zeigt dann Max Fleischer, wie er per Hand und mit einer Maschine ein Papier zusammenrollt, auf das der Hintergrund gezeichnet ist. Die Figuren verfolgen sich munter, während Fleischer für einen Tretmühleneffekt sorgt. Max selbst beendet die Jagd, indem er eine Schere zur Hand nimmt, und das Papier gerade zwischen Fitz und Koko durchschneidet, zum großen Erstaunen der Figuren. Sie hüpfen vom Papier herunter auf sein Pult, Koko fährt mit seiner Hand erstaunt über den abgeschnittenen Rand des Papiers und verschwindet dann hinter Fitz im Tintenfaß.

Koko war auch in zwei fraglos nicht surrealen Filmen jener Zeit zu sehen. Der erste wurde 1927 von der American Telephone and Telegraph Company in Auftrag gegeben und erklärte mit einfachen Begriffen die komplexe Arbeit der Gesellschaft am Telefonleitungssystem. Der Film hieß *The Little Big Fellow*. Zwei Jahre später erhielten die Fleischers einen ähnlichen Auftrag von der Western Electric Company, die sich einen Film wünschte, der in der Lage war, das Tonfilmsystem zu erläutern; dieser erfolgreiche Film trug den Titel *Finding His Voice*.

Der Zusatz von Ton innerhalb der Fleischer-Zeichentrickfilme im Jahre 1929 stellte das Studio auf festere Füße als je

Ein Beispiel für die Metamorphose: ›Koko the Kop‹ (1927).

zuvor. Wie viele andere Animationsfilmer jener Zeit hatten auch die Fleischer-Brüder die Möglichkeiten des stummen Zeichentrickfilms fast erschöpft; teilweise hatten auch sie die technischen Probleme des Mediums gemeistert, und künstlerisch schien ihnen nichts weiter übrigzubleiben, als kurze Zeichentrickfilme in Form einer Massenproduktion herzustellen.

Der Tonfilm war für die Filmemacher eine neue und aufregende Herausforderung, und auch die Kinobesucher traf eine frische Brise. Die Paramount schrieb im Juni 1929 begeistert in einer Werbeanzeige:

»Die Paramount-*Talkartoons* sind etwas vollkommen Neues und unterscheiden sich völlig von dem, was man früher hören und sehen konnte. Zum ersten Mal sind auch Zeichentrickfilme richtige Tonfilme und nicht nur mehr Cartoons, die nach ihrer Entstehung synchronisiert werden.«

Die Anzeige der Paramount hatte recht, wenn sie die Serie mit den Worten »richtige Tonfilme« ankündigte, aber, ironischerweise, entschieden sich die Fleischers dazu, Musik und Dialoge nachträglich hinzuzufügen, nachdem die Animationsarbeit getan war. Aus diesem Grunde gibt es auch nur sehr geringe Lippenbewegungen, und auch die Dialoge werden sehr knapp gehalten, nur eine fetzige Musik war für die ersten *Talkartoons* bezeichnend.

In einem Versuch, das »Neue« an dieser Zeichentricktonfilm-Serie zu demonstrieren, mußte von nun an für Koko den Clown nach neuen Möglichkeiten gesucht werden, die dem Tonfilm verwandt waren. Fleischers Studiomitarbeiter mußten sich mit der Ausarbeitung neuer Zeichentrickideen befassen, denn die Figur paßte nun nicht mehr so recht in die festgelegten Schablonen der vergangenen Zeit. Da die Fleischer-Brüder nun daran dachten, nicht mehr länger Livefilmmaterial mit Zeichentrick zu vermischen, entschieden sie sich dafür, in voller Breite graue Töne in die Hintergründe ihrer Filme einzuschleusen. Ganz konsequent fand das »slash system« der Stummfilmzeit mit seinen schwarz-weißen Umrißzeichnungen keine Verwendung mehr. Dafür befaßte man sich immer mehr mit Background-Techniken bei der Verwendung von Zelluloid. Diese Veränderung machte es erforderlich, daß der Mitarbeiterstab des Studios vergrößert werden mußte. Von Bedeutung war auch, daß Bruder Lou Fleischer, der ein recht umfangreiches musikalisches Wissen besaß, von nun an die ideale Wahl war, die musikalischen Aspekte des Studios in die Hand zu nehmen. Er erweiterte seinen Arbeitsbereich auch dahingehend, daß er sich mit den Techniken des Tonfilmes vertraut machte und die Anwendung von Ton bei den Filmen überwachte.

Es gab zu jener Zeit im Studio noch keinen musikalischen Leiter, so daß Lou Fleischer die Rechte an einer bereits existierenden Schallplatte erstehen mußte, die dann die Basis für den Soundtrack bildete, demzufolge die Animatoren ihre Bilder formten und entwarfen. Einen Gleichklang zwischen Musik und Bild zu finden, war stets eine Herausforderung, denn Tempo und Stimmung wurde ja durch den Song auf der Schallplatte vorausbestimmt. »Wir waren darin Experten, Papier mit schlechten Ideen zusammenzuknüllen und in die Papierkörbe zu werfen,« sagt Shamus Culhane, der zu jener Zeit unter dem Vornamen Jimmie bekannt war.

Verblüffend genug, denn die Planung innerhalb von Fleischers Studio war so formlos, wie sie es bereits zum Ausklang

Max Fleischer hat seine Charaktere in einer Tretmühle: ›Koko the Kop‹ *(1927).*

der zwanziger Jahre gewesen war. Diese Formlosigkeit hatte sich in die Tonfilmzeit mit übertragen.

Die Fleischer-Filme zu Beginn der dreißiger Jahre enthielten derbe Witze, besaßen einen Sinn für Sex, und die visuellen und verbalen Gags waren an die Erwachsenen im Publikum gerichtet, nicht an die Kinder. Die Kinder konnten diese fremdartigen Figuren und Charaktere nicht so recht verstehen, amüsierten sich jedoch trotzdem recht gut bei diesen volkstümlichen Filmen.

Hinzu kam der visuelle Geschmack der Filme. Die Atmosphäre war vollkommen von New York inspiriert. Das stand im krassen Gegensatz zu den sonnigen Wald- und Wiesenhintergründen der Cartoons, in denen sich die Figuren der Filme bewegten, die an der Westküste produziert wurden, zum größten Teil von Männern, die im rustikalen Mittelwesten aufgewachsen waren. Fleischers Leute waren nicht nur in New York aufgewachsen, sondern sie lebten auch dort. Und sie arbeiteten dort. Die grauen Häuserschluchten, die Charaktere aus der Schattenseite des Lebens und die beispiellose Empfindsamkeit prägten natürlich diese Filme. Das grobe Gesicht der Fleischerschen Filme war unverkennbar.

Der erste »Star« des Studios in der Tonfilmzeit war Bimbo, dessen heidnischer Name mit rassistischem Einschlag dem Slang New Yorks entstammte. Wie so viele andere Charaktere jener Zeit war auch Bimbo schwer zu beschreiben oder zu bestimmen. Das ging so weit, daß er fast in jedem Film dieser Zeit sein Aussehen stetig veränderte. Was man allerdings von ihm sagen kann, ist, daß er mit der Figur der Mickey Mouse keine Ähnlichkeit hatte – ein wesentliches Unterscheidungsmerkmal der frühen dreißiger Jahre.

Aber die Filme Fleischers legten auch keinen großen Wert auf Charakterisierung; ihre Grundlage bestand aus den Komponenten Gag und Musik. Mitunter wurde sogar die Musik zu einem Gag, beispielsweise in *Grand Uproar*, worin vier bizarr aussehende Mäuse das »Sextett« aus *Lucia* singen, oder in *You're Driving Me Crazy*, worin verschiedene Dschungeltiere grimassenschneidend ein rasantes Lied singen. Fleischers Verbindung mit der Paramount versetzte ihn natürlich auch in die Lage, Paramount-Songs zu karikieren und zu verwenden. Die Zeichentrickfilme der dreißiger Jahre sind voller Paramount-Lieder wie »Mimi«, »Isn't It Romantic«, »Beyond the

Blue Horizon« und »Love Me Tonight«. Es ist wohl anzunehmen, daß es sich die Autoren Rodgers und Hart niemals geträumt hätten, daß ihre Hitsongs aus den Spielfilmen einmal als Vehikel für eine Figur wie Bimbo dienen könnten!

Die Paramount ging auch so weit, daß sie Max Fleischer ihr Wochenschaustudio in Manhattan zur Verfügung stellte und natürlich auch verschiedene Darsteller und Sänger aus dem Paramount-Stall, die gerade in New York vertraglich gebunden waren, um in Spielfilmen und Kurzfilmen mitzuwirken. Aus diesem Grunde hatte Fleischer die einmalige Gelegenheit, den Reiz seiner Filme mit dem »hüpfenden Ball« aus der »Screen Songs«-Serie aufzumöbeln, indem er ihnen Livefilmmaterial hinzufügte. Stars wie Rudy Vallee, Ehtel Merman, Lillian Roth und die Mills Brothers traten in diesen Zeichentrickfilmen auf. Zeichentricklich gestaltetes Filmmaterial umrahmte den Auftritt dieser Künstler, die wiederum das Publikum zum Mitsingen animierten, indem sie auf den »hüpfenden Ball« hinwiesen. Dave Fleischer sorgte schon dafür, daß die Filme keinen schalen Nachgeschmack hinterließen, so daß vieles an Zeichentrickmaterial, das vordem den »hüpfenden Ball« unterstützt hatte, wegfiel. Nicht selten wurden auch die Liveauftritte der Interpreten in den Zeichentrickfilmen der »Screen Song«-Serie auf neuartige Weise gestaltet, insbesondere wenn es um die Einführung und Vorstellung der Interpreten und Stars ging. An anderen Stellen verliert die zusammenhanglose zeichnerische Gestaltung der Filme sich in soliden strukturell angelegten Gags.

Zu jener Zeit gehörten der Paramount, wie verschiedenen anderen großen Studios ebenfalls, eine Kette von Lichtspielhäusern, und in den frühen Jahren der Weltwirtschaftskrise entwickelte die Vereinigung ein neues System des Geldverdienens. Max Fleischer produzierte eine ganze Reihe von Werbefilmen im Auftrag von Großfirmen, darunter *A Jolt for General Germ* (im Auftrag von Lysol), *In My Merry Oldsmobile* (Oldsmobile), *Suited to a Tea* (India Tea Company), *Step on It* und *Tex in 1999* (beide für Texaco). Seit der Idee, die Filme des Sponsors in unterhaltender Weise zu gestalten, wurden sie behandelt und ausgestattet wie alle anderen Fleischer-Filme auch. So ist also tatsächlich ein noch heute existierender Kurzfilm mit dem Titel *In My Merry Oldsmobile* ein vergnüglicher Streifen mit dem »hüpfenden Ball«, der in Qualität und

Ein für Max Fleischer typisches Beispiel, wie er ein Lied im Zeichentrickfilm zum Leben erweckt: ›In My Merry Oldsmobile‹ (1930).

Inhalt durchaus mit Fleischers anderen zeitgenössischen Zeichentrickfilmen konkurrieren kann.

Die *Talkartoons* hingegen sind nicht selten Nieten. Jeder Anschein eines Scripts ist rein zufällig (»Unsere Story-Konferenzen mögen wohl nicht länger als eine Stunde gedauert haben«, erinnert sich Shamus Culhane), und viele der Filme wenden sich nur in zwei oder drei Richtungen, kommen dann zum Ende, aber niemals zu einem logischen Schluß. Andere wieder scheinen ihren eigenen Weg zu finden, und sie sind voller cleverer und komischer Einfälle: *Wise Flies* beispielsweise und der außergewöhnlich gute *Skyscraping*..

Der sechste Film der *Talkartoon*-Serie aus dem Jahre 1930 führte zum ersten Mal eine Figur ein, aus der später die bekannte Betty Boop wurde. In *Dizzy Dishes* war sie eine Mischung aus einem Hund und einem sexy Mädchen, mit einem üppigen, sinnlichen Körper, aber auch mit den Ohren eines Hundes und entsprechenden Hundeaugen. (Warum auch sollte sie kein Hund sein? Bimbo hat ihr gegenüber ganz natürliche Instinkte, zumal auch er ein vermenschlichter Hund ist.) Diese Figur war auf dem Papier von Grim Natwick entstanden, einem Veteranen bei Fleischer, denn er arbeitete dort bereits schon seit einigen Jahren und besaß einen realen Background nicht nur in den Künsten der Animation, sondern der Kunst überhaupt. Historiker des Zeichentricks und auch seine Kollegen sind und waren sich darüber einig, daß nur er die Fähigkeit und das Selbstvertrauen hatte, eine weibliche Figur entstehen zu lassen, die mit einem indirekten aber trotzdem realistischen Körper ausgestattet war. Kaum ein anderer in Fleischers Studio hätte wohl annähernd die Fähigkeit gehabt, eine solche Figur zu zeichnen.

Im Laufe des nächsten Jahres tauchte diese Figur ohne Namen immer wieder in den *Talkartoons* auf. Das Echo auf diese Figur war groß, aber Fleischers Zeichner veränderten ständig ihr Aussehen. Grim Natwick hatte sie nach den Formen und nach dem Aussehen der populären Sängerin Helen Kane modelliert, und mehrere und recht unterschiedliche Frauen versuchten sich darin, der Figur während der Synchronisation die Stimme einer »flotten Biene« zu vermitteln. Verschiedentlich waren auch Shamus Culhane und Al Eugster gemeinsam mit Natwick als »Spezialisten« an dieser Figur beschäftigt.

»Grim hatte große Vorzüge den anderen gegenüber«, sagte Shamus Culhane. »Als er so um die Zwanzig herum war, ging er nach Deutschland und malte dort zwei Jahre; er war ein sehr guter Maler. Ich versuchte, auch so wie er zu arbeiten. Ich versuchte, einen Arm zu machen, der auch wie ein Arm aussah und nicht so etwas wie einen Stock oder so mit einer Hand vorn dran: Die meisten Burschen konnten das nicht. Sie hatten keinen Sinn für die Anmut einer solchen Figur.«

Die weitgehende Formlosigkeit und Ungezwungenheit im Zeichentrickwesen wird von Shamus Culhane und Al Eugster, die lange Zeit Kollegen waren, in einer Geschichte geschildert, aus der hervorgeht, wie sie zum Beruf eines Animators gelangten. Mitte der dreißiger Jahre, als das Studio mit den Arbeiten zu einem Film mit dem Titel *Swing You Sinners* begann, brachen vier oder fünf der erfahrensten Animatoren bei Fleischer ihre Verträge und gingen nach Kalifornien. Al Eugster erinnert sich:

»Aus diesem Grunde rief Max die jungen Burschen zu sich, Rudy Zamora, Shamus Culhane, George Cannata und mich. Er sagte: ›Jetzt seid ihr Animatoren.‹ So war das. Vorher machten wir hier und da eine Szene und taten unser Bestes.« Shamus Culhane fährt fort:

»Teddy Sears und Grim Natwick unterstützten uns bei dem Film. Beide waren sehr nette Burschen.« Al Eugster:

»Offiziell waren wir Animatoren, aber wir mußten ganz schön strampeln, damit uns etwas gelang.« Ist es da ein Wunder, daß die Qualität der Zeichnungen bei Fleischer so inkonsequent und unbeständig war?

Während des Jahres 1931, als sie immer öfter in den Zeichentrickfilmen bei Fleischer auftauchte, Form und Gestalt annahm und eine eigenständige Persönlichkeit entwickelte, wurde Betty Boop zu einer festen und ständigen Einrichtung in Fleischers Repertoire. Koko, der Clown, wurde wieder aus der Schublade des Vergessens gezogen, um mit Bimbo den neuen »Star« zu unterstützen. Hundeaugen und Hundenase waren vergessen, und ein Modellblatt hielt nun endgültig als eine Art Standard für sie her, obwohl noch einige Animatoren Schwierigkeiten hatten, mit dem etwas unproportionierten Aussehen der Figur umzugehen (übergroßer Kopf, kein sichtbarer Hals, schmaler Körper, aber ausgeprägte, überdimensionierte Hüften und ebensolche Oberschenkel). Kein Zweifel: rein anatomisch machte Betty keinen Eindruck, aber sie war anbetungswürdig.

Außerdem war sie auch die erste Zeichentrickfigur, die das Element »Sex« in die Filme mit einbrachte. In einem der ersten *Talkartoons,* wo sie die »Hauptrolle« innehatte, nämlich *Boop-Oop-A-Doop,* erhält sie von ihrem Boß, einem Zirkusdirektor, einen unsittlichen Antrag. Dieser lüsterne Wüstling lauert ihr auf (in einer Großaufnahme sehen wir, wie ihm das Herz bis zum Hals schlägt und er sich genüßlich die Lippen leckt) und ruft aus: »Ah, meine Schönste, also doch!« Dann fragt er: »Gefällt dir dein Job?« und flüstert ihr etwas ins Ohr. Betty weicht zurück und sagt: »Wie soll ich das verstehen

...?«, und gibt ihm daraufhin eine Ohrfeige. Betty singt: »Don't take my boop-oop-a-doop away«, aber der Zirkusdirektor begnügt sich nicht mit einem »Nein« als Antwort und versucht die Widerspenstige in einem wilden Gerangel an sich zu zerren. Koko versucht sie zu retten, während das Orchester »Just One More Chance« spielt. Nachdem der Direktor letztlich dann doch bezwungen wurde und Bimbo und Koko sie fragen, ob alles in Ordnung mit ihr sei, antwortet sie fröhlich: »Nee, er konnte mir mein boop-oop-a-doop nicht nehmen.«

Betty Boop war tatsächlich ein Überbleibsel aus den zwanziger Jahren, eine Variante des *flappers,* des aufreizenden jungen Dings, das den älteren Herren den Kopf verdrehen, flirten und schmeicheln konnte, dabei aber doch einen kühlen Kopf behielt, um unschuldig zu wirken und zu bleiben. Andere charakterliche Eigenschaften besaß sie nicht, aber das vollkommen Neue an dieser Figur innerhalb des Zeichentrickfilms machte sie für mehrere Jahre zu einer ständigen Einrichtung. Mae Questel etablierte sich mit ihrer Stimme voll und ganz als Betty Boops Stimme und war eine hervorragende Kombination aus Sanftheit, Lieblichkeit, Frechheit und Keßheit. Betty wurde mit zahlreichen geistvollen Liedern ausgestattet, Standardtiteln, die jeder kannte, aber auch vielen, die ganz speziell für ihre Zeichentrickabenteuer von Sammy Timberg und Sammy Lerner komponiert wurden. Diese Lieder (und dazu Mae Questels Leistung als Sprecherin der Betty Boop) statteten die Serie mit einer ganzen Reihe reizender und unvergessener Augenblicke aus.

Der erste offizielle Betty-Boop-Zeichentrickfilm, *Stopping the Show,* zeigt Betty als eine bekannte Künstlerin des Vaudeville, die es versteht, Fanny Brice und Maurice Chevalier zu imitieren. Hierzu verwendete man einige Schmeicheleien der Stars, die diese in keinem Film gesagt hatten. Betty erlebt eine solche Ovation, daß es ihr fast nicht möglich ist, in ihrem Programm fortzufahren. (Ein winziger Fehler ist geradezu symptomatisch für die oft praktizierte Oberflächlichkeit bei Fleischers Filmen: Ein Schild trägt ein Foto der wirklichen Fanny Brice – in einer Einstellung aus größerer Entfernung wird deren Name einmal »Fanny« geschrieben, in einer Großaufnahme dahingegen falsch mit »Fannie«.)

Aber Sex blieb immer ein wichtiges Element in den Filmen mit Betty Boop. In *Is My Palm Red?* besucht Betty Professor

Diese Szenen aus ›I'm Forever Blowing Bubbles‹ (oben links und rechts) und aus ›La Paloma‹ (unten links und rechts) vermitteln sehr schnell und bestens einen Eindruck über Max Fleischers Zeichentrickprogramm zu Beginn der Tonfilmzeit (1930).

Bimbo, den Mann, der aus der Hand liest. Er dreht die Lichter in seinem Raum aus, um einen heimlichen Blick auf Betty werfen zu können, die ein durchsichtiges Kleid trägt. In *Betty Boops Big Boss* antwortet unsere Heroine auf eine Anzeige, in der zu lesen steht: »Mädchen gesucht – Frau bevorzugt.«

Als der Chef fragt, »Was können Sie?« erwidert Betty kokettierend »Sie werden überrascht sein«. Und in *Betty Boop's Museum* erwacht ein prähistorisches Fossil, um ihr nachzustellen!

Man sagt, daß der grundlegende Unterschied zwischen den Zeichentrickfilmen von Fleischer und denen von Disney darin liegt, daß Disney mit der natürlichen Furcht der Kinder spielt, während Fleischers Filme Trauma und Emotionen des Erwachsenen darstellen. Dieses Unterscheidungsmerkmal kommt sehr deutlich in einigen frühen Filmen mit Betty Boop zum Ausdruck; man kann es hier mit der herkömmlichen Kinosprache als »schwarzer Zeichentrickfilm« bezeichnen. Der »schwärzeste« dieser *Talkartoons* heißt *Bimbo's Initiation,* den Lesli Cabarga bezeichnenderweise als »bösen Traum« umschrieben hat. In diesem Zeichentrickfilm wird Bimbo in einem Irrgarten des Untergrundes von hüpfenden, verhüllten Figuren verfolgt, die bedrohlich fragen: »Willst du Mitglied werden? Willst du Mitglied werden?« Als Bimbo daraufhin verneint, findet er sich von einer mißlichen Lage in die andere versetzt, gefangen in einer Alptraumwelt, aus der er nicht entfliehen kann. Zum Schluß nimmt eine dieser Geisterfiguren die Kapuze ab, und Betty Boop kommt zum Vorschein. Jetzt will Bimbo Mitglied werden, und es stellt sich heraus, daß alle Gespenster wie Betty Boop aussehen, Duplikate ihrer Person sind!

Zwei der beachtenswertesten und interessantesten Filme mit Betty Boop leben durch die Mitwirkung des Orchesterchefs Cab Calloway: *Minnie the Moocher* und *Snow White*. Jeder Film wurde handlungsmäßig um einen Hitsong von Cab Calloway herumgebaut, der erste trägt auch den Titel des Films, der zweite ist der »St. James Infirmary Blues«.

Snow White ist ein Film, bei dem man erschrecken kann. Als Salvador Dali und Luis Buñuel 1929 ihren Film *Un Chien Andalou* gedreht hatten, war es ihre feste Absicht gewesen, ein surreales, keineswegs gradliniges Werk zu schaffen, wo ein Bild nicht logisch auf das andere folgte. Ihr Film wurde weltweit ein Symbolfilm. Aber Fleischers *Snow White,* vier Jahre später entstanden, brachte ähnliche Bilder hervor und strebte ähnlichen Zielen zu (ohne feste Absicht möglicherweise), aber niemand nahm von dem Film Kenntnis, bis vor einigen Jahren.

Die Königin schaut in den Spiegel und will wissen, wer die Schönste im Lande ist. Aber sie erhält keine gute Nachricht. Aus ›Snow White‹ (1933).

Snow White ist so voller bizarrer Bilder und verrückter Ideen, daß es fast unmöglich ist, den ganzen Film in einem Durchgang ausreichend zu betrachten. Auch wenn man ihn zweimal sieht, sieht man noch längst nicht alles. Der Film ist voller kleinerer versteckter Gags und Witzchen, die man auf den ersten Blick nicht erkennt (Dave Fleischers Gepräge) und die auch diesen verschwenderisch angelegten Sechs-Minuten-Streifen vollstopfen. Die Vorgänge kommen eigentlich nie zum Stillstand, und der Einfallsreichtum scheint unermeßlich zu sein. Sogar die Musik wird bestens dargeboten. Man hört Lieder wie »Please« und »Here Lies Love« aus dem Spielfilm *The Big Broadcast,* den die Paramount produzierte.

Kein späterer Zeichentrickfilm mit Betty Boop erreichte wieder diesen Stand mit dunklen und mystischen surrealistischen Bildern. Es ist leicht möglich, daß kein Film aus Fleischers Studio solchen Surrealismus angestrebt hat. Aber selbst die seichtesten Fleischer-Cartoons dieser Periode entfernten sich stets vom eigentlichen Mittelpunkt der herkömm-

Betty Boop und Bimbo in ›Admission Free‹ (1932).

lichen Zeichentrickfilme und zeigen neueste Gags, die für das Ansehen des Studios sorgten. In *Betty Boop's Ups and Downs* versteigert der Mond die Erde an den Meistbietenden, an Saturn, der aus dieser Versteigerung als Sieger hervorgeht. Er entfernt das Schild »Zu verkaufen« von dem Erdball, wodurch dieser seinen Magnetismus verliert und man einige Gags sieht, die mit dem Verlust der Schwerkraft zusammenhängen. *Betty Boop's Crazy Inventions* findet seinen Höhepunkt darin, daß eine Nähmaschine fortrennt und die ganze Welt zusammennäht, indem sie Flußufer miteinander und das Land mit dem Himmel verbindet, usw.

Verrücktheiten laufen wie ein roter Faden durch all diese Filme und halten das Publikum vom Lachen ab. In dem Film *I Heard* gehen die Bergleute einer Kohlengesellschaft mit dem bezeichnenden Namen »Never Mine« unter einer Dusche hindurch, um sich den schwarzen Kohlenstaub abzuwaschen. Dann verschwinden sie zum Mittagessen in Betty Boops Taverne. Als die Pause vorbei ist, verschwinden sie erneut unter der Dusche, und, damit sie wieder an ihre nachmittägliche Arbeit gehen können, projiziert die Dusche den Kohlenstaub wieder auf ihre Gesichter! Diese Filme strotzen vor lauter Unsinn und man erkennt immer wieder unlogische Schlagzeilen wie »Die Betty-Boop-Ausstellung – Nur eine Woche – Vom 31. Mai bis zum 31. Juli«.

Es ist interessant zu erwähnen, daß Paramount Pictures, die Verleihorganisation der Fleischerschen Zeichentrickfilme, für das Filmdebüt einer Schauspielerin verantwortlich war, die zu jener Zeit für Furore sorgte, nämlich Mae West. Man sagte auch, daß die pikante Miss West mit ihren Filmerfolgen dafür sorgte, daß der Paramount ein Bankrott erspart blieb, zumindest in den Jahren 1933 und 1934. Aber man sagte ebenfalls, daß es ganz allein Mae West gewesen sein soll, die dafür sorgte, daß sich Teile des amerikanischen Bürgertums gegen Hollywood auflehnten, da doch durch Mae West in verbaler und visueller Hinsicht einige Unzüchtigkeiten und Unsittlich-

Zwei singende Eiszapfen tragen dazu bei, Bettys Ankunft im Kino zu verkünden.

Koko der Clown stolziert einher wie Cab Calloway, während Bimbo und die sieben Zwerge Betty Boop in die ›mysteriöse Höhle‹ in ›Snow White‹ (1933) tragen.

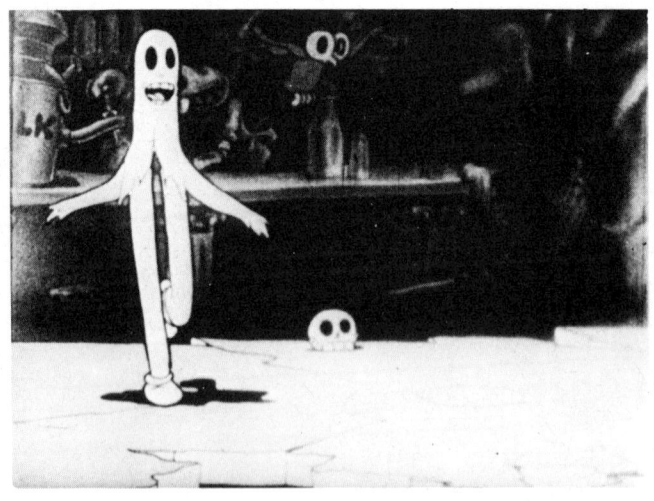

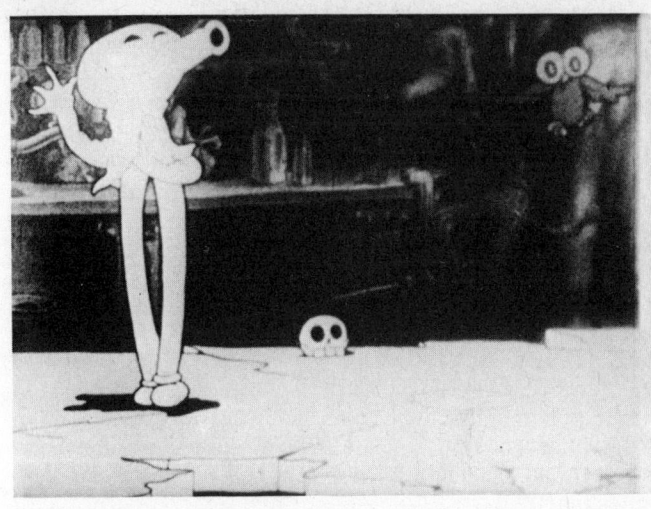

›He boy!‹ singt der Geist, der zugleich Cab Calloway und Koko ist, ›hand me over a shot of that boo-oo-ze!‹ (He Mann, bring mir mal eben 'nen Schuß von dem Schnaps!). Aus ›Snow White‹ (1933).

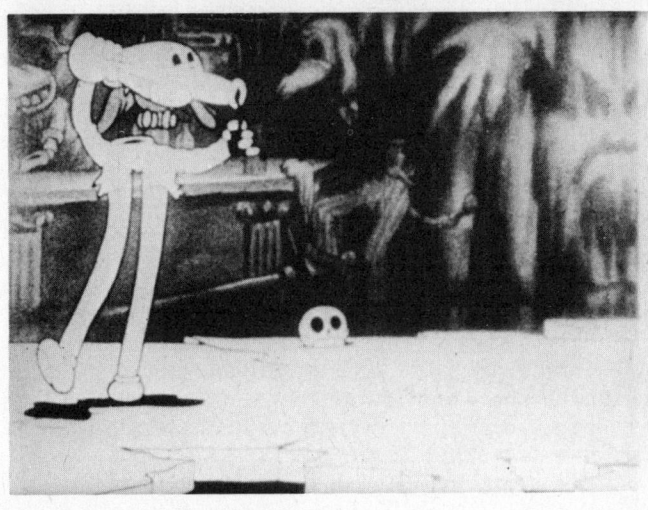

keiten in ihren Filmen offenbart wurden. Das Ergebnis schlug sich in einer Organisation nieder (Production Code von 1934), die sich um die Moral innerhalb des amerikanischen Films für die nächsten dreißig Jahre kümmerte.

Die Zeichentrickfilme waren keineswegs von irgendwelcher Kritik verschont, und auch die ausführenden Organe des Production Code waren mit ihren Regeln zur Stelle.

Man unterzog die Figur der Betty Boop umgehend einer eingehenden Überprüfung. Wie es bereits mit der Figur der Jane in den Tarzanfilmen geschehen war, wurde auch Betty Boops Körper mehr oder minder mit Bekleidung bedeckt. Verschwunden war der Strumpfhalter, verschwunden war auch das allzu kurze Kleidchen. Ein allzu offenherziges Dekolleté wurde vermieden. Auch die Lustmolche, die einst hinter Betty hergeschlichen waren, gehörten der Vergangenheit an. An ihre Stelle trat eine Staffage, die für jeden Amerikaner bezeichnend ist, nämlich ein Hund und der niedliche Neffe von nebenan. Betty wurde zu einer Junggesellin, die in keinerlei Weise irgendein Interesse an Männern hatte. Man veränderte ihren Charakter so sehr, daß aus ihr ein tugendhaftes Mädchen wurde, Lieder wie »That's My Weakness« und »You'd Be Surprised« wurden aus ihrem Gesangsprogramm gestrichen und durch »Be Human« ersetzt, das Güte zu Tieren verdeutlicht und durch den »Housecleaning Blues«.

Dieser neue Besen fegte auch all die eigenartig aussehenden Tiere hinweg, durch die die Betty-Boop-Filme so populär geworden waren, allerdings blieben Bimbo und Koko. Nachdem neue Figuren für die »Nebenrollen« eingeführt worden waren, verschwand Betty nicht selten im Hintergrund und wurde für den eigentlichen Ablauf der Handlung zur Nebensächlichkeit. Der Animator Myron Waldman entwickelte Bettys süßen Hund Pudgy, der die Handlung vieler Filme auf sich selbst bezog, darunter auch einen der frühen Filme wie *Riding the Rails,* ein amüsantes Filmchen, das für den OSCAR nominiert worden war.

Andere Zeichentrickfilme brachten Betty mit den bereits etablierten Figuren des Comic strip zusammen, wie Carl Andersons Henry, Jimmy Swinnertons Little Jimmy und Otto Soglows Kleinem König (der bereits eine eigene Serie im Van-Beuren-Studio hatte). Keine dieser Figuren harmonierte besonders gut mit Betty Boop. Eine Ausnahme machte nur

Little Jimmy, der mit seinem burschenhaften Wesen einigermaßen zu Betty Boop paßte.

Die beste Figur, die innerhalb Fleischers Studio nach der Einführung des Production Code entstand, war Grampy, ein freundlicher Erfinder, dessen Beruf die Mitglieder von Fleischers Crew zeitweilig zu ganz besonders netten Gags herausforderte. Sein Debüt hatte er in dem Zeichentrickfilm *Betty Boop and Grampy*. Dort verwendet er seine Geschicklichkeit dazu, Leben in eine langweilige Party zu bringen. In *Grampy's Indoor Outing* verwandelt er ein ganzes Apartmenthaus in einen provisorischen Vergnügungspark, und in *Housecleaning Blues* (1937) räumt er Bettys Haus auf, nachdem eine Gruppe von Gästen den Platz in einen Scherbenhaufen verwandelt hatte. Leslie Cabarga fand heraus, daß die Fleischers an dieser Figur besonderes Interesse hatten, denn sie forderte ihre Neigung zu mechanischen Dingen heraus, und das mag wohl ein Grund dafür gewesen sein, daß die Figur sich so prächtig entwickelte. Dieser Annahme kann man sich durchaus anschließen. Grampy sorgt für die Musik auf einer Party,

Der allseits beliebte Grampy in ›Housecleaning Blues‹ (1937).

indem er den Dampf eines Teekessels durch eine Flöte leitet, aus einem mechanischen Klavier fertigt er Bettücher und Handtücher, und ausgediente Küchengeräte verwandelt er in geschmackvolle Weihnachtsspielsachen.

Betty Boop war auch diejenige Figur aus dem Fleischer-Studio, die einem anderen Charakter in den dreißiger Jahren den Weg auf die Kinoleinwand ebnete, einer Figur, der langanhaltender Ruhm beschieden sein sollte: Popeye. Als Max Fleischer mit der Firma King Features Syndicate verhandelte, um die Leinwandrechte an dem Helden einer *comic-strip*-Serie zu erhalten, entschied er sich zunächst für einen Test, indem er den Seemann zu einem offiziellen Teil der Betty-Boop-Serie machte. Es ist ungewöhnlich, aber Fleischer hatte kein großes Vertrauen in diese neue Figur, also bediente er sich dieser List, um die Figur durch die Betty-Boop-Serie in Hunderte von Lichtspielhäusern bringen zu können. Nachdem die Zuschauer einmal einen Blick auf die neue Figur geworfen hatten (*Popeye the Sailor,* 1933), hatte man in Fleischers Studio keinerlei Zweifel mehr: die Leute wollten mehr sehen. Aus diesem Grunde kam es ganz offiziell zu der neuen Serie mit der Figur des Popeye.

Popeye war durch die klassische *comic-strip*-Serie »Thimble Theatre« von Elzie Segar bereits bestens bekannt. Diese Serie gab es in den Zeitungen seit 1919. Originellerweise waren die Stars von »Thimble Theatre« Ham Gravy und Olive Oyl gewesen. Als die Serie von mal zu mal bekannter wurde, gestaltete Segar sie zu einer kontinuierlichen Folge um und fügte den täglich erscheinenden Bildern neue Figuren hinzu, die seine extravagante Truppe noch attraktiver machten. Darüber hinaus schrieb Segar seine Geschichten selber.

In seiner Einführung zu einem Nachdruck der Popeyegeschichten bei Nostalgia Press schrieb Bill Blackbeard:

»Dickens hätte nicht mit leidenschaftlicherer Faszination seine Figuren Pecksniff, Mrs. Gamp, Micawber oder Quilp kreieren können als Segar in seinen Eskapaden mit Popeye, Castor Oyl, Wimpy oder dem Sea Hag.«

Der Vergleich mit Dickens ist teilweise recht passend. Wie der britische Autor schwärmte auch Segar für farbenfrohe Namen, indem er Figuren wie Slink the Slicker und Chizzelflint erfand. Und ebenso wie Dickens erschien auch sein Werk in

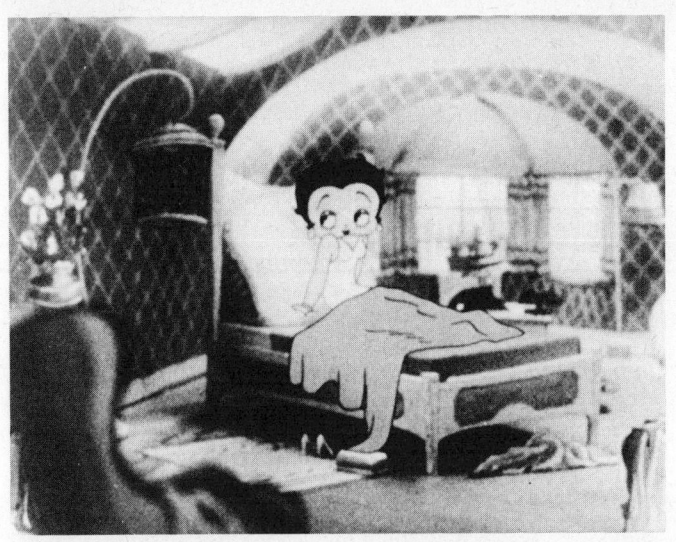

Ein Beispiel für Max Fleischers ›3-D-Verfahren‹ aus ›Housecleaning Blues‹ (1937). Der Hintergrund mit den Miniaturrequisiten ist fotografiert. Nur Betty und ihr Bettuch sind auf das Zelluloid gezeichnet.

serienähnlicher Form. Zunächst einmal zog er seine Handlungen in die Breite, brachte mit seiner erzählenden Form ein Durcheinander innerhalb der fortschreitenden Geschichte zutage, um sie dann auf dem Höhepunkt dieses Durcheinanders aufzulösen. In den dreißiger Jahren waren Segars Geschichten nicht selten vier Monate lang, und nicht selten brauchte er vier Tage für ein Pferderennen oder gar zwölf Tage für einen Preisboxkampf, wie beispielsweise in *Popeye and the Jeep*.

Sein Debüt machte Popeye am 17. Januar 1929 als ein rauher, barscher, ohne Umschweife geradeheraus redender, hart austeilender Seemann, der Castor Oyls Schiff nach Dice Island steuert. Am Ende der Episode mußte Popeye aus dem Geschehen um die bekannten Figuren aussteigen, aber sein Erscheinen und Auftreten hatte bereits bei Segars loyalem Leserkreis für Aufsehen gesorgt. Die Leser forderten Popeyes Rückkehr in die *comic-strip*-Serie. Segar fügte sich der Forderung, und für lange Zeit bewegte Popeye sich im Mittelpunkt des Geschehens.

Popeye the Sailor verkündete das Filmdebüt der Figur in Verbindung mit Livefilmmaterial. Zeitungsschlagzeilen gaben den Vorfall bekannt. Ein zweispaltiges Bildnis des Seemannes gerät in Bewegung, als dieser sein erklärendes Lied zum besten gibt: »I'm Popeye the Sailor Man« (»Ich bin Popeye der Seemann«). Seine Kraft demonstriert er mit einer nonchalanten Geste, indem er mit einem Schlag seiner Faust einen gewaltigen Fisch über einer Gedenktafel in eine Kaskade von Sardinen zertrümmert.

Dave Fleischer beschrieb die Basiselemente der Popeye-Serie, die sich in diesem ersten Cartoon etablierten, mit folgenden Worten:

»Ich wollte seine Kraft zeigen ... gleich zu Beginn des Films. Ich ließ ihn unter einem Rammklotz hindurchgehen, der Rammklotz fiel herunter auf Popeyes Kopf, der Rammklotz zerbrach, aber nicht Popeyes Kopf, verstehen Sie? Das ist ein lustiger Gag, aber er verdeutlicht auch Popeyes Kraft. Dann kommen wir zu dem nächsten Debakel, wo Bluto Popeye herausfordert, dieser aber nicht kämpfen will. Er kämpft einfach nicht. Jetzt ist das Publikum soweit, daß es anstelle von Popeye kämpfen will, in der Hoffnung, daß er zurückschlägt, und als er dann zurückschlägt, da ist das Publikum voll auf seiner Seite.«

Betty Boop hat in *Popeye the Sailor* als Hula-Hula-Tänzerin einen kurzen Auftritt während einer Faschingsveranstaltung, aber es kommt erst gar kein Zweifel auf, wem dieser Zeichentrickfilm gehört. Zwei Monate nach diesem Appetithäppchen wurde der erste offizielle Popeye-Zeichentrickfilm veröffentlicht: *I Yam What I Yam*. Andere frühe Titel dieser Serie beruhen auf bereits bekannten Schlagworten wie *Blow Me Down, I Eats My Spinach* und Wimpys *Let's You and Him Fight*. Diese frühen Popeye-Filme haben sehr wenig mit dem Format der Figur zu tun, das sie bereits nach einem Produktionsjahr erreichten. Popeyes Stimme ist anders, sein Benehmen ist rauh, aber erhabener. Hier verkörpert er einige ungeschliffenere Aspekte in Segars Konzept, und er ist eigentlich nicht sonderlich witzig.

Sogar die Stimme von Olive Oyl ist in einigen frühen Episoden anders und bringt einige Manierismen von ZaSu Pitts zum Vorschein, obwohl Mae Questel behauptete, sie wäre von Anfang an für Olives Stimme zuständig gewesen. Sie erinner-

Popeye hat zusammen mit einer sexy Betty Boop sein Leinwanddebüt in ›Popeye the Sailor‹ (1933).

te sich daran, daß William Costello, der im Vaudeville als Red Pepper Sam bekannt gewesen war, Popeye die Stimme lieh. »Er war nur für ein Jahr lang Popeyes Stimme, das war alles«, sagte sie. »Der Erfolg war ihm so schnell zu Kopf gestiegen, daß es schon wieder lächerlich war.« Costello wurde wieder entlassen und ein anderer Mann herbeigeschafft, den Dave Fleischer verpflichtet hatte, nachdem er dessen Stimme gehört hatte, als er sich eine Zeitung kaufte. Dann wurde aber Jack Mercer für die Rolle engagiert. Mercer war Zeichner bei Fleischer gewesen, der aus Spaß an der Sache dem Seemann die Stimme lieh. Er hätte es sich wohl kaum träumen lassen, daß er, sich auf dem Wege zu einem ambitionierten Animator befindend, ein Leben lang Popeyes Stimme werden würde.

Durch Mercers Stimme kam ein mitreißender Witz in die Figur des Popeyes, der zum größten Teil dafür sorgte, daß aus dem tierischen Popeye ein liebenswerter Charakter wurde. Es war Mercer, durch dessen denkwürdiges Murmeln und Brummeln so viel Witz in die Popeye-Filme der dreißiger Jahre gelangte. Sehr viele Dialoge wurden von Mercer vor der Zeit entworfen, aber zum größten Teil synchronisierten er und Mae Questel ihre Figuren mehr oder minder aus dem Stegreif. Ein Sänger namens Gus Wickie war Blutos erste Stimme, während im Laufe der Jahre Jack Mercer und Mae Questel auch diese Stimme übernahmen.

Die frühen Popeye-Filme scheinen nach einem brauchbaren Stil zu tasten, obwohl sie eine kleine Sensation heraufbeschworen, nachdem sie in den Kinos gezeigt worden waren. Popeye wurde sehr bald zu einem sicheren Geschäft für die Paramount, die Zeitungen schrieben darüber, Kinos kündigten auf Plakaten neue Folgen an, und Popeye-Clubs schossen aus dem Boden. Ähnlich wie bei Mickey Mouse ein paar Jahre früher, wurde auch Popeye zu einer Gestalt, die sich, abgebildet auf Handelswaren, ungewöhnlich gut verkaufen ließ.

Im Jahre 1934 nahm Popeye die Gestalt an, die wir kennen und lieben gelernt haben, insbesondere in den klassischen Kurzfilmen *A Dream Walking* und dem mehr typischen Streifen *The Dance Contest*. Genannt werden muß auch noch der Film *We Aim to Please*. Im Gegensatz zu der weit verbreiteten Meinung, unterstützt durch die grob hingehauenen Cartoons, die am Ende der Serie standen, die Filme glichen sich, kann diese Ansicht nicht vertreten werden: nicht einmal zwei Filme aus der Fleischer-Serie mit Popeye sind sich in irgendeiner Form ähnlich. *A Dream Walking,* ein Film, der bei späteren Filmfestivals zu einem Favoriten wurde, macht auf wunderbare Art Gebrauch von perspektivischen Dingen, während Popeye seiner Angebeteten Olive Oyl durch ihre nachtwandlerischen Exkursionen im Traum folgt. Es geht in schwindelerregende Höhen über die Häuser der Stadt, Wolkenkratzer hinauf und hinunter und über Fahnenstangen. Wie bei so vielen Fleischer-Filmen, die in technischer Hinsicht so ungewöhnlich ausdrucksvoll sind, bewegt sich dieser ganz einfach nach den Grundregeln der Perspektive, aber in solch entwaffnender und ausgelassener Fasson, daß das Publikum gewöhnlich mit Applaus und Lachen darauf antwortete.

Das Timing dieses Zeichentrickfilms ist superb, wenn Popeye und Bluto wild hinter ihr her hetzen, um sie vor dem Absturz zu retten, während sie mit schlafwandlerischer Sicherheit ihren Weg über die Häuser fortsetzt. Dabei arbeiten Popeye und Bluto noch gegeneinander. Eine ausgedehnte Sequenz auf den skelettartigen Eisenträgern eines Gebäudes,

Ein Originalposter für ›Ghosks is the Bunk‹ (1939) aus der Popeye-Serie.

das sich noch im Bau befindet ist deshalb so denkwürdig, weil der Hintergrund so ausdrucksvoll ist, realistisch gezeichnet in grauem Hochrelief, dazu die drahtigen, vibrierenden, scharf gezeichneten Charaktere, die über die verschiedenen Ebenen des Hauses hetzen. Der Song »Did You Ever See a Dream Walking?« von Mack Gordon und Harry Revel (aus dem Paramount-Spielfilm *Sitting Pretty*) bietet eine perfekte Grundlage für die ganze Episode. Aber in erster Linie ist *A Dream Walking* ungewöhnlich lustig, die Lacher entstehen nicht nur durch originelle Situationen, sondern durch die Reaktionen der Figuren selbst. (Sogar Wimpy ist mit von der Partie als Wachmann des Baugeländes, wo er einen Hamburger mampft.)

Die Popeye-Serie vermied das verrückte Aussehen der frühen *Talkartoons,* aber behielt den Hintergrund der Großstadt bei und bediente sich auf expressive Weise der grauen Farbtönen. Diese Zeichentrickfilme verstehen sich wesentlich besser auf das volle Spektrum zwischen den Farben Schwarz und Weiß, als es bei anderen Filmen der Zeichentrickgeschichte der Fall war. Sehr oft bleiben die Hintergründe stumpf und gedämpft, oder sie sind verwischt, damit die Figuren im Vordergrund um so besser zur Geltung kommen; in anderen Fällen enthüllen verschiedene Einstellungen in vollem Umfang und auf kreative Weise die Farben Schwarz und Weiß, wobei auch auf Grautöne ausgewichen wird.

Manchmal nahm man die Grauschattierungen dafür her, um verbergen zu können, daß sich im Hintergrund nichts bewegte, wie beispielsweise in *The Dance Contest,* wo eine unscharf gezeichnete Menge bewegungslos im Tanzsaal steht, während Popeye und Olive Oyl im Vordergrund zu den Klängen der Musik tanzen. *The Dance Contest* zeigt uns auch Bluto als den örtlichen Romeo, die Haare mit Pomade zurückgekämmt, der die Frauen beim Tanzen von den Füßen reißt, bis Popeye eine Portion seines Spinats zu sich nimmt, um seine tänzerischen Fähigkeiten in ein besseres Licht stellen zu können. Wimpy präsidiert bei der Tanzveranstaltung, wobei er vergnügt an einem Hebel zieht, durch den sich auf Kommando Falltüren öffnen. Tolpatschige, umhertappende Tanzpaare werden damit aus dem Verkehr gezogen.

J. Wellington Wimpy, dessen Vorliebe für den Genuß von Hamburgern mittlerweile Teil amerikanischer Folklore geworden ist (wie Popeyes Hang zum Spinat), war der surrealistischste Charakter der Serie, ein resoluter, ausdrucksloser Gentleman mit gewandter, kultivierter Zunge, einem kühlen Äußeren und den Umgangsformen eines Geschäftsmannes. Wimpy war während der ganzen Zeichentrickserie ein schwer unterzukriegender Opportunist.

Bluto war eine Figur, die nicht regelmäßig in Segars »Thimble Theatre« mit von der Partie gewesen war. Von Dave Fleischer wurde die Figur als eine Art Nemesis des Bösen über-

Ein Originalposter für ›Customers Wanted‹ (1939) aus der Popeye-Serie.

nommen, nachdem sie nur ganz kurz (im Juni und Juli 1932) innerhalb des *comic strips* aufgetaucht war. Angekündigt wurde Bluto wie folgt: »Bluto der Schreckliche! Geringer als Bilgenwasser, gemeiner als Satan, und stark wie ein Ochse.« Seine ursprüngliche Position als der Gauner der Serie verlief auf der Basis, daß er und Popeye oft Rivalen waren, allerdings mit freundschaftlicher Gesinnung.

Fleischer und Segar unterschieden sich allerdings in ihren Aussagen und Zielen auf ganz entscheidende Weise. Segar war ein Geschichtenerzähler, der einen starken Hang zum Melodram hatte; diese Eigenschaft, verbunden mit einem lebhaften Sinn für Humor, sicherte dem in Fortsetzungen erscheinenden, *comic strip* eine hingebungsvolle Anhängerschaft. Fleischers Zeichentrickfilme waren andererseits nur auf eines aus: auf Lacher. Während die gefilmten Cartoons in ihrer bildlichen Darstellung ebenso eindrucksvoll waren wie Segars Bilder auf ihre Weise, entstanden sie jedoch nach einem vollkommen unterschiedlichen Konzept.

Die bewunderungswürdigste Eigenschaft der Fleischerschen Popeye-Filme lag in ihrer hartnäckigen Ablehnung, in die Falle eines festgelegten Schemas zu fallen. Jede Standardzutat der Serie ist auch wiederum dazu angetan, die dazugehörige Idee von ihrem Sockel zu stoßen. Im allerersten Popeye-Film, wo der Seemann seinen Titelsong singt und sein »Macho«-Wesen demonstriert (und seine Stärke), lüftet er an einer Stelle sein Hemd und damit ein Geheimnis, denn er trägt ein Korsett darunter!

Die konstanten Kämpfe zwischen Bluto und Popeye sind in dem Zeichentrickfilm *It's the Natural Thing To Do* besonders mustergültig.

Nichts war diesen Cartoons heilig, auch nicht Popeyes Spinat. *I Like Babies and Infinks* beginnt mit einem fremdartigen Objekt, das von Dunkelheit umgeben ist, und durch das über die Tonspur ein Schreien zu vernehmen ist. Die Kamera bewegt sich zurück, und man sieht, daß dieses Objekt die Zunge von Klein-Swee Pea ist in dessen großem, weitgeöffnetem Mund. Swee Pea heult herzzerreißend. Olive ruft nach Popeye und Bluto, die daraufhin zu ihr herüberkommen und versuchen, das Kind aufzumuntern. Sie versuchen alles Mögliche, aber nichts will den gewünschten Erfolg herbeiführen. Alsbald sind sie dabei, diese lästige Aufgabe wetteifernd zu erledigen. Es hilft nichts. Schließlich greift Popeye nach seinem Spinat, aber in der Aufregung gerät ihm eine Dose mit Zwiebeln in die Hände. Anstelle des zu erwartenden Erfolges beginnt nun auch Popeye zu weinen. Es dauert nicht lange, und der Geruch der Zwiebeln füllt den ganzen Raum aus, so daß auch Bluto und Olive in Tränen ausbrechen. Das Ende naht, Swee Pea beginnt, dröhnend und haltlos zu lachen.

Ebenso wie der Spinat das Objekt für komische Veränderungen ist, liegt die Komik auch in Popeyes gesamtem Verhalten. In *Let's Celebrake* rufen Popeye und Bluto nach Olive, um mit ihr am Neujahrsabend auszugehen, aber Popeye, der ja nun eine gütige Seele ist, kann es nicht ertragen, daß Olives süße alte Großmutter allein zu Hause bleiben muß. Er entscheidet sich dafür, Großmutter zu eskortieren, und während der Abend seinen Verlauf nimmt und man sich in einem Nightclub befindet, päppelt Popeye die Großmutter mit ein wenig Spinat auf. Bald darauf sind Popeye und Großmutter das beweglichste Paar auf der Tanzfläche! In diesem herrlichen Zeichentrickfilm gerät Popeyes Interesse an Olive durch sein gutmütiges Naturell ins Hintertreffen und er kann erneut seine guten Qualitäten in den Vordergrund stellen. Das entgeht den Verleumdern, die in ihm einen eindimensionalen Charakter sehen.

Olives Launenhaftigkeit bildete den Ausgangspunkt vieler Kurzfilme, wie beispielsweise in *Females Is Fickle,* worin Popeye sich selbst beinahe ums Leben bringt, indem er ihren verhätschelten Goldfisch rettet, der in den Ozean gefallen war, nur um zu erfahren, daß Olive den armen, kleinen Fisch gar nicht mehr eingesperrt haben möchte.

Es ist sehr schwierig, in den dreißiger Jahren einen Film in der Serie zu finden, der nach einem bereits bestehenden Muster entstanden ist. *Let's Get Movin'* fängt damit an, daß Olive »I'm Moving Today« singt, während Popeye und Bluto alles daran setzen, ihr zu gefallen, indem sie ihr die Möbel verrükken. Auch dieser Film macht bestens Gebrauch von Perspektive und Größe. Man merkt dies an jener Einstellung, aus der Bluto aus dem sechsten Stock des Apartmenthauses auf Popeye herunterblickt, der vor dem Haus steht usw. Ein köstlicher Gag folgt darauf, wo Popeye ein Klavier aus dem Fenster wirft, dann sechs Stockwerke heruntereilt, um es auf dem Bürgersteig auffangen zu können. Wie gewöhnlich obsiegt er am Ende über Bluto und singt

»And now I have proven,
no one can do movin'
like Popeye the sailor man!«

Viele Zeichentrickfilme entstanden um Songs von Sammy Timberg und Sammy Lerner. Einer der besten ist zweifelsohne *Brotherly Love,* worin Olive Vorkämpferin eines Werbefeldzuges ist. Dabei erklingt ein Song, der mit dem Vers endet:

»Let every Tom and Dick and Otto,
obey our golden motto,
for what we need is brotherly love.«

Popeye versucht, dieser Regel nach zu leben, aber er hält es für notwendig, eine ganze Straße voller Rowdies mit den Fäusten zu bearbeiten, damit auch sie sich dieser Regel unterordnen.

Verschiedene Cartoons dieser Serie stellen Olive, Wimpy, Swee Pea oder andere Figuren von Segar wie Eugene the Jeep, Poopdeck Pappy und den Goon (den Schläger) in den Mittelpunkt, wie zum Beispiel in dem bemerkenswerten Streifen *Goonland,* stets sachgetreu dem *comic strip* zufolge. Zu Beginn der vierziger Jahre führte Fleischer neue Figuren ein, Peep-eye, Pip-eye, Pup-eye und Poop-eye, Popeyes Neffen und Miniaturausgaben ihres Onkels, die jede Unterhaltung in vier gleiche Teile aufsplittern, wobei jeder einen Teil des jeweiligen Satzes zur Konversation beiträgt. Diese vergnüglichen Neulinge wurden zweifelsohne nach Donald Ducks Neffen Hewey, Dewey und Louie (Tick, Trick und Track) geformt und waren damit Teil eines Ursprungs, den nur waschechte Zyniker erforschen konnten.

Popeye war für Fleischer und die Paramount ein solches Wertobjekt, daß es eine Schande zu sein schien, ihn nur einmal monatlich in einem schwarz-weißen Kurzfilm auftreten zu lassen. Die Paramount ermutigte den Produzenten, ein Popeye-Special anzufertigen, das eine entsprechende Länge hatte und in Technicolor gefilmt wurde, und zwar im November 1936. Das geschah noch vor Disneys *Snow White and the Seven Dwarfs,* zumal dieser Film den Durchbruch für den abendfüllenden Zeichentrickfilm verkündete. Fleischers *Popeye the Sailor Meets Sindbad the Sailor* wurde aber auf jeden Fall so behandelt und gestaltet, als sei er ein abendfüllender Film. Viele Kinobesitzer kündigten den Film als die Hauptattraktion an und machten den begleitenden Spielfilm zum Programmfüller.

Popeye the Sailor Meets Sinbad the Sailor ist spaßig, phantasievoll und ein kunstvoll gezeichneter Kurzfilm. In der Handlung ist Bluto Sinbad (Sindbad), der über eine abgelegene Insel herrscht. Als er Popeyes Schiff mit Wimpy und Olive an Bord heransegeln sieht, beauftragt er seinen Lieblingsvogel, einen Kondor, damit, das Mädchen heranzuschaffen und das

Schiff zu zerstören. Bluto alias Sinbad hat aber nicht mit Popeye gerechnet, der gemeinsam mit Wimpy an Land schwimmt, und ohne lang zu fackeln, Hackfleisch aus dem despotischen Inselfürsten macht.

Im nächsten *two-reeler* ein Jahr später (und wieder in Technicolor) waren wieder Popeye und Bluto die Stars, Bluto diesesmal als Abul Hassan. Der Film bekam den Titel *Popeye Meets Ali Baba and His 40 Thieves,* besaß eine originelle Handlung, und es kamen wieder einige Original-Lieder zum Einsatz. Anders als bei *Popeye the Sailor Meets Sinbad the Sailor* legt dieser Film den Schwerpunkt auf das Visuelle und bringt einige Neuerungen mit sich. Bluto, als Abul Hassan, ist der berüchtigte Wüstensohn, der als Bandenchef einer Gruppe von Gangstern die Wüste unsicher macht. Popeye als Angehöriger der Küstenwache hat den Auftrag, diese Wüstenrowdys unschädlich zu machen. Dazu bringt er Wimpy in sei-

Pluto und Popeye geraten aneinander in dem Special ›Popeye the Sailor Meets Sinbad the Sailor‹ (1936) aus der Popeye-Serie der Fleischer-Studios.

nem Wasserflugzeug mit. Auch Olive schmuggelt sich als blinder Passagier mit an Bord, doch das Flugzeug verunglückt in der Wüste, aber die drei überleben den Absturz. Während sie sich mühsam durch die Wüste schleppen, zeigt die Kamera ihre Silhouetten gegen die Sonne am Horizont, während das Bild sich im Hintergrund verändert: aus der Sonne wird der Mond. Sie erreichen eine Wüstenstadt, die gerade von Hassan und seinen Leuten ausgeplündert wurde. Als Hassan Olive entführt und in die Wüstenhöhle seiner Leute bringt, folgt ihm Popeye in wilder Verzweiflung. Die Höhlentür öffnet sich auf Popeyes Kommando nach dem Befehl »Sesam, öffne dich« (»Open sesame«). Einmal in dem Versteck, greift Popeye sich seine Spinatdose, hält sie hoch und befiehlt »Öffne dich, sage ich!«. Danach macht er kurzen Prozeß mit Hassan und all seinen vierzig Gefolgsleuten. Seinen Rückweg begleitet eine Wagenladung voller Juwelen, die er den rechtmäßigen Besitzern aushändigt.

Wieder einmal hatte die Paramount einen Kassenknüller mit *Popeye Meets Ali Baba and His 40 Thieves*. Der Film wurde im ganzen Land groß herausgestellt.

Offenkundig trat Popeye in dem letzten dieser drei *two-reelers* als Liebhaber in Erscheinung. Dieses *special* trug den Namen *Popeye Meets Aladdin and His Wonderful Lamp* und gelangte 1939 in die Kinos. Obwohl dieser Streifen sehr unterhaltsam ist, ist er jedoch auch der mittelmäßigste dieser drei *specials*. Er läßt die Inspiration und die Glanzlichter vermissen, durch die die anderen beiden Filme so außergewöhnlich geworden waren. In diesem Film bereitet Olive ein Script für Surprise Pictures vor. Sie selbst schreibt sich die Rolle der Prinzessin auf den Leib, Popeye ist Aladdin, der mit Hilfe des Genies Lew Lehrish einen üblen Zauberer niederkämpft.

Popeye Meets Aladdin and His Wonderful Lamp läßt auch das bemerkenswerte 3-D-Verfahren vermissen, das das Studio zu großem Nutzen und Vorteil von *Popeye the Sailor Meets Sinbad the Sailor* und *Popeye Meets Ali Baba and His 40 Thieves* anwendete. Das Verfahren 3-D (dreidimensional) erhielt deshalb seinen Namen, weil es in so verblüffender Weise die Illusion der Tiefe vermitteln konnte. Eine Presseverlautbarung der Paramount enthielt zu jener Zeit folgende Erklärung:

»Gewöhnliche Zeichentrickfilme werden heutzutage gezeichnet, und die Zeichnungen werden fotografiert. Mit dem Verfahren, das Fleischer einführte, in diesem Falle für Popeye, sieht das Zeichentrickstudio wie eine Miniaturausgabe eines regulären Produktionscamps von Hollywood aus. Drehplätze werden gebaut, so daß man meint, sie stünden auf einem drehbaren Untersatz. Dieser Drehort wurde mit einer großen Speziallinse und einer Spezialkamera gefilmt. Die Maschinerie, die für dieses neue Verfahren Verwendung fand, wiegt drei Tonnen. Sie besitzt Gerüste, bewegliche Tische und Tafeln, Kräne, einen Rahmen aus Stahl, Getrieberäder und technische Spielereien, die einen Ingenieur verwirren könnten.«

Mit einfachen Worten enthielt diese Vorrichtung eine horizontal angebrachte Animationskamera, die vor einer gewaltigen Drehscheibe aufgestellt wurde, auf der Miniaturschauplätze nachgebaut worden waren. Die Figuren wurden, wie vordem auch, gezeichnet, eingefärbt und auf Zelluloid übertragen, aber die Zelluloidstreifen wurden aufrecht in einen Stahlrahmen gespannt, so daß die Hintergründe den Eindruck vermitteln konnten, sie würden sich bewegen. Eine Spezialmaschine bewirkte, daß der Hintergrund zu gegebener Zeit um ein winziges Stückchen gedreht werden konnte, so wie man einen herkömmlichen papiernen Hintergrund für einen Panoramablick weiterdrehen kann. Fleischer und John Burks, der das Verfahren ersann, erkannten später, daß man noch ein größeres Gefühl von Tiefe und Perspektive erzielen konnte, wenn man im Vordergrund, noch *vor* den gezeichneten Figuren einige Gegenstände plazierte.

Der Effekt auf der Leinwand war unheimlich, aber so gut das Verfahren auch bei Schwarz-Weiß-Filmen wie *For Better or Worser* (mit Popeye) und *Betty Boop and the Little King* zur Geltung kam, um so besser kam es in den Farbfilmen zum Tragen. Die hinzukommende Grundhelligkeit und die Klarheit der Figuren ließen das Ganze noch ungewöhnlicher erscheinen, zumal die Hintergründe nicht gezeichnet, sondern nachgebaut worden waren. Als Popeye durch den mit Juwelen angefüllten Schlupfwinkel von Sinbad schreitet oder als er mit Olive und Wimpy auf einem Karren sitzt, der mit glitzernden Geschmeiden angefüllt ist (in *Ali Baba*), kann man nur schwer seinen Augen trauen. Zuschauer, die das 3-D-Verfahren nicht zu Gesicht bekamen, erkannten in diesen Szenen lediglich eine Kombination aus Realfilmmaterial und Zeichentrick; alles, was sie wußten, war, daß die Hintergründe eine dynamische Qualität besaßen und daß die Illusion des Dreidimensionalen äußerst lebendig empfunden werden konnte.

Was schwer zu verstehen ist, ist, wie man das Verfahren einigermaßen wirtschaftlich anwendete, denn es mußten Miniatursets gebaut werden, die Figuren mußten immer neu ausgerichtet werden, und das Fotografieren des Ganzen war eine mühevolle Kleinstarbeit, ein Geduldsspiel, das Zeit und Geld in Anspruch nahm. Oftmals dauerten diese Szenen im Film kaum länger als dreißig Sekunden.

Für Fleischer war es allerdings offensichtlich, daß technische und mechanische Neuerungen stets Vorrang vor ökonomischen Gesichtspunkten hatten. Er war sehr stolz auf die vielen Erfindungen, die er förderte und unterstützte. Außerdem zählt man fünfzehn verschiedene Patente, die er für die Verbesserung von Zeichentrickfilmen zur Anmeldung brachte. Da aber nun einmal eine Maschine erfunden und weiterentwickelt worden war, wußte er nicht, wie so viele andere Erfinder auch, wie man mit dieser Maschinerie am Besten und am Effektvollsten umgehen mußte.

Die Drehscheiben-Kamera ging Walt Disneys Multiplane-Kamera um einige Jahre voraus, und man fragt sich verwundert, warum Fleischer mit seiner gleichermaßen wertvollen Erfindung keinen so großen Wirbel erregte. Diese Ungerechtigkeit ist dazu da, noch mehr Öl ins Feuer des Wettstreites zwischen diesen beiden Studios zu gießen, denn Fleischer war ebenso ein Pionier wie Disney, aber das wurde ganz einfach von der Filmindustrie und der Öffentlichkeit jener Zeit übergangen.

Die Ironie des Schicksals erkennt man auch daran, daß Fleischers Glück sich zu verflüchtigen schien, weil er versuchte, Disney zu imitieren. 1934 begann das Fleischer-Studio mit einer neuen Serie, die den Titel *Color Classics* trug, und eine Figur (welche wohl?) vorstellte, Betty Boop nämlich, die in einem besonders langen Märchenfilm mit dem Titel *Poor Cinderella* auftrat. Spätere Folgen der Serie trugen die Titel *The Little Dutch Mill* und *Somewhere in Dreamland*. Diese Filme versuchten, es den Disney-Filmen gleichzutun, den *Silly Symphonies,* denn sie hatten Fabeln zum Inhalt und waren von der Ausstrahlung den Filmen Disneys ähnlich. Einige davon, wie

Song of the Birds, waren unausgegorene Schmachtfetzen. Da nun Disney die Finger auf dem Drei-Farben-Verfahren Technicolor hielt, wurden die frühesten *Color Classics* in einem Zwei-Farben-Verfahren hergestellt. *Somewhere in Dreamland,* im Januar 1936 veröffentlicht, war der erste Film einer Reihe, der sich in vollem Maße dem Technicolor-Verfahren unterwarf.

Der interessanteste Aspekt dieser Serie liegt in ihrer Anwendung der Drehscheiben-Kamera, die ständig eingesetzt wurde. Ein weiterer Vorteil dieser Filme lag im gelegentlich neuartigen Figuren-Design (wie in *The Fresh Vegetable Mystery*). Einer der besten *Color Classics* hat Grampy zur Hauptfigur, der in *Christmas Comes But Once a Year* einem ganzen Haus voller vernachlässigter Waisenkinder Freude und Vergnügen bringt, indem er ihre trostlose Umgebung in einen festlichen Spielplatz verwandelt. Wieder einmal kann er seine Begabung, aus ausgedienten Utensilien Spielsachen zu fertigen, voll zur Entfaltung bringen. Hier gab es wieder einmal einen Zeichentrickfilm, der unabänderlich den Stempel des Fleischer-Studios trug, weil er sich den Regeln der Komödie und der Gefühlsregungen unterwarf.

Litten aber die *Color Classics* unter der »Disneyschen Krankheit«, so schien Max Fleischers nächstes größeres Unterfangen daran zu ersticken. Vor dem Dezember des Jahres 1937 wäre niemand innerhalb der Zeichentrickfilmindustrie auf die Idee gekommen, einen abendfüllenden Zeichentrickfilm auch nur ernsthaft in Erwägung zu ziehen. Cartoons, egal wie erfolgreich, waren immer noch das Stiefkind der Filmindustrie, ein Füller für das Abendprogramm und ein Lockmittel für die sonntägliche Matinéevorstellung für Kinder. Es konnte doch in Niemandes Interesse sein, ins Kino zu gehen, um sich einen Zeichentrickfilm anzusehen, der länger als eine Stunde Laufzeit gehabt hätte.

Der enorme (und unerwartete) Erfolg von Walt Disneys *Snow White and the Seven Dwarfs* (1937) änderte diesen Denkvorgang. Disneys Spieleinsatz machte sich bezahlt, und schon bald darauf waren andere Studios dabei, die Möglichkeiten eines abendfüllenden Cartoons zu überprüfen. Im Falle der Fleischers ging dieser Ansporn von der Paramount aus, die die Filmemacher ermutigte, einen solchen Schritt zu tun. Immerhin hatte die Paramount mehr davon, von einem welt-

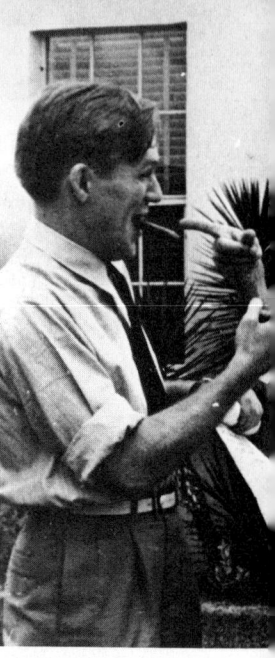

Al Eugster, Pinto Colvig (bestens bekannt als Goofy's Stimme), Cal Howard und Win Hoskins amüsieren sich köstlich im Hofraum von Max Fleischer's Studio in Miami.

weit laufenden Spielfilm Profite einzustreichen, als von einer Handvoll (wenn auch erfolgreicher) Zeichentrickfilme, die ja ständig nur Kurzfilme waren. Es gibt keinerlei Verdacht, daß die Fleischers sich der Idee eines abendfüllenden Cartoons zugewendet hätten, hätte nicht die Paramount in dieser Hinsicht Ambitionen verlauten lassen.

Der abendfüllende Zeichentrickfilm war in vielerlei Hinsicht ein ambitiöses Unterfangen. Um einen solchen Film auf die Beine stellen zu können, bestand die oberste Maxime des Studios darin, seinen Stab von zweihundert Personen auf eine Mitarbeiterzahl von nahezu siebenhundert hinaufzuschrauben, und um diesen Personen auch die Möglichkeit eines ordentlichen Arbeitsplatzes zu bieten, entschied sich Max Fleischer dafür, ein neues Produktionsgelände in Miami, Florida, entstehen zu lassen. Ein weiterer wichtiger Grund für diesen Schritt bestand darin, New York hinter sich zu lassen, da das Fleischer-Studio von einem harten Arbeiterstreik im Jahre 1937 heimgesucht worden war. Fleischer fand heraus, daß die

Arbeiterbewegung in Florida nicht so fortgeschritten war wie in New York (und das stimmte). Und er konnte vielen Problemen, die in New York an der Tagesordnung gewesen waren, dort im Süden des Landes aus dem Wege gehen. Zusätzlich bot der Bundesstaat Florida dem Produzenten eine kurzfristige Steuerbefreiung an. Alles schien für eine Übersiedlung zu sprechen.

Die Fleischers ließen verlauten, daß sie, nachdem sie von der Paramount zu dem Schritt eines abendfüllenden Zeichentrickfilms überredet worden waren, über sechs Monate über verschiedenen Plänen zu einem solchen Projekt saßen, bis sie sich für Jonathan Swifts Geschichte *Gulliver's Travels* (Gullivers Reisen) entschieden. Wenn das den Tatsachen entspricht, dann müßte ihr Starttermin irgendwann im Frühjahr des Jahres 1938 gelegen haben, denn der fertige Film hatte im Dezember des Jahres 1939 Premiere, also zirka einundzwanzig, zweiundzwanzig Monate später.

Walt Disney brauchte mit seiner Mannschaft vier Jahre dazu, um *Snow White and the Seven Dwarfs* zu realisieren, aber die Frage ist wohl nicht die, *wie lange* man zur Fertigstellung eines abendfüllenden Zeichentrickfilms brauchte, sondern *wie* man diese Zeit ausfüllte. Disney wußte, daß, wenn er einen abendfüllenden Cartoon auf die Beine stellen wollte, sein Stab vergrößert werden mußte, allerdings nicht zahlenmäßig, sondern reifemäßig, fachmännisch. Aus solcherlei Gründen unterrichtete er auch seinen Stab in künstlerischer Hinsicht und ermutigte seine Leute zum Spezialistentum. Außerdem hatten seine Künstler genügend Zeit, ihrer Suche nach Perfektionismus nachzugehen, egal, welche Kosten dabei entstanden. Fleischer hatte weder die Zeit noch das Interesse, solche Wege einzuschlagen. Sein oberster Grundsatz bestand darin, seinen Vertrag zu erfüllen und einen guten Film abzuliefern.

Das erste Problem bestand in der Vergrößerung des Mitarbeiterstabes. Zusätzlich zu seiner New Yorker Mannschaft verpflichtete Fleischer soviele kalifornische Animatoren, wie er von dort fortlocken konnte, einschließlich dreier Studioveteranen, die bei Disney Beschäftigung gefunden hatten: Grim Natwick, James (Shamus) Culhane und Al Eugster. Alle drei hatten bei Disneys *Snow White and the Seven Dwarfs* mitgearbeitet. Doch die schiere Verzweiflung ließ ihn in eine riskante Verfahrensweise bei der Anstellung neuer Mitarbeiter flüchten, denn er verpflichtete viele Personen, ohne daß er sie kannte oder gesehen hatte. Aus diesem Grunde belasteten viele unqualifizierte Personen die Gehaltslisten des neuen Studios in Miami. Sehr bald entstand ein Ost-West-Schisma. Viele der New Yorker Veteranen hielten mit ihrer Meinung nicht länger hinter dem Berg, daß ihre neuen Kollegen einfach nur herumhingen, schlampig arbeiteten und Gott und die Welt einen guten Tag sein ließen.

Hinzu kam, daß das Studio auch staffelförmig eine ganze Reihe neuer, untergeordneter Positionen zu besetzen hatte – Arbeiter, die als Inker, Farbgestalter und so weiter engagiert werden mußten. Fleischer konnte sich drehen und wenden wie er wollte, es gab keinerlei Möglichkeit mehr, an qualifiziertes Personal heranzukommen. Aus diesem Grunde ließ auch er junge Leute innerhalb seines Studios unterrichten, junge Leute, die aus Miami stammten oder dort die Kunstschule besucht hatten. Fertige Jobs warteten bereits auf diese mehr oder minder unqualifizierten Mitarbeiter. Man könnte sich die Bemerkung eigentlich sparen, daß die Qualität der erreichten Arbeit unterschiedlich ausfiel.

Aber keineswegs genug der Probleme, das größte Problem, das es zu bewältigen galt, war *Gulliver's Travels* selber. Die Figur des Gulliver hatte keinerlei Vorgänger im Zeichentrickfilm, also gab es auch keinerlei technische Anhaltspunkte. Hinzu kam der ganze Aufbau des Scripts. Nach vielen Diskussionen und einer gründlichen Überarbeitung nahm Dave Fleischer seine fünf Drehbuchschreiber beiseite, und entwickelte gemeinsam mit ihnen eine Handlung, die im Wesentlichen auf der literarischen Vorlage von Jonathan Swift fußte, aber trotzdem ihre eigenen Wege ging. Aus war es mit der verschmitzten Satire. Verschwunden war auch die ursprüngliche Fehde zwischen den Königen von Lilliput und Blefuscu, an welchem Ende man ein Ei zerschlägt. Verschwunden waren auch die Geschehnisse, denen Gulliver bei seiner Ankunft in Lilliput innerhalb der Erzählung ausgesetzt war.

An ihre Stelle trat eine ganze Reihe von Zeichentrickcharakteren, darunter King Little von Lilliput, King Bombo von Blefusco, Bombos Spione Sneak, Snoop und Snitch, die Brieftaube Twinkletoes, der Ausrufer Gabby und, aus Gründen der Liebe, Prinz David und Prinzessin Glory, in Liebe vereint, aber getrennt durch die Fehde ihrer königlichen Väter.

Etwas fehlte jedoch dieser neu ausgebrüteten Brut: Glaubwürdigkeit. Der entscheidende Punkt, den Disneys Stab begriffen hatte, Fleischers Stab allerdings nicht, lag in der Tatsache, daß in einem Kurzfilm ein Publikum keine Charakterisierung forderte; Persönlichkeit und Gags genügten. Aber in einem abendfüllenden Zeichentrickfilm mußte eine Figur Tiefe haben und Gefühle, wenn sich das Publikum damit identifizieren sollte. War dies nicht der Fall, bestand keinerlei Chance, den Betrachter über einen Zeitraum von acht Minuten hinaus an Bild und Handlung zu fesseln.

Doch das waren nur die Anfangsprobleme von *Gulliver's Travels*. Die Geschichte, so wie sie ist, braucht lange, um in Gang zu kommen. Es vergeht nahezu eine halbe Stunde, bis Gulliver an die Küste von Lilliput gespült wird und erwacht. Zwischenzeitlich müssen wir das langweilige großsprecherische Räsonieren der Könige Little und Bombo ertragen.

Nachdem *Snow White and the Seven Dwarfs* eine Liebesgeschichte gewesen war, bei der die Musik eine wesentliche Rolle gespielt hatte, stand es eigentlich fest, daß auch *Gulliver's Travels* diese Elemente zu beinhalten hatte. Sie führten allerdings letztendlich dazu, daß der Film in letzter Konsequenz versagte. Die Liebesgeschichte ist eigentlich gar keine richtige Geschichte, denn die Charaktere David und Glory wurden vollkommen ignoriert mit Ausnahme ihrer Gesangseinlagen. Weiterhin sind die zeichnerischen Elemente dieser winzigen Menschlein nicht nur fade sondern auch wenig überzeugend, denn sie, die menschlichen Figuren, wurden unter Zuhilfenahme des Rotoscopes gestaltet, und zwar mit peinlicher Genauigkeit. Die Verbindung des ultrarealistischen Gulliver mit den semirealistischen David und Glory und den unrealistischen Zeichentrickfiguren wie Gabby und den beiden Königen funktioniert nicht.

Was die Musik anbelangt, so bestand die Paramount darauf, daß die Fleischers sich der Tätigkeiten der für die Paramount arbeitenden Liederbastler Leo Robin und Ralph Rainger versicherten; beide waren gewiß talentierte Männer, die bereits einige große Hits geschrieben und komponiert hatten, aber für *Gulliver's Travels* schien ihnen nichts wirklich Interessantes eingefallen zu sein.

Gulliver's Travels ist nun keineswegs ein schrecklicher Film oder ein vollkommen mißratener (wie man mittlerweile annehmen könnte), aber er ist auch nicht schrecklich gut. Künstlerisch ist er dann am besten, wenn die Figur des Gulliver sich auf der Leinwand befindet, bei der die Mittel des Rotoscopes ungewöhnlich gut eingesetzt wurden. Auch der Sturm auf See ist ein Meisterwerk der Animationskunst. Für jene, die nicht wissen, wie diese Szenen entstanden sind, müssen sie einen beachtlichen Eindruck hinterlassen haben. Jeder Schritt von Gulliver, jede Geste, jede Falte in seiner Kleidung, das alles ist unzweifelhaft *richtig,* und das hat auch seinen Grund, denn all das wurde nach den Bewegungen eines Mannes gezeichnet, der Sam Parker hieß, und der die Rolle vorher für Liveszenen gespielt hatte, die dann fotografiert worden waren. In einer Szene, in der sein Gesicht von Kerzen von unten herauf beleuchtet wird, lacht er und klatscht während des Essens, das die Lilliputaner ihm ausgerichtet hatten, in die Hände. Das ist ungewöhnlich gut.

Es gibt aber noch eine andere eindrucksvolle Szene in *Gulli-*

Seymour Kneitel, Regisseur Dave Fleischer und Willard Bowsky betrachten Zeichnungen zu ›Gulliver's Travels‹ (Gullivers Reisen, 1939).

ver's Travels: der Vorspann, in welchem die Namen der Mitarbeiter und der Titel des Films über das Bild eines dreidimensionalen Segelschiffes gelegt wurden. Das Schiff war aber tatsächlich ein vorher gebautes Modell gewesen, das zusätzlich mit Zeichnungen versehen worden war und ähnliche bemerkenswerte Resultate erbrachte, wie in der Drehscheiben-Animation der vorhergegangenen Kurzfilme. Eine Frage steht ganz klar im Raum: Warum machte Fleischer von den Errungenschaften seiner Drehscheibentechnik in *Gulliver's Travels* nur in dieser Sequenz Gebrauch?

Warum also? Weil es ungewöhnlich schwierig war, eine

Der extrem realistische Gulliver und der Zeichentrickcharakter Gabby in einer Szene von ›Gulliver's Travels‹ (1939).

Mannschaft, die mit technischen Herausforderungen bereits ausgelastet war, nun auch noch den Einwirkungen jenes Verfahrens auszusetzen, weil der Einsatz der Drehscheibentechnik möglicherweise abgelehnt worden war, zumal Disney in *Snow White and the Seven Dwarfs* auch nichts Ähnliches angewendet hatte.

Wie auch immer die Dinge lagen, *Gulliver's Travels* war dazu verurteilt, und zwar von jedem, der den Film gesehen hatte, mit *Snow White and the Seven Dwarfs* verglichen zu werden. Einige Kritiker waren sehr großzügig, und das Publikum sprach dem Film auch sehr gut zu, aber der Streifen hatte keineswegs den Erfolg, der der Paramount vorgeschwebt hatte. Weiterhin kam hinzu, daß der Film das Pech hatte, zu einem Zeitpunkt veröffentlicht zu werden, als in Europa der Krieg ausgebrochen war, wodurch der überaus wertvolle ausländische Markt nicht ausgeschöpft werden konnte. Die einschränkendste Reaktion kam von Walt Disney höchstpersönlich, der bekannterweise erklärte: »Das können wir mit unseren zweitklassigen Animatoren wesentlich besser.«

Disney hatte recht. Ohne Zweifel. Hätte Fleischer sich dafür entschieden, seine eigenen Pfade zu gehen, um etwas wirklich Individuelles zu erschaffen, hätte er nicht unter den Vergleichen leiden müssen, die zwischen seinem Film und dem Film von Disney angestellt worden waren. Doch die Paramount hatte die Kontrolle über die Finanzen und den Verleih, und sie erwartete von Fleischer, »ein weiterer Disney« zu sein, ob ihm das nun schmeckte oder nicht. Möglicherweise wären alle Beteiligten mit der ursprünglichen Idee besser gefahren, Popeye in der Rolle des Gulliver einzusetzen. Dann hätte zumindest das Gebrummel von Jack Mercer die schwerfällige Handlung entscheidend beleben können.

Nachdem *Gulliver's Travels* fertiggestellt worden war, nach Monaten wilder und übereilter Produktionszeit, denn das gesamte Studio hatte in Überstunden gearbeitet, um einen Pre-

Twinkletoes und König Bombo aus ›Gulliver's Travels‹ (1939). Die beiden Figuren hatten ihre eigenen Kurzfilme nach diesem Film.

mierentag zu Weihnachten zu bekommen, schien die Zeit gekommen zu sein, die Situation des Studios zu überdenken. Der Schwanz schien mit dem Hund zu wedeln, Fleischers Studio schien an einem überdimensionalen Wasserkopf zu leiden, und der Forderung nach einem zweiten abendfüllenden Zeichentrickfilm hätte nachgegeben werden müssen, und zwar umgehend, denn das Studio schrie, abgesehen von den weiterlaufenden Kurzfilmserien, nach neuer Betätigung.

Betty Boop war 1939 von der Leinwand verschwunden. Mae Questel erklärte, daß es daran gelegen hatte, daß sie kein Interesse gehabt hätte, nach Florida zu übersiedeln, aber das allein wäre kein entscheidender Grund gewesen, eine populäre Figur sterben zu lassen. Bettys Zeiten waren vorüber, und das schien für jeden die geeignete Entschuldigung zu sein, sie in den Aktenschränken verschwinden zu lassen. Gute Ideen standen hoch im Kurs für alle Serien, so daß man einen Film aus dem Jahre 1938 *Out of the Inkwell* nannte, der Fleischers Format aus der Stummfilmära zu einem Revival verhalf – aber auch diese Idee wurde mit erstaunlicher Lässigkeit auf die Leinwand gebracht.

Popeye war immer noch die Nummer 1 des Studios, denn er sorgte mit seinen Filmen für den notwendigen finanziellen Hintergrund, der für das Studio mittlerweile lebenswichtig geworden war. Popeyes Filme waren immer noch unterhaltend. Die detaillierten, aus Grautönen bestehenden Hintergründe aus der Zeit um 1935 hatten einer prächtigeren Gestaltung Platz gemacht, die nicht zuletzt im sonnigen Miami ihren Ursprung hatte, denn man hatte ja das graue New York hinter sich gelassen. Die Zeichentrickfilme waren immer noch ein ungewöhnlicher Spaß, und Popeye war so lustig wie immer, wobei ein Großteil des Dankes der kreativen Mitwirkung von Jack Mercer zuzuschreiben ist. Dieser hatte mittlerweile durch seine Tätigkeit als Synchronsprecher auch an vielen Filmen so großen Anteil, daß sein Name im Vorspann genannt wurde. Filme wie *Wimmin Hadn't Oughta Drive, With Poopdeck Pappy, Popeye Presents Eugene the Jeep* und *Olive's Birthday Presink* konnten den hohen Standard der Filme um die Figur des Popeye durchaus halten, zumal ihr Witz und ihre Ausstrahlung erhalten geblieben waren, obwohl das zeichnerische Element ein paar Schritte vom Wege abgekommen war.

Im Kielwasser von *Gulliver's Travels* rief das Studio zwei neue Serien ins Leben und ließ 1940 zwei längere »Specials« folgen. Die erste Serie trug den Titel *Stone Age Series* und ging der Serie *The Flintstones* voraus, die zwanzig Jahre später die Errungenschaften moderner Technik in das Steinzeitalter zurückversetzte. (Die Idee war keineswegs neu, denn in vielen stummen *comedies* hatte man sie bereits eingesetzt.) Obwohl die Serie sehr unterhaltend und mitunter auch recht lustig war, bestand sie dennoch aus einer Collage von zusammengefügten witzigen Einfällen, die keinen Zusammenhang untereinander bildeten, um wirklich erfolgreich sein zu können, und noch bevor das Jahr seinem Ende entgegenging, lief auch die Serie aus.

Fleischers nächste Idee fußte darauf, verschiedene »Nebendarsteller« aus *Gullivers's Travels* in eigenen Cartoons auszuprobieren. Gabby wurde zu einer Serie herangezogen, während andere Zeichentrickfilme unter dem Obertitel *Animated Antics* zusammengefaßt wurden und die Figuren Twinkletoes und Sneak, Snoop und Snitch in den »Hauptrollen« zeigten. Da diese Figuren in *Gulliver's Travels* schon nicht sonderlich erfolgreich gewesen waren, hinterließen sie auch in ihren eigenen Filmen keinen bleibenden Eindruck.

Das längere »special« *Raggedy Ann and Raggedy Andy* brachte da viel eher größere Möglichkeiten mit sich. Der Film basierte auf den Figuren und Geschichten von Johnny Gruelle und erreichte in seiner Realisation viel eher Fleischers Ziel, Herz und Gefühl in die Filme mit einzubringen, versagte aber durch ein anderes Problem: er war nicht lang genug. Die Handlung folgt den Figuren Ann und Andy, nachdem sie in Ragland zum Leben erwachen, wo sie vorher Puppen gewesen waren. Sie treffen auf das Kamel Wrinkled Knees (dessen Stimme von Pinto Colvig kam, der auch die Stimme des Goofy bei Disney übernommen hatte) und setzen ihre Reise zum »Schloß der Namen« fort. Dort wird die Reise unterbrochen, nachdem Andy von einer spröden Senorita-Puppe fortgelockt wird. Ann setzt widerwillig ihren Weg allein fort, bricht aber zusammen und wird todkrank. Ihr Herz ist gebrochen, und sie kann nur dann wieder gesund werden, wenn Andy rechtzeitig zu ihr zurückkehrt.

Raggedy Ann and Raggedy Andy hat erheblichen Charme, nicht zuletzt, weil Gruelles unwiderstehliche Figuren perfekt auf die Leinwand übertragen wurden. Das Drehbuch, von Bill Turner gestaltet, ist in seiner Kontinuität sehr solide und phantasievoll, aber in nur zwanzig Minuten huscht die Geschichte über die Leinwand, so daß gar keine Zeit bleibt, die Charaktere sich wirklich entfalten zu lassen und die Geschichte so auszumelken, wie es die Vorlage erfordert hätte. Die Handlung entwickelt sich mit spürbaren Sprüngen, plötzlich kehrt Andy unerwartet zurück und bricht in ein Lied aus, das eigentlich ein wenig nervtötend ist.

Es ist eine Schande, daß die Fleischers diese Geschichte nicht zu einem abendfüllenden Zeichentrickfilm ausbauten, denn sie hätte es verdient gehabt.

Raggedy Ann and Raggedy Andy hätte Fleischers Werk in Form eines abendfüllenden Zeickentrickfilms krönen können, wenn man den Streifen mit etwas mehr Finesse behandelt hätte.

Wo auch immer die Fehler lagen, *Raggedy Ann and Raggedy Andy* war wesentlich besser, als das zweite »special« des Studios, nämlich *The Raven* nach Edgar Allen Poes berühmtem Gedicht.

Da nun die Fleischers lediglich mit ihren Kurzfilmen einige angemessene Erfolge erzielt hatten, wurde ihnen ihr nächstes Projekt wieder einmal von der Paramount aufgehalst. Die Filmgesellschaft hatte sich durch den gewaltigen Erfolg und die immense Popularität der Figur des Superman beeindrukken lassen, die einige Jahre zuvor in *Action Comics* von Jerry Siegel und Joe Schuster vorgestellt worden war. Die Fama sagt, daß ein Beauftragter der Paramount den Fleischers eine Superman-Zeichentrickserie vorgeschlagen haben soll, wobei allerdings Dave Fleischer sich ablehnend in den Weg gestellt und behauptet haben soll, so etwas wäre durch ihr Studio nicht zu realisieren. Mit den Anforderungen, die eine realistische Animation und entsprechende Spezialeffekte stellen würden, mußte eine solche Serie ungeahnte Kosten verschlingen. Als sich die Paramount nach der Höhe der Kosten erkundigte, beschloß Dave Fleischer, eine derart hohe Summe zu nennen, daß die Paramount von vornherein eine ablehnende Haltung einnehmen mußte. Er veranschlagte die Summe für einen Kurzfilm auf 100.000 Dollar, und das war viermal soviel, wie für einen der üblichen Kurzfilme aufgewendet wurde. Zur Überraschung aller stimmte die Paramount zu, und die Flei-

Clark Kent und Lois Lane wurden vom Zeitungs-Cartoon hervorragend auf die Zeichentrickleinwand übertragen. Clark Kent ist Superman, Lois Lane seine Freundin.

schers hatten sich verpflichtet, eine *Superman*-Serie zu produzieren,

Der erste Zeichentrickfilm erschien im September des Jahres 1941, unterstützt von einem gewaltigen Werbefeldzug der Paramount, wobei Trailer eingesetzt wurden, die einen Vorgeschmack auf die Serie vermitteln sollten. So etwas hatte es bei einem kurzen Zeichentrickfilm bislang noch nicht gegeben. Die Fleischers enttäuschten niemanden. *Superman,* wie die erste Episode betitelt wurde, lieferte exakt das, was die Auftraggeber hatten sehen wollen: ein erregendes, dramatisches Abenteuer mit sehr viel *action* und sehr vielen *special effects*.

Abgesehen von den Schwierigkeiten der Fleischers, die sie mit *Gulliver's Travels* und anderen semirealistischen Projekten gehabt hatten, ist die Serie doppelt eindrucksvoll. Peinlich genaue Modelle sorgten für die exakte Wiedergabe von Clark Kent, Lois Lane und Superman, so daß die Filme mit den Vorlagen des *comic strips* übereinstimmten. Bis zu einem gewissen Grad wurde auch das Rotoscope eingesetzt, darüber hinaus mußten sich die Animatoren allerdings auf ihr eigenes Empfinden in bezug auf Proportionen und Perspektive verlassen, damit diese menschlichen Figuren gut herüber kamen.

Für jeden *Superman*-Film wurde ein sehr großer Aufwand betrieben, der auch in den Filmen seinen Niederschlag fand. »Die Bilder wurden jedesmal rechtzeitig präpariert,« sagte Waldman, »denn die Kosten waren so gewaltig. Die Geschichten waren sehr komplex. Dann mußten wir uns um das Tempo der Filme kümmern, das im Ende des Films kulminierte. Jede einzelne Szene mußte ein dramatisches Aussehen haben. Das erforderte natürlich angestrengtes Nachdenken. Es gab wesentlich mehr Szenen, die herausgeschnitten werden mußten, als es sonst der Fall gewesen war. Und man mußte sehr viel mit den Figuren experimentieren, was sie Gesichtsschatten anbelangte ... das hieß, daß jemand noch einmal die Bilder bearbeiten mußte. Man hatte das an den verschiedensten Bildern anzudeuten, damit andere noch einmal diese Szenen im Hinblick auf das Modellieren überarbeiten konnten. Man mußte ebenfalls auf der einen oder anderen Zeichnung andeuten, von welcher Seite das Licht einfiel; all das war wohlüberlegt. Für die Hintergründe und Schauplätze war eine besondere Tiefe oder Perspektive notwendig, das mußte man beachten, denn auch im Vordergrund geschah allerhand mit den Charakteren. Wir erhielten einen umfangreichen Eindruck, so daß wir uns bei den anderen Cartoons dann gar nicht mehr so schwer taten.«

Auch wurden *pencil tests* während dieser Produktion gemacht, fast etwas Luxuriöses bei den Kurzfilmen Fleischers, und vieles von den kunstvollen Aufhängern wurde eigens von einer Abteilung bearbeitet, die von Fleischer für die Arbeit an den Spezialeffekten für *Gulliver's Travels* ins Leben gerufen worden war. Man verlegte sich auch auf die Arbeit mit der Spritzpistole, verwendete ganz spezielle Farben und scheute auch vor doppelter Belichtungszeit nicht zurück, um die verblüffenden Lichtstrahlen und ähnliche Lichteffekte bei der *Superman*-Serie zu erhalten.

Diese Cartoons waren ohne Frage rein filmtechnisch wohl

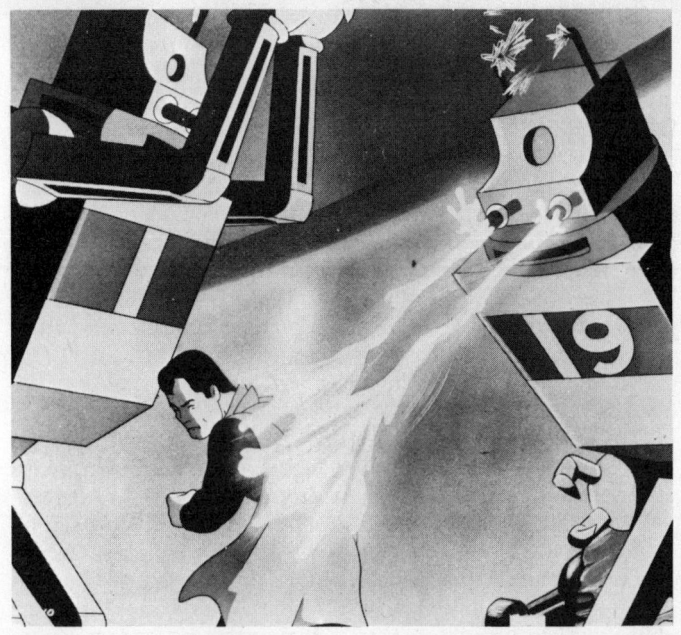

Superman im Kampf gegen die ›Mechanical Monsters‹ (1941).

die intelligentesten, die je das Studio verlassen hatten. Die Kamerawinkel sorgten tatsächlich für Dramatik, und man sieht, daß man sie sorgfältig wählte. Jede Einstellung fließt in die nächste über, wobei auf alle möglichen Schwenks zurückgegriffen wurde und auf Überblendungen und auf sich miteinanderverknüpfende Verfahren. Praktisch in jeder Szene erkennt man die Schatten, die Figuren und Gegenstände werfen, und auch die Eigenschaften von Geschwindigkeit, Schwere und Tiefe wurden auf lebendige Weise realisiert und umgesetzt.

Das größte Problem bei der Gestaltung der *Superman*-Serie lag in der Gestaltung des Ausgleichs zwischen gezeichnetem Realismus und zeichnerischer Fantasiegestaltung. Im ersten Kurzfilm sind die *action*-Szenen bestens umgesetzt, und durch den Einsatz des Rotoscopes auf dem *Daily Planet* erreicht der Film ein vollkommen realistisches Aussehen. Aber dann tritt

Lois Lane ihre Reise in das All in einem Flugzeug an, um nach dem Versteck eines wahnsinnigen Wissenschaftlers zu forschen; dabei strebt das Gefährt in das Weltall wie ein gummiartiger Vogel. Die Animatoren waren es nicht gewöhnt, einen ganzen Zeichentrickfilm nach realistischen Gesichtspunkten zu gestalten. Tatsächlich hat der Wissenschaftler einen sich plastisch hervorhebenden komischen Falken, der jede seiner Bewegungen nachvollzieht. Diese Mängel vergißt man aber sehr schnell, wenn man die exzellenten visuellen Effekte des Films in Betracht zieht, speziell an dem Punkt, wo Superman die Todesstrahlen des Wissenschaftlers abwehrt, indem er ihnen entgegenfliegt und jeden einzelnen Strahl niederkämpft.

Spätere Filme dieser Serie hatten ein konsistenteres Format, Gauner und Gangster waren unmenschlicher, übermächtiger, mechanische Monstren tauchten auf, Kriegsgerät und Maschinen waren futuristischer gestaltet, um dem Stil und der Atmosphäre der Filme gerecht werden zu können. Diese Zeichentrickfilme sind, was Fantasie und Ausstattung anbelangen, wohl die besten, die innerhalb von Themenkreisen veröffentlicht wurden, die mit Weltraumabenteuern zu tun haben, sie beinhalten eine ganze Gallerie spektakulärer und denkwürdiger Momente: Die Kamera blickt aus Supermans Gesichtswinkel, während er in *The Bulleteers* in die Lüfte steigt; in *The Magnetic Telescope* greift ein Stahlmonster nach beiden Enden eines unterbrochenen Drahtes und läßt einen Spannungsstoß durch seinen Körper fließen; Röntgenstrahlen werden in *Mechanical Monsters* in das Innere eines Roboters geleitet, um Lois ausfindig machen zu können; ein Personenzug wird vor Schlimmerem bewahrt, als er über einen Rammbock in *The Billion Dollar Limited* in eine felsige Schlucht darunter zu stürzen droht.

Die harte Arbeit, die in diese Filme ging, erkennt man auch auf der Leinwand. *Superman* als Serie ist eine der besten Errungenschaften Fleischers. Unglücklicherweise war das wohl auch eine seiner letzten.

Kurz nachdem *Gulliver's Travels* fertiggestellt worden war, begann die Arbeit zu einem zweiten abendfüllenden Zeichentrickfilm. Dave Fleischers Favorit hierfür war Maurice Maeterlincks *The Life of the Bee,* aber es gab Schwierigkeiten, die Filmrechte hierfür zu erwirken, deshalb entwickelte das Studio eine hauseigene Geschichte um diesen Themenkreis: Das Leben um eine Insektenkolonie, die ihre Heimat im Garten eines Hauses innerhalb einer großen Stadt hat. Max und Dave waren beide sehr stolz darauf, daß sie tatsächlich eine Story entwickelt hatten, die nicht auf einer klassischen Handlung aufgebaut worden war. Darüber hinaus war *Mr. Bug Goes to Town* der erste lange Zeichentrickfilm, der rein handlungsmäßig von einem Studio aufgebaut worden war und nicht in einer ganz speziellen Zeit spielte.

Diesesmal hatten die Fleischers ein herrliches Konzept für einen Film, und sie machten das Bestmögliche daraus. Der wichtigste Faktor von *Mr. Bug Goes to Town* liegt in seinen Sequenzen, die das Leben aus der Sicht der Bienen sehen. In einer recht dynamischen Eröffnungsszene sieht man Hoppity, die Hauptfigur, eine von Menschen bevölkerte Straße entlangkrabbeln, den Füßen der Menschen ausweichend. Während des Filmes sieht man die Menschen lediglich in Begriffen wie Hände und Füße, also in ihrer Verbindung zu den Bienen.

Die Probleme mit *Mr. Bug Goes to Town* waren ähnlicher Natur wie bei *Gulliver's Travels:* oberflächliche Figuren und

Honey Bee und Hoppity in ›Hoppity Goes to Town‹ (1941).

eine schwache Story. Hoppity ist ein unbekümmerter Typ mit einer faden Stimme. Seine Freundin Honey ist eine fade Heroine. Die Elemente der Handlung sind zu abgedroschen, um ein Publikum mitreißen oder anziehen zu können. Der aristokratische C. Bagley Beetle benutzt seine Tricks und Kniffe, um Honeys Hand gewinnen zu können, während Hoppity sich bemüht, für die Bienen einen besseren Lebensraum zu erobern bzw. ausfindig zu machen. Und wieder einmal empfindet man die zahlreichen Songs des Films als indiskutabel.

Der Film *Mr. Bug Goes to Town* verfügt über einige erwähnenswerte Vorteile, aber es gibt derer nicht genug, um dem Film die Wirkung zu verleihen, die er verdient hätte. Die Eröffnungssequenz ist wieder, wie schon bei *Gulliver's Travels,* sehr außergewöhnlich. Fleischers Mitarbeiter verbrachten vier Monate hingebungsvoller Arbeit, um in Miniatur das New York entstehen zu lassen, das dem Film als Hintergrund diente. Eine ganze Reihe komplexer Kamerabewegungen wurde ausgearbeitet, um die Animation einer großen Stadt auf die Leinwand zu bringen, wobei man mit den Zeichnungen immer näher an die Sache heranging, bis man sich im Straßenmilieu befand, wo die Handlung ihren Anfang nimmt.

Die Lieder des Films sind allerdings wieder recht prosaisch. Im Kontrast dazu steht eine lebendige Musik, die den Zuhörer fesselt, komponiert von Leigh Harline, der für Disney in den dreißiger Jahren einige außergewöhnlich gute Partituren schrieb.

Das Beste des Films ist eine cinematische Sequenz, in der die Bienen sich einen neuen Lebensraum suchen und dabei unwissentlich einen äußerst unwirtlichen Platz finden, nämlich ein Gebäude, das sich noch im Bau befindet. Ein Wolkenkratzer wächst in den Himmel, und für Hoppity und seine Freunde ist das das Ende der Welt. Während Hoppity aufgeregt hin und her irrt, werden seine Kameraden plötzlich von einem Eisenträger emporgehievt; er versucht noch, den entschwindenden Träger zu erreichen und springt in Richtung Kamera. Seine Bemühungen sind allerdings nicht von Erfolg gekrönt.

Jetzt rennen die Tierchen um ihr Leben, und es ist ihnen unmöglich, das geschäftige Treiben um sich herum zu begreifen. Als sie sich einen Moment lang ausruhen, kommt ein Maurer herbei, klatscht eine Kelle mit Mörtel auf ihren Rastplatz und legt einen Backstein darauf. Die Insekten suchen in einem Sekundenbruchteil das Weite und entgehen dadurch dem sicheren Tod durch Zerquetschen. Sie setzen ihre Suche nach einem sicheren Rastplatz fort und erwischen dabei einen anderen Eisenträger des Gebäudes, der über die Abgrenzungen des Wolkenkratzers hinausragt und gerade vernietet wird. Durch die eintretende Vibration werden die Bienen fast von ihrem Platz heruntergeschüttelt. Die Bewegung ist gewaltig und kommt überraschend in dieser prächtigen Szene, die, man braucht es wohl nicht zu erwähnen, glücklich ausgeht.

Unglücklicherweise jedoch kann eine großartige Szene nicht einen kompletten abendfüllenden Zeichentrickfilm stützen. Und da genau liegt das Problem mit *Mr. Bug Goes to Town*. Nachdem der Film Weihnachten 1941 in die Kinos gekommen war, blieben die Kritiken unterschiedlich. Die Paramount hatte kein großes Vertrauen in den Zeichentrickfilm gesetzt, vielleicht war auch die Wahl der Figuren (Insekten) töricht gewesen, jedoch wurde der Film zu einem späteren Zeitpunkt unter dem Titel *Hoppity Goes to Town* noch einmal in die Lichtspielhäuser gebracht.

Wo auch immer die Fehler für ein Versagen der Filme an den Kinokassen gelegen haben mochten, die Paramount hatte kein Interesse mehr, einen Haufen Geld in die abendfüllenden Cartoons von Dave und Max Fleischer zu stecken – die immensen Kosten standen offensichtlich in keiner Relation zu den Einnahmen. Wenn man sagt, daß die Fleischers nach dieser Eröffnung wie gelähmt waren, dann ist das noch sehr milde ausgedrückt. Die Verbindung zwischen ihrem Studio und den Bossen der Paramount hatte sich in den letzten Jahren zwar verschlechtert, aber sie hätten es sich sicherlich nicht träumen lassen, daß ihre Existenz und die Existenz ihres Studios gefährdet gewesen wäre. Tatsächlich war das auch nicht der Fall gewesen. Die Paramount war durchaus daran interessiert, daß die Kurzfilmproduktion fortgeführt wurde, ohne daß eine Unterbrechung eingetreten wäre. Aus diesem Grunde setzte sich die Paramount mit drei langjährigen Mitarbeitern des Studios in Verbindung, um die Arbeit durch sie fortführen zu lassen: Animator Seymour Kneitel (der Max Fleischers Tochter Ruth geheiratet hatte), *story-man* Isadore (Izzy) Sparber und Geschäftsführer Sam Buchwald.

Max und Dave Fleischer wurden von ihrem Studio ferngehalten, und das war, gelinde gesagt, ein illegales Manöver. Unglücklicherweise versuchte Max zu jener Zeit, die Paramount zu verklagen, aber das Wasser war bereits getrübt, zu viel Zeit war verstrichen, um ein einigermaßen faires Urteil erreichen zu können. Hinzu kam, daß auch Max und Dave sich befehdeten, und das war der gemeinsamen Sache überhaupt nicht dienlich.

Jetzt waren also die Brüder nach mehr als zwanzig Jahren aus dem Geschäft. Ihre wichtigsten Mitarbeiter erhielten von der Paramount Arbeitsverträge und blieben somit in der Branche. Die Paramount benannte das Studio um, und es trug von nun an den Namen *Famous Studios*. Als Sitz der neuen Firma wählte man wieder New York, und alles, was bei Famous eine Anstellung hatte, wurde nach und nach nach New York zurückgeführt. Aber der Zauber, die Magie, das Kunstfertige war verschwunden. Ebenso erging es auch Max und Dave Fleischer. Sie arbeiteten an verschiedenen Stellen, aber niemals mehr so gut, wie sie es in ihrem eigenen Studio getan hatten. Die Tage ihrer Pionierarbeit gehörten der Vergangenheit an.

Max arbeitete für die Jam Handy Company in Detroit und befaßte sich mit Werbe- und Lehrfilmen. Später fand er Beschäftigung bei seinem alten Kollegen John R. Bray. Wenn man alles zusammenrechnet, war seine tatsächliche Arbeit dort sehr minimal. Man betrachtete ihn dort mehr als eine Art Aushängeschild. Er setzte seine Arbeit damit fort, daß er sich um neue filmbezogene Erfindungen kümmerte, und während der nächsten fünfzehn Jahre hatte er es mit verschiedenen Projekten zu tun, aber es handelte sich nicht mehr um irgendetwas Konkretes. Man zollte ihm den Respekt, der einem Pionier der Zeichentrickfilmindustrie zustand, aber alles in allem, war er ein alter Mann (1953 feierte er seinen siebzigsten Geburtstag). Die Filmindustrie hat sich aber schon immer an die Jugend gehalten. 1961 hatte er Anteil daran, als für das Fernsehen hundert neue *Out of the Inkwell*-Filme mit einem ehemaligen Mitarbeiter (Hal Seeger) gestaltet wurden. Der Pilotfilm dieser Serie zeigte Max und hielt sich im Großen und Ganzen an das Format der früheren Filme. Sogar eine Sequenz mit dem »hüpfenden Ball« und Koko konnte man bewundern. Die klassische Qualität dieser Serie ließ aber recht bald nach, und man konzentrierte sich auf routinemäßige Abläufe. Die Filme waren nicht besser und auch nicht schlechter, als ähnliche, für das Fernsehen gestaltete Zeichentrickfilme. Die gesamten hundert Filme konnten aber den Cartoons, die Max, Dave und eine Handvoll Assistenten vierzig Jahre früher gestaltet hatten, nicht das Wasser reichen.

Dave Fleischer fand Beschäftigung in den Zeichentrickstudios der Columbia. Deshalb mußte er sich an der Westküste niederlassen, fand aber sehr bald heraus, daß die Animatoren dort mit seinen freien Ansichten über den Zeichentrickfilm nichts anfangen konnten. Da er jeder Arbeit gerecht werden konnte, würdigte man ihn bei der Universal auch entsprechend, wo er sich als eine Art »Ausbügler« bei deren Realfilm-Projekten betätigte. Fünfzehn Jahre blieb er dort und befaßte sich mit allem Möglichen, arbeitete Gags aus, konstruierte Geschichten und Handlungen und kümmerte sich auch um die Spezialeffekt-Abteilung der Universal. 1979 starb er, nachdem er zehn Jahre vorher in den Ruhestand getreten war.

Mitte der sechziger Jahre gingen Max und seine Frau in das Motion Picture Country Home, wo er dann 1972 im Alter von neunundachtzig Jahren starb. Wie es so oft im Leben geschieht, erlebten Fleischers Filme zu jener Zeit gerade in den USA eine Wiedergeburt, so daß sich eine neue Aufmerksamkeit auf jenen Mann lenkte, der sich so lange mit dem Zeichentrickfilm verbunden gefühlt hatte.

Max und sein Bruder mögen wohl lange Jahre in Vergessenheit geraten sein, aber die besten Filme, die sie machten, haben den nachfolgenden Zeiten standgehalten, und das ist ein Kompliment, das man Künstlern (oder Erfindern) ihres Formats durchaus machen kann.

4. Paul Terry und Terrytoons

Mehrere Generationen von Mitarbeitern bei Terrytoons gerieten mit Paul Terrys Motto in Berührung:
»Disney ist der Tiffany in unserem Geschäft, und ich bin der Woolworth.«
Terrys freimütiger Ausspruch enthüllt auch ganz einwandfrei und offenkundig seine Ansicht über die von ihm produzierten Zeichentrickfilme. Mit Liebe hatte das nichts zu tun, und auch eine künstlerische Motivation gab es nicht. Der Zeichentrickfilm war ein Produkt, das er herstellte, und zwar so, daß Zeit- und Arbeitspläne nicht in Unordnung geraten konnten ... und er verkaufte diese Produkte mit einem bemerkenswerten Erfolg. Paul Terrys Karriere hat nicht sehr viel mit künstlerischer Größe und vollendetem Schaffen zu tun, sie ist vielmehr mit den Worten Überlebenskampf und Wohlstand innerhalb der Zeichentrickfilmgeschichte in Verbindung zu bringen.

Farmer Al Falfa

Ein Veteran des Studios, Tommy Morrison, erklärte hierzu:

»Bei uns spielten die Worte Umfang und Preis während der Arbeit eine Rolle. Pro Jahr konnten wir sechsundzwanzig Zeichentrickfilme herausbringen, obwohl unser Stab nur ein Fünftel des Disneystabes ausmachte, der mit seiner Mannschaft pro Jahr nicht so viele Filme veröffentlichte. Die Disneyschen *story departments* waren beispielsweise in Arbeitseinheiten aufgeteilt. Und jede Arbeitsgruppe verbrachte sechs oder acht Wochen damit, eine Geschichte auszuarbeiten. Und wenn dann mit dieser Geschichte keine Einigkeit erzielt wurde, dann wurde die Arbeit noch einmal aufgeteilt, damit eine andere Arbeitsgruppe daran arbeiten konnte, um die Geschichte weiterzuentwickeln! Viele solcher Geschichten kamen monatelang nicht aus dem *story department* heraus, während wir einen *Termin* hatten. Wir mußten alle zwei Wochen mit einer Geschichte fertig sein. Wir hatten nur ein *story department*. Wie ich schon sagte, wir waren ein Studio, das einen Etat hatte, und wir arbeiteten innerhalb der Begriffe Umfang und Preis. Das, so glaube ich, war Terrys Grundidee.«

»Jeden zweiten Dienstag«, so erinnerte sich Jack Zander, »standen wir auf und marschierten unfehlbar in den Vorführraum, um uns einen neuen Film anzuschauen. Alle zwei Wochen stampfte er einen Film aus dem Boden, und ich weiß nicht, wie er das zum Teufel schaffte.«

Terrys langzeitiger Partner, der Animator Frank Moser, hatte eine Antwort darauf:

»Wir fingen mit zwanzig Leuten an und schwitzten von morgens bis in die Nacht, um einen Film fertigzustellen. Um halb neun war ich jeden Morgen im Studio und arbeitete ununterbrochen bis halb sechs am Abend. Wenn ich dann nach Hause kam, war ich todmüde. Ich tat mein Bestes, und ich schwitzte Blut, um einen fertigen Film zu liefern ... alle zwei Wochen einen.«

Harte Arbeit war nicht alles, was Terry in die Waagschale warf, um seine Termine einhalten zu können. Er produzierte seine Filme mit dem geringsten Geldaufwand; er hielt sie so einfach, damit sie leichter und schneller fertiggestellt werden konnten. Über neue Ideen und neue Erfindungen runzelte man lediglich die Stirn; Terry hielt an bereits erarbeiteten

Schablonen fest und scheute auch nicht die Wiederholung innerhalb seiner Filme, nicht selten griff er auf bereits fertiges Material zurück, das schon einmal in früheren Filmen Verwendung gefunden hatte.

Außergewöhnlich kreative Talente hatten keine Überlebenschancen innerhalb Terrys Studio, und die wenigen, die durch Terrys Tür eintraten, traten auch sehr bald wieder hinaus, um sich üppigeren Weideplätzen zuzuwenden. Terry lehnte sich statt dessen mehr an seine »Stammarbeiter« an, an jene, die zwischen zwanzig und vierzig Jahren bei ihm blieben. Sie wußten ihn zu nehmen, ihn und seine routinemäßigen Abläufe, so daß sie schon recht bald Zeichentrickfilme im Schlaf herstellen konnten. Das mag wohl mehr als einmal der Fall gewesen sein.

Terrys Verhalten mag wohl durch einige frühe Erfahrungen in der Filmindustrie geprägt worden sein. Sein erster Zusammenprall mit der Mittelmäßigkeit von Zeichentrickfilmen erfolgte im Jahre 1915, als er versuchte, seinen ersten Film *Little Herman* zu verkaufen. Er wandte sich an Lewis J. Selznick, der zu jener Zeit ein bekannter Produzent und Verleiher war. Selznick sah sich den Film an und bot Terry 3 Dollar für einen Meter des fertigen Produkts.

»Mr. Selznick,« erklärte Terry, »das Filmmaterial, das ich für diesen Film benutzt habe, kostet pro Meter mehr als 3 Dollar.«

»Nun ja,« antwortete Selznick, »ich hätte Ihnen schon mehr dafür bezahlen können, wenn Sie nicht solche Bilder darauf gemacht hätten!«

Als Terry diese Geschichte fünfzig Jahre später erzählte, war er sich immer noch nicht sicher, warum sich Selznick kein Bein ausgerissen hatte, um den Film zu erwerben. Wie der Vorfall auch gewesen sein mag, sicherlich hatte der Verleiher kein Interesse daran, auch nur einen Dollar für einen Film auszugeben, der nichts weiter als ein gewöhnlicher Zeichentrickfilm gewesen war.

Künstlerische Ambitionen fanden möglicherweise innerhalb Terrys Studio keinerlei Zugang, denn er hatte mit den Realitäten genug zu tun, um seine Geschäfte auf dem Laufenden halten zu können. Paul Terry erinnerte sich:

»Wir begannen damit, einen Vertrag mit den Kinos zu machen, damit sie also pro Jahr 26 Filme laufen lassen mußten.

Paul Terry gezeichnet von Animator Jerry Shields.

Jedesmal, wenn der Dezember ins Land kam, stellten wir fest, daß man nur 15, 18 oder 20 Filme hatte laufen lassen. Die Kinos hatten keine Zeit für diese Filme. Nun ja, man konnte allerdings darauf bestehen, daß die Filme gezeigt wurden oder daß zumindest für sie bezahlt wurde. Man konnte den bestehenden Vertrag lösen, um mit den Kinoleuten für das nächste Jahr einen neuen zu machen. Die Filme, die zu Anfang des Jahres kamen, liefen eigentlich immer ganz gut, aber die späteren taten sich schon nicht mehr so gut. Es war also so, daß die Qualität der Filme überhaupt keine Rolle spielte. Die besten Filme mochten wohl mitunter auch zum Jahresende veröffentlicht worden sein; wenn das der Fall war, so erhielten sie trotzdem keine größere Beachtung, egal ob sie gut, schlecht oder indiskutabel gewesen waren. Sie wurden wie Meterware verkauft.«

Paul Terry war allerdings nicht immer so kaltblütig, was seine Betätigung innerhalb des Zeichentricks anbelangte. Tatsächlich war er einer der ersten in den Vereinigten Staaten gewesen, die sich mit dem Beruf des Animators befaßten. Wie die anderen auch, kam er über die gleichen Wege in das neue Medium, als Karikaturist bei Zeitungen, und auch er war zunächst ein Experimentierer und dazu ein Pionier.

Paul Houlton Terry wurde am 19. Februar 1887 in San Mateo, Kalifornien, geboren. Er war das Jüngste von fünf Kindern (ein sechstes war gestorben) und lernte seine Mutter niemals kennen, denn sie starb, noch bevor er ein Jahr alt geworden war. Sein Vater war ein Auktionator und offensichtlich auch ein auffallender Charakter. In späteren Jahren verglich Paul Terry seinen Alltag in der Jugend mit dem in dem Film *You Can't Take It with You* (Lebenskünstler, 1938, Regie: Frank Capra) gezeigten. Seine Brüder und Schwestern hatten alle eine künstlerische Ader, und der Vater ermutigte seine Kinder, ihre Talente zur Entfaltung zu bringen. »Zum Aufwachsen war das eine ganz nette Atmosphäre,« sagte Paul Terry abschließend zu seiner Kindheit.

Um die Jahrhundertwende lebten die Terrys im Richmond-Distrikt von San Francisco. Paul war eigentlich gar nicht so recht ein Student. »Ich war wahrscheinlich ein Träumer, mehr oder weniger,« bekannte er, »und ich hatte eigentlich mehr Freude am Zeichnen, zum Schaden dessen, was ich zeichnete.«

Außerdem war sein ältester Bruder John sein Idol, und er folgte seinem Beispiel, die Highschool aufzugeben und für eine Zeitung zu arbeiten, das *San Francisco Bulletin*. Er begann dort als Laufbursche, aber als er davon hörte, daß beim *Chronicle* ein Job als Fotograf angeboten wurde, verbrachte er ein Wochenende damit, sich mit den Prinzipien der Fotografie bekanntzumachen, um sich dann am darauffolgenden Montag um den Posten als Fotograf zu bewerben. Man stellte ihn ein, und zur Zeit des Erdbebens und des Feuers im Jahre 1906 war Paul Terry ein Mitarbeiter des *Chronicle* in San Francisco.

Terry verbrachte die nächsten paar Jahre damit, sich im Nordwesten des Landes herumzutreiben, wo er in Montana, Oregon und auch wieder in San Francisco für verschiedene Tageszeitungen arbeitete. Darüber hinaus hörte er nicht mit dem Zeichnen auf, aber in erster Linie war er seinerzeit als Fotograf angestellt. Erst als er »den großen Schritt« (wie er sagte) nach New York machte, im Jahre 1911, ergatterte er einen Job bei einer Firma, die für den gesamten Straßenbahn- und U-Bahn-Komplex der Stadt die Werbeplakate gestaltete. Dieses Unternehmen verließ er wieder, um für die *New York Press* (aus der bald danach die *Evening Sun* wurde) zu arbeiten, und zwar illustrierte er dort die Geschichten der Sonntagsausgabe. Außerdem zeichnete er einen *comic strip* mit dem Titel *Alonzo,* der, mit Terrys Worten »für kein großes Aufsehen in der Welt sorgte«, obwohl er kurze Zeit danach von der Hearst-Presse aufgekauft wurde.

Dann teilte Terry einen ganz speziellen Abend mit anderen Künstlerkollegen in New York. »Eines abends ging ich zu einem Dinner, als ich bei der *New York Press* beschäftigt war, und an diesem Abend zeigte uns Winsor McCay seinen Film *Gertie the Dinosaur.* Während dieses Dinners verdichtete sich plötzlich alles, gerade an diesem Abend.« Nachdem er bei verschiedenen Werbeagenturen gearbeitet und seine Zeit damit verbracht hatte, von einer Zeitung zur nächsten zu wandern, wußte Terry, wo eigentlich seine Zukunft lag. (Sein Bruder John bewegte sich auf einem ähnlichen Pfad; bereits 1911 hatte dieser in San Francisco mit Zeichentrick experimentiert, gemeinsam mit Hugh [Jerry] Shields.)

Er begann seine Arbeit an seinem ersten Film, *Little Herman,* einer Verulkung von Hermann, dem großen Zauberer jener Tage, den er bei seiner Arbeit karikierte. Das war eine Ein-Mann-Sache, so daß Terry auch sein eigener Gagman und sein eigener Geschichtenschreiber war.

Er kaufte sich aus zweiter Hand eine Kamera und experimentierte mit den verschiedensten Techniken. Einmal ersann er ein frühes Matte-System, wobei er zunächst den Background separat fotografierte und dann die Figuren und die Bewegung. Beides klappte er wie die beiden Hälften eines Sandwiches zusammen, um davon einen Abzug zu machen. Seinen ersten Film zeichnete er auf Papier, den Background allerdings auf Zelluloid, wobei der Zelluloidstreifen dann über das Papier gelegt wurde.

Terry verkaufte *Little Herman* an die Thanhouser Film Company für 1,35 Dollar pro Fuß; der Film war ungefähr dreihundert Fuß lang (das sind ca. 90 Meter). Während Terry auf den Chef der Thanhouser Film Company wartete, zeigte er seinen Film Kindern aus der Nachbarschaft im Projektionsraum der Gesellschaft. »Als sie den Film sahen, begannen die Kinder zu quieken. Und das brachte mich auf die Idee, die Dinge so zu zeichnen, daß sie den Kindern gefielen; wenn die Kinder darüber lachten, war noch lange nicht gesagt, daß auch die Erwachsenen ihren Spaß daran haben könnten, und wenn nicht, dann war zumindest das Lachen der Kinder sehr ansteckend. Ich entschied mich damals richtig und sagte mir: Du machst Filme für Kinder. Ich wußte auch möglicherweise noch gar nicht, wie man Filme für Erwachsene machte.«

Jetzt war Terry darauf vorbereitet, all seine Energien in die Gestaltung von Zeichentrickfilmen zu legen. Er erwarb verschiedene Sachen von William Randolph Hearst und sprach dann seinen Freund Bud Fisher an, den er in San Francisco kennengelernt hatte, und schlug ihm vor, Fishers populären *comic strip Mutt and Jeff* in eine Zeichentrickserie umzuwandeln. Terry gestaltete einen Pilotfilm, den Fisher dann in sein Vaudeville-Programm einbaute, ebenso, wie das Winsor McCay mit *Gertie the Dinosaur* getan hatte.

Terry war begierig darauf, sich mit Fisher wegen einer fortlaufenden Filmserie zu einigen, »aber es war schwierig, mit ihm irgendwie klar zu kommen, denn er war ständig mit irgendetwas beschäftigt. Man konnte ihn einfach nicht festnageln. So verging also die Zeit, vielleicht sechs Monate, und ich konnte nicht länger tatenlos herumsitzen, also machte ich mit J. R. Bray einen Vertrag für ein paar Filme mit der Figur des Farmers Al Falfa. Und dann entschied ich mich dafür, diese Serie für ein ganzes Jahr zu machen, als ich Fisher wieder traf und er sagte: ›Also, wir können jetzt anfangen.‹« Für Terry war es aber bereits zu spät, und Fisher wandte sich anstelle von Terry an Charles Bowers.

Mittlerweile wurde Terry ein Mitarbeiter von John R. Brays Mannschaft, so daß er jeden Monat für Brays Kino-Magazin einen Film gestaltete. Es war zu jenem Zeitpunkt, daß er die Figur des Farmers Al Falfa zu einer eigenständigen Figur entwickelte: einen glatzköpfigen alten Bauern mit weißem Bart, der Overalls trug und eine aus dem Strunk eines Maiskolbens gefertigte Tabakspfeife rauchte. Farmer Al Falfa hatte zwar keine persönliche Ausstrahlung, aber durch sein Ge-

Ein pausbäckiger Farmer Al Falfa aus den Stummfilmtagen.

plänkel mit allerlei Tieren des Bauernhofes war er über Jahre hinaus beschäftigt.

Terry war auch einer der ersten Männer, der Earl Hurds Zelluloidverfahren für seine Filme einsetzte. Abgesehen davon, daß er seine Filme mit einer eindrucksvollen Skala von Schattierungen ausstattete, auf deren Verwendung andere Zeitgenossen noch nicht verfallen waren, verhalf Hurds Zelluloidverfahren Terry dazu, mit Farmer Al Falfa in seinem Labor zu experimentieren.

Terrys Arbeit für Bray wurde durch den Krieg unterbrochen. Er wurde zur Armee einberufen und beauftragt, »die medizinische Geschichte des Krieges bildlich darzustellen«.

Die Filme enthielten eine große Skala von Themen, von Brüchen bis hin zu Entbindungen. Außerdem verwendete Terry Realfilmmaterial ebenso wie Zeichentrickfilmmaterial. Terry arbeitete mit einer kleinen Mannschaft, zu der der Illustrator Frank Godwin, der Kameramann Lucien Andriot und der Regisseur Sidney Franklin gehörten.

Nach Beendigung des Ersten Weltkrieges kehrte Terry nach New York zurück und gründete mit den befreundeten Animatoren Earl Hurd, Frank Moser, Hugh (Jerry) Shields, Leighton Budd und seinem Bruder John Terry ein Unternehmen. Diese Verbindung war nur von kurzer Dauer, denn John Terry gründete mit den Leuten und den Gerätschaften von Hearsts erst kürzlich geschlossenem Animationsstudio sein eigenes Unternehmen. Paul fuhr damit fort, seine Filme um die Figur des Famers Al Falfa zu machen, die im Jahre 1920 von der Paramount verliehen wurden. Zu dem Zeitpunkt kam ihm aber jene Idee, die sein Verbleiben und seine Reputation innerhalb des Zeichentrickfilms untermauerte.

Eines Tages, als Terry gerade die Paramount verlassen hatte, erhielt er einen Anruf eines jungen Schauspielers (aus dem später ein bekannter Drehbuchautor werden sollte) namens Howard Estabrook, der die Idee hatte, eine Serie von Zeichentrickfilmen zu gestalten, die den Titel *Aesop's Fables* tragen sollte. Terry selbst erklärte später, daß er bis zu jenem Zeitpunkt noch nie etwas von Äsop gehört hatte, aber er lauschte Estabrooks Idee und erkannte etwas von Bedeutung.

Die Tatsache, daß durch diese Fabeln menschliche Schwächen in Gestalt von Tieren gezeigt wurden, lieferte ein perfektes Format für diese Cartoons.

Aber die größte Neuheit dieser Serie bestand darin, an den Schluß eines jeden Films die für Äsop so typische Moral der Geschichte zu setzen. Mitunter waren diese Worte bzw. Aussagen bereits mit dem Film verschlungen, aber nicht selten waren sie eigentlich nur witzige Zeilen, die lediglich entfernt mit der Handlung des jeweiligen Films verbunden waren.

»Die Tatsache, daß diese Filme so doppelsinnig waren, machte sie auch ebenso lustig,« bekannte Terry. »Äsop sagte 2600 Jahre zuvor, daß ›der Wettlauf zum Altar sich nur in Windungen vollzog‹ oder ›Heirat ist eine gute Institution, aber wer möchte schon in einer Institution leben?‹ Hätte man zu schwierige oder ernsthafte Moralitäten in die Filme miteingebaut, wären sie möglicherweise nicht so hervorragend angekommen, oder hätten sich schließlich nur sehr schwer getan.«

Terry erhielt auch seine Figur des Farmers Al Falfa am Leben, indem er sie in die Fabeln einbaute, wobei er zwischen Filmen, in denen der Farmer erschien, und solchen, die ohne irgendwelche Figuren auskamen, alternierte. Von Anbeginn, also von 1921 an, wurde diese Serie von der Pathé in die Kinos gebracht, und von der handelsnahen Presse wurde ihr großes Lob zugesprochen. 1924 konnte *Moving Picutre World* schreiben:

»Betrachtet man sich einen Zeichentrickfilm aus Paul Terrys Äsopschen Fabeln, muß man das mit Bedacht tun, einfach schon deswegen, weil sie auf einem solch hohen Niveau stehen, daß man sich als Zuschauer davor fürchtet, Worte des Lobes noch einmal in den Mund zu nehmen, die bereits im Lexikon stehen, und man nicht gewillt ist, ein bekanntes Sprichwort noch einmal zu zitieren. Die vorliegende Fabel, die auf dem Sprichwort ›Eine Liebe ist der anderen wert‹ fußt, ist eine andere kunstvolle Arbeit auf dem Gebiet heiteren Einfallsreichtums – das muß genügen. Terry illustriert die Idee, indem er zeigt, wie ein Hund die Güte einer Maus ausgleicht, indem er sie vor einer Horde Katzen beschützt. Das zeichnerisch Bemerkenswerteste sind allerdings die Bilder, in denen zwei Mäuse Handball spielen.«

Das offensichtlich Bemerkenswerteste bestand allerdings in der Tatsache, daß Terry in der Lage war, innerhalb von acht Jahren *pro Woche eine* Äsopsche Fabel herauszubringen! Bis

Aesop's Fables – Gezuckerte Bonbons voller Gelehrsamkeit.

zum Anbruch der Fernseh-Ära blieb dieser Rekord ungebrochen. Um so etwas überhaupt bewerkstelligen zu können, benötigte Terry zwei Dinge: eine Mannschaft und einen finanziellen Hintergrund. Die Mannschaft bestand aus zirka 20 Personen, wobei vier oder fünf Leute gleichermaßen Animatoren wie Regisseure waren: Frank Moser, Harry Bailey, John Foster, Fred Anderson und Jerry Shields. Gegen Ende der zwanziger Jahre stieß noch Mannie Davis hinzu und einer der Studionovizen, nämlich Bill Tytla.

Terry verschrieb sich den Filmen, die in der Handlung eine Grundausage mit sich führten. Vieles, was bei ihm mit dem Begriff »Moral« zu tun hatte, entlehnte er einer Kurzfilmserie, die den Titel *Topics of the Day* trug. Anderes entwickelte er selber. (Terry besaß einen Aktenordner, in welchem er sein Leben lang seine Gags sammelte, aus persönlichen wie auch geschäftlichen Gründen; später bediente er sich noch der Gagsammlung eines Joe Laurie, Jr.) Äußerst selten widmete er sich selbst der Animation seiner Filme, denn er zog es vor, sich um die Geschäfte seines Studios zu kümmern, oder er befaßte sich damit, die Grundidee einer Handlung für ein Projekt zu liefern.

Der Hintergrund zu dieser Serie an Fabeln kam aus einer ungewöhnlichen Quelle. Der Keith-Albee-Kinokonzern, zu jener Zeit die größte Kino- und Vaudevilletheaterkette des Landes, kam mit Terry als Fables Pictures, Inc. in Verbindung. Der Name wurde später in Fables Studio abgeändert, aber der Modus blieb: Keith-Albee (daraus entstand später die RKO) war der Besitzer des Studios zu neunzig Prozent, Terry selbst hielt die verbleibenden zehn Prozent. Die Filme wurden durch die Pathé veröffentlicht, aber, mit Terrys Worten, »die Konzernleute sorgten für einen sicheren Erfolg und Einsatz«.

Die Äsopschen Fabeln tuckerten durch die zwanziger Jahre, ohne daß an ihrem Format, oder auch rein künstlerisch, irgend etwas verändert wurde. So etwas könnte man auch von den Produkten anderer Zeichentrickstudios der Stummfilmzeit behaupten, aber im Falle Terry muß man berücksichtigen, daß der Umfang seines Filmausstoßes gewaltig war, so daß die Möglichkeiten der Selbstbesinnung nicht erörtert werden konnten, da man sich lediglich auf das Ausführen einer Arbeit beschränkte.

Typische Terry-Tiere, und davon eine ganze Menge in ›A Close Call‹ (1924).

Wenn man Terrys Äsopsche Fabeln heute betrachtet, zumindest die stummen, dann kann man nichts Bemerkenswertes oder aus dem Rahmen des Üblichen Fallendes entdecken. Sie bewegen sich durchaus im Rahmen gewöhnlicher Arbeiten, wenn sie auch mit dem Wort »einfach« umschrieben werden können, und das Übergewicht von Mäusen aller Formen und Gestalten schmälert von Film zu Film ihren Gehalt. Sie beinhalten nichts, was so bedeutsam für einen Film um die Figur von *Felix the Cat* war, oder was an technischen Neuerungen die *Out-of-the-Inkwell*-Serie auszeichnete, sie haben auch nichts von dem, was den Figuren Mutt und Jeff einen so immensen und weitverbreiteten Erfolg sicherte. Wenn diese Fabeln mal einen Höhepunkt erreichten, dann können sie recht gefällig sein, sie bleiben aber doch immer schnell vorüberhuschende Pausenfüller oder Programmfüller, und, um es mit den Worten von Mannie Davis zu sagen, ihre Handlung ist gleich Null.

Als 1928 der Tonfilm seine ersten Schatten vorauswarf, hatte das irgendwie für eine Erschütterung innerhalb der Filmindustrie gesorgt; Terry allerdings sperrte sich dagegen, von dieser neuen Erfindung für sein Studio zu partizipieren. Auf die Anweisung seines neuen Bosses hin, Amadee J. Van Beuren, dessen Van Beuren Productions das Fables Studio von Keith-Albee übernommen hatte, veröffentlichte Terry gegen Ende des Jahres 1928 seinen ersten Zeichentrickfilm mit synchronisierter Tonspur. Der Titel: *Dinner Time*. Terry selbst war damit zufriedengestellt, mit einfachen Mitteln des Tons weiterzuarbeiten, ansonsten sah er seine Filme lieber stumm. Van Beuren aber war da anderer Ansicht. Das führte zu einem Zusammenprall beider Männer.

Frank Moser erinnerte sich später während einer Zeugenaussage vor Gericht an die Worte, die er zu Paul Terry sagte:

»Als Disney mit dem Tonfilm herauskam, sagte ich zu Terry, ›Paul‹, sagte ich, ›dieser Bursche Disney beschäftigt sich jetzt mit dem Tonfilm. Was werden wir unternehmen, um mit ihm Schritt halten zu können?‹ Und Terry antwortete mir, daß er kein Interesse hätte, für diesen Van Beuren irgend etwas zu tun, und kurz danach wurde er von Van Beuren gefeuert.« Es mag möglich gewesen sein, daß Terry nach einer Entschuldigung gesucht hatte, um wieder sein eigener Herr sein zu können, aber, wie auch immer die Dinge gelegen haben mögen, Terry verließ 1929 die Fables Company, während der größte Teil seines Stabes dort verblieb.

Zu dieser Zeit näherte sich Terry Moser und fragte ihn, ob er Interesse daran hätte, in einem neu zu gründenden Studio sein Partner zu werden. Moser stimmte zu, und die beiden Männer wurden sich handelseinig. Danach wandte sich Moser an eine Firma mit dem Namen Audio Cinema, weil er dort nach einem möglichen finanziellen Background suchte. Dort traf er mit einem Joseph Coffman zusammen, einem Experten auf dem Gebiet des Tonfilms, des neuen Mediums also, der als Berater für verschiedene Filmgesellschaften tätig war. Coffman schloß sich den beiden Cartoonisten an und zu dritt gründeten sie die Firma Moser-Terry-Coffman. Die Audio Cinema stimmt darin zu, die Zeichentrickfilme zu finanzieren und stellte auch einen Arbeitsraum zur Verfügung, der in ihrem Hauptquartier in der Bronx lag (das war das alte Edison-Studio gewesen), aber Terry und Moser mußten zunächst kostenlos arbeiten, bis Audio Cinema sich am Einspielergebnis der Filme schadlos gehalten hatte. Die Firma Educational Pictures übernahm den Verleih der Zeichentrickfilme.

Man unterwarf sich den dringenden Bedürfnissen, Tonfilme herzustellen, und Terry und Moser kehrten wieder zu ihrer ursprünglichen Tätigkeit zurück, pro Woche einen Film zu veröffentlichen. Schließlich wurden dann doch Verträge gemacht und sechsundzwanzig Filme pro Jahr produziert und veröffentlicht. Dieser Fahrplan war keineswegs auf Rosen gebettet, und das kleine Studio mußte fieberhaft arbeiten, um die eingegangenen Verpflichtungen einhalten zu können.

Die Aufgabe, Musik in die Filme mit einzubauen, fiel an Philipp A. Scheib, der seine Partituren so ausrichtete, daß jeder Film von Anfang bis Ende eine Musik anbot. Scheib war so eine Art Wunderkind gewesen, und er hatte an einem Berliner Musikkonservatorium Violine studiert. Daraufhin war er nach Amerika zurückgekehrt und hatte an renommierter Stelle für Thomas A. Edison gearbeitet. Dort schrieb er Orchestermusik (also Begleitmusiken) für Stummfilme. Als der Tonfilm zu einer Realität wurde, war es für Scheib ganz natürlich, für den Tonfilm seine Partituren zu schreiben.

Scheib war es auch, der Terrys Mitarbeitern über ihre Befürchtungen hinweg half, mit den Problemen der Synchronisation fertig zu werden, und er ermunterte sie bereits seit Anfang des Jahres 1930 dazu, Lippenbewegungen bei den gezeichneten Figuren einzubauen. Terry sagte später über Scheib, daß er der erste gewesen wäre, der sich mit der kompletten Vorsynchronisation seiner Zeichentrickfilme befaßt hätte.

Abgesehen von der Musik und den musikalischen Elementen unterschieden sich Terrys Filme der frühen dreißiger Jahre überhaupt nicht von den stummen Äsopschen Fabeln der zwanziger Jahre. Es gibt keine Unterscheidungsmerkmale, auch nicht in Handlung und Zeichentechnik, obwohl die ersten Zeichentrickfilme mit Ton aus Terrys Studio jeweils mit einem ganz bestimmten Thema umgingen. Eine Werbeanzeige in einer Handelszeitung hatte folgenden (Teil-)Text:

»Jeder einzelne Film basiert auf der populären Musik und den volkstümlichen Bräuchen einer ganz bestimmten Nation. *Caviar* bringt durch seinen Spaß mehr Aufregung mit sich, als es ein bolschewistischer Aufstand mit sich bringen könnte.

Und nach diesem Film wird jede Woche ein neuer folgen.«

Andere Filme trugen die folgenden Titel: *Spanish Onions, Hot Turkey, Roman Punch, Chop Suey* und *Scotch Highball*.

Paul Terry verbrachte seine Arbeitszeit damit, sich dem Erfinden und Ausdenken von Geschichten zu widmen. Darüber hinaus koordinierte er seine Vorstellungen und Ideen mit Philip Scheib. Frank Moser arbeitete die gesamte Zeit als Animator und beaufsichtigte die anderen Mitarbeiter.

Zwei von Mosers jungen Animatoren waren gleichermaßen aufgebracht über die mangelhafte Qualität der Filme des Studios. Einer von ihnen war Art Babbitt, der aus diesen Gründen 1932 dem Studio den Rücken kehrte, um für Walt Disney zu arbeiten, und der andere war Bill Tytla, Babbitts bester Freund. Tytla blieb bis 1934. In den zwanziger Jahren hatte Tytla bereits schon einmal für Terry gearbeitet, und er hatte sich mit Mosers Arbeit vertraut gemacht. Aber 1929 war er wegen eines Kunststudiums nach Europa gegangen und hatte dort seinen eigenen Horizont erweitert. Als er wieder in die USA zurückkehrte, konnte er für Mosers einseitige Talente keine Geduld mehr aufbringen.

Für Männer wie Babbitt und Tytla war die Atmosphäre bei Terry erstickend, und als Disney rief, kehrten sie Terry und Moser freudestrahlend den Rücken. (Norman Ferguson, ein anderer Stammgast bei Disney, hatte ebenfalls in den zwanziger Jahren für Terry gearbeitet.) Diese verließen Mosers und Terrys Stammannschaft, während und weil der Rest sich mit Qualität und Neuerungen nicht befaßte und in dieser Richtung sich auch nicht weiterbildete.

Moser und Terry teilten ich die Firma mit Coffman und verblieben auch bei Audio Cinema bis 1932, als jene Firma ins Schleudern geriet. Bill Weiss, der zu jener Zeit eine Kontrollfunktion inne hatte, erklärte hierzu:

»Dieses Unternehmen machte Geld durch den Verkauf von Maschinen, die Gewinne wurden bei der Produktion von Filmen verschwendet. Als der Gerichtsvollzieher bei Audio Cinema aus und ein ging, zogen Terry und Moser aus.«

Bill Weiss, der bei Audio Cinema angestellt gewesen war, ging mit ihnen und wurde eine Art Sekretär und Geschäftsführer, während Terry und Moser sich in Harlem im Hauptquartier von Consolidated Film Laboratories niederließen. Später, 1934, zog Terrytoons nach New Rochelle, New York, um.

Moser verbrachte seine gesamte Zeit mit der Animation von Filmen, so daß er sich nur recht selten um die Geschäfte des Studios kümmern konnte, das zur Hälfte ihm gehörte. Aber es gab eine ganze Reihe von Gründen, die dazu führten, daß er persönlich mit seinem Partner in eine Sackgasse geriet. Zum einen war das die Verwendung von Farbe. Terry sperrte sich gegen diese Neuerung wie er es bereits zu Beginn der Tonfilmzeit getan hatte. Die Gründe lagen für ihn auf der Hand: höhere Unkosten. Ein anderer Grund Terrys war weniger pragmatisch: Er hatte eine Vorliebe für Zeichentrickfilme, die in sich abgeschlossen waren, thematisch gesehen. Die Entwicklung von Figuren und Charakteren für eine fortlaufende Serie interessierte ihn nicht.

An dieser Stelle lag sich jeder mit ihm in den Haaren. Bill Weiss: »Das war ein fortgesetzter Kampf, den Terry Jahr für Jahr führte, auch mit mir. Erst dann kamen wir mit solchen Figuren wie Puddy the Pup und Kiko the Kangaroo auf den Markt, womit man sich ja wohl auch nicht rühmen konnte. Kiko war das Ergebnis einer Unterredung mit Roger Ferri, dem Herausgeber des Hausblattes der 20th Century-Fox, der es für eine großartige Idee hielt, wenn wir ein Känguruh in unseren Zeichentrickfilmen hätten. Puddy the Pup war, so glaube ich, wohl einer der Hunde, die Terrys Tocher besaß.«

Diese Figuren waren so beschaffen, daß sie in die Terrytoons hineinpaßten: sie waren wohltuend und angenehm, aber keineswegs etwas Besonderes. Zu einer Zeit, als Disney innerhalb des Zeichentrickfilms gewaltige Schritte nach vorn machte, was die Weiterentwicklung anbelangte, als Harman und Ising versuchten, mit Disney Schritt zu halten, als die Warner Brothers neue Elemente in ihre Filme einfließen ließen, was Witz und Aussage anbelangte, und Fleischer durch seinen Popeye weltweiten Ruhm erlangte, da klebte Paul Terry immer noch an seinen kleinen pausenfüllenden Filmchen, die er schon seit jeher gemacht hatte.

Terrys Einstellung gegenüber dem Tonfilm hatte sich geändert. Er und Moser taten sich darin sehr leicht, obwohl die Kosten, in der Herstellung eines Zeichentrickfilms von 4.000 Dollar (1930) auf 6-7.000 Dollar (1935) angestiegen waren. Das Studio funktionierte wie eine gut geölte Maschine. Die Produktionszeit für einen Film war ungewöhnlich kurz. Wenn erst einmal die Geschichte ausgearbeitet war, Musik und Ton festlagen, dauerte es nur zwei Monate, vom Zeichenbrett zum Kino, bis ein Terrytoon fertiggestellt war. Aber hinter dieser perfekten Maschinerie brodelte es.

Die Zeichentrickfilme wurden von Educational Pictures Corporation übernommen. Dieses Unternehmen wiederum verkaufte seine Filme an die 20th Century-Fox. 1935 machten sich bei der Fox und bei Educational die ersten Klagen über die Qualität von Terrytoons breit. Terry überhörte diese Klagen, und im Februar des Jahres 1936 informierte ihn der Präsident von Educational, Earl Hammons, daß das Unternehmen keineswegs einen neuen Vertrag für eine neue Saison mit Terry und Moser abschließen würde.

Moser und Terry waren entsetzt. In der darauffolgenden Woche sprachen sie über eine mögliche Auflösung des Studios und untersuchten den Stand ihrer Geschäfte. Terry bot an, Mosers Anteil am Studio aufzukaufen, in der Hoffnung, irgendwo anders einen neuen Partner mit finanziellem Hintergrund zu finden. Moser stimmte dem Vorschlag zu, verkaufte seine Hälfte und verschwand aus vielerlei Gründen aus dem Zeichentrickbusiness. Eine Woche später unterzeichnete Terry mit Educational einen neuen Zwei-Jahres-Vertrag, nachdem er Earl Hammons gegenüber, die Qualität seiner Filme betreffend, ein größeres Zugeständnis gemacht hatte. (Daraufhin verklagte Moser Terry, Hammons und den Geschäftsführer Bill Weiss, indem er vor Gericht behauptete, die drei hätten gegen ihn konspiriert und ihm den wahren Wert ihres Geschäftsgebarens und Geschätsumfanges vorenthalten. Er verlor seine Klage.)

Zu dieser Zeit ernannte Terry Mannie Davis und George Gordon zu Regisseuren, und durch allerlei glückliche und auch ironische Vorgänge lag nun plötzlich ein ganzes Arsenal talentierter und neuer Leute vor seinen Augen, denn das Van-Beuren-Studio hatte dicht gemacht. Nun war es Terry nicht nur möglich, einige ehemalige Mitarbeiter aus der Zeit seiner Äsopschen Fabeln wieder für sich zu gewinnen, sondern eine ganze Reihe talentierter junger Männer kamen zu ihm: Jack Zander, Dan Gordon, Ray Kelly und Joe Barbera.

Für diese neuen Männer war die Atmosphäre in Terrys Studio nicht sonderlich gut. »Er stellte Zeichnungen sicher«, sagte Jack Zander. »Paul schloß alles ein, was einmal gezeichnet worden war.«

The HEALTH FARM

›The Health Farm‹ *(1936). Eine Publicity-Zeichnung mit Farmer Al Falfa und Puddy the Pup. Hier kann man bestens sehen, welche Kraft und Energie und welcher Geist durch Zeichentrickfilme eingefangen werden können.*

Aber der verblüffendste Teil war, in Jack Zanders Augen, Terrys Umgang mit dem Vorbereiten der Tonspur. »Phil Scheib hatte da das erstaunlichste Aufnahmeverfahren, das man je in seinem Leben zu Gesicht bekommen konnte. Ich weiß das, weil ich ein paarmal selbst dabei gewesen bin. Wir breiteten die einzelnen Bilder eines Filmes auf dem *storyboard* vor ihm aus, brachten ein gewisses Timing hinein, und dann beorderte Phil sein Orchester in ein Tonstudio und gleich beim ersten Male wurde alles aufgenommen, Musik, Stimmen und Effekte – alles auf einmal.« Animatoren und andere Mitarbeiter des Studios bestätigten das.

Natürlich behinderte das die Freiheit der Regisseure und Animatoren, die keine Chance hatten, ihre Arbeit zu verbessern oder eine Szene auszuschmücken. Wenn erst einmal die Tonspur bespielt war, dann gab es keinerlei Möglichkeiten mehr, irgend etwas an dem Film zu ändern. Moser hatte vorgeschlagen, Terry solle dieses System umändern oder sich eines anderen bedienen, aber Terry blieb zur Zeit des Vorschlags und auch späterhin störrisch.

Terrys Halsstarrigkeit kostete ihm Einiges. Zander erhielt

von Carmen »Max« Maxwell von der MGM einen Telefonanruf, wobei ihm und anderen Kollegen bei Terry vorgeschlagen wurde, sich dem neuorganisierten Studio anzuschließen. Zander sprach mit Dan Gordon, Ray Kelly, Joe Barbera und Carl »Mike« Meyer, einem Animator bei Terry, der auch die Funktion eines *story man* ausübte; sie alle kündigten auf einmal, und, so sagte Zander, »brachen Paul das Herz, denn er hatte begonnen, uns zu mögen und schätzte auch unsere Arbeit«. Terry war so verärgert, daß er die Namen der Abtrünnigen aus zwei Zeichentrickfilmen entfernen ließ, die gerade vor ihrer Veröffentlichung standen. *Trailer Life* und *The Villain Still Pursued Her* trugen danach nur noch Paul Terrys Namen. George Gordon, der einer von Paul Terrys Favoriten war, sollte das Studio kurze Zeit später ebenfalls verlassen. »Wenn er geblieben wäre«, sagte Bill Weiss, »hätte Terry in ihn so viel Vertrauen gesetzt, daß er ihm das Studio überlassen hätte.«

Der Fortgang jener hoffnungsvollen jungen Männer traf Terry vollkommen unvorbereitet.

In der Folgezeit ernannte Terry John Foster zum Chef des *story departments*. Foster hatte bereits in den zwanziger Jahren mit Terry zusammengearbeitet und war bei Van Beuren geblieben, als Terry dort ausgestiegen war. Mitte der dreißiger Jahre kehrte er wieder in Terrys Studio zurück, ebenso wie Mannie Davis, der Foster mit den Worten umschrieb: »Als Künstler ein Autodidakt. Er hatte nie studiert, er besaß allerdings einen angeborenen Sinn für das Komödiantische. Er konnte sich nicht hinsetzen und eine Tintenzeichnung machen, aber er unterwarf sich den Regeln der Animationskunst. Das war manchmal lustig; er konnte gut genug zeichnen und kam damit an.« Terry beorderte Foster aus der Animationsabteilung heraus und machte ihn zum Chef des *story departments*. Diesen Posten bekleidete Foster zwanzig Jahre lang.

Terry förderte auch die Animatoren Connie Rasinski und Eddie Donnelly und erhob sie in den Status von Regisseuren, obwohl sie während ihrer langen Zugehörigeit zum Studio immer wieder zum Zeichenstift griffen. Davis, Rasinski und Donnelly begannen 1937 mit ihrer Tätigkeit als Regisseure, und mit wenigen Ausnahmen verblieben sie auch auf ihren Posten für die nächsten zwei Jahrzehnte. Davis blieb bis zum Jahre 1961, und Rasinski arbeitete bis zu seinem Tode für die Terrytoons.

Tommy Morrison, der 1933 als »Mädchen für alles« zu Terry gestoßen war (sein Vater war ein Freund Terrys), verblieb im *story department* und wurde in der Folge als eine Art Kontrolleur eingesetzt. Zu seinen vielseitigen Pflichten gehörte das Schreiben von Liedertexten für die Zeichentrickfilme, und außerdem überwachte er die Tonaufnahmen. Morrison lieh später auch verschiedenen Figuren seine Stimme, und blieb bei den Terrytoons bis zum letzten Tag.

Terry hatte nun loyale und wendige Mitarbeiter, die das Studio zu ihrer permanenten Heimat machten, aber in den vierziger Jahren hatte Terry ebenfalls mit gewerkschaftlicher Organisierung zu tun. Die meisten von Terrys Spitzenleuten hatten ihre besten Jahre den Terrytoons gewidmet, und als mitarbeitende Senioren wurden sie auch von Terry bestens entlohnt. »Wenn sie weniger als fünfundzwanzig Jahre für mich gearbeitet hatten, bezeichnete man sie als Newcomer,« spaßte Terry einmal. »Sie blieben bei mir, weil ich sie verstand. Sie waren die Grundlage für unseren Erfolg. Und ich leitete es auch in die Wege, daß ihre Namen in den Filmen genannt wurden.«

Ein Bild von Farmer Al Falfa und Kiko, dem Känguruh, aus ›Farmer Al Falfa's Prize Package‹ (1936).

Die Entstehung einer Szene, von Terry in den späten dreißiger Jahren aus Werbezwecken angefertigt. Eine Geschichte zeichnen: Die Geschichte eines Cartoons wird nicht niedergeschrieben, sondern in einer Serie von Zeichnungen angefertigt, die die Höhepunkte eines Zeichentrickfilms zeigen, die Hintergründe bekanntgeben und die Schlüsselszenen eines jeden Charakters in Bewegung darstellen. Beispielsweise ruft diese Geschichte nach Kiko, dem Känguruh, damit es als Feuerwehrmann fungieren kann. Die noch zu verfeinernden Bilder 1 und 2 zeigen einen Teil eines brennenden Gebäudes und wie Kiko an einem Eckfenster ankommt, nachdem es vermittels eines Seiles über die Straße geschwungen ist. Die Bilder 3, 4 und 5 zeigen Szenen aus anderen Filmen. Das kleine Foto oben links zeigt George Gordon, Paul Terry, Mannie Davis und Philip A. Scheib.

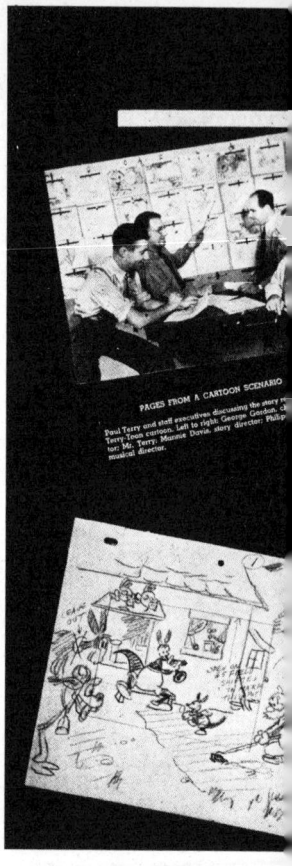

Terry vermittelte diese Ehre allerdings nur an die führenden Mitarbeiter seines Stabes. Bis zu dem Tage, wo er sein Studio verkaufte, waren nur die Namen dieser Personen in den Filmen erschienen, Animatoren, Techniker, Inker und andere kamen nicht in diesen Genuß.

Die niederen Chargen bei Terry entwickelten sehr bald die Idee gewerkschaftlicher Organisation, nachdem ein Gewerkschaftler von der Westküste in den frühen vierziger Jahren auf

ꟻAWING THE STORY

THE story of a cartoon is not written, but drawn in a series of sketches showing the highlights of the picture, indicating the backgrounds, and giving the key for each sequence of action of the characters.

For example, a story calls for Kiko the Kangaroo to take the part of a fireman. Rough sketches numbers 1 and 2 show how one section of the burning building is to look and how Kiko will land on the ledge after flying over the street on a rope. Sketches 3, 4 and 5 indicate scenes in other pictures.

Terrys Gehaltsliste stand. »Ursprünglich gehörten wir der Bruderschaft der Anstreicher und Tapezierer an«, erinnerte sich Tommy Morrison später nicht ohne Belustigung, »denn es gab keine andere Organisation oder Sparte, zu der man uns zählen konnte. Und da diese Leute auch mit Farbe umgehen mußten, war es gut, daß man uns mit ihnen in Zusammenhang bringen konnte.

Aber ich trat aus der Gemeinschaft aus, denn sie war dabei,

einen Streik auszurufen. Und ich wußte, daß das für jeden schlimm ausgehen mußte, der bei Terry arbeitete. Das Studio hatte an Filmen eine Reserve aufgehäuft, und niemand hätte für ein Jahr oder mehr dort arbeiten müssen. Und ich berichtete den Gewerkschaftlern, daß ein Streik verheerende Folgen haben könnte ... denn ich wußte, daß Terry jeden gehen lassen konnte, denn er besaß genug fertige Filme, die nur noch veröffentlicht zu werden brauchten.

Das Studio arbeitete lange Monate mit Leuten, die Sie wohl Streikbrecher nennen, nehme ich an. Der Streik dauerte acht oder neun Monate. Die Leute standen auf der Straße und hatten keine Arbeit. Und in der Zwischenzeit stellten sich andere Leute vor, um nach Arbeit zu fragen. Das war alles überhaupt nicht gewerkschaftlich organisiert, und Terry stellte anstelle der Leute, die auf der Straße standen, andere ein, die bei ihm um Arbeit nachgefragt hatten.«

Schließlich einigte sich Terry dann doch noch mit den Mitarbeitern, die sich im Ausstand befanden, so daß sie zu einem späteren Zeitpunkt von der International Alliance of Theatrical and Stage Employees (Bühnengewerkschaft, Theatergewerkschaft etc.) aufgenommen wurden, und eine mehr legitimere Gewerkschaftsorganisation wurde ins Leben gerufen. Aber Morrison hatte Recht behalten, als er seine Mitkollegen vor einem Streik gewarnt hatte. Terry war der Sieger geblieben, und in den neun Monaten, wo sein Betrieb bestreikt wurde, verlor er praktisch überhaupt nichts.

1938 beugte sich Terry dem kommerziellen Druck und produzierte seinen ersten farbigen Zeichentrickfilm, *String Bean Jack*. Der Einsatz der Farbe vollzog sich sehr gut, und Terrys anonyme Background-Zeichner entwickelten wahrhaft attraktive Hintergründe unnd Schauplätze. Unglücklicherweise verhielten sich die Figurenzeichner weniger begeisternd als die Hintergrund-Zeichner, an der Spitze John Foster als Regisseur, der seine Hauptfigur exakt so entwickelte wie die Figur des Jerry, der bereits in den frühen dreißiger Jahren in Van Beurens Serie *Tom and Jerry* erschienen war. Der Film basierte auf der Geschichte »Jack and the Beanstalk«, worin in einer Sequenz eine Harfe vorkam, aber Terry hatte keinerlei Interesse, einen Harfenisten anzuheuern, damit dieses kurze Musikstück aufgenommen werden konnte. Philip Scheib setzte aus diesem Grund zur Komplettierung des Soundtracks ein Klavier ein! Glücklicherweise besaß aber *String Bean Jack* genügend Gags und witzige Ideen, um solche Fehler überspielen zu können.

Terry war jedoch immer noch nicht darauf vorbereitet, die erhöhten Kosten eines Farbfilms zu tragen. Er versuchte, diese Fährnisse zu umschiffen, indem er andere Zeichentrickfilme in Sepia veröffentlichte. Danach ließ er immer wieder in seine Filme ein paar Farbkleckse einfließen, bis der schwarzweiße Zeichentrickfilm (so um 1943) endgültig das Zeitliche segnete.

Terry hatte auch mittlerweile begonnen sich der Meinung anzuschließen, Hautcharaktere, Figuren also, könnten seinen Filmen besser zu Gesicht stehen. Kiko, das Känguruh und Puddy the Pup verschwanden aus den Filmen und Farmer Al Falfa folgte ihnen. Der erste »neue Star« der Terryschen Filme wurde auf den Namen Gandy Goose getauft, nachdem mit dieser Figur unter dem Namen Willie bereits ein Versuch gemacht worden war. Die eigenständige Serie mit Gandy Goose nahm im Jahre 1938 ihren Anfang.

Gandy wurde durch den Schauspieler Ed Wynn inspiriert, dessen Stimme und dessen aufgeregte Mannierismen durch den Stimmenexperten Arthur Kay imitiert wurden. Der Erfolg dieser Figur ermutigte Terrys Stab zu einem Schema, das später in der TV-Ära von Hanna/Barbera übernommen wurde: Kopieren einer charakteristischen Stimme eines populären Unterhalters für den Zeichentrickfilm. Dem Publikum gefiel es. Gandy war allerdings ebenfalls nur eine Figur mit beschränkter Ausstattung, wie es bei Terry von Anbeginn im Umgang mit Charakteren für den Zeichentrickfilm der Fall gewesen war – seine *Stimme* allerdings führte zu Gandys Erfolg. Die liebenswerte Verrücktheit von Ed Wynn übertrug sich auf Gandy Goose, und somit hatten auch die Geschichtenerfinder des Studios etwas Greifbares, aus dem heraus sie ihre Stories entwickeln konnten. Sie basierten den Film auf der Chicken-Little-Figur und nannten ihn *Doomsday*; Gandy war der Überbringer der Neuigkeit, daß der Himmel über der Welt zusammenbricht. In *G-Man Jitters* zeichneten sie ihn in menschlicher Gestalt als einen kleinen Jungen, der seines Vaters Pfeife raucht und davon träumt, ein Detektiv wie Sherlock Holmes zu sein.

Eine Szene aus ›G-Man Jitters‹ (1939), mit einer frühen Version von Gandy Goose (im Hintergrund).

Dann war auch aus der Gandy-Goose-Serie die Luft raus. Irgend jemand schlug einen Gefährten für Gandy vor, einen aufrichtigen Gefährten, der das Verrückte an Gandy Goose ausgleichen konnte. Aus diesem Grunde grub das Studio eine Katze aus, die bereits in dem Zeichentrickfilm *The Owl and the Pussycat* vorgekommen war. Die Katze erhielt den Namen Sourpuss. Wie bei Gandy, wurden auch Sourpuss' Manierismen und die Stimme von einem anderen ausgeliehen: von Jimmy Durante.

Nachdem man nun diese Fährnisse umschifft hatte, trat das Studio in eine Falle, die man die »Terry-Falle« der vierziger Jahre nennen könnte: das Studio stellte Zeichentrickfilme nach Schema F her. 1940 hatte das *story department* ein sehr lustiges Drehbuch für *The Magic Pencil* ausgearbeitet, worin Sourpuss Gandys freundliche Nemesis war: Gandy ersteht einen Bleistift, und die Zeichnungen, die man mit ihm anfertigt, werden Wirklichkeit. Ein gieriger Sourpuss überblickt die Situation und ruft die Vernichtung des Bleistift herbei. (Bei diesem Zeichentrickfilm war Volney White der Regisseur, der genau ein Jahr bei Terry blieb und anschließend nach Kalifornien ging.)

The Magic Pencil ist ein unterhaltender und einfallsreicher Zeichentrickfilm. Nachdem man aber seinen Erfolg gesehen hatte, entschied die Terry-Mannschaft, daß das, was einmal Erfolg gehabt hatte, dies auch ein nächstes Mal haben würde, und ein weiteres Mal und immer wieder. Zehn Jahre lang wiederholte man nun diese Schema-F-Sache mit Gandy und Sourpuss, und zwar mit der Präzision einer Ausstechkuchenform. Die speziellen Details eines jeden Zeichentrickfilms änderten sich, der Rest war Routine. (Während des Krieges ernannten die Geschichtenerfinder Gandy und Sourpuss zu Wehrpflichtigen, und die beiden trieben bei der Army ihre Mätzchen.) In einigen späteren Filmen (*Dingbat Land* und *Comic Book Land*) spielen Phantasiegebilde und Traumsequenzen eine wesentliche Rolle, aber das Gerippe entstand immer wieder nach der bereits strapazierten Schablone.

Unglücklicherweise setzte sich diese Verfahrensweise in Terrys Studio fest. Wiederholung hieß das Beiwort, und deshalb haben es auch die ausgefuchstesten Zeichentrickfilmkenner sehr schwer, den einen Terry-Film vom nächsten zu unterscheiden. Sogar Philip Scheibs Musik ähnelt sich in den Filmen, denn es war ihm unmöglich, bekannte Songs zu verwenden, wie das Carl Stalling und Scott Brandley konnten. Er konnte sich nur immer wieder auf der Basis seiner eigenen Themen bewegen, so daß die Musik stets ähnlich klang und eigentlich immer eine Kopie dessen war, was Scheib zuvor gemacht hatte.

Irgendwann im Jahre 1940 trat die 20th Century-Fox an Terry heran, und schlug ihm vor, einen abendfüllenden Zeichentrickfilm zu produzieren. Terry wußte, daß es ein riskantes Spiel sein würde, aber er war absolut kein Spieler.

Wie auch immer, im Jahre 1942 bewegte sich Terry gegen die Tradition seines Studios und erwarb die Verfilmungsrechte an einer etablierten Figur des *comic strips*. Die Wahl war nicht gut, denn Ernie Bushmillers *Nancy* eignete sich nicht besonders für eine Adaptation zum Zeichentrick. Lediglich zwei Cartoons entstanden mit Nancy und ihrem Freund Sluggo. Einer davon, *Doing Their Bit,* war ein Lobgesang auf die gute Arbeit der USO, und der zweite, *School Daze,* eine Serie von zweitklassigen kleinen Skizzen, worin Schulkinder ihren Lehrer davon überzeugen wollten, daß *Nancys* lustige Bücher für den Unterricht besser geeignet wären, als alle anderen

Schulbücher. Nach diesem kurzlebigen Experiment zog sich Terry wieder auf seine ursprüngliche Position zurück und lehnte es ab, andere als die eigenen Figuren in seinen Filmen einzusetzen.

Der Krieg, der für eine Sequenz in *Doing Their Bit* ebenso inspirierend war wie für eine weitere in *Scholl Daze,* bot noch lange Jahre genügend Material für die Basisgeschichten der Filme. Einer davon, *All Out for »V«* wurde als erster Film des Studios für einen OSCAR vorgeschlagen. Das Studio hatte auch die Möglichkeit, für die Regierung zu arbeiten, und Filme zu gestalten, deren Themen den bewaffneten Streitkräften des Zweiten Weltkrieges entlehnt waren. Bill Weiss bemerkte allerdings dazu:

»Manchmal war ein Film, an dem wir gerade arbeiteten, bereits bei der Arbeit schon überholt.«

In den dreißiger Jahren, als Walt Disney versucht hatte, Terrys »Star«-Animator Bill Tytla für sich zu gewinnen, hatte es Terry unterlassen, Tytla einige Zugeständnisse zu machen. Letztlich war dann Tytla im Jahre 1934 doch zu Disney übergewechselt. Jetzt nun, neun Jahre später, fühlte sich Tytla auch bei Disney nicht mehr wohl und Terry witterte eine Chance, den Künstler wieder zurückzulocken. Tytla kehrte Mitte des Jahres 1943 zu Terry zurück, aber er war sehr bald auch dort wieder entmutigt, denn bei Terry hatte sich nichts verändert: Fließbandproduktion war immer noch an der Tagesordnung, und für neue Initiativen war Terry unzugänglich. Terry fühlte allerdings andererseits, daß Tytla auch als Regisseur Grenzen gesetzt waren. »Er war einer der besten Animatoren, die jemals gelebt hatten,« sagte Terry später. »Und er bearbeitete alles, was man ihm übergab, ausgezeichnet. Aber es schien, daß er die Ausgangspunkte für seine Filme nicht richtig überblickte. Erst wenn ein anderer ihm einen Themenkreis vorlegte, war er in der Lage, alles auszuschmücken.« Tytla führte bei Terry nur einmal Regie und zwar bei einem Zeichentrickfilm mit der Figur der Mighty Mouse; der Film trug den Titel *The Sultans's Daughter.* Terry war von Tytlas Animationsfähigkeiten beeindruckt, nicht aber von seiner Regieführung.

Tytla war über die Arbeitsatmosphäre bei Terry frustriert, hinzu kamen die Befürchtungen über die wachsenden Unstimmigkeiten unter der Belegschaft. All das führte dazu, daß

Tytla nach knapp einem Jahr erneuter Zugehörigkeit zu Terrys Studio wiederum das Weite suchte. Wieder einmal war ein wichtiges Talent durch Terrys sich ständig bewegende Drehtür verschwunden.

Außerhalb des Studios benahm sich Terry seinen Mitarbeitern gegenüber wohlwollend und außergewöhnlich freundlich. Aber innerhalb der Grenzen seines Büros in New Rochelle war er eine völlig andere Person, und seine größte Zuneigung gehörte seinem *story department*. Zu Anfang der vierziger Jahre bestand diese Arbeitseinheit aus John Foster, Tommy Morrison, Al Stahl, Donald McKee und I. Klein, der im Frühjahr des Jahres 1940 zu Terry stieß, nachdem er an der Westküste ziemlich knapp gehalten worden war. Klein schrieb später darüber:

»Paul Terry nahm aktiven Anteil an der Ausarbeitung der Geschichten für seine Filme, nicht nur, um seine eigenen Gags unterbringen zu können, sondern eher in einer Art Überfall-Taktik, mit der er an das *story department* herantrat. Während meiner ersten beiden Wochen dort erweckte er den Eindruck, eine friedliche Seele zu sein, aber schon sehr bald erkannte ich, daß seine hereinkrachende Methodik darin bestand, daß alle zwei Wochen eine neue Geschichte aus dem Boden gestampft werden mußte. Er bezeichnete sich selbst als den ›Mister Story Department‹ seines eigenen Studios, von dem alle Ideen ausgingen. Die Ideen anderer Personen waren mehr oder minder Pausenfüller. Nichtsdestotrotz forderte und verlangte er Unterstützung von den ›Hinterfeldspielern‹«.

Aus diesem Grunde müßte man annehmen, daß jede Idee, die gut war, von Terry selbst gekommen wäre. Als Klein einmal vorschlug, bei dem neuen Superman-Charakter eine Fliege einzubauen, hörte Terry ihn an und lehnte den Vorschlag ab. Kurze Zeit später brachte Terry den Vorschlag selbst noch einmal auf, als hätte er ihn selbst entwickelt, aber aus der Fliege war (natürlich) eine Maus geworden. Das *story department* machte sich an die Arbeit und entwickelte einen Zeichentrickfilm, der dann den Titel *The Mouse of Tomorrow* trug.

In diesem Film wird der Ursprung von Super Mouse recht anschaulich und chronologisch wiedergegeben. Die Katzen der Stadt haben im Bereich der Nagetiere ein Regime des Terrors errichtet. Die Mäuse haben fast überhaupt keine Chance in Ruhe und Frieden zu leben, denn überall haben die Katzen zahllose Fallen aufgestellt und Hinterhalte gelegt, um den Untergang der Mäuse herbeizuführen. Eine Maus bringt es zuwege, sich aus den Fängen einer weniger hungrigen Katze zu befreien und rettet sich schutzsuchend in einen großen Supermarkt. Sie unterzieht die langen Reihen angebotener Waren einer eingehenden Überprüfung und beginnt damit, sich vollkommen umzuwandeln: Sie badet in einem *Super*schaumbad, sie ißt *Super*suppe und *Super*sellerie und stürzt sich kopfüber in ein Stück *Super*käse – und aus dem Käse tritt sie, begleitet von einem Blitz, als Super Mouse wieder hervor! Nicht mehr länger ist sie nur ein winziges Nagetier, sondern eine Maus mit menschlichen Zügen, mit zwei Füßen, einem gewaltigen Brustumfang und starken Bizeps. Die Kostümierung gleicht der von Superman, denn sie trägt einen langen, wallenden roten Umhang und ihre Kräfte sind den Kräften von Superman durchaus ähnlich: Sie kann durch die Lüfte fliegen, und Kugeln prallen von ihrem Körper ab. Super Mouse schwingt sich zur Rettung der anderen Mäuse empor und expediert die Katzen der Nachbarschaft auf den Mond. Zurückgekehrt auf die Erde, wird sie von ihren Kameraden auf die Schultern gehoben, und der Erzähler berichtet: »So endet das Abenteuer von Super Mouse ... Sie sah, was getan werden mußte und tat es!«

Das Verulkungselement von *The Mouse of Tomorrow* ist nicht sonderlich gut. Abgesehen von den Basiselementen – eine Maus mit gewaltigen Kräften beschützt ihre Freunde und besiegt ihre Feinde, die Katzen – findet man in dem Film keine wirkliche Ausschmückung oder Neuerung. Mit kurzen Worten: der Film ist ein kurzlebiger Spaß. Aber Paul Terry und seine Mannschaft verwandelten diesen kurzlebigen Spaß in das wohl erfolgreichste Vehikel des Studios, obwohl nichts anderes getan wurde als bisher: man schlachtete die Idee aus und wiederholte sie so oft als nur möglich.

Nachdem *The Mouse of Tomorrow* einen Monat lang in den Kinos gezeigt worden war, wurde bereits ein zweites Mäuse-

Eine Musterzeichnung für ›Sham Battle Shenanigans‹ (1941), wobei man verschiedene charakteristische Eigenschaften der Figuren erkennen kann. Die gezeichneten Figuren sind ein Ansager und Gandy Goose.

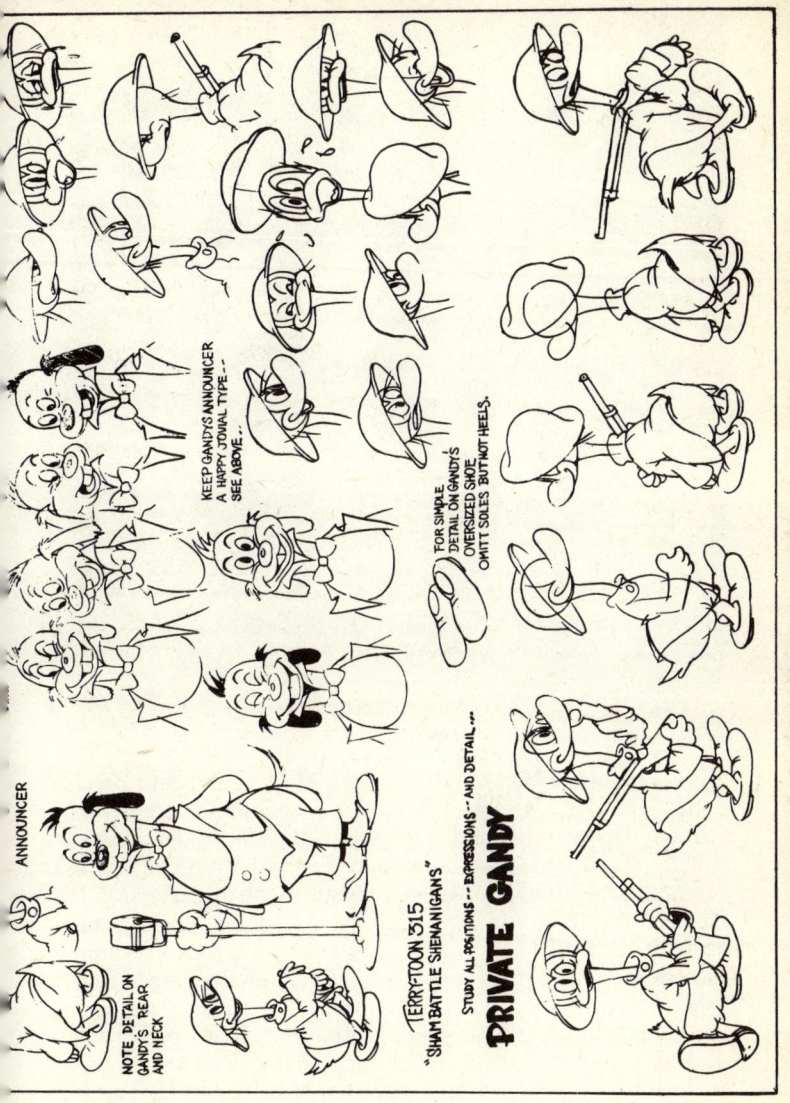

Das Debüt von Super Mouse, die dann später in Mighty Mouse umbenannt wurde: ›The Mouse of Tomorrow‹ (1942).

abenteuer mit Super Mouse auf den Markt gebracht. Terry hatte keinerlei Zweifel, daß er sich einer soliden Idee verschrieben hatte, und die Berichte der 20th Century-Fox unterstützten diese Annahme. Aber nach einem Jahr in den Kinos verwandelte sich Super Mouse, und zwar ganz entscheidend: Der Name wurde von Super Mouse in Mighty Mouse geändert. Lange Jahre hatte man angenommen, daß diese Änderung deshalb vorgenommen worden war, weil diejenigen Personen, die die Rechte an Superman besaßen, gegen diese Veränderung eingetreten waren, aber Bill Weiss behauptete, daß dem nicht so gewesen sei. Während man noch den ersten Zeichentrickfilm vorbereitete, verließ ein Mitarbeiter der Terrytoons das Studio und nahm die Idee mit sich. Er arbeitete für einen kleinen Verleger und entwickelte *seine* Version einer

Super Mouse zu einem neuen Bilderheft mit dem Titel *Coo Coo Comics*. Die erste Ausgabe davon kam im Oktober 1942 auf den Markt, im gleichen Monat also, als *The Mouse of Tomorrow* in die Kinos gelangte.

Zu diesem Zeitpunkt hatte das Studio bereits andere Filmfolgen mit Super Mouse vorbereitet und sah keinerlei Veranlassung, die Serie aufgrund eines konkurrierenden Bilderheftes einzustellen. Aber nach einem Jahr hielt es Paul Terry für aberwitzig, eine Figur mit gleichem Namen zu fördern, die in einem Verlag verlegt wurde, der mit Terry nichts zu tun hatte. Also wurde der Name der Figur in Mighthy Mouse abgeändert. Jahre später, als diese Filme ins Fernsehen gelangten, wurden die Filmvorspanne abgeändert und alles, was an Super Mouse erinnern konnte, aus den Filmen herausgenommen. Das betraf auch die Lieder auf den Tonspulen.

Unglücklicherweise, als Terrys Mannschaft die Idee mit Superman für ihre Zeichentrickfilme entdeckte, enthüllten sie auch Supermans größten Schwachpunkt: Die Maus hatte keinerlei Persönlichkeit. Mighty Mouse besaß keine Gesichtszüge und auch keine charakterlichen Eigenschaften; Mighty Mouse sprach noch nicht einmal – ein Erzähler lieferte die einzige Stimme, die man in diesen Filmen vernehmen konnte. Das Hauptanliegen von Mighty Mouse bestand darin, Mäuse zu retten, die in verzwickte Situationen geraten waren. Der Erfolg von Mighty Mouse beruhte wohl in zunehmendem Maße darauf, daß die Figur immer dann in Erscheinung zu treten pflegte, wenn man schon alle Hoffnung auf Errettung hatte fahren lassen. Das bedeutete natürlich, daß Mighty Mouse in ihrer eigenen Serie immer nur am Höhepunkt, also gegen Ende des Films, in Erscheinung trat! Für kurze Zeit experimentierte Terrys Mannschaft damit, daß aus der Figur »ein mysteriöser Fremder« wurde, der sich zum Superhelden entwickelt, aber diese Experimente trugen keinerlei Früchte. Mighty Mouse hält einen Rekord: Die Figur verbrachte in ihren eigenen Filmen, im Gegensatz zu anderen großen »Stars« der Zeichentrickfilmgeschichte, die wenigste Zeit auf der Leinwand.

Bei den Versuchen, Mighty Mouse vor große Herausforderungen zu stellen, steckte das *story department* die Figur in so berühmte Schreckensgeschehnisse wie *The Johnston Flood, Krakatoa* und *The Wreck of the Hesperus*. Paul Terry sagte den Mißerfolg dieser Filme voraus, denn er nahm an, daß das Publikum die Maus nicht sehen wollte, wie sie gegen die Kräfte der Natur ankämpfte, sondern in solchen Filmen, wo sie sich mit einem Widersacher aus Fleisch und Blut auseinandersetzte. Und er behielt recht.

Terry fühlte auch, daß der schwindende Erfolg von Mighty Mouse zum Teil in der religiösen Aussage zu suchen war.

Die bezeichnendste Änderung innerhalb der Serie mit Mighty Mouse wurde in den ausgehenden vierziger Jahren vorgenommen. Viele Jahre lang hatte das Studio melodramatische Rührstücke in Form von Musicals verulkt, wo die Heldin Fanny Zilch hieß, der Bösewicht Silk Hat Harry (oder Oil Can Harry) und der Held dem Sänger und Schauspieler Nelson Eddy nachempfunden war und Strongheart hieß, wobei die Dialoge operettenmäßig dargeboten wurden. Das Studio verschob die Figur von Mighty Mouse immer mehr in diese schablonenartigen Handlungen und Umstände, wo der Held die Mäuseheldin aus einer oder mehreren fatalen Situationen errettet. Tommy Morrison schrieb die Worte für viele dieser Lieder, Philip Scheib steuerte die Musik zu diesen »Musicals« bei und der Sänger Roy Halee übernahm als Interpret den Part von Mighty Mouse. Diese erfolgreiche Idee findet man in den Filmen *Love's Labor Won*, *Triple Trouble* und *The Perils of Pearl Pureheart*. Danach wurde sie durch Terrys bekannte Wiederholungsvorgänge so lange ausgeschlachtet, bis keine Wiederholung mehr möglich war.

Mittlerweile befand sich das Studio durch den Erfolg einer anderen Serie in Hochstimmung, von der Terry behauptete, es handele sich um die beste, die je seine Hallen verlassen habe: *Heckle and Jeckle*. Wie Morrison sich daran erinnerte, war Terry der Gedanke gekommen, etwas mit Zwillingen zu inszenieren oder zumindest mit Figuren, die sich ähnelten, ja ähnlich sehen sollten. (Tatsächlich hatte er allerdings bereits zu einem früheren Zeitpunkt einen Zeichentrickfilm mit dem Titel *Ickle and Pickle* produziert.) Die Vorstellung nahm Gestalt an, und zwar in einem Film mit dem Titel *The Talking Magpies*, gleich dem ersten Film, den das Studio 1946 veröffentlichte. Aber im Gegensatz zur Mighty Mouse ließen diese Figuren frühzeitig keinen Erfolg ahnen; erst im November 1946 wurde ein zweiter Film veröffentlicht, so daß die Serie sich offiziell etablierte.

Musterzeichnungen für Mighty Mouse, gezeichnet von Connie Rasinski.

Heckle und Jeckle heben sich aus verschiedenen Gründen aus dem Filmangebot Terrys hervor. Zunächst einmal war die Idee, »Zwillinge« zu präsentieren, nicht schlecht – niemand zuvor hatte so etwas probiert. Daß die Wahl auf Elstern fiel, war ungewöhnlich, und Design und Stimmen dieser Figuren gaben ihnen etwas Keckes, etwas Forsches, das andere Charaktere des Studios bislang nicht präsentiert hatten. (Heckle sprach die Sprache New Yorks, Jeckle mit britischer Fistelstimme.) Das Wichtigste an Heckle und Jeckle war allerdings, daß sie den Status von »Stars« mit sich brachten und sich antagonistisch verhielten. Sie waren Terrys Antwort auf die bombastischen, unverfrorenen Cartoon-Stars von Warner Brothers, Walter Lantz und der MGM in den vierziger Jahren. Wo auch immer die Gründe liegen mochten, ihr schelmisches, boshaftes und schadenfrohes Naturell hatte mit den gütigen, liebenswerten Vorgängern wie Puddy the Pup, Gandy Goose und sogar Mighty Mouse nichts mehr gemein.

Heckle und Jeckle haben viele Merkmale mit Bugs Bunny gemein. Nichts scheint sie beeindrucken zu können, und sie überleben riskante Vorfälle mit Feinden, von denen man annehmen müßte, sie hätten die Chance des ungeschorenen Davonkommens nicht. Ihre Unverfrorenheit führte sogar soweit, daß sie ihre Widersacher mit dem Wort »Kumpel« bezeichneten. Das Beste von allem ist jedoch, daß sie sich jederzeit ihrer gezeichneten Existenz bewußt sind. In dem Film *The Lion Hunt* überredet Heckle (oder war es Jeckle – die beiden lassen sich nur schwer auseinanderhalten) seinen Genossen zu einer Safari und mit Auto und Boot transportieren sie sich in den Dschungel. »Ja, ja«, sagte Jeckle (oder vielleicht Heckle?), »in den Zeichentrickfilmen geht alles sehr schnell, nicht wahr?«

Ein vollständiger Zeichentrickfilm, *The Power of Thougth*, basiert auf der Idee gezeichneter Unwirklichkeit. »Wir Cartoon-Figuren können schon ein wunderbares Leben haben«, sagt eine der Elstern, »wenn wir daraus unseren Nutzen ziehen.« Sie zeigt das dem Freund in Form von Verwandlungen aller Art, indem sie nur daran denkt, und verwandelt sich in eine Maus, einen Hund, eine Straßenlaterne und so weiter.

Heckle und Jeckle, die sprechenden Elstern, gezeichnet von Connie Rasinski.

Indem man diese zeichnerische Kraft verwendet, richten Heckle und Jeckle durch die Unzurechnungsfähigkeit eines bulligen Polizisten allerlei Verwüstungen an, bis der Polizist die beiden erwischt und größeres Unheil verhindert, indem er sich auf seinen eigenen Verstand besinnt.

Unglücklicherweise wurden jedoch auch diese erfreulichen Aspekte innerhalb Heckle und Jeckles Persönlichkeit wieder nur nach Schema F eingesetzt und so lange wiederholt und ausgebeutet, indem man die Themen nur selten oder sehr wenig variierte. Der Unterschied ist hier nur darin zu finden, daß die Figuren selbst genügend Zustimmung auf der Leinwand fanden, so daß die ständigen Wiederholungen erträglicher wurden als bei anderen Figuren Paul Terrys. Dayton Allen, der den Elstern lange Zeit die Stimme verlieh, implizierte ihnen vieles eines Groucho Marx oder anderer Persönlichkeiten des Films. In *Sno Fun,* wo Heckle und Jeckle zwei Gebirgspolizisten darstellen, spricht Allen die eine Elster mit einer Stimme, die der Stimme von Humphrey Bogart ähnelt; in *Out Again, In Again* verkleiden die beiden sich augenblicklich als Groucho und Harpo (Marx), um einen sie verfolgenden Polizisten zu täuschen.

Alles in allem fand Terrys Beurteilung ihre Bestätigung. Heckle und Jeckle vollführten ihre Späße in den besten Zeichentrickfilmen, die je sein Studio verließen, und das aus einem ganz simplen Grund: Das Sympathische an den Figuren Heckle und Jeckle überspielte leicht die gestalterischen Unzulänglichkeiten der Filme.

Unglücklicherweise gab es keinerlei solche ausgleichenden Faktoren innerhalb des Studios und in den Filmen der frühen fünfziger Jahre. Durch den großen Erfolg von Mighty Mouse und Heckle und Jeckle stimmte Terry letztlich dem Seriencharakter fest gefügter »Stars« zu und fand solcherlei Verfahrensweisen wertvoller und interessanter, als ständig nur Filme zu produzieren, die ein einmaliges Thema zum Inhalt hatten und Figuren, die nur einmal für einen ganz bestimmten Film herangezogen wurden. Aus diesem Grunde debütierte eine ganze Parade »lustiger Tiere« in seinen Filmen. Einige, wie Dingbat, Nutsy und Half Pint, verschwanden sehr bald wieder von der Leinwand, nachdem sie in einem oder gar zwei Zeichentrickfilmen vorgestellt worden waren. Andere, wie Little

Roquefort, eine Maus mit vorstehenden Zähnen und übergroßen Ohren, den Terry Bears, niederträchtige Zwillinge mit einem jähzornigen Vater und Dinky Duck, ein liebenswerter Winzling mit Eunuchenstimme, etablierten sich innerhalb des Angebotes des Studios. Aber diese neuen Figuren hatten nichts Bestimmtes, das sie aus dem Angebot sonderlich hervorhob oder sie gar unsterblich machte. In ihren besten Filmen waren sie unterhaltend, erfreulich, aber sie hatten die gleiche Gummistempel-Mentalität, unter der auch viele andere Figuren Terrys zu leiden hatten. Die Musik war die gleiche, das Timing war das gleiche, der zeichnerische Stil blieb unverändert.

Möglicherweise ist es das Bemerkenswerteste der Terrytoons der fünfziger Jahre, daß sie sich in ihrer Gestaltung und in ihrem Aussehen nur unmerklich von den Terrytoons der ausgehenden dreißiger Jahre unterschieden. Die meisten Animatoren waren immer noch dieselben – Jim Tyer, Johnny Gentilella, Larry Silverman, Carlo Vinci. Die Figurenanimation und das Design waren so primitiv wie immer, mitunter sogar ungewöhnlich armselig. Nur die Schauplätze und Hintergründe hatten visuell etwas zu vermitteln. (Chef-Background-Künstler Art Bartsch und Anderson Craig fuhren fort, mit Wasserfarben zu arbeiten lange nachdem andere Studios Acrylsäuren und andere Media verwendeten, so daß die Terrytoons über eine ungewöhnliche Vielfalt von Hintergrundbildern verfügten.) Es bestand keine Möglichkeit, einen Zeichentrickfilm an Hand seiner topischen Farben zeitlich einzuordnen, denn die Terrytoons existierten in einem Vakuum. Und sie klangen auch so, wie sie es bereits vor zwanzig Jahren getan hatten, denn Philip Scheibs Musikpartituren hatten sich nicht um einen Deut verändert.

Die erste radikale Abweichung, der sich das Studio nach jahrzehntelanger Arbeit unterwarf, bestand darin, die Cartoons in CinemaScope zu filmen, beginnend im Jahre 1955. Aber ebenso wie bei Ton und Farbe, wartete Terry zu lange, ehe er diesen Schritt unternahm. Die 20th Century-Fox war im Besitz der Originallizenz für das Breitwandverfahren, und sie hätte in den Jahren 1953 und 1954 alle Terrytoons in CinemaScope anfordern und auch verkraften können. Die Kinobesitzer, die auch die Breitwandspielfilme anderer Studios zeigten, hätten ebenso Terrys Breitwandzeichentrickfilme

Ein Kinoposter aus dem Jahre 1950: Dieses Kino zeigt regelmäßig Zeichentrickfilme aus Paul Terry's Terrytoon-Serie und somit auch die Charaktere Oil Can Harry und Pearl Pureheart, Mighty Mouse, Dinky, Sourpuss und Gandy Goose sowie Heckle und Jeckle, the Talking Magpies.

spielen können, denn der Bedarf war vorhanden. Aber zu dem Zeitpunkt, als Terry alle Hebel für das CinemaScope-Verfahren in Bewegung setzte, war die heftige Nachfrage bereits abgeflaut und der Glanz des Neuen, Ungewöhnlichen von Zeichentrickfilmen für die breite Leinwand abgeblättert. Es gab tatsächlich niemanden bei den Terrytoons, der an drastischen Veränderungen ein Interesse gehabt hätte, am allerwenigsten Paul Terry selbst; 20th Century-Fox fuhr damit fort, den jährlichen Ausstoß des Cartoonstudios von sechsundzwanzig Filmen pro Jahr zu verleihen und, mit den Worten eines Beobachters, »... konnte die Filme nicht schnell genug bekommen«. Abgesehen von persönlichen Meinungen über die Terrytoons bestand überhaupt kein Zweifel, daß diese Cartoons zu den erfolgreichsten Zeichentrickkurzfilmen zu zählen waren, die je gemacht worden waren. Die Fox verkaufte sie weltweit und bestand darauf, daß Terry neben seinem jährlichen regulären Ausstoß, stets eine Handvoll weiterer Filme produzierte.

Dann, eines Tages, ohne jegliche Vorwarnung, verkaufte Paul Terry sein Studio, seine Filmrollen, sein Archiv, seine Maschinen und alles, was mit seiner Zeichentrickarbeit zusammenhing, an die CBS. Noch vor dem Verkaufstermin stellte er fest:

»Wir haben niemals das große Geld gemacht. Der große Segen, so weit ich mich erinnern kann, kam erst mit dem Fernse-

Little Roquefort in einer sehr typischen Szene, gezeichnet von Jim Tyer.

hen, als all das alte Zeug wieder von Wert war. Anderweitig hätte man niemals etwas von den Terrytoons gehört. Es war ein Geschäft, bei dem man von der Hand in den Mund lebte. Man konnte davon leben. Sicher, man zahlte seine Rechnungen und hatte genug Geld für ein weiteres Jahr, wie das bei den meisten Geschäftsleuten der Fall ist. Aber wir besaßen ja noch unsere Negative, und dann kam das Fernsehen; die Fernsehleute waren hungrig nach jedwedem Sendematerial. Unsere Filme taten sich im Fernsehen besser, als es jemals in den Kinos der Fall gewesen war.«

Als die Fernsehgesellschaft ihm im Jahre 1955 für all seine Aktivposten 3 500 000 Dollar bot, stimmte er dem Handel schnell zu und zog sich aus dem Geschäft zurück. Terry wurde vierundachtzig Jahre alt und führte bis zu seinem Tode ein bequemes, unbeschwertes Leben.

Sein gutes Glück teilte Terry mit keinem anderen. Veteranen des Studios, die zwanzig oder gar dreißig Jahre dem Studio treu geblieben waren und gehofft hatten, eventuell einmal einen Teil des Studios übereignet zu bekommen, sahen sich enttäuscht.

Die Ironie bestand aber darin, daß Terry viel, viel mehr für sein Unternehmen hätte bekommen können. Bill Weiss, Terrys langjähriger Geschäftsführer, der die Terrytoons als ausführender Produzent für die CBS übernahm, sagte, daß er die Ausgaben der Fernsehgesellschaft bereits nach zwei Jahren wieder eingespielt hatte. Das Archiv allein spielte in den nachfolgenden Jahren mehrere Millionen (Dollar) ein, ebenso wie der Handel mit Terrys Figuren auf Produkten anderer Geschäftszweige. Das war ein Markt, den Terry wohl eigentlich kaum erkannt oder angerührt hatte, ausgenommen natürlich die Lizenzvergaben für seine Charaktere in Bilderheften (die nicht selten von Mitarbeitern aus Terrys Stab gezeichnet worden waren).

Die CBS beschäftigte Terrys Veteranen und alle seine Mitarbeiter auch weiterhin, stets darauf bedacht, daß neue Produkte für die Kinos und andere Märkte gefertigt werden konnten. Aber die Gesellschaft entschied sich dafür, einen künstlerischen Leiter zu engagieren und traf eine ungewöhnliche Wahl in Gene Deitch. Deitch hatte sich im New Yorker Büro der UPA einen Namen gemacht, indem er zum größten Teil für das Werbefernsehen gearbeitet hatte, eingeschlossen die überaus erfolgreiche Kampagne um Bert und Harry Piel. Er hatte so wenig mit den Terrytoons zu tun wie jeder andere lebende Mann. Die CBS lockte ihn mit der Vorstellung, das Studio zu revitalisieren und das Image zu verändern. (Sie hoffte auch, das Ansehen aus der Piel-Kampagne miteingekauft zu haben.)

Deitch stieß 1956 zu den Terrytoons und blieb zwei Jahre. Es bestanden natürlich Vorurteile gegenüber diesem einunddreißigjährigen ›Oberaufseher‹, insbesondere von Seiten der älteren Studiomitglieder, und Deitchs radikale Veränderung innerhalb der Zeichentrickfilmproduktion war kaum dazu angetan, ihm große Freunde unter Terrys treuen Dienern zu gewinnen. Zu manchen Zeiten war die Luft so geladen, daß man es nicht glauben mochte. Hier die Meinung eines neueren Mitarbeiters: »Man konnte nichts weiter tun, als in sein Büro zu gehen und die Tür hinter sich zu schließen.«

Deitch wurde bestens ausgestattet, und zwar mit dem Posten eines künstlerischen Direktors. Er wußte, woran man junge Talente erkennen konnte und stellte eine ganze Menge junger und hoffnungsvoller Personen ein, um Terrys ehemalige Mannschaft zu vergrößern: Ernest Pintoff, Jules Feiffer, Tod Dockstader, Al Kouzel und Eli Bauer. Er ermutigte Designer vom Schlage Kouzels zur Regie und Geschichtenschreiber vom Schlage Feiffers zum Layout.

Pintoff brachte eine Idee mit, die er bei der UPA entwickelt hatte und *Flebus* nannte. Er schrieb seine Filme selbst, entwarf sie und führte auch Regie. (Als ehemaliger Jazzmusiker entwarf er auch die Musikpartituren, doch aus vertraglichen Gründen mußte in den Filmen Philip Scheibs Name erwähnt werden, wenn es um Musik ging.) Der Film ist eine Erwachsenengeschichte über einen glücklichen Mann, dem ein anderer begegnet und ihn nicht mag. Das war zweifelsohne der intellektuellste Film, der jemals innerhalb des Studios entstanden war. Wie viele andere nachfolgende Filme erinnert er an das Format, den visuellen Stil und die in den UPA-Filmen vertretenen Ansichten. *Flebus* eroberte auch in anderer Hinsicht Neuland: Der Film gewann einen ersten Preis innerhalb der Kurzfilmkategorie auf dem Filmfestival von San Francisco.

Unglücklicherweise verließ Pintoff das Studio wieder nach diesem ersten Film, aber die anderen blieben. Deitch entschied sich dafür, die meisten erfolgreichen Terry-Figuren ad acta zu legen und begann von Neuem, so daß sein junges Team solche neue Figuren wie John Doormat, Gaston Le Crayon, Clint Clobber und Silly Sidney entwickelte. Diese größtenteils reizlosen Kreationen ließen eine Sehnsucht nach den glücklichen Tagen von Dinky Duck und Little Roquefort aufkommen.

Deitch hatte weniger Interesse an der Charakterisierung seiner Fuguren als am Design oder der Farbgebung. Wie auch immer, seine Filme bekamen ein befremdliches Aussehen. Plötzlich befanden sich die Terrytoons vom Stil her unter den attraktivsten Zeichentrickfilmen der Leinwand und zogen das Lob und die Beachtung der UPA auf sich, die sich mit ähnlichen Produkten in den frühen fünfziger Jahren einen Namen gemacht hatte. Die Filme der UPA waren allerdings Meilensteine gewesen, die Terrytoons besaßen weder Witz noch Charme.

Clint Clobber (mit vollem Namen DeWitt Clinton Clobber), Oberaufseher des Flamboyant Arms-Apartmentgebäudes, war dazu bestimmt, eine Karikatur von Schauspieler Jakkie Gleason zu sein

FLEBUS

CLINT CLOBBER
SUPERINTENDANT AND SANITARY ENGINE
OF THE FLAMBOYANT ARMS

GASTON LE CRAYON **JOHN DOORMAT**

SICK SICK SIDNEY

Die neuen Stars von Terrytoons: Flebus von Ernest Pintoff, Clint Clobber von Gene Deitch, Gaston Le Crayon, John Doormat und Sick Sick Sidney von Gene Deitch.

Mit seiner Fähigkeit zu zeichnen oder Objekte zu malen, die dann zum Leben erwachten, hatte Gaston Le Crayon, ein geschmeidiges Männchen im Stil eines französischen Malers, ein größeres Potential, um visuelle Vorstellungskraft beeinflussen zu können. Aber weder er noch seine Filme waren originell genug, um den Mangel an Witz überspielen zu können.

Die Figur des John Doormat hätte das Format für eine umfangreiche Serie haben können, aber die frühen Titel wie *Topsy TV* und *Shove Thy Neighbor* waren reine Routineangelegenheiten und erdgebundene Witzcartoons. Später, als Regisseur Al Kouzel und Autor Jules Feiffer ein Team wurden, erhielten die Filme mehr ein Thurbersches Feeling ebenso wie Feiffers *comic strips,* die gerade in New Yorks *Village Voice* zu Ruhm und Ansehen gelangten. Das führte zu einem der besten Kurzfilme des Studios, nämlich *Another Day, Another Doormat.* Dieser gekonnt stilisierte Zeichentrickfilm erinnerte an die besten Zeiten der UPA. In ihm ist John Doormat ein unscheinbarer Ehemann und Pantoffelheld, der es seiner amazonenhaften Ehefrau gestattet, ihn gnadenlos zu tyrannisieren, es aber nicht merkt, daß sie sich danach sehnt, ihn selbstbewußter zu machen. Als Doormat sein Haus verläßt, um in sein Büro zu gehen, verändert sich, wie auch immer, seine Persönlichkeit. Er wird flegelhafter und aggressiver (was an seinen sich vergrößernden Pupillen in den Augen gezeigt wird, die vordem winzig und müde ausgesehen hatten), und während der Arbeit läßt er sich nicht mehr beirren und kehrt vor seinen Untergebenen den Chef heraus. Er ändert auch sein Verhalten dann nicht, als er in R. H. Remnants Laden auftaucht, um ein defektes Rohr auszuwechseln. Sein übelnehmerisches Gehabe und seine Wichtigtuerei ziehen die Aufmerksamkeit einer Käuferin an, nämlich seiner Frau. Sie kann weder ihren Augen noch Ohren trauen, aber als sie zu ihm eilt, begierig, von seiner neugewonnenen Männlichkeit überschwemmt zu werden, schrumpft er wieder in sich zusammen und ist so kleinlaut wie zuvor.

Unglücklicherweise war dieser gekonnte und geistreiche John-Doormat-Film auch gleichzeitig der letzte der Serie.

Die letzte Figur, die unter Deitchs Regentschaft entstanden ist, trug den Namen Sidney und war ein Elefant. Dieser war das einzige »lustige Tier« der gesamten Truppe und wohl auch aus diesen Gründen, die einzige Figur, die Gene Deitchs Zugehörigkeit zu den Terrytoons überlebte. Nichtsdestotrotz trug diese Figur allerdings Deitchs Gütezeichen, denn sie war neurotisch und frustriert. In *Sick, Sick Sidney* saugt der Elefant an seinem Rüssel und erklärt mit weinerlicher Stimme, daß der Dschungel für ihn zu laut und geräuschvoll ist, um in Frieden in ihm leben zu können. Dann stampfen Tierfänger durch den Urwald und stopfen alle Tiere in Käfige – mit Ausnahme von Sidney. Jetzt ist der Dschungel zu leise – »Zu still,« klagt Sidney. »Ich bin so einsam!«

Der zweite Zeichentrickfilm in dieser Serie, *Sidney's Family Tree,* kultivierte die ursprüngliche Geschichte. Der Elefant beklagt sein Waisendasein und läßt sich von zwei jungen Dschungelschimpansen adoptieren. Aber die Figur Sidney bleibt kindisch und neurotisch. Trotzdem repräsentierte der Film einen Durchbruch für das »neue« Studio, und die Terrytoons wurden nach dreizehn Jahren wieder einmal für einen OSCAR nominiert.

Im gleichen Jahr, 1958 also, produzierte das Studio seinen wohl berühmtesten Zeichentrickfilm, *The Juggler of Our Lady.* R.O. Blechman hatte ein Buch geschrieben und illustriert, das eine Geschichte von einem Schwindler aus alter Zeit erzählt, der in ein Kloster gelangt. Gene Deitch half Blechman dabei, seine Geschichte in einen Zeichentrickfilm umzuwandeln. Blechman arbeitete bei diesem Projekt mit Al Kouzel zusammen, das so simple Bilder und Schauplätze beanspruchte, daß die beiden Männer den Film fast ganz alleine gestalteten. Deitch heuerte Boris Karloff an, um als Erzähler für diese Geschichte zu fungieren; dadurch wurde dem Film noch zusätzlich Prestige zuteil.

Seit jenem Kurzfilm wurde Blechmans unvergleichlicher Zeichenstil mehreren Millionen Fernsehzuschauern vertraut, denn er arbeitete auch für das Werbefernsehen (Beispiel: der klassische Alka Seltzer Fernsehspot mit dem »sprechenden Magen«), aber im Jahre 1958 war es eine Überraschung, so etwas wie *The Juggler of Our Lady* auf der Leinwand zu sehen. Durch diesen Film erhielt das Studio neuen Antrieb und erneuten Beifall.

Wenn es irgendwelche Kritik an Deitchs Arbeit anzubringen gilt, dann muß man sagen, daß er zur Schwerfälligkeit tendierte. Seine Figuren waren massig und langweilig, und die Art von Handlungen, die er erzählen ließ, trugen eine Botschaft in sich oder vertauschten Witz mit Frustration und Unglücklichsein. Einige Mitarbeiter fühlten, daß seine Überbetonung des Graphischen seinen Wunsch, das Publikum zu unterhalten, überschattete.

Aber keine dieser Meinungen trifft auf Deitchs erste Arbeit an den Terrytoons zu, die er für das Fernsehen ablieferte, nämlich *Tom Terrific.* Er und seine Kollegen entwickelten für eine Sendung der CBS *(Captain Kangaroo)* eine Billig-Preis-Serie, bei der Ideenreichtum den Stellenwert von Geld überlagerte und Genialität den üblichen Zeichentrickstandard ausschaltete. Diese Serie wurde wöchentlich als fünfteiliges Programm präsentiert, wobei die Sendung immer dann endete, wenn die Spannung gerade ihren Höhepunkt erreicht hatte. Die Fortsetzung brachte dann stets die Auflösung. *Tom Terrific* brachte die wohl besten Zeichentrickfilme, die jemals für das Fernsehen in Szene gesetzt wurden.

Tom Terrific ist ein stets überschäumender junger Bursche mit einem trichterförmigen Hut, er ihn in die Lage versetzt, sich in alles zu verwandeln was ihm gefällt. Dadurch wird Tom zu einer Art Miniheld, der solche Feinde wie Crabby Appleton bekämpft (»verdorben bis in den innersten Winkel seiner Seele«). Dabei hilft ihm ein treuer Kumpan, ein verschlafener Hund namens Mighty Manfred.

Die Tom-Terrific-Geschichten sind entwaffnend simpel. Sie beanspruchen ihr Publikum kaum; anstelle dessen offerieren sie doppelsinnige Effekte, indem sie die einfachen Handlungsabläufe durch Toms emphatische Dialoge und seine Erzählkunst überdramatisieren. Die Drehbücher sind voller cleverer Ideen, wodurch die Kinder durch jedwedes Niveau gefesselt werden, entweder durch die vordergründige Handlung oder den schlau unterlegten Witz des Ganzen. Der lakonische Manfred, bewußt aber übertrieben mit dem Beinamen »der Wunderhund« ausgestattet, trägt perfekt beide Elemente durch die Kurzfilme.

Gleichermaßen bezeichnend ist das visuelle Format der Cartoons: knappe, geraffte Abbildungen für die Figuren mit Hintergründen und Schauplätzen, die spärlich lediglich mit der Andeutung eines Horizontes auskommen oder hin und wieder einem Baum. Manchmal sind die Figuren noch nicht einmal ausgemalt! Sogar die Soundtracks sind mager und knapp gehalten: alle Stimmen werden von einem Mann gesprochen, Lionel Wilson, Musik und gelegentlich Toneffekte werden durch ein einsames Akkordeon beigesteuert. Diese offensichtliche Einfachheit ermöglichte es Deitchs Stab, sich mehr auf die Figurenanimation und deren Ausdrucksfähigkeit zu konzentrieren, zumindest im Hinblick auf die Hauptcha-

Ein Musterblatt von Jim Tyers Tom Terrific und Mighty Manfred (1. Februar 1958).

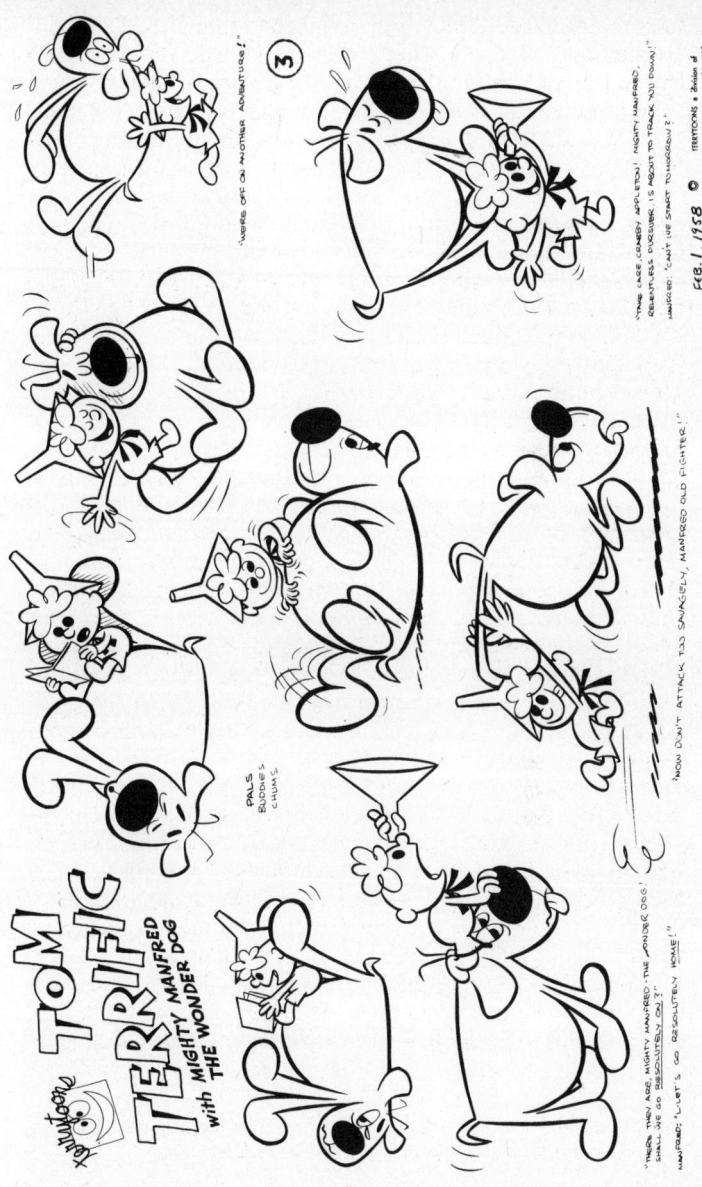

raktere. Außerdem hatten die Autoren mehr Zeit dafür, ein dichtgefügtes Drehbuch zu entwickeln. Hinzu kam, daß Toms Kräfte für die Umwandlungsfähigkeiten aus ihm einen *visuellen* Charakter machten, im Gegensatz zu so vielen statistischen Fernsehcartoons und Zeichentrickfiguren, die folgen sollten.

Für die zweite Saison des *Captain Kangaroo*-Programms setzte Deitch zartgetönte Farbmischungen ein und hin und wieder gelegentlich das Stilmittel der Farbe. Unglücklicherweise hauchte die Serie nach langer Laufzeit bei den CBS-Fernsehsendungen ihr Leben aus, nachdem niemand mehr irgend etwas anschauen wollte, das nicht vollkommen in Farbe produziert worden war.

Jules Feiffer, der für *Tom Terrific* Geschichten entwickelte, war auch der Schöpfer eines neuen Pilotfilmes für eine andere Kinderfernsehserie mit dem Titel *Easy Winners,* aber er spürte auch, daß die Mannschaft sich gegen ihn wendete, wenigstens bei diesem Unterfangen. Als der Programmchef der CBS diese Serie ablehnte und die Ansicht vertrat, sie sei zu »New Yorkerisch«, half Feiffer innerhalb des Studios niemand, das Projekt zu überarbeiten. »Ich wurde dafür bezahlt, eine Sache zu tun, an der niemand ein Interesse hegte,« sagt Feiffer heute, aber jedesmal, wenn er die Arbeit niederlegen wollte, erhöhte man ihm sein Gehalt. Als Feiffers Zeitungscartoons sich von einem gelegentlichen Erscheinen zu einem Umfang steigerten, von dem man leben konnte, verließ er das Studio.

Mitte des Jahres 1958 feuerte Bill Weiss Gene Deitch von seinem Posten und kontrollierte von nun an vollkommen allein das Geschehen bei den Terrytoons. Weiss wußte einiges über Zeichentrick, denn er war ja dreißig Jahre lang dem Studio treu geblieben, aber er wußte mehr über die Schwierigkeiten, denen sich ein Studio im reinen Geschäftsablauf aussetzen mußte. Er hatte Deitchs Cartoons nie gemocht und wußte, daß viele andere Mitarbeiter und Außenstehende ebenso wie er dachten. Seine erste Entscheidung traf also infolgedes-

Ein seltenes Musterblatt von Jules Feiffer für ›Easy Winners‹ für das Fernsehen als Pilotfilm gezeichnet, der aber nie eingesetzt wurde.

sen zunächst nur Deitchs Kreationen und Figuren, die daraufhin in den Archiven verschwanden. Weiss kramte einige ältere Figuren des Studios, wie Heckle und Jeckle und Mighty Mouse, erneut aus den Archiven hervor. Er erneuerte seine Verbindung mit der Technicolor-Company und begann damit, seine Filme in Farben von DeLuxe herzustellen und zu veröffentlichen. Dieses Verfahren war billiger als viele andere und senkte natürlich erheblich die Kosten für einen Zeichentrickfilm. Weiss unternahm auch andere Schritte, die Ausgaben des Studios zu senken, man sieht das allerdings auch den Zeichentrickfilmen an. Niemand lobte jemals die fließenden Animationstechniken von Paul Terrys *Heckle and Jeckle*-Serie, aber die Kurzfilme der vierziger und frühen fünfziger Jahre sehen geradezu brillant aus, wenn man sie mit den armseligen Folgen aus den sechziger Jahren vergleicht. Heckle und Jeckle waren immer noch gute Figuren, und die Handlungsabläufe des Films *Thousand Smile Checkup* hätten den Figuren gut getan, wenn nicht die primitive Animation jeden Gag zerstört hätte. Sogar Philip Scheibs Musik, die jetzt von so etwas wie einer Drei-Mann-Band intoniert wurde, waren die Sparmaßnahmen anzuhören. (Scheib trat zu jener Zeit in den Ruhestand und wurde von einem Manne namens Jim Timmens ersetzt.)

Weiss war ängstlich bemüht, der bestehenden Aufstellung von Figuren für die Terrytoons neue hinzuzufügen, wobei er das Fernsehen ebenso im Auge hatte wie die Filmproduktion für die Kinos. Die Zeichentrickfilme, die in den nächsten Jahren innerhalb seines Studios hergestellt wurden, waren für das Fernsehen ebenso vorgesehen wie für die Lichtspielhäuser. Deshalb sehen für die Kinos produzierte Zeichentrickfilme jener Periode auch so aus, als wären sie mit verringerten Kosten für das Fernsehen hergestellt worden.

Hector Heathcoate, die Figur aus der Ära des Kolonialismus, wurde vom Autor Eli Bauer für einen Leinwandzeichentrickfilm mit dem Titel *The Minute and a Half Man* kreiert, und zwar im Jahre 1959, im gleichen Jahre, als ein Veteran des Studios, Bob Kuwahara, eine japanische Maus mit dem Namen Hashimoto entwarf. Deren Debütfilm trug den Titel *Hashimoto San*. Andere Kinocartoons entstanden mit diesen beiden Figuren, aber als die NBC ein halbstündiges Paket von Filmen für die *Hector Heathcoate Show* (1963) erstand, wurden in aller Eile neue Zeichentrickfilme mit den Figuren Heathcoate und Hashimoto produziert, um das Programm ausfüllen zu können. Einige dieser Filme gelangten auch in die Kinos, allerdings erst Jahre später (Beispiel: *Belabour Thy Neighbor,* 1963 für das Fernsehen gedreht und 1970 zum ersten Mal in den Kinos gezeigt).

In einer Umdrehung dieser Situation, nachdem *The Deputy Dawg Show* 1960 Premiere hatte, erhielt Bill Weiss von Managern der 20th Century-Fox die Anfrage, diese für das Fernsehen produzierten Filme in die Kinos bringen zu können. Wie gewöhnlich erhielten die Filme ihre größte Ausstrahlung durch geschickt unterlegte Stimmen, in diesem Falle durch den Sprecher Dayton Allen.

Deputy Dawg war dafür verantwortlich, daß das Studio zum ersten Mal mit den Unbilden einer Fernsehproduktion in Berührung kam. Das konnte man durchaus mit den Lieferschwierigkeiten eines Paul Terry von einst vergleichen, nachdem 104 Episoden in den nächsten Jahren in aller Eile herausgebracht wurden. Larz Bourne, der Storyerfinder, der die Serie gestaltete, schrieb wohl für praktisch jede Episode das Script, aber das Tempo war einfach zu groß für ihn. Es war fast unmöglich, daß ein Mann allein die Handlungen in so kurzen Zeiträumen für alle Folgen einer Serie zu schreiben hatte. Konsequenterweise brachte diese Show für die Terrytoons einschneidende Veränderungen mit sich. Zum ersten Male heuerte das Studio freischaffende Regisseure, Animatoren und Autoren an oder ließ sich von ihnen vertraglich Produktionen liefern. Es ist durchaus ironisch, wenn man bedenkt, daß zwei dieser regieführenden Animatoren, die auf dieser Basis tätig waren (für *Deputy Dawg* und *Hector Heathcoate),* Bill Tytla und George Gordon hießen, Paul Terrys Aushängeschilder in den vorangegangenen Jahren. Die Geschichten für diese TV-Serie erwarb man von Jack Mercer, Cal Howard, Chris Jenkyns und den ehemaligen Disneyleuten T. Hee, Dick Kinney und Al Bertino.

Die Produktion für das Fernsehen gab auch einem jungen Mitarbeiter des Studios, Ralph Bakshi, Auftrieb, der im November 1956 zu den Terrytoons gestoßen war. Damals war er achtzehn Jahre alt gewesen und hatte als Ausmaler angefangen. Als das Studio im Jahre 1959 knapp an Animatoren war, war Bakshi in die Position eines Volontärs übernommen worden und hatte als selbständiger Animator gearbeitet, obwohl er in einer solchen Position keine praktische Erfahrung besessen hatte. Bis zum Jahre 1963 hatte er sich die entsprechenden Fähigkeiten angeeignet, so daß er sogar als Regisseur verschiedene Episoden von *Deputy Dawg (Diamonds in the Rough, Show Biz Whiz* und *Save Old Piney)* inszenierte.

Das Regieführen war zu jener Zeit eigentlich gar nicht so sehr eine richtige Tätigkeit. Das wichtigste Rädchen in der Maschinerie der Terrytoons war immer noch das *story department,* und obwohl schon mehrere Änderungen innerhalb der Abläufe des Studios gemacht worden waren (Vorsynchronisieren eines Zeichentrickfilms war dort immer noch an der Tagesordnung), hatte der genannte Regisseur mit der Entwicklung eines Filmes innerhalb des *story departments* nur recht wenig zu tun. Tommy Morrison, der in den Filmen als *story supervisor* genannt wurde, hatte da wesentlich mehr Einfluß auf die handlungsmäßigen Abläufe bei einem Film.

Diese Periode sah auch die schrittweise Auflösung des *story departments,* zumindest in der Form, in der es viele Jahre bestanden hatte. Eli Bauer, der unter dem Regime von Gene Deitch dort begann, berichtete:

»Es war wohl weniger eine *Abteilung,* die sich mit dem Ausarbeiten von Handlungen befaßte, denn drei Männer gingen da ihre eigenen Wege. Wir kamen zusammen, wir sprachen miteinander, wir warfen einige Gags in den Hut, wir waren eigentlich so etwas wie Witzerfinder, Gagautoren.«

Die Erfordernisse, denen durch das Produzieren für das Fernsehen Rechnung getragen werden mußte, verbunden mit dem Weggang eines starken und kreativen Regisseurs wie Deitch, brachten einige unvorhergesehene Änderungen mit sich. »Anfangs gab es ein starkes aufeinander Einwirken zwischen uns und dem jeweiligen Regisseur«, sagte Bauer, »aber ich glaube, das spielte sich später ein.« Es konnte sogar passieren, daß der sogenannte Regisseur eine Geschichte erst dann zu Gesicht bekam, wenn sie fertiggestellt worden war, obwohl vorher Regisseur und Autoren sich bei verschiedenen Aussprachen über Handlung und Aufbau eines Filmes zusammengesetzt hatten. Außerdem hatte das Studio immer noch die Angewohnheit, die Tonaufnahmen in gewisser Weise vorzubereiten. Das bedeutete also für den Regisseur, daß er gezwungen war, präzise den Tonaufnahmen zu folgen. Er hatte

Es sieht aus, als wenn Mighty Mouse gut gespeist hätte (1960).

über das Timing für seine Filme keinerlei Kontrolle und seine Funktion reduzierte sich auf die eines Layouters oder Animations-Überwachers.

Das Studio fuhr damit fort, für seine Kinofilmproduktion neue Figuren zu entwerfen, jetzt aber wurde jeder Film als ein Art Pilotfilm bezeichnet, der möglicherweise im Fernsehen eingesetzt werden konnte. Der Film *Astronaut,* dessen handelnde Figur ein außerirdischer Kobold war, der zum ersten Mal in einer Deputy-Dawg-Episode in Erscheinung getreten war, gelangte zunächst in die Kinos, dann aber in ein halbstündiges Fernsehprogramm, das 1965 denselben Titel trug. Dieses Programm wurde mit Zeichentrickfilmen angereichert, bei denen *Luno the Flying Horse* im Mittelpunkt stand (die wohl uninteressanteste Kinderfigur der jüngsten Zeichentrickfilmgeschichte); hinzu kamen noch andere bereits bekannte Figuren. Später entwickelte das Studio eine andere Figur aus der *Deputy-Dawg*-Serie weiter, die *Possible Possum* genannt wurde. Diese Cartoons entstanden unter den Animatoren/Regisseuren (und Veteranen) wie Connie Rasinski, Art Bartsch, Bob Kuwahara, Cosmo Anzilotti und einem relativ neuen Mann bei den Terrytoons, Dave Tendlar.

Die erste Person, die wieder ein wenig Bewegung in das

Deputy Dawg und sein ihm ähnlich sehender Neffe in einer Episode aus der erfolgreichen Fernsehserie.

Studio brachte, war Ralph Bakshi. Er besaß Talent und Ambitionen bei allen möglichen Abteilungen innerhalb des Zeichentricks. Und letztlich bekam er sogar die Möglichkeit, bei seinem ersten für die Leinwand produzierten Zeichentrickfilm, *Gadmouse the Apprentice Good Fairy,* Regie zu führen. Das war 1964. Der Star des Films war Sad Cat, vielleicht sogar die trübseligste Schöpfung bei den Terrytoons. Aber Bakshi gab damit sein Regiedebüt. Eli Bauer schrieb zusammen mit Al Kouzel die Handlung zu diesem Film, und er erinnerte sich daran, daß das fertige Produkt ein einziges Wirrwarr gewesen war. »Wir sagten ›Na, so was, Ralph, das schaut ganz gut aus, aber die Gags sind fort, denn es geschieht so furchtbar viel‹. Solche Sachen klappten bei *Fritz the Cat* und das klappte auch bei einigen anderen Filmen, aber bei einer Geschichte, wie sie Ralph vor sich hatte, klappte das nicht.«

Bakshi behauptete, daß er somit sein Lehrgeld bezahlte, und er wollte eine Chance bekommen, *seine* Cartoons zu machen, so, wie er sie sich vorstellte. Er begann damit, die bereits »fertigen« Soundtracks umzuschneiden, die ihm Morrison übergeben hatte und experimentierte in anderer Richtung damit herum. Nach Sad Cat wandte sich Bakshi einer aktuelleren Sache zu, nämlich der *James-Hound*-Serie. Wo auch immer die Fehler für diese Serie liegen mochten, sie hatte jedenfalls mehr Kraft und Ausstrahlung, als alle anderen Produkte des Studios aus jüngster Zeit, und es besteht keinerlei Zweifel darüber, aus welcher Ecke die Kraft kam. Die Leute der CBS bemerkten das und übertrugen Bakshi die Funktion eines künstlerischen Oberregisseurs über die Terrytoons. Das war 1966. Fred Silverman, der zu jener Zeit dem Kinderprogramm für das Fernsehen vorstand, sah in Bakshi das Potential für viele neue und interessante Ideen.

Die eine Serie, die unter Bakshis Oberaufsicht entstand, trug den Titel *The Mighty Heroes*. Sie ist geradezu symptomatisch für die Verrücktheiten von Superhelden innerhalb des Zeichentrickfilms, die auf der anderen Seite auch wieder gehörig auf die Schippe genommen wurden. Die handelnden Figuren sind fünf Kämpfer für Recht und Gesetz und heißen Diaper Man, Tornado Man, Rope Man, Strong Man und Cukkoo Man. Sie wiederum haben sich zusammengetan, um so für sich selbst sprechende Typen und Schurken wie the Stretcher, the Shrinker und the Enlarger zu bekämpfen. Obwohl die *Mighty Heroes* unter den Schwierigkeiten eines kleinen Budgets leiden mußten, verstand es Bakshi trotzdem, diesen Filmen Leben und Würze einzuhauchen. Das Figurendesign ist ungewöhnlich gut und Bakshis Posen sind lebendig und ausdrucksvoll (das springt denjenigen sofort ins Auge, die seine späteren Filme sehen konnten).

Nachdem sechsundzwanzig Episoden dieser Serie fertiggestellt worden waren, verließ Bakshi die Terrytoons, um in New York Direktor des Paramount-Cartoon-Studios zu werden. Dadurch blieb Weiss nur noch ein Skelett von Studioveteranen, die zahlenmäßig immer weniger wurden. Connie Rasinski und Bob Kuwahara waren gestorben, und Mannie Davis hatte das Studio verlassen. Art Bartsch blieb da, obwohl er krank war. Weiss bezeichnete ihn als den talentiertesten Mann, den er je gehabt hatte und konnte es nicht über das Herz bringen, ihn zu entlassen. »Er war ungewöhnlich, unwirklich, eigentlich ein Phantast,« sagte der Produzent. »Er konnte mit beiden Händen gleichermaßen gut zeichnen. Er befaßte sich mit dem *storyboard,* und man konnte jede Zeichnung, die er dort aufgehangen hatte, anschließend als Layout verwenden.« Nach Bakshis Fortgang beauftragte Weiss Bartsch damit, weitere Zeichentrickfilme mit Sad Cat für die Leinwand zu fertigen. Dann aber starb Bartsch.

Tommy Morrison blieb bei Weiss in New Rochelle und half mit, neue Fernsehserien zu planen. Von neuen Animatoren und neuen Zeichnern, die für das Studio auf freiberuflicher Basis arbeiteten, wurden allerlei Vorschläge für neue Filme gemacht, aber keine der neuen Ideen wurde in irgendeinem Film verarbeitet. (Ein Vorschlag, die Figur des Charlie Chan für den Zeichentrickfilm zu adaptieren, wurde zwar angehört, nicht aber realisiert. Später beschäftigten sich Hanna-Barbera für das Fernsehen damit.) Es gab zu jener Zeit überhaupt keinerlei ernsthafte Überlegungen, neue Zeichentrickfilme für die Kinos zu produzieren; eine Ausnahme wurde nur dann gemacht, als die 20th Century-Fox für das Fernsehen gemachte Terrytoons (Produkte aus den sechziger Jahren) auf einer monatlichen Basis in die Lichtspielhäuser brachte.

Letztlich wurde es fast unmöglich, ein fast leeres gewaltiges Studio in New Rochelle weiterzuführen, so daß die Aktivitäten immer geringer wurden. Aber so ganz stellte das Studio seine Arbeit nicht ein, obwohl sich seine Tore bereits geschlossen hatten. Bill Weiss arbeitet immer noch für Viacom, jene Firma, die den filmischen Nachlaß von CBS Films der sechziger Jahre übernahm, und die Terrytoons sind immer noch ein wesentlicher Bestandteil dieses gewaltigen Fernsehfilmverleihers. Schwarz-weiß-Cartoons sind heutzutage eigentlich völlig wertlos, aber die eintausend farbigen Zeichentrickfilme der Firma, die in den Jahren von 1938 bis 1968 produziert worden sind, sieht man hin und wieder immer noch im Fernsehen und anderenorts. Sie sind Bestandteile des Verleihs. Solche Figuren wie Mighty Mouse, Heckle and Jeckle und Deputy Dawg bringen immer noch große Lizenzgebühren ein, denn man sieht sie auf allen möglichen Gegenständen, an-

Diese Zeichnungen sind charakteristisch für Ralph Bakshi: The Mighty Heroes (Die großen Helden), das sind Strongman, Ropeman, Cuckooman, Tornadoman und Diaperman. Die untere Figur ist der Junker (der Altwarenhändler) mit seinem Roboter. Der Trödler soll einen finsteren Gesichtsausdruck haben, und sein Bart soll sich bewegen, wenn er spricht. So die handschriftlichen Erklärungen von Ralph Bakshi.

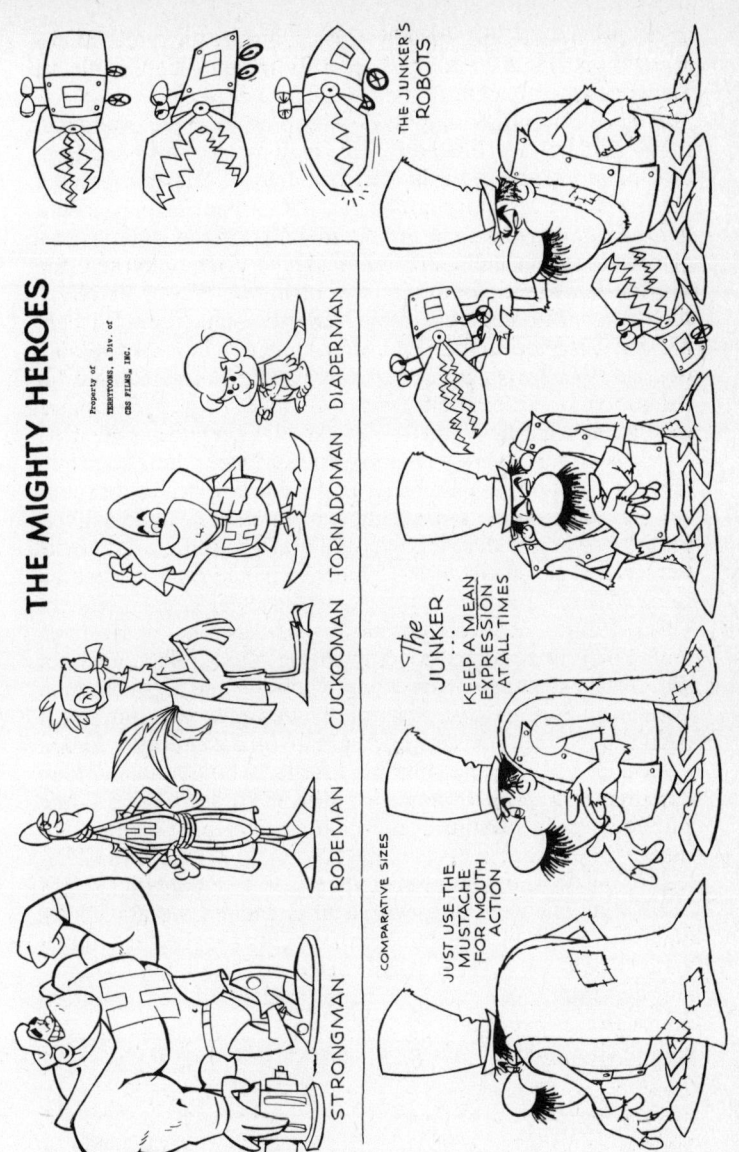

gefangen vom T-Shirt bis hin zum Trinkglas, und viele Terrytoons werden heute noch in 8-mm- und 16-mm-Kopien für die Heimkinos vermarktet.*

Am Überraschendsten ist es allerdings, daß die 20th Century-Fox damit fortfuhr, pro Jahr zwölf Terrytoons für den internationalen Markt zu veröffentlichen, wodurch immer noch ein substantielles Einkommen durch Kinos um die ganze Welt hereingespielt wird, die immer noch Zeichentrickfilme zeigen, so wie es in den USA der Fall ist. Die Cartoons verkaufen sich immer dann besonders gut, wenn Spielfilme der 20th Century-Fox auf breiter Basis gebucht werden. Das bedeutet also, daß die Terrytoons noch einmal zu spätem Kinoruhm gelangten, als 1977 der Spielfilm *Star Wars* in die Kinos gelangte.

Die Ironie dieses andauernden Erfolges liegt in der unausweichlichen Tatsache begründet, daß die Terrytoons nie über einen gewissen Standard hinausgerieten. Aber die Zeit arbeitete für sie: Die Zeichentrickfilmproduktion des Fernsehens der sechziger Jahre sank erheblich unter den Standard von Terrys Produkten der vierziger und fünfziger Jahre, so daß die Terrytoons gleich ein anderes Aussehen bekamen, wenn man sie mit den Fernsehprodukten der sechziger Jahre verglich. Terrys Filme, die nichts gewalttätiges an sich haben und ausschließlich für Kinder gemacht worden sind (und das zu einer Zeit, wo Cartoons in den Kinos Kindern und Erwachsenen gleichermaßen vorgeführt wurden), bewegen sich nun exakt nach den Regeln, die das Fernsehen von Zeichentrickfilmen verlangt. Was nun die ständige Wiederholung anbelangt, so scheinen Kinder Schablonen zu mögen, so daß Terrys Filme zum idealen Fernsehfutter für die jüngsten Knirpse geworden sind.

Bill Weiss trat wohlweislich in Terrys Fußstapfen. Er half dabei mit, ein Zeichentrickarsenal entstehen zu lassen, das noch viele zukünftige Jahre mit reichlicher Beute winken kann. Ebenso wie Terry selbst, machte er sich über Ambitionen keinerlei Gedanken. Er bewegte sich auf der Tradition seines Bosses, verkaufbare Produkte auf den Markt zu bringen, auch wenn sie einfach und anspruchslos waren.

---

* Mighty Mouse und Heckle and Jeckle erlebten noch einmal in einer völlig neuen Fernsehserie eine Wiedergeburt. Diese neue Serie wurde unter Lizenz von Viacom von Filmation in Hollywood hergestellt und gestaltet, wodurch die immer noch bestehende Popularität dieser Figuren wieder einmal ihre Bestätigung findet.

5. Walter Lantz

Das Lexikon definiert das Wort »Pionier« so: »Eine jener Personen, die als erste oder zum frühstmöglichen Zeitpunkt auf irgendeinem Gebiet der Forschung, bei einem Unternehmen oder einer Entwicklung tätig sind.« Was diese Definition anbelangte, so war Walter Lantz kein Pionier.

Aber hinter einem jeden Pionier folgt eine »zweite Welle«, die die Entdeckungen eines Pioniers richtig einzuschätzen weiß und es versteht, damit umzugehen. Walter Lantz gehört zu dieser Gruppe. Man könnte ihn auch als einen Überlebenden bezeichnen; jeder, der einem Zeichentrickstudio fünfundvierzig Jahre lang vorsteht und eine Dauerleistung vollbringt, wobei er viele seiner Mitbewerber überlebt, hat diese Bezeichnung verdient.

Lantz überlebte aus verschiedenen Gründen. Als ambitiöser junger Mann wußte er, wie man in den frühen Tagen des Zeichentricks mit diesem neuen Medium umgehen mußte, während sich andere falsch organisierten oder sich mehr als eine Art Geschäftsmann sahen. Als er der Chef seines eigenen Studios geworden war, überließ er die Administration ande-

Woody Woodpecker

ren Mitarbeitern, aber in einem wichtigen Bereich blieb er gewandt und aktiv: Personalbeschaffung. Das Studio von Walter Lantz war nie dafür bekannt geworden, große Talente hervorzubringen, obwohl dort einige prominente Animatoren begonnen hatten. Das Studio wurde besser dafür bekannt, daß Menschen bei Lantz eintraten, nachdem sie wo anders Spitzenleistungen vollbracht hatten. Lantz plünderte niemals irgendein anderes rivalisierendes Studio. Er hatte das auch nicht nötig. Mit seinen Worten:

»Leute arbeiteten für mich, die keine Lust mehr hatten, für Disney zu arbeiten.« Über die Jahre beschäftigte er so bekannte Persönlichkeiten wie Tex Avery, Grim Natwick, Hugh Harman, Shamus Culhane, Dick Lundy und Jack Hannah. Jede dieser Personen brachte in das Studio seine Erfahrung mit ein und seine besonderen Fähigkeiten, so daß der Wert des Studios stets um einige Grade stieg.

Lantz war zu keiner Zeit ein Neuerer. Er eroberte kein Neuland. Aber er war auch kein Unterdrücker, trotzdem wollte er sehen, daß aus seinen Zeichentrickfilmen das Bestmöglichste gemacht wurde, allerdings innerhalb der Gesetzmäßigkeiten eines bestimmten Budgets. Er stellte gute Leute ein, wann und wo auch immer er ihrer habhaft werden konnte, um seine Ziele verwirklichen zu können. Wenn sie seine Zielvorstellungen erreichten, war er erfreut, war es nicht der Fall, übte er Druck aus, unerschrocken.

Walter Lantz lernte schon sehr früh in seinem Leben das *Überleben*. Am 27. April des Jahres 1900 in New Rochelle, New York, zur Welt gekommen, mußte er schon sehr früh als junger Mann ernsthafte Verantwortungen übernehmen. Seine Mutter starb bei der Geburt eines jüngeren Bruders (Michael), und, abgesehen davon, daß Walter den jüngeren Bruder miternähren und aufziehen mußte, arbeitete er in einem Kolonialwarengeschäft, das sein invalider Vater führte.

Als er fünfzehn Jahre alt geworden war, begann er als Laufbursche in der künstlerischen Abteilung von William Randolph Hearsts *New York American* zu arbeiten. Er wohnte in Manhattan in einem Gebäude des YMCA (Christlicher Verein Junger Männer), besuchte Abendkurse in der Art Students League und schrieb sich bei verschiedenen künstlerischen Fernkursen ein. Shamus Culhane, der mit Michael Lantz befreundet war, sagte:

»Walter war ein sehr guter Künstler. Er gewann eine ganze Reihe von Medaillen in der Art Students League und wurde als ein sehr vielversprechender Schüler bezeichnet. Aber er verschrieb sich dem Zeichentrick.« (Bruder Michael wurde ein weltberühmter Bildhauer).

Walters Hingabe und seine Ambitionen entgingen nicht dem Herausgeber des *New York American*, dem berühmten Morrill Goddard, der Walter im Jahre 1916 für eine Tätigkeit im neuen Hearstschen Animationsstudio vorschlug und damit wohl recht behielt, daß der junge Mann dort wesentlich mehr Möglichkeiten zur Weiterbildung hatte, als bei den Zeitungsleuten. Lantz begann innerhalb des Studios, als Kameramann zu arbeiten, auch für Hearsts International Studio und innerhalb von nur zwei Jahren, im Alter von achtzehn, war er ein vollausgebildeter Animator.

Gregory LaCava war der Produktionschef des Studios, und Lantz arbeitete Seite an Seite mit solch unentwegten Personen wie George Stallings, Jack King, George Rufle, I. Klein, Grim Natwick, Burt Gillett, Ben Sharpsteen und Bill Nolan. Einige dieser Personen arbeiteten später für Lantz, und Nolan wurde sogar sein Partner. Das Studio produzierte Zeichentrickfilme und bezog sich dabei auf Figuren, an denen Hearst innerhalb seines Zeitungsimperiums Rechte besaß (Krazy Kat, Happy Hooligan, The Katzenjammer Kids und andere).

Lantz lernte die Animationstechniken kennen, indem er den anderen über die Schultern sah. Danach unterzog er sich verschiedener eigener Experimente. Er tat sich recht gut und vielversprechend, als das Studio sich verschiedener Umwälzungen unterziehen mußte. Walter Lantz erinnerte sich:

»Der Erste Weltkrieg brach über uns herein, und die meisten jungen Burschen mußten zum Wehrdienst. Ich war noch zu jung, um eingezogen zu werden, so blieb ich also für ein weiteres Jahr bei Hearst und zeichnete eine Serie mit dem Titel *Jerry On the Job*.«

Als Hearst 1918 sein Studio schloß, arbeitete Lantz ein Jahr lang an der *Mutt and Jeff*-Serie bei Barré/Bowers, danach unterzeichnete er einen Arbeitsvertrag bei John R. Bray.

Die erste Aufgabe bei Bray bestand für Walter Lantz darin, Brays Serie *Colonel Heeza Liar* zu gestalten. Das tat er dann dort mehrere Jahre lang. Bray war ungewöhnlich begeistert von der Arbeit seines neuen Mitarbeiters, und als sein General Manager George Stallings krank wurde, erhielt Lantz die Stelle des Studioleiters. Lantz war nun für alle Filme verantwortlich, die Brays Studio verließen, außerdem beschäftigte er sich auch noch mit seiner eigenen Serie.

Die erste Figur, die Lantz entwarf und gestaltete, hieß Dinky Doodle, ein kleiner Junge mit einem Hundefreund namens Weakheart. Da ihm das Format von Fleischers *Out of the Inkwell*-Serie bekannt war, trat Lantz auch selbst in den *Dinky-Doodle*-Filmen auf und verband Realfilm mit Zeichentrickfilm. Während Fleischer in seiner Serie höchst persönlich in Erscheinung trat und die Figuren ein Produkt seines Zeichenstiftes und seines Zeichenbrettes waren, hatten die *Dinky-Doodle*-Filme nicht ein solches Hintergrundformat, und die Rolle von Walter Lantz war eigentlich gar nicht sonderlich klar. Er war lediglich ein menschlicher Freund seiner Cartoon-Charaktere.

»Wir gingen an den Strand, wir gingen in den Wald, wir gingen überall hin. Wir beschränkten uns eigentlich nicht so sehr auf das Studio«, sagte Lantz über seine erste Zeichentrickfilmserie. Hierdurch ergab sich ein wesentlicher Unterschied zu den Filmen von Max Fleischer. Aber das größte Unterscheidungsmerkmal vollzog sich in technischer Hinsicht.

»Zunächst fotografierte man mich mit meinen Figuren, während wir pantomimisch etwas taten. Dann nahmen wir die Negative meiner Bewegungen her und machten davon eine ganze Reihe von 8x10 Abzügen. Wir nannten diese Abzüge Bromide, und wir stanzten diese Fotografien ebenso wie wir es mit den Zeichnungen taten (mit Nagelstiften). Dann fügten wir unser Papier über die Fotos und pausten jede Bewegung ab, die ich gemacht hatte, damit meine realen Bewegungen dann gezeichnet vorlagen. Dann wurde alles auf Zelluloid übertragen und ausgemalt, so daß wir dann jeden Zelluloidstreifen mit jedem fotografierten Bild mit der Kamera erfassen konnten. So entstand ein komplexes Bild, das aus Zelluloid und Foto bestand.«

Mit anderen Worten: Jedes einzelne Bild des Bewegungsablaufes von Lantz wurde in ein Schwarz-Weiß-Foto umgewandelt und dann zweifach belichtet. Dadurch entstanden Tausende von Fotografien für jede neue Filmproduktion. Der Leiter von Brays Dunkelkammer hieß Anton Bruehl, der später ein berühmter Fotograf wurde.

Animator und Schauspieler Walter Lantz mit seinen Charakteren Weakheart und Dinky Doodle, zirka 1924.

Diese Methode, so gewissenhaft sie auch ausgeführt werden mußte, bot den Chefanimatoren Clyde Geronimi und David Hand (die beide in den dreißiger Jahren für Disney arbeiteten) und Lantz eine ungewöhnliche Flexibilität. Obwohl die Cartoons selbst eher etwas prosaisch aussahen, so war doch die Masche hervorragend. Als ein Tier in *Little Red Riding Hood* Lantz in den Finger beißt, dreht er sich vor Schmerzen im Kreis; eine solche Wirkung erzielte man dadurch, daß man Lantz ganz allein in Ausschnitten vor einem fotografierten Hintergrund ablichtete.

Nach dem Erfolg von *Dinky Doodles* entwickelte Lantz zwei andere Serien für Bray: *Hot Dog,* die Pete the Pup in Realfilm und Animationsfilm zeigte und *Unnatural History,* die sich mehr nach den Regeln von *Aesop's Fables* bewegte.

Im Jahre 1927 schloß John R. Bray sein Zeichentrickfilmstudio. Lantz entschied sich, nach Kalifornien zu gehen, wo er einen Job als Gagschreiber für Mack Sennetts Studio erhielt.

Er wurde sehr schnell, in seinen Worten, zum »hellhaarigen Liebling«, denn er erfand Gags auf der Basis von Animationstricks. Um eine Explosion in einem Film mit Ben Turpin bewerkstelligen zu können, entwickelte Lantz gezeichnete Ausschnitte, wie Ben Turpin durch die Luft flog. Und das gefiel Sennett.

Lantz wußte, daß er eine Menge während seines kurzen Aufenthaltes bei Mack Sennetts Slapstick-Studio lernen konnte. »Als ich noch bei Bray arbeitete, da gestalteten wir alles recht nett und niedlich ... Geschichten von Vögeln und Bienen«, sagte er, aber die Erfahrung, die er bei Sennett machte, veränderte seine Ansichten im Hinblick auf Komödiantisches. Sennett, so sagte Lantz, war »so eine Art von Bursche ... sehr rauhbeinig, aber ein wunderbarer Mensch. Er wußte ganz genau, wie man derbe Komödien gestalten mußte. Wenn er beispielsweise ein Faß voller Dynamit hatte, dann schrieb er auch auf dieses Faß das Wort ›Dynamit‹ drauf.«

Nach seiner Zeit bei Sennett arbeitete Lantz kurze Zeit für Hal Roach, dann machte er einen kurzen Abstecher zu der Universal-Serie *Andy Gump*. Wieder einmal steuerte er zu den Filmen gezeichnete Gags bei, und während seiner Arbeit an dieser Serie lernte er auch den legendären Gründer der Universal, Carl Laemmle, persönlich kennen. Der junge Lantz beeindruckte den väterlichen Studioboss so sehr, daß dieser ihn darum bat, ein Zeichentrickstudio auf dem Gelände der Universal ins Leben zu rufen. Lantz unterbreitete dem Alten, was er dazu benötigte, und Laemmle sagte ja.

Die Universal hatte die Verleihrechte an einer Zeichentrickfilmserie erworben, die den Titel *Oswald, the Lucky Rabbit* trug, und mehrere Jahre lang von Charles Mintz und seinem Studio produziert worden war. Aber Mintz war lediglich ein Mittelsmann. Die Cartoons wurden eigentlich von Walt Disney entworfen, der sie an Mintz weitergab. Als Disney versuchte, mehr Geld für seine Bemühungen zu erlangen, entzog Mintz ihm die Arbeitsunterlage, indem er Disney berichtete, daß die Universal die Rechte an der Serie in Händen hielt und jemanden einstellen würde, der die Filme gestalten wollte, ohne mehr Geld dafür zu verlangen. An diesem Punkt gründete der Schwiegersohn von Charles Mintz, George Winkler, sein eigenes kleines Studio, zu dem ehemalige Disneyleute wie Hugh Harman, Rudolf Ising und Friz Freleng stießen.

Aber der Tisch wurde noch einmal umgedreht, dieses Mal *gegen* Charles Mintz und George Winkler: Carl Laemmle unterrichtete die beiden darüber, daß er im Sinn hatte, ein eigenes Zeichentrickstudio zu gründen, und zwar unter der Leitung von Walter Lantz. Winklers Studio war damit plötzlich aus dem Rennen.

Die Universal veröffentlichte am 9. April 1929 eine Pressenotiz, in der zu lesen stand:

»Walter B. Lantz, Zeichentrickkünstler, kam nach Universal City, um für die Universal eine Serie von Filmen zu zeichnen, deren Hauptfigur ›Oswald, the Lucky Rabbit‹ ist. William C. Nolan wurde eingestellt, um Lantz zu assistieren.«

Die erste Arbeit von Walter Lantz bei der Universal bestand darin, sechs unveröffentlichte und von Winkler hergestellte Zeichentrickfilme mit Ton zu versehen.

Lantz' nächste Begegnung mit dem Ton vollzog sich bei jener Gelegenheit, als er nämlich von Laemmle gebeten wurde, für den aufwendigen, voll vertonten Film des Studios *The King of Jazz* mit Paul Whiteman eine Einführungssequenz anzufertigen. Die Universal hatte sehr viel Geld in diesen Film gesteckt (und verlor es später wieder), der vollkommen in dem neuen Zweifarbensystem der Technicolor Company gedreht worden war. Die Arbeit von Walter Lantz bestand darin, eine Szene zu gestalten, in der Whiteman als König des Jazz gekrönt wurde. Der Bandleader wurde karikiert und als Großwildjäger porträtiert, der hinter wilden Tieren her ist; der Gesang wurde von einem Mitglied der Whiteman Rhythm Boys (einem Trio) beigesteuert, nämlich von Bing Crosby. Sogar Oswald the Rabbit nahm am Geschehen teil, und zwar in einer lebendigen Sequenz voller gummiartiger Figuren und spritziger Gags. Zum Schluß haut ein Löwe Whiteman seine Pranke auf den Kopf, und aus dem Stoß wird eine Krone – also ein offizieller Krönungsakt als König des Jazz.

Neben den anderen Unterscheidungsmerkmalen war dies der erste farbige und vertonte Zeichentrickfilm, und er stellte an Lantz eine ganze Reihe von Herausforderungen. Zunächst einmal war es so eine Sache, mit der begrenzten Farbskala von Technicolor umzugehen, denn die Farben bewegten sich zwischen den beiden Grundelementen rot und grün. Dann entdeckten die Ausmaler, daß die Farben, die sie verwendeten, von den Zelluloidstreifen nicht aufgenommen wurden. Mitunter bröckelte die Farbe bereits schon nach kurzer Zeit wieder ab, noch bevor der Kameramann das Startzeichen zur Verfilmung einer Szene gegeben hatte.

Dann gab es Schwierigkeiten mit der Musiksynchronisation. Lantz bastelte ein behelfsmäßiges »visuelles Metronome«-System, um dem Bandleader Paul Whiteman den Takt zu vermitteln, in welchem er seine Musik synchron zum Film spielen mußte. Aber Whiteman lehnte die Benutzung eines solchen Hilfsmittels ab. »Laß dir mal Folgendes sagen, Sonny, ich halte den Rhythmus bei allem Möglichen«, erinnerte sich Lantz an die Worte von Whiteman. »Sag mir also nur, wie lang der Film läuft, drei Minuten, vier Minuten, was auch immer – und du kriegst von mir den Rhythmus, den du willst.«

»Ich sagte ihm, wir brauchten Musik für vier Minuten«, fuhr Lantz fort zu erzählen, »und ich wollte verdammt sein, wenn er das nicht hinbekäme. Es kamen vier Minuten dabei heraus (zwei Takte pro Sekunde, oder ein Takt für 12 Bilder).« Die fertige Filmsequenz wurde für *The King of Jazz* zu einer herrlichen Ouvertüre und kann für Lantz als ein sehr engagiertes Stück Arbeit angesehen werden.

Nach diesem Spezialprojekt kam wieder die Plackerei – und was für eine Plackerei stand da ins Haus! Die Universal forderte sechsundzwanzig Filme pro Jahr mit Oswald. Lantz nahm sich den erfahrenen Animator Bill Nolan zur Seite, um diesen gewaltigen Anforderungen gerecht werden zu können. Dann stellte er Leute ein, um seinen Stab zu komplettieren. James Dietrich, ein Mitglied von Paul Whitemans Orchester, wurde der erste musikalische Direktor des jungen Studios.

Die Unbeständigkeit der Lantz/Nolan-Produkte war verständlich, denn es mußte ja unter Zeitdruck gearbeitet werden und angemessene Beurteilungen konnte man Monat für Monat in den einschlägigen Handelszeitschriften lesen. Im Januar des Jahres 1931 lobte der *Motion Picture Herald* den Zeichentrickfilm *Mars:*

»Während Oswald und Peg Leg im Park mit einem Mädchen flirten, fängt sich Oswald einen Tritt ein, der ihn auf den Mars befördert. Oswald singt das ›Lucky Rabbit‹-Lied, während im Zeichentrick ein paar einzigartige und ungewöhnliche Effekte auftauchen. Das musikalische Oswald-Thema für die Kurzfilme ist eines der bemerkenswertesten Vorkommnisse, von denen bislang in den Cartoons zu berichten war.« Aber

Ein ›neuer‹ Oswald in den späten dreißiger Jahren, links, und rechts der Original-Oswald.

der *Motion Picture Herald* hatte auch scharfe Worte zu verteilen, nämlich für die veröffentlichten Filme *The Farmer* und *Country School:*

»Da sind nicht genug neue Ideen drin, um den Film aus dem übrigen Angebot herausragen lassen zu können« und »Die Vorkommnisse in diesem Film sind gewiß nicht neu, und die Zeichnungen sind schwach.«

Diese Ergebnisse, einmal ein Volltreffer, einmal eine Niete, wurden nicht deshalb erzielt, weil ein Leistungsabfall festzustellen gewesen wäre. Das Team um Lantz und Nolan tat sein Bestes, aber knappe Lieferzeiten und eine Figur, deren Möglichkeiten begrenzt waren, machten es schwierig, Zeit gutzumachen. Lantz ließ verlauten, daß ein Film der Serie zu jener Zeit für 4.000 Dollar hergestellt werden mußte.

Lantz und Nolan arbeiteten jeweils an anderen Projekten, um die knappen Lieferfristen einhalten zu können. Aber sie kamen alle zu den Besprechungen zusammen, und das aus gutem Grund. Hier lag die Schwierigkeit für die Produktion eines Filmes. Oswald war eine jener fröhlichen Zeichentrickfiguren der dreißiger Jahre, die keinerlei Persönlichkeitsmerkmale besaß. Aus diesem Grunde waren eine gute Story und gute Gags von äußerster Wichtigkeit, um einen neuen Kurzfilm in Angriff nehmen zu können. Es gab keine straffe Charakterisierung oder keine herausragende Stimme, die genug Persönlichkeit besaß, um schwachem Material zum Erfolg zu verhelfen.

Das Zeichnerische in diesen Filmen war rudimentär und höchst inkonsequent. Einige Kurzfilme waren gewiß recht gut, wenn man sie unter dem Begriff solider, fließender Animation betrachtet, während andere wieder alarmierend schlechte Sequenzen boten und die Figuren sich nicht richtig bewegten. Der Grund dafür ist ein einfacher: Es gab nicht genügend erfahrene Animatoren.

Das Produzieren von *Oswald*-Cartoons vollzog sich eigentlich ansonsten ohne größere Auflagen; man schien bei der Universal-Geschäftsleitung alles zu akzeptieren, wenn es nur rechtzeitig auf Film gebannt und innerhalb der gesetzten Fristen abgeliefert wurde.

1932 führte das Studio die zweite Starfigur ein: Pooch the Pup. Kompakter an Größe und Umfang, schien Pooch ein schwungvollerer Charakter zu sein, aber in Wirklichkeit war die Puppe auch nur ein weiterer fröhlicher Typ, durch die die Cartoons, in denen sie vorkam, rein stilistisch nicht besser wurden.

Gags, Situationskomik und Musik, das waren die wichtigsten Bestandteile eines erfolgreichen Lantz-Zeichentrickfilms. *Merry Old Soul* (1933) beinhaltete einige köstliche Karikaturen von bekannten Filmstars und war der erste Lantz-Film, der für einen OSCAR nominiert wurde. *Confidence* (ebenfalls aus dem Jahr 1933) ist ein herrlicher konzeptioneller Zeichentrickfilm, in welchem sich Depression in Form eines skelettartigen (Schreck-) Gespenstes aus den Schutthalden einer Stadt erhebt. In jener Nacht umkreist sie den Erdball (der in Realfilm dargestellt wurde), verspritzt ihr Gift, und am anderen Morgen reagiert die Welt entsprechend: Ein Run auf die Banken setzt ein, ein Börsenmarkt bricht zusammen und auf Oswalds normalerweise glücklicher Farm herrscht Lethargie. Oswald begibt sich eilends in die Praxis von Dr. Pill, der eine Besserung herbeiführen soll. Dort wird ihm aber gesagt: »*Dort* ist der Doktor!«, und der örtliche Mediziner zeigt auf ein Bild an der Wand, auf dem Franklin D. Roosevelt abgebildet ist. Daraufhin fliegt Oswald nach Washington und konsultiert Roosevelt in der Hoffnung auf guten Rat. Der Präsident singt »Confidence« (Zuversicht), und unser Hasenheld hat seine Botschaft. Er kehrt nach Hause und auf seine Farm zurück, wo er die örtlichen Bürger und Farmtiere mit Confidence behandelt, indem er ihnen dieses »Mittel« subkutan injiziert. Das war die Lösung, und die Depression besiegt. Dieser liebenswerte Zeichentrickfilm hält sich straff an seine Story; das Zeichnerische selbst ist nicht sonderlich von Bedeutung und auch das Timing läßt Exaktheit und Präzision vermissen. Die Figuren fließen nur so dahin, wie das oft in Lantzschen Cartoons jener Epoche der Fall war. Das lag aber wohl in erster Linie an der nachlässigen Behandlung des gezeichneten Materials, zumal sich Lantz und seine Leute eigentlich nie mit exakter Vorbereitung vor den Filmaufnahmen befaßten.

Der Einsatz von Liedern erforderte natürlich ein exaktes Timing für jeden Zeichentrickfilm, und dadurch wurde *Hot and Cold* (1933) mit Pooch the Pup zu einem beachtlichen Film. Das gesamte Projekt wurde um ein Lied mit dem Titel »Turn on the Heat« herum aufgebaut, welches dem Spielfilm der Fox *Sunny Side Up* aus dem Jahre 1929 entnommen war. Wie der Zeichentrickfilm beweist, ist er sicherlich nicht so einfallsreich und exotisch wie das Werk von 1929, aber das schwungvolle Lied inspirierte wohl die Gestalter auch zu einer amüsanten Geschichte über einen Wettergott in der Nähe des Nordpols, der das dort herrschende Klima untersucht. Da Schnee schwer zu zeichnen war, ließ Lantz eine schneeartige Substanz vor die Kamera blasen und verband diesen Vorgang mit dem Gezeichneten (eine Erfindung, die auch bei anderen Studios in den dreißiger Jahren Anwendung fand).

Die Mittel der Musik werden noch effektiver in dem Cartoon *Kings Up* von 1934 eingesetzt, der sich der Möglichkeiten der Operette bedient! Jede Interpretation und alle Dialoge werden von Anfang bis Ende singend dargeboten, so daß der Film ein ganz eigenes Format annimmt und sich dadurch von den Routineprojekten erheblich unterscheidet. Oswald ist ein mittelalterlicher Balladensänger, der darauf spekuliert, von der Königin zum Ritter geschlagen zu werden, aber anstelle dessen wird er von dem bösartigen schwarzen Ritter zum Kampf herausgefordert; Oswald besiegt den Übeltäter und darf die Königin heiraten. Ein anderer Film aus dem Jahre 1934, *The Toy Shoppe*, borgte sich eine Idee von Harman und Ising und Disney aus, wo ein Spielzeuggeschäft bei Nacht zum Leben erwacht. Der Film bringt recht verblüffende Resultate. Er war für das Studio von Lantz ein angemessen kunstvoll durchdachter Film, wobei man feststellen muß, daß er sehr

›Kings Up‹ *(1934) von Walter Luntz. Oswald singt für ein aufnahmebereites Publikum.*

viel Bewegung enthält und auch in seinen Schauplätzen effektiv bleibt. Obwohl die Zahl der Oswald-Filme ständig zunahm, erscheint die Figur nicht fortwährend in den Cartoons. Oswald hat mitunter nur zu Anfang oder gegen Ende eines Filmes seinen kurzen Auftritt, denn die Serie lief ja unter seinem Namen. Ähnliches trifft auch auf *Goldie Locks and the Three Bears* und nachfolgende Filme zu. Ein Kurzfilm aus dem Jahre 1936, *The Puppet Show,* ist in Wirklichkeit ein Realfilm mit Puppen, und nur in gelegentlichen Einstellungen sieht man Oswald, wie er die Fäden der Marionetten bedient.

Um neue Ideen in seine Filme einbringen zu können und um mit dem wachsenden Zeichentrickmarkt Schritt halten zu können, rief Lantz im Jahre 1934 eine neue Serie ins Leben, die den Titel *Cartune Classics* trug. Diese wurden in dem bereits erwähnten Zwei-Farben-Verfahren verfilmt und lehnten sich an das Format der *Silly Symphonies* an. Die Titel: *Jolly Little Elves, Toyland Premiere* und *Candy Land*. Lantz produzierte lediglich sechs solche Kurzfilme, bevor er wieder vollständig zu seinen Schwarz-Weiß-Serien zurückkehrte.

Der ständig anwachsende Mitarbeiterstab schloß im Jahre

1934 folgende Personen ein: George Nicholas, Sid Sutherland, Ray Abrams, Steve Bosustow, George Moreno, Tex Avery, Ed Benedict, La Verne Harding, Virgil Ross, Fred Kopietz, Cecil Surry, Cal Howard, Victor McLeod, George Grandpre und Manuel Moreno. Viele von ihnen suchten sich recht bald saftigere Weiden – und einige von ihnen sollten später sogar wieder zu Lantz zurückkehren.

1935 wurden Lantz und Nolan Partner, und ein Jahr später machte Lantz einen weiteren Schritt, um sich als unabhängiger Produzent niederzulassen. Die Universal mußte in den Jahren 1935 und 1936 einige Umwälzungen, insbesondere im Führungsbereich, über sich ergehen lassen; eine Veränderung von größerer Tragweite war der Rücktritt von Carl Laemmle (Sr.). Lantz erkannte die Möglichkeit, die Universal darüber zu informieren, daß er keineswegs gedachte, noch weiter als Arbeitnehmer des Unternehmens beschäftigt zu sein. Er wollte sein eigener Produzent sein und seine Produkte auf vertraglicher Basis an die Universal verkaufen. Das Unternehmen stimmte zu und half Lantz sogar dabei (in Form finanzieller Unterstützung), sein eigenes Studio zu gründen. Zunächst verblieb er mit seiner Mannschaft auf dem Gelände der Universal, aber dann zog er im Jahre 1940 in ein Gebäude in der Seward Street ein, das zuvor schon das Zeichentrickstudio der Columbia beherbergt hatte.

Im Jahre 1936 unternahm Lantz einen weiteren, wohl unerklärlichen Schritt: Er veränderte das Aussehen von Oswald so sehr, daß aus dem der Mickey Mouse ähnelnden schwarzen Hasen ein mehr realistischer weißer Hase wurde. Ob nun die Zeichentrickfilme durch diese Veränderung an Schwung verloren oder ob das abgeänderte Design dafür sorgte, daß die Filme effektiver wurden, ist schwer zu sagen. Aber für Lantz lag ein Problem ganz offen auf der Hand: Das Studio brauchte neue Ideen und natürlich auch neue Figuren.

Die ersten, die sich den bekannten Lantzschen Figuren zugesellten, waren drei Affen: Meany, Miny und Moe; ihre Lebensdauer betrug allerdings nur ein Jahr. Dann kam eine andere Mischung, aus Tieren bestehend, die die folgenden Bezeichnungen trugen: Snuffy the Skunk (das Stinktier) und Baby Face Mouse (Baby Face Mouse hatte einige Ähnlichkeit mit Sniffles, einer Figur bei Warner Brothers).

Neben diesen beiden neuen Figuren erschienen in kurzer Folge eine ganze Reihe neuer Tiere, die aber in den Kurzfilmen, in denen sie zu sehen waren, keine große Wirkung hinterließen. Der Film *Voodoo in Harlem* erneuerte eine Kombination aus Realfilm- und Trickfilmmaterial, womit Lantz bereits Jahre zuvor Erfahrung gesammelt hatte, während *Nellie, the Sewing Machine Girl* in einer kurzlebigen Serie die »Fröhlichen Neunziger Jahre« zum Inhalt hatte. Diese melodramatischen Ulkfilme bewirkten nichts weiter, als daß sie einen Gag oder eine witzige Begebenheit solange ausquetschten, bis kein Tröpfchen Blut mehr in ihnen war.

Dann verkündete Lantz sein ambitioniertestes Projekt: einen abendfüllenden Zeichentrickfilm. Diese Idee war ihm (zweifelsohne) gekommen, nachdem Disneys *Snow White and the Seven Dwarfs* ein solch phänomenaler Erfolg gewesen war, und ein Zeitungsausschnitt aus einer unbekannten Zeitung berichtete kurz:

»Walter Lantz ist ein Zeichentrickfilmer, der erklärte, er sei durch Walt Disneys Erfolg von Panik befallen worden. Lantz erhielt von der Universal einen Betrag von 750.000 Dollar, um einen abendfüllenden Zeichentrickfilm mit dem Titel *Aladdin and His Wonderful Lamp* zu produzieren. Mit diesem Betrag, sagte Lantz, wolle er im Erfolg mit *Snow White and the Seven Dwarfs* gleichziehen, ohne den bereits vorhandenen Film in irgendeiner Weise zu imitieren.«

Aladdin and His Wonderful Lamp wurde nie gemacht. Lantz kam soweit, daß die Geschichte am *storyboard* Formen annahm, dann warf er das Handtuch. Warum? »Zu kostspielig und ein zu großes Risiko«, sagte er. »Wenn die Sache schief geht, wie das außerhalb Disneys Studio auch anderen Animationsproduzenten passierte, kann man eine böse finanzielle Schlappe einstecken.« Es schien so, als könne Lantz in abendfüllenden Zeichentrickfilmen ebenso wie in kurzen mit Disney nicht gleichziehen. Er erneuerte die Idee eines abendfüllenden Zeichentrickfilms noch einmal im Jahre 1940, und hoffte darauf, Realfilmmaterial mit Cartoonmaterial verbinden zu können, und zwar unter Einsatz von Abbott und Costello, den beiden Topkomödianten der Universal. Das wäre möglicherweise ein herrlicher Film geworden, denn man hätte Wege eingeschlagen, die Disney bislang noch nicht gegangen war, aber, so wie Lantz erzählte, kam er mit den Agenten von

›Cheese Nappers‹ (1938). Baby Face Mouse wird bedroht.

Abbott und Costello nicht zu Rande, so daß auch dieses Projekt fallengelassen werden mußte.

Komponist Frank Churchill, der für *Aladdin* zum Stab von Walter Lantz gestoßen war, schrieb die Partitur für einen anderen ehrgeizigen Film, nämlich *Boy Meets Dog,* den man allerdings so leicht nicht zu Gesicht bekommt. Lantz produzierte diesen Kurzfilm als ein kunstvoll gearbeitetes Werbeprojekt für die Zahnpastafirma Ipana. »Ich glaube, er kostete ungefähr neuntausend Dollar«, sagte Lantz. »Sie waren bereit, den Kinobesitzern fünfzig Cents pro Sitzplatz zu geben, damit sie den Film zeigten, aber irgend etwas geschah, und der Film kam nicht heraus. Dann kaufte Gene Castle, der Chef von Castle Films, den Ipana-Leuten das Werk ab.« So also sahen die Interessenten dieses Lantzprojekt erst über den Heimkinomarkt – die Reklamehinweise für Ipana-Zahncreme waren entfernt worden.

Dem Film liegen Figuren aus Gene Byrnes *comic strip Reg-'lar Fellers* zugrunde. Er verbindet offensichtliche Gesundheitstips (Hinweise, wie man sein Zahnfleisch massiert und sich die Zähne putzt) mit einer Schnulzengeschichte über einen bösartigen Vater (stimmlich verkörpert durch den allgegenwärtigen Billy Bletcher), der seinem kleinen Sohn alle Freuden abschlägt (einschließlich der Aufnahme eines kleinen Hündchens), bis er durch eine Schicksalsprüfung im Alptraumland der Gnome eines Besseren belehrt wird. Die Hintergründe in diesem Zeichentrickfilm sind ungewöhnlich großzügig angelegt, und die Musikpartitur von Frank Churchill (eingespielt von Nathaniel Shilkret) ist robust und effektvoll. Es könnte sein, daß die Schauplätze von Willy Pogany, einem ehemals bekannten Illustratoren, beigesteuert worden sind, denn der ehemalige Mitarbeiter des *New York American* und Titelbildzeichner wurde von Lantz eingestellt, als er keine Beschäftigung finden konnte. Pogany gestaltete einen später folgenden Kurzfilm mit einer elfenhaften Figur namens Peterkin, an die sich Lantz noch lebhaft erinnern kann. »Ich glaube, daß ich niemals so schöne Hintergründe in meinen Filmen hatte wie damals«, sagte er.

Zu jener Zeit hörte Lantz damit auf, Regie zu führen, bis auf eine kurze Periode in den vierziger Jahren. Statt dessen hielt er Ausschau nach talentierten Künstlern und Mitarbeitern (innerhalb seines Studios und außerhalb) und überließ zum erstenmal die Regieführung anderen. Außerdem gab er ab Mitte des Jahres 1939 seinen Regisseuren die Möglichkeit, ihre Filme in Farbe zu inszenieren.

Burt Gillett, von Walter Lantz nach seinem zweiten Stelldichein bei Disney eingestellt, schuf eine stereotype schwarze Jugendliche namens Li'l Eightball, deren Leinwanddasein zwar sehr kurz war, die aber in den Bildergeschichten von Lantz (in den vierziger Jahren) wieder auftauchte. Les Kline, der Veteran unter den Animatoren des Studios, versuchte sich kurze Zeit als Regisseur. Aber den wichtigsten Schritt innerhalb des Studios machte Alex Lovy, der für die Willie Mouse-Cartoons im Jahre 1938 zum Regisseur avancierte. Er übertrug seine Vorliebe für nette, süße Figuren auf ein anderes Projekt, das sich bestens entwickelte: Es war die Gestaltung von Andy Panda.

Lantz befand sich auf einer ständigen Suche nach Tieren, die bisher zu den Zeichentrickfilmen der Vergangenheit noch keinerlei Zugang gefunden hatten; über die Jahre hinaus hatte er damit Erfolg, mit einem Specht nämlich, einem Bussard, einem Walroß und einem Pinguin. Der Panda (-Bär) war durchaus eine Neuheit dessen nationale Beliebtheit auf einer Schenkung an den Zoo von Chicago beruhte. Tatsächlich umspannte dieser Vorfall die erste Geschichte mit diesem Tier, wobei Pandas Vater seinem Sprößling den folgenden Ratschlag erteilt: »Verlasse nie den Wald – Panda-Jäger werden dich fangen und dich in einen Wochenschaufilm stecken!« Andys Vater ist ein plumper Typ mit einer ebensolchen Stimme, während sein Sohn das ganze Gegenteil von ihm ist. Ihre Verbindung mag wohl irgendwie an die Radioparodien mit Fanny Brice und Baby Snooks erinnern, denn der unschuldig schelmische Andy bringt seinen begriffsstutzigen Vater ständig in irgendwelche Schwierigkeiten, während der Titel ihres ersten Films, *Life Begins for Andy Panda* eine nette Anspielung auf die Spielfilme der Andy-Hardy-Serie bedeutete. Sara Berner, Jack Bennys Schalttafelbedienstete in seiner Radiosendung war Andys Stimme in seinen ersten Cartoon-Jahren.

Nachfolgende Filme mit Andy und seinem Vater bewegen sich alle nach dem Muster des ersten Films, allerdings mit erfreulichen Ergebnissen, die man hätte voraussagen können. In dem Cartoon *Goodbye Mr. Moth* wurde Andy zu einem Solostar und war nicht mehr länger nur der kleine Bursche. Aber vor dieser »Beförderung« half er dabei mit, eine andere Figur von Lantz einzuführen, und zwar in *Knock, Knock,* einem Zeichentrickfilm aus dem Jahre 1940. Ben »Bugs« Hardaway hatte erst kürzlich bei Lantz Arbeit gefunden, nachdem er lange Zeit bei Warner Brothers beschäftigt gewesen war, wo er Filme geschrieben und auch inszeniert hatte. Dort hatte er mit den verrücktesten Figuren gearbeitet, die das Studio aufzuweisen hatte: Bugs Bunny und Daffy Duck. Nun begann er damit, für Lantz an ähnlichen Figuren zu arbeiten. Dazu kam ihm die Serie mit Vater und Sohn Panda geradezu gelegen, denn seine neue Schöpfung paßte recht gut zu den gerade bekannt werdenden Figuren. Woody Woodpecker wurde geboren.

Der Film *Knock Knock,* beginnt damit, daß Andy seinen Vater fragt, ob es wirklich der Wahrheit entspreche, daß man einen Vogel dann fangen könne, wenn man Salz auf seinen Schwanz gestreut hätte. Vater Panda geht der Beantwortung der Frage aus dem Weg, aber unmittelbar darauf bietet sich die Möglichkeit, den Beweis für diese Frage anzutreten, denn das »Klopf-klopf-klopf« an der Tür klingt so, als würde jemand um Einlaß bitten. Hinter dem Klopfen verbirgt sich »schon wieder dieser Specht«, der auf dem Dach herumhämmert. Väterchen Panda schleicht sich vorsichtig über einen Balken unter das Dach und erwartet den Eintritt des Spechts durch ein Loch im Dach. Wie zu erwarten, steckt der Vogel seinen Kopf durch das Loch, aber der wartende Jäger wird überrascht. »Guess who?« sagt der Vogel schelmisch, kneift dem Jäger mit dem Schnabel in die Nase und zieht seinen Kopf wieder zurück. Dann ertönt zum ersten Mal sein »ha-ha-ha-ha-ha«-Lachen auf der Leinwand. Man sieht anschließend die rasenden Bemühungen von Vater und Sohn Panda, den Vogel einzufangen, aber wie sie sich auch drehen oder wenden, das Tier will sich nicht fangen lassen. Schließlich und endlich kriegt Andy den Specht dann doch noch zu fassen und leert einen ganzen Salzstreuer voller Salz auf dessen Schwanz aus. Der Specht lacht ob dieses schwachsinnigen Unterfangens, stellt aber auch fest, daß er nicht fortrennen kann. »Es klappt«, keucht er voller Schrecken, »es klappt wirklich! Hilfe! Ich will hier raus!« In diesem Augenblick tauchen zwei befreundete Spechte auf, in weiße Umhänge gewandet, und bringen ihren Kollegen mit einem Ambulanzwagen fort. »Im Vertrauen, dieser Bursche ist verrückt«, sagt einer der Spechte zu Andys Vater. Aber in diesem Augenblick stellt es sich heraus, daß die beiden anderen Spechte die wirklich Bekloppten sind. Sie greifen sich ihren verrückten Kumpel und hüpfen, heiser lachend, durch die Gegend.

Woody Woodpecker ähnelt charaktermäßig sehr stark Hardaways früheren Schöpfungen Daffy und Bugs. Er ist unverfroren, verrückt, überdramatisch, und er treibt allerlei verrückte Sachen. Er vereitelt einen von Andys frühen Versuchen, Salz auf seinen Schwanz zu streuen damit, daß er einen Bierkrug herzaubert, auf dessen Boden Andy dann sein Salz ausstreut. Woody bläst daraufhin dem Jäger das Salz ins Gesicht. An anderer Stelle dreht er sich wie ein Kreisel und fortert Andy heraus ihn zu fangen, dabei bläst er sich atemlos auf und verändert seine Größe, um dann wieder sein normales Aussehen anzunehmen. Dann, ganz plötzlich, dreht er sich herum und haucht heiße Luft aus, wie man es mit einem Dudelsack machen würde! Die Ähnlichkeit mit den Figuren der

Die Entwicklung von Woody Woodpecker, gezeichnet vor ein paar Jahren von Walter Lantz. Woody 1941, 1945, 1950 und 1960.

frühen Filme von Warner Brothers wird durch die Tatsache verdeutlicht, daß Mel Blanc für einige Zeit Woodys Stimme übernahm, bis er von Warner Brothers einen Exklusivvertrag erhielt. Als er das Studio verließ, versuchten sich verschiedene Personen an Woodys Stimme, sogar Hardaway selbst, bis zu dem Zeitpunkt, wo die Frau von Walter Lantz, Grace Stafford, Woodys Stimme übernahm. Das war im Jahre 1951. Woodys Auftritt war eigentlich wesentlich grotesker, als bei anderen Hauptfiguren innerhalb des Repertoires von Lantz. Die Komponenten seines Körpers schienen wie Lehmklumpen aneinander zu kleben. Er war mager, hatte gedrungene Beine und unproportionell große Füße; sein langer Schnabel war im Gegensatz zu seinem Kamm irgendwie zu symmetrisch. Zwei einsame Zähne wurden entblößt, wenn er seinen Schnabel öffnete; dadurch erhielt er zeitweilig einen etwas blödsinnigen Blick. Dieser frühe Woody hatte etwas Grelles, Prunkhaftes an sich. Das lag zum Teil auch an dem Design, das alle Regenbogenfarben offenbarte: Sein Rücken war blau, sein Bauch war rot, seine Augen grün und purpurn, sein Schnabel und seine Füße strahlend gelb.

Es versteht sich eigentlich von selbst, daß diese Figur nicht unbeachtet über die Leinwand flimmern konnte, und bereits ein halbes Jahr nach dem Erscheinen von *Knock – Knock,* brachte Lantz umgehend einen zweiten Zeichentrickfilm auf den Markt, der den Titel *Woody Woodpecker* trug. Dieser Film stellte offiziell den neuen Star von Walter Lantz vor. In diesem Cartoon beobachten Woodys Tierfreunde aus dem Wald sein Benehmen und kommen zu der Feststellung, ihr Kamerad habe sie nicht alle auf der Latte. Sie schüchtern Woody ein, und schlagen ihm vor, einen Psychiater aufzusuchen. Er befolgt den Ratschlag. Aber Dr. Fox ist psychisch auch nicht ganz auf der Höhe, so daß Woody ihn bald soweit hat, daß er sich in das nächste Irrenhaus einweisen läßt.

Woody war, im Gegensatz zu anderen Figuren aus den Zeichentrickfilmen von Lantz, recht ungewöhnlich, und das Naturell seiner Persönlichkeit erforderte eine Veränderung des Tempos, ebenso, wie eine Veränderung im Inhalt der Gags. Woody ist ein hyperaktiver und nicht selten gewalttätiger Charakter – stets im Einklang mit den lauten und unverschämten 40ziger Jahren – und hätte er sich in seinen Filmen maßvoll ausgedrückt und sich gemächlich verhalten, hätte er beim Publikum keinerlei Anklang finden können. Bei den ersten Zeichentrickfilmen mit Woody hatte Walter Lantz selbst Regie geführt. Es ist aber interessant, diese Filme mit dem ersten Film von Alex Lovy zu vergleichen, der den Titel *Ace in the Hall* trug. Die Handlung und die Gags in diesem Zeichentrickfilm sind sehr gut, aber Lovy behandelte sie nicht so auffallend und grell wie in den vorangegangenen Filmen. Diese Verfahrensweise stand allerdings Woodys Charakter nicht sonderlich zu Gesicht. Dieser Zeichentrickfilm besitzt keine Durchschlagskraft und bewegt sich nach einem Muster, das Lovy auch in seinen anderen Filmen mit Woody fortsetzte.

Das Beste, das Woody und Lantz in den frühen 40ziger Jahren widerfahren konnte, war das Auftreten von James (Shamus) Culhane als Regisseur. Lovy verließ das Studio im Jahre 1942, und Lantz war wieder auf der Suche nach neuen Talenten. Aber durch den Druck und die Auflagen, für die Regierung Filme zu inszenieren, war es schwierig, festgelegte Premierendaten einzuhalten. Lantz hatte eine glückliche Hand gehabt, da eine Frau, La Verne Harding, zu seinen Spitzenanimatoren gehörte, die nicht zum Wehrdienst abkommandiert wurde. In jenem Jahr machte er aus Emery Hawkins und Ben Hardaway ein Team, später stieß der Autor Milt Schaffer hinzu, um bei zwei Zeichentrickfilmen Regie zu führen.

Dann erschien Culhane, und für die nächsten Jahre nahm er als Regisseur die größte Arbeit auf seine Schultern. Er hatte bereits für Fleischer, Iwerks, Disney und Warner Brothers gearbeitet, und als er bei Lantz begann, war seine Erfahrung beträchtlich und sein Reservoir an dynamischen und originellen Ideen unerschöpflich.

Culhane nahm seine Arbeit mit einigen *Swing Symphonies* auf und wandte sich alsbald der Figur des Woody Woodpecker zu.

Mit seinem ersten Film mit Woody Woodpecker, *The Barber of Seville,* fand er gleich ein geeignetes Betätigungsfeld. Auch einige Takte von Rossinis Musik fanden Zugang zu der Musikpartitur des Films.

The Barber of Seville ist ein excellenter Zeichentrickfilm. Woody ist darin der Chef von Tonys Frisiersalon und dreht darin zwei ahnungslose Kunden durch die Mangel. Der zweite, ein Mann vom Bau, bittet um eine »Generalüberholung«. Woody führt diese Bitte aus. Er ist gerade in der rechten Stimmung, für eine Rasur und einen Haarschnitt, und während der Arbeit singt er aus dem Barbier von Sevilla das »Largo el Factotum.« Seine kraftvoll wirksame Wiedergabe dieser bekannten Arie ist die rechte Basis für die Geschwindigkeit der auftauchenden Gags. Woodys Bewegungen werden schneller und wilder, während sich die Musik beschleunigt; Musik und Bild vermischen sich perfekt. Während er versucht, seinen Kunden wiederzufinden, der, von Panik besessen, das Weite gesucht hat, rennt Woody erst in drei, dann vier, dann fünf Spiegelbilder von sich hinein, während er nach dem Figaro schreit, und zwar in der zuvor erwähnten Szene. In dieser ist die Schnittfolge so schnell angelegt, daß nur fünf oder sechs Bilder die Zeitspanne einer Viertelsekunde ausfüllen!

Culhanes Wunsch, Pantomimisches in seine Figur einzubringen, wurde allerdings trotzdem nicht unbeachtet beiseite gelegt. In diesem Zeichentrickfilm ist Woody ein Charakter, der sich in reichem Maße visuell ausdrückt. Seine Gesichtsausdrücke passen ebensogut wie seine Bewegungen zu der von der Partitur vorgegebenen Musik.

Und dann noch ein wesentliches Merkmal: Woody schaut besser als je zuvor aus, der Layouter und Farbstylist Art Heinemann hatte vorgeschlagen, die Figur mit einem neuen Design zu versehen, um sie weniger grotesk, dafür aber reizvoller gestalten zu können. Lantz war auf diesen Vorschlag eingegangen, so daß Heinemann die schreienden Farben herausnahm und sie durch eine einfache Kombination ersetzte, die aus rotem Haar, einem weißen Bauch und einem gelben Schnabel bestand.

Culhane ließ nach seinem Triumph mit *The Barber of Seville* noch andere gute Woody-Woodpecker-Zeichentrickfilme folgen, darunter einen, der wieder einmal Woodys musikalische Talente ins Rampenlicht stellte: *Ski for Two*. Darin singt er das Lied »The Sleigh« (Die Schlittenfahrt). Zu den Klängen der Musik läuft er auf seinen Skiern dem Schweizer Haus von Wally Walrus entgegen. Dieser Zeichentrickfilm, der in den Kinos lange Jahre unter dem Titel *Woody Plays Santa* lief, zeigt auch eine ganze Menge ungewöhnlicher Kameraeinstellungen, so beispielsweise in der Szene, wo Wally sich an einem köstlichen Mittagsmahl schadlos hält. Während Wally auf seinem reich ausgestatteten Tisch nach Nahrung greift und sie sich in den Mund stopft, bewegt sich die Kamera synchron zu

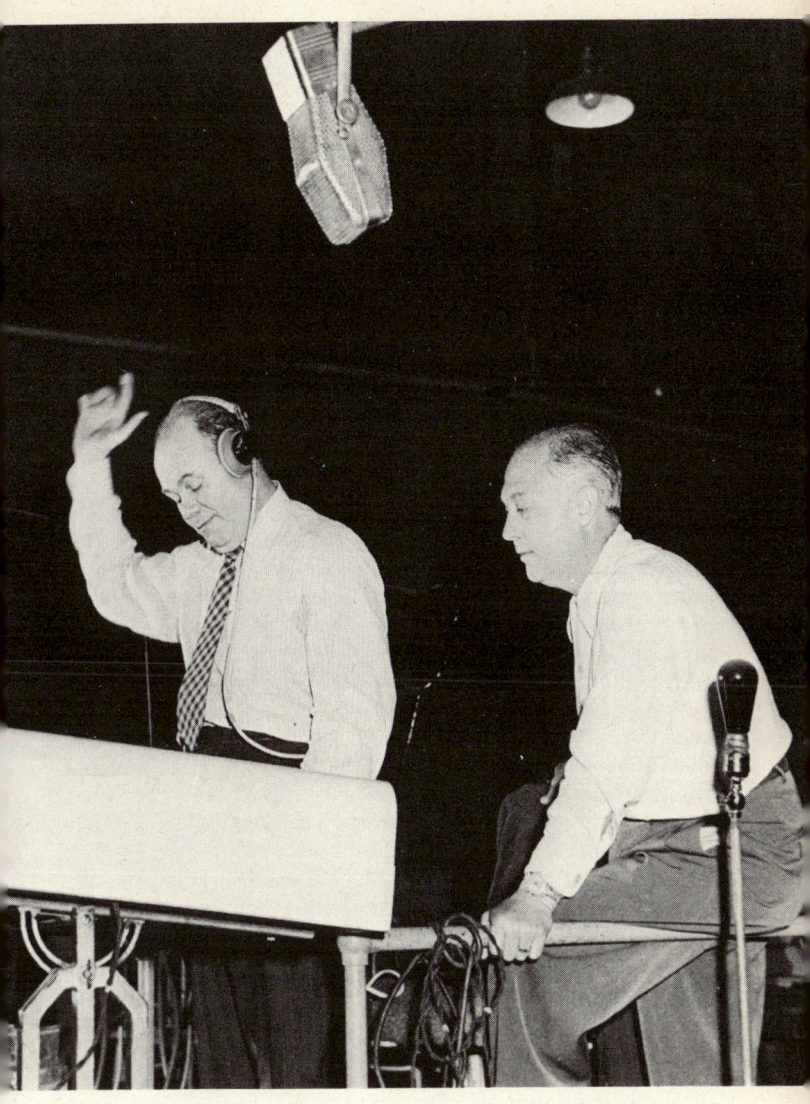

Walter Lantz schaut zu, während Darrell Calker Musikaufnahmen leitet. Ende der vierziger Jahre.

Wallys Handbewegungen hin und her, um Wallys Unersättlichkeit verdeutlichen zu können.

Die Suche nach Nahrung gestaltete sich zu einem dominanten Thema in den Woodpecker-Filmen der Jahre 1945 und 1946. In dem Cartoon *Woody Dines Out* befindet sich unser Held gerade in der rechten Stimmung, etwas essen zu wollen, aber er kann kein offenes Restaurant finden. Als er ein Schild in einem Schaufenster entdeckt auf dem zu lesen steht »Wir sind Sepzialisten im Ausstopfen von Vögeln«, betritt er den Laden, weiß aber nicht, daß der Ladenbesitzer als Tierpräparator sich auf das Ausstopfen von Spechten besonders gut versteht. Der Mann bietet Woody eine Borschtsuppe an, die Schwindelanfälle verursacht und mit Tropfen versetzt ist, die einem die Sinne rauben. Woodys Reaktionen auf den Zaubertrank sind unerwartet: Sein Kopf dehnt und streckt sich und dreht sich wie ein Kreisel, er beginnt zu schielen, sein Kamm schwillt an und seine Nackenfedern plustern sich vor Angst auf. Daraufhin nimmt sein Körper alle möglichen schreienden Farben an. Feuer schießt ihm aus dem Mund, sein Kopf zischt zehn Meter von seinem Rumpf weg in die Luft und sein Hals dehnt sich ins Unendliche. Kurz bevor er ohnmächtig wird, verkünden blitzende Sternchen seinen nahenden Zusammenbruch.

In dem Cartoon *Who's Cookin' Who?* versprüht Woody Woodpecker seinen Spott über die Geschichte von der Grille und den Ameisen, aber als der Winter in das Land gezogen ist, muß er feststellen, daß er sich nicht rechtzeitig auf Nahrungssuche gemacht hat. Aus der Fassung gebracht blickt er verlegen in Richtung Kamera und sagt: »Entschuldigen Sie bitte, würde einer von Ihnen bitte so freundlich sein, in die Halle zu gehen, um für mich eine Schachtel Süßigkeiten zu besorgen?« In einer thematischen Wiederholung von *Pantry Panic* aus dem Jahre 1941 steht Woody der Hunger förmlich im Gesicht geschrieben bis ein Wolf des Weges kommt, um für ihn zu kochen. Die Heftigkeit, die von diesem Film ausgeht – Woody bringt den Kopf des Wolfes zwischen ein Waffeleisen – wird noch einmal in dem nachfolgenden Vehikel mit dem Titel *Fair Weather Friends* wiederholt, wo sich der Wolf und Woody gegenseitig in die Beine beißen und Woody den Wolf mit einem anderen »Wolf« bekannt macht, dem Fleischwolf nämlich. Alles, was im Gegensatz zu dem zeitlich früher entstandenen

Film *Pantry Panic* gesagt werden kann, ist, daß Culhane seine Filme mit ihrer Gewalttätigkeit auf ein solches Niveau trägt, daß einem die Luft wegbleibt, wobei potentielle Qualen und Schmerzen nur durch die schiere Absurdität gemildert werden.

Culhane inszenierte auch einige wenige Zeichentrickfilme mit Andy Panda. Hier ließ er dessen gutmütiges Naturell dominieren und kurbelte damit die Wirkung, die die Figur auf die Zuschauer ausübte, erheblich an. Einer der besten Filme trägt den Titel *Fish Fry*, der für einen OSCAR nominiert worden war. Andy sieht einen niedlich dreinblickenden Goldfisch im Schaufenster einer Tierhandlung. Er entschließt sich dazu, diesen Fisch zu kaufen. Der Fisch gerät ob dieses Kaufes in freudige Erregung und schwimmt glücklich durch seinen Wasserbehälter. Andy nimmt diesen Behälter mit dem Fisch darin an sich und trägt beide auf dem Kopf nach Hause. Ihr Weg wird aber von einer mageren Straßenkatze gekreuzt, die nur noch Augen für den Goldfisch hat und versucht, hinter Andys Rücken diesen in ihre Gewalt zu bringen. Der Fisch beißt der Katze in die Pfote und dann, auf dem spaßigen Höhepunkt, bereut der Fisch seine Tat, die von Gewalttätigkeit geprägt war. Der allerliebste Goldfisch tröstet die verletzte Katze und sagt: »Arme kleine Mieze!« Er zaubert einen winzigen Erste-Hilfe-Kasten hervor, entnimmt diesem ein überdimensionalgroßes falsches Gebiß, steckt sich diese Zähne in den Mund und beißt damit die Katze erneut! Gleich nach diesem Vorfall läßt Culhane eine ganze Reihe kurzer Einstellungen folgen, wo die Katze, von Schmerzen gepeinigt, gen Himmel saust. Dazu ertönt, den Schmerz unterstreichend, das Horn einer Polizeisirene. Der Gag wird peinlichst genau zu Ende geführt – und provozierte das Lachen.

Der dritte Serie von Lantz in den vierziger Jahren lief unter dem Oberbegriff *Swing Symphonies*. Diese Serie nahm feste Formen an, nachdem das Studio im Jahre 1941 eine ganze Reihe einmaliger kurzer Zeichentrickfilme produziert hatte, die sich alle um einen populären Song rankten. Beispiel: *The Boogie Woogie Bugle Boy of Company B*. Diese Cartoons führten nicht einen ganz bestimmten Charakter ein, obwohl sie sich bei der Boogie-Woogie-Episode auf schwarze Stereotypen konzentrierten, wobei der Witz von unterschiedlicher Güte war.

Einige dieser Zeichentrickfilme waren sicherlich ganz hervorragend, wobei man allerdings nicht vergessen darf, daß zu dem Erfolg der Filme wohl auch die erstklassigen Soundtracks beitrugen, die von Darrell Calker, dem musikalischen Leiter bei Lantz, beigesteuert worden waren. »Er kannte aller Musiker«, sagte Shamus Culhane. »Er kannte ›Nat‹ King Cole, Meade Lux Lewis, Jack Teagarden und all diese Leute. Walt (Walter Lantz) beauftragte Calker damit, immer ein Auge auf solche Leute zu haben, wenn sie mal nicht gerade auf der Höhe waren oder gar knapp bei Kasse. Dann ließ er sie herüberkommen, damit sie einen Abend für uns arbeiten konnten.«

Die eindrucksvollste Arbeit des Studios mit solchen musikalischen Filmen stammt aus dem Jahre 1948 und heißt »The Woody Woodpecker Song«. Dieses Lied, das in dem Zeichentrickfilm *Wet Blanket Policy* vorgestellt wurde, erhielt sogar eine Nominierung für den OSCAR, und zwar in der Kategorie des besten Songs des Jahres! Obwohl dieses Lied dem Song »Buttons and Bows« bei der Preisvergabe unterlag, wurde aus ihm trotzdem das musikalische Thema der Woodpekker-Filme. Der »Woody-Woodpecker-Song« ist nach wie vor das einzige Lied aus einem kurzen Zeichentrickfilm, das jemals eine solche Nominierung zugesprochen bekam.

Auch klassische Musik wurde verschiedentlich von Lantz für seine Zeichentrickfilme verwendet, am Bemerkenswertesten in dem genannten Cartoon *The Barber of Seville,* aber als *Poet and Peasant* 1946 in die Kinos gelangte, bildete das die Basis für die neue, kultiviertere Serie *Musical Miniatures,* wodurch die *Swing Symphonies* in den Hintergrund verdrängt wurden.

Der Film *Poet and Peasant* zeigt Andy Panda als den Dirigenten eines Scheunenhoforchesters. Dieses Orchester interpretiert die Ouvertüre gleichen Namens und, trotz verschiedener Hindernisse, gelingt das ungewöhnlich gut, denn im Film versuchen verschiedene boshafte Tiere, die Musiker des Orchesters aus dem Rhythmus zu bringen (... und so weiter). Der Zeichentrickfilm unterhält ungewöhnlich gut und erneuert ein altes, unterhaltendes Schema ausgezeichneter Gags in Verbindung mit klassischen Musikstücken. Der Kurzfilm war an den Kinokassen so ungewöhnlich erfolgreich, daß die Universal darauf aufmerksam wurde, als viele größere Großstadtkinos ihn bis zu sechs Wochen lang in ihrem Vorprogramm hatten.

Das Studio kündigte diesen Zeichentrickfilm mit marktschreierischen Werbeanzeigen an und behauptete: »*Poet and Peasant* führt eine Neuerung ein, die sich als ungewöhnlich erfolgreich herausstellen wird. Das ist die Verwendung klassischer Musik durch ein Symphonieorchester, wobei die Handlung diese Wirkung unterstreicht. Dieser Zeichentrickfilm ist so erfolgreich, daß Lantz ihn als Auftaktfilm zu einer neuen Serie einsetzte, die den Namen *Musical Miniatures* tragen wird.«

»Die zweite Veröffentlichung der *Musical Miniatures* wird den Titel *Chopin's Musical Moments* tragen. In diesem Film hält sich die Musik exakt an fünf Kompositionen von Chopin, ohne daß die Musik durch komische Elemente entstellt werden könnte. Das Klavierduo Ted Saidenberg und Ed Rebner nahm die Musik dazu bereits auf.«

»Ein völlig neuartiger Soundtrack, doppelt so umfangreich wie die bisherigen Soundtracks, wird zum ersten Mal in Verbindung mit diesem Chopin-Film verwendet werden. Diese neue Einspiel- und Wiedergabemethode wird die bisherigen Tonwiedergabe-Verfahren um einiges übertreffen. Toningenieure glauben, daß dieses neue Verfahren den Tonfilm revolutionieren wird.«

Nun ja, *Poet and Peasant* war in Wirklichkeit weder in Konzept noch in Ausführung etwas Neues. Vor 1946 war Disneys *The Band Concert* der einzige Film gewesen, der als Vorläufer so viele klassisch-inspirierte Zeichentrickfilme nach sich zog. Und was das Tonverfahren anbelangte, so hinterließ es in der Filmindustrie keineswegs den Eindruck, ein Meilenstein gewesen zu sein, aber es markierte für Lantz einen ambitiösen Schritt nach vorn. Dieses Verfahren war von William E. Garity entwickelt worden. Garity war der Mann gewesen, der für Disney die Multiplane-Kamera entwickelt hatte und für den Film *Fantasie* die Erfindung von »Fantasound«, ein Stereowiedergabe-Verfahren.

Wenn *Poet and Peasant* eine flüchtige Ähnlichkeit mit *The Band Concert* gehabt hatte, dann beruhte das wohl auf mehr, als einem reinen Zufall. Dieser Film war der zweite bei Lantz, der von Dick Lundy inszeniert worden war. Lundy war nach fünfzehnjähriger Mitarbeit bei Disney zu Lantz gestoßen.

Beide Filme, *Poet and Peasant* und *Musical Moments from Chopin* wurden für einen OSCAR nominiert. Einzelne Musiksektionen enthielten die Ouvertüren zu Zampa und Wilhelm Tell. »Diese Stücke waren öffentliches Eigentum und wir brauchten keinen Penny dafür zu bezahlten«, sagte Lantz dazu. Außerdem hatte er Zugang zum Studioorchester der Universal, das diese Musikstücke in kürzester Zeit einspielen konnte. Lantz zählte diese beiden Filme zu seinen Favoriten und sagte: »Ich wünschte mir, wir hätten mehrere davon gemacht, aber es stellte sich heraus, daß ihre Herstellung mit erhöhten Kosten verbunden war. Man mußte zu jedem Takt eine entsprechende Anzahl von Bildern zeichnen.«*

Mittlerweile hatte sich Dick Lundy mit den anderen Serien innerhalb von Lantz' Studio vertraut gemacht, denn er war in die Fußstapfen von Shamus Culhane getreten. Für das Jahr 1946 wurde er zum alleinigen Regisseur des Studios.

Für Lundy bestand »der größte Unterschied (zwischen der Verfahrensweise von Disney und Lantz) darin, daß Lantz seine Filme zu einem Betrag von 15.000 bis 25.000 Dollar herstellen konnte, während Disney für einen Kurzfilm 35.000 Dollar und mehr aufwendete. Wenn sich bei Disney herausstellte, daß der Film besonders gut lief, dann machte niemand einen Einwand, auch wenn seine Herstellung 70.000 bis 75.000 Dollar gekostet hatte. Bei Lantz mußten die Animatoren bis zu fünfundzwanzig Fuß Filmmaterial pro Woche herausbringen. Disney hätte gern gesehen, wenn das auch seinen Animatoren gelungen wäre, aber wenn ein Animator eine besonders gute Arbeit von Persönlichkeitsanimation herausgebracht hatte, dann genügten auch fünf Fuß pro Woche, und niemand mokierte sich darüber. Die Animatoren bei Lantz erhielten ein wöchentliches Gehalt von 125 Dollar, das war im Jahre 1941 der Fall. Im gleichen Jahr zahlte Disney auf der anderen Seite seinen Leuten 75 Dollar die Woche, wenn es sich um Neulinge handelte. Die erfahreneren Personen bei Disney erhielten bis zu 250 Dollar pro Woche. Es schien sich alles um die Kosten zu drehen.«

»Als ich zu Lantz kam, versuchte ich, den Animatoren aus

---

* 1955 kehrte das Studio noch einmal für den Woody-Woodpecker-Film *Convict Concerto* zu diesem Format der Musik-Zeichentrickfilme zurück – und zwar mit hervorragenden Ergebnissen. Die Geschichte zu diesem Film steuerte ein Veteran unter den Animatoren bei: Hugh Harman.

Regisseur Dick Lundy befaßt sich mit dem zeitlichen Rhythmus eines Zeichentrickfilms, wobei ihm ein Metronom und die Tafel mit den Zeichnungen behilflich sind.

Gründen des besseren Verständnisses etwas beizubringen, was ich bei Disney gelernt hatte. Einige von ihnen waren erfreut darüber, weil sie sich nicht scheuen, etwas dazu zu lernen; andere kümmerten sich offensichtlich nicht darum. Ich versuchte die Animatoren davon zu überzeugen, daß sie ein wenig mehr Charakteranimation in ihre Bilder mit einbrachten. Natürlicherweise schien es bei Lantz einige Leute zu geben, die sich an meine Vorschläge hielten, andere wieder nicht. Wenn sie sich mehr auf Charakteranimation verlegten, dann verringerte das ihren wöchentlichen Ausstoß von Filmmetern. Sie mußten also einen Kompromiß eingehen, wenn sie trotzdem pro Woche die geforderten fünfundzwanzig Fuß Film schaffen wollten. Ich glaube, als die Zeit fortschritt, verbesserte sich auch die visuelle Qualität der Filme ein wenig. Ich glaube, daß die Figuren noch mehr gemocht wurden und auch durch die verbesserten Animationstechniken glaubwürdiger wurden.«

Lundy hatte recht. *Bathing Buddies* mit Woody Woodpekker und Wally Walrus mag zwar das Ungestüme und Draufgängerische eines Shamus Culhane nicht mehr besitzen, obwohl der Film rein konzeptionell ein Actionfilm ist, aber Woody ist liebenswerter, ansprechender und seine Motivationen sind klarer.

Lundy verwendete auch sehr viel harte Arbeit darauf, aus Woody eine eindrucksvollere Figur zu machen. Und mit Filmen wie *Woody the Giant Killer* blieb er auch erfolgreich. Aber innerhalb der Andy Panda-Serie war sein Erfolg wesentlich größer, denn Andy Panda war eher ein Charakter, der mit Disneys Figuren vergleichbar war. Andy hatte keine sonderlich große Persönlichkeit, aber er war eine gefällige Figur, um die herum man einen soliden Zeichentrickfilm aufbauen konnte.

In dem Film *The Bandmaster* sieht Andy nicht nur wie die Mickey Mouse in *The Band Concert* aus, sondern er handelt auch wie Disneys Renommierfigur. Wenn man den Hintergrund kennt, weiß man auch, warum diese Ähnlichkeit zustande kam. In diesen und anderen Filmen wurde Andy von

Oben: Woody Woodpecker in ›The Mad Hatter‹ (1948). Hier hat er in einschlägigen Filmzeitschriften gelesen und träumt von einem Rendezvous mit seinem angebeteten Star.

Unten: Wenn es ums Essen geht, ist Woody Woodpecker immer dabei. In ›Banquet Busters‹ (1948) ergötzen sich er, Andy Panda und eine Maus an den dargebotenen Leckereien.

Fred Moore gezeichnet, einem der fähigsten Animatoren, die Disney jemals hervorgebracht hatte. Um diese Ähnlicheiten noch mehr verdeutlichen zu können, muß man erwähnen, daß die Story für *The Bandmaster* von Webb Smith geschrieben worden war, der ebenfalls lange Jahre für Disney gearbeitet hatte.

Playful Pelican ist ein liebenswerter Kurzfilm von Dick Lundy. Er hält sich in starkem Maße an Andys neugewonnene bezaubernde Persönlichkeit – und damit hat der Film Erfolg. Die Animation besorgten hier Ed Love, der erst vor kurzem aus Tex Averys Arbeitskreis bei der MGM zu Lantz gestoßen war, und Ken O'Brien, ein Spitzenanimator, der Disneys abendfüllende Zeichentrickfilme von *Bambi* bis hin zu *Sleeping Beauty* mitgestaltet hatte. Ihre Erfahrungen erfüllten Andy mit Leben.

Tatsächlich war *Playful Pelican* der vorletzte Zeichentrickfilm von und mit Andy Panda. In den fünfziger Jahren fand sich bei Lantz nicht mehr die Gelegenheit, den liebenswerten

Andy Panda in einem seiner besten Kurzfilme: ›Playful Pelican‹ *(Der verspielte Pelikan, 1948).*

Burschen zu neuen Leinwandehren zu führen. Ein schwieriges Unterfangen wäre das allemal gewesen, denn Lundy hatte das Studio verlassen und niemand besaß die Fähigkeit, den Charakter in der Form wieder erstehen zu lassen.

Während des Zweiten Weltkrieges mußte Lantz, ebenso wie jedes andere Trickfilmstudio auch, Regierungsaufträge annehmen und ausführen. Er ist besonders stolz auf einen medizinischen Film, den er unter dem Titel *Enemy Bacteria* für die Navy anfertigen mußte. Dieser Film kombiniert Realfilm mit Zeichentrickmaterial, und seine Herstellung verschlang den Betrag von 100.000 Dollar. Milburn Stone verkörperte den Arzt in den Realfilmteilen und Mel Blanc lieferte die Stimme für die Cartoon-Sequenzen. Der Film war so erfolgreich, daß er noch Jahre nach dem Krieg in allen möglichen medizinischen Einrichtungen vorgeführt wurde, und zwar in den gesamten Vereinigten Staaten.

Nach dem Krieg fuhr Lantz damit fort, Werbefilme und Industriefilme herzustellen, um sein Einkommen aus den in den Kinos laufenden Cartoons aufbessern zu können.

Aber der Produzent mußte sich auch mit plötzlich aufkommenden finanziellen Schwierigkeiten in den Nachkriegsjahren herumschlagen. 1947 stritt er sich mit der Universal herum, die erst kürzlich ihr Management verändert hatte und nun den Namen Universal International (U-I) trug. Im Jahre 1948 ließ er seine Zeichentrickfilme durch die United Artists (UA) vertreiben, aber dann ging ihm die Luft aus. Aus Gründen, die bis heute nicht völlig geklärt sind, sah sich Lantz gezwungen, sein Studio für mehr als ein Jahr zu schließen, während die Universal-International ältere Zeichentrickfilme des Produzenten erneut in die Kinos brachte, um einen einmal in Gang gebrachten Rhythmus nicht zu gefährden.

Dann schließlich, im Jahre 1950, einigten sich Lantz und die Universal-International. Das Zeichentrickstudio öffnete wieder seine Pforten, so daß der Verleiher umgehend jene Zeichentrickfilme erneut in die Kinos brachte, die bereits ein Jahr lang von der United Artists verliehen worden waren. Beide Parteien zogen es vor, Stillschweigen darüber zu bewahren, daß sie sich einmal in den Haaren gelegen hatten und getrennte Wege gegangen waren. Als Lantz seine Geschäfte wieder aufnahm, mußte er ein noch schärferes Auge auf seine Filmbudgets werfen, als es vorher der Fall gewesen war. Seine ersten Filme nach Wiedereröffnung basierten auf Handlungen, die von Ben Hardaway am *storyboard* und nach Vorlagen von Dick Lundy im Jahre 1948 entstanden waren. Zunächst stellte Lantz während der ersten Zeit nach dieser Wiedereröffnung keinen Regisseur ein und übernahm diese Arbeit selbst. Den Rest der Arbeit, den er aus zeitlichen Gründen nicht selbst bewerkstelligen konnte, überließ er dem Animator Don Patterson. Es gab keine Autoren mehr innerhalb des Stabes, so daß in diesen frühen fünfziger Jahren die Dialoge auf ein Minimum reduziert wurden. Alle Filme dieser Zeit befaßten sich mit Woody Woodpecker als Hauptfigur. Als Dialoge unumgänglich wurden, verfiel Lantz auf eine andere narrensichere und geldsparende Methode: Er ließ seine schauspielernde Frau Grace Stafford die Arbeit mit Woodys Stimme übernehmen.

Mit seinem kleinen Stab war es Lantz allerdings immer noch möglich, sieben Zeichentrickfilme im Jahre 1951 herauszubringen, im darauffolgenden Jahre waren es lediglich sechs. Als die Filme allerdings bei Universal-International erfolgreich waren und das Management dieses großen Studios sich wohlwollend verhalten mußte, expandierte Lantz erneut, so daß sein jährlicher Ausstoß verdoppelt werden konnte und er dreizehn Cartoons pro Jahr zu liefern begann. Diese Geschwindigkeit hielt er auch in seiner noch nachfolgenden Produzententätigkeit ein.

Die Crew von Lantz in den frühen fünfziger Jahren bestand aus vier Animatoren in Schlüsselstellungen: Don Patterson, Ray Abrams, La Verne Harding und Paul Smith. Die meisten von ihnen waren bereits Veteranen seines Studios und blieben viele Jahre bei ihm. Don Patterson und Ray Abrams hatten bereits in den dreißiger Jahren für Lantz gearbeitet, waren dann auf kurzen Abstechern zu Disney und zur MGM übergewechselt. Dann kehrten sie wieder in heimische Gefilde zurück. Sie vereinfachten Woodys Aussehen für die neuen Zeichentrickfilme, rundeten seinen Kopf ab, füllten seinen Körper aus, um ihn niedlicher erscheinen zu lassen, so daß er nicht mehr so eckig und kantig wie zuvor wirkte. Eine festere Linienführung wurde angelegt, und Charakter und Design beschränkten sich von nun an auf das Wesentliche.

Die Gags und die Situationen in den Filmen jener Epoche

sind außergewöhnlich gut, aber die zeichnerische Ausführung fiel oftmals recht armselig aus. Man muß erst einen Blick auf die Filme von Warner Brothers und MGM aus jener Zeit werfen, um feststellen zu können, daß die Cartoons von Walter Lantz damals weit unter sein übliches Niveau gesunken waren und zeitweilig recht kitschig aussahen.

Aber das war nur ein unstetes Moment, das das Aussehen der Lantzschen Produkte der fünfziger Jahre beeinflußte. Offensichtlich unter terminlichen Schwierigkeiten, unter den Beschränkungen, die ein kleinerer Stab mit sich brachte und durch fehlende Inspiration, war es einer Person in Schlüsselstellung möglich, mit einer soliden Grundidee unterschiedliche Ergebnisse mit jedem einzelnen individuellen Zeichentrickfilm zu erreichen. Diese Person war gewöhnlich ein Autor oder Regisseur.

Don Patterson war der Erste aus dem Animatorenteam von Walter Lantz, der sich in der Regie versuchte. Er bewies große Geschicklichkeit in der Ausübung seines neuen Amtes. Seine Kurzfilme zählen zu den besten, die das Studio in den frühen fünfziger Jahren auf den Markt brachte. Patterson verstand es, mit seinen Figuren straff umzugehen, zumal er auch bei dem geschickten Einsatz des Timings keinerlei Mühen aus dem Wege ging. Im Jahre 1952 »beaufsichtigte« er einen der besten Woody-Woodpecker-Zeichentrickfilme aller Zeiten: *Termites from Mars*.

In dieser raffiniert aufgebauten Geschichte erfährt Woody etwas über eine mysteriöse Invasion vom Mars aus den Fernsehnachrichten, schenkt der Sache allerdings keine große Beachtung, bis ein Raumschiff in der Nähe seines Hauses landet und eine Gruppe von winzigen Termiten dem Gefährt entsteigt. Sie tragen kugelförmige Schutzhelme auf den Köpfen und schwingen drohend ihre Gewehre mit den Todesstrahlen. Damit wenden sie sich gegen die Broken Limbs Apartments. Diese Termiten fressen alles und jeden, und es gibt nichts für Woody, womit er sie aufhalten könnte. Sie zerstören das Innere und das Äußere seines Aufenthaltsortes und ein gieriger Eindringling macht sich sogar an Woodys Schnabel zu schaffen! Eine andere Termite richtet ihr Strahlengewehr auf Woody und läßt ihn in seinen Bewegungen erstarren – Woodys Äußeres überzieht sich mit einem leichten Lilafarbton, während sich sein Apartment um ihn herum in eine feste graue Masse verwandelt. Das Insekt zerrt erneut an ihm, aber jetzt nimmt Woody eine herausforderndere Pose an, obwohl er immer noch wie eine Salzsäule erstarrt dasteht. Sein Äußeres erscheint in einer grelleren Farbe, während seine ehemalige Wohnung im Hintergrund feuerrot wird. Ein weiterer Strahl aus dem Gewehr, und Woody besteht nur noch aus einem weißen Umriß seiner früheren Gestalt, während der Hintergrund sich in eine andere Farbe verwandelt. Jetzt grabscht die Termite nach einem Ende ihres Gefangenen und behandelt Woodys Umriß wie eine Art Spaghetti. Er wird aus dem Bild geschleudert und hat Gelegenheit, seine eigentliche Gestalt wieder anzunehmen.

Gerade in dem Augenblick, wo alles völlig hoffnungslos erscheint, versucht eine der gefräßigen Termiten in eines von Woodys Tonbänder zu beißen, das auf einem Tisch liegt. Je mehr die Termite versucht, sich freizukämpfen, je mehr verfängt sie sich in dem Band. Woody sieht die Möglichkeit seines Lebens kommen, um sich von den Termiten befreien zu können. Er umspannt den gesamten Wald und auch seine Wohnung mit dem vorhandenen Band. Innerhalb kurzer Augenblicke hat er hunderte der winzigen Termiten gefangengesetzt und in seiner Gewalt.

Eine Überblendung führt uns zu dem imposanten Hauptquartier von Woody Woodpeckers Termitenkontrollstation. Woody sitzt in einem riesigen Büro unter einem Porträt seiner selbst. Dort betrachtet er sich Verkaufsanzeigen seiner Erfindung, mit der man sich Termiten gefügig machen kann. Das Gerät hat die Möglichkeit, aus den gefangenen Termiten dienstbare Geister zu machen: Termiten als Flaschenöffner, Termiten als Mäusefalle, Termiten als Einbruchssicherung, Termiten als Müllschlucker. Es hat eine Weile gedauert, aber schließlich lacht Woody als Letzter.

Termites from Mars ist ein brillanter Zeichentrickfilm. Visuell ist er beeindruckend, angefangen von der Eröffnungssequenz, in der die Termiten auf der Erde landen bis hin zu den stimmungsvollen Szenen, wo sich die Marsbewohner vor einem rotgefärbten Hintergrund dem Wald von Woody nähern. Die Sequenz mit dem Strahlengewehr ist ebenso kühn wie phantasievoll.

Es ist eigentlich recht schwierig festzustellen, wer für den Erfolg eines Zeichentrickfilms jener Zeit verantwortlich war,

Wally Walrus und Woody Woodpecker in ›Stage Hoax‹ (1952).

zumal in diesem Falle im Vorspann des Films kein Name genannt wurde. Man darf aber annehmen, daß Pattersons Mitwirkung an diesem Film und anderen mit außerirdischen Begebenheiten *(Woodpecker from Mars, Woodpecker in the Moon)* nicht abzuleugnen war.

Auch in den beiden folgenden Jahren war er als Regisseur bei Lantz recht erfolgreich. Das trifft insbesondere auf die Cartoons *Socko in Morocco* und *Alley to Bali* zu. Bei dem letztgenannten Film muß ganz besonders Dick Lundys Persönlichkeitsanimation erwähnt werden, die er in den späten vierziger Jahren innerhalb des Studios etablieren konnte und die hier ihre Früchte trug. Darüber hinaus trug Don Patterson auch die Verantwortung für den einzigen 3-D-Film des Studios, *Hypnotic Hick*. Dieses Verfahren fand bei Lantz keinerlei Fortsetzung in einem anderen Film, und Lantz selbst lehnte es auch ab, seine Cartoons in CinemaScope entstehen zu lassen.

Das Jahr 1953, in dessen Verlauf das Erstaufführungsdatum für *Hypnotik Hick* fiel, brachte einige deutliche Veränderungen für das Studio. Es war das Jahr, in welchem Lantz seinen jährlichen Filmausstoß auf dreizehn Filme erweiterte, so daß sich auch sein Stab vergrößern mußte, um den gestellten Anforderungen gerecht zu werden.

Zunächst ernannte Lantz einen Veteranen des Zeichentrickfilms, den Animator Paul Smith zum Regisseur. Smith hatte in den fünfundzwanzig Jahren seiner Laufbahn für Walt Disney gearbeitet (in den ausgehenden zwanziger Jahren), für Warner Bros. (in den dreißiger Jahren) und war dann in den vierziger Jahren zu Lantz gestoßen. Smiths lange Erfahrung als Animator befähigte ihn allerdings trotzdem nicht zum Regisseur. Er fand Beschäftigung bei Zeichentrickfilmen, die mit Woody Woodpecker nichts zu tun hatten, arbeitete an den *Foolish Fables* und rief dann eine neue Serie, *Maw and Paw*, ins Leben, die ihre Gags und ihr Format aus den *Ma and Pa Kettle*-Filmen der Universal bezog. Im darauffolgenden Jahr führte er eine neue Figur ein, die den Namen Sugarfoot trug, aber ebenso kurzlebig wie die *Maw and Paw*-Serie war.

Neue Animatoren stießen zu Lantz: Robert Bentley, Gil Turner, Herman R. Cohen, Ken Southworth und Cecil Surry. Hinzu kam ein bekannter Autor: Homer Brightman.

Aber erst der Autor Michael Maltese und Chuck Jones sorgten für frischen Wind bei den Lantzschen Cartons, die sich in letzter Zeit immer mehr nach bereits bewährtem Muster vollzogen hatten. Die Gags wurden verrückter, wie die Filme *Helter Shelter* und *Square Shooting Square* zweifelsfrei beweisen. Jedoch hatte der Regisseur Paul Smith nicht die rechte Befähigung, um ein Script von Michael Maltese in gebührender Form auf die Leinwand zu übertragen. Aber schon sehr bald, und man darf wohl sagen, glücklicherweise, stieß ein anderer Mann zu Lantz, der das Zeug hatte, eine fruchtbare Verbindung mit Maltese einzugehen: Tex Avery.

Avery hatte tatsächlich seinen ersten Job in einem Animationsstudio bei Lantz erhalten (das war zu Beginn der dreißiger Jahre gewesen), aber seinen Namen hatte er sich erst in der darauffolgenden Zeit bei Warner Brothers und der MGM gemacht. Nun arbeitete er erneut für Lantz, und der Produzent nahm dies erleichtert zur Kenntnis.

Der Debütfilm von Avery trug den Titel *Crazy Mixed-Up*

Pup, den er nicht nur selber schrieb, sondern auch selbst inszenierte. *Crazy Mixed-Up Pups* wurde für einen OSCAR nominiert. Diesem Film ließ Avery ein paar Cartoons mit der Figur des Chilly Willy folgen, die von Alex Lovy im Jahre 1953 (während seiner kurzen Zugehörigkeit innerhalb des Lantzschen Studios) kreiert worden war. Aber erst der Film *The Legend of Rockabye Point* brachte Avery erneut mit Michael Maltese zusammen, der bereits viele Jahre vorher mit ihm bei Warner Brothers zusammengearbeitet hatte. Gemeinsam ließen sie einen ungeheuer spaßigen Zeichentrickfilm mit Chilly Willy entstehen, der nach seinem Erscheinen als ein weiterer Cartoon von Tex Avery für einen OSCAR vorgeschlagen wurde.

Schließlich und endlich verkaufte Avery Lantz die Idee, eine Schallplatte der zwanziger Jahre wieder zu neuen Ehren zu führen. Und zwar war das ein Lachtitel gewesen, der so konzipiert war, daß jeder Zuhörer unwillkürlich in brüllendes Gelächter ausbrechen mußte. Averys Adaptation für den Zeichentrick trug den Titel *Sh-h-h-h-h-h*. Unglücklicherweise blieb dieser Film aber der letzte, den Avery für Lantz inszenierte. Man hatte sich über Gehaltsfragen in den Haaren gelegen und Avery hatte das Studio verlassen, aber der Einfluß, den er auf die Mitarbeiter des Studios ausgeübt hatte, blieb.

Mitte der fünfziger Jahre bewegte sich das Figuren-Design bei Lantz allerdings wieder auf einem Standard, durch den sich die gezeichneten Figuren immer mehr glichen, egal, ob es sich um gezeichnete Menschen oder Tiere handelte. Hannah-Barbera bewegten sich später ebenfalls auf dieser Linie.

Auch die Musik innerhalb der Lantz-Cartoons verlor in den fünfziger Jahren ihren Reiz. Clarence Wheeler hieß der neue musikalische Leiter, der aus Darrell Calkers schwungvoller Jazzmusik der vierziger Jahre eine Musik entwickelt hatte, die in ihrer Art mehr an die Mickey-Mouse-Filme von Walt Disney erinnerte, als sich mit neuen Ideen und Formen zu befassen. In den ausgehenden fünfziger Jahren trat Eugene Poddany an Wheelers Stelle. Dann kehrte Darrell Calker für kurze Zeit zu Lantz zurück, während Walter Greene in den sechziger Jahren der letzte musikalische Leiter des Studios wurde.

Alex Lovy war zu Lantz zurückgekehrt, um Tex Averys Platz einzunehmen. Lovy orientierte sich mehr an dem Format der Filme, die Tex Avery inszeniert hatte; das traf unbedingt auf die Cartoons der Chilly-Willy-Serie zu. Besonders erwähnenswert sind Lovys *Room and Wrath* und *Swiss Miss-Fit* sowie *The Plumber of Seville* und *Mouse Trapped,* durch den die neuen Figuren Hickory, Dickory und Doc eingeführt wurden.

Im Jahre 1957 sah Walter Lantz die Möglichkeit, seine Filme auch dem Fernsehen zu verkaufen, so daß er halbstündige Sendungen zusammenstellen ließ, die unter dem Titel The *Woody Woodpecker Show* zu sehen waren. Diese Show verband mit überleitendem Material drei Kino-Cartoons miteinander, und auch Walter Lantz selbst trat als Gastgeber in dieser Show auf. Wenn schon Walt Disney vor der Präsentation seiner eigenen Filme als Gastgeber auftrat, warum hätte Lantz so etwas nicht auch tun sollen? Jede Woche stellte Woody Lantz als »meinen Chef, Walter Lantz« vor, der daraufhin stets einige Erklärungen abgab, in welcher Form Zeichentrickfilme entstanden. Aber das war nicht das erste Mal gewesen, daß Lantz sich auf diese Art der Öffentlichkeit vorgestellt hatte. 1936 hatte er in einem Universal-Kurzfilm mit dem Titel *Cartoonland Mysteries* seine Figur Oswald gezeichnet.

Alex Lovy verließ Lantz im Jahre 1959, um als Partner der Produzenten Hanna-Barbera zu fungieren. An seine Stelle trat ein anderer erfahrener Mann: Jack Hannah. Dieser hatte in den gesamten dreißiger Jahren für Walt Disney als Animator gearbeitet. Hannah selbst brachte von Disney einige Mitarbeiter mit, zu denen Al Coe und Ray Huffine gehörten.

In diese Zeit fällt auch die freie Mitarbeit verschiedener namhafter Leute aus dem Business, die sich bereits in Hollywood als freischaffende Künstler einen Namen gemacht hatten: Tedd Pierce, Bill Danch, Dick Kinney und Al Bertino. Hinzu kam Milt Schaffer. Hannah erweckte zwei Charaktere aus alten Disneytagen zu neuem Leben: aus Humphrey the Bear wurde Fatso Bear, und aus Disneys Ranger wurde zunächst Ranger Willoughby, dann später Inspector Willoughby. Die Figuren Woody Woodpecker und Doc, Chilly Willy und Gabby Gator, eine Neuerrungenschaft, wurden von Jack Hannah bis zu seinem Ausscheiden bei Lantz (im Jahre 1962) behandelt. Bekanntere Filme jener Zeit tragen die Titel *Hunger Strife, Eggnapper, Southern Fried Hospitality, Gabby's Diner* und *The Case of the Cold Storage Yegg.* Der letzte Film befaßte sich mit Inspector Willoughby, einer menschlichen Fi-

Chilly Willy in ›Yukon Have It‹ (1959).

gur, die an Tex Averys Droopy erinnerte, und sich an die Fersen der übelsten Übeltäter des Zeichentrickfilms (Yeggs Benedict und Vampira Hyde) heftete. Diese Figuren erschienen bis zum Jahre 1965 in den Cartoons von Walter Lantz.

Nach Jack Hannahs Fortgang erhielt das Studio in Form von Regisseur Sid Marcus noch einmal einen letzten Adrenalinstoß. Mit ihm war ein ebenso talentierter Animator gekommen, Art Davis, und die beiden taten ihr Bestes, um etwas Leben in die Woody Woodpecker- und Chilly Willy-Cartoons hineinzupumpen. Ihre Bemühungen waren zeitweilig von Erfolg gekrönt, wenn das die schmalen Filmbudgets und die uninteressanten Handlungen für die Cartoons überhaupt zuließen. Ihre Zusammenarbeit erhielt noch einmal eine Unterstützung durch den Autor Cal Howard, und gemeinsam brachten sie wohl die besten Zeichentrickfilme heraus, die das Studio in den sechziger Jahren anzubieten hatte: *Three Little*

Ein Woody Woodpecker aus den frühen sechziger Jahren. Hier in ›Rocket Racket‹ (1962).

Woodpeckers und *Half-Baked Alaska* (1965, mit Chilly Willy). *Half-Baked Alaska* war wohl der beste Zeichentrickfilm der sechziger Jahre, der das Studio von Lantz verließ. Unglücklicherweise verließ auch Sid Marcus sehr bald wieder die Cartoon-Fabrik, so daß von 1966 an alle nachfolgenden Zeichentrickfilme bei Lantz lediglich nur noch von Paul Smith inszeniert wurden. Gegen Ende der sechziger und zu Beginn der siebziger Jahre wurden nur noch wenige kurze Cartoons für die Kinos produziert, nachdem Warner Brothers ihr Studio geschlossen hatten. Nur noch Lantz sowie DePatie-Freleng kontrollierten den Markt. Bei verschiedenen Kinoketten bestand immer noch die Nachfrage nach diesen idealen Pausenfüllern, aber da den Verleihern keine große Auswahl blieb, setzten sie die Produkte von Lantz immer wieder ein.

In diesen letzten Jahren schien es, als sei Chilly Willy zum Gefangenen seiner eigenen bekannten Schablonen geworden. Immer wieder wurde die Figur mit einer idiotischen vogelähnlichen Figur zusammengeführt, und auch Woody Woodpekker selbst hatte in den Chilly-Willy-Filmen hin und wieder einen kleinen Auftritt. Hinzu kam seit dem Jahre 1962, eine von Paul Smith ins Leben gerufene Serie mit dem Titel *The Beary's Family Album,* die nach dem Muster der Fernsehserie *The Life of Riley* gestrickt worden war und an Hannah-Barberas *The Honeymooners* erinnerte, die ein Vorläufer für deren *The Flintstones*-Serie gewesen war. Die Handlungen erinnerten auch an Edgar Kennedys Kurzfilmkomödien, durch die der Komiker in den zwanziger Jahren bekannt geworden war. Was an Stimmlichem beizusteuern war, kam von Grace Stafford und Paul Frees. Auch Woody erschien hin und wieder in diesen Filmen, so beispielsweise in Paul Smiths *The Tee Bird,*

Walter Lantz und Woody Woodpecker 1965 für eine Publicity-Aufnahme.

aber er hatte nur noch sehr wenig mit seinen Auftritten in seinen eigenen Filmen gemein. Der Spaß hatte ein Ende gefunden.

Im Jahre 1972 veröffentlichte Lantz seine gewohnte Zahl von dreizehn Zeichentrickfilmen: 1 × mitChilly Willy, 4 Filme mit der Beary Family und acht Filme mit Woody Woodpecker. Dann hörte er mit dem Produzieren auf und entließ seine Mitarbeiter.

Warum? Lantz erklärte, daß es damit zusammengehangen hätte, daß es zehn Jahre gebraucht hätte, um die Investitionen für einen Zeichentrickfilm wieder hereinzubekommen.

Seit der Zeit, nachdem er sein Studio geschlossen hatte, machte Lantz noch einige Werbefilme mit seiner Figur Woody Woodpecker, aber er sah keine Möglichkeit mehr, zu einem regulären Produktionsablauf zurückzukehren. Universal Pictures fuhr damit fort, pro Jahr dreizehn Lantz-Filme wieder zu veröffentlichen, während Lantz sich von diesem Zeitpunkt an damit beschäftigte, älteres Material für das Fernsehen zusammenzustellen, seine Lizenz- und Geschäftsinteressen weiterzuverfolgen und als Vortragender in Schulen zu agieren und bei Cartoon-Festivals in Erscheinung zu treten. Er ist sehr stolz darauf, einer der ältesten Vertreter des Zeichentrickfilms zu sein, insbesondere seit er sich der Tatsache bewußt ist, daß seine Filme immer noch in zweiundsiebzig Ländern der Erde gezeigt werden und zu sehen sind.

Gleichermaßen hat Lantz allerdings einige ambitiöse Ansichten über sich selbst oder über die Filme, die in seinem Studio entstanden. Das mag wohl daran liegen, daß es niemanden innerhalb der Zeichentricks gibt, der ihm ein böses Wort nachsagen möchte, wenn man seinen Filmen nicht den gleichen Respekt zollt wie er es selber tut. Er hat niemals von sich behauptet, diesem Medium zu einem wesentlichen Schritt nach vorn verholfen zu haben. Er wollte lediglich Zeichentrickfilme machen, und das hat er dann auch getan – über fünfzig Jahre lang. Es ist nicht einfach, angesichts eines solchen Erfolges, ein böses Wort zu verlieren.

6. Ub Iwerks

Ub Iwerks wurde als der »vergessene Mann des Zeichentrickfilms« bezeichnet. Er war der Schöpfer der Mickey Mouse und zeichnete Walt Disneys Filme *Steamboat Willie* und *The Skeleton Dance* fast ganz allein, die Cartoons also, die zu Meilensteinen innerhalb des Zeichentrickfilms geworden sind. Eine Zeitlang herrschte die allgemein verbreitete Meinung, Iwerks wäre die dominierende Persönlichkeit innerhalb des Teams Disney-Iwerks gewesen. Als diese beiden Langzeitpartner allerdings ihre Partnerschaft aufkündigten, wurden einige Dinge klarer. Ub Iwerks war ein großartiger Animator, aber besaß nichts von Disneys kreativem Zündfunken und seiner schöpferischen Erfindungskraft. Iwerks wurde zu einem zweitrangigen Cartoon-Produzenten, wähend Disney in ungeahnte Gefilde vorstieß, den Zeichentrickfilm revolutionierte und sich ein Königreich innerhalb dieses Mediums aufbaute.

Ub und Walt waren gleich alt und trafen sich zum erstenmal als Teenager in Kansas City. Ubs Vater war ein holländischer Einwanderer gewesen, der sich in Missouri niedergelassen und ein Friscurgeschäft eröffnet hatte. Er taufte seinen Sohn

Flip der Frosch (Flip the Frog)

Ubbe Ert Iwerks, aber als der junge Mann seinen Vornamen Jahre später verkürzte, blieb er stets noch eine Kuriosität für die Kinobesucher, die seinen Namen auf der Leinwand lasen.

Iwerks und Disney trafen sich gegen Ende des Jahres 1919, als sie beide versuchten, sich als kommerzielle Künstler niederzulassen. Mit dem Zeichentrick kamen sie beide zur gleichen Zeit in Berührung, während sie für die Kansas City Film Ad Company (später bekannt unter dem Namen United Film Ad) arbeiteten. Als Walt sich dazu entschloß, auszubrechen, um sein eigenes Studio im Jahre 1922 zu gründen, war Ub der erste Mann, der von ihm eingestellt wurde. Dies war mehr als nur eine freundschaftliche Geste; bereits zu jenem Zeitpunkt wußte Walt Ub Iwerks Fertigkeiten mit dem Zeichenstift zu schätzen. Nachdem er pleite gegangen war und in Hollywood angekommen war, um einen neuen Anfang zu wagen, ging Iwerks zurück nach Kansas City, um wieder für die Werbefilmgesellschaft zu arbeiten. Aber schon bald, als Walt sich vertraglich dazu verpflichtet hatte, mehrere Cartoons entstehen zu lassen, wandte er sich wieder an Ub. Im Jahre 1924 ging auch Iwerks nach Kalifornien und blieb für sechs ereignisreiche Jahre bei Walt Disney.

Ubs Befähigungen als Animator trieben seine Kollegen in den zwanziger Jahren bis an den Rand der Verzweiflung.

Ub hatte nicht nur seine Fähigkeiten vervollkommnet, er war auch bemerkenswert schnell. »Wir hielten immer Bill Nolan für den schnellsten Zeichner, der je gelebt hatte«, sagte Grim Natwick, »aber Ub Iwerks leugnete das ab. Er sagte ›Ich glaube, ich habe Bills Rekord gebrochen: siebenhundert Zeichnungen in einem Tag.‹« Tatsächlich zeichnete Iwerks Disneys ersten Mickey-Mouse-Film, *Plane Crazy,* vollkommen allein in weniger als zwei Wochen!

Als der Produzent Charles Mintz im Jahre 1928 Disneys Studio auf der Suche nach neuen Talenten fast ausräumte, verhielt sich Iwerks loyal und blieb bei Disney. Aber die beiden hatten hin und wieder immer irgendwelche Auseinandersetzungen, und als Walt Disneys Verleiher, Pat Powers, Ub Iwerks anbot, ihm ein eigenes Studio zu finanzieren (im Jahre 1930), da schlug der Animator diese Chance nicht aus.

Eine Ankündigung erschien am 1. März 1930 in *Exhibitors Herald-World:*

»Ein neuer Star aus Bleistift und Tinte ist gerade dabei, sei-

Plakat zur Flip-the-Frog-Serie von Ub Iwerks (1933).

nen ersten Hüpfer in die Öffentlichkeit zu tun. Es ist ›Flip the Frog‹, und sein Boss und Schöpfer ist U.B. (sic) Iwerks, Cartoonist der ›Mickey Mouse‹ – und ›Silly Symphonies.‹«

Iwerks stellte einen kleinen Mitarbeiterstab ein. In erster Linie griff er auf solche Talente zurück, die auf eine seiner Stellenangebote in den Zeitungen geantwortet hatten. Dann produzierte er einen Pilotfilm mit Flip, dem Frosch. Den größten Teil der Animation besorgte er selbst und gestaltete Flip als Karikatur eines wirklichen Frosches, mit Schwimmhauthänden und Schwimmhäuten an den Füßen. Flip erhielt menschliche Züge durch große Augen, außerdem gestaltete Iwerks ihn mit einem Querbinder und Knöpfen auf der Brust. In *Fiddlesticks,* seinem ersten Film, spricht Flip noch nicht; er tanzt auf der Bühne vor anderen Tieren des Waldes und begleitet eine Maus, die Violine spielt, auf dem Klavier. Diese Maus zeigt eine deutliche Ähnlichkeit zu der Mickey Mouse, ganz speziell mit ihren weißen Shorts und den Handschuhen, aber das Gesicht ist nicht ganz so rund, und das Hinzufügen von Barthaaren läßt den Gedanken an ein Plagiat nur schwerlich aufkommen.

Obwohl der Film in dem Zwei-Farben-System Technicolor hergestellt worden war (zwei Jahre bevor sich Disney mit seinem ersten Farbcartoon vorstellte), konnte Iwerks Produzent Pat Powers weder an *Fiddlesticks* noch an dem nachfolgenden Cartoon *Puddle Pranks* etwas Besonderes finden. Powers wünschte sich Beeindruckenderes, um die Serie verkaufen zu können. Er beeinflußte Iwerks dahingehend, das Aussehen des Frosches zu verändern. Iwerks war einverstanden, und der Frosch sah danach eigentlich gar nicht mehr so froschartig aus, sondern eher wie ein umgewandelter Charakter im Stile der Mickey Mouse.

Durch die Ausstrahlung der nächsten wenigen Filme hatte Powers die Möglichkeit, die Serie an die MGM wegen der Verleihrechte zu verkaufen. Dadurch tauchte die MGM zum ersten Mal auf dem Zeichentrickfilmmarkt auf. Sie verlieh die Cartoons von Iwerks für die nächsten vier Jahre und hatte die stille Hoffnung, daß Flip der Frosch neben der Mickey Mouse bestehen könnte, um es ihr an weltweiter Popularität gleichzutun. Diese Hoffnungen der MGM erfüllten sich jedoch zu keinem Zeitpunkt.

Die Animation in den Flip-Filmen verdeutlichte die persönlichen Eigenschaften von Ub Iwerks: Sie sind sauber, nicht unordentlich vollgestopft und geschmeidig inszeniert, aber in ihrer Sanftheit zu »sanft«, was die Gags und die Handlungen anbelangte. Ub wußte nahezu alles über die Techniken der Animation, aber er hatte nicht den Sinn für Humor und komisches »Know-how« wie Disney.

Nachdem der Vertrag mit der MGM zustande gekommen war, vergrößerte Iwerks umgehend seinen Mitarbeiterstab. Zunächst lockte er Carl Stalling, den musikalischen Direktor (ebenfalls ein Mann aus Kansas City) von Disney fort. Dann hielt er sich an beiden Küsten Amerikas auf und heuerte Irv Spence und Grim Natwick an. Später kamen ehemalige Mitarbeiter von Max Fleischer hinzu, darunter Rudy Zamora, Al Eugster und Shamus Culhane. Fred Kopietz war einer der ersten Neulinge, die Iwerks unter Vertrag nahm. Hinzu kam ein Freund von der Chouinard Art School namens Chuck Jones, der als Zelluloidwäscher unter Vertrag genommen wurde.

Dies waren nur die ersten talentierten Personen, die für Iwerks und sein Studio arbeiteten, aber ihre Kreativität wurde durch die Wortkargheit von Ub Iwerks gebremst. Er stellte an seine Cartoons keinerlei großartige Anforderungen. Sein Hauptinteresse galt dem Einhalten der monatlichen (Ab-)-

Flip the Frog stiftet Verwirrung in ›The Office Boy‹ (Der Laufbursche, 1932).

Lieferungsfristen. Sie mußten gut gezeichnet sein und so viele Gags wie nur irgendmöglich enthalten.

Alles in allem gibt es insgesamt siebenunddreißig Kurzfilme mit *Flip the Frog*. Und nicht ein einziger davon könnte als ein herausragender Zeichentrickfilm bezeichnet werden. Einige davon haben clevere Einfälle oder außergewöhnliche Ideen aufzuweisen, aber der größte Teil bewegt sich nach den Formeln der Routine und der Wiederholung. Ganz wenige präsentieren ein großes Potential: In *Movie Mad* zertrümmert Flip ein Hollywood-Studio; in *The Cuckoo Murder Case* flirtet er in einem alten, dunklen Haus mit dem Tod, und in *Techno-Cracked* baut er sich einen Roboter, der die täglich anfallenden Hausarbeiten erledigt. Aber in allen drei Fällen partizipieren die Filme niemals von der Vorankündigung ihrer Gags und Einfälle. *Movie Mad* beispielsweise ist ausgesprochen langweilig. Der Film *The Cuckoo Murder Case* besiegt sich selber durch seine Schwerfälligkeit. Und *Techno-Cracked* überträgt ein gutes Script in solch undramatischer Art, obwohl der Film so eine Art *The Sorcerer's Apprentice* hätte werden können. Aber er war nichts weiter als ein bald vergessener Pausenfüller. In *The Bully* wird Flip von einem stämmigen Boxchampion zum Kampf herausgefordert.

Office Boy ist der unverschämteste Film der ganzen Serie. Schockierende sexuelle Gags bringen eine wohlgestaltete Sekretärin arg in Bedrängnis. Selten hat ein Film sich bei der Behandlung von Gags so sehr auf das Hinterteil einer jungen Frau verlegt.

Auf der anderen Seite ist *Funny Face* wohl der gescheiteste Film der Serie. Flip versucht, bei seiner Freundin zu landen, indem er sein Äußeres verändert. Er besucht die Praxis von Dr. Skinnum (»neue Gesichter gegen alte«), wo eine ganze Ansammlung von singenden Masken ihn ob seines »lustigen Gesichts« verhöhnt. Flip wählt das Gesicht eines gutaussehenden jungen Mannes, das der Doktor über sein eigenes verpflanzt. Dann versucht Flip, seine Freundin aus den Fängen eines überdimensionalen brutalen Schlägers zu befreien. Der Schläger traktiert Flips neues Gesicht mit wilden Schlägen, aber die Geschichte endet zum Schluß doch noch glücklich, denn der Bösewicht wird besiegt und Flips Freundin verliebt sich in Flip mit Froschgesicht und dem ganzen Rest der Person.

Während die Serie in vollem Gange war, hörte Iwerks vollkommen mit dem Zeichnen auf. Als Chef des Studios beaufsichtigte er jedes Produkt und beteiligte sich an den Vorbereitungen für die Stories und befaßte sich mit den Layouts. Aber immer mehr beschäftigte er sich mit den Maschinen des Studios. »Er war ein Genie der Mechanik«, sagte Grim Natwick.

Im Jahre 1933 entwickelte Iwerks zwei neue Serien. Die erste wurde so gezeichnet, daß sie die Stelle von *Flip the Frog* einnehmen konnte, der seinen Wert bei der MGM verloren hatte. Diesesmal entwickelten Iwerks und seine Mitarbeiter eine menschliche Figur mit dem Namen Willie Whopper, einem kleinen Jungen, der übertriebene Geschichten erzählt. Wenn man Willies Gesicht betrachtete, so mußte man unwillkürlich das Gefühl haben, man hätte diesen Burschen schon einmal bei Iwerks gesehen. Das war in der Tat der Fall. Er trug das Gesicht der Maske, die sich Flip bei Dr. Skinnum in *Funny Face* ausgesucht hatte.

Der erste Willie Whopper-Film, *Play Ball,* wurde zu Beginn

Kinoplakat zu Ub Iwerks' Serie Willie Whopper.

der Kinosaison von 1933/34 veröffentlicht. Er beginnt damit, daß Willie das Publikum befragt: »Sagen Sie, habe ich Ihnen schon einmal diese Geschichte erzählt?« Der Zeichentrickfilm fährt damit fort, daß Willie ein Garn spinnt, das von seinen Heldentaten als Baseballspieler berichtet. Es kommt auch darin eine Szene vor, wo Willie auf die Karikatur eines Babe Ruth auf dem Spielplatz stößt. Zum Schluß des Filmes, als Willie und Babe von der Bevölkerung während einer Straßenparade gefeiert werden, spielt der Film vor dem Hintergrund von realem Wochenschaufilmmaterial.

Ähnlich wie mit Flip unterzog Iwerks auch die Figur des Willie nach den ersten beiden Filmen einer zeichnerischen Veränderung was das Design anbelangte, um ihn zeichentrickfähiger und gewinnender zu gestalten. Dieser neue Willie machte sein Debüt in dem Film *Stratos Fear,* der wohl zu den besten Filmen dieser Serie zu rechnen ist.

Dieser und darauffolgende Cartoons der Serie haben ein attraktiveres Aussehen als die Vorgänger, und der Grund dafür ist wohl in Iwerks ungewöhnlicher Verfahrensweise zu finden, denn er hatte die Angewohnheit, alles farbig zu gestalten, obwohl die Cartoons schließlich dann doch in Schwarz-Weiß gefilmt wurden. »Er sagte, daß dadurch die Schwarz-Weiß-Filme eine andere Qualität erhielten, und da hatte er recht«, sagte Animator Al Eugster. »Die Grautöne sahen irgendwie anders aus.« Ein Zeichentrickfilm mit Willie Whopper, *Davy Jones' Locker,* wurde vollkommen farbig verfilmt, aber die anderen präsentierten sich in einer ungewöhnlichen Vielfalt von schwarz-weißen Schattierungen.

Nichtsdestotrotz hinterließ diese Serie keinen großen Eindruck und hielt sich nur ein Jahr auf der Leinwand.

Mittlerweile hatte sich Iwerks auf eine andere, anspruchsvollere Serie eingelassen, die den Titel *Comicolor Cartoons* trug. Er hatte ja bereits im Jahre 1930 einen zweifarbigen Technicolor-Film entstehen lassen, aber erst seit Walt Disneys *Flowers and Trees* beriefen sich auch andere Trickfilmer auf das Drei-Farben-Verfahren von Technicolor (1932). Aber Disney war so klug gewesen, mit Technicolor bis zum Jahre 1935 einen Exklusivvertrag zu machen, so daß die anderen Produzenten zumindest in dieser Hinsicht das Nachsehen hatten. Iwerks Produzent, Pat Powers, der die Rechte an einem zu Beginn der Tonfilmzeit illegal hergestellten Tonverfahren

Flip the Frog wird lächerlich gemacht, und zwar von Dr. Skinnum's Maskensammlung aus ›Funny Face‹ (1933).

Meister-Animator Grim Natwick bei der Arbeit in Ub Iwerks' Studio.

erworben hatte, verschaffte seinem Cartoon-Hersteller nunmehr die Möglichkeit, seine Filme in dem Cinecolor-Verfahren herzustellen. Cinecolor war ein Zwei-Farben-System, und während Technicolor die zwei Grundfarben rot und grün verwendete, baute sich das Cinecolor-Verfahren auf den Grundfarben rot und blau auf, so daß dem Animationsfilmer größere Möglichkeiten geboten waren. Schlimm genug, aber MGM hatte keinerlei Interesse daran, die *ComiColor*-Filme zu verleihen, so daß Pat Powers sie als unabhängiger Verleiher in die Kinos bringen mußte.

Da sich Iwerks nur eine Menge Arbeit aufgeladen hatte, denn er produzierte zwei Farbfilmserien, mußte auch sein Stab vergrößert werden. Otto Englander, George Manuel und Ben Hardaway standen dem *story department* vor. Zu den neuhinzugekommenen Animatoren gehörten Berny Wolf, Norm Blackburn, Dick Bickenbach, Lou Zukor, Steve Bosustow, Al Rose und Frank Tashlin.

Immer mehr verließ sich Iwerks auf Grim Natwick, der die Oberaufsicht bei seinen Zeichentrickfilmen führte. Er bot dem Animator sogar eine Patnerschaft an, die Natwick jedoch ablehnen mußte, weil er bei Disney einen Job angenommen hatte. Aber während seiner Zeit bei Iwerks beeinflußte dieser Animator immer mehr das Aussehen und die Gestaltung der Cartoons des Studioleiters. Unglücklicherweise gab es allerdings in den *Comicolor Cartoons* nichts, was mit Figurenanimation zu tun hatte. Die Figur des Jack in *Jack and the Beanstalk,* dem Pilotfilm dieser neuen Serie, hatte eine gewisse Ähnlichkeit mit Willie Whopper und erschien immer wieder, mit einem neuen Namen versehen, in den darauffolgenden Zeichentrickfilmen, und zwar als Tom Thumb, Little Boy Blue, Dick Whittington oder ähnliche Helden.

Das Beste an den *ComiColor*-Filmen beruht auf der Tatsache, daß sie ungewöhnlich gut aussehen. Ihre Farben sind prächtig und, wie im Falle von *Aladdin and His Wonderful Lamp* offenbaren sie auch zusätzlich noch ein außergewöhnlich gutes Design. Der Witz der Serie läßt jedoch zu wünschen übrig, auch haben die Figuren keinerlei Tiefe und ihre Abenteuer sind nicht sonderlich gehaltvoll. Sogar ein Film von der Qualität von *The Headless Horseman* ist nicht mehr als Routine, denn der Stab von Iwerks besaß keine Befähigung, eine dramatische Situation kunstgerecht auszubauen. Wenn man sich eingehend mit der Serie befaßt, dann muß man zu der Erkenntnis kommen, daß die Cartoons, wie im Falle von *Tom Thumb* und *Little Boy Blue* zwar Höhepunkte enthalten, aber in ihrer Gesamtheit keine Highlights sind. Einige Folgen, die unter einer schwachen Story leiden, wie *Humpty Dumpty Jr.,* zeigen allerdings höchst farbenfreudige Figuren und Hintergründe. *Balloon Land* (der auch unter dem Titel *Pincushion Man* lief) offenbart ein ungewöhnlich gutes Charakterdesign, die Handlung selbst ist aber wieder abgedroschen und platt.

Andere Folgen dieser Serie erinnern in ihrer Ausführung an die *Silly Symphonies* von Walt Disney, wie etwa *The Little Red Hen* und *Little Boy Blue.*

Iwerks entwickelte eine verblüffende Hintergrundanimation, beispielsweise für den Willie Whopper Zeichentrickfilm

Typische Iwerks-Charaktere in dem Comicolor-Kurzfilm ›Jack and the Beanstalk‹ (1933).

The Cave Man und für einige *ComiColor*-Episoden wie *The King's Tailor* und *The Headless Horseman*. Im Falle von *The Cave Man* schwingt sich Willie wie Tarzan von Baum zu Baum, und man erkennt hinter ihm mehrere Lagen von Dschungelblätterwerk. In einem anderen Fall bewegen sich die Figuren eine Landstraße entlang; dabei agieren sie vor einem Hintergrund, der sich auf mehreren Ebenen bewegt. Die leicht verschwommen gezeichneten Berge am Horizont, die Bäume im Vordergrund.

Aber wenn man sich eine endgültige Beurteilung erlauben darf, so muß man zu der Erkenntnis kommen, daß solche Augenblicke äußerst selten waren und dazu noch in Cartoons, die in ihrer Ausführung sehr schnell der Erinnerung entschwinden könnten. Während Disney selbst stets für seine eigene Person die Werbetrommel rührte und damit möglicherweise auch den Wert seiner Filme steigerte, hatte Iwerks für solcher-

Ub Iwerks (13) und sein gesamter Stab im sonnigen Kalifornien (1935). Das Foto zeigt unter anderem Peggy Jones (1, Chuck Jones' Schwester), Frank Tashlin (2), Art Turkisher (3), Lee Mackey (4), Gladys McArthur (5), Irv Spence (6), Steve Bosustow (7), Dick Bickenbach (8), Charlie Connors (9), Lou Zukor (10), Al Eugster (11), Jimmie (Shamus) Culhane (12), Grim Natwick (14), Berny Wolf (15), Carl Stalling (16), Ted Dubois (17), Ralph Somerville (18), Ed Love (19), Bob Stokes (20), Dick Hall (21), Norm Blackburn (22), Ed Friedman (23), Izzy Ellis (24), George Dane (25), Mary Tebb (26), Dorothy Webster (27, Chuck Jones' zukünftige Frau), Jimmie Ciangoli (28, die Schreibweise kann fehlerhaft sein), Al Gould (29), Ray Farranger (30), George Manuel (31), Murray Griffen (32). Bei den Personen, die keine Nummer tragen, waren keine Namen mehr feststellbar.

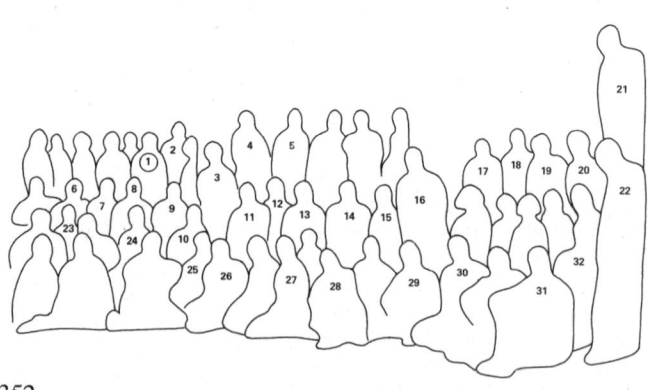

lei Handhabung keinerlei Interesse. Obwohl Iwerks verschiedentlich Disney einiges voraus hatte, rührte er für seine Erfindungen niemals die Werbetrommel, während Disneys Name in der Zeichentrickfilmgeschichte immer größere Formen annahm.

Der Verlust, der durch MGMs Weigerung entstand, die Zeichentrickfilme von Iwerks zu verleihen, ist nicht abzuschätzen, aber das Studio hatte immer größere Schwierigkeiten zu überleben. Pat Powers brachte die *ComiColor*-Cartoons zwar durch seinen, unabhängig von einem großen Verleiher handelnden, Verleih in die Kinos, aber die Beträge, die ein großes Studio für einen Zeichentrickfilm zu zahlen bereit war, konnte von der Celebrity Productions nicht bereit gestellt werden. Im Jahre 1935 hieß es bei Iwerks, die Gürtel enger zu schnallen. Gehaltskürzungen waren halt nicht jedermanns Sache. Grim Natwick, Otto Englander, Al Eugster und Berny Wolf wechselten zu Disney über, Shamus Culhane kehrte in das Van-Beuren-Studio nach New York zurück.

Die Zurückgebliebenen arbeiteten an den *ComiColors* und schafften pro Jahr zehn Filme dieser Serie, wobei noch einige hinzu kamen, die dann als Vorlauf im Jahre 1936 eingesetzt wurden. 1936 mußte Ub Iwerks sein Studio schließen, zumal Pat Powers Unterstützung von nun an ausblieb. Die verbliebenen Mitarbeiter zerstreuten sich in alle Winde, und der musikalische Leiter Carl Stalling folgte Ben Hardaway zu Warner Brothers.

Leon Schlesinger, ein Produzent bei Warner Brothers, war es dann schließlich, der Iwerks aus dem gröbsten Unheil heraushalf, indem er bereits vorhandenes Material in seinen Verleih aufnahm. Aber diese Verbindung war nur von kurzer Dauer, und eine von Großbritannien aus finanzierte Serie mit dem Titel *Gran' Pop* wurde schließlich und endlich erst gar nicht so richtig in Angriff genommen. Im Jahre 1938, zwei Jahre später also, verließ Ub Iwerks sein Studio in Beverly Hills und bezog neue Räume auf dem Santa Monica Boulevard. Mit Charles Mintz schloß er einen Vertrag und befaßte sich mit einer Serie, die dann durch Mintz von der Columbia veröffentlicht wurde. Für zwei weitere Jahre hatte Iwerks nun Arbeit und Brot, aber dann war er soweit, einen Schritt zu unternehmen, der zwar schwierig war, dem man aber im Nachhinein Achtung zollen muß – er ging zurück zu Disney.

Weder Disney noch Iwerks machten in der Öffentlichkeit großes Aufsehen davon, daß sie sich wieder vereinigt hatten, aber etwas anderes ist völlig klar: Sie partizipierten beide von dieser erneuerten Verbindung. Iwerks ließ seine Tätigkeit als Animator fallen und stürzte sich vollkommen auf das Experimentieren mit technischen Errungenschaften; Disney profitierte von Iwerks Versuchswerkstätten. Innerhalb der Jahre wurde Ub Iwerks für seine Errungenschaften mit zwei OSCARS ausgezeichnet bzw. geehrt. Seine Arbeit mit optischen Vorgängen und dem Matte-Verfahren war zum größten Teil dafür verantwortlich, daß Disney in seinen Filmen *Song of the*

South, The Three Caballeros und (zu einem späteren Zeitpunkt) *Mary Poppins* so effektvoll mit der Verbindung von Realfilm und Zeichentrickfilm umgehen konnte. Bis zu seinem Tode im Jahre 1971 blieb Iwerks ein wertvoller Mitarbeiter von Disneys Stab.

Wenn man Ub Iwerks lange und interessante Karriere einer genaueren Betrachtung unterzieht, kommt man zu einer augenfälligen Feststellung: Die zehn Jahre, die er ohne Disney innerhalb der Filmindustrie verbrachte, waren die unproduktivsten und auch die, die ihm das wenigste Ansehen einbrachten. Diese Erklärung bestreitet allerdings keineswegs die Talente von Iwerks. Sie unterstreicht vielmehr die Tatsache, daß das Produzieren von Zeichentrickfilmen nicht seine eigentliche Bestimmung gewesen war. Seine größte Aufmerksamkeit (und seine große Liebe) widmete er den Herausforderungen, die die Technik an ihn stellte. In den zwanziger Jahren meisterte er die Techniken der Animationskunst. In den vierziger Jahren befaßte er sich mit optischen Kopierverfahren und widmete sich dem Matte-Verfahren. In jeder darauffolgenden Dekade erklomm Iwerks neue Höhen; wie im Falle von Disney, war sein Blick nach vorn gerichtet.

Aus diesem Grunde waren Disney und Iwerks ein so außergewöhnlich gutes Team. Wenn Disney kreative Ideen für das Entertainment entwickelte, dann war Iwerks zur Stelle, um sie aus- bzw. fortzuführen. Wenn Iwerks neue technische Verfahren perfektionierte, dann war Disney zur Stelle, um diese Verfahren für seine Filme deutlich sichtbar anzuwenden. So war jeder auf seine Art eine ganz spezielle Art von Genie.

7. Das Van Beuren-Studio

Das Van Beuren-Studio ist die am wenigsten bekannte Firma, die in den dreißiger Jahren innerhalb des Zeichentrickfilms tätig gewesen ist, obwohl die kurze Geschichte dieses Unternehmens ungewöhnlich gute Filme hervorbrachte und ebenso talentierte Personen, die heute im Animationsfilm große Namen tragen.

Das Unternehmen war eine Nebenerscheinung – oder deutlicher, eine Erweiterung – von dem Aesop's Fables-Studio, das Paul Terry 1921 unter finanzieller Unterstützung mit der Keith-Albee-Vaudevilletheaterkette eingerichtet hatte. Keith-Albee behielt die Kontrolle über das Studio, während Terry ein Anteil von zehn Prozent gehörte.

Im Jahre 1928 verkaufte Keith-Albee ihren Anteil an Amadee J. Van Beuren, einem verhältnismäßig neuen Mann in der Filmindustrie, der auch verschiedene Realfilm (Kurzfilme) produzierte. 1928 verkündete Van Beuren in der Öffentlichkeit, daß von diesem Zeitpunkt an alle seine Filme mit Ton versehen würden, und das führte zu einem Zusammenstoß mit

*Mickey und Minnie
(aus der
Van-Beuren-Produktion).*

Paul Terry, der nur widerwillig Geld in etwas hineinstecken wollte, von dem er sich keine große Rendite versprach. Abgesehen davon gab es allerdings auch noch andere Streitpunkte, so daß Terry Van Beuren Mitte des Jahres 1929 verließ. Der größte Teil seines Stabes blieb bei Van Beuren.

Van Beuren machte einen Veteranen von Aesop's Fables, John Foster, zum regieführenden Chef seiner Animatoren, um die Arbeit seiner Kollegen Harry Bailey und Mannie Davis zu überwachen. Sie kamen zu der Feststellung, daß es, unter Berücksichtigung der zusätzlichen Arbeit mit dem Ton, unmöglich sein würde, Terrys jährlichen Ausstoß von zweiundfünfzig Filmen einzuhalten. Aus diesem Grunde entschloß man sich, die Zahl zu halbieren.

Während seiner letzten Monate innerhalb dieses Studios hatte Terry seinen wöchentlich erscheinenden Cartoons Tonspuren angefügt, so daß man sie als »Talkies« verkaufen, aber nicht als solche bezeichnen konnte. Zwischen Ton und Bild waren keine »ehelichen« Gemeinsamkeiten festzustellen.

Zunächst heuerte das Studio einen Musiker namens Carl Edouarde an, dessen Feuertaufe bei Walt Disneys *Steamboat Willie* zu schrecklichen Folgen geführt hatte. Er wurde sehr bald wieder entlassen, und an seine Stelle traten zwei fähige Männer: Der ehemalige Berufstänzer Jack Ward und der Bandleader Gene Rodemich.

Die Herausforderung für Van Beurens kleinen Stab, die der Tonfilm mit sich brachte, stellte gewaltige Anforderungen, denn sie forderte rein technisch wesentlich mehr, als es die Synchronisation gefordert hatte. Für die Veteranen des Stummfilms war es deshalb nicht besonders einfach, weil sie es gewohnt waren, ein »Ha-ha« auf die Leinwand zu zeichnen, wenn irgendeine Figur in ihren Filmen lachte.

Es gab aber auch ein anderes Problem. Der Stab, der Äsops Fabeln gezeichnet hatte, hing immer noch in den zwanziger Jahren. Keiner der führenden Animatoren konnte bemerkenswert gut zeichnen, sämtliche Techniken der Animation waren bei Van Beuren nicht bekannt. Mann hatte dort einen gewissen Sensus für Humor, aber Künstler im Sinne des Wortes hatte Van Beuren nicht unter Vertrag.

In *Circus Capers* (1930) sind die beiden führenden Figuren zwei Mäuse (eine männlichen, eine weiblichen Geschlechts), aber gegen Ende des Filmes schauen die beiden gar nicht mehr

Die Charakterentwürfe bei Van Beuren entsprachen dem üblichen Standard. Beispiel: ›Gypped in Egypt‹ (1930).

so aus, wie sie es zu Beginn des Filmes getan hatten: Durch inkonsequentes Zeichnen sah der Mäuserich zum Schluß eher einem Bären ähnlich.

Einige der Cartoons hatten recht lustige Gags und basierten auf cleveren Ideen, aber der Witz wurde oftmals recht roh behandelt. Man sieht das beispielsweise an dem Film *Making 'Em Move,* der einen Einblick in ein Zeichentrickstudio gewährt. Das wichtigste an diesen frühen Talkies war Gene Rodemichs lebendige Musik. Er bezog seine Themen aus populären Songs, ließ sie von einer schwungvollen Band einspielen und glättete so vieles, was rein zeichnerisch unter dem üblichen Standard blieb.

Foster und sein Team verharrten bei *Aesop's Fables,* obwohl die Moralpredigten gegen Ende der Filme zu Beginn der dreißiger Jahre fortgelassen wurden. Hinzu kam, daß es keine durchlaufenden Figuren in den Filmen mehr gab: Für jede neue Episode wurden auch neue Charaktere gezeichnet. Man setzte für kurze Zeit Farmer Al Falfa ein, bis Paul Terry diese Figur rechtmäßig für sich beansprucht. Ein Fall größeren Ausmaßes tauchte 1931 auf, als Walt Disney behauptete, Van Beuren hätte sich eines Plagiats an der Mickey Mouse schuldig gemacht. Tatsächlich allerdings hatte sich Disney von den Mäusen in den *Aesop's Fables* beeinflussen lassen, aber als John Foster in den Filmen *A Close Call* und *Western Whoopee* einen Mäuserich und ein Mäuseweibchen herausbrachte, da lag der Vergleich zu Mickey und Minnie sehr nahe. Im April 1931 hielt Walt Disney einen Gerichtsentscheid in den Händen, der Van Beuren verbot, so etwas Ähnliches wie eine Mickey Mouse in seinen Filmen zu verwenden, oder etwas, was man für eine Mickey Mouse halten konnte. Disney hatte keinen Schadenersatz gefordert, er wollte lediglich, daß nur sein Studio eine solche Figur verwenden durfte.

Im gleichen Jahr stießen George Stallings und George Rufle, beide Veteranen der New Yorker Animationsszene, zu Van Beuren und Forster, um die ersten Originalfiguren des

Mickey und Minnie in ›A Close Call‹ (1929). In anderen Szenen war die Ähnlichkeit noch verblüffender.

Studios zu erschaffen: Daraus ergab sich ein Duo à la Mutt und Jeff, das man Tom und Jerry nannte. Die eine Figur war groß und schlank, die andere klein und dick. Persönlichkeitsmerkmale hatten beide fast überhaupt nicht, aber irgendwie übertrug sich ihr liebenswertes Gebaren auf das Publikum. Wie bereits bei den *Aesop's Fables* blieb auch diese Serie im großen Maße primitiv, aber in ihren besten Folgen zeigte sie sich unverfälscht gut, einfallsreich und ausdrucksvoll. Der beste Film dieser Serie ist möglicherweise *Wot a Nite*.

Mit seinen bizarren Einfällen erinnert der Film an Max Fleischers beste Cartoons: Ein Skelett nimmt ein Bad, bricht in Erschrecken aus, als es sich »nackt« sieht und verschwindet im Abfluß der Badewanne. Ähnliche Gags bestimmen den Ablauf des Films. In diesem Film, in dem eigentlich recht wenig gesprochen wird, hat Jerry (der Kleinere der Beiden) mehr Persönlichkeit als Tom. Man sieht das beispielsweise in der Szene, wo die beiden einem großen Raubvogel gegenüberstehen und Jerry seine Finger an einer Kralle des Tieres reibt, um festzustellen, wie scharf diese ist.

Das Studio produzierte sechsundzwanzig dieser *Tom and Jerry*-Filme innerhalb der nächsten Jahre, jedoch wurden sie mit zunehmendem Maße immer schwerfälliger. In *Piano Tooners* hat sogar eine Note Augen und Mund. Diese und andere Filme (*Tight Rope Tricks* und *Farmerette* aus den *Aesops's Fables*) leben unter anderem nicht nur von ihren visuellen Gags, sondern von einer weiblichen Stimme, die sehr stark an die von Betty Boop erinnert. Van Beurens Cartoons wurden in New York hergestellt (und dieses Studio lag auf der anderen Straßenseite dem Studio von Max Fleischer gegenüber). Es ist also durchaus denkbar, daß eine Frau, die in diesen frühen Tagen Betty Boops Stimme interpretierte, auch für Van Beurens Studio arbeitete.

Aber Van Beuren erzielte nicht ein Zehntel des Erfolges mit Tom und Jerry, der Max Fleischer mit Betty Boop zuteil wurde. Im Jahre 1933 wußte Van Beuren, daß er personelle Veränderungen vornehmen mußte. Er entließ John Foster, ernannte George Stallings zum künstlerischen Leiter des Studios und ermutigte seinen Stab, neue Ideen hervorzubringen.

Mannie Davis zeichnete eine neue Figur mit dem Namen Cubby Bear, die dem Boss gefiel. Irgend jemand schlug wäh-

Tom und Jerry in ›Piano Tooners‹ (1932).

Tom und Jerry als ›Happy Hoboes‹ (1933): Fad, aber vergnügt.

rend eines Dinners im New Yorker Athletic Club vor, die Rechte an Otto Soglows Kleinem König (*The Little King*) zu erwerben. Die Animatoren Jim Tyer und Steve Muffati wurden in den Rang von Regisseuren erhoben, und man machte sich an die Arbeit.

Cubby Bear war ein weiterer Abkömmling der Mickey Mouse, der durch sein rundes Äußeres und durch sein nettes Wesen dazu in der Lage war, einige Mickey-Mouse-Verehrer auf seine Seite zu ziehen. Aber Cubby hatte, wie viele andere Figuren, hierbei Pech. Ironischerweise wurden die Cartoons *Cubby's World Flight* und *The Gay Gaucho* von Harman und Ising inszeniert, die sich von Leon Schlesinger und den Warner Brothers erst kürzlich getrennt hatten und an der Westküste diese Filme auf freiberuflicher Basis für Van Beuren entstehen ließen. Diese beiden Filme, in denen Cubby Bear wie Harman und Isings Bosko aussah und handelte, ragen aus dem derzeitigen Angebot der Filme Van Beurens heraus.

Es lag wohl nicht daran, daß Van Beurens Mitarbeiter nicht alles versuchten, um bessere Filme zu machen, denn einige Cubby-Cartoons (*Opening Night* und *How's Crops?*) sind gutgemachte Zeichentrickfilme, die Freude bereiten können, aber Cubbys Äußeres veränderte sich von Film zu Film, so daß das Publikum nur recht schwer die Möglichkeit besaß, sich mit dieser Figur zu identifizieren oder sie ins Herz zu schließen.

Der »Kleine König« hatte sich bereits als karikierter Bestandteil der Zeitungen fest etabliert, so daß das Studio hier keine großen Schwierigkeiten zu überwinden hatte. Aber Otto Soglow's pantomimische Figur hielt sich in einfachen Grenzen und brachte nicht die allerbesten Voraussetzungen für eine Umsetzung auf die Leinwand mit. Der »Kleine König« hatte einen infantilen Charakter, aber gerade dieses Merkmal war nicht von heute auf morgen auf die Leinwand zu bringen. Doch die Animatoren hatten bei der Auswahl ihrer Bilder für die Filme eine glückliche Hand, das beweisen die Cartoons *Pals* und *Sultan Pepper*. Wenn man aber eine Bilanz dieser Serie zieht, so muß man sagen, daß sie, trotz zeichnerischer Qualitäten kein großer Erfolg gewesen war.

Nachdem im Jahre 1934 der »Kleine König« zu einem festen Bestandteil des Studios geworden war, verlegte sich Van Beuren darauf, eine beliebte Radiosendung auf die Leinwand zu

Otto Soglow's kleiner König (The Little King) in einer Szene von ›Pals‹ (1933). Dieser Zeichentrickfilm ist auch unter dem Titel ›Christmas Night‹ gelaufen.

übertragen. Aber auch hier schien er keine glückliche Hand zu haben, als er Freeman Gosden und Charles Correll, die Stars und Schöpfer von *Amos 'n' Andy,* in eine Zeichentrickfilmserie einbauen ließ. Weder *The Rasslin' Match* noch *The Lion Tamer* hinterließen einen nachhaltigen Eindruck beim Publikum, so daß auch diese Serie zu einem vorzeitigen Ende kam.

In den Jahren 1933 und 1934 schien das Studio vor neuen Talenten aus den Nähten zu platzen, obwohl man zu jener Zeit nicht voraussehen konnte, welche Wege die einzelnen Mitarbeiter innerhalb des Zeichentrickfilms in der Zukunft nehmen würden. Frank Tashlin arbeitete bei Van Beuren unter dem Pseudonym Tish Tash. Ein weiterer junger Mann verdiente sich bei Van Beuren seine ersten Animationssporen: Joe Barbera. Auch andere Männer von Rang und Namen standen auf der Gehaltsliste von Van Beuren: Jack Zander, Alex Lovy,

Pete Burness, Larry Silverman, Dan Gordon, Ray Kelly, Phil Klein, Bill Littlejohn, Marty Taras, Carl »Mike« Meyer, Johnny Gentilella, I. Klein und Shamus Culhane. Doch das Studio geriet nicht in den Erfolgsstrom, in den Van Beuren es so gern hineinmanövriert hätte. Aber dann unternahm der Studiochef doch einen Schritt, um seinem Ziele auf schnellste Art und Weise näherzukommen. Er engagierte Burt Gillett, den Mann also, der bei Disney den Film *The Three Little Pigs* gemacht hatte und von dem jedermann wußte, daß er der erfolgreichste Zeichentrickfilm gewesen war, der bis dato auf den Markt gekommen war. Gillett wurde der neue Direktor von Van Beurens Studio.

Zweifelsohne hätte man annehmen müssen, daß Burt Gillett einen ganzen Schwanz von talentierten Animatoren hinter sich hätte herziehen müssen, aber das war nicht der Fall gewesen, denn Disney war derzeit gerade mit seinem *Snow White and the Seven Dwarfs* beschäftigt und versuchte alles, um seine Künstler bei der Stange zu halten. Burt Gillett folgte eigentlich nur Tom Palmer, dessen gerade erst beendete Zusammenarbeit mit Leon Schlesinger ein Fiasko heraufbeschworen hatte.

Van Beuren engagierte auch den Animator und Regisseur Ted Eshbaugh, dessen unabhängig produzierte Zwei-Farben-Cartoons im Jahre 1933 für ein wenig Aufregung gesorgt hatten.

Burt Gillett brachte Schwung in Van Beurens »Laden«. Seine Arbeitsweise glich der von Walt Disney höchstpersönlich, so daß sich einiges bei Van Beuren änderte. Die älteren Animatoren, die ihren eigenen Zeichenstil besaßen, bekamen Schwierigkeiten, zumal sie sich damit nicht abfinden konnten, unter einem jüngeren Mann zu arbeiten, den sie als »Schwellkopf von Disney« bezeichneten und der seine Vorstellungen von der Animationskunst auf Van Beurens Studio übertragen wollte. »Er feuerte die Leute reihenweise«, erinnerte sich I. Klein, »die Studiotür stand ständig offen, Leute kamen und gingen.«

Gilletts erste Kreation war nicht dazu angetan, außerhalb des Studios neue Freunde zu gewinnen. Die *Toddle Tales* kombinierten Realfilmmaterial mit Zeichentrickfilmmaterial, glücklicherweise entstanden allerdings nur drei Folgen dieser Serie. Außerdem waren sie die letzten Filme, die Van Beuren

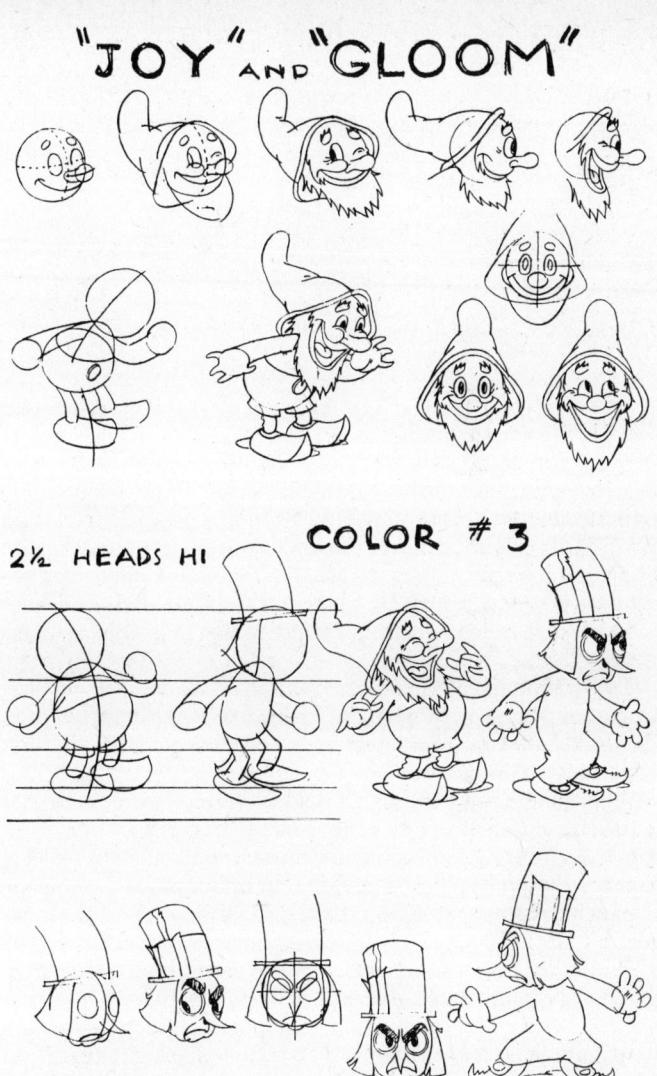

Eine Modellzeichnung der Hauptfiguren aus ›Sunshine Makers‹ (1935): Freude und Düsternis.

Eine Zeichnung aus ›Sunshine Makers‹ (1935).

in schwarzweiß herausbrachte. Die nächste Farbfilmserie, die Gillett einleitete, trug den Titel *Rainbow Parade,* zuerst im Zwei-Farb-, dann im Drei-Farb-Verfahren gefilmt. Winston Sharples ersetzte mit seiner Musik Gene Rodemich, der das Studio verlassen hatte. Die Filme der *Rainbow Parade* erhielten allerdings auch nicht den Zuspruch den man von ihnen erwartet hatte.

Ted Eshbaugh verließ Van Beuren, nachdem er bei drei Cartoons Regie geführt hatte. Einer seiner Filme bei Van Beuren, *Sunshine Makers,* wurde so etwas wie ein »kleiner Klassiker«. Möglicherweise lag der Erfolg dieses Kultfilms wohl in seinen Figuren begründet (es waren Zwerge) und der Tatsache, daß hier »Gut« gegen »Böse« kämpfte. Andere Filme Van Beurens umschlossen eine kurzlebige Serie, die in Parrotville spielte. Sie war zwar recht farbenprächtig, aber sie litt auch darunter, daß Gillett mit den Farben sehr schwer zurecht kam.

Wenn die Filme Uneinigkeiten auf die Leinwand übertrugen, so herrschte auch innerhalb des Studios Zwietracht. Einige *inbetweener* schlossen sich zu einer Vereinigung zusammen, um gegen die finanziellen Launenhaftigkeiten ihrer Chefs vorgehen zu können. Gillett besaß nicht die Fähigkeit, einmal nachzugeben, so daß er sich mit vielen Animatoren und Autoren ständig überwarf. Van Beuren mußte oftmals als Friedensstifter eingreifen. Einmal, durch einen erst kürzlich

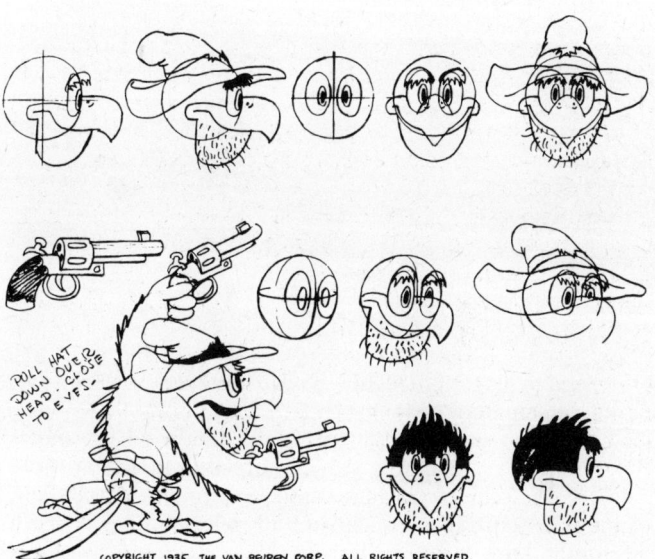

Eine Modellzeichnung von ›Parrotville Post Office‹ (1935). Black Parrot's Kopf ist ein wenig größer als der von Captain. Captain ist einen halben Kopf kleiner als Blackie. Blackie trägt den Hut dicht über den Augen. Das besagen die Anmerkungen in Blockschrift.

The Toonerville Trolley und der berühmte Skipper aus dieser Serie (gezeichnet am 15. Januar 1936).

erlittenen Schlaganfall an den Rollstuhl gefesselt, verkündete er vor versammelter Mannschaft:

»Leute, ich stehe hundertprozentig hinter euch, aber ich stehe hundertzwanzigprozentig hinter Mr. Gillett!«

»Das war schlechte Mathematik«, erinnerte sich Shamus Culhane und führte dazu, daß er und viele andere Mitarbeiter das Studio kurz darauf verließen.

Die Budgets stiegen bei Van Beuren, aber Gillett ließ nicht nach, den angestrebten Erfolg herbeizuführen. Er entschied sich für einen populären *comic-strip* mit dem Titel *Toonerville Trolley,* den Fontaine Fox gezeichnet hatte. Die zweite Serie bezog sich auf *Felix the Cat,* den ehemaligen Cartoon-Star, der seit Beginn der Dekade nicht mehr auf der Leinwand erschienen war.

Diese Zeichentrickfilme aus dem Jahre 1936 waren wohl die gelungensten und visuell am besten durchdachten Cartoons, die das Studio jemals hervorbrachte. Die Kritiker hatten sich endlich positiv auf Van Beuren eingestellt, und auch die Kinobesitzer stellten sie in eine Reihe mit den besten farbigen Zeichentrickfilmen.

Eine impulsive Modellzeichnung von Felix dem Kater (Felix the Cat), einer Figur, die vom Van-Beuren-Studio niemals realisiert worden ist.

Wenn man diese *Toonerville*-Cartoons heute betrachtet, so haben sie nicht sehr viel von ihrem Reiz verloren, und ihre Mängel mag man wohl geflissentlich übersehen, zumal nun mittlerweile vierzig Jahre ins Land gezogen sind. Felix, der in diesen *Toonerville*-Cartoons auch seine gelegentlichen Auftritte hatte, erstrahlte lebendig und prächtig in den neuen Farben, aber Gillett und Palmer taten sich schwer, das Potential dieses neuen Zeichentrick-Stars zu erkennen. In *Felix the Cat and the Goose That Laid the Golden Eggs* erinnert der Kater an seine Stummfilmzeit, wenn er seinen Schwanz dazu benutzt, um eine Kanone abzufeuern, und dann verwandelt sich Felix selbst in die Kanonenkugel, um über das Meer zu schießen. Dieser Film, und auch *Neptune's Nonsense* und teilweise auch *Bold King Cole,* basierten auf ungewöhnlich einfallsreichen Handlungen und Gags, und es wäre nicht sonderlich schwer gewesen, großartige, unvergessene Zeichentrickfilme aus ihnen entstehen zu lassen, aber Gillett und Palmer schienen es offensichtlich nicht hundertprozentig bewerkstelligen zu können, aus den Elementen Musik, Ton, Figur, Handlung, Gags, Bild und Background eine Einheit entstehen zu lassen. Was bleibt, ist die Persönlichkeit einer Figur vom Kaliber Felix der Kater.

All dies ist Kritik, die zu einem späteren Zeitpunkt entstand; aber die größte Aufregung brachte ironischerweise eine Nachricht mit sich, als diese Zeichentrickfilme noch in Produktion waren. Eines Morgens verkündete ein Handelsmagazin, daß Disney einen unerwarteten Schritt unternommen hatte – er hatte die United Artists (als Verleiher) verlassen und sich den RKO Radio Pictures angeschlossen. Die RKO hatte erst kürzlich noch in großen Werbeanzeigen verkündet, daß ihre neue *Toonerville*-Serie und ihre neuen *Felix the Cat*-Filme auf den Markt kommen würden. Aber alle Mitarbeiter bei Van Beuren wußten sofort, was diese Nachricht zu bedeuten hatte: RKO hatte keine Verwendung für *zwei* Zeichentrickfilmlieferanten. Van Beuren hatte niemanden mehr, an den er sich verleihmäßig wenden konnte, und, abgesehen davon, war er alt und krank. Nachdem er zehn Cartoons an die RKO abgeliefert hatte, um seinen Vertrag für die Saison 1935/36 zu erfüllen, schloß er die Türen des Studios.

Niemand hatte erwartet, daß das Studio schließen würde, nachdem es endlich, nach langer Irrfahrt, die Beachtung erhielt und den Erfolg erreichte, den es so lange Jahre angestrebt hatte. Amadee J. Van Beuren starb ein Jahr später an einem Herzanfall; er war achtundfünfzig Jahre alt geworden. Burt Gilletts schillernde Karriere führte ihn auf kurze Zeit zu Disney zurück, dann aber arbeitete er für Walter Lantz.

8. Columbia: Charles Mintz und Screen Gems

Mit Krazy Kat hatte alles begonnen.

Krazy Kat existierte lange bevor man an Columbia Pictures dachte. Bereits im Jahre 1916 war George Herrimans Schöpfung ein Star der Zeitungscartoons gewesen. Aber wie schon bei so vielen anderen Figuren des *comic strip*, die auf die Leinwand übertragen wurden, erlosch auch die Filmpopularität von Krazy Kat bereits nach wenigen Jahren wieder. Ein möglicher Grund dafür mag wohl auch in der Tatsache gelegen haben, daß die vereinfachten Filme mit Krazy Kat so wenig mit Herrimans Stil zu tun hatten, der seine Figur brillant und graphisch komplex in die Zeitungen gebracht hatte.

Krazy blieb allerdings ein überaus erfolgreicher Star der *comic strips*, und als der Animator Bill Nolan im Jahre 1925 nach einer gewinnbringenden Anlage suchte, schien ihm Krazy Kat wohl der idealste Partner für sein Unterfangen zu sein. Abgesehen davon hatte Nolan die Figur bereits in der Zeit von 1917 bis 1920 für den Film gezeichnet. Wieder einmal wurde keinerlei Wert darauf gelegt, Herrimans zeichnerisches Können auf den Film zu übertragen, aber die Wertigkeit des Namens von Krazy Kat schien ein Garant für sicheren Erfolg zu sein.

Nolan war Teil eines Zusammenschlusses von Zeichnern

Scrappy (aus der Mintz-Produktion).

unter dem Begriff Associated Animators, aber diese wohlklingende Gruppe hielt nicht lange zusammen, und schon sehr bald produzierte er seine Filme für die Verleihorganisation von M. J. Winkler. Keine Fremde im Bereich des Zeichentrickfilms, hatte Margaret Winkler bereits für einige Jahre den Verleih von Max Fleischers Filmen übernommen und hatte gerade einen Vertrag mit einem völlig neuen Mann, Walt Disney, unterzeichnet, der aus dem Mittleren Westen stammte. Ihr Ehemann, Charles Mintz, hatte gerade die Firma übernommen und wollte den Status einer unabhängigen Verleihgesellschaft ablegen, um an das große Geld zu kommen. Er bewerkstelligte es, einen Vertrag mit F.O.B. (Film Booking Offices) unter Dach und Fach zu bringen, der den Verleih der Krazy-Kat-Cartoons für ein Jahr sicherte. Dann aber schloß er für das nächste Jahr zu besseren Bedingungen mit Paramount ab.

Die Produktion dieser Filme wurde nach Bill Nolan in die Hände von Ben Harrison und Manny Gould gelegt, die beide erfahrene Männer aus der New Yorker Animationsszene waren. Keiner von beiden war ein Genie oder ein Neuerer, aber das spielte keine Rolle. Was eine Rolle spielte, lag darin begründet, daß die Männer die Fähigkeit besaßen, innerhalb eines Jahres sechsundzwanzig Filme herauszubringen, um den Vertrag zwischen Charles Mintz und der Paramount zu erfüllen.

Mit der Ankunft des Tonfilms vereinigte sich die Paramount mit Max Fleischer und Mintz mußte sich einen neuen Verleiher suchen. Er unterzeichnete mit Columbia Pictures, einer jungen und hungrigen Firma, die ebenfalls an das große Geld wollte. Im Februar des Jahres 1930 ging Mintz mit seinem winzigen Cartoon-Stab nach Kalifornien, wo er hoffte, Reichtümer aufzuhäufen. Unter den Übersiedlern befanden sich Ben Harrison und Manny Gould, Allen Rose, Harry Love, Jack Carr, Art Davis, der Komponist Joe DeNat und der Produktionsmanager Jimmy Bronis.

Charles Mintz hat sich in der Filmgeschichte ein Plätzchen gesichert, als er im Jahre 1928 in einem berühmten Vorfall mit Walt Disney stritt, und diesem nicht nur die Mitarbeiter stahl, sondern auch dessen Starfigur (Oswald the Lucky Rabbit), und zwar auf einen Schlag. Indem er das tat, stellte er Disney und seinen ihm verbliebenen Mitarbeiter Ub Iwerks vor voll-

Der Stab aus dem ›Krazy Kat‹-Studio (New York, 1928): v. l. n. r.: Mike Balukas, Zeichner, Al Windley, Kameramann, Ira Gould, Maler, Al Gould, Maler, Berny Wolf, Zeichner, Al Rose, Animator, Harry Love, Assistant Animator, Manny Gould, Animator und Regisseur, Sid Marcus, Animator, Ben Harrison, Animator und Regisseur, Jimmy (später Shamus) Culhane, Zeichner und Assistant Animator, Art Davis, Animator, unbekannter Maler, der Büroburche, Dave Tendlar, Zeichner und Assistant Animator.

endete Tatsachen. Aus dieser vollendeten Tatsache erwuchs den beiden etwas, was sie berühmt machen sollte: Die Figur der Mickey Mouse. Wie ironisch muß das doch klingen, wenn man bedenkt, daß Columbia Pictures ein paar Jahre später nicht nur die Filme von Disney verlieh, sondern auch die Cartoons von Mintz, wobei man allerdings anmerken muß, daß Disneys Erfolg von Tag zu Tag wuchs.

Auf dem kreativen Sektor bot Mintz Disney auch Paroli – aber wieder unterlag Mintz. Harry Love erinnerte sich: »Wenn irgendwo ein Cartoon von Disney im Kino lief, dann

mußten wir bezahlen und hineingehen und uns diesen Film anschauen. Danach hatten wir den Auftrag, alles zu stehlen, was wir an guten Einfällen gesehen hatten.«

Dieses »Festhalten an Disney« beeinflußte natürlich die Filme von Mintz ebenso wie seine Cartoon-Figuren. Disneys Musik gab die musikalische Marschrichtung vieler Studios an, und der musikalische Leiter bei Mintz, der ehemalige New Yorker Pianist Joe DeNat komponierte recht lebendige Partituren für ein aus zehn Mann bestehendes Orchester. Aus Krazy Kat wurde bald ein Schoßhündchen, obwohl der Name et-

Charles Mintz und sein Stab in Kalifornien: v. l. n. r.: Joe DeNat, Manny Gould, Harry Love, Charles B. Mintz, George Winkler, Al Rose, Ben Harrison, Jack Carr.

was anderes suggerieren konnte; sein Äußeres wurde vereinfacht und in den späten zwanziger Jahren hatte die Figur mit George Herrimans Kreation nicht mehr sehr viel gemein, aber dafür um so mehr mit Walt Disneys Mickey Mouse.

Disney überwarf sich im Jahre 1932 mit der Columbia und unterzeichnete aus finanziellen Gründen einen besseren Vertrag mit United Artists. So wurde Mintz zum einzigen Cartoon-Lieferanten der Columbia, aber er kam bei weitem nicht an den Erfolg von Disney heran, künstlerisch nicht und auch finanziell nicht.

Das soll allerdings nicht bedeuten, daß die Filme von Charles Mintz wertlos seien. Viele der *Krazy Kat*-Filme sind äußerst unterhaltend, wie zum Beispiel *Broadway Malady* (1933) und *The Crystal Gazebo* (1932). Flüssige Animation und schwungvolle Musik vermitteln eine glückliche Stimmung und überspielen die Mängel der Filme. Aber die Filme besitzen nichts Eigenes, nichts, das sie aus dem Angebot der Zeit

sonderlich emporhöbe. Was Ideen und die Technik anbelangte, so hinkten die Mitarbeiter von Charles Mintz stets hinterher.

Die *Krazy Kat*-Serie entstand unter der Leitung von Ben Harrison und Manny Gould, wobei Manny Gould das Zeichnerische besorgte und Harrison der Autor der Geschichten war. Schablonenhaftes Arbeiten war hierbei an der Tagesordnung.

Mintz selbst hatte ständig andere Dinge zu tun, als sich um die Produktion seiner Filme zu kümmern. Sein einziges Anliegen bei den Filmen bestand darin, daß sie genügend Profite einspielten. Sein einziger Vorschlag, den er an seine Mitarbeiter richtete, bestand darin (Anfang der dreißiger Jahre), so wenig Dialog wie möglich in die Filme einzubauen, damit sie sich im Ausland besser verkauften.

Einmal an der Westküste niedergelassen, versuchte Mintz, sein Betätigungsfeld zu erweitern, indem er eine separate Zeichentrickfilmserie an RKO Radio Pictures verkaufte. Zwei der besten Animatoren von Max Fleischer, Dick Huemer und Sid Marcus, kamen nach Kalifornien, um ihre eigene Arbeitsgruppe bei Mintz zu leiten. Marcus steuerte die Figur von Toby the Pup bei, und RKO kaufte die daraufhin folgende Serie mit dieser Figur. Unglücklicherweise war diese Reihe jedoch kein Erfolg, so daß sie nach elf Folgen eingestellt werden mußte. Auch Huemer entwickelte eine neue Figur namens Scrappy, und gemeinsam mit Krazy Kat gelangten diese Serien in den Verleih der Columbia. Auch Sid Marcus und Art Davis, der ebenfalls von Fleischer gekommen war, standen bei Scrappy Pate.

Scrappy unterschied sich von den meisten Cartoon-»Stars« jener Zeit dadurch, daß er ein menschliches Wesen war: ein netter, kleiner Junge. Sein Kopf war übergroß und rund, ebenso wie seine Schuhe, dazwischen gab es kaum den Anflug eines Körpers. Kreise dominierten auch sein Gesicht: Er hatte große runde Augen, runde Ohren, Haare, die das Gesicht einrahmten und in einer lockigen Haartolle zusammenliefen und eine runde Knopfnase. Auch Scrappys Hund Yippy erhielt unrealistische Formen, nur Vonsey (mitunter auch Oopie), Scrappys jüngere Nemesis, sah einigermaßen normal aus.

Die *Scrappy*-Cartoons basierten auf Kindergeschichten, Kinderabenteuern, wie man in den Filmen *Yelp Wanted, The Little Pest* und *Sunday Clothes* sehen kann.

Diese frühen Filme sind, wenn es um Charakterisierungen geht, den Filmen mit Krazy Kat um Meilen voraus, allerdings führen die personellen Angaben in diesen Filmen sehr oft in die falsche Richtung. Huemer wurde dann genannt, wenn es um die Handlung ging, während Marcus und Davis für die Animation genannt wurden.

In Wirklichkeit waren die Rollen aber anders verteilt, die drei Männer teilten sich die einzelnen Filme in drei gleiche Teile auf, so daß sie praktisch jeder für sich für die Handlung ebenso zuständig waren wie für die Animation. Bei Mintz gab es die Bezeichnung eines »Regisseurs« noch nicht wie das bei Disney der Fall war. Bei Disney war ein Regisseur eben nur ein Regisseur, der seine Assistenten hatte. Bei Mintz waren Davis, Huemer und Marcus vor allem etwas und dazu noch die Hauptanimatoren. Es entstand erst gar nicht die Verlegenheit, bei Mintz jemanden mit dem Titel »Herr Regisseur« an-

In den dreißiger Jahren war Krazy Kat in den Einflußbereich der Mickey Mouse geraten. Eine Szene aus ›The Masquerade Party‹ (1934).

zureden. Das galt auch für Manny Gould und Ben Harrison, die sich mit der *Krazy Kat*-Serie befaßten.

Seit dem Film *Scrappy's Party* (1933) wurden die Themen nicht mehr nur aus kindlichen Abenteuern bezogen, sondern in die Welt der Erwachsenen transportiert.

Nachdem Dick Huemer das Studio 1933 verlassen hatte, um sich Walt Disney anzuschließen, übernahmen Davis und Marcus die Serie allein. Sie überarbeiteten das Äußere von Scrappy und auch seine Stimme, die bis dahin nur ein Wispern gewesen war, erhielt einen jugendlicheren Klang.

Mitte der dreißiger Jahre machten viele neue Talente kurz bei Charles Mintz halt, um dort zu arbeiten. Sie durchliefen also eine Station, an deren Wegesende dann stets und immer Walt Disney stand. Unter den Mitarbeitern bei Mintz befanden sich damals immerhin so klangvolle Namen wie Al Eugster, Preston Blair, Irv Spence, Bob Wickersham, Don und Ray Patterson, Claude Smith, Emery Hawkins und I. Klein.

Mit *Barney Google* brachte Mintz einen anderen etablierten Star des *comic strips* (gezeichnet von Billy DeBeck) auf die

Leinwand, aber es entstanden nur vier Cartoons mit dieser Figur, bevor das Projekt endgültig ad acta gelegt wurde. Mittlerweile befaßten sich Harrison und Manny Gould ständig mit der *Krazy Kat*-Serie. Manche Filme dieser Serie gerieten zu Prachtstücken *(Scrappy's Ghost Story)*, andere wieder *(Graduation Exercises)* sind zwar äußerst unterhaltsam, erreichten aber nicht den Charme und die Ausstrahlung von *Scrappy's Ghost Story*.

Unglücklicherweise übergab Mintz die Figuren Krazy Kat und Scrappy seinem Mitarbeiter Allen Rose, einem der weniger fähigen Leute seines Stabes, denn Ben Harrison, Manny Gould, Sid Marcus und Art Davis mußten sich auf die Farbfilme von Mintz konzentrieren, denen er sehr viel Bedeutung beimaß. Seine *Color Rhapsodies* standen im unmittelbaren Wettbewerb mit Disneys *Silly Symphonies,* und, wie bei anderen Studios auch der Fall, mußte Mintz auf ein Zwei-Farben-System bauen, denn Disney besaß die Exklusivrechte an Technicolors Drei-Farben-Verfahren. Alle rivalisierenden Cartoon-Studios versuchten in jenen Tagen, Disney mit seinen *Silly Symphonies* zu übertrumpfen. Als Mintz endlich Mitte der dreißiger Jahre in den Genuß der Technicolor-Farben gelangte, prangten seine Filme in allen Farben des Regenbogens. Und dieser Errungenschaft schenkten die Kinobesucher der dreißiger Jahre mehr Aufmerksamkeit als irgendeinem anderen filmischen Stilmittel.

Ein ernsthafter Film jener Zeit, *Neighbours,* gefiel den Kritikern des Magazins *Fortune* besonders gut, und sie lobten diesen beachtenswerten Zeichentrickfilm zu Recht, der unter dem Einfluß von Sid Marcus und Art Davis entstanden war.

Von 1937 an übergab Mintz die Hälfte seiner *Color Rhapsodies* an Ub Iwerks, der sie unabhängig vom Mintzschen Studiogeschehen inszenierte und gestaltete. Einer dieser Filme, *Skeleton Frolic,* war ein schwaches Remake eines frühen vertonten Zeichentrickfilms *(The Skeleton Dance),* den Iwerks im Jahre 1929 für Disney gestaltet hatte.

Eine rühmliche Ausnahme innerhalb eingefahrener Gleise bei Mintz war das Erscheinen des Zeichentrickfilms *The Little Match Girl,* der zu Weihnachten 1937 in die Kinos kam. Dieser ungewöhnliche Zeichentrickfilm, entstanden unter der Anleitung von Sid Marcus und Art Davis, und zum größten Teil von Emery Hawkins gezeichnet, hält jeder Beurteilung

Oopie und Scrappy in ›The Glomm Chasers‹ (1935).

anderen herausragenden Cartoons gegenüber stand. Die tränenreiche Geschichte entstand nach dem Märchen »Das Mädchen mit den Schwefelhölzchen« von Hans Christian Andersen.

Niemals zuvor hatten die Mitarbeiter von Mintz sich mit so etwas Ambitiösem abgegeben. Die Farben, die ansprechenden Schauplätze, das Modellieren menschlicher Figuren sowie die Anwendung von Schatten schienen sich in diesem einen Film zu einer einmaligen Einheit zusammengefunden zu haben. *The Little Match Girl* ist mit Abstand der beste Zeichentrickfilm, den das Studio von Charles Mintz jemals hervorbrachte. Jetzt endlich hatte die Columbia etwas in Händen, womit sie Disney Paroli bieten konnte. Im Roxy Theatre in New York, einem Prestigekino, wurde der Film gezeigt und sogar für einen OSCAR vorgeschlagen, aber niemand bei der Columbia verstand es, die Werbetrommel zu rühren, wie Disney das bei seinen Filmen getan hatte und immer noch tat. Aus diesem Grunde wurde ein Großteil der Potenz des Filmes achtlos vertan. Wohl mag das aber auch daran gelegen haben, daß der Columbia von Mintz zuvor nichts Ähnliches angebo-

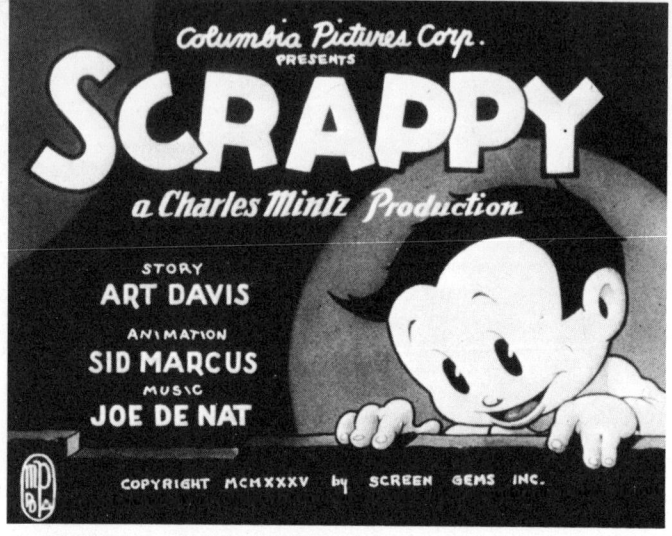

Filmplakat von Scrappy: Columbia Pictures Corporation präsentiert SCRAPPY, eine Charles-Mintz-Produktion. Buch: Art Davis – Animation: Sid Marcus – Musik: Joe DeNat. Copyright 1935, Screen Gems Inc.

ten worden war, so daß der Film nur die üblichen Wege durchlief und nicht die Beachtung erhielt, die er verdient gehabt hätte. Die Farbfilme von Mintz fanden allerorten gute Aufnahme, aber einen überaus nachhaltigen Eindruck hinterließen sie selten, eigentlich überhaupt nicht. Die *Krazy Kat*-Cartoons jener Zeit schlitterten den Berg hinab, während die *Scrappy*-Episoden hin und wieder ein wenig unterhaltsam waren. Ein vielversprechender Kurzfilm, *The Clock Goes Round and Round* (1937), kombinierte Realfilmmaterial und Trickfilmmaterial, aber in solch prosaischer Manier, daß das Ergebnis kaum den Aufwand lohnte. Die *Krazy Kat*-Cartoons wurden 1939 eingestellt, aber *Scrappy* überlebte noch ein weiteres Jahr.

Mintz hatte andere Probleme; einmal war es seine mangelnde Gesundheit, zum anderen sein ständiger Kampf um finanzielle Anerkennung bei der Columbia. Sid Marcus erinnerte sich:

Die gezeichnete Figur und vor dem Hintergrund der fertigen Szene. Ein Produkt von Ub Iwerks in ›Midnight Frolics‹ (Mitternachtspossen, 1938) aus der Serie der Color Rhapsody's.

»Die Columbia stellte nur einen gewissen Betrag an Geld für jeden Film zur Verfügung, aber Mintz überschritt ständig das für jeden einzelnen Film vorgesehene Budget. Er geriet bei der Columbia in die Kreide, und sie nahmen ihm das Unternehmen aus den Händen.« Mintz fuhr damit fort, das Studio zu leiten, aber dann, im Jahre 1939 verschlechterte sich sein Gesundheitszustand, und die Columbia entband ihn von seinen Verpflichtungen. Mintz starb am 4. Januar 1940 im Alter von vierundvierzig Jahren.

Während der nächsten acht Jahre gab es unterschiedliche »Regenten«, die dem neuen Columbia-Screen Gems-Studio vorstanden. Jimmy Bronis, der Produktionsmanager gewesen war, wurde umgehend der Nachfolger von Charles Mintz; ihm folgte auf dem Posten des Studioleiters George Winkler, Charles Mintz' Schwager. Beide versuchten sie, am Status quo des Studios festzuhalten, aber einige Änderungen waren nicht zu umgehen. Nach dem Abtritt von *Krazy Kat* und *Scrappy* gab es keine Stars mehr, lediglich Serien, die sich mit allem Möglichen befaßten: *Rhapsodies* in Farbe und die *Fables* und *Phantasies* in schwarz-weiß. Ben Harrison und Manny Gould verließen das Studio, während Sid Marcus, Art Davis und Allen Rose blieben.

Der dramatischste Schritt wurde im Jahre 1941 unternommen. Frank Tashlin, der für Disney gearbeitet hatte, kam als Autor zum Screen Gems-Stab. Er war ehrgeizig und voller Ideen. Als die Columbia den Kurzfilm-Produzenten Ben Schwalb als Studioleiter bestallte, wurde Tashlin zum Produktionschef ernannt. Das Studio schloß daraufhin seine Türen, weil eine komplette Reorganisation beschlossen worden war; die meisten der noch verbliebenen Mintz-Künstler verließen ihren Arbeitsplatz, und Tashlin heuerte viele Disneyleute an, die zu den Streikposten des Disney-Studios gehörten und gehört hatten!

Da Tashlins Verhalten dem eines konventionellen Cartoon-Produzenten glich, hatte er als Regisseur bei Warner Brothers neue Gefilde erschlossen und war jetzt bereit, Ähnliches bei Columbia-Screen Gems zu tun. Er heuerte ehemalige Disney-Leute an, die jung, kreativ und phantasievoll waren: John Hubley, Zack Schwartz, Dave Hilberman, Bob Wickersham, Howard Swift, Sam Cobean, Phil Klein, Grant Simmons,

The Fox and Crow (Fuchs und Krähe).

John MacLeish (= John Ployardt), Volus Jones, Phil Duncan, Emery Hawkins, Chic Otterstrom, William Shull, Tony Rivera und Künstler, die nicht von Disney kamen, wie Alec Geiss, Jack Cosgriff und Paul Sommer.

Das Ergebnis bestand darin, daß die Columbia-Cartoons ab sofort besser aussahen, sich mehr auf Persönlichkeitsanimation verlegten, visuell mehr boten, und im Falle von Tashlins eigenen Cartoons strahlendere Gags mit sich brachten. So hatte also tatsächlich gleich Tashlins erster Zeichentrickfilm als Autor und Regisseur bei der Columbia einen gewaltigen Einfluß auf die Zeichentrickfilmindustrie. Er trug den Titel *The Fox and the Grapes,* und sein Stil umwerfender Blackout-Gags ebnete den Weg als Vorläufer für das Team Road Runner-Wiley E. Coyote, das einige Jahre später auf den Markt kam. Dummerweise bezog man sich bei der Screen Gems nicht auf das Format dieses Filmes, als man mit *Fox and Crow* eine Serie ins Leben rief.

Tashlins möglicherweise größtes Verdienst begründete sich in seinem Bemühen, Mitarbeiter heranzuziehen, die etwas völlig Neues in die Cartoons mit einbringen konnten. »Er war ein Mann, dessen Inspiration es leicht machte, für ihn zu arbeiten«, erinnerte sich Zack Schwartz.

Eine kurzlebige Serie mit dem Titel *Professor Small and Mr. Tall,* die unter der Regie von John Hubley und Paul Sommer entstand, war ziemlich verrückt. Der erste Film sorgte für das Format der nachfolgenden: Er behandelte die Abenteuer eines Paares, das den Figuren Don Quichote und Sancho Pansa glich (der Große der beiden Figuren hieß Professor Klein, der Kleine Herr Groß) wie sie versuchen, den Aberglauben zu bekämpfen und sich somit ihren Weg durch das Leben bahnen. Der Kurzfilm ist überhaupt nicht lustig, aber für das Jahr 1942 ist das Zeichnerische an ihnen alarmierend modern; es gibt keinerlei Backgrounds, nur reichhaltige Farbspritzer. Die Figuren sind eckig und steif, die Schauplätze seicht. Mitunter hat man den Eindruck, als würden sich die Figuren nicht bewegen, während Vor- und Hintergründe ineinander übergehen.

»Wir machten Zeichentrickfilme, die ihrer Zeit erheblich voraus waren«, verkündete Hubley in späteren Jahren. »Wir machten einen, der das heldenmütige an Horatio Alger verulkte und den Titel *From Rags to Rags* trug. Dann erschien Milt Gross mit der Idee zu einem Anti-Hitler-Film, der ihn als einen verrückten Tapezierer karikierte. Der Film hieß *He Can't Make it Stick.*«

Tashlin war es gewesen, der eine Atmosphäre entstehen ließ, in der solche Cartoons entstehen konnten. Unglücklicherweise kam seine Zugehörigkeit zur Screen Gems durch ein Zusammenrasseln mit den Offiziellen der Columbia zu einem vorzeitigen Ende – gerade ein Jahr seit Beginn seines »Großen Experimentes«.

Die Columbia stellte Dave Fleischer ein, der Tashlins Stelle übernahm. Er hatte gerade das Studio verlassen, das er mit seinem Bruder Max zwanzig Jahre geleitet hatte und schien der ideale Nachfolger für Tashlin zu sein. Aber auch er stieß sehr bald mit seinen neuen Mitarbeitern zusammen und in

The Fox and Crow in ›Grape Nutty‹ (1949).

vielerlei Hinsicht schien er mit den intellektuellen, ehemaligen Kunststudenten des Studios nicht auszukommen. Zu beiderseitiger Erleichterung verließen die abenteuerlichsten Mitarbeiter alsbald das Studio von Screen Gems und wandten sich entweder der Army-Filmabteilung zu oder arbeiteten für zivile Studios.

Aber Dave Fleischers Verbleib war auch nicht sonderlich lang. Im Jahre 1944 wurde er von Paul Worth ersetzt, einem Musiker, der an den Partituren für die Zeichentrickfilme des Studios gearbeitet hatte. Seine Zeit als Studioleiter war ebenso vergänglich wie die seiner Vorgänger, denn die Columbia entschied sich dafür, einen erfahrenen Kurzfilmproduzenten, Hugh McCollum, in die Bresche springen zu lassen.

Während dieser Unruhen versuchten die führenden Regisseure des Studios, Howard Swift und Bob Wickersham, einen neuen Geist auf die Leinwand zu übertragen, allerdings mit unterschiedlichen Ergebnissen. Die Screen-Gems-Cartoons der vierziger Jahre hatten in vielerlei Hinsicht schon ihre Vorzüge, aber sie litten auch unter mangelhafter Regie. *Mass Mouse Meeting* aus dem Jahre 1943 steht im wahrsten Worte des Sinnes still und *Giddy Yapping,* ein Jahr später veröffentlicht, versuchte, einen ganzen Film an einem einzigen Witz zu orientieren, was nicht einfach zu bewerkstelligen war, zumal der Witz auch nicht sonderlich gut war.

Nur die einzigen Stars des Studios, der Fuchs und die Krähe (Fox and Crow), blieben stets vielversprechend in ihren Filmen. Diese Figuren sorgten für angemessene Unterhaltung: Der naive Fuchs mit der »Milchtoaststimme«, der nichts anderes im Sinne hat, als seinen eigenen Geschäften nachzugehen und die brooklynesk sprechende Krähe mit Zigarre und Derbyhut, deren einziger Spaß im Leben darin besteht, den Fuchs auf die Palme zu bringen. Einige dieser Filme mit den beiden Figuren sind Komödien auf höchster Ebene, wie beispielsweise *Room and Bored* oder *Way Down Yonder in Corn;* man darf bei ihnen immer auf ein unerwartetes Finale gespannt sein.

Ein Stapel von Problemen hinderte das Studio daran, Al Capps *comic strip Li'l Abner* auf die Leinwand zu übertragen. Al Capps höchst phantasievolle Figuren wurden nicht selten auf einen Nenner gebracht, um den Konventionen des Zeichentrickfilms gerecht werden zu können. Mitunter war die Musik zu diesen matten Leinwandabenteuern besonders gut, an anderer Stelle blieb das Ergebnis beschämend. Al Capp war nicht begeistert von dieser Adaption, die Zuschauer und die Columbia-Leute ebenfalls nicht. Nach fünf Versuchen, Aufmerksamkeit zu erregen, wurde die Serie eingestellt. Im Jahre 1946 wurde noch einmal ein Versuch gestartet, eine Figur in den Mittelpunkt des Interesses zu stellen. Flippy hieß diese Figur und war ein komischer Kanarienvogel. Dieses Tier erlangte allerdings nur sekundäre Bedeutung und verschwand bereits nach vier Filmen wieder von der Leinwand.

Oben: Li'l Abner und Daisy Mae in einem farbigen Zeichentrickfilm der Columbia, der nach Al Capp's Comic-strip-Serie entstand.

Unten: Eine Szene aus ›The Coo-Coo Bird Dog‹ (1949), die keiner Erklärung bedarf.

389

Die letzte Chance für Screen Gems, mit Zeichentrickfilmen einen Glückstreffer zu landen, kam 1946, als das Management noch einmal verändert wurde. Man hatte bei Leon Schlesinger von Warner Brothers eine »Anleihe« unternommen, und dessen Assistenten Henry Binder und Ray Katz (Schlesingers Schwager) an die Spitze von Screen Gems gesetzt. Als die beiden sich bei Screen Gems eingerichtet hatten, zogen sie einige Spitzenleute von Warner Brothers hinter sich her, darunter Regisseur Bob Clampett, die Autoren Cal Howard, Dave Monahan und andere, die nach Feierabend als Doppelverdiener fungierten, wie Michael Maltese und Tedd Pierce. Alex Lovy unterzeichnete einen Vertrag und inszenierte einige Cartoons, und ein anderer ehemaliger Mitarbeiter von Walter Lantz, Darrell Calker, komponierte die Musikpartituren. Gemeinsam mit den Mitarbeitern von Screen Gems bildeten diese Männer ein vielversprechendes, kraftvolles Team.

Aber die Ergebnisse entsprachen nicht den Erwartungen,

Willoughby Wren und ein gezeichneter Peter Lorre in ›Cockatoos for Two‹ (1947); der Einfluß, den Warner auf Columbia ausübte, ist nicht zu übersehen.

die man in sie gesetzt hatte. Clampetts Mitarbeit hörte bald auf, und er arbeitete nur an den Stories, nicht mehr als Regisseur, wo er wohl effektiver hätte arbeiten können. Seine Kollegen kamen mit Zeichentrickfilmen heraus, die, wenn sie sehr gut waren, schließlich doch nur blasse Kopien der Filme von Warner Brothers waren.

Wie konnte es geschehen, daß eine solche Diskrepanz zwischen den Machern und ihren Werken bestand? Möglicherweise mußte man die Fehler in der instabilen Grundlage des Studios suchen, ein nicht zu lokalisierendes Gefühl, das es beinahe unmöglich machte, einen echten Korpsgeist aufkommen zu lassen. Vielleicht waren es auch die schmalen Budgets. Ein weiteres Hindernis mag den Erfolg der Filme auch wohl von vornherein in Abrede gestellt haben, zumal ein wirklich kreativer Kopf als Produzent an der Spitze des Unternehmens stand.

Wo auch der Grund oder die Gründe gelegen haben mochten, die Screen Gems brachte, mit wenigen Ausnahmen, keine Highlights zuwege. Als im Jahre 1948 der unabhängige Produzent Steve Bosustow von der UPA sich der Columbia als Cartoon-Lieferant empfahl, erteilte das Unternehmen ihm den Auftrag, sich an ein paar *Fox and Crow*-Filmen zu versuchen. Befriedigt durch die Ergebnisse, wurde ein Vertrag unterzeichnet, damit weitere Filme durch Bosustow entstehen konnten. Das eigene Cartoon-Studio schloß die Tore, nachdem man so viele bewegte Jahre versucht hatte, es am Leben zu halten.

Mit den UPA-Filmen erlangte die Columbia nun endlich Prestige, Aufmerksamkeit und ein Einkommen, auf das man so lange Jahre vergeblich gewartet hatte. Aber ein Gefühl, daß es sich um Columbia-Filme handelte, kam nicht auf. Das Unternehmen kümmerte sich lediglich um den Verleih. Die UPA-Leute sorgten für ihr eigenes Ansehen auf ihre Weise, und die Columbia erstrahlte nur noch im Glanz anderer Künstler.

9. Warner Brothers

Walt Disney war in den dreißiger Jahren die treibende Kraft im amerikanischen Zeichentrickfilm. Viele eiferten ihm nach, doch niemand konnte seinem künstlerischen oder finanziellen Erfolg in dieser Dekade auch nur im Entferntesten nahekommen.

Die Warner Brothers-Studios begannen, indem sie Disney imitierten und waren tatsächlich von Ex-Disneymitarbeitern übervölkert. Doch Mitte der dreißiger Jahre verließ diese Gruppe Warner Brothers, und eine neue Rasse rief einen kennzeichnenden Stil und ein charakteristisches Format ins Leben, das nichts mehr mit Disneys Arbeit gemeinsam hatte. Die Filme waren verwegen, dreist und ganz und gar neuartig. Und das Wichtigste war, sie waren in einer Art lustig, in der es Disneys Cartoons nie gewesen waren.

1940 hatte Walt Disney den Zeichentrickfilm in Spielfilmlänge vervollkommnet und es gab niemanden, der ihm auf diesem Gebiet entgegentreten konnte. Doch bei den Kurzfilmen hatte die junge Warners-Mannschaft Walt von seinem Thron gestoßen und ihm die Dominanz für die nächsten zwanzig Jahre abgenommen.

Bugs Bunny (aus der Warner-Brothers-Produktion).

Warners Erfolgsweg während dieser Zeit war beeindrukkend. Das Studio schuf mehr dauerhafte große Zeichentrickcharaktere als jedes rivalisierende Studio. Porky Pig, Daffy Duck, Bugs Bunny, der Road Runner, Wile E. Coyote, Tweety, Sylvester, Elmer Fudd, Yosemite Sam, Pepe LePew, Foghorn Leghorn und Speedy Gonzales sind die führenden Lichter, deren Name immer noch rund um die Welt aufscheinen, während andere zeitgenössische Schöpfungen vergessen sind.

Warner Brothers brachten mehr wichtige Zeichentrickfiguren heraus als jedes andere Studio. Männer wie Chuck Jones, Bob Camplett, Tex Avery, Fritz Freleng und Frank Tashlin werden als Giganten in der Geschichte der Animation betrachtet. Alle verbrachten einen heilsamen Teil ihres Lebens bei Warners, und viele vollbrachten dort ihre besten Arbeiten.

Über die Filme selbst schrieb Kritiker Manny Farber 1943: »Die überraschende Tatsache bei ihnen ist, daß die guten Filme Meisterwerke sind und die schlechten nicht totale Verluste.« Es ist eindeutig, daß diese Aussage auch heute noch wahr ist, nachdem man auf fast über eintausend individuelle Cartoons zurückschaut.

Und noch mehr, diese Filme sind auch noch nach zwanzig und vierzig Jahren frisch und lebendig geblieben – keine schlechte Leistung, besonders wenn man feststellt, wie sehr sie sich auf lokalen Humor und zeitgenössische Themen verließen. Wenn man Warners einzigartige Comic-Persönlichkeit betrachtet, kann man nur ironisch feststellen, wie eng die ursprünglichen Beziehungen des Studios mit Disney waren.

Hugh Harman, Rudolf Ising und Isadore »Fritz« Freleng, die das Studio eröffneten, hatten alle für Walt Disney gearbeitet – Harman und Ising immerhin schon 1922 in Kansas City; und auch die Zeichner Carmen »Max« Maxwell, Norm Blackburn, Paul Smith und Rollin »Ham« Hamilton. Buchstäblich die ganze Zeichentrickbelegschaft von Warner Brothers hatte ihre Feuertaufe bei Disney erhalten und war seinen Ideen, Theorien und Arbeitsweisen ausgesetzt gewesen.

Die meisten dieser Künstler verließen Disney ungefähr zur selben Zeit, im Jahre 1928, als Produzent George Winkler mit seiner Gründung eines neuen Studios zur Produktion von Oswald-the-Rabbit-Cartoons goldene Berge versprach. Doch als Winklers Verleiher, die Universal, ihm den Teppich unter den

Füßen wegzog und Walter Lantz mit der Herstellung der Oswald-Kurzfilme in dem hauseigenen Zeichentrickstudio beauftragte, sahen sich Harman, Ising, Freleng und andere plötzlich ohne Arbeit.

Zu diesem Zeitpunkt, Mitte 1929, schlossen sich diese ambitionierten und unbeschäftigten Zeichner zusammen, um ihre eigenen Cartoons herzustellen. Disneys *Steamboat Willie* war bereits erschienen und bewies den kommerziellen Wert des Tonfilm-Zeichentricks. So ermittelten Harman-Ising und Co. ein kleines Studio mit Tonaufnahme-Möglichkeiten, um einen »Pilot«-Film, gerade drei Minuten lang, herzustellen, den sie *Bosko the Talk-Ink Kid* nannten. Bosko war ein rundlicher, biegsamer Charakter, der in diesem Film mit Rudolf Ising auf der Leinwand an seinem Zeichenbrett herumtollt. »Max« Maxwell lieferte Boskos Stimme. Es gab keine Handlung und kaum Action in diesem kurzen Film, doch seine Schöpfer hofften, daß allein die Neuheit des Tones und die Gewandtheit ihrer Zeichnung einen Verleiher fesseln würde, besonders da sich Disneys Cartoons so gut verkauften.

Harman und Ising erlebten ungefähr dieselben Schwierigkeiten, die Disney bei der Suche nach einem Verleiher gehabt hatte. Zwei der »Großen«, Paramount und Universal, hatten bereits Cartoons unter Vertrag. Andere sahen im Verkauf dieser »Lückenbüßer« keinen besonderen Wert.

Der erste, der kommerzielles Interesse an *Bosko* zeigte, war Leon Schlesinger, damals Leiter von *Pacific Art and Title,* einer Firma die auch heute noch Vorspannkarten und Zeichnungen für Filme erfolgreich herstellt. Doch Schlesinger war kein Künstler. Er war ein Geldmensch, ein Unternehmer mit einer guten Nase für ein solides Investment. Er hatte geholfen, Warners biei ihrem riskanten Abenteuer *The Jazz Singer* den Rücken zu stärken, und als dieses sich bezahlt machte, blieb Schlesinger bei ihnen in guten Gnaden. Er sah in Harman und Isings Produkt Möglichkeiten und verkaufte die Idee einer Zeichentrickserie an Warner Brothers, indem er sich selbst zum Produzenten ernannte und das Studio zu seinem Verleiher. Die einzige Bedingung von seiten Warners war, daß in jedem Cartoon ein komplettes Lied aus einem Warners Spielfilm enthalten sein sollte. (Das Studio besaß seinen eigenen Musikverlag und wollte natürlich so viel wie möglich aus einem erneuten Erfolg dieser Lieder herausschlagen.)

Ein Kontrakt wurde für eine Anfangsreihe von Cartoons unterzeichnet, und Harmann und Ising heckten den Namen *Looney Tunes* für ihre Serie aus. Diese dreiste (aber heute geschätzte) Paraphrase von Disneys Titel *Silly Symphonies* vermittelt einen Eindruck von dem Umfang der Verpflichtung an die Originalität des Duos in diesen frühen Jahren – obwohl das Zusammentreffen, das ihrem Namen eine musikalische Mitbezeichnung (Harmann-Ising/harmonizing) lieferte, das einzige war, worauf Disney keinen Anspruch erheben konnte.

Sinking in the Bathtub, der erste *Looney Tune,* wurde im Mai 1930 herausgebracht. Der Titel war ein Spiel mit dem bekannten Liedtitel, der bei Warners Spielfilm *The Snow of Shows* vorgestellt wurde.

Der Film beginnt damit, daß Bosko fröhlich ein Bad nimmt (Bosko tut *alles* fröhlich), und auf seinem Kopf einen Derbyhut trägt. Man kann hier von keiner Handlung sprechen: Bosko verläßt die Badewanne, um seine Freundin Honey anzurufen und eine Verabredung auszumachen. Das ist für Harman und Ising Grund genug, um eine Serie von musikalischen Zwischenspielen und gelegentlichen Gags hervorzubringen, von denen viele im Stil der Schuppen- und Scheunenspiele sind. (Zum Beispiel zerreißt Bosko in seinem Badezimmer Klopapier und wirbelt die Schnipsel in die Luft wie Blumenblätter, und später trifft er eine überhebliche Kuh, deren enormes Euter hin und her schwingt, wenn sie geht.)

Die Musik ist die einzige Daseinsberechtigung für diesen Cartoon. »A Hot Time in the Old Town Tonight« wird während des Vorspanns gespielt, mit lautstarker Interpunktion. Wenn Bosko auf dem Gehweg vor Honeys Haus tanzt, werden die Planken zu Noten auf einem Xylophon, damit er eine Melodie spielen kann. Später erfindet er ein weiteres Ersatzinstrument, als er Schilfrohre benützt, um auf Lilienblättern den Takt zu schlagen. Lieder füllen die Tonspur in schneller Reihenfolge: »Tip Toe Through the Tulips«, »Turkey in the Straw«, »I'm Forever Blowing Bubbles« und natürlich »Singing in the Bathtub«.

Bosko und Honey sind außergewöhnlich flexible Figuren, physisch gesprochen. Bosko zieht an einem Haar auf dem Scheitelpunkt seines Kopfes, und seine untere Körperpartie erhebt sich an ihre richtige Stelle, während Honey so von dem musikalischen Rhythmus der Nummer eingefangen wird, daß sie ihren Körper in weiten kreisförmigen Bewegungen herumschwingt.

Physische Objekte teilen mit Bosko die Fähigkeit, auf Kommando zu schrumpfen, zu wachsen und herumzuspringen. Boskos Badewanne läßt sich von der Musik mitreißen und hebt ihre »Vorderfüße« vom Fußboden hoch und tanzt, während sein Auto ein menschliches Gesicht und ausgesprochen menschliche Charakterzüge zeigt.

Die Zutaten von *Sinking in the Bathtub* vereinen sich in einer äußerst liebenswerten Mischung aus flotter Musik und liebenswürdiger Komödie. Der Zeichentrickfilm hat ein flottes Tempo und ist unterhaltend. Doch es gibt keinen Zweifel darüber, woher die Inspiration für diesen und folgende Cartoons stammte. Bosko war eine kaum verkleidete Mickey Mouse, Honey eine offensichtliche Minnie Mouse, und ein Pluto-ähnlicher Hund namens Bruno komplettierte in späteren Cartoons die Familie.

Einige der beeindruckendsten Zeichentrickeffekte von Harman und Ising waren ebenfalls entliehen. Einer der aufregendsten Momente in *Sinking in the Bathtub* kommt, als Bosko vorwärts »in« die Kameralinse hineinspringt, sein Mund den Rahmen umschließt und das Bild schwarz werden läßt. Honey macht das dann nach. Bei einem anderen Gag fällt Bosko, und als er auf den Boden auftrifft, zerspringt er in zehn kleine Kopien seiner selbst, die herumkrabbeln, bevor sie sich wieder zu einer einzigen Figur in der Originalgröße vereinigen. Nicht nur eine, sondern *beide* dieser Zeichentrickaktionen waren in Walt Disneys Oswald-Cartoon von 1927, *Bright Lights,* gebracht worden – an dem Hugh Harman und Rudolf Ising mitgearbeitet hatten.

Bosko erreichte nie die Beliebtheit der Mickey Mouse, doch für einige Jahre war er das Aushängeschild von Warners Zeichentrickstudio.

Ein Jahr später, als Harman und Ising einen weiteren Charakter namens Foxy entwickelten, war die Inspiration wieder deutlich: Foxy war Mickey Mouse mit spitzen Ohren und einem buschigen Schwanz. Die Grundstory für seinen Erstlingsfilm *Smile Darn Ya* war wiederum ziemlich nah mit einem Oswald-the-Rabbit-Film verwandt, den Harman, Ising und Freleng 1928 für Disney gemacht hatten: *Trolley Troubles*.

Foxy hatte überhaupt keine Eigenart und verschwand nach ein paar Auftritten.

Warner Brothers waren so über den Erfolg der *Looney Tunes* erfreut, daß sie eine zweite Serie von monatlich erscheinenden Filmen bei Schlesinger in Auftrag gaben. Harman und Ising steckten die Köpfe zusammen, und das Ergebnis war der Name *Merrie Melodies*. Sie beschlossen außerdem, daß es zu diesem Zeitpunkt vernünftig sei, ihre Pflichten zu teilen. Hugh Harman blieb der Regisseur und Verantwortliche der Bosko-Serie, während sich Rudolf Ising mit den *Merrie Melodies* beschäftigte, Cartoons, deren Titel für gewöhnlich den Songs von Warner Brothers entstammten. Obwohl ihre Namen in den Filmvorspannen zusammen genannt wurden, arbeiteten Harman und Ising ab dieser Zeit voneinander unabhängig.

Isings Kurz-Musicals boten mehr Möglichkeiten zur Abwechslung als die Bosko-Serie. Zuerst ließ Warners Verkaufswerbung eine Verbindung zu Max Fleischers »Bouncing Ball«-Cartoons durchblicken, indem sie verkündete: »Ihre Kunden werden in die Lieder der *Merrie Melodies* mit einstimmen – jede Person im Publikum dazu *zwingen,* mit der Leinwand mitzusingen.«

Traurigerweise haben die *Merrie Melodies* nie ihr ganzes offensichtlich vorhandenes Potential ausschöpfen können. In *One Step Ahead of My Shadow* (1933) sieht man hübsche orientalische Kulissen mit blühenden Kirschbäumen, Pagoden und ähnlichem, doch die Hauptcharaktere, Mädchen und Junge, sind genau die gleichen wie in *Pagan Moon* oder einem Dutzend anderer Titel – wobei der einzige Unterschied in ihren Schlitzaugen lag! Wenn die schmissige abendländische Musik beginnt, springen der Junge und das Mädchen im besten Bosko-Stil auf und ab. Diese Cartoons erscheinen erfreulich und irgendwie erfindungsreich – bis man von ihnen drei hintereinander gesehen hat.

Zu dieser Zeit gab es keine offiziellen »Gagschreiber«. Als Regisseure hatten Harman und Ising so ziemlich die gleiche Handlungsfreiheit wie Walt Disney. Sie hatten bei den Belegschaftstreffen den Vorsitz, bei denen jeder neue Film grob aufgezeichnet wurde. Jeder Anwesende konnte seine eigenen Vorschläge einbringen. (Friz Freleng hatte zu dieser Zeit die verschiedensten Funktionen, er inszenierte tatsächlich Teile

Foxy in einem seiner seltenen Leinwandauftritte in ›One More Time‹ (1932).

der Filme, obwohl er immer nur als Zeichner genannt wurde. Er erinnert sich, daß er seine erste Regie bei *Bosko In Dutch* geführt hatte.)

Eine clevere Idee machte das Finale von *Ride Him, Bosko!* (1933) ungewöhnlich und andersartig. In dieser Standardgeschichte ist Bosko ein Westernheld, der seine meiste Zeit damit verbringt, zu singen, zu tanzen und im Red Gulch Saloon auf dem Klavier zu spielen. Als seine Freundin Honey in einer durchgehenden Postkutsche gefangen ist, darf er endlich eingreifen. Bosko reitet los, um sie zu retten, und in der Mitte dieser Verfolgungsszene weicht die Kamera zurück und enthüllt ein reales Bild von drei Zeichnern, die ihn auf einem Tischprojektionsschirm beobachten. Rudolf Ising fragt seine Kollegen, »Sagt mal, wie wird Bosko das Mädchen retten?« Einer von ihnen antwortet lakonisch, »Ich weiß nicht.« »Nun, wir müssen *irgend etwas* tun«, entgegnet Ising. »Laß uns nach Hause gehen«, sagt Hugh Harman, und seine Partner sind einverstanden. Sie gehen aus dem Raum und lassen Bosko, hilflos die Achseln zuckend, auf seiner kleinen Leinwand zurück, während der Film zu Ende geht. Während diese Sequenz einen großen Neuigkeitswert hat, ist sie trotzdem eine Art Aussteigemanöver, da sie dem Film zu einem so abrupten Ende verhilft. Man kann sich eigentlich nur wundern, ob dies nicht vielleicht einige der wahren Gefühle von Harman und Ising gegenüber dem geliebten Bosko ausdrückt!

Harman und Ising hatten nicht die Triebkraft von Disney und gaben sich damit zufrieden, Vorlagen als den einfachsten Weg zu akzeptieren, um ihre Termine einzuhalten und einigermaßen gute Cartoons abzuliefern. Das Grundmuster wurde zum Befehl des Tages und machte es manchmal schwer, einen H-I Cartoon vom anderen zu unterscheiden. Bestimmte Gags wurden zu Standardelementen – zum Beispiel wenn Bosko bei einem Sturz in ein Dutzend Miniaturausgaben seiner selbst zersplitterte – während andere Eigenschaften und Verhaltensmuster für Figuren bald so einförmig wurden, daß die Zeichner mit Leichtigkeit Sequenzen aus früheren Filmen wiederverwenden konnten, oder sie kopierten, um sie anderen Charakteren anzupassen.

Hugh Harman wollte für die Herstellung dieser Filme mehr Geld und lieferte sich mit Leon Schlesinger eine andauernde Schlacht um größere Budgets. Doch dieser weigerte sich resolut, seinen Gewinn beschneiden zu lassen um dem Produkt mehr Mittel zur Verfügung zu stellen. Das Ergebnis dieser Streitigkeiten war eine Trennung zwischen dem Produzenten und seinen Filmemachern Mitte 1933.

Schlesinger sah sich nun dem Dilemma gegenüber, einen Kontrakt zu Herstellung von Cartoons zu besitzen, aber niemanden, der die Arbeit ausführte. Sein erster Schritt war damals ein ganz offensichtlich einleuchtender: die Disney Studios nach Talenten abzugrasen. Er engagierte Jack King und Tom Palmer als Regisseure und fand bei anderen Produktionsfirmen in Hollywood die nötigen Zeichner. Er stellte sogar Leute an, die für Harman und Ising gearbeitet hatten, einschließlich des jungen Bob Clampett und schließlich auch noch Friz Freleng.

Als Freleng mit Harman und Ising brach, um direkt für Schlesinger zu arbeiten, fand er heraus, daß Palmers Cartoons von Warners nicht akzeptiert worden waren und verlangte einen chirurgischen Eingriff. Er erhielt die Erlaubnis, zwei Kollegen aus Kansas City, Ben Hardaway und Tubby Millar, aufzufordern, dem Stab beizutreten. Hardaway teilte sich

Werbezeichnung für ›Buddy's Garage‹ (1934).

bald mit Jack King die Verantwortung für die Cartoons der *Looney Tunes*.

Harman und Ising hatten aus Walt Disneys früherem Pech mit Oswald the Rabbit gelernt und sicherten sich die Rechte an der Figur Bosko. Als sie Warner verließen, nahmen sie Bosko mit und ließen ihn später bei MGM wiederauferstehen. Man könnte sagen, daß Warners Verlust auch MGMs Verlust war. Doch Schlesinger hatte nun keinen Hauptcharakter für seine *Looney Tunes* mehr.

Die Sofortlösung lag in der Erfindung eines Charakters namens Buddy, den Bob Clampett mit »die weiße Ausgabe von Bosko« genau beschrieben hat. Buddy wurde im Vergleich mit Bosko noch realistischer als ein menschliches Wesen entworfen und hat sogar noch weniger Persönlichkeit als das Original. Hugh Harmans Bosko-Cartoons waren keine Klassiker, doch sie hatten einen gewissen Stil. Den Buddy-Cartoons fehlt allgemein jeder Stil und alles, was mit Humor zu tun hat. Es gab bei ihnen manchmal phantasievolle Ideen, wie in *Buddy's Theatre,* worin »Unser Held« Teil des Filmes wird, den er vorführt, um seine Freundin Cookie aus den Klauen eines wilden Chinchilla zu retten; und in *Buddy the Gee-Man* dringt er in das Sing Song Prison ein, um die dort herrschenden unmenschlichen Bedingungen aufzudecken, wobei er das Gefängnis in ein Freizeitcamp verwandelt. Ein junger Mitarbeiter im Studio namens Chuck Jones errang bei der *Buddy*-Serie die Position eines Zeichners. Zurückblickend fühlte sich Jones schlecht vorbereitet für diesen Posten, doch »Glücklicherweise«, sagt er, »konnte nichts in Form von schlechter Animation Buddy schlechter machen als er sowieso schon war.« Die Figur hauchte nach zwei Jahren ihr Leben aus und wurde nie vermißt.

Friz Freleng konzentrierte sich auf die *Merrie Melodies*, die eine annehmbare Gruppe von Routinekurzfilmen blieb, auch nach der Einführung der Farbe. 1934 spürte Schlesinger den Wettbewerbszwang und entschloß sich, zusätzliches Geld für die Produktion eines Cartoons im Cinecolor-Verfahren auszugeben. Da Walt Disney den Exklusivvertrag für die Anwendung des neuen Drei-Farben-Verfahrens Technicolor besaß, waren die Konkurrenzstudios, wie schon erwähnt, gezwungen, auf Zwei-Farben-Verfahren wie Cinecolor zurückzugreifen, die nur den roten und grünen Teil des Spektrums verwendeten. Die Ergebnisse mit Cinecolor konnten nicht mit den lebhaften Farben von Technicolor konkurrieren, doch es war ein Weg, sich in die Farbproduktion einzuarbeiten, und gab den Verleihern eine Chance, ihre Filme den Kinobesitzern schmackhaft zu machen.

Honeymoon Hotel und *Beauty and The Beast* waren die ersten Farbfilme in der *Merrie Melodies*-Serie. Die positiven Reaktionen, die Warners erhielt, veranlaßten Schlesinger, alle Filme dieser Serie, beginnend mit der Saison 1934–35, in Farbe herstellen zu lassen.*

Die *Merrie Melodies* blieben unbekannt, da sie in der alten Harman-Ising Formel festsaßen: der Gebrauch eines populä-

---

* *Looney Tunes* wurden bis 1943 ausschließlich in Schwarzweiß hergestellt, doch Anfang 1970 ließen Warner Brothers sie in Farbe »neu drehen«. Der Prozeß, in Korea entwickelt, machte es nötig, daß die Filmstreifen übermalt wurden. (Das Studio hatte einige Jahre zuvor seine ganzen gezeichneten Originalvorlagen verbrannt, um Lagerfläche zu gewinnen.) Diese nachkolorierten Cartoons werden heute von vielen Fernsehstationen gezeigt, was einige Verwirrung bei der Suche nach ihren Originalen verursacht. Beim ersten Hinsehen sind die Farben durchaus annehmbar, doch man entdeckt bald, daß beim Übermalen Details übersehen und mechanische Fehler begangen worden sind und tatsächlich nicht jedes einzelne Bild übermalt wurde. Der Prozeß des Übermalens hat diese herrlich ausgeführten Kurzfilme zu Nachahmungen der heutigen billigen Fernsehtrickfilme werden lassen. Man kann und soll die *Looney Tunes* dieser Periode nicht nach diesen Farbschwindlern beurteilen.

ren Liedes als Sprungbrett für eine dünne Handlung. Ohne fortlaufende Figuren war es natürlich für Freleng und Co. schwierig, immer wieder neue Annäherungsmöglichkeiten an dieselbe Art Material zu finden. Als Ergebnis wurden immer wieder, bis zur Erschöpfung, niedliche fröhliche Tiere, niedliche herumtollende Insekten, zum Leben erweckte Anzeigetafeln und Schaufenster, wiederholt. *Goin' To Heaven On a Mule* erhielt die zweifelhafte Auszeichnung, noch viel langweiliger zu sein als die glotzäugige Version des Liedes gleichen Titels in Busby Berkeleys Spielfilm *Wonder Bar*. Wenn ein Zeichentrickfilm, mit seinen grenzenlosen Möglichkeiten zur Übertreibung in den äußersten Winkel des Phantastischen, sich nicht über die Grenzen eines Spielfilmes hinauswagen kann, fragt man sich nach dem Grund.

Diese Frage drückt genau die Meinung eines jungen Mannes namens Fred »Tex« Avery aus, der das Warners-Studio zu dieser Zeit betrat. Avery hatte sich vom Zeichner zum Regisseur in Walter Lantzs Studio hochgearbeitet, und als er von der Möglichkeit einer offenen Stelle bei Warners hörte, stellte er sich bei Leon Schlesinger als Regisseur vor.

Avery erzählte später Joe Adamson: »Wenn ich zurückblicke, weiß ich nicht, warum oder wie Schlesinger auf mich setzte. Er war offensichtlich ziemlich verzweifelt. Er hatte einen Mann namens Tom Palmer, glaube ich, und er war nicht zufrieden. Er sagte, ›Ich werde es mit Ihnen versuchen. Ich lasse Sie einen Film machen. Ich habe hier einige Jungs – sie sind keine Überläufer, aber sie kommen mit den anderen beiden Crews nicht aus.‹ Es gab offenbar Reibereien. Und er gab mir Chuck Jones, Bob Clampett und Bob «Bobe» Cannon. Chuck war kreativ; das war auch Bob Clampett. Bob Cannon war ein ungeheurer Zeichner. Und sie wollten sich totlachen; sie wollten eine ›neue Gruppe‹ aufstellen, und ›Wir schaffen es‹, und ›Wir wollen ein paar lustige Filme machen‹. Es war sehr ermutigend, und eine wundervolle Sache zum Anpacken ... (Avery brachte von Lantz auch zwei talentierte Zeichner mit, Virgil Ross und Sid Sutherland.)

Wir arbeiteten jede Nacht – Jones, Clampett und ich, wir waren alle jung und voller Ambitionen. Mein Gott, nichts hielt uns auf! Wir ermutigten uns gegenseitig, und wir hatten wirklich eine gute Kugel am Rollen. Ich glaube, Schlesinger sah den Lichtschimmer; er sagte, ›Nun gut, ich werde euch

Faksimile-Zeichnung für ›I Haven't Got a Hat‹ (1935). Bemerkenswert an diesem Film ist der erste Leinwandauftritt von Porky Pig.

Jungs von den anderen wegnehmen.‹ Er brachte uns in unserer eigenen kleinen Bude auf dem Sunset Gelände der Warner Brothers unter, völlig getrennt vom Schlesinger-Studio, in einer alten Garderobe oder Toilette oder so etwas Ähnlichem, einer Art kleiner Hütte. Wir nannten sie ›Termite Terrace.‹ Und er war schlau; er störte uns nicht. Wir waren da draußen ganz alleine, und er hatte keine Ahnung, was vor sich ging.«

Was vor sich ging, war die Entwicklung eines neuen Stils in der Herstellung eines Zeichentrickfilms, der auf einer Grundlage aus Enthusiasmus und dem Wunsch, Dinge zu tun, die neu, wild und einfallsreich waren, basierte. Avery, Jones und Clampett hatten kein Interesse daran, niedliche 6-Minuten-Füller zu machen. Und sie taten es auch nicht.

Der im Januar 1936 herausgebrachte Film *Gold Diggers of '49* ist eine Wendemarke in der Geschichte der Warner-Brothers-Zeichentrickstudios. Es war Averys erster Cartoon, und er trägt seinen Namen, wie auch die der Zeichner Jones und Clampett – einem in jeder Hinsicht einmaligem Dreigespann.

Die Inspiration für den Titel liegt klar auf der Hand: Busby Berkeleys fortlaufende *Gold Diggers*-Musicals, für das Warner Brothers-Studio hergestellt. Die Inspiration für den Kurzfilm selbst erscheint unbestimmt und verschwommen, außer, daß es Avery wohl sehr gereizt haben muß, den *Gold Diggers*-Titel zu nehmen und die ursprüngliche Bedeutung des Terminus herauszuarbeiten, genau dann, wenn das Kinopublikum eine Schar Chormädchen erwarten würde. Folglich ist das Thema dieses Cartoons ein Goldrausch im fernen Westen.

Um brauchbare Figuren zu finden, ließ sich Avery einige der Neuerscheinungen bei Warners vorführen und klammerte ein paar Fritz Freleng-Schöpfungen in dem Kurzfilm *I Haven't*

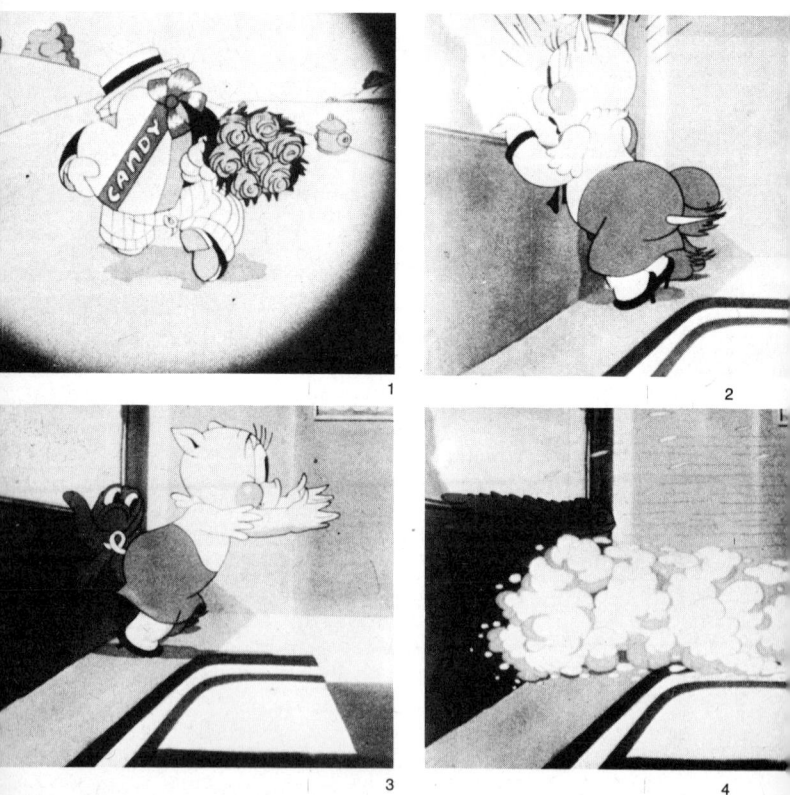

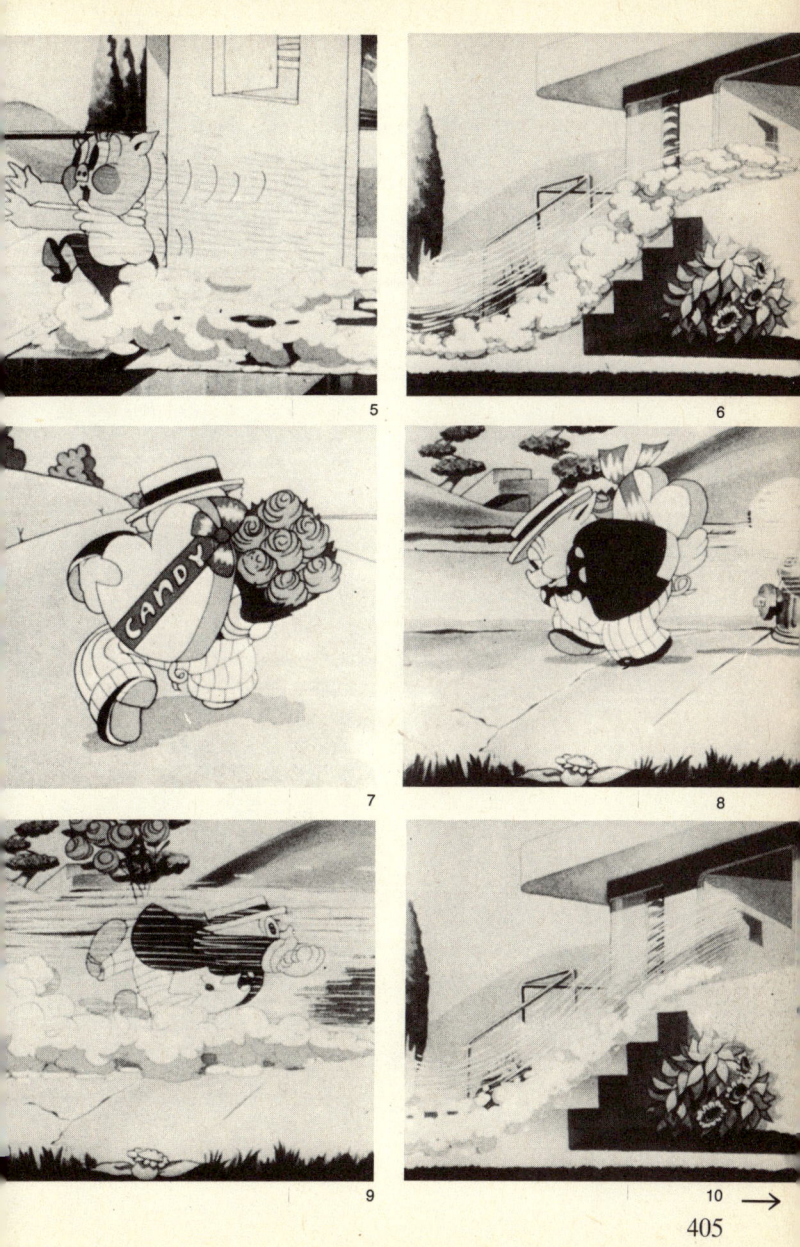

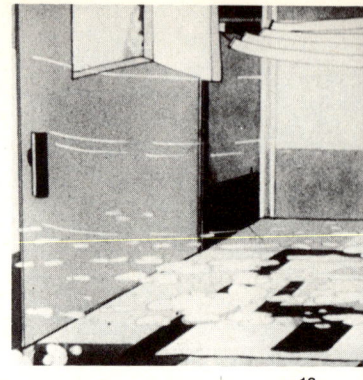

11

12

13

14

15

Die Erklärungen zu jeder Einstellung von links nach rechts auf jeder Seite: Porky ist verschmäht worden und geht fort, aber Petunia Pig entdeckt seinen Geschenkkarton mit Süßigkeiten, verläßt eilig das Haus, holt ihn ein und komplimentiert Porky Pig zurück auf ihr Sofa. Neuartiges Zeichentrickfilmen von Frank Tashlin in ›Porky's Romance‹ (1937).

Got A Hat von 1935 aus. In dieser liebenswerten Komödie trat eine Anzahl von Tieren als Kinder in einer Klassenzimmerumgebung auf. Die Zwillings-Hunde hießen Ham und Ex, und ein anderes Paar wurde auf ähnliche Weise Porky und Beans genannt. Porky war ein stotterndes Schwein, das versuchte, »The Midnight Ride of Paul Revere« zu rezitieren, während Beans ein frecher kleiner Kater war, der bei dem mitreißenden Titellied des Cartoons mitspielte.

Avery übernahm diese Figuren zu seinen eigenen Zwecken in *Gold Diggers of '49*. Die Hauptänderung lag darin, daß er sie zu Erwachsenen machte. Tatsächlich möchte Beans, der dem Namen nach der Held des Filmes ist, Porkys *Tochter* heiraten. Porky ist eine enorme Kreatur, die praktisch mit der gleichnamigen Figur absolut keine Ähnlichkeit hat, die sich bald einen Namen machen sollte, doch die Tatsache, daß heutzutage niemand T-Shirts oder Trinkgläser mit Beans' Bild darauf herstellt, vermittelt einen Eindruck seiner eingeschränkten Anziehungskraft, obwohl er der offizielle Star des Filmes war.*

Gold Diggers of '49 bildet eine Art Brücke zwischen dem alten und neuen Stil der Warner Brothers; er schließt Elemente von beiden ein. Wenn man zurückblickt, wird man von der bedächtigen Gangart frustriert, da man weiß, wie Avery später seinen Gebrauch des übertriebenen Timings für komische Effekte verfeinerte. Es gibt eine Sequenz, in der Beans durch die Westernstadt reitet und die Neuigkeit hinausschreit, daß er in den Bergen Gold gefunden hat; das führt zu einer Serie von optischen Gags, wenn Leute alles stehen und liegen lassen, um aus der Stadt zu rennen und einen Claim abzustecken.

Dieser Cartoon hat auch einen hervorragend gezeichneten Höhepunkt, der sich mit Tempo beschäftigt. Die meisten Zeichentrick-Veteranen deuten auf Disneys berühmten *The Tortoise and the Hare* (1934) aus der *Silly Symphony*-Serie, als dem ersten Cartoon, der effektvoll Tempo umsetzte. Wenn sie recht haben, haben Avery, Jones und Clampett ihre Schulaufgaben gut gemacht und sie in diesem Cartoon bestens angewendet. Beans schüttet einen Krug selbstgebrannten Alkohol in seinen Benzintank, und das Vehikel stürmt mit einem

---

* Ham und Ex erhielten übrigens die Hauptrollen in Jack Kings Cartoon *Fire Alarm* (1935), in dem sie in einem Feuerhaus, geführt von »Onkel« Beans, Unheil anrichten.

unglaublichen Tempo vorwärts. Schon bald können wir weder das Auto noch Beans mehr erkennen – nur einen Nebel aus Geschwindigkeitsstrichen mit einer Ahnung der Figuren dahinter! Die Zeichner erweitern diesen blendenden Anblick, wenn der Bösewicht überwältigt ist und von Beans auf den Rücksitz gezerrt wurde – und von den vorbeischießenden grauen Linien verschluckt wird. Hier spürt man wieder eine erfindungsreiche Hand an der Arbeit, die die Traditionen der Warner-Cartoons zu neuen Grenzlinien vorwärtsschiebt.

Kurz danach machten Jones und Clampett eine kurze Stippvisite außerhalb von Warner Brothers und zeichneten Cartoons bei Ub Iwerks' Studio. Iwerks war in finanziellen Schwierigkeiten und Leon Schlesinger beschloß, dem Zeichentrickveteranen etwas aus seiner Produktion zu verpachten, indem er seine zwei jungen Zeichner zu ihm schickte. Obwohl Iwerks als »Supervisor« genannt wurde (ein Ausdruck, auf dessen Verwendung Schlesinger anstelle von »Regisseur« bestand), erinnerte sich Jones, daß er und Clampett tatsächlich bei den Cartoons zusammen Regie führten, so wie es auch die Hauptzeichner bei Iwerks meistens vorher getan hatten. Glücklicherweise war die Verbindung von kurzer Dauer, da die Figur, die für diese bestimmte Serie geschaffen wurde, Gabby Goat, eine unangenehme und uninteressante Figur war. Iwerks' Studio machte für immer dicht und Clampett und Jones kehrten zur Heimatbasis zurück.

Der nächste Mann, der die Weiterentwicklung der Warner-Cartoons vorwärtstrieb war Frank Tashlin. Tashlin war schon einmal vorher beim Studio Zeichner gewesen, zu dem Zeitpunkt, als Leon Schlesinger mit Harman und Ising brach, doch er hatte gestreikt, als der Produzent einen prozentuellen Anteil von den Einnahmen aus einem *comic strip* verlangte, den Tashlin nebenher zeichnete. Nun, da sich Avery und Co. erfolgreich durchgesetzt hatten, brauchte Schlesinger jemanden, der Jack King ersetzte (er kehrte 1936 zu Disney zurück), und er forderte Tashlin auf.

Tashlin war ein vielseitiger Mann, der nicht nur als Cartoonist ein großes Talent besaß, sondern auch als Gagschreiber. Er hatte seinen eigenen *comic strip* geschrieben, Karrikaturen an verschiedene Zeitschriften verkauft, und stand für kurze Zeit auf der Lohnliste des Hal Roach-Studios als Gagschreiber für Filme mit Laurel und Hardy, Our Gang, und Charley

Chase. Als Regisseur traf er genau die Mitte, indem er den Schwerpunkt gleichmäßig auf das visuelle Erscheinungsbild und den Witzgehalt seiner Filme verteilte.

Doch Tashlins größter Puspunkt war sein Interesse am Zeichentrick als *Film*. Er sollte dieses Anliegen bei einem späteren Aufenthalt bei Warners in den vierziger Jahren bis zum äußersten Extrem ausführen, doch sogar in dieser frühen Periode spielte er mit den Möglichkeiten des Kamerawinkels, des Schnittes, der Montage und von anderer Kinotechnik, zu einer Zeit, als einige seiner Kollegen ihre Arbeit immer noch eher prosaisch in Angriff nahmen.

In *Porky's Romance* (1937), dem fünften Cartoon, den Tashlin für Warners erstellte, gibt es ein perfektes Beispiel. Hier ist der Ausgangspunkt für eine beachtliche Sequenz: Porky hat sich entschlossen, die hochmütige Petunia Pig um ihre Hand zu bitten, doch sie weigert sich, ihn zu sehen. Porky geht niedergeschlagen weg und hält Blumen und Pralinenschachtel in seinen auf dem Rücken verschränkten Händen. Petunia erblickt die Schachtel Pralinen und ändert plötzlich ihre Meinung. Sie rennt Porky nach, um ihn – und die Pralinen – in einem Anflug von ängstlicher Eile zurück in ihr Haus zu schleppen. Im einzelnen sieht die Bildfolge im vollendeten Film so aus:

Petunia wirbelt herum und verläßt das Bild in einer Rauchwolke. (29 Einzelbilder)

Sie rennt zur Tür, öffnet sie und geht raus. (16 Einzelbilder)

Nur noch eine Rauchwolke, saust sie durch die Tür (Aufnahme von draußen). (6 Einzelbilder)

Die Wolke fliegt mit Schallgeschwindigkeit die Eingangstreppe hinunter. (18 Einzelbilder)

Die Pralinenschachtel kommt immer näher und näher, aus Petunias Blickwinkel. (12 Einzelbilder)

Petunia überrennt Porky, umkreist ihn und reißt ihn aus dem Bild, läßt den Staub – und die Blumen – auf dem Weg zurück. (31 Einzelbilder)

Petunia und Porky schnellen die Eingangstreppe zurück zu ihrem Haus hinauf. (17 Einzelbilder)

Die Rauchwolke flitzt durch die Haustür (Aufnahme von draußen). (6 Einzelbilder)

Petunia – wieder nur als Wolke sichtbar – tritt durch die

Eingangstür und schmeißt sie zu, bevor sie das Bild verläßt. (14 Einzelbilder)

Petunia sitzt plötzlich gemütlich auf ihrem Sofa, die Beine übereinander geschlagen, sieht den verdatterten Porky anzüglich an und steht im Begriff, seine Pralinen zu verschlingen. (8 Einzelbilder)

Die Gesamtzahl der Einzelbilder beträgt 157 – mit zehn Zwischenschnitten – und repräsentiert eine Laufzeit von sechseinhalb Sekunden!! Niemand zuvor hatte sich jemals so mit Tempo beschäftigt, weder bei Warners noch sonst irgendwo. Dieser Schnellfeuerschnitt war neu und aufsehenerregend, und wurde Tashlins Markenzeichen in seinem ersten Jahr beim Studio. Es gibt, unter anderem, ähnlich schnell geschnittene Sequenzen in *Porky in the North Woods* (1936) und *Porky at the Crocadero* (1937).

Tashlin rief auch eine weitere Idee ins Leben, die bei Warner Brothers bald ein Standard werden sollte: die scherzhafte Selbstbetrachtung. Wieder liefert *Porky's Romance* ein perfektes Beispiel. Nach dem Warners-Verleihzeichen und der *Looney Tunes*-Tafel, jedoch vor dem Erscheinen des Vorspannes für diesen Film, hört man die Stimme eines Ansagers, in angemessenem Stentorton, erklären, »Ladies und Gentlemen, wir stellen Leon Schlesingers neuen *Looney Tune*-Star vor (Fanfarengeschmetter) – Petunia Pig!« Ein Vorhang geht auf und gibt den Blick auf die stark geschminkte Petunia frei, die nervös an einem Mikrofon steht, Script in der Hand, vor einem prunkhaften Hintergrund, übersät mit den Slogans »*Looney Tunes*«, »*Merrie Melodies*«, »*Warner Bros.*«, »*Leon Schlesinger Studio*« und »*Hollywood, California*«. Sie versucht »ihrem Publikum« ein demütiges Willkommen vorzulesen, ist jedoch so nervös und durcheinander, daß sie ihre Worte verstümmelt. Schließlich flüstert der Ansager »Petunia – reg dich nicht auf – reg dich nicht auf«. Petunia dreht sich zur Kamera um (und wahrscheinlich zum Ansager) und bricht in eine groteske undamenhafte Raserei aus. Sie brüllt »Aufregen??? Wer ist aufgeregt??? Ich rege mich nicht auf!!!« An diesem Punkt verschwindet das Bild und der Vorspann beginnt.

Hinweise auf Warner Brothers und Anerkennung des Zeichentrickmediums durch die Figuren selbst wurde bald in den

Warner-Cartoons üblich – Tex Avery machte von dieser Art Gag reichlich Gebrauch – doch Tashlin hatte als erster diesen unorthodoxen Schritt gewagt. Er ging sogar so weit, daß er seinen großen Jäger in *The Major Lied Till Dawn* die Bemerkung machen ließ, als er beschließt, Spinat zu essen, um seine Stärke zu vergrößern: »Bei Gott, wenn er für diesen Seemann gut genug ist, ist er auch gut genug für mich.«

Er landete auch noch einen weiteren Coup, der wahrscheinlich nur von seinen Kollegen bemerkt wurde: Er erhielt als einziger die Erlaubnis, sich in seinen Vorspannen unter einem Pseudonym oder Spitznamen zu nennen. Viele seiner frühen Cartoons sind mit Frank Tash, oder Tish Tash, zwei Variationen, die er seinem wirklichen Namen vorzug, signiert. Andere Regisseure und Autoren litten jahrelang unter dem anmaßenden Beharren des Studio-Hauptbüros auf ihre tatsächlichen Namen, statt ihrer bekannteren Spitznamen. Deswegen wurde Tex Avery als Fred genannt, Chuck Jones als Charles M., Friz Freleng als Isadore oder nur einfach I.

Carl W. Stalling, der Musikchef bei Warner Brothers.

Etwa zu dieser Zeit kamen zwei weitere Leute zur Warner Brothers-Mannschaft und komplettierten das kreative Team, das die Cartoons des Studios bald zu den besten in diesem Geschäft machte. Der erste war Komponist Carl W. Stalling. Wie viele Männer, die in den dreißiger Jahren die Musik für Filme schrieben, war Stalling mit dem Begleiten von Stummfilmen auf der Orgel oder dem Dirigieren der Kinoorchester, hauptsächlich in Kansas City, in dieses Geschäft eingestiegen. In Kansas City machte er die Bekanntschaft von Walt Disney, der ihn 1928 als seinen musikalischen Leiter anstellte. Stalling arbeitete die nächsten acht Jahre für Disney und Ub Iwerks und wechselte 1936 zu Warner Brothers, als das Iwerks-Studio zumachte.

Im Gegensatz zu der Arbeit seiner Vorgänger war Stallings Musik leicht, graziös und witzig. Sie ergänzte die Handlung auf der Leinwand statt sie zu ersticken. Seine Originalthemen wie auch seine Auswahl von bekannten Melodien – viele von ihnen waren aus Warner Brothers-Spielfilmen – fügten den Cartoons beträchtlichen Humor hinzu, ohne von der Animation abzulenken.

Als Begleiter von Stummfilmen hatte Stalling ein Geschick in der Anpassung von Lieder an die Handlung auf der Leinwand entwickelt, und da Warner Brothers nicht nur neue Lieder für Spielfilme geschaffen hatten, sondern auch einige Musikverlage besaßen, hatte er freien Zutritt zu buchstäblich mehreren hundert bekannten Melodien. Chuck Jones erinnert sich: »Er entwickelte ein Gedächtnis, das sich auf die Titel bezog. Wenn du also eine Frau in einem roten Kleid hattest, spielte er immer ›The Lady in Red‹. Falls es irgend etwas mit Essen zu tun hatte, spielte er ›A Cup of Coffee, a Sandwich, and You‹, da sein Computer dieses Lied ausspucken würde. Ich habe einmal etwas mit einer Biene gemacht, so grub er einen Song, der 1906 geschrieben wurde, aus, der den Titel ›My Funny Little Bumblebee‹ trug!« Obwohl einige dieser Reflexreaktionen zu Klischees wurden und, laut Jones »es nichts ausmachte, da nicht einmal zu damaliger Zeit irgendeiner diese verdammten Lieder kannte«, war diese Fähigkeit von unschätzbarem Wert, wenn man bedenkt, welches Tempo von Stalling erwartet wurde. Immerhin waren es drei oder vier Regisseure, die Filme herstellten, und nur einer, der sie alle musikalisch untermalte. Oftmals mußte er eine ganze

Stimmenexperte Mel Blanc.

Filmmusik innerhalb einer Woche komponieren. Stallings Beitrag wurde ein integrierter Teil dieser Cartoons, zusammen mit der kreativen Arbeit von Toneffekte-Mann Treg Brown.

Die andere Hauptfigur, die bei der Formung des Geschickkes dieses Studios half, war Mel Blanc. Blanc war ein Radiosprecher, der versuchte, sich in Los Angeles zu etablieren, als er für eine Arbeit in Schlesingers Zeichentrickfabrik empfohlen wurde. Zu seinen ersten Aufgaben zählte die Herausforderung, eine neue Stimme für Porky Pig zu schaffen. Blanc behielt das Stottern bei, machte es jedoch zu einem humorvollen, was herrliche Gagzeilen hervorrief (»bye-bye ... so long ... *auf Wiede – auf Wiede* – toodle-oo!«) und die Anziehungskraft der Figur ungeheuer steigerte. Er war von dieser Zeit an der führende Stimmexperte des Studios und erhielt Anfang der vierziger Jahre einen Exklusivvertrag. Seine Stimmschöpfungen für die Figuren und seine oft bemerkenswerte Darstellung waren für den großen Erfolg dieser Cartoons sicherlich genauso verantwortlich wie jeder andere Faktor.

Blancs Stimme war jedoch nicht die einzige Änderung an Porky Pig zu dieser Zeit. Porky war zum Star der *Looney Tunes* geworden und war im Laufe eines Jahres das Objekt für eine Menge Experimente. In *Gold Diggers of '49* war er ein ungeheuer erwachsenes Schwein, doch in Tex Averys folgendem *The Blowout* war er ein kluges Kind. Frank Tashlin ließ ihn wieder etwas altern, machte seinen Entwurf aber sogar noch grotesker, indem er ihm Apfelbäckchen und einen gedrungenen Körper verlieh.

Es blieb Zeichner Bob Clampett überlassen, ein neues Design für Porky zu entwerfen, als ihm 1937 der Regiestuhl übertragen wurde. Clampetts Porky erweckte die Figur, zusammen mit Mel Blancs Stimme, wirklich zu neuem Leben und machte sie lustig und gefällig. Wenn er auch nicht immer peinlich genau ein Kind war, so blieb Porky doch in seiner unschuldigen Art und großäugigen Erscheinung in den nächsten paar Jahren kindlich – und der Entschluß, ihn zum Sprecher des unsterblichen »That's all, folks!« als Verabschiedung zu machen, garantierte ihm dauerhaften Ruhm.

Obwohl auch andere mit Porky gearbeitet hatten und es auch in späteren Jahren weiterhin tun sollten, wurde die Serie zwischen 1938 und 1940 im Grunde genommen zu Clampetts Eigentum, und er erreichte einen erstaunlichen Ruf für immer wieder erfindungsreiche und lustige Cartoons. Wie die meisten seiner Kameraden war Clampett ein junger Mann und als ihm die Führung als Regisseur übertragen wurde, sprudelte er vor neuen und einfallsreichen Ideen über. Die größte Chance bot sich zu diesem Zeitpunkt für ihn in der inszenatorischen Autonomie, für die einige Spielfilmregisseure damals alles hergegeben hätten, wenn sie sie hätten erhalten können. Es war diese Freiheit, die es jedem Regisseur ermöglichte, seinen eigenen Stil zu finden und zu entwickeln.

Clampetts erstes richtiges Glanzstück war der unglaubliche *Porky in Wackyland* (1938), in dem das furchtlose Schwein sein eigenes Flugzeug durch das »dunkle – dunklere – dunkel-

Einmal ein normaler Augenblick in ›Porky in Wackyland‹ (1938).

ste Afrika« auf der Suche nach dem schwer faßbaren Dodo Bird (laut einer Zeitungsschlagzeile »Dollar 4000,000,000,000 – P.S. 000,000,000« wert) lenkt. Er landet an der Grenze zu Wackyland und schleicht auf Zehenspitzen hinein, nur um von einer Menagerie von seltsamen, verrückten Kreaturen begrüßt zu werden, die vor einem schiefen, daliesken Hintergrund herumspringen. Da gibt es ein Kaninchen mit wilden Augen, das mitten in der Luft auf einer Schaukel sitzt, welche an den Spitzen seiner Ohren verankert ist, ein schwimmfüßiger Kerl, dessen Kopf ein Horn ist, das er unaufhörlich bläst, eine breitschnäblige Ente, die durch die Szene watschelt und das Wort »Mammy!« wiederholt, und verschiedene Verfechter des Foo, was immer das sein mag.

Schließlich trifft Porky Dodo, einen aggressiven Spaßvogel, der ihn unbarmherzig verspottet und neckt. Porky jagt ihn, doch der listige Dodo verfügt über eine magische Kraft über den Raum und seine Dimensionen. Er produziert aus dünner Luft einen Bleistift und zeichnet eine massiv aussehende Tür, zieht sie dann wie einen Vorhang hoch, um darunter zu schlüpfen und zu verschwinden – gerade rechtzeitig, damit der ihn verfolgende Porky dagegen rennen kann. Dodo verschwindet später in einem zweidimensionalen Aufzug, der am Horizont auftaucht – ohne Tiefe oder jegliche Verbindung mit der greifbaren Realität – und erhebt sich in den Himmel. Einen Augenblick später taucht der Vogel wieder auf, auf dem W-B Schild von Warner Brothers ausruhend, das aus der Entfernung auf uns zukommt und so nahe herankommt, daß der Vogel Porky kurz kneifen kann, bevor es wieder zurückschwingt. Als Dodo an einer weiteren Jagd interessiert scheint, hebt er einfach die »Szenerie« vom Boden hoch, um sich mehr Platz zu schaffen und zieht dann von der Seite eilig eine Ziegelmauer herein, damit Porky in sie hineinkrachen kann. Porky trickst den Vogel schließlich aus und zelebriert jubelnd seinen Fang des »letzten« der Dodos – bis ihn einige Hundert identische Vögel auspfeifen und ihn wissen lassen, wie die Sache steht!

Porky in Wackyland ist ein überwältigendes Tribut an die unbegrenzten Möglichkeiten des Zeichentrickfilmes, ein perfektes Beispiel dafür, was dieses Medium mit nur etwas Einbildungskraft und einer Menge Talent schaffen konnte.

Clampett leitete dieselbe Art von Vorstellungkraft in sogar gewohnheitsmäßigere Cartoons um und machte sie zu etwas Besonderem und Anziehendem. In *Porky's Five and Ten* eignet sich eine boshafte Bande von Fischen die Ladung von Porkys Schiff auf hoher See an und spielt mit den ausgetrockneten Objekten und Geräten auf dem Boden des Ozeans. Die Gags sind reichlich und geistreich, doch es ist die fröhliche *Gesinnung* des Cartoons, die ihn so liebenswert macht. Und Carl Stallings Musik macht köstlichen Gebrauch von mindestens

Oben: Ein Zeichentrickfilm aus der Merrie-Melodie-Serie, produziert von Leon Schlesinger für Warner Brothers: ›Clean Pastures‹. In diesem Film wurden bekannte Persönlichkeiten karikiert, so auch Louis »Satchmo« Armstrong.

Unten: Karikaturen von Edward G. Robinson und Bette Davis in einem Zeichentrickfilm aus der Leon-Schlesinger-Merrie-Melody-Serie: ›Coo-Coo-Nut Grove‹ (1936). T. Hee hat karikiert.

einem halben Dutzend Songs aus so neuen Warners-Spielfilmen wie *Hollywood Hotel.*

Während Clampett bei den Schwarzweißfilmen mit Porky Fortschritte machte, hauchten andere Regisseure Leben in die bunten *Merrie Melodies.* Friz Freleng begann damit, in vielen seiner Werke Karikaturen von Hollywoodstars zu verwenden, mit köstlichen Resultaten. In *At Your Service, Madam* trat eine anziehende W. C. Fields-Figur auf; *Coo-Coo Nut Grove* rühmte sich einer ganzen Gallerie von Stars, von Clark Gable bis Greta Garbo; und *Clean Pastures* versammelte die führenden schwarzen Darsteller des Tages – Louis Armstrong, Fats Waller, Cab Calloway, Bill »Bojangles« Robinson, Stepin Fetchit, und sogar Al Jolson mit schwarzem Gesicht! Die Anwendung von Karikaturen veredelte ansonsten gewöhnliche Stories (wie *A Star Is Hatched*), und inspirierte oft clevere, aktuelle Gags, die sich auf die gut bekannten Manierismen oder Individualität dieser Berühmtheiten bezogen.

Tex Avery spielte mit der *Melodies*-Vorlage und war für einen eigentümlichen, wenn auch ruhigen Kurzfilm, *Miss Glory,* verantwortlich, der hochstilisierte Art-Deco-Entwürfe von Leadora Congdon verwendete. Doch Averys Hauptbeitrag zu dieser Serie kam einige Jahre später mit einem Film, *The Isle of Pingo Pongo* genannt. Dieser Cartoon war eine Parodie auf die damals beliebten Reiseabenteuerfilme, die von nach Parodien schreienden Klischees förmlich strotzten. Er war ein großer Erfolg und führte im Warner-Studio ein neues Format ein: den Blackout-Gag-Cartoon, der von einem, nicht auf der Leinwand sichtbarem, Erzähler zusammengehalten wurde. Wenige Nachfolger waren so gut wie *Pingo Pongo* – in welchem die unvermeidliche »Sonne, die langsam im Westen untergeht« von einer Figur möglich gemacht wird, die die gute alte Sonne mit einem Maschinengewehr vom Himmel holt – doch Avery und andere fanden diese Art Gag für viele folgende Jahre angebracht.

Tex Averys Entwicklung eines einmaligen Gag-Stils und einer freilaufenden Annäherung an das Medium Cartoon erreichte bei Warners 1939 mit *Thugs With Dirty Mugs* ihren Höhepunkt. Der Film läuft von visuellen und verbalen Witzen über, von denen viele die Konventionen des Zeichentrickfilms sprengen, während andere unter die allgemeine Kategorie der »visuellen Scherze« fallen.

Tex Avery's Egghead (Eierkopf) in einer typischen Begrüßungspose.

Da Avery jedes Mal auf wildere und lustigere Gags bestand, kamen erstaunliche Resultate zustande. Er war wahrscheinlich sein eigener bester Gagschreiber, doch er inspirierte die offiziellen Autoren bei Warners zur Ausdehnung ihres Einfallsreichtums bis zu den äußersten Grenzen. Die Gag-Künstler von Warners sind ohne jeden Zweifel die unbesungenen Helden der Geschichte des Zeichentrickfilmes. »Diese Jungs«, sagte Autor Michael Maltese in einem Interview mit Joe Adamson, »diese Cartoon-Schreiber waren das Rückgrat in diesem Geschäft. Dave Monahan, Tedd Pierce, Cal Howard, Rich Hogan, Tubby Millar, Jack Miller und Bugs Hardaway – sie waren der verrückteste Haufen. Sie waren diejenigen, die den wilden Humor erfanden.«

Fast die ganzen dreißiger Jahre hindurch arbeiteten diese Autoren in einer Art Kartell-System. Wann immer ein Regisseur bereit war, einen neuen Film anzufangen, erkundigte er sich, wer gerade frei war oder wer eine Idee hatte. Auf diese Weise arbeitete jeder Regisseur mit fast jedem aus der Autorenmannschaft zu den verschiedensten Zeiten. Später änderte sich die Situation, als sich bestimmte Autoren und Regisseure zusammen absonderten – Bob Clampett, dann Friz Freleng mit Warren Foster, Chuck Jones mit Michael Maltese. Doch sogar dann wurde die alte Studiopraxis der »Jam Sessions« fortgeführt.

Die Warner-Cartoons wurden in einem echten Geist der Zusammenarbeit produziert, mit der kreativen Beisteuerung von Regisseuren, Autoren, Zeichnern, dem Komponisten, den Sprechern und dem Tonmeister. Niemals war nur eine einzige Person für den fertiggestellten Film in seiner Gesamtheit verantwortlich – doch gleichzeitig hatte jeder Regisseur die Freiheit, nach seinem Gefallen Ideen auszuwählen oder abzulehnen und viele Anregungen und Beiträge durch seinen eigenen Gesichtspunkt zu filtern.

Die Regisseure im Studio hatten nicht die ausdrückliche Aufgabe, neue Starfiguren zu erfinden, doch die Hoffnung brannte immer unvermindert, das jeder neue Cartoon eine Persönlichkeit einführen würde, die stark genug war, um daraus einen Hauptcharakter zu schaffen. »Stars« waren für ein Zeichentrickstudio genau so wichtig wie für die Spielfilmproduktionsfirmen: Sie gaben einem Film ein Markenzeichen und erleichterten den Verkauf an die Kinobesitzer.

Nach Porky Pig waren die nächsten auftauchenden Figuren Daffy Duck und Egghead. Daffy hatte in *Porky's Duck Hunt* (1937) sein Debüt; Tex Avery führte Regie. Bob Clampett zeichnete die heute berühmte Szene, in der sich der schwimmfüßige Irre dem Jäger Porky mit der Erklärung vorstellt, »Ich bin nur eine ausgestopfte dumme Ente!« und dem Horizont entgegenhüpft, wobei er den ganzen Weg wie wild herumspringt und herumfuchtelt. Das Publikum war nicht an eine so aggressive närrische Figur gewöhnt und die Mannschaft von Warners erkannte, daß sie einen ungewöhnlichen »Fang« gemacht hatte. Die Ente wurde in ihrem zweiten Cartoon, *Daffy Duck and Egghead,* offiziell getauft und trat neben einer menschlichen Figur auf – wenn man sie so beschreiben kann – namens Egghead, deren knolliger Kopf und Nase ihr eine gewisse Würde verliehen, und deren Stimme dem Radiokomiker Joe Penner nachempfunden wurde.

Daffys Lebensrolle ist, sich verrückt aufzuführen – er singt das Themalied der *Looney Tunes* »The Merry-Go-Round Broke Down« – und den Jäger Egghead so oft wie möglich zu verwirren. Genau in dem Augenblick, als Egghead glaubt, er habe eine Chance, die Ente zu fangen, tauchen jedoch zwei Stockenten in weißen Anzügen auf und nehmen ihren Kameraden zum Futterhaus mit. Nachdem sie ihn aus den Klauen von Egghead gerettet haben, legen sie ihre ernste Pose ab und begleiten Daffy bei einem rasenden, überschwenglichen Abgang, hüpfen fröhlich herum und schmettern den ganzen Weg *hoo-hoo.* (Die »hoo-hoos« waren denen des Komikers Hugh Herbert nachempfunden). Es ist bezeichnend, daß Ben Hardaway, der diesen Kurzfilm schrieb, auch *Porky's Hare Hunt* und *Hare-Um Scare-Um,* die embryonalen Bugs Bunny-Kurzfilme, inszenierte, und *Knock Knock* schrieb, den ersten Woody Woodpecker-Cartoon für Walter Lantz. Die Ähnlichkeiten zwischen diesen Cartoons und ihren einzelnen Figuren sind äußerst fesselnd.

Seltsamerweise entschloß sich Tex Avery zu dieser Zeit dazu, Daffy Duck für Egghead fallen zu lassen, den er in einer Serie von mittelmäßig lustigen Kurzfilmen herausstellte. Egghead war einfach zu wunderlich, um eine wirkliche Charisma auszustrahlen und fand seine beste Anwendung als unpassender Teilnehmer von Gag-Situationen (wie in dem köstlichen *Hamateur Night),* nicht als eine Starfigur. Später entwickelte er sich zu Elmer Fudd.

Es blieb Bob Clampett überlassen, sich Daffys 1938 als einem potentiellen Star anzunehmen und ihn mit Porky Pig zusammenzubringen. Damit machte er Porky zu einem eher geradlinigen Mann und überließ Daffy das letzte Lachen. Es war schwierig, Stories und Gags in dem Tempo aufrechtzuerhalten, das von Daffys energiegeladenem Charakter gefordert wurde, doch diese Herausforderung paßte genau zu Clampetts mehr und mehr frenetischem Stil. Es machte Clampett Spaß, mit dem Raum und den Dimensionen des Zeichentrickrahmens zu spielen, und er fand in Daffy ein ideales Versuchskaninchen für Experimente mit übertriebenen Ausmaßen und relativem Raum.

Daffy spielte auch in einer von Friz Frelengs ungewöhnlichsten Bemühungen, *You Ought to Be in Pictures* (1940), eine wesentliche Rolle. Der Kurzfilm ist einer der wenigen Warner-Cartoons, die sich mit der Eingliederung von realem Spielfilm beschäftigten, wobei die Handlung tatsächlich im Leon Schlesinger Studio stattfand. In einer Mittagspause, als alle Zeichner weg sind, spricht Daffy (in einem Bilderrahmen

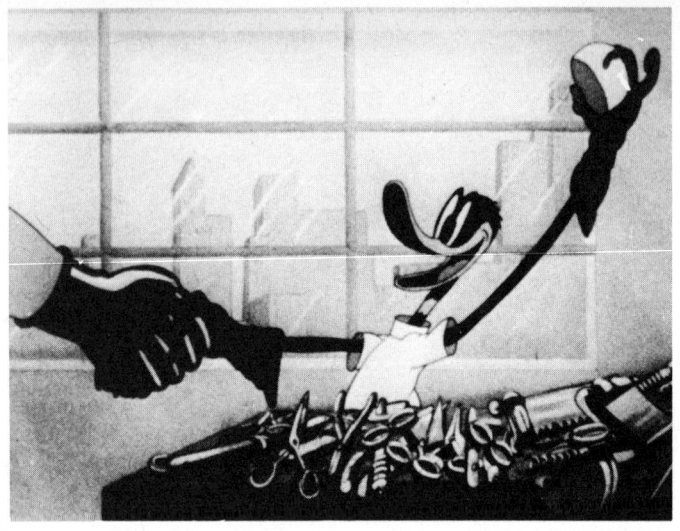

Ein von Bob Clampett typisch inszenierter Daffy Duck in ›The Daffy Doc‹ (1938).

an der Wand) zu Porky (in einer Zeichnung auf einem Zeichentisch) und ermutigt ihn dazu, die Befreiung aus seinem kümmerlichen Kontrakt zu verlangen und statt dessen sein Glück beim Spielfilm zu versuchen ... als Bette Davis' männlicher Hauptdarsteller, für »Dreitausend pro Woche«. Proky läßt es zu, daß ihn Daffy dazu überredet, zu ihrem Boss zu gehen. »Hallo, Mr. Schle –, Mr. Schles –, hallo, Leon«, sagt Porky, bevor er erklärt, er wolle aus seinem Vertrag aussteigen. Schlesinger tut ihm den Gefallen, indem er seinen »Cartoon-Kontrakt« zerreißt und ihm viel Glück wünscht, doch nachdem Porky gegangen ist, wendet er sich zur Kamera und sagt wissend »Er wird zurückkommen.«

Während Porky Schwierigkeiten hat, auf das Warner Brothers-Gelände zu kommen, versucht Daffy Leon zu überreden, ihn als seinen neuen großen Cartoon-Star herauszustellen und fällt dabei seinem Freund Porky in den Rücken. »Nun, ich bin ein besserer Schauspieler als er es jemals war«, erklärt Daffy. »Porky hat niemals etwas getan; ich habe die

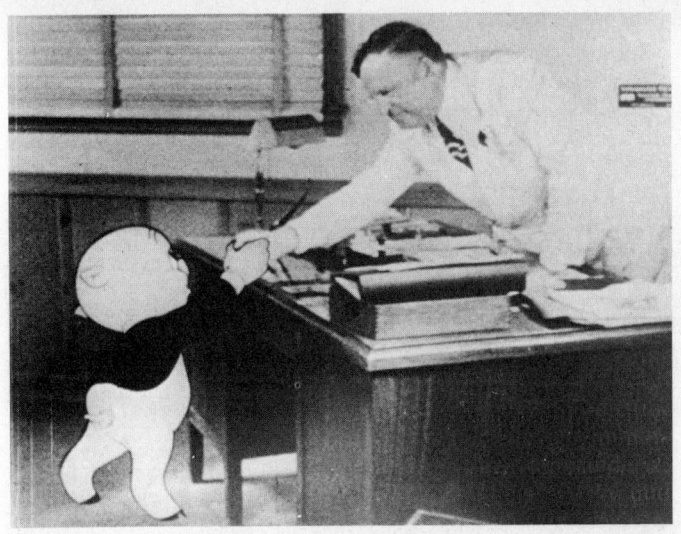

Porky Pig schüttelt dem Produzenten Leon Schlesinger in ›You Ought to Be in Pictures‹ (1940) die Hand.

ganze Arbeit gehabt.« Schlesinger kauft Daffy seine Taktik nicht so schnell ab und ist natürlich bereit, Porky bei seiner Rückkehr nach einer qualvollen Zeit im Warner-Studio wieder willkommen zu heißen – und überläßt es Porky, Daffy nach Strich und Faden zu versohlen, weil er mit ihm so einen schmutzigen Trick versucht hat.

You Ougth to Be in Pictures profitiert aus der wundervollen Phantasie des Zeichentrickfilmes. Wir wissen, daß Porky und Daffy nicht real sind, doch unsere Augen lassen uns in dieser köstlichen Mischung aus Zeichnung und realer Aktion an sie glauben. Der Film ist so hinreißend, daß wir die Logik verdrängen *wollen* und glauben, wenn auch nur für ein paar Minuten, daß sie existieren, daß sie fähig sind zu reden, sich zu bewegen und eine ausgeprägte Persönlichkeit zu haben.

Wie kam dieser einmalige Cartoon zustande? »Es war einfach lustig, so etwas zu machen, und das war der ganze Grund dafür«, sagt Freleng heute. Als er Schlesinger erklärte, was er sich vorstelle, »Ich glaube nicht, das er wirklich verstand, was ich machen wollte«, fährt Freleng fort, »doch er hatte eine Menge Vertrauen in mich, und er ließ mich alles machen, was ich wollte, so lange es ihn nicht zu viel Geld kostete.«

Wie dieser Cartoon humorvoll andeutet, wurde Schlesingers Zeichentrickabteilung als Stiefkind der Warner Brothers-Studios betrachtet, doch ihre Möglichkeiten kamen gelegen, als Warners ein kurzes Stück Zeichentrick für einen Titelvorspann oder eine spezielle Sequenz brauchten (wie in Busby Berkeleys *Footlight Parade*). Schlesinger nahm auch nebenher Angebote von anderen Firmen an. 1937 gab David Loew eine Szene mit lebendig werdenden Tierkreiszeichen für den Joe E. Brown-Film *When's Your Birthday* in Auftrag, und im folgenden Jahr bestellte Paramount eine illustrierte Sequenz von Shep Field's Rippling-Rhythm-Band für *The Big Broadcast of 1938*.

Ende der dreißiger Jahre gab es einen weiteren Regisseur, der seiner eigenen Einheit beim Schlesinger-Studio vorstand: Chuck Jones. Er war ein geschickter Zeichner und bekam seinen Posten als Regisseur übertragen, als Frank Tashlin das Studio verließ und Henry Binder, Schlesingers Assistent, ihn mit dem Vorschlag überraschte, er könne seinen Platz übernehmen.

Als Regisseur neigte Jones zu Themen, die für Warner Brothers gewöhnlich »niedlich« waren. Sein allererster Cartoon, *The Night Watchman,* handelt von einem Kätzchen, das den Posten seines Vaters als Nachtwächter in einer Küche übernimmt. Viele der folgenden Cartoons in den nächsten paar Jahren beschäftigten sich mit kleinen, ruhigen Figuren und ihrem Verhältnis zu einer ziemlich abstoßenden Umgebung: Zwei junge Hunde verlaufen sich zum Beispiel in einem »Haus der Zukunft« und ringen mit den verschiedensten elektronischen Geräten *(Dog Gone Modern);* eine Maus mit einer Erkältung bricht in der Nacht in eine Drogerie ein um nach einer Arznei zu suchen *(Naughty But Mice);* ein Hund drückt versehentlich einen Knopf, der einen Vergnügungspark in der Nacht zum Leben erweckt *(Curious Puppy)*. Nach seinem Debüt in *Naughty But Mice* hat Sniffles the Mouse, Jones erster eigener Charakter, eine Serie von ähnlichen Abenteuern in der übergroßen Welt der Menschen zu bestehen. Sogar *Porky's Ant* und *Porky's Midnight Matinee*, Jones Anfangsfilme

›Tom Thumb in Trouble‹ (1940). Ein Merrie-Melodie-Zeichentrickfilm, gezeichnet von Chuck Jones unter dem Einfluß der Walt-Disney-Figuren.

mit einer bereits eingeführten Figur, stellten Porky winzigen Kreaturen gegenüber.

Jones interessanteste frühe Cartoons schließen zwei »Miniatur«-Themen ein, *Tom Thumb in Trouble* und *Joe Glow the Firefly,* und einen, der weit von dieser Prämisse entfernt war oder, was das anbelangt, von allem anderen, was in der Trickkiste von Warners vorhanden war: *Old Glory,* von Warner Brothers in Auftrag gegeben, um die angehende Serie von Kurzspielfilmen über patriotische und historische Themen zu begleiten. In *Old Glory* tritt Uncle Sam selbst auf, der einem ungeduldigen Porky Pig die ganze Bedeutung des amerikanischen Fahneneides erklärt. Als der erste völlig ernste Cartoon des Studios gelingt er erstaunlich gut und macht effektvollen Gebrauch von Rotoscopie, Montage und dramaturgischen Kamerawinkeln.

Tom Thumb in Trouble ist ein Zeichentrickfilm von Chuck Jones, der denen von Disney am ähnlichsten sieht. Er ist eine Miniaturausgabe einer Märchen-Fantasie, zeigt die Leiden und Prüfungen des jungen Tom, allein gelassen in der Hütte seines Vaters, und vermischt Elemente aus Musik, Komödie,

Persönlichkeit und melodramatischer Handlung mit überraschend guten Ergebnissen. Es gibt sogar einen Originalsong.

Joe Glow the Firefly ist von Grund her lustiger und in seiner Erforschung des Miniaturlebens dramatischer. Die Hauptperson ist ein Leuchtkäfer, der einen umgedrehten Feuerwehrhelm trägt und mit seiner zuverlässigen Laterne, die das nötige Licht liefert, einen nächtlichen Campingplatz inspiziert. In diesem Cartoon gibt es keinen Dialog; Joe wandert in, über, herum und durch alles und jedes, von den glatten Fingernägeln eines schlafenden Mannes zu einem großen Stück Schweizer Käse, durch dessen Löcher sein Licht wie eine winzige *aurora borealis* gebrochen wird. Randvoll mit cleveren Gags und emporgehoben von Carl Stallings glänzender Musikuntermalung, ist dies einer von Chuck Jones' herrlichsten frühen Zeichentrickfilmen.

Für den Künstler selbst war die Möglichkeit, mit dem bekannten Comic-Künstler Jimmy Swinnerton zusammen zu arbeiten, eines der erheiterndsten Erlebnisse in seinen ersten Tagen als Regisseur. Swinnerton half ihm bei der Adaptation seines *comic strips The Canyon Kiddies* für die Leinwand. *Mighty Hunters* war als erster Film in einer Serie gedacht und wurde zu einem besonders ambitionierten Projekt.

Jones, Swinnerton und einige Animatoren fuhren zum Grand Canyon und nahegelegenen Indianerdörfern, um einen 16-mm-Farbfilm zur künftigen Information zu drehen. Der Trip wurde jedoch, laut Jones, ausschließlich unter persönlicher Initiative durchgeführt. »Leon hat keinen Pfennig dafür geopfert«, erinnert er sich. »Wir mußten unser Benzin selbst bezahlen! Doch es war ein großartiges Erlebnis. Swinnerton kannte die Gegend, sprach Hopi und Navajo.« Nach ihrer Rückkehr fertigten die Künstler eine Serie von Ölgemälden an, die tatsächlich als Hintergrund für den Kurzfilm verwendet wurden – das erste Mal, daß Warners von den traditionellen Wasserfarben abwichen. »Sie waren zäh«, sagt Jones. »Er verwendete etwas mehr Leinsamen als die meisten, und es war schwierig, damit zurecht zu kommen, denn wir mußten ja Zelluloid darüberlegen.« Der Effekt war wirklich wunderschön, obwohl der Cartoon selbst unbedeutend war. Swinnertons Indianerkinder waren nicht weit genug von den traditionell niedlichen Zeichentrickfiguren entfernt, um einen nachhaltigen Eindruck zu hinterlassen, und die Idee einer Serie

Chuck Jones (sitzend) und Layouter Earl Klein in den vierziger Jahren.

wurde fallen gelassen. »Ich wünschte, ich hätte diese Hintergründe aufgehoben«, sagt Jones abschließend. »Sie wären heutzutage eine Menge wert. Seine Ölbilder verkaufen sich für fünfzehn bis zwanzigtausend Dollar. Er war ein wirklich beeindruckender Kerl.«

Zur gleichen Zeit hatte ein weiterer beeindruckender Kerl bei Warner Brothers sein Debüt. Sein Name war Bugs Bunny.

Wie die meisten Figuren entwickelte sich Bugs über einen Zeitraum hinweg und aus diesem Grunde gibt es verschiedene Leute, die über einige Jahre hinweg ihn als ihre eigene Kreation beanspruchten. Das Folgende ist ein Versuch, seine Anfangsexistenz chronologisch aufzuschlüsseln und jedem seinen Verdienst anzurechnen, der seinen Beitrag zu dieser Figur geleistet hat.

Zu seiner Urgeschichte erzählte Frank Tashlin Mike Barrier: »Bugs Bunny ist niemand anderer als Max Hare, die Disneyfigur aus *The Tortoise and the Hare*. Wir übernahmen ihn – Schlesinger übernahm ihn, wer sonst – und verwendeten ihn unzählige Male.« Die Meinungen über diese Plagiatstheorie gehen auseinander, doch es wird schwieriger, sie zu akzeptieren, wenn man die frühesten Versionen von Bugs Bunny studiert. Max Hare war ein unverschämter, frecher Charakter, das ist wahr, und einiges von ihm mag durch Osmose seinen Weg zu Bugs Bunny gefunden haben, doch Warners Kaninchen war bei weitem wilder und verrückter als die Disneyschöpfung.

Das gilt besonders für das erste Kaninchen, das in *Porky's*

›*Porky's Hare Hunt*‹ (1938). *Ein Vorläufer der Bugs-Bunny-Filme. Aus Porky Pig wurde Elmer Fudd, aus dem verängstigten Hasen Bugs Bunny – eine wohlbekannte Situation.*

Hare Hunt unter der Regie von Ben Hardaway 1938 auftrat. Es weist eine mehr als verschwindende Ähnlichkeit, in bezug auf die Persönlichkeit, zu dem aberwitzigen Daffy Duck auf, der ein Jahr zuvor in Tex Averys *Porky's Duck Hunt* seine Premiere feierte. Es hat eine pikante Lache; es hüpft wild herum und fliegt sogar, indem es seine Ohren wie Propeller schwirren läßt, und bringt an jeder Ecke seine witzigen Bemerkungen an (»Hier bin ich, Fat Boy!«). In einer Bemerkung, die an Daffys Begrüßung von Porky erinnert, erklärt das Kaninchen seinem Möchtegern-Jäger, »Laß mich dich nicht zur Verzweiflung bringen, Chef – ich bin nur halbverrückt!« Am interessantesten ist es, daß sein Gelächter sehr große Ähnlichkeit zu dem später von Woody Woodpecker bekannt gemachten aufweist, was sicherlich kein Zufall ist, da Mel Blanc Woodys Stimme und Gelächter nur einige Jahre später hervorbrachte. Der Entwurf von Bugs (noch unbekannt) ist in diesem Kurzfilm wirklich noch der eines konventionellen weißen Kaninchens, irgendwie übertrieben und auf zwei Beinen stehend. Man war im Warners-Studio allgemein der Ansicht, daß diese Figur, auf der Leinwand noch ungetauft, Bugs Bunny war – mit anderen Worten, Hardaways Schöpfung, obwohl der erste Zeichenentwurf von Charlie Thorsen stammte.

Diese selbe Figur wurde ein Jahr später in *Hare-Um Scare-Um* unter der gemeinsamen Regie von Hardaway und Cal Dalton zu neuem Leben erweckt und in Farbe gedreht. Das Design wurde etwas abgeändert, hauptsächlich um die Farbe unterzubringen, doch ein wichtiger Gesichtszug wurde hinzugefügt – vorstehende große Schneidezähne. Wieder war Bugs ein aggressiver frecher Kerl, der einen ahnungslosen Jäger *(nicht* Elmer Fudd) ärgert und quält und zu seinem eigenen Lob und Preis ein neues Liedchen trällert (»I'm so goony, looney tuney, touched in the head/Please pass the ketchup, I think I'll go to bed«). Es ist wichtig festzustellen, daß keiner der Hardaway-Filme populär genug war, um eine sofortige Adoption des Kanichens als eine Figur mit Starmöglichkeiten zu garantieren. Joe Adamson machte die Anmerkung, daß der Grund dafür darin lag, daß die Figur »das Publikum mehr ärgerte als ihre Filmantagonisten.«

Chuck Jones verwendete das Kanichen 1940 in *Elmer's Candid Camera,* einem wichtigen Übergangscartoon. Die Bedeutung dieses Zeichentrickfilmes lag nicht in der Entwicklung von Bugs an sich, sondern in der Schöpfung von Elmer Fudd, und in Bugs Verhältnis zu ihm. Nun hatte Elmer seine charakteristische Stimme (von Arthur Q. Bryan verliehen, einem Rundfunkdarsteller, der für seinen Doc Gamble in der Show *Fibber McGee and Molly* bekannt war, und als der Star einer kurzlebigen Kurzgeschichten-Serie mit dem Titel *The Grouch Club),* und auch seinen Namen, obwohl er in seinem Entwurf immer noch nachhaltende Anzeichen von Tex Averys Egghead aufwies, wie zum Beispiel den Derbyhut und den hohen steifen Kragen. Elmer geht auf die Jagd, nicht um zu töten, sondern nur um wilde Tiere zu fotografieren, und stößt auf »wabbit twacks« (Kaninchenspuren). Diese führen ihn zu Bugs, der dem armen Elmer, wie schon in seinen früheren Auftritten, gnadenlos und endlos einen Streich nach dem an-

Ein früher Bugs Bunny in ›Hare-um Scare-um‹ (1939). Der abgewandelte Filmtitel fußt auf den Worten Harum-Scarum, was soviel bedeutet wie ›wild‹, ›leichtsinnig‹, ›verrückt‹.

deren spielt. Schließlich hält es der Fotoamateur nicht mehr aus und verzieht sein Gesicht in qualvoller Frustration, schreit »Wabbits! Wabbits!« und schleicht in die Ferne davon. Bugs bleibt mit einem triumphierenden Gelächter zurück; und wieder einmal klingt er wie der spätere Woody Woodpecker, mit einem angemessenen Hauch von Goofy.

Tex Avery verwendete dann die Figuren des Kaninchens und von Elmer Fudd für *A Wild Hare*. Der Film entstand im selben Jahr wie *Elmer's Candid Camera* und wiederholt einige der verbalen Gags dieses Filmes, bezieht aber gleichzeitig Elemente aus anderen Kaninchenfilmen, wie auch aus Averys eigenem *Porky's Duck Hunt*. Doch der wesentliche Unterschied bei diesem Cartoon, neben dem neuen Design für Bugs und Elmer, ist eine Erweichung von Bugs Charakter in dem erfolgreichen Versuch, ihn aus der Wahnsinnsecke herauszu-

Bugs Bunny und Elmer Fudd in ihrem ersten großen Aufeinandertreffen in ›A Wild Hare‹ (1940).

bekommen und in eine rationellere schadenfrohe Figur umzuwandeln.

Der Film beginnt mit einer, man könnte sie so nennen, klassischen Bemerkung: Elmer, in Jägerausrüstung, dreht sich zum Publikum um und sagt, »Be vew-wy quiet – I'm hunting wabbits« (Seid ganz leise – ich jage Kaninchen) – er wiederholt damit Porkys ähnliche Bemerkung in dem Entenjagd-Cartoon drei Jahre zuvor. Als Elmer sein erstes ›wabbit‹ trifft, sind die ersten Worte des naseweisen Bugs »What's up, Doc?« (Was gibt's Doc?) – eine Premiere für diese unvergängliche Markenzeile. Er macht schnell einen Knoten in Elmers Gewehr und küßt ihn dann in einer typischen übertriebenen Geste. Jagdgags sind im Überfluß vorhanden, bis Elmer glaubt, er habe Bugs tatsächlich getötet und das Kaninchen seine Sterbeszene mit einem hingebungsvollen Enthusiasmus ausspielt, den Sarah Bernhardt bewundert hätte. »Ich halte es nicht mehr länger durch«, keucht er, »Alles um mich herum wird so dunkel!« Das macht Elmer zu einem schluchzenden Wrack; er ist tottraurig, daß er ein niedliches »wittle bunny wabbit« getötet hat. Aber natürlich ist alles nur eine List und Bunny kann als letzter lachen, als er sich an Elmer heranschleicht und ihm einen kräftigen Tritt in den Hintern verabreicht. »Wabbits!« ruft Elmer. »Wabbits! Guns! Wabbit twaps!« Wie in *Elmer's Candid Camera* geht er völlig niedergeschlagen weg und läßt Bugs zurück, der sich wieder in den Frieden und die Ruhe seines Kaninchenbaus zurückziehen kann.

So wurde ein großer Zeichentrickfilmstar geboren.

Interessanterweise entwickelte sich Bugs Bunny in den nächsten Jahren immer weiter, während andere Regisseure mit ihm arbeiteten und herausfanden, was sie für seine besonderen Stärken und Eigenschaften hielten. Avery machte drei weitere Bugs-Cartoons bevor er das Studio verließ, doch schon wenige Jahre nach seiner offiziellen Geburt hatte Bugs unter der Regie von Chuck Jones, Friz Freleng, Bob Clampett und Frank Tashlin »gearbeitet«. Robert McKimson, der Ende der vierziger Jahre Regisseur wurde, war der Hauptzeichner für Clampett und entwarf ein ansehnliches Bugs Bunny-Vorlageblatt im Jahre 1943, daß den Charakter für eine ganze Anzahl von Jahren festlegte.

Inki und seine Gefährten im Zirkus (›Inki at the Circus‹) aus der Merrie-Melodie-Serie von Warner Brothers.

Während Bugs entworfen wurde, mußte auch eine Jahresproduktion hergestellt werden und alle Regisseure bei Warners kämpften mit bemerkenswerter Finesse mit dem wachsenden Druck der Termine. In den frühen vierziger Jahren übertraf jeder von ihnen die Standard- oder Routinearbeiten mit immer abenteuerlicheren Bestrebungen, die die Grenzen des Zeichentrickfilmes weiter ausdehnten.

Tex Avery inszenierte einen täuschend wohlgesitteten Cartoon mit dem Titel *Porky's Preview,* in dem Porky eine Auswahl seiner eigenen handgemalten Zeichentrickfilme vorführte. Das Ergebnis ist lustig und phantasievoll, und die Strichmännchen-Animation, die kindisches Gekritzel simulieren sollte, weist eine erstaunliche Ähnlichkeit zu der späteren Animation von UPA auf. In den nächsten Jahren wurden auf demselben Gebiet von Chuck Jones bewußtere Experimente durchgeführt, mit der Zusammenarbeit von den Layout/Hintergrund-Künstlern John McGrew, Bernyce Polifka und Eugene Fleury. John Hubley bestätigte den Einfluß von Jones' stilisiertem Cartoon *The Dover Boys* auf die spätere Arbeit der UPA (Bob Cannon, ein UPA Stallgefährte, zeichnete bei Jones' Cartoon mit); und andere Neuerscheinungen wie *Fox Pop, Bugs Bunny and the Three Bears* und *The Aristo-Cat* hatten etwas, was der Regisseur »stilisierte und formalisierte« Hintergründe nennt.

Jones ersann auch einen eigenartigen und manchmal ärgerlichen Krähenvogelcharakter als die Nemesis eines kleinen Kannibalen namens Inki in Filmen wie *The Lion Hunter* und *Inki and the Minah Bird.* Diese Figur war seltsam, fast surreal, und durchkreuzte die instinktiven Bewegungen und heroischen Bestrebungen des kleinen Jägers einfach dadurch, daß sie zu den unmöglichsten Augenblicken auftauchte, zu den Klängen von Mendelssohns Hebriden-Ouvertüre bei der »Fingalshöhle« mit todernstem Ausdruck durch die Szene marschierte und bei den ungewöhnlichen Zwischentönen der Musik hochhüpfte. Jones erzählte später Mike Barrier, »Diese Cartoons haben Disney wirklich verwirrt. Was das anbelangt, verwirrten sie mich auch ... sie waren wirklich vierdimensionale Filme, und ich verstehe die vierte Dimension einfach nicht.«

Friz Freleng inszenierte 1941 den ersten seiner großartigen Musical-Cartoons, *Rhapsody in Rivets,* in welchem ein Wolkenkratzer zu den Klängen von Liszts »Ungarischer Rhapsodie« errichtet wird. In dem Film gibt es keinen Dialog; der Bauleiter »dirigiert« die Blaupausen wie ein Musikstück, und die Handlungsgags werden von der ausdrucksvoll dramatischen Musik diktiert und inspiriert.

Bob Clampett überredete 1941 Leon Schlesinger dazu, die Rechte an Dr. Seuss' bekanntem Kinderbuch *Horton Hatches the Egg* zu erwerben, doch laut Clampett, »machte Leon den Einwand, daß der Film, wenn ich das Buch originalgetreu verfilmen würde, ein großes stilles Lächeln in den Kinos verursachen würde und keine Lachsalven ernten könnte. So gab er mir nur unter der Bedingung, ich würde für einiges lautes Gelächter garantieren, den Startschuß.«

Clampett machte zu dieser Zeit auch mit einigen der besten Bugs Bunny Cartoons Fortschritte. *Wabbit Twouble* – bei dem der Vorspann in (Elmer-)Fuddisch gehalten ist, einschließlich Wobert Cwampett und Cawl W. Stawwing – macht den Urlaub eines übergewichtigen Elmer Fudd im Jellostone National Park durch das Kaninchen zu einem Alptraum.

Tortoise Wins by a Hare ist ein, zum Schreien lustiger, Nachfolger von Averys *Tortoise Beats Hare*. In dem Film ist Bugs, in einer ungestüm aggressiven Rolle, entschlossen, herauszufinden, warum Cecil Turtle ihn immer beim Rennen schlägt. Die Schildkröte, ein kühler und gescheiter Kerl, verrät, daß ihr Geheimnis in dem stromlinienförmigen Design liegt. Bugs baut sich also einen Schildkrötenpanzer für das nächste Rennen. Es sieht so aus, als ob er dieses Mal gewinnen würde – doch Mitglieder der Kaninchen-Unterwelt, die hohe Wetten auf das Rennen abgeschlossen haben, halten Bugs für die Schildkröte und helfen dem falschen Mann über die Ziellinie. Die Bewegung in diesem Cartoon ist rasend und einige Gags sind auf den Sekundenbruchteil berechnet. Mel Blancs Darstellung des Bugs beim Näherrücken der Ziellinie ist besonders gut (»Ich werde gewinnen! Ich werde gewinnen! Hurra für das Kaninchen!«).

In *What's Cookin', Doc?* tritt Bugs Bunny als »er selbst« bei der »Oscar«-Verleihung auf und ist fest davon überzeugt, den Akademiepreis als bester Schauspieler des Jahres zu gewinnen. Die Idee ist unwiderstehlich und die Anwendung von Live-Action-Szenen und der Montage macht den Film einfach köstlich. Doch der wichtigste Aspekt dieses Cartoons liegt in der Darstellung von Bugs Bunny als eine Persönlichkeit – ein Filmstar so real wie Jimmy Cagney oder Clark Gable. Diese Haltung greift auf Porky und Daffy in *You Ought to Be in Pictures* zurück und liefert dasselbe köstliche Resultat: die überzeugende Illusion, daß Bugs Bunny *lebt*.

Wenn Bugs Bunny lebt, dann hat er auch eine Lebensgeschichte und wird älter werden. *The Old Grey Hare* treibt einen neugierigen Elmer Fudd sechzig Jahre in die Zukunft, um festzustellen, ob er schließlich doch noch seinen lebenslangen Rivalen fangen wird. Nun sind Elmer und Bugs beide alt und schrullenhaft, doch die Jagd geht weiter und dieses Mal schafft es Elmer, sein Ziel zu treffen. Bugs legt eine prächtige Sterbeszene hin, doch bevor er seinen Geist aufgibt, zieht er ein Notizbuch heraus, um sich seine erste Begegnung mit Elmer – in der Kindheit! – ins Gedächtnis zu rufen und aufzudecken, daß sich nichts in der langen gegenseitigen Beziehung geändert hat. Nachdem die Rückblende vorbei ist kehren wir zu dem sterbenden Bugs zurück, der sein eigenes Grab aushebt, während Elmer vor Kummer weint. Irgendwie landet

Meister-Animator Ken Harris bedient sich eines Spiegels, um Bugs Bunny mit dem richtigen Gesichtsausdruck auszustatten.

Elmer schließlich *in* dem Grab und Bugs (der nicht einmal einen Kratzer abbekommen hat) häuft die Erde oben drauf, um den an der Nase herumgeführten Jäger wieder einmal zum Ziel seines Gelächters zu machen. Elmer denkt rational, daß er nun wenigstens Bugs für immer los geworden ist, doch das Kaninchen drückt ihm für einen letzten Augenblick den Kopf runter und läßt eine brennende Dynamitstange zurück! Als der Film endet und der »That's All, Folks« Titel folgt, hört man eine Explosion und der ganze Film wird in der Reaktion erschüttert.

Bob Clampetts Arbeitsleistung während dieser Periode ist

verblüffend. In einer Zeitspanne von zwei Jahren inszenierte er eine handvoll Cartoons, von dem jeder einzelne ausgereicht hätte, seine Reputation als Gigant unter den Cartoonschöpfern zu untermauern. *A Tale of Two Kitties* stellt eine embryonale Version von Tweety Bird vor, mit zwei Abbott-und-Costello-ähnlichen Katzen, die versuchen, ihn als Abendessen einzufangen. *Corny Concerto* ist ein verrückter Ableger von Disneys *Fantasia,* mit Elmer Fudd als Deems Taylor, und zeigt Bugs, Porky und Daffy in Aufführungen von Themen wie »Geschichten aus dem Wiener Wald«.

Clampett brachte, in der Zusammenarbeit mit Autor Warren Foster, 1943 zwei seiner wildesten Cartoons heraus. *Coal Black and De Sebben Dwarfs* ist eine auffallende Kriegszeit-Parodie auf *Schneewittchen* mit einer durchgehend schwarzen Besetzung. *Tin Pan Alley Cats* bietet ein anderes schwarzes Motiv an.

Man braucht eine gewisse Art von Talent, um für bereits eingeführte Charaktere neue Wege zu finden, doch es ist so-

Leon Schlesinger läßt Walt Disney's Film ›Schneewittchen und die 7 Zwerge‹ verulken: ›Coal Black and de Sebben Dwarfs‹ aus den Merrie Melodies der Warner Brothers.

gar noch eindrucksvoller, wenn man im Rahmen eines sechs- oder siebenminütigen Cartoons völlig neue Welten erschafft. Clampett tat beides. Viele unabhängige Filmemacher haben jahrelang daran gearbeitet, einen so persönlichen und einmaligen Kurzfilm wie *Coal Black* zu schaffen, der nur einer in einem Dutzend von Kurzfilmen war, die Clampett 1943 auf das Montageband brachte.

Für die Warner-Regisseure war es oft frustrierend, unter so schweren Zeit- und finanziellen Einschränkungen arbeiten zu müssen. Sobald der Film einmal über das tatsächliche Animationsstadium hinaus war und in den abschließenden Prozessen

Regisseur Bob Clampett unterzieht mit Animator Michael Sasanoff, Animator Tom McKimson und Gagschreiber Hubie Karp (teilweise verdeckt) die Bilder zu ›The Great Piggy Bank Robbery‹ einer genauen Betrachtung. Beachten Sie links an der Wand neben dem Fenster eine Zeichnung zu Bob Clampett's Film ›Coal Black and de Sebben Dwarfs‹. Da ist ›Kohlenschwarz‹ immer noch ›So weiß‹ (So White).

des Einfärbens, Bemalens und der Kameraarbeit, gab es kaum oder überhaupt keine Möglichkeit mehr, die Kreation abzuändern.

Der Mann, der am meisten an der Kinotechnik für Zeichentrickfilm interessiert war, Frank Tashlin, kehrte 1943 zu Warner Brothers zurück, nach Abstechern zu Walt Disney und den Columbia Studios. Nun war Tashlin mehr denn je zuvor begierig an Live-Action Spielfilmen zu arbeiten und erfüllte seine Cartoons mit seltsamen, experimentellen Kamerawinkeln und inszenatorischen Floskeln. *Brother Brat* rühmt sich wahrscheinlich der bizarrsten Kamerakompositionen, während *Swooner Crooner* seine konventionellste lustige Anstrengung ist – eine ausgelassene Partie, in der Frank-Sinatra- und Bing-Crosby-Hähne um die Aufmerksamkeit der Hühner auf Porky Pigs Farm buhlen.

Doch Tashlins Meisterwerk in seiner zweiten Periode bei Warners war unzweifelhaft *Porky Pig's Feat* (1943). Es ist nicht nur ein außergewöhnlich lustiger Cartoon sondern auch eine inszenatorische Tour de Force, in der jeder große Gag in einer überschwenglichen visuellen Manier angelegt ist.

Tashlin blieb zwei Jahre bei Warners, bevor er das Studio verließ, um eine Ganztags-Karriere als Autor und dann Regisseur von Spielfilmen einzuschlagen. (Während er immer karikierende, Slapstick-ähnliche Gags bevorzugte, legte er besonders in seinen frühen Drehbüchern Nachdruck auf sie. Edward Bernds erinnert sich an eine Produktionskonferenz, als er die Aufgabe hatte, eine Jagd zu filmen, die Tashlin für *Kill the Umpire* [1950] entworfen hatte. Jack Fier, Columbias Produktionsmanager, überdachte Tashlins ausführliches Script und schnappte, »Dieser Hurensohn hat eine Cartoon-Sequenz geschrieben! Habt ihr vor, jemanden anzuheuern, der sie zeichnet? Wir müssen sie fotografieren!«)

Bevor Tashlin Warners verließ hat er noch den ersten *Private Snafu*-Cartoon inszeniert. *Snafu* war der Name für eine Serie von kurzen Schwarzweiß-Cartoons, die in den Kriegszeitausgaben des *Army-Navy Screen Magazine* enthalten waren und ausschließlich amerikanischen Soldaten vorgeführt wurden. Sie liefen drei bis vier Minuten, zeigten einen Pfuscher namens Snafu als eine Art militärischen Jedermann und beschäftigten sich mit einer Anzahl von ernsten Themen, vom Unterricht, Landkarten zu gebrauchen und ihnen zu vertrauen bis zum Bewahren der Schweigepflicht in Kriegszeiten. Da es wichtig war, eine aufrichtige Wechselbeziehung mit den Soldaten herzustellen, gingen die *Snafu*-Filme über die traditionelle Hollywood-Angewohnheit im Gebrauch von vierbuchstabigen Wörtern, breiter anzüglicher Bildersprache und mild pornografischem Humor hinaus, und warfen solche Extras als Gastauftritte von Bugs Bunny (in *The Three Brothers)* oder als eine Episode ein, in der der Serienstar als *Snafuperman* auftrat.

Neben diesen extra angeforderten Filmen für die Streitkräfte drehten Warners auch einen beträchtlichen Anteil an aktuellen Cartoons für das Kinopublikum. Norman McCabe, ein

Einzelne Elemente auf der Tafel für ›A Hare Grows in Manhattan‹ (1947).

Zeichner, der Anfang der vierziger Jahre als Regisseur einsprang, als Tex Avery das Studio verließ, brachte einige unbekannte Kriegszeit-Cartoons wie *Tokio Jokio, Confusions of a Nutzy Spy* und *The Ducktators* heraus. Ähnliche Arbeiten von anderen Regisseuren waren *Scrap Happy Daffy, Fifth Column Mouse, Plane Daffy* und *Herr Meets Hare.* Diese Bestrebungen hatten nie den Feinsinn als Ziel: In *Bugs Bunny Nips the Nips* verkauft das Kaninchen Good Rumor-Eiscreme mit darin versteckten Handgranaten an japanische Soldaten auf einer Pazifikinsel. Während es das Eis verteilt, höhnt es, »Da habt ihr es, Schlitzaugen.« Auf ähnliche Weise zeigt Bob Clampetts *Russian Rhapsody* eine groteske Karikatur von Adolf Hitler und stellt dar, wie er geistig und physisch von einem Korps von »Gremlins from the Kremlin« sauber gepickt wird, die ihre Anwesenheit singend zu den Klängen von »Orchechornya« verkünden.

Kriegsbezogene Gags und Slogans fanden während dieser Zeit ihren Weg in viele Warner-Cartoons. In *Brother Brat* hütet Porky das Baby für eine Frau, die in der »Blockheed«-Munitionsfabrik arbeitet, während *Super Rabbit* mit Bugs Bunnys Ankündigung endet, »Das sieht nach einem Job für einen *richtigen* Superman aus« – einem U.S. Matrosen.

Einer der Besten dieser »Heimatfront«-Kriegscartoons ist Clampetts *Draftee Daffy,* in welchem die irre Ente versucht, einen mäuseartigen kleinen Mann von der Musterungsbehörde davon abzuhalten, ihn unbedingt mit seiner »Grußkarte« zu beglücken. Die absolute Energie dieses Cartoons ist überwältigend. Daffy verbarrikadiert sich in seinem Haus, doch er kann dem hartnäckigen Mann von der Musterungsbehörde nicht entkommen. Wie alle Figuren von Clampett in den vierziger Jahren – besonders die von Rod Scribner gezeichneten – ist Daffy außerordentlich geschmeidig und tendiert dazu, sein Gesicht bei Gefühlsausbrüchen in Richtung Kamera vorzustrecken.

Zu dieser Zeit war Daffy die Nummer Zwei im Stall der Warners, nur von Bugs Bunny geschlagen. Porky Pig war immer noch da, doch die Autoren und Regisseure fühlten sich zum größten Teil bei dieser Figur ausgebrannt, nach der Flut von Filmen, die sie mit ihm in den Dreißigern und frühen Vierzigern gemacht hatten. Außerdem war das niedliche stotternde Schwein nicht so kraftvoll und zeitgerecht wie Bugs

›Draftee Daffy‹ aus der Looney-Tune-Serie der Warner Brothers.

und Daffy, die ideal zu der rauhen Atmospäre der Kriegsjahre paßten. Wenn Porky auftrat, war er nun meistens ein redlicher Mann in Gagsituationen oder ein Partner für Daffy.

Daffy bot auf der anderen Seite der Warners Mannschaft reiche Möglichkeiten und erklomm zu etwa dieser Zeit einen Höhepunkt. Er teilte sich mit Bugs ein Selbstbewußtsein als Zeichentrickfigur, das ungewöhnlich liebenswert war. In *Daffys Doodles* rettet er Widersacher Porky vor dem Sturz von einem Gebäudesims und kommentiert charakteristisch, »Mächtig sportlich von der kleinen schwarzen Ente!« Er war auch als Charakter flexibel genug, um in den unterschiedlichsten Situationen mitzumischen – von denen keine verrückter war als Clampetts *The Great Piggy Bank Robbery,* in welchem er sich selbst als Detektiv Duck Twacy vorstellt, der mit so farbenfrohen Charakteren wie Neon Noodle, Pumpkinhead und Jukebox Jaw fertig werden muß.

In *Ain't That Ducky* trifft Daffy einen äußerst ungewöhnlichen Gegner: einen Elmer Fudd-ähnlichen Jäger, der genauso aussieht und klingt wie der altgediente Komödienschauspieler

Victor Moore. Das liegt daran, daß es Victor Moore *war*. Moore steuerte seine eigene Stimme bei und berechnete Warners keinen einzigen Cent.

Im Jahre 1944 wurde das bis dahin einfach als das Warners-Studio bezeichnete tatsächlich Eigentum der Warner Brothers. Leon Schlesinger verkaufte seine Anteile an Warners und ging in den Ruhestand. Er wurde von seinen Angestellten nicht besonders vermißt, doch ihr neuer Boss, ein Veteran der Company namens Edward Selzer, erwies sich sogar als noch schlimmer. Wie Schlesinger hatte er keine Ahnung von, oder Vorliebe für Zeichentrickfilme, doch er mischte sich eher noch mehr ein, als sein Vorgänger es jemals getan hatte. Chuck Jones erinnert sich an den Augenblick, als Selzer zu einer Story-Session hereinkam, wie er und seine Kameraden gerade über einen frisch ausgeknobelten Gag lachten. Der Produzent schnappte, »Was zum Teufel hat dieses ganze Gelächter mit der Arbeit an Zeichentrickfilmen zu tun?« Natürlich nagte es an allen, als dieser Mann derjenige welcher war, der die Akademiepreise für das Studio annahm und den Applaus erntete, statt der Männer, die die Oscar-gekrönten Filme geschaffen hatten.

Es gab zwischen den Cartoonschöpfern und ihrem Chefproduzenten Jack L. Warner eine sogar noch größere Kluft. Obwohl sie häufig seinen Namen in ihren Cartoons fallen ließen (Daffy entdeckt in *Ain't That Ducky* einen Widerspruch im Drehbuch und warnt den abweichenden Zeichner, »J. L. wird davon hören!«), hatten die Zeichner und Regisseure kaum, wenn überhaupt, Kontakt zu ihm oder seinen Brüdern.

Andere Veränderungen fanden im Warners Studio statt: Die Jahresproduktion hatte sich nun auf sechsundzwanzig Cartoons stabilisiert – dreizehn *Looney Tunes* und dreizehn *Merrie Melodies*. Tatsächlich verschwanden 1943 die Unterscheidungsmerkmale dieser Serientitel, als die *Looney Tunes* zu Farbfilmen aufgewertet wurden: Der einzige Unterschied von diesem Zeitpunkt an war in der Titelmusik zu finden.

Bob Clampett verließ 1946 das Studio, um sich der unglücklichen Screen-Gems-Gruppe anzuschließen. Sein Hauptzeichner Robert McKimson erhielt den Regiestuhl und Cartoon-Veteran Art Davis wurde abgezogen, um die Verantwortung für die Aufrechterhaltung der Jahresproduktion zu

Bugs Bunny in ›Hair-Raising Hare‹ aus der Merrie-Melodie-Zeichentrickserie der Warner Brothers Cartoons, Inc.

teilen. Die Regierungszeit von Davis war kurz, doch er lieferte einige hervorragende Cartoons, und in Filmen wie *What Makes Daffy Duck?* versuchte er, den rasenden Clampett-Stil weiterzuführen. Er war, nach zuverlässigen Aussagen, derjenige, der Clampetts *Porky in Wackyland* für seine Neuaufführung 1949 unter dem Titel *Dough for the Do-Do* nachkolorierte. (Davis kehrte später zum Studio zurück und wurde einer von Frelengs führenden Animatoren.) Einiges an dem spezifischen Humor in Davis' Cartoons kann auch einem jungen Autor namens Bill Scott zugeschrieben werden, der ungefähr zur gleichen Zeit wie Davis ging und UPA beitrat. Später schrieb und co-produzierte Scott die denkwürdigen Bullwinkle-Fernsehcartoons mit Jay Ward. Ein weiterer kurzlebiger Angestellter war Pete Burness, der in den späten vierziger Jahren für McKimson zeichnete, bevor er zu UPA als Regisseur der *Mr. Magoo*-Serie ging.

Es lohnt sich festzustellen, daß einige Cartoons in diesem Zeitabschnitt in dem Zwei-Farben-Verfahren Cinecolor her-

gestellt und vertrieben wurden, zu dem vermeintlichen Zweck Geld zu sparen. Glücklicherweise wurde die Entscheidung bald verworfen und das Studio kehrte zu den brillianten Farbtönen von Technicolor zurück.
Neben den Personal- und Verfahrensänderungen sah die zweite Hälfte der vierziger Jahre auch die Entwicklung von einigen neuen Zeichentrickstars.

Bob Clampett hatte einen winzigen Kanarienvogel geschaffen, der die berühmte Phrase »I tawt I taw a putty tat« in einer Anzahl von Filmen hervorstieß, einschließlich *A Tale of Two Kitties*. Doch die Figur schlummerte vor sich hin, bis Friz Freleng sie wiedererweckte, ihr Design abänderte, und sie mit einer anderen Neuschöpfung, Sylvester the Cat, zusammenbrachte. Der daraus resultierende Cartoon, *Tweetie Pie*, gewann einen Akademiepreis bei der Oscarverleihung 1947. Danach wurde Tweety ausschließlich von Freleng benutzt (mit gelegentlichen Ausnahmen, wie seinem »Cameo«-Auftritt in Jones' *No Barking*), doch Freleng und andere Regisseure fanden, daß Sylvester als Charakter flexibel genug war, um in die unterschiedlichsten Situationen zu passen. Freleng

So sah Tweety anfangs aus, als Bob Clampett den kleinen Vogel zuerst zeichnete.

besetzte ihn mit köstlichen Resultaten in Filmen wie *Back Alley Oproar* (in dem seine nächtlichen Lautmalereien Elmer Fudd wachhalten) und *Dr. Jerkyl's Hide* (in dem sich Sylvester in ein Monster verwandelt, nachdem er die Mixtur eines Wissenschaftlers getrunken hat), während Robert McKimson ihm einen Sohn namens Junior für eine Serie von Kurzfilmen an die Seite stellte, die viele Jahre lief und von *Pop 'Im Pop* (1950) und *Too Hop to Handle* (1956) bis *Claws in the Lease* (1963) reichte.

Freleng zählt Sylvester zu seinen Lieblingscharakteren und weist darauf hin, daß »Wenn er hinter Tweety her war, war das, was *ihm* zustieß der Spaß an der Show. Die Leute sagten, ›Oh, Tweety war so gut‹. Nun, Tweety hat eigentlich nichts gemacht, es war wirklich alles nur Sylvester.«

Während das im Grunde genommen wahr ist, machte Tweety seine Punkte als der lustigste redliche Kerl in einem Zeichentrick-Team. Seine großäugige, kindliche Ausstrahlung und Empfindsamkeit maskieren einen Charakter, der genauso verschlagen und erfinderisch wie Bugs oder Daffy ist, und seine »unschuldigen« Bemerkungen, während er den unglücklichen Sylvester pufft (»You knwo, I lose more putty tats that way!«), sind oft reines Vergnügen in den Filmen. Die Hinzufügung einer ständigen Besitzerin von Tweety, einer liebenswürdigen alten Dame namens Granny, lieferte Sylvester nur noch ein weiteres Hindernis vor seinem aufgesteckten Ziel, den kleinen Vogel zu verschlingen.

Im Grunde genommen verschuckt Sylvester Tweety ja bei vielen Gelegenheiten, doch wegen der Cartoon-Lizenz schafft er es nie bis zum Punkt der Verdauung. Als Sylvester in *Bad Ol' Putty Tat* den Vogel in seinen Mund steckt, kann man Tweety im Weiß von Sylvesters Augen sehen, und dann taucht er in einem von Sylvesters Ohren auf und beschließt, den Kater wie eine Lokomotive zu benützen. Einer der lustigsten Cartoons der Serie ist um Sylvesters tiefsitzendes Schuldgefühl angelegt, als er glaubt, er *habe* den Vogel gefressen. *The Last Hungry Cat* zeichnet ein melodramatisches Bild von Sylvesters Qual, umrahmt von einem Erzähler à la Alfred Hitchcock. Natürlich gibt es ein glückliches Ende und das Versprechen auf weitere Streitereien zwischen den beiden, trotz Sylvesters Gewissensbisse. Man braucht nicht zu erwähnen, daß Tweety immer überlebt.

Foghorn Leghorn in › The High and the Flighty‹ aus der Merrie-Melody-Serie der Warner Brothers.

Die Tweety und Sylvester-Filme hingen von dieser gleichbleibenden Verbindung ab und waren selten neuartig, doch für gewöhnlich unterhaltsam; einige, wie *I Taw a Putty Tat* und *Bad Ol' Putty Tat,* sind in allen Gesichtspunkten ausgezeichnet.

Chuck Jones' gleichzeitige Schöpfung Pepe LePew, der erstmals in *The Odor-Able Kitty* auftrat, litt an einer sogar noch einschränkenderen Formel und konnte nie aus der Gleichheit der Grundstory ausbrechen, was Tweety und Sylvester vermieden. Als Idee für einen einzigen Film war die Formel superb, und der Eindruck von Pepes drittem Auftritt in *For Scent-Imental Reasons* war stark genug, um dem Film einen Oscar einzubringen. Die Prämisse ist einfach: Irgendwie wird einer Katze weiße Farbe auf den Rücken geschüttet, und das läßt sie wie ein Stinktier aussehen. Pepe LePew, ein angriffslustiges verliebtes französisches Stinktier, verliebt sich bis über beide Ohren in die Katze und verfolgt sie, verschließt die Augen vor der Tatsache, daß er sie anwidert.

Aus der neu gebildeten Robert-McKimson-Abteilung erhob sich eine weitere Figur. *Walky Talky Hawky* (1946) hatte offiziell Henery Hawk als Star, den Chuck Jones vier Jahre zuvor in *Squawkin' Hawk* vorgestellt hatte, doch ein neuer Charakter stahl ihm die Schau: Foghorn Leghorn, ein schwatzhafter Hahn. Während die meisten Leute glaubten, er basiere auf Kenny Delmars Senator Claghorn aus der Fred-Allen-Radioshow, führt McKimson seine Abstammung auf die Sheriff-figur in einem früheren Programm, *Blue Monday Jamboree*, zurück. Wie immer der Fall auch lag, dieser lautstarke Süd-

Autor Warren Foster spielt vor der Tafel eine Geschichte vor. Regisseur Robert McKimson und Produzent Edward (Eddie) Selzer sehen und hören zu.

staaten-Hahn hinterließ einen so nachhaltigen Eindruck, daß er, und nicht Henery, zum Star einer langlebigen Serie wurde, den kleinen Hühnerhabicht in eine Nebenrolle drängte und einen mürrischen Hofhund als Hauptwidersacher erhielt.

Neben Foghorn Leghorn führte McKimson einige andere Figuren ein: Sylvesters scharfzüngigen Sohn; Hippety Hopper, ein unbeschreibliches Känguruh; um den Tasmanian Devil, ein halbhohes knurrendes Monster, das neben Bugs Bunny eingesetzt wurde.

Bugs *beständigster* Antagonist wurde Mitte der vierziger Jahre geschaffen. Yosemite Sam, dieser durchtriebene Cowboy, hatte in *Hare Trigger* (1944) sein Debüt und kam während der vierziger und fünfziger Jahre in folgenden Auftritten zur Geltung. Autor Michael Maltese sagt, er habe Sam tatsächlich dem sprunghaften Friz Freleng nachempfunden! Sam, ein aufbrausender Outlawtyp, dessen Körpergröße seinem Intelligenzgrad entspricht, ist Bugs Bunnys ideales Opfer und das machte ihn für seinen Regisseur so attraktiv. »Man konnte mit Bugs eigentlich nichts anfangen, außer man hatte einen wirklich starken Gegner,« behauptet Freleng. »Yosemite Sam war die kraftstrotzende Figur«, und erklärt, indem er seine Gedanken zu Tweety und Sylvester wiederholt, »Das, was mit Yosemite Sam passierte, war der Spaß in dem Film, nicht das, was Bugs zustieß, da Bugs ja nichts passieren konnte – er war schuld an allem.«

Die »Unwirklichkeit« von Sams Erscheinungsbild – seine Größe, sein übergroßer Cowboyhut, die enormen Augenbrauen und der gewaltige Schnurrbart, sein unkontrollierbares Temperament – ermöglichte es Freleng, ihn in den unterschiedlichsten widersprüchlichsten Milieus mit köstlichen Ergebnissen einzusetzen; der untersetzte Bösewicht tauchte in verschiedenen Filmen auf, als ein Wüstenscheich, ein Piratenkapitän, ein mittelalterlicher Ritter und ein römischer Gladiator.

In *Bugs Bunny Rides Again* befiehlt Sam dem Kaninchen zu »tanzen« als er seine Pistole abfeuert und veranlaßt Bugs somit, einen bühnenreifen Sprungtanz aufzuführen. Nach einem Refrain ruft Bugs, »Take it, Sam!« und der Outlaw setzt mit seiner Tanzschrittfolge auf den Takt genau ein. In *Buccaneer Bunny* versucht Sam, Bugs auszubluffen, nachdem das Kaninchen angedroht hat, sein Schiff in die Luft zu jagen –

Regisseur Friz Freleng (sitzend) sieht mit seinem Layouter Hawley Pratt Pläne für einen Daffy-Duck-Zeichentrickfilm durch.

sogar in einem zwecklosen Versuch, Gleichgültigkeit zu markieren, indem er ihn zu einem Glücksspiel auffordert. Und in dem Oscar-Preisträger *Knighty Knight Bugs* läßt Sams beunruhigende Forderung, Bugs solle die Zugbrücke herunterlassen, die schwere Planke genau auf seinem Kopf landen – und begräbt ihn plattgedrückt darunter. Yosemite Sam schien das Beste in Freleng und seinen fähigen Gagschreibern zu Tage zu fördern.

Neben seiner üblichen Anzahl von Kurzfilmen inszenierte Friz Freleng zwei Cartoonsequenzen für Warner Brothers Spielfilme in den späten vierziger Jahren. Seine erste Aufgabe lag in *Two Guys from Texas* (1948), in welchem Jack Carson und Dennis Morgan befreundete Rivalen spielen. Carson beschreibt einen immer wiederkehrenden (gezeichneten) Traum seinem Psychiater, in dem er ein Schafhirte ist, dem seine Schafe immerzu von Morgan weggelockt werden, der sie mit seiner Version von »Every Day I Love You Just a Little Bit More« ohnmächtig werden läßt. Bugs Bunny taucht aus seinem Kaninchenbau auf, um Jack einige Tips zu geben, doch es hilft nichts und »wenn ich aufwache, bin ich von oben bis unten mit Wolle bedeckt,« sagt Carson. Die Sequenz ist sehr unterhaltend und die Karikaturen von Morgan und Carson sind erstklassig.

Carson tritt auch in der zweiten Spielfilm-Einblendung auf. In *My Dream Is Yours* (Mein Traum bist du, 1949) liest er Doris Days Sohn »Freddie« eine Bugs-Bunny-Gute-Nacht-Geschichte vor. Der Junge schläft ein und träumt, Bugs werde lebendig. Er steigt aus seinem Buch heraus und singt ein Lied mit dem Titel »Freddie Get Ready«, zu der Musik – dreimal dürfen Sie raten – der »Ungarischen Rhapsodie«. Bald schließen sich Doris Day und Jack Carson Bugs bei einer Gesangs- und Tanznummer an, bei der die realen Menschen wie Kaninchen gekleidet sind, Bugs Bunny jedoch, das angebliche Kaninchen, einen Abendanzug trägt. Die Nummer dreht sich um ein Ostermotiv und gibt Freleng die Möglichkeit, einen Gastauftritt von Tweety Pie einzubauen, der aus einem der Ostereier auftaucht. Freleng hatte ja bereits früher, in *You Ought to Be in Pictures,* mit der Kombination aus realer Aktion und Animation gearbeitet und fand in der Ausführung dieser Musiknummer keine Schwierigkeiten. Die einfache Handhabung dieser unerwarteten Zeichentrickzwischenspiele trägt sehr zu ihrer Wirksamkeit bei.

Die Cartoon-Abteilung der Warner Brothers führte in den nächsten fünfzehn Jahren keine weitere Arbeit an Spielfilmen durch, sie akzeptierte jedoch einige Aufträge der Regierung für spezielle Kurzfilme in den fünfziger Jahren.

Die Zeitspanne zwischen 1946 und 1956 sah die Blütezeit von Chuck Jones' Karriere bei Warner Brothers und die Einrichtung seines eigenen Arbeitsteams. Als das Studio seine drei Cartoon-Einheiten – unter Jones, Freleng und McKimson – verstärkte, entschlossen sich die kreativen Schlüsselpersön-

Bugs Bunny in ›Bunny Hugged‹ aus der Merrie-Melodie-Serie der Warner Brothers.

lichkeiten für eine der drei und blieben ihr für viele Jahre mehr oder minder treu. Zu Jones Mitarbeitern zählten Autor Michael Maltese, die Zeichner Ken Harris, Ben Washam, Phil Monroe und Lloyd Vaughn (später kamen Abe Levitow und Richard Thompson hinzu), Robert Gribbroek und Maurice Noble beim Layout und Hintergrundmaler Philip DeGuard.

Jones' Verhältnis zu Bugs Bunny wurde schon 1940 formuliert, in *Elmer's Pet Rabbit,* als Bugs erklärt, »Natürlich weißt du, daß das Krieg bedeutet!«* nachdem er einmal von Elmer provoziert wurde. Dieser Satz wurde zum Slogan von Jones' Bugs Bunny. Der Regisseur fühlte, daß Bugs nicht aus Wahnsinn aggressiv oder widerstreitend war und verlangte, daß es immer einen Grund für seine Streiche gab. *Homeless Hare* (1949) liefert für diese Auflage ein typisches Beispiel, indem ein Bauarbeiter die Erde von Bugs Kaninchenbau und der

---

* Obwohl diese Phrase bereits zwei Jahre früher von dem Bugs-Prototyp in *Porky's Hare Hunt* geäußert wird.

Umgebung aushebt um Platz für einen Superwolkenkratzer zu schaffen. Natürlich sieht das Kaninchen dabei nicht tatenlos zu, sondern inszeniert eine Serie von Scharmützeln mit dem Bauarbeiter, die damit enden, daß der unglückliche Arbeiter eine weiße Fahne schwenkt. In der Schlußaufnahme liegt Bugs gemütlich in seinem Bau, der genau zwischen zwei riesigen Gebäuden intakt gelassen wurde. »Schließlich,« sagt unser Held, »*ist* das Heim eines Mannes seine Burg!«

Jones liebte es, seine Figuren zu erforschen – »um herauszufinden, wieviel man mit ihnen machen konnte«. Er verfeinerte sein Gefühl für komische Nuancen bis zu dem Punkt, an dem er allein dadurch Gelächter erzeugen konnte, daß er eine Figur die Augenbraue heben ließ.

Er und Autor Michael Maltese hatten besonderen Spaß daran, Daffy Duck in die Rolle eines frustrierten heruntergekommenen Kerls zu stecken und ihn dem superkühlen Bugs Bunny in Filmen wie *Rabbit Fire, Rabbit Seasoning* und *Duck! Rabbit! Duck!* gegenüberzustellen. Maltese lieferte für diese Cartoons brillante komische Dialoge und Jones verwendete sie, um die Ausdrucksweise seiner Charaktere zu festigen. Der visuelle und verbale Humor wird in diesen Filmen brillant vereinigt, die unter den Händen eines anderen Regisseurs vielleicht zu statischen Redeorgien geworden wären. Man kann sich *Rabbit Seasoning* ohne Ton ansehen und immer noch unterhalten werden; Daffys Gesichtsverrenkungen und Körpersprache erklären genau soviel wie der Dialog.

Jones und Maltese schufen 1953 ein Miniaturmeisterwerk mit dem Titel *Duck Amuck,* in dem Daffys Angst ihren Höhepunkt erreicht. Der Film beginnt mit Daffy in einer D'Artagnan-ähnlichen Rolle, er schwingt sein Schwert und schlägt sich auf die linke Seite der Leinwand durch. Schließlich gelangt er an das Ende des gemalten Hintergrunds und findet sich vor einer leeren weißen Fläche. An diesem Punkt wendet er sich an den unsichtbaren Zeichner: »Hey, *psst*... wer immer hier die Verantwortung trägt... die Szenerie! Wo ist die Szenerie?« Es folgt eine Serie von Konfrontationen mit dem Zeichner, in der sich die Szenerie wiederholt hinter Daffys Rücken ändert, immer genau dann, wenn er sich der vorherigen Umgebung in Kostüm und Verhalten angepaßt hat. Daffys allmächtiger »Meister« ändert das Aussehen der Ente, ersetzt ihre Stimme durch eine Ansammlung von Toneffekten, und spielt mit dem Filmausschnitt. Als Daffy nach einer Großaufnahme schreit, fährt die Kamera so nah heran, daß die Leinwand mit Daffys blutunterlaufenen Augen ausgefüllt ist.

Diese schändlichen Tricks gehen so lange weiter, bis Daffy es nicht mehr aushält. Er ist erschöpft, besiegt und fleht, »Recht so, genug ist genug. Das ist... der allerletzte Strohhalm. Wer ist für das hier verantwortlich? Ich *verlange,* daß Sie sich zeigen!« Die Kamera fährt zurück und enthüllt die unsichtbare Figur am Zeichenbrett als Bugs Bunny, der sich zum Publikum umdreht und mit einem schelmischen Lächeln sagt, »Bin ich nicht ein Ekel?«

Duck Amuck hat seine Ursprünge in den Stummfilmpossen von Koko the Clown und Max Fleischer, geht jedoch in seinem Kampf zwischen Figur und Schöpfer weit über eine einfache Neuartigkeit hinaus und erreicht eine Ebene der Spitzenkomödie.

Obwohl *Duck Amuck* einen Höhepunkt in der Handhabung von Daffy Duck darstellt, hatte Jones weiterhin viel Spaß mit der Figur in einer Anzahl von anderen Situationen. Und er fand für Porky Pig eine neue Aufgabe – als Partner in einem griechischen Chor, der Daffys bombastische Schnitzer auszugleichen hat. In *Duck Dodgers in the 24 1/2th Century* ist Daffy ein futuristischer Held, der sich mehr mit seinem eigenen Ego beschäftigt als mit irgend etwas anderem, und Porky ist ein Raumschiffkadett; in *Dripalong Daffy* und *My Little Duckaroo* ist er der »Maskierte Rächer«, und Porky (mit Bartstoppeln im Gesicht!) wird »Comedy Relief« genannt; in *Deduce You Say* ist Daffy »Dorlock Homes« und Porky sein »Dr. Watson«; und in *Robin Hood Daffy* versucht die Ente einem zweifelnden »Bruder Tuck«, gespielt von Porky, ihre Identität zu beweisen.

So herausfordernd und zufriedenstellend seine Cartoons mit Daffy, Bugs, Porky und anderen Figuren in dieser Zeit auch waren, so lieferte Jones doch einige seiner besten und persönlichsten Arbeiten in den zusammengestellten »One-Shot«-Cartoons, die jedes Jahr erschienen. Gelegentlich lösten sich fortlaufende Figuren aus diesen Cartoons – Hubie und Bertie, Claude Cat, Charlie Dog – doch die meisten von ihnen hatten ihre Grenzen und lebten nicht lange.

Unter diesen Kurzfilmen finden sich einige ausgelassene Three Bears-Cartoons, mit einem winzigen Papa Bear, ge-

›Marvin Martian‹ kämpft interplanetarisch in ›Duck Dodgers in the 24¹/₂th Century‹ (1953). Warner-Brothers-Zeichentrickfilm.

sprochen vom Veteranen Billy Bletcher (bestens bekannt als der Big Bad Wolf); einer süßen aber dummen Mama Bear (die Jones vor wenigen Jahren mit Edith Bunker aus *All in the Family* verglichen hat), gesprochen von Bea Benadaret; und einem herrlich beschränkten, übergroßen Bärenkind namens Junior, das von Stan Freberg mit einer denkwürdig dummen Stimme gesegnet wurde. In der ziemlich einfachen Geschichte von *What's Brewin', Bruin?* versuchen die Bären, sich zur Überwinterung schlafen zu legen, werden dabei jedoch von den verschiedensten lästigen Tönen gestört. In *A Bear for Punishment* gerät die traditionelle Serienformel durcheinander, als Mama und Junior den widerwilligen Papa mit einer extravaganten Vatertagsaufführung von Liedern, Tänzen und Lesungen beglücken.

Viele von Jones Kurzfilmen beschäftigen sich mit niedlichen Tierfiguren, während andere beunruhigend boshaft oder gewalttätig sind *(Scaredy Cat, Chow Hound, Feline Frame-Up)*. *Punch Trunk* hat nicht wirklich einen Punkt oder eine Schlaglinie, doch er zeigt eine entwaffnende Situation, in der ein zwölfeinhalb Zentimeter großer Elefant eine Großstadt in Aufruhr versetzt. *From A to Z-Z-Z* wählt einen ungewöhnlichen Weg und zeigt einen Kleinen-Jungen-Charakter, der Tagträume hat. Doch einer der erfolgreichsten dieser Kurzfilme, der es fertig bringt, reizend, aber nie überladen zu sein, ist *Feed the Kitty* (1952), in dem die riesige Bulldogge Marc Antony ihre Beziehung zu ihrer Freundin aufs Spiel setzt, um ein liebenswertes kleines Kätzchen zu beschützen, das sie adoptiert hat. Wieder sind es die Ausdrucksfähigkeit und das Benehmen der Figuren, die diesen Cartoon genauso sehr wie die tatsächliche Geschichte »ausmachen« – und niemand konnte Jones schlagen, wenn es darum ging, ausdrucksstarke Figuren zu entwerfen und dann zu »figurieren«.

Bei Warners waren die Cartoons von Jones auch diejenigen, die am besten *aussahen,* nicht nur wegen der talentierten Zeichnermannschaft, sondern auch wegen der engen Zusammenarbeit mit dem Layouter Maurice Noble, der zirka 1953 den talentierten Robert Gribbroek ersetzte.

Nobles Beiträge sind in Jones' spektakulären Cartoons eindeutig sichtbar – *Duck Dodgers in the 24 1/2th Century* und dem späteren *What's Opera, Doc?* – doch sein Talent verbesserte sogar unauffällige Cartoons durch eindringliche und oftmals wirkungsvolle graphische Entwürfe. (In *To Hare Is Human* malte er moderne Kunst an die Wände von Bugs Bunnys Zuhause.)

Graphisches Design war nur einer der vielen Faktoren, die zum Erfolg der *Road Runner*-Serie beitrugen, Jones bekanntester und erfolgreichster Schöpfung bei Warner Brothers. Die Serie wurde 1948 mit *Fast and Furry-ous* aus der Taufe gehoben und befriedigte Jones' Hang zur Arbeit mit einer disziplinierten Grundstruktur und forderte seine Fähigkeit heraus, innerhalb dieses Rahmens neue Ideen zu formulieren. Die Stories spielen Coyote, einen mageren Charakter mit Augen, die abwechselnd durchtrieben und jämmerlich aussehen können, gegen den blitzschnellen immer lächelnden Road Runner aus, der den verschiedenen Fallen von Coyote unverletzt entkommt, während die unglückliche Kreatur an den Folgen jeder Retourkutsche zu leiden hat. In der Geschichte des Hollywood-Zeichentrickfilmes gab es nie eine andere Serie mit so vielen bewußt angewandten Grundregeln, von denen die meisten bereits im allerersten Film mit dem Road Runner (Accelerati Incredibus«) und Wile E. Coyote (»Carnivorous Vulgaris«) auftauchten.

Zu den Regeln, an denen Jones festhielt, gehören die folgenden: Die Cartoons spielen immer in derselben Wüstengegend. Road Runner und Coyote sprechen niemals.* Road Runner verläßt nie die Straße. Die Verletzungen von Coyote sind immer selbstzugefügt. Ganz egal welches Mißgeschick Coyote ereilt, er erscheint nach der Ausblendung immer wieder in Ordnung und bereit, einen neuen Versuch zu starten. Seine Apparate und Geräte aus dem Postversand sind fast immer von der Acme Corporation. Er und der Road Runner werden immer mit falschen lateinischen Namen vorgestellt. Und schließlich, Coyote fängt Road Runner niemals.

Jones hat zugegeben, daß Frank Tashlins Columbia-Cartoon von 1941, *The Fox and the Grapes,* einen wesentlichen Einfluß auf seine Serie hatte, und Ähnlichkeiten zwischen diesem »Blackout«-Cartoon mit Fuchs und Krähe und der *Road Runner*-Serie sind auffallend. Doch Tashlin verfolgte seine Idee nicht weiter und lehnte die Vorstellung der Grundformel als eine selbstauferlegte Disziplin ab. Jones entwickelte ein fast klassisches Format, das auf der uralten Idee des »Blackout«-Witzes basierte und steigerte es mit fesselnden Figuren.

Diejenigen, die glauben, daß die *Road Runner*-Cartoons sinnlos gewalttätig sind, gehen an den Tatsachen vorbei. Die *Road Runner*-Vorlage ist seit Mitte der fünfziger Jahre in Fernseh- und Kinozeichentrickfilmen kopiert worden, doch in keiner der Nachahmungen waren die Figuren von den Qualitäten erfüllt, die Jones' Arbeit abheben. Coyote ist eine greifbare und vollständig sympathische Figur, obwohl er in der Maske eines »Bösewichts« auftritt, der sein unschuldiges Opfer jagt. (Das ständige Lächeln des Road Runner mag nicht so unschulig sein, doch er fügt Coyote nie wirklich einen Schaden zu, er schleicht sich nur an ihn heran und läßt seinen »Beep Beep«-Ruf los.) Coyote, sagt Jones, »repräsentiert mich und

---

* Einige Versuche, Coyote eine Stimme zu geben, waren erfolglos.

Wiley E. Coyote und der Road Runner (The Road Runner), zwei Charaktere der Warner-Brothers-Produktion.

mein Ungeschick mit technischen Geräten«, und gewann mit seiner unglaublichen Entschlossenheit angesichts der völligen Ungeschicktheit die Herzen des Publikums.

Coyotes Mienenspiel ist für den Erfolg des Filmes genauso wichtig wie jeder der sorgsam ausgearbeiteten Gags, die sich Jones und Michael Maltese ausdachten. Als Coyote einen riesigen Felsbrocken mit einer Wippe in die Luft wirbelt und dieser, statt auf Road Runners Kopf, auf seinen eigenen herunterkracht, kommt das Gelächter nicht nur aus dem Schema der Fehlzündung sondern auch aus dem Ausdruck völliger Leere in Coyotes Gesicht, während der Schatten des Felsblocks drohend über ihm auftaucht.

Jones hat einmal gesagt, daß Geschwindigkeit und Gravitation die Hauptfaktoren sind, die in den *Road Runner*-Cartoons arbeiten, und sicherlich geht eine große Anzahl von

Coyotes Problemen beim Erwischen seines auserwählten Opfers auf ihr Konto. Folglich wird Coyote, wenn er es schafft, daß seine raketengetriebenen Rollschuhe funktionieren, nicht nur Road Runner einholen, sondern ihn überholen, völlig außer Kontrolle, und über die Kante einer Klippe fliegen. In *Zipping Along* fällt Coyote (dieses Mal »Road Runners Digestus«) einen Baum, um eine Falle zu stellen. Doch es stellt sich heraus, daß der Baum ein Telefonmast ist, und als er fällt, ziehen die Drähte eine ganze Reihe von Masten mit sich, von denen einer Coyote in den Boden rammt. In *Ready, Set, Zoom* schmiert Coyote (»Famishus-Famishus«) Leim auf die Straße; Road Runner rast hindurch und spritzt die Schmiere auf seinen Gegner, der entdeckt, daß er an einem brennenden Stab TNT klebt. In *There They Go-Go-Go* lädt Wile E. (»Famishus Fantasticus«) acht Dynamitstäbe auf die Speichen eines Rades, das er Road Runner in den Weg stößt, als dieser vorbeizischt – doch als das Rad wegrollt, bleiben die Dynamitstäbe resolut auf ihrem Platz und explodieren in Coyotes Gesicht.

Jones entdeckte bald, daß er ungefähr elf dieser Gags brauchte, um einen *Road Runner* Cartoon zu füllen; einige waren ausgedehnt, andere unerwartet kurz, und einige prallten mit anderen zu einem steigernden Effekt zusammen. Er beanspruchte auch die speziellen Talente einiger seiner Mitarbeiter, einschließlich der peinlich genauen Spezialeffekte-Animation von Männern wie A.C. Gamer und Harry Love und der einmaligen Toneffekte von Treg Brown.

»Treg Brown war ein fabelhafter Kerl«, sagt Jones. »Er war einmal Gitarrist und Sänger bei Red Nichols und seinen Five Pennies gewesen. Er war einer der wenigen großen Tonschneider beim Zeichentrick; ich bat ihn, nach Ungereimtheiten zu suchen, und er tat es. Einmal hatten wir einen Film mit Coyote und einem Schäferhund und wir zeigten Felsbrocken, die auf den Wolf zurollten. Statt des üblichen Toneffektes verwendete er das Geräusch einer Lokomotive – und es funktionierte. In *Zoom and Board* benützt Coyote ein Harpunengewehr à la Captain Ahab und natürlich verwickelt sich sein Fuß in dem Seil. Nun, Treg verwendete jeden Toneffekt außer den passenden für diese Szene – er hatte Hörner, und Grunzen und die verschiedensten Sachen – und ich werde Ihnen was sagen, Leute haben sich die Sache angesehen, Leute, die vom

Film was verstehen, und sie haben es nicht bemerkt... was natürlich wundervoll ist. Seine Toneffekte gaben den Cartoons eine ganze Menge unterbewußten Humor.« Nach dem abartigen System der Betitelung bei Warner Brothers wurde dieser erfinderische Tonmeister während seiner ganzen Karriere in diesem Studio als »Filmschneider« geführt.

Coyote war ein so herrlicher Zeichentrickcharakter, daß sich Jones dazu entschloß, ihn außerhalb der *Road Runner*-Serie auszuprobieren. Er tauchte gelegentlich in Filmen mit Bugs Bunny auf, einschließlich *To Hare Is Human,* doch er kam in einer anderen formalen Serie mit einem wortkargen Schäferhund mehr zum Tragen. Diese wortspielerischen Titel *(Sheep Ahoy, Double or Mutton, Ready, Woolen and Able, A Sheep in the Deep)* zeigten den ohnmächtigen Coyote à la *Road Runner,* der nun angeblich ein Wolf war, der versuchte, einen allwissenden Schäferhund zu umgehen, um ihm einige Tiere aus seiner Herde zu entführen. Der Hauptunterschied zwischen diesen Filmen (alle außergewöhnlich lustig) und den *Road Runners* lag in einem verschlagenen Konzept: Am Anfang und Ende jeder Story werden Coyote und Schäferhund von Doppelgängern ersetzt, die, als sie in der Tat eine Stechuhr betätigen und ihre Lunchpakete zur Seite stellen bevor sie zur »Arbeit« schreiten, ein müdes »Hallo, Sam«, »Hallo, Ralph« zu ihrem Kollegen murmeln!

Es gab einen eindeutigen Vorteil bei der Herstellung einer Formel-Gag-Serie wie *Road Runner,* wie Jones erklärte: »Wir machten zehn Filme pro Jahr und jeder hatte ungefähr eine Länge von 162 Metern. Natürlich schummelten wir. Wir sahen nie das Budget, wir haben uns überhaupt nie mit Geld beschäftigt. Doch sie (die Administratoren) wußten, daß es einen Regisseur gab, einen Autor, einen Layouter, einen Hintergrundzeichner, vier Animatoren und vier Assistenten, eine Woche für einen Musiker, eine Woche für einen Cutter, und sie wußten, was die Tinte und Farbe im allgemeinen kostete, da wir alle dieselbe Tinte und Farbe verwendeten. Wenn wir alle fünf Wochen einen Film herausbrachten, brauchten wir kein Budget zu haben – doch wir mußten den Film fertigstellen. Wir schummelten auf folgende Weise: Wenn ich eine Idee wie *What's Opera, Doc?* hatte, die tatsächlich länger als 162 Meter lief und vielleicht sogar sieben Wochen Arbeit in Anspruch nahm, konnte ich einen *Road Runner* in *drei* Wochen

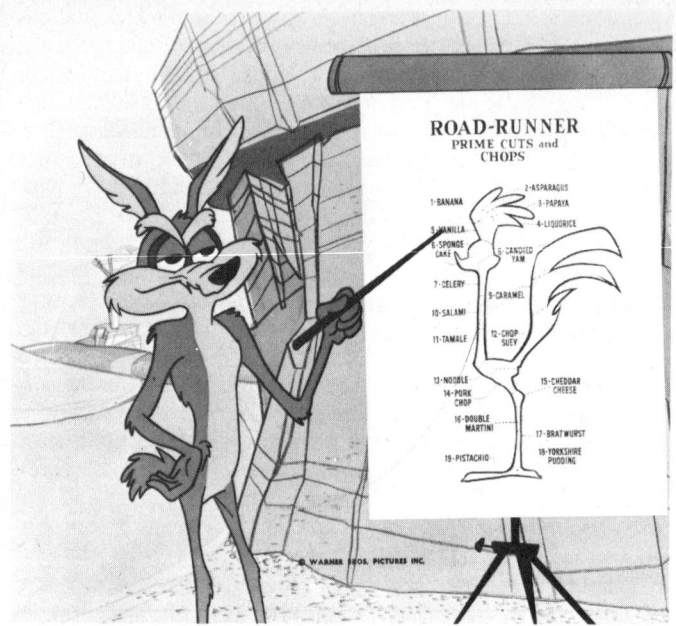

© **Warner Brothers Inc.**

Wiley E. Coyote hat einen gezeichneten Road Runner vor sich und erklärt, daß dieser äußerst schmackhaft sei (wenn man ihn nur zu fassen bekäme!). Was man aus den einzelnen Road-Runner-Körperteilen herstellen kann, geht aus der Tafel hervor, so zum Beispiel Bratwurst, Yorkshire Pudding, Cheddarkäse, Pistazien, Martini, Vanille, Papaya, Bananen, Spargel, Sellerie, Salami, Caramel, Nudeln, Schweinskotelett, Chop Suey, Lakritze, Biskuitkuchen, Tamale und Sirup.

fertigstellen, da ich den *Road Runner* in- und auswendig kannte. So ergaben die beiden Filme zusammen zehn Wochen. Und das Hauptbüro erfuhr nie etwas darüber, da ich jeden seine Stechkarten fälschen ließ. Sie glaubten also, wir würden bereits zwei Wochen an dem *Road Runner* arbeiten, bevor wir wirklich damit anfingen.«

»Sie waren immer ein bißchen überrascht, wenn es zur Tinte und Farbe kam; der Preis für Tinte und Farbe ging natürlich in die Höhe, und dann machten sie Krawall... weil es mehr

Zeichnungen gab, waren sie ziemlich verwirrt. Glücklicherweise waren die Produzenten keine besonders hellen Köpfe und verstanden selbstverständlich nichts von der Animation. So lange man also im Verlauf eines Jahres regelmäßig seine Filme herausbrachte, konnte man damit durchkommen.«

Die Art der Spezialprojekte, auf die sich Jones bezieht, enthalten zwei seiner besten und berühmtesten Cartoons: *What's Opera, Doc?* und *One Froggy Evening*. *What's Opera, Doc?* ist der Film, in dem »wir die komplette vierzehnstündige Musik des *Ring der Nibelungen* nahmen und sie zu sechs Minuten zusammenstampften«. Elmer Fudd und Bugs Bunny sind die Stars dieser Wagner-Oper, treten vor schrecklichen Felsformationen auf, Elmer als der behelmte Krieger, und Bugs, der sich dem Jäger dadurch entzieht, daß er sich als eine goldgelockte Brunhilde verkleidet. Ihr Dialog wird gesungen, nicht gesprochen, und wird angemessen genug von Elmer eröffnet, der »Be vew-wy quiet/I'm hunting wabbits« singt. Später gelobt er zu den Klängen des Walkürenthemas das »Wabbit« zu töten, und in der großen Hauptszene des Films singen er und Bugs ein Duett mit dem Titel »Return, My Love«, niedergeschrieben von Michael Maltese. Elmer *tötet* schließlich das »Wabbit« und betrauert dann seinen Verlust, während er Bugs in einen lodernden Sonnenuntergang trägt und das Orchester auf der Musikspur anschwillt. Doch dann hebt Bugs plötzlich seinen Kopf und sagt zum Publikum, »Nun, was habt ihr denn in einer Oper erwartet – ein *glückliches* Ende?«

Es ist nicht schwer zu erkennen, warum die Herstellung dieses Kurzfilmes so viel Zeit in Anspruch nahm. Während es normalerweise 60 Hintergründe in einem Sechs-Minuten-Kurzfilm gab, wies dieser 104 auf – und jede Aufnahme in *What's Opera, Doc?* ist eine komplizierte Angelegenheit. Die Designs sind kühn und kraftvoll, mit zitternden Farben und Schatten.

Die musikalischen Gesichtspunkte des Filmes sind ebenfalls genauso beeindruckend. Das komplette Warner-Brothers-Orchester zeigt sich der Lage gewachsen, wie auch Mel Blanc und Arthur Q. Bryan in ihren Gesangsrollen. Blanc sang schon immer gut, doch Jones war entzückt, als er entdeckte, daß Bryan eine schöne, einwandfreie Gesangsstimme hatte, die sogar in seiner Wiedergabe auf Elmer Fuddisch zum Tragen kam. Für die ernste Ballettsequenz studierten Jones und seine Zeichner Titania Riavachinska und David Lichine vom Ballet Russe. Kolossale Anstrengungen wurden aufgeboten, um ihn zu einem außergewöhnlichen Film zu machen, was er bis heute geblieben ist.

Nicht, daß *What's Opera, Doc?* etwa von der Warner Brothers-Exekutive, den Filmkritikern oder den Journalisten mehr beachtet wurde als andere Fließband-Cartoons dieser Zeit. (Er wurde nicht einmal für einen »Oscar« nominiert.) Doch, wie Jones schnell unterstreicht, wenn er Programme aus seiner Arbeit vorführt: »Diese Cartoons waren nie für Kinder gemacht. Sie wurden auch nicht für Erwachsene gemacht. Sie wurden für *mich* gemacht.«

Von all den Figuren, die Jones erschuf, ist diejenige, die ihm mehr als jede andere bedeutet die Hauptfigur in *One Froggy Evening,* inoffiziell bekannt als Michigan J. Frog. »Ich glaube, er ist deshalb mein Liebling, weil ich ihn nicht verstehe«, behauptete Jones. Der Frosch ist das Mittelstück einer ungewöhnlichen Allegorie, die von einem Bauarbeiter in dem Grundstein eines zerstörten Hauses aus dem Jahre 1892 entdeckt wird. Ohne Vorwarnung zaubert der Frosch einen Zylinder und einen Spazierstock hervor und tanzt einen Cakewalk, während er lauthals »Hello, My Baby« singt. Der Arbeiter ist fasziniert und sieht sich schon als Millionär, als er sich ausmalt, wie er seine »Entdeckung« vermarkten kann. Dieses Glück ist jedoch vergänglich, da sich der Frosch energisch weigert, vor irgend jemandem aufzutreten – sei es ein Theateragent, ein Theaterpublikum, oder ein Polizist auf dem Revier. In Anwesenheit des Mannes stürzt er sich in überschwengliche Darbietungen von »Please Don't Talk About Me When I'm Gone« und »Come Back to Erin«, schafft es jedoch, immer genau dann fertig zu werden, wenn Außenstehende auftauchen, wobei er seine professionelle Pose abwirft und in die kraftlose Stellung und mürrische Mimik eines gewöhnlichen Frosches zurückfällt. Besiegt, gebrochen und schließlich in eine Irrenanstalt eingewiesen, ergreift der Bauarbeiter schließlich eine Gelegenheit, den Frosch in den Grundstein eines neuen Gebäudes zu versenken. Das Bild blendet in das Jahr 2056 hinüber. In dieser Zukunftsgesellschaft wird das »Tregoweth-Brown-Building« von einem Mann mit einer Desintegrator-Kanone von Acme niedergerissen. Als er auf den Grundstein stößt, springt ganz genau derselbe Frosch heraus und singt »Hello, My Baby« und läßt gewinnsüchtige Gedanken in seinem neuesten Entdecker aufkeimen, der ihn wegträgt, um den Kreislauf wieder von vorne beginnen zu lassen.

Kritiker Jay Cocks hat *One Froggy Evening* als »ein Moralstück im Kleinformat« bezeichnet, »das der Perfektion so nahe kommt, wie es ein Cartoon nur jemals erreichen kann«. Weder Jones noch Maltese beabsichtigten ursprünglich, eine Lektion zu erteilen oder eine bedeutungsschwere Parabel zu schaffen. Doch irgendwie besitzt ihr Film eine hypnotische Faszination, die mit jeder nachfolgenden Vorführung immer wieder neue Freuden anbietet.

Jones führte auch die Aufsicht über zwei unterschiedliche Meilensteine in den fünfziger Jahren: Dem einzigen Cartoon, der jemals einen »Oscar« als der beste Dokumentarfilm des Jahres gewann und dem einzigen 3-D Cartoon des Studios. Der Dokumentarfilm hieß *So Much for So Little* und war vom Public Health Service in Auftrag gegeben worden. Jones und Friz Freleng trafen sich in Washington mit Stellvertretern, die, wie sich Freleng erinnert, »fühlten, daß dies ein Weg war, um eine ganze Menge Menschen zu erreichen«, mit der Botschaft über die Wichtigkeit des Gesundheitsdienstes und des Gesundheitswesens. Jones und Freleng schrieben auf ihrer Rückfahrt nach Kalifornien im Zug das Drehbuch, und dann inszenierte Jones den elf-minütigen Film. Keiner war überraschter als die beiden, als dem Streifen ein Jahr später, bei den Academy-Awards-Feierlichkeiten 1950, ein »Oscar« verliehen wurde.

Der 3-D-Cartoon wurde 1953 von Jack Warner in Auftrag gegeben, auf dem Höhepunkt der Popularität des Kinospielzeugs 3-D. *Lumber Jack Rabbit* erhielt eine große Reklame- und Werbekampagne und sollte wahrscheinlich mit den 3-D-Filmen aus dem Warners Studio gezeigt werden, wie zum Beispiel *Hondo* und *House of Wax,* doch er brachte es nicht fertig, Erregung zu erzeugen. Der *Motion Picture Exhibitor* bemerkte: »Dieser Cartoon scheint nicht alle Vorteile des Mediums 3-D auszunutzen. Der Humor ist nicht so bissig wie in den meisten anderen Bugs-Bunny-Cartoons, und Scherze in 3-D glänzen durch Abwesenheit.« Tatsächlich erfolgt die Hauptverbeugung des Filmes vor diesem Verfahren bereits genau am Anfang, als das Warner-Brothers-Schild viel näher

Bugs Bunny in seinem einzigen Film mit 3-D-Verfahren: ›Lumber Jack Rabbit‹ (1954).

als gewöhnlich zur Kamera springt – so als ob es aus der Leinwand heraus möchte – bevor es auf seine normale Position zurückweicht, in die Mitte der bekannten konzentrischen Ringe.

Bei der Herstellung dieses Cartoons wurde die wirkliche Simulation des 3-D von dem altgedienten Kameramann und Alleskönner John Burton hergestellt, doch Regisseur Jones konnte seine Langeweile mit dem Medium selbst nicht völlig verdecken.

Zu diesem Zeitpunkt entschloß sich Jack Warner dazu, die ganze Abteilung zu schließen, da er der Meinung war, die Industrie würde bald auf einer dauerhaften Basis auf 3-D umschwenken und fand es zu teuer, seine ganzen Zeichentrickfilme in diesem Verfahren herzustellen. Die meisten der Belegschaft wurden arbeitslos, und Chuck Jones verbrachte vier Monate mit Arbeit bei Walt Disney, bevor Studioboss Warner seine Meinung änderte und die Cartoonabteilung reaktivierte. Die 3-D-Manie starb fast genauso schnell, wie sie aufgekommen war.

Die Zeichentrickabteilung machte zu dieser Zeit jedoch auch andere Veränderungen durch. Eine davon war die Übernahme von stilisierten und weniger pedantischen Hintergründen (im Kielwasser der UPA Design-Revolution). »Ich dachte es wäre ein Trend«, sagte Friz Freleng. »Und wir wollten zeitgerecht sein. Also stilisierten wir sie etwas, aber ich wußte nicht, ob sie auch zu unseren Figuren passen würden. Unsere Figuren waren nie so stilisiert wie die Hintergründe, deshalb versuchten wir, einen glücklichen Mittelweg zu finden und fielen nicht in solche Extreme wie die UPA. UPA fertigte hochstilisierte Hintergründe, doch ihre Figuren *paßten* dazu. Unsere Figuren waren festgelegt und es wurde ziemlich schwierig für uns. Bugs Bunny war eine umfangreiche Figur, deswegen wollten wir keine flachen Hintergründe verwenden.«

Doch Freleng, Jones und McKimson fanden in dieser revidierten Annäherung eine Inspiration, die sicherlich zu einigen ihrer Kurzfilme paßte. Frelengs *Pizzicato Pussycat* zeigt wenigstens eine flüchtige Ähnlichkeit zu UPAs *Gerald McBoing Boing* und *Christopher Crumpet* in der Art der Geschichtenerzählung – mit Kommentar – über ein gewöhnliches menschliches Paar, eine Katze und eine außergewöhnliche Maus, die übergroße Brillengläser trägt und auf ihrem Spielzeugklavier Jazz spielt.

Frelengs neueste Entdeckung war ein weiterer Hauptcharakter, der letzte, der auf der Warners Dienstliste auftauchte und der allerletzte, der einen »Oscar« erringen sollte: Speedy Gonzales. Die Idee zu Speedy war bereits in einem McKimson-Cartoon von 1953 mit dem Titel *Cat Tails for Two* enthalten gewesen, in welchem ein dummes Team aus Katze und Hund (die an Tex Averys von Steinbeck inspirierten Figuren George und Lenny erinnern) sich auf ein mexikanisches Schiff, auf der Suche nach Mäusen, schleicht, doch erkennen muß, daß die lateinamerikanischen Nagetiere zu schnell und zu schlau sind, um sich fangen zu lassen. Die Anführer-Maus in diesem Cartoon hat keinen Namen und hat auch sonst nicht viel Ähnlichkeit mit dem späteren Speedy: Sie ist hagerer und zeigt viel mehr Zähne, eine richtige Karikatur eines mexikanischen Landarbeiters.

McKimson gab die Figur nach diesem einen Film auf, doch Freleng erinnerte sich zwei Jahre später an sie, gestaltete sie neu, führte ein Arbeitsschema ein, und beschloß, Sylvester als

Einer von jenen Filmen, für die Friz Freleng einen OSCAR gewann: ›Speedy Gonzales‹ aus der Merrie-Melodie-Serie der Warner Brothers.

ihren Widersacher einzusetzen. Der daraus resultierende Cartoon, *Speedy Gonzales* (1955), gewann einen »Oscar« und hob eine weitere Serie bei Warners aus der Taufe. Speedy ist, wie Road Runner, eine immer lächelnde, immer zuversichtliche Figur, die immer als Sieger aus einer Krisensituation hervorgeht. Sein Hauptvorteil ist seine Geschwindigkeit; weder Sylvester noch irgend jemand sonst kann ihn jemals fangen oder ihm auch nur nahekommen, wenn er auf der Suche nach Käse herumrast. Speedy verdient seinen Titel als »die schnellste Maus von Mexiko«, hat aber sonst kaum noch Vorteile auf seiner Seite. Er ist eine einseitige Persönlichkeit, und der Erfolg seiner Filme hängt vollständig von starken Gags ab. Wenn sie gut sind, wie in *Speedy Gonzales,* dann ist das Ergebnis hervorragend. Spätere Auftritte waren jedoch eher Wiederholungen.

Freleng fügte seiner Krone zu dieser Zeit mit der Regie bei zwei weiteren »Oscar«-preisgekrönten Cartoons weitere Perlen hinzu: *Birds Anonymous* (1957) und *Knighty Knight Bugs*

(1957). Diese beiden sind zwar weder Warners noch Frelengs beste Werke, doch es liegt in den Kurzfilmpreisen sogar noch weniger Logik als in der Spielfilm-Kategorie. Deshalb muß man jede Anerkennung zu Gunsten des Warners Zeichentrickstudios würdigen, dessen beste Produkte jahrelang bei der »Oscar«-Verleihung zu Gunsten von Disney, MGM und UPA übergangen wurden.

Birds Anonymous ist eine geistreiche Parodie von Warren Foster, in der Sylvester dazu überredet wird, an einer »B.A. Versammlung« teilzunehmen. Sylvester wird von einer sanftmütigen Katze überredet, die ihn dabei beobachtet, wie er sich gerade anschickt, Tweety zu verschlingen, und ihn warnt, »Ich würde das nicht tun, wenn ich Du wäre.« Bei der Versammlung stehen bekehrte Katzen auf, um zu sprechen. »Ich war eine drei-Vögel-am-Tag-Katze«, sagt eine. »Ich habe fünfmal das Zuhause verloren, weil ich Vögel jagte«, erklärt eine andere. Sylvester ist von ihrer Hingabe beeindruckt und schwört, er werde die Vögel aufgeben. Wieder zu Hause, wird

Bugs Bunny in ›Hare Brush‹. Ultimativer Rollentausch in einem Film der Merrie-Melodie-Serie der Warner Brothers.

seine Willensstärke von ständigen Erinnerungen an die Vögel geprüft: In einem Kochstudio im Fernsehen wird ein köstlicher Truthahn gezeigt, im Radio wird ein Medley aus Liedern wie »Bye, Bye, Blackbird« gespielt, und ähnliche Dinge. Sein B.A.-Freund hält ihn davon ab, bei einigen Gelegenheiten schwach zu werden, doch schließlich bricht Sylvester zusammen, hat einen Wutausbruch und jammert, »Ich bin schwach! Ich kann nichts dafür! Schließlich *bin* ich doch eine Katze!« Er ist finster entschlossen, wieder zu seiner früheren Lebensweise zurückzukehren, als sein ausgeglichener B.A.-Ratgeber plötzlich in seine ursprünglichen Instinkte zurückfällt und Tweety hinterherjagt. Am Ende faßt der Kanarienvogel zusammen: »Einmal eine böse alte Katze, immer eine böse alte Katze!«

Knighty Knight Bugs schildert das amüsante, wenn auch einmalige Zusammentreffen von Bugs und einem »Schwarzen Ritter«, der eine unheimliche Ähnlichkeit zu Yosemite Sam aufweist.

›*The Honey-Mousers*‹. *Einer von Robert McKimson's Filmen für das Fernsehen in den fünfziger Jahren. Ein Looney-Tune-Zeichentrickfilm der Warner Brothers.*

Freleng und Warren Foster arbeiteten genauso eng zusammen wie Jones und Michael Maltese und brachten in den fünfziger Jahren einige hervorragende Cartoons heraus. Zu den ungewöhnlichsten zählt der Bugs-Bunny-Cartoon *Hare Brush*, der das Verhältnis zwischen Bugs und Elmer Fudd zu seinen zügellosesten Extremen führt: Der millionenschwere Industrielle Elmer J. Fudd wird in das »Fruit-Cake-Sanatorium« eingeliefert, weil er glaubt, er sei ein Kaninchen! Eines Tages schlendert Bugs vorbei und Elmer überredet ihn, mit ihm den Platz zu tauschen als Gegenleistung für die unbegrenzte Belieferung von Mohrrüben. Elmer hopst weg und Bugs bleibt zurück um vom hauseigenen Psychiater behandelt zu werden, der ihm eine Spezialpille gibt und ihn die Worte »Ich bin Elmer J. Fudd, Millionär. Ich besitze einen Wohnsitz und eine Jacht,« wiederholen läßt, bis sein Gehirn vollständig umgekrempelt ist. Nun übernimmt Bugs Elmers Platz, zieht seine Jagdbekleidung an und sagt uns, »Be vew-wy quiet, I'm hunting wabbits!« Elmer taucht aus seinem Kaninchenbau auf und fragt, »What's up, Doc?«

An dieser Stelle wankt der Film traurigerweise und wird zu einem Standard-Jagdzusammentreffen zwischen Bugs und Elmer. Die Neuartigkeit der Rollenumkehrung wird bald dünn und die Idee, Bugs sei nun in der Position des Opfers, ist vorhersagbar ungemütlich. Die Story endet, als ein IRS-Beamter Bugs (als Elmer) abholt, um ihn wegen Nichtbezahlung von Steuerschulden ins Gefängnis zu stecken. Elmer wendet sich zur Kamera und sagt, »I may be a screwy wabbit, but I ain't going to Alcatraz!« (»Ich bin vielleicht ein verrücktes Kaninchen, aber ich muß nicht nach Alcatraz.«)

Es ist wirklich eine Schande, daß eine so faszinierende Grundidee nicht in einer verrückteren Weise verfolgt wurde, indem man andere Cartoon-Konventionen auf den Kopf gestellt hätte, statt sich weiterhin auf sie zu beziehen. Man kann es sich nur ausmalen, was Tex Avery vielleicht aus so einer Idee gemacht hätte!*

---

* Dieses Beispiel unterstützt weiterhin die Ansicht, daß Warners Cartoons eigentlich am besten nach der Handschrift ihrer Regisseure identifiziert werden. Als Warren Foster in den vierziger Jahren für Bob Clampett schrieb, war er wild und ungehemmt. Seine Cartoons für Friz Freleng in den fünfziger Jahren waren immer noch sehr amüsant, doch viel milder gesinnt. Die Veränderung liegt in der Zusammenarbeit, und die dominierenden Faktoren sind die Persönlichkeit des Regisseurs und seine Ansichten.

Frelengs herrlichste Inspirationen kamen im Laufe der Jahre weiterhin aus musikalischen Quellen. Von *A Hare Grows in Manhattan* (1947), der sich um Bugs munteren Vortrag von »The Daughter of Rosie O-Grady« dreht, bis *Show Biz Bugs* (1957), in dem Rivale Daffy eine Bombe aufstellt, die explodiert, wenn Bugs einen bestimmten Ton bei seiner Xylophon-Fassung von »Those Endearing Young Charms« anschlägt, hat Freleng bei dieser Materialart nie versagt. Eine seiner Lieblingsnummern enthielt ein bestimmtes altmodisches Musikstück, das jedes Mal erklang, wenn Bugs Bunny Lust zum Stepptanzen hatte – in Filmen wie *Stage Door Cartoon* und *Bugs Bunny Rides Again* – und immer mit herrlichen Ergebnissen.

Sein bizarrster Musikcartoon ist *Mouse Mazurka,* bei dem sich eine Maus selbst in ein künftiges Leben sprengt, indem sie flüssiges TNT trinkt und den russischen Tanz mit etwas zu viel Schwung aufs Parkett legt. Doch sein letzter Einfall zu einem musikalischen Cartoon kam ihm mit *The Three Little Bops*, in welchem die Geschichte der drei kleinen Schweinchen zu einer Erzählung über drei Jazzmusiker und einen Wolf, dessen Trompetenspiel einfach und geradlinig ist, umgewandelt wird. *The Three Little Bops* enthält Musik von Shorty Rogers (»Carl Stalling kannte diese Art Musik überhaupt nicht«, sagt Freleng), Warren Foster erzählt in Reimen, und Stan Freberg singt sehr jazzig. Der Cartoon ist bezaubernd und einmalig.

Aus der Abteilung von Robert McKimson kamen in den fünfziger Jahren nur wenige solcher Prachtstücke. Der Lieblingsfilm des Regisseurs war, gerechtfertigterweise, *The Hole Idea* (1955), ein cleverer Kurzfilm über einen Mann, der transportable Löcher erfindet. Doch dieser Film war eher ein Triumph des Konzepts als der Ausführung. McKimson arbeitete zuerst mit Warren Foster, und dann mit Tedd Pierce an den Stories. Von den späten Vierzigern bis Mitte der fünfziger Jahre zählten Rod Scribner, Phil DeLara, John Carey, J.C. Melendez und Charles McKimson zu seinen Zeichnern; ab diesem Zeitpunkt arbeitete er regelmäßig mit Warren Batchelder, Tom Ray, George Grandpre und Ted Bonnicksen. Manchmal zeichnete McKimson auch selbst.

Seine charakteristischsten Cartoons waren eine Serie von Parodien auf Fernsehshows. Einge von ihnen sind, wie *The Honeymousers* und sein zweiter Teil *Cheese It, the Cat,* in ihrer

Darstellung von heute noch bekannten Persönlichkeiten (Jakkie Gleason und Art Carney) amüsant – obwohl sich der Humor hauptsächlich aus der Imitation ableitet und nicht aus originalen Gags oder Ideen. Doch andere TV-inspirierte Anstrengungen wie *China Jones, People Are Bunny* und *Wild Wild World* haben heute den aktuellen Anreiz verloren, den sie damals vielleicht gehabt hatten, und können sich des zeitgenössischen Charmes nicht rühmen, der die Cartoons der dreißiger Jahre oder der Kriegsjahre kennzeichnete. Der interessanteste Teil von *Wild Wild World* ist seine Steinzeit-Sequenz, die Gags enthält, die einige Jahre auf *The Flintstones* vorgriffen.

Eine bemerkenswerte Rarität unter McKimsons Filmen aus dieser Kategorie ist *The Mouse That Jack Built*. Wieder ist der Cartoon nur mäßig lustig und die Gags und die Story hängen sehr von der Parodiegrundlage *The Jack Benny Show* ab. Wie in *The Honeymousers* besteht die gesamte Besetzung aus Mäusen. Doch der Unterschied bei diesem Film liegt darin, daß Jack Benny, Mary Livingstone, Don Wilson und Eddie »Rochester« Anderson ihre eigenen Stimmen zur Verfügung stellten. In der Geschichte wird eine Katze besiegt, die versucht, in Jacks berüchtigte Käsekammer einzudringen. Am Ende des Filmes tritt Jack Benny persönlich auf, sitzt in einem Wohnzimmersessel und sagt zum Publikum: »Herrje, was für ein verrückter Traum!« An dieser Stelle marschieren die Zeichentrick-Mäuse vor ihm auf und provozieren eine typische Benny-Reaktion.

Es ist wirklich schade, daß die Warners-Mannschaft, nachdem sie Benny jahrelang karikiert hatte – in Filmen wie *Daffy Duck and the Dinosaur, Malibu Beach Party* und *Hollywood Daffy* – den echten Benny nicht besser verwerten konnte, als sie die Möglichkeit dazu hatte. Benny und Mary Livingstone hatten jedoch viel Spaß bei der neuartigen Arbeit an diesem Cartoon und baten nur um eine Kopie des Filmes als Bezahlung für ihre Dienste.

Einer von McKimsons besten Cartoons zeigte Foghorn Leghorn in Zusammenarbeit mit Daffy Duck. *The High and the Flighty* nimmt das spätere gemeinsame Auftreten von Warners Hauptfiguren vorweg, tut dieses aber mit sehr viel größerer Finesse. In Tedd Pierces einfallsreicher Geschichte überrascht Daffy Duck Foghorn Leghorn und den Hofhund inmitten einer typischen wie-du-mir-so-ich-dir-Fehde. »Bruder!« sagt Daffy. »Was für eine goldene Möglichkeit für einen draufgängerischen Verkäufer mit meiner Art von Waren.« Daffy ist ein Handelsreisender der Ace Novelty Company von Walla Walla, Washington, und verkauft Foghorn und dem Hund (ohne das es der andere weiß) einen komplizierten Scherzartikel nach dem anderen. Die Gags selber sind ziemlich lustig, doch Daffy strapaziert sein Glück etwas zu sehr, als er dem Hahn und dem Hund zur gleichen Zeit den »Pipe Full o' Fun Kit No. 7« andreht. »Wir sind hereingelegt worden«, sagt Foghorn. »Ja«, antwortet der Hund, »getäuscht!« Sie verschwören sich gemeinsam, um Daffy mit seinem eigenen neuartigen Apparat zu fangen und schießen ihn durch eine Serie von Röhren und hinein in eine winzige Flasche. Foghorn hält die zusammengepreßte Figur in die Höhe und sagt, »Weißt du, es könnte sein – ich sage, es *könnte* vielleicht sein, daß es einen Absatzmarkt für eingeweckte Enten gibt!«

Leider konnten spätere Paarungen von bekannten Figuren nicht eine so passende Situation wie diese finden und gaben leichtfertig gutbekannte Charakterzüge auf, um bestimmte Figuren in eine vorgefertigte Geschichte hineinzupressen.

Die Wende des Jahrzehnts von den fünfziger zu den sechziger Jahren sah einen deutlichen Niedergang in der Qualität der Warners-Cartoons. Es hatte vielleicht etwas mit der stufenweisen Auflösung des langjährigen Studioteams zu tun, oder es war vielleicht der natürliche Niedergang nach der ungeheuren Produktivität über so viele Jahre.

Carl Stalling trat 1958 als musikalischer Direktor zurück. Er wurde von Milt Franklin ersetzt, der sein Arrangeur gewesen war. Es war ein sehr natürlicher Übergang, da Franklin mit der Musik so vertraut war. (Franklin war schon früher für Stalling eingesprungen, wie auch Stallings Musik-Kopist Eugene Poddany, der später viele Cartoons für Chuck Jones bei MGM musikalisch untermalte.) Während eines Musikerstreiks 1958 wurde ein Mann namens John Seely als Musikdirektor genannt, obwohl er nur Musikthemen aus dem Archiv für Cartoons wie *Gopher Broke* zusammenschnitt.

Ein schwerer Schlag für das Studio war der Verlust der Autoren Warren Foster und Michael Maltese, die beide zur Arbeit bei Hanna-Barbera wechselten.

Diese erfinderischen Ideen-Leute konnten nicht so leicht ersetzt werden. Ward Kimball schlug einen Mann namens John Dunn von der Story-Abteilung bei Disney vor, und er wurde angeheuert. Dunn hatte bald doppelte und dreifache Pflichten, fertigte Stories für alle drei Regisseure bei Warners, doch irgendwie vermißte man viel von dem alten Geist.

Anfang der sechziger Jahre beschlossen Jones und Freleng, ihre jahrelangen Layouter Maurice Noble und Hawley Pratt zu »Co-Regisseuren« zu befördern. Zum ersten Mal konnten neben Mel Blanc außerdem auch andere gelegentliche Sprechrollen übernehmen.

Doch zu dieser Zeit war die Graphik wirklich das Schönste an diesen Cartoons; in einigen Fällen schienen die Figuren inmitten der verwegenen Stile und Farben ziemlich verloren. Milt Franklin starb 1962 und wurde von William Lava als Musikdirektor ersetzt, einem talentierten Altmeister, dem die Sorglosigkeit und die Beweglichkeit bei der Liedinterpretation fehlte, die den früheren Cartoons so viel Schmiss gaben. Auch das riesige Warners Studioorchester war verschwunden, ein Opfer der neuen »Hollywood-Ökonomie«.

Sogar Arthur Q. Bryan, die Stimme von Elmer Fudd, war gegangen. Er starb 1959. Seine Abwesenheit wurde zuerst bemerkt, als Mel Blanc versuchte, seine Stimme in Abschnitten der *Bugs Bunny Show* für die Fernsehgesellschaft ABC im Jahre 1960 zu imitieren; trotz seines enormen Talents konnte Blanc Bryans sprecherische Qualitäten nie präzise nachvollziehen.

The Bugs Bunny Show war das letzte künstlerisch ehrgeizige Projekt des Studios. Zum ersten Mal arbeiteten Chuck Jones und Friz Freleng zusammen und fügten bereits existierende sechsminütige Cartoons zu einheitlichen halbstündigen Programmen aneinander, indem sie neue Animationsstücke einbauten und die einzelnen Teile geschickt zusammenschnitten. Die Ausdehnung von *Show Biz Bugs* in einen halbstündigen fortlaufenden Gag war zum Beispiel genial. Doch die Anstrengungen, die in die Schöpfung dieser erfolgreichen Fernsehshow einflossen, schienen von den weiteren Kinoproduktionen des Studios ihren Tribut zu verlangen.

Die letzten Produktionsjahre waren von einer Müdigkeit gekennzeichnet, die man niemals mit Warner-Cartoons in Verbindung brachte. Neue Ideen und wirklich lustige Gags gab es praktisch nicht mehr, und während Chuck Jones einige Kurzfilme nebenher entwarf *(High Note, Nelly's Folly, I Was a Teenaged Thumb)*, waren diese doch eher »interessant« als erfolgreich. Jahrelang laufende Serien erreichten 1963 mit Filmen wie *Aqua Duck* (mit Daffy) und *Transylvania 6-5000* (mit Bugs) ihren Tiefpunkt. Die Zeichner Gerry Chiniquy und Phil Monroe versuchten sich in der Regiearbeit, hatten aber nicht die Energie oder Erfahrung, um schwaches Storymaterial zu überwinden.

Als Warner Brothers sich dazu entschlossen, ihr Cartoon-Studio zu schließen, war auch das letzte Überbleibsel ihrer einstmals wirkungsvollen Persönlichkeit entfernt worden: Das W-B Schild und der Schlußsatz »That's all, Folks!« wurden von einem uninteressanten Schriftzug und einer »modernen« Fassung von »The Merry-Go-Round Broke Down« ersetzt. Es war ein fast schon symbolischer Bruch mit der Tradition, der in der Qualität der Cartoons selbst reflektiert wurde.

Doch das war noch nicht das Ende von Warner Brothers' Zeichentrickfilmen. Als das Studio 1963 seine Tore schloß, arrangierten Friz Freleng und Warners Exekutiver David H. DePatie ein Leasing des Animationsbetriebes, um ihr eigenes Geschäft zu gründen. Innerhalb eines Jahres beschloß jedoch einer aus Warners Hierarchie, daß es sich lohnen würde, wenn man doch wieder neue Cartoons für die Kinos herausbringen würde. Warners waren nun in der schlechten Position, daß sie mit DePatie-Freleng Enterprises – die genau auf dem Warners Gelände zuhause waren – einen Kontrakt unterzeichnen mußten, um Cartoons zu machen, die unter dem Warner-Banner in die Kinos kommen sollten!

Es wurde gesagt, daß das Budget für diese Cartoons unter-

Ein typisches Beispiel vom Verfall ungehöriger charakterlicher Verhaltensweisen bei den Figuren der Warner Brothers. Ein Merrie-Melodie-Cartoon mit dem Titel ›A Taste of Catnip‹.

Merlin die Zaubermaus (Merlin the Magic Mouse) in Aktion; man sieht, daß die Charaktere in ihrem Aussehen und Verhalten unter dem Einfluß der von Hanna-Barbera für das Fernsehen gefertigten Zeichentrickfilme stehen, obwohl der Film mit dem Titel ›Hocus Pocus Pow Wow‹ von Warner Brothers Seven Arts hergestellt wurde. Looney-Tunes-Cartoon.

halb der Hälfte der jüngsten Summe von 35 000 Dollar pro Film lag – und diese Sparsamkeit zeigte sich auf der Leinwand. DePatie-Freleng produzierten in den nächsten fünf Jahren mehr als sechzig »Warner Brothers«-Cartoons, und alles in allem sind sie bedeutungslos.

Aus irgendwelchen Gründen trat Bugs Bunny nie in diesen Kurzfilmen auf. Statt dessen verließ sich das Studio auf die am meisten festgelegten Figuren – Road Runner und Speedy Gonzales – um den Produktionsplan auszufüllen. Sie waren beklagenswert leer an Ideen und paarten andere Figuren in der Hoffnung auf komische Funken miteinander. Ein Cartoon, *The Wild Chase,* sah tatsächlich Road Runner, Coyote, Sylvester und Speedy Gonzales in den Hauptrollen – mit eingefügtem Material aus früheren Cartoons! Daffy Duck wurde zu einem humorlosen Bösewicht umfunktioniert, der auf der Suche nach Speedy herumstreift, und hatte genug Auftritte dieser Art in einem Film *(Muchos Locos),* um komplett aus Daffy-Speedy-Archivmaterial zusammengesetzt werden zu können.

Die Road Runner-Cartoons sind sogar noch schlechter. Sie wurden in den meisten Fällen von Ex-Zeichner Rudy Larriva inszeniert und zerstörten die Mythologie und den *modus operandi,* für deren Aufstellung Chuck Jones so lange gearbeitet hatte. Diese Cartoons sind in jedem Sinne des Wortes witzlos.

Trotz dieses Qualitätsverlustes waren die Cartoons weiterhin erfolgreich, und Jack Warner entschloß sich 1967 dazu, seine eigene Zeichentrickabteilung neu zu organisieren. DePatie-Freleng zogen vom Warners Gelände, und Bill Hendricks wurde der neue Produzent der Warner Brothers-Cartoons. Veteran Alex Lovy wurde Hanna-Barbera abgeworben und erhielt die Regie bei den neuen Serien von Speedy- und Daffy-Cartoons und, noch wichtiger, die Aufgabe, einige neue Figuren zu schaffen. Das Ergebnis war Cool Cat, eine Art Tiger, und Merlin die Magische Maus, ein weltenbummlerischer Abenteurer mit einer Stimme à la W.C. Fields. Obwohl keine dieser Figuren einen bleibenden Eindruck hinterließ, so waren sie doch wenigstens zeitgenössischen TV-Schöpfungen gleichwertig.

Lovy wurde 1968 von Warners Altmeister Robert McKimson ersetzt, der sogar noch weitere Figuren vorstellte: Rapid Rabbit (und seinen Erzfeind Quick Brown Fox) und ein weiteres Paar Kaninchen, dessen lokales Debüt dem Studio ein kurzzeitiges Berüchtigtsein einbrachte – Bunny und Claude. Unglücklicherweise basierte die verkümmerte Serie auf nur einem Witz, einer Karikatur von Warren Beattys Ausspruch in dem Warners Spielfilm *Bonnie and Clyde:* »Wir sind Bunny und Claude. Wir stehlen Karotten.« Die andere Seite dieses Cartoons bestand aus einem bösen Sheriff, der das Kaninchenpaar durch die Landschaft jagt.

Warner Brothers beschlossen 1969, den Verleih von Kurzfilmen einzustellen, und das schloß die Cartoons mit ein.

Vielleicht war es ein Fehler, doch wenn man die letzten Anstrengungen bei Warners betrachtet, so hatte das Studio eigentlich nichts Wertvolles mehr anzubieten. Ohne das nötige Geld, oder das Prestige bei der Kritik, um neues Talent mit frischen Ideen anzuziehen, schaufelten sich die Kinozeichentrickfilm-Studios in den sechziger Jahren ihr eigenes Grab. Vielleicht war ihr Ableben gerechtfertigt.

Warner Brothers endgültige Schließung bedeutete auch, daß die bekannten Studiostars – Bugs Bunny, Daffy Duck,

Leon Schlesinger's Looney Tunes bei Warner Brothers mit Porky Pig.

Porky Pig und der ganze Rest – nicht in weiteren Beispielen der *low-budget*-Produktion weggeworfen wurden, und das war sicherlich eine gute Sache. Diese Figuren hatten, wie ihre talentierten Schöpfer, dem Publikum lange und gut gedient und mußten sich nicht weiterhin selbst beweisen. Ihr Erbe gehört zu den stolzesten in der Geschichte des Zeichentrickfilmes.

Ein erfreuliches Postskriptum: Chuck Jones hat die Warner Brothers-Cartoon-Stars Ende der siebziger Jahre wieder zum Leben erweckt, in einer Serie von neuen Fernseh-Specials, einem abendfüllenden Film *(The Bugs Bunny – Road Runner Movie,* der neues Material mit alten Cartoons verbindet), und, am allerbesten, in einem neuen Kino-Kurzfilm: einem Sequel zu *Duck Dodgers in the 24 1/2th Century*. Ironischerweise wurde das Interesse an Letzterem von Regisseur George Lucas angeheizt, der darum bat, daß eine 70mm-Version des Originalcartoons neben seinem Riesenhit *Star Wars* in seiner Heimatstadt San Francisco gezeigt würde. (Ausschnitte aus diesem Kurzfilm wurden auch in Steven Spielbergs Science-Fiction-Hit *Close Encounters of the Third Kind* gezeigt.) Die Reaktion darauf war so stark, daß sich Warner Brothers dazu überreden ließen, ein durchgehend gezeichnetes Sequel zu dem fünfundzwanzig Jahre alten Cartoon (dem ersten einer geplanten Serie von neuen Kurzfilmen) zu finanzieren, und Jones konnte erfolgreich den Autor Michael Maltese für diese Gelegenheit aus seiner Zurückgezogenheit locken. Der Film kann zu dem Zeitpunkt der Veröffentlichung dieses Buches bereits fertiggestellt und in den Kinos zu sehen sein. Man sagt außerdem, daß Friz Freleng auch einige dieser Aufgaben übernehmen will.

Wenn einige dieser neuen Projekte vielleicht auch den Biß und den Glanz der alten Warner-Kurzfilme vermissen lassen, so erhalten sie trotzdem Jones' hohen Standard an exzellenter Animation aufrecht, und sie halten diese geliebten Figuren am Leben und an der »Arbeit«.

10. MGM

Metro-Goldwyn-Mayer – allen als MGM bekannt – war das Tiffany unter den Filmstudios. Einmal rühmte es sich, »mehr Sterne, als es am Himmel gibt« zu haben, und diese Lichter wurden von den Spitzen-Regisseuren, Autoren, Kameramännern, künstlerischen Leitern, Kostümbildnern und Technikern in Hollywood illuminiert. Sogar MGMs B-Filme waren flott und gutaussehend.

Es war keine Frage, daß MGM von seiner Zeichentrickabteilung entsprechende Qualität verlangte. Doch das Studio erkannte bald, daß es ein paar Dinge gab, die man nicht mit Geld kaufen konnte.

MGM brachte in der Stummfilmzeit keine Cartoons heraus und schien an der Animation kein Interesse zu haben, bis Walt Disney seinen großen Erfolg erzielte. Metro wollte mit Disney 1929 einen Vertrag unterzeichnen, wie berichtet wurde, schreckte jedoch vor dem Gedanken an eine Schlacht mit Walts Finanzier und Verleiher Pat Powers zurück. Einige Monate später verhandelte das Studio mit Powers im Namen

Tom und Jerry (MGM).

seines neuen Klienten Ub Iwerks, und erklärte sich einverstanden, eine Serie von *Flip the Frog* Cartoons zu verleihen. Die Verbindung mit Iwerks hielt vier Jahre, mit der Hilfe einer zweiten Serie namens *Willie Whopper*.

Im Jahre 1934 unterschrieb das Studio dann einen Kontrakt mit zwei von Iwerks Kollegen – und vormaligen Disney Mitarbeitern – Hugh Harman und Rudolf Ising. Harman und Ising hatten seit 1930 Cartoons für Leon Schlesinger und Warner Brothers produziert, verließen aber 1933 die beiden nach einer finanziellen Auseinandersetzung mit Schlesinger. Mit ihnen gingen die Zeichner, die die ersten Warner Brothers Cartoons geschaffen hatten, einschließlich Carmen »Max« Maxwell, Rollin »Ham« Hamilton, Norm Blackburn, Larry Marton, Robert Stokes, Robert und Tom McKimson. MGM bot dem Team das Doppelte ihres Warner-Budgets, um eine neue Serie von Farbcartoons zu produzieren, die *Happy Harmonies* genannt werden sollte. Harman und Ising waren bereitwillig einverstanden und brachten weiterhin zwischen acht und zwölf Kurzfilmen pro Jahr für den MGM-Verleih heraus.

Die *Happy Harmonies* waren nur die neuesten in einer Serie von Titelabkömmlingen von Disneys *Silly Symphonies* – doch die Umschreibung machte nicht dort halt. Obwohl Harman und Ising getrennt arbeiteten, ihre eigenen Cartoons inszenierten, so teilten sie doch ein gemeinsames Ziel: mit Disneys preisgekrönter Serie, mit ihren gefälligen Figuren, einfallsreichen Stories und ihrer kunstvollen Ausstattung zu konkurrieren.

Für dieses Ziel wurde eine ursprüngliche Entscheidung, die Figur von Bosko aus den Warner-Tagen beizubehalten, nach zwei Cartoons aufgehoben (später wurde Bosko wiederbelebt, doch als die Karikatur eines Negerjungen vollständig neu entworfen). Statt dessen konzentrierten sich Harman und Ising auf »ohne-shot«-Stories mit niedlichen, cherubinischen Tieren (Isings Spezialität) und stilisierten Figuren, die eine bestimmte Zeit oder ein spezielles Thema personifizierten (Harmans Stärke). Typische frühe Beispiele waren *Poor Little Me,* über ein Stinktierbaby, das von den Tieren des Waldes gemieden wird, und *The Calico Dragon,* in welchem eine Stoffpuppe und ein Spielzeugpferd auf der Suche nach Abenteuern in das Land des Baumwollstoffes ziehen. Die Serie war ein augenblicklicher Erfolg.

THIS YEAR *it's* HARMAN-ISING!

EXTRA!
Just Previewed
"GOOD LITTLE MONKEYS"
The Best Yet!

Look who's copped the Top Spot of the Cartoon field!

There's a New Deal in Cartoons. It's M-G-M's Happy Harmonies Cartoons in Technicolor. When audiences began to yawn at the same old stuff, along came the Young Bloods of the Cartoon field and with a splash of color and ideas—

Eine Verkaufsanzeige aus dem Jahre 1935: Schauen Sie, wer den Vogel beim Zeichentrickfilm abgeschossen hat! Dieses Jahr sind das Harman und Ising. Es gibt eine neue Welle im Zeichentrickfilm. Dazu gehören MGM's Happy Harmonies in Technicolor. Während die Zuschauer immer noch über das sich ständig wiederholende alte Zeugs gähnen, kam junges Blut in das Genre der Cartoons, und zwar mit sensationellen Farben und Ideen. – Wohl eine Anspielung auf die Filme der Konkurrenz.

Die Animation von Persönlichkeiten, das Hauptziel von Walt Disney, wurde im Studio von Harmann und Ising in zunehmendem Maße kultiviert, und einige ihrer Arbeiten stellten eine Konkurrenz für Disneys Künstler dar. Eine Serie von Filmen über ein paar verspielter junger Hunde (*Two Little Pups, Pup's Picnic* und ähnliche) erweckte zwei anbetungswürdige Figuren zum Leben, während Rudolf Isings Little Cheezer eine niedliche Maus mit einer neugierigen Natur – und einer unwiderstehlichen Stimme von Bernice Hansen – vorstellte.

Wenn man irgendeinen der Harman-Ising-Cartoons dieser Periode sieht, kann man nur beeindruckt sein. Sie sind eine Augenweide, angefüllt mit satten Farben, geschickten Designs und ausdrucksstarker Animation. Doch wenn man den *Körper* von Harman und Isings Arbeit untersucht, ist die Eintönigkeit lächerlich und die Vorzüglichkeit der Cartoons verliert an Bedeutung.

Anziehende visuelle Entwürfe können nicht den Platz von Geschichten und Charakterzeichnung einnehmen. Die Animation von Persönlichkeiten ist eine bemerkenswerte Errungenschaft, aber nicht, wenn jede Persönlichkeit die gleiche ist. Hugh Harman war unternehmungslustiger als sein Partner, doch sogar er schien mit den abgedroschenen Situationen in den Geschichten zufrieden zu sein, sobald das Grundkonzept eines Cartoons einmal festgesetzt war. Nicht genug, als ihre eigenen Produzenten und Regisseure konnten Harman und Ising es sich erlauben, bis zu elf Minuten einem einzigen Cartoon an Laufzeit widmen, auch wenn die Storylinie nicht stark genug war, um die Hälfte der Länge zu stützen.

MGM war über die Kostenüberschreitungen bei Harmans und Isings Cartoons nicht glücklich und beschloß 1937, daß es Zeit war, ein eigenes Zeichentrickstudio aufzumachen, statt von außenstehenden Vertragspartnern abhängig zu sein. In einem Schachzug, der typisch für das korporative Denken MGMs war, setzte das Studio einen Mann als Leiter der neuen Zeichentrickabteilung ein, der auf diesem Gebiet noch keine Erfahrung hatte. Sein Name war Fred Quimby, und es wird allgemein angenommen, daß er diese Position als eine Belohnung für seine vielen Dienstjahre als Top-Filmverkäufer und Exekutiver erhielt. Der bemerkenswerteste Aspekt in Quimbys Persönlichkeit, im Hinblick auf seine neue Arbeit, war die Tatsache, daß er keinen Sinn für Humor hatte.

Es war nun Quimbys Aufgabe, eine innerbetriebliche Animations-Mannschaft auf die Beine zu stellen. Doch die Art und Weise, wie er dies in Angriff nahm, verursachte in der neuen Abteilung einige Jahre einen internen Streit. Zuerst warb er die meisten von Harmans und Isings Mitarbeitern ab und machte Max Maxwell zum Produktionsmanager und Bill Hanna und Bob Allen zu Regisseuren. Andere Zeichner wie Bill Littlejohn und Emery Hawkins wurden verpflichtet. Dann rief Maxwell seinen früheren Kollegen Jack Zander an, der für Terrytoons in New York arbeitete, und bat ihn, so viele talentierte Zeichner und Autoren wie möglich zusammenzubringen. Zander, Joe Barbera, Dan Gordon, Carl »Mike« Mayer, Ray Kelly und Paul Sommer nahmen die Aufforderung an; George Gordon folgte später. Bald entwickelte sich eine Spaltung zwischen den Ostküsten- und Westküsten-Parteien im Studio.

Dann rief Quimby Friz Freleng an. »Ich wurde von Fred Quimby durch Schmeichelei von meiner Arbeit bei Warners weggelockt, und von einem fast doppelt so hohen Einkommen wie dem, das ich bei Warner Brothers verdiente«, erzählte Freleng später Mark Mayerson. »Nachdem ich mich an die MGM verpflichtet hatte, bot mir Leon Schlesinger natürlich mehr an, damit ich bei Warners bliebe, doch er kam mit seinem Angebot zu spät. Ich unterschrieb bei MGM im August, doch mein Vertrag mit Schlesinger lief erst im Oktober 1937 aus.«

»In der Zeit zwischen August und Oktober kauften die hohen Bosse von MGM die Rechte an (dem *comic strip*) *The Captain and the Kids*. Ich scheute davor, diese Figuren zu einer Zeichentrickserie zu verarbeiten und äußerte mich dazu demgemäß, aber ohne Erfolg. MGM sagte, sie wolle sich der Herstellung von guten Cartoons widmen und dachte, dadurch, daß die Geschichten in so vielen Zeitungen abgedruckt waren, würde es ein beliebter Cartoon werden. Ich war dazu gezwungen, ihnen das Gegenteil zu beweisen.«

Es stellte sich heraus, daß die Serie *The Captain and the Kids* eine Art Reinfall wurde, obwohl die Cartoons wunderschön gezeichnet waren. MGM hatte eine Menge Geld ausgegeben, um Animationsmöglichkeiten aufzubauen und eine Mannschaft anzuwerben; nun entschloß sich das Studio, etwas Geld zu sparen, indem es die Serie in Schwarzweiß drehte

Filmplakat der MGM: Jetzt in den Kinos – The Captain and the Kids in ihrem Zeichentrickhit ›Petunia Natural Park‹, basierend auf der Comic-Strip-Serie der United Features Comic. – Kinoposter für diese erfolglose Serie.

(und die Filme im Farbton Sepia herausbrachte). Trotzdem floß das Geld freizügiger als in den meisten anderen Studios.

Nun tappten Quimby und der MGM-Stab umher. *The Captain and the Kids* war ein Reinfall, und irgend etwas mußte geschehen. Zuerst heuerten sie einen bekannten Comic-Zeichner an, Milt Gross, dessen witzige Ideen, witzigerer Zeichenstil und Dialekthumor ihn national berühmt gemacht hatten. Er begann mit der Arbeit an einigen *Captain and the Kids*-Cartoons, bereitete dann Stories für zwei seiner bekannten Figuren, Count Screwloose from Toulousse und J.R. the Wonder Dog, vor. Einige der Zeichner sträubten sich gegen den Versuch, Gross' knifflige, sehr individuelle Zeichnungen zu übertragen und Bill Littlejohn erinnert sich: »Ich wurde müde, mir das alles anzuhören, deshalb blieb ich einfach eine ganze Nacht lang im Studio und zeichnete ungefähr sechs Meter von dem Hund, J.R. – habe es einfach hingehaut. Milt griff sich das Ganze, ließ es filmen, und damit war bewiesen, daß sich diese Dinger bewegen konnten.«

Quimby war jedoch von dem fertigen Produkt *Jitterbug Follies* schockiert. »Er wollte den Film nicht in den Verleih bringen«, sagt Littlejohn, »und sagte, weil er ›unter der Würde von Filmen läge, die MGM gerne haben möchte.‹ Und dabei waren die Bilder so lustig. Ich habe nie einen Haufen Zeichner gesehen, die so fürchterlich lachen mußten. Es war Humor in der Art von Mel Brooks. Die Vitalität von (Gross') *comic strips* war genau im Film festgehalten.«

Traurigerweise waren *Jitterbug Follies* und *Wanted: No Master* Gross' erste und letzte Bemühungen für MGM. Er wurde von einem weiteren Zeitungs-Cartoonisten, Harry Hershfield, ersetzt, doch Hershfields Gleichgültigkeit machte seinen Aufenthalt zu einem totalen Fiasko.

Schließlich sah sich Quimby gezwungen, sich in einem verzweifelten Versuch, MGMs Zeichentrickabteilung vor dem Zusammenbruch zu retten, an Hugh Harman und Rudolf Ising zu wenden. Die beiden trafen viele ihrer früheren Angestellten auf dem Culver-City-Gelände und machten für einige Jahre weiterhin Cartoons, bis neue Produktionsteams eingeführt wurden. Friz Freleng war entzückt, als er etwa zu dieser Zeit ein Angebot erhielt, zu Schlesinger zurückzukehren, und verließ MGM ohne Bedauern. Er hinterließ jedoch ein Echo seiner Komödien-Expertisen, und die Studiozeichner bestätigen heute, daß sie in seiner Schuld stehen.

Die neuen Harman und Ising-Cartoons unterschieden sich kaum von den alten, mit Ausnahme gewisser Verbesserungen in der Animation. Doch zu ihren ersten Produktionen 1939 gehören zwei besonders wichtige Cartoons.

Rudolf Ising wurde jahrelang wegen seiner müden Persönlichkeit geneckt, und viele seiner Kollegen fühlten, daß er die Inspiration für *The Bear That Couldn't Sleep* lieferte. Dieser leidlich konventionelle Cartoon führte den Charakter von Barney Bear ein – einem liebenswürdigen, schwerfälligen Tier – der in dem Cartoon versucht, sich für den Winter schlafen zu legen, inmitten einer endlosen Serie von Störungen. Barney war so detailliert entworfen – sechs Augenbrauen und ein Flor von zottigem Pelz – daß seine Animation als ein ziemliches Kunststück erschien. Doch Carl Urbano ging über die einfachen Ansätze hinaus und versah den Bären mit einem ungeheueren Gefühl und einer wuchtigen Persönlichkeit.

Als *The Bear That Couldn't Sleep* als ein Erfolg betrachtet wurde, inszenierte Ising eine Serie von Barney Bear-Cartoons während der frühen vierziger Jahre. Sie alle rühmten sich einer gelungenen Charakteranimation und heimsten in der Entwicklung dieser völlig liebenswerten Figuren wichtige Punkte ein, doch es gab hier nie die Art Unterstützung durch Gags oder die Story, die Barney dabei geholfen hätten, ein großer Cartoon-Star zu werden.

The Bear and the Beavers hat zum Beispiel eine mit Sicherheit zündende Ausgangssituation: Barney hat kein Feuerholz mehr und »borgt« sich welches bei einer nahegelegenen Bibersiedlung. Als die Biber das herausfinden, marschieren sie zu Barneys Haus und nehmen es Stück für Stück auseinander, um ihr eigenes Holz zu ersetzen.

In der Hand eines Gag-orientierten Regisseurs hätte das ein sehr lustiger Cartoon werden können. Doch Ising stellte alles nur Erdenkliche an, um Gelächter zu *vermeiden*. Der Film beginnt mit einer überflüssigen (und falsch plazierten) Märchenbucheinleitung, und die Biber sind in der herzallerliebsten

Modellzeichnungen für Rudolf Isings Originalversion von Barney Bear, wie er in › The Bear That Couldn't Sleep‹ (1939) zu sehen war.

Manier gezeichnet, die man mit Isings Märchen verbindet. Alles passiert im gleichen gemessenen Tempo, es gibt keine Beschleunigung oder Übertreibung des Zeitablaufs. Wenn die Biber Barneys Haus auseinandernehmen, tun sie es in kontrollierter Form; Ising schneidet sogar auf Bilder von Bibern, die sägen, etwas wegschlagen, und so weiter. Indem er diesen Höhepunkt im Timing und der Bearbeitung so realistisch macht, eliminiert er das, was der komische Höhepunkt des Filmes hätte sein sollen.

Hugh Harmans größte Stunde kam 1939 mit der Aufführung von *Peace on Earth*. Der Film wurde im Kino zur Weihnachtszeit gezeigt, als der Krieg in Europa ausgebrochen war, und hatte ein pazifistisches Thema, das besonders zeitgemäß war, und eine einmalige Stellungnahme, die entwaffnet. Als ein Weihnachtschor von »Peace on earth, good will to men« singt, fragen zwei Eichhörnchenkinder ihren Großvater, was »Männer« sind. Großpapa erklärt, daß es keine Männer mehr gibt; er erinnert sich an sie nur noch als »uniformierte Monster«, die sich ununterbrochen gegenseitig bekämpfen. Kaum haben sie wegen einer Sache zu Ende gekämpft, fangen sie wegen einer anderen Sache wieder an. Seine Erinnerungen werden mit grimmigen, dunklen, realistischen Szenen von Männern im Kampf untermalt, in Schützengräben und Schlammfeldern unter einem düsteren, bewölkten Himmel. Die Kriege, fährt Großpapa fort, kamen zu einem Höhepunkt, als die Fleischesser die Vegetarier angriffen. Schließlich verdampfte alles bis auf zwei Männer; als sie sich gegenseitig töteten, war die Welt in Schutt und Asche und die Menschheit war vom Angesicht der Erde ausgelöscht. Dann fanden die Tiere, inmitten der Trümmer einer ausgebombten Kirche, ein Buch, das eine Reihe von Gesetzen enthielt, die einen Sinn zu ergeben schienen. Unter den Ermahnungen gab es eine, »die alten Verwüstungen wieder aufzubauen«. Die Tiere taten das und schufen damit ein neues und glückliches Leben für sich – was sie zu dieser freudigen Feiertagszeit brachte. Der Chor singt sein Lied weiter und verkündet noch einmal, »Peace on earth, good will to men.«

Peace on Earth ist eine beachtliche Leistung, auf die Hugh Harman berechtigterweise stolz war. Wenn die Nebeneinanderstellung von einem ernsten Thema und »niedlichen« Tierfiguren heute auch ein bißchen unangenehm ist, so muß man

Die Waldtiere amüsieren sich mit den Resten aus dem Krieg der Menschen in ›Peace On Earth‹ (1939). MGM.

Zeichentrickfilme von Hugh Harman und Rudolf Ising: Ein volles Haus in jedem Kino mit Little Cheeser, Foghorn, Bosko und The Pups u. a.

doch der Absicht des Filmes ihren Tribut zollen, und seinem Gesamterfolg. MGM erkannte den Wert des Kurzfilmes und ließ ihm eine besondere Werbekampagne angedeihen, die in weitverbreiteter Propaganda und einigen Auszeichnungen resultierte, einschließlich der Medaille des *Parents' Magazine,* die nie zuvor an einen Kurzfilm verliehen worden war. Er wurde auch für einen »Oscar« nominiert. Doch vielleicht der größte Tribut an Harmans Film war, daß Hanna und Barbera es fertigbrachten, ein CinemaScope Remake Szene für Szene sechzehn Jahre später herzustellen und fanden, daß er seine ursprüngliche Wirksamkeit behalten hatte. Die Version von 1955 wurde *Good Will to Men* genannt.

Harman nahm nie wieder etwas ähnliches wie diesen Film in Angriff, doch er entwickelte einen starken Sinn für Melodramatik in einigen seiner nachfolgenden Cartoons. *The Field Mouse* enthält zum Beispiel einige qualvolle Szenen, als der »Held«, die Maus, beinahe von einer Zerstückelungsmaschine verschluckt wird. *The Little Mole* zeigt einen ähnlichen Tumult, als ein kurzsichtiger Maulwurf, der nach seiner Mutter weint, von der mitreißenden Strömung eines Flusses entführt wird und in Stromschnellen und einen Strudel gerissen wird. Die hervorragende »Schauspielkunst« von Harmans Zeichnern half dabei, daß diese Szenen emotionell effektvoll ausfielen und den ansonsten vorhersagbaren Geschichten Substanz verliehen.

Großartige Animation erstrahlt in einem weiteren Hugh Harman-Cartoon, an den sich MGM-Mitarbeiter noch mit Ehrfurcht erinnern. In *A Rainy Day* treten drei Bären auf, und obwohl er nicht besonders lustig ist (ein Hauptgag sieht Papa Bär in eine Tür rennen), gibt es eine unglaubliche Sequenz, in der Papa versucht, sein leckes Dach bei einem starken Regen zu reparieren. Wind peitscht das Dach und macht aus den Schindeln einen Ozean, der herumrauscht und den Bären angreift, wie eine Welle, die sich an der Küste bricht! Diese Szene wurde von Bill Littlejohn gezeichnet, der sich erinnert: »Ich hatte mich darüber aufgeregt und sagte, ›Das ist eine von den bestimmten Szenen, die ich machen will,‹ und, oh Gott, ich war ein Idiot, daß ich mich freiwillig meldete. Es war ein überwältigender Berg an Arbeit. Es gab da eine Menge Schindeln!«

Ising konzentrierte sich in seinen letzten wenigen Jahren bei MGM auf die Barney Bear-Cartoons, doch er machte auch weiterhin nebenbei andere Kurzfilme. Einer von ihnen, *The Milky Way,* entriß Disneys Händen nach sieben aufeinanderfolgenden Jahren den »Oscar«. In Wirklichkeit war dieser unterhaltsame Film kein bißchen herausragender als Isings *Little Buck Cheezer of 1938,* der, wie dieser, niedliche Tierstars auf eine Reise in den Weltraum mitnahm.

Doch Isings Einheit erzeugte etwas vollkommen Neues und Besonderes im Frühjahr 1940, das den Kurs der Zeichentrickfilmproduktion bei MGM ändern sollte. Der Film hieß *Puss Gets the Boot,* und während nur Isings Name im Vorspann erschien, wurde er tatsächlich von Bill Hanna und Joe Barbera inszeniert. Er stellte zwei Figuren vor, die, als Tom und Jerry, die führenden Cartoonstars des Studios werden sollten.

William Hanna hatte keine formelle Kunstausbildung durchlaufen, bevor er sich 1931 bei Harman und Ising an die Arbeit machte. Er hatte auf dem College Journalismus und Maschinenbau studiert und arbeitete eine kurze Zeit als Bauingenieur. Doch wie so viele andere, wurde er von dem Zeichentrick-Käfer gebissen und nahm glücklich einen schlechtbezahlten Job in der Industrie an; er beschrieb später seine Pflichten als »nach dem Kaffee laufen, Zelluloid waschen, ausfegen, und meine Bosse mit Storyideen ertränken«. Er blieb bis 1937 bei Harman und Ising, als viele H-I-Mitarbeiter zur MGM wechselten. Mit seiner Erfahrung als Storyschreiber und gelegentlicher Zeichner, bot er Fred Quimby seine Dienste als Regisseur an und erhielt eine Probezeit. Keiner war besonders beeindruckt, und er kehrte zur Storyarbeit zurück. »Ich war niemals ein guter Künstler«, gab Hanna in späteren Jahren freimütig zu.

Joseph Barbera kam aus New York, war auch aufs College gegangen, und hatte sich auf eine Karriere im Bankwesen vorbereitet. Er widmete jedoch mehr Energie nebenher dem Verkauf von Zeitschriften-Cartoons, der mit seiner bezahlten Arbeit bei der Irving Trust Company nichts zu tun hatte und entschloß sich schließlich, eine Ganztagsstellung auf seinem erwählten Gebiet zu suchen. Er erhielt einen Job als Zwischenträger im Van Beuren-Studio, doch sein Enthusiasmus und Geschick für Komödienideen führte ihn in die Story-Abteilung. Als Van Beuren zumachte, zog er zu Paul Terrys Studio nach New Rochelle um. Dann schloß er sich Jack Zander und den anderen Kollegen bei ihrer Massenwanderung ins neue MGM-Studio im Jahre 1937 an, wo er sich wieder in der Story-Abteilung niederließ. Seine Fähigkeit, Ideen zu skizzieren rief in allen seinen Kollegen Neid hervor.

Hanna und Barbera sahen jeder etwas in dem anderen und schlossen sich zu einem ungeheueren Arbeitsteam zusammen. Hannas Rückhalt waren Harman und Ising: das Niedliche, die Wärme und Ähnliches. Barberas Stärke lag in der Gag-Komödie. Hanna strebte danach, Regisseur zu werden und besaß ein feines Gefühl für Timing. Barbera konnte seiner Kreativität beim Schreiben Ausdruck geben. Sie ergänzten sich gegenseitig perfekt.

Puss Gets the Boot war für die zwei ein glückliches Debüt. Zu der Einführung des Katz-und-Maus-Teams, das bald Zeichentrick-Berühmtheit erlangen sollte, lockte er außerdem die Geschicklichkeit der beiden Regisseure hervor, Komödie aus der Situation *und* der Charakterzeichnung zu produzie-

Eine frühe Version von Tom und Jerry in ›Puss 'n' Toots‹ 1942) von MGM.

ren. Zu allererst ist die Story ideal: Hauskater Jasper wird von seiner Haushälterin »Mammy« gewarnt, er werde mit einem Fußtritt aus dem Hause befördert, wenn er noch eine einzige Sache zerbreche. Eine Maus (in dem Cartoon namenlos) sieht ihre Chance, dem tyrannischen Kater etwas zurückzuzahlen, indem sie ihn zuerst ermutigt, dann droht, ein Glas zu zerbrechen, und damit Jasper zum Rückzug zwingt. Natürlich gibt es Verwicklungen und Entwicklungen, die das »Gleichgewicht der Macht« hin und her schwanken lassen, doch am Schluß wird die Katze hinausgeworfen, während die Maus eine »Home Sweet Home«-Stickerei über ihrem kleinen Mauseloch aufhängt.

Die Situationen – in sich selbst schon lustig genug – werden von der überzeugenden Animation der Hauptfiguren gesteigert. Tom (oder Jasper, wie er hier genannt wird) ist schäbig, mondgesichtig, und mit einer Überfülle an zeichnerischen Details (nicht weniger als drei Augenbrauen zum Beispiel) entworfen. Er ist überzeugend real, wenn er der Maus hinterherhetzt und sein Opfer mit unverhüllter Freude quält – und genauso glaubhaft, wenn er sich vor Angst niederkauert und sich vollkommen sicher ist, daß er hinausfliegen wird, wenn eine Vase oder ein Teller zerbricht. Die Maus hat eine starke Ähnlichkeit mit dem späteren Jerry, obwohl diese hier magerer und eckiger ist, als die niedlichere Form, die sich daraus entwickelte. Sie hat jedoch bereits ihre ganze Ausdrucksfähigkeit – verzeichnet alles von Schadenfreude bis hin zu frechem Stolz – die sie so liebenswert machte. Es gibt zwischen der Katze und der Maus keinen Dialog, und es ist auch keiner notwendig. Die Situationen legen ihr gegnerisches Verhältnis fest und die Animation streicht ihre Charakterzüge hervor.

Es wird die Geschichte erzählt, daß Fred Quimby nichts Besonderes in Katze und Maus sah und sein neues Regieteam mit Kurzfilmen beschäftigte, bis *Puss Gets the Boot* in den Kinos anlief und ein riesiger Hit wurde. Er lief in vielen Kinos über die erwartete Zeit hinaus und wurde für einen »Oscar« nominiert. Zu diesem Zeitpunkt kehrten Bill und Joe zu Katz' und Maus zurück, tauften sie Tom und Jerry, und widmeten sich in den nächsten fünfzehn Jahren ausschließlich ihnen!

The Midnight Snack, ihr zweiter Film, überarbeitete die Grundprämisse von *Puss Gets the Boot* mit sogar noch besserem Gag-Material. *The Night Before Christmas,* Ende 1941 in

Eine von Jack Zander's ausdrucksvollen Zeichnungen von Jerry Mouse (1940).

den Kinos, bereicherte die Beziehung der beiden Figuren mit einer Weihnachtsbotschaft des Friedens, indem Tom Jerry in der Ausblendung seine Freundschaft zeigt. Dieser Cartoon brachte Hanna und Barbera ihre zweite »Oscar«-Nominierung ein.

Obwohl Hanna und Barbera auch mit anderen Talenten im Studio von Zeit zu Zeit bei Skizzen und »pose reels« arbeiteten (einschließlich einem vielbeachteten Zeichenassistenten namens Harvey Eisenberg), so gab es doch keine Frage darüber, wer die schöpferische Kraft hinter Tom und Jerry war. »Bill und Joe hatten bereits alles fertig entworfen, mit Joes ausgearbeiteten Zeichnungen und Bills Zeiteinteilung, bevor die Zeichner es zu sehen bekamen«, sagt Irven Spence, der an diesen Cartoons von Anfang an und bis zum Ende ihrer Laufzeit mitgearbeitet hatte. »Wenn sie die Arbeit an die Zeichner übergaben, gab es eine Diskussion, bei der sie den ganzen Film vorspielten, in einer sehr amateurhaften Manier, die ziemlich übertrieben wirkte, aber für die Animation genau richtig war.«

Weil die Regisseure jeden Kurzfilm so sorgfältig ausarbeiteten, kannten sie genau das Ergebnis, das sie erreichen wollten. Die Zeichner mußten Schwerstarbeit leisten, um diesem Standard gerecht zu werden. Bleistift-Tests waren für Hanna und Barbera der Weg zur Perfektion. Die Zeichner mußten bestimmte Szenen bis zu drei- und viermal wiederholen, um einen Ausdruck genau richtig einzufangen oder das Tempo eines Gags zu verschärfen.

Einer der besten frühen Filme in der Serie ist *Bowling Alley Cat*. Er besteht nur aus einer Folge von Gags in einer verlassenen Kegelbahn und manipuliert das Benehmen und das Mienenspiel von Tom und Jerry, um aus einem lustigen Drehbuch ein Film-Schmuckstück zu machen. Der stilisierte, leicht diffuse Hintergrund, der die Absicht hat, die Aufmerksamkeit auf die Figuren und die peinlich genauen Details zu konzentrieren – wie bei der Reflektion von Tom und Jerry auf dem spiegelblank gebohnerten Kegelbahnboden – macht ihn zu einem herausragenden Zeichentrickfilm und einer famosen Komödie.

Die Glasur des Kuchens wurde vom musikalischen Leiter Scott Bradley geliefert, der 1934 angefangen hatte, für Harman und Ising zu arbeiten, und der seine Musik dem wechselnden Stil der Story und Animation bei den MGM-Cartoons anpaßte. Er hatte, wie Carl Stalling bei Warner Brothers, freien Zutritt zur Musikbibliothek des Studios und verwendete Lieder aus MGM-Spielfilmen genauso oft wie klassische Themen (»Wilhelm Tell Ouvertüre«). »The Trolley Song« aus *Meet Me in St. Louis* wurde ein Bradley Standardlied und praktisch jedesmal, wenn Tom und Jerry in eine Küche, auf der Suche nach Essen, schlichen, spielte er »Sing Before Breakfast« aus *The Broadway Melody of 1936*. Als die Cartoons tempogeladener und ungestümer wurden, assimilierte Bradleys Musik diese Eigenschaften und ergänzte die Handlung mit Schwung und Witz, von seiner hervorragenden Musikalität ganz zu schweigen. Es ist einfach, Cartoonpartituren als Selbstverständlichkeit anzusehen, doch Bradley verwendete auf seine Arbeit genauso viele Gedanken wie jeder Spielfilm-Komponist, und benutzte die ganze Bandbreite an musikalischen Ideen, von Zwölf-Ton-Reihen bis zur selektiven Instrumentation. Man kann sicher sein, daß diese Virtuosität bei den Musikern des MGM-Studioorchesters in guten Händen lag. »Scott schreibt die verblüffendste, verwirrendste, ungereimteste Musik für Streicher in Hollywood«, beschwerte sich Konzertmeister Lou Raderman gutgelaunt bei John Winge von *Sight and Sound*. »Er wird mir noch einmal meine Finger damit brechen.«

Da es nur sehr selten einen Dialog in den Tom und Jerry-Cartoons gab, war Bradleys Beitrag besonders wichtig – und er lieferte für praktisch *jeden* MGM-Cartoon für mehr als zwanzig Jahre die Originalpartitur. Seine Arbeit ist auch noch heute reich und eindrucksvoll.

Hanna und Barbera gewannen 1943 für *Yankee Doodle Mouse* einen »Oscar«. Es war der erste von sieben Akademiepreisen, die ihre Tom und Jerry-Cartoons in den nächsten neun Jahren einheimsen sollten – ein Rekord, der Disney für ein Jahrzehnt aus dem Rennen warf und Bill und Joe als die jüngsten Wunderknaben der Animation bestätigte.

Zurückblickend kann man jedoch sehen, daß die Serie Zeit brauchte, um wirklich ihren richtigen Schwung zu finden. Einige der frühen Cartoons sind mit Details überladen, besonders im Entwurf von Tom, und viele ziehen ihre Actionszenen zu langsam durch. Diese Regisseure blieben irgendwie bodenständig, eine letzte Spur des Einflusses von Harman und Ising.

Diese Annäherungsart änderte sich mit dem schließlichen Fortgang von Hugh Harman und Rudolf Ising Anfang der vierziger Jahre und der Ankunft von Tex Avery, der sich in Leon Schlesingers Studio einen Namen gemacht hatte. »Als Tex einzog, war es wie ein Lawinensturz«, erinnert sich sein jahrelanger Kollege Michael Lah.

Tex Avery perfektionierte die Kunst des Gag-Cartoons vielleicht mehr als jede andere Einzelperson im Zeichentrickfilm. Während seine Arbeit bei Schlesinger frisch und neuartig war, blühte er bei MGM richtig auf, wo er seine Ideen bis zu ihren seltsamsten Extremen weiterentwickelte.

Avery wußte, wie man das Beste aus dem Medium Zeichentrickfilm machen konnte. Er war nicht daran interessiert, die Realität zu kopieren oder zu imitieren. Seine Ansicht war: Je breiter und je unrealistischer, desto besser. Im schlimmsten Falle sind seine Filme grell und albern. Im günstigsten Falle sind sie überwältigend komisch. In beiden Fällen sind sie anders als die Cartoons von irgend jemand anderem, vor oder nach ihm.

Innerhalb eines Jahres nach seiner Ankunft bei MGM hatte Avery die meisten seiner Figuren und Themen entworfen, die ihn bis in die Mitte der fünfziger Jahre begleiten sollten. Eines seiner Markenzeichen war das visuelle »Wortspiel«. Wenn

Tex Avery zeigt seinem Boß Fred Quimby (der ihm über die Schulter lugt) und einigen Gästen Zeichnungen für seinen neuen Zeichentrickhit ›Red Hot Riding Hood‹ (1943).

eine Figur sagt, »I was down in the dumps«,* ist dies ein Signal für die Kamera, schleunigst fünfzehn Meter aus ihrer Großaufnahmen-Position zurückzuweichen, um das Wesen zu zeigen, wie es inmitten eines riesigen Abfallhaufens herumstapft. Andere Ausdrücke wie »Die Getränke gehen aufs Haus« und »Ich wußte nicht, ob ich kam oder ging« erfahren in Averys Cartoons eine wortgetreue und heitere Behandlung.

---

* Dieser Satz heißt übersetzt »Ich war niedergeschlagen«. Das Wort »dump« allein, also außerhalb der Redewendung, hat allerdings auch die Bedeutung »Abfallhaufen« oder »Abladeplatz«. Es handelt sich also hierbei um ein Wortspiel, daß nicht angemessen übersetzt werden kann. (A.d.Ü.)

Avery hatte außerdem eine besondere Vorliebe für das Spiel mit den Konventionen des Zeichentrickfilmes. Ein Avery-Charakter konnte über den Rand des Filmbildes hinausstolpern oder ins Kino gehen und erleben, wie eine Figur, die er gerade in einer vorhergehenden Szene verlassen hat, ihn von der Leinwand aus begrüßt. In einem Film werden zwei Figuren darüber aufgeklärt, daß sie im falschen Film sind, und in einem anderen läuft die Geschichte schon eine ganze Weile, als der Hauptdarsteller bemerkt, daß es überhaupt keinen Titelvorspann gegeben hat, und sagt, »Wer führt bei diesem Film Regie? Wo ist der MGM Löwe?« In *Lucky Ducky* laufen die Figuren an einem Schild vorbei, ohne dessen Aufschrift zu lesen, nur um feststellen zu müssen, daß sie und ihr Hintergrund die verschiedensten Schattierungen von Schwarz und Weiß angenommen haben. Ein Gang zurück zu dem Schild enthüllt dessen Botschaft: *»Technicolor Ends Here«* (»Ende von Technicolor«).

Averys Versuche, bei MGM Cartoon-»Stars« zu kreieren, kann man am ehesten als zaghaft bezeichnen. Seine Figuren waren seltsam und anarchistisch und dienten nur als Vehikel für seine verrückten Gags. Der erste und dauerhafteste war Droopy, ein kleiner Bassethund, der von Bill Thompsons Stimme als Mr. Whipple in der Radioshow *Fibber McGee and Molly* inspiriert wurde. Thompsons vergnügte Stimme wurde einer ruhigen, bedächtigen, sich kaum bewegenden Figur verliehen, deren Hauptdaseinsberechtigung darin lag, überhebliche Gegner zu frustrieren. Sein häufigster Feind, der Wolf, schien alle Vorteile auf seiner Seite zu haben, außer Glück – während sich Droopy auf das Glück und eine gewisse Menge an Mutterwitz verließ.

Der Wolf tritt auch in einer Serie von Filmen auf, in der seine Libido von einem attraktiven Showgirl stimuliert wird. Der erste Film aus dieser Serie war *Red Hot Riding Hood,* und es sah so aus, als ob jeder nachfolgende Film – *Wild and Wolfy, Swing Shift Cinderella, Uncle Tom's Cabana, Little Rural Riding Hood* – in neue Extreme ausuferte, um seinen Vorläufer mit explosiven Gagvarianten desselben komischen Themas zu übertrumpfen. Der Wolf wird von der sexuellen Darbietung des Girls so erregt, daß er sich nicht zurückhalten kann. Während er an einem Nightclub-Tisch sitzt, kaut er gequält an seinen Händen, haut sich selbst mit einem Vorschlaghammer auf

Tex Avery bei der Arbeit: ›Lucky Ducky‹ (1948). Technicolor hört hier auf!

den Kopf, zündet seine Nase statt seiner Zigarette an, verschlingt Teile des Tisches, usw., usw., usw. Jedesmal glaubt man, daß er bis zum Äußersten gegangen sei, doch Avery setzt auf jeden Gag einen weiteren und noch verrückteren.

Die ursprüngliche Reaktion des Wolfes – halb in der Luft in eine stocksteife Pose zu verfallen – war für die Zensur Hollywoods zu phallisch, die Avery die Auflage machte, er möge die Sachen etwas abmildern. Doch die *Red Riding Hood*-Filme sollten so etwas wie ein besonderer Fall werden. Sie waren während des Zweiten Weltkrieges beim militärischen Publikum ungeheuer beliebt und erregten auch in der Heimat einiges Aufsehen. MGM behauptete, sie seien die erfolgreichsten Kurzfilme in der Geschichte des Studios gewesen. Es war Avery, seinem Modelldesigner Claude Smith, und dem Zeichner, der Red Riding Hood zum Leben erweckte, Preston Blair, anzurechnen, daß die Leute diese Schöpfung aus Bleistift und Tinte so glaubwürdig sexy finden konnten.

Averys konzentriertester Versuch, eine Starfigur aufzubauen, die der konventionellen Mode der vierziger Jahre ent-

Typisches wölfisches Gebaren aus ›Little Rural Riding Hood‹ (1949, MGM).

sprach, kam mit dem Debüt vom Screwball (oder Screwy) Squirrel 1944. Screwy hatte die ganze Unverschämtheit, die mit so modernen Stars wie Bugs Bunny und Woody Woodpecker in Verbindung gebracht wurde. Doch Avery führte seine Figur sogar noch weiter und machte sie so aggressiv, so völlig anstößig, daß kein Platz mehr für »Liebenswertes« übrig blieb. Screwy starb nach vier Filmen, doch nicht ohne einige erfreuliche Erinnerungen zurückzulassen. Es ist schwer, eine Figur völlig abzulehnen, die einen sie verfolgenden Hund in eine verdunkelte Höhle führt – wo kein Lichtstrahl eindringt, auch nicht für uns – und nach einem enormen Krach ein Streichholz anzündet und sagt, »Das war wirklich ein lustiger Gag – schade, daß ihr ihn nicht sehen konntet!«

In vielen Filmen von Avery sind die einzelnen Ausschnitte besser als das Gesamtbild. Selten gibt es einen Film, der nicht wenigstens eine Handvoll fabelhafter Gags aufweist. Doch seine besten Filme – wie *Little Tinker, Bad Luck Blackie, Who Killed Who?* und *King-Size Canary* – haben eine Geschichte oder ein Thema, die sich bis zu einem Höhepunkt steigern und auf ihrem Weg regelmäßig Gags ausstreuen. Die besten Gags verlassen sich, wie die Besten seiner Filme, auf den *visuellen Eindruck,* um ihren Erfolg zu erzielen. Musik, Dialog, Witze und Toneffekte sind alle wichtig, doch Avery denkt vollständig in der Zeichentricksprache. Er gibt sich nicht damit zufrie-

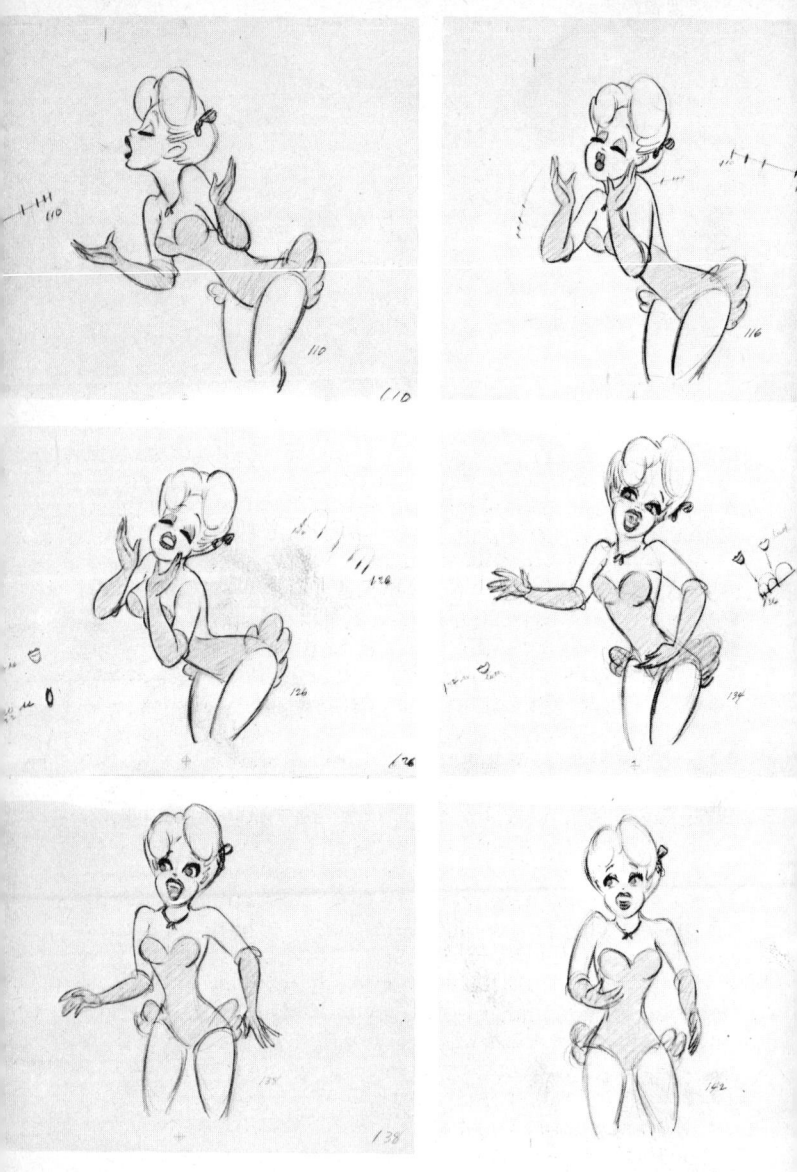

Preston Blairs Originalzeichnungen von ›Red‹. Das ist Zeichentrickfilm in Hochform.

den, die Realität für komische Effekte zu übertreiben; er kehrt ihr Innerstes nach außen, das Oberste nach unten, und in eine vierte Dimension, die einen atemlos macht.

King-Size Canary handelt zum Beispiel von einem Vogel, einer Katze und einer Maus, die um die Macht mit Hilfe eines Gemüses namens Jumbo-Gro wetteifern, das den Trinker, wenn er es hinuntergeschluckt hat, zu einer riesigen Fassung seiner selbst verwandelt.

Wenn überhaupt, so konnten nur wenige Zeichentrick-Regisseure Averys Sinn für das Absurde nahekommen, der in einer Welt von in sich selbst abgeschlossener Logik blühte. Sogar seine verrücktesten Gags ergaben einen Sinn – unter ihren eigenen Bedingungen – und das war das Wunderwerk eines Avery-Films.

Avery verstand das komische Timing vielleicht mehr als alles andere. »Ich fand heraus, daß das Auge eine Handlung in fünf Bildern eines Filmes erfassen kann«, erzählte er Joe Adamson. »Fünf Filmbilder in einem Vierundzwanzigstel einer Sekunde. Es dauert also, grob gerechnet, eine Fünftelsekunde, bis man etwas registriert, von der Leinwand zu deinem Auge zum Gehirn. Ich fand heraus, wenn ich etwas kaum in Erscheinung treten lassen wollte, brauchte ich nur fünf Bilder... Wenn zum Beispiel ein Amboß herunterfiel, brachten wir den Fall in vielleicht vier oder fünf Bildern unter, bevor

›Screwball Squirrel‹ in einer typischen Pose in ›Lonesome Lenny‹ (1946).

der Aufprall erfolgte, das war alles, was man benötigte – djuuuuuu ... Bumm! er ist da, und man weiß nicht, von wo er zum Teufel nochmal hergekommen ist. Das macht den Gag um vieles lustiger. Wenn man gesehen hätte, wie das Ding herunterkommt, und man den Fall hätte verfolgen können, bis zum Aufschlag – oje.«

Das Beispiel eines herunterfallenden Amboß, das Avery gebraucht, wurde in *Bad Luck Blackie* angewendet und bildete die Grundlage für den ganzen Film. Die Prämisse – einem tyrannischen Hund widerfahren Katastrophen, die von einer schwarzen Katze, die den »Guten Samariter« spielt, ausgelöst werden – hing völlig von dem Überraschungsmoment ab, wenn Gegenstände dem unglücklichen Hund auf den Kopf fallen.

Averys verschärftes Tempo zeigte bei vielen Cartoon-Regisseuren in Hollywood, einschließlich Hanna und Barbera, seine Auswirkungen. »Tex hatte eine verrückte Art bei der

Beschleunigung von Dingen, und sie fing an, auf Bill und Joe abzufärben«, sagte Michael Lah. »Dann wurde es zu einem Wettrennen. Jeder Film, der von der einen oder anderen Mannschaft herausgebracht wurde, war schneller. Bald war man an dem Punkt angelangt, an dem nur noch die Leute, die an dem Streifen gearbeitet hatten, das Ganze verstanden. Tatsächlich sagte Quimby eines Tages, als er einen Film sah, ›Der ist so verdammt schnell, du mußt ihn mir noch einmal laufen lassen, damit ich ihn verstehen kann.‹ Nun, wir mußten ihn ungefähr dreimal wiederholen, bis er ihn verstand.«

Dieser innerbetriebliche Einfluß tat wahre Wunder für die Tom und Jerry-Filme. Das verschärfte Tempo – gepaart mit aggressiveren Gags – fügte einer bereits zufriedenstellenden Vorlage die letzten Zutaten hinzu. Hanna und Barbera erreichten Mitte der vierziger Jahre ihren Höhepunkt und produzierten eine Serie von herausragenden Kurzfilmen, die als Beispiel für den Hollywood-Cartoon der Spitzenklasse dienen.

Dieses Autor Regisseur-Team hält wahrscheinlich den Rekord in der Produktion von durchgehend ausgezeichneten Cartoons, die jahrelang dieselben Figuren verwenden – ohne einen Bruch oder Wechsel in der Routine. Natürlich ist nicht jeder Auftritt von Tom und Jerry ein Schmuckstück; einige, wie *Cueball Cat,* ersetzen Einfallsreichtum durch Gewalt, während andere, wie *Tom and Jerry in the Hollywood Bowl,* mehr versprechen, als sie halten können. Doch Hanna und Barberas Leistung war im Durchschnitt ungeheuer.

The Cat Concerto – ein Akademiepreisträger 1947 – zeigt Tom als einen Konzertpianisten, der sich der Klaviatur mit einem wirklich pompösen Schmuck an Ausdruck und Gestik nähert. Sein Gleichgewicht wird jedoch erschüttert, als Liszts »Ungarische Rhapsodie« Jerry aufweckt, der im Inneren des Klaviers geschlafen hatte. Es folgt ein Gefecht des Verstandes, bei dem Tom, trotz großer Übermacht von Jerry, keine einzige Note verpaßt. *The Cat Concerto* ist herrlich komisch und ausnehmend musikalisch (die Zeichner studierten Scott Bradley an der Klaviatur, um die korrekte Fingertechnik für das Stück zu erzielen), und ist in jeder Hinsicht ein Schmuckstück.

Ein weiterer Klassiker ist *Mouse Cleaning,* der ein typisches Beispiel für die Entwicklung dieser Serie ist. Der Film ver-

Tom und Jerry in dem Klassiker ›Cat Concerto‹ (1947). Dieser Film der MGM gewann einen OSCAR.

wendet dieselbe Grundidee wie *Puss Gets the Boot* und spielt sie in einer modernen Tom-und-Jerry-Fassung durch, mit ausgelassenen Gags, rasiermesserscharfem Timing, und fesselnden »Takes« oder Reaktionen. Dieser Cartoon ist schwerlich zu überbieten, da man aus dem Lachen einfach nicht herauskommt.

Der langanhaltende Erfolg von Tom und Jerry ist der hervorragenden Koordinierung von drei Schlüsselelementen zuzuschreiben: Großartiger Animation der Figuren, großartigen Story-Ideen und großartigen Gags. Alle drei waren für die Serie lebenswichtig.

Die Figurenanimation ist eine sterbende Kunst, doch sie erblühte unter den Händen von Hannas und Barberas Zeichnern. Jack Zander, der als erster Jerry in *Puss Gets the Boot* zeichnete, sagte: »Die Maus bestimmte Dinge tun und sie reagieren zu lassen – ihr also eine Persönlichkeit zu verleihen –

wurde nur dadurch möglich, daß ich ungefähr dreimal soviele Zeichnungen rauswarf als gewöhnlich. Es ist sehr schwierig, diese Bewegung und den Ausdruck auf das Gesicht zu bekommen, ob die Augen dich nun ansahen oder ob es jedesmal eine passende Reaktion gab. Wenn sich eine Figur nur von hier nach da bewegt, ist es verkehrt. Ich glaube, wir waren damals alle ziemlich jung und wir taten alle unser Äußerstes. Wir haben *gedacht* während wir zeichneten.«

Ray Patterson ist der gleichen Meinung, daß dies der Schlüssel zur Figurenanimation ist. »Wenn man der Figur eine Seele gibt, tritt die Persönlichkeit hervor. Es ist wie bei Pluto – er bleibt stehen und *denkt*.« Irv Spence sagte: »Als ich Tom zeichnete, versetzte ich mich in die Figur ... Ich fühlte ihn richtig.«

Spence, Patterson, Ken Muse und Ed Barge waren die vier Hauptanimatoren von Tom und Jerry von Mitte der vierziger bis Mitte der fünfziger Jahre. Ihr Talent, hervorragend instru-

Tex Avery's Einfluß: Tom reagiert auf Jerry's Hausputz in dem Film ›Mouse Cleaning‹ (1948), der einen OSCAR gewann.

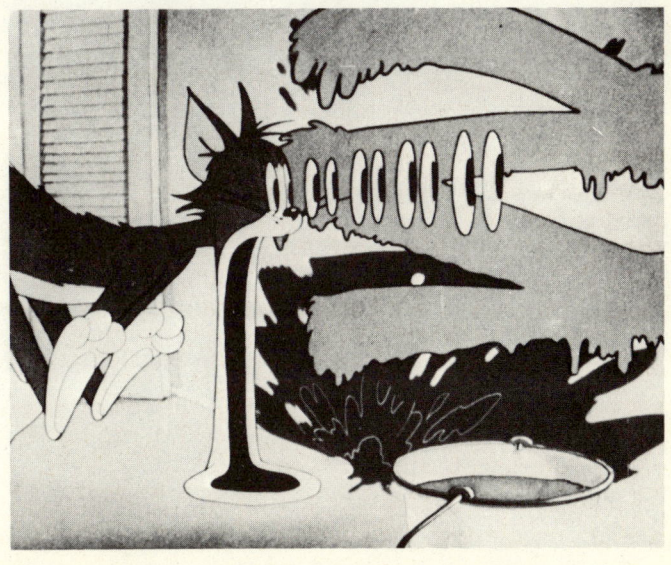

mentiert von Bill Hanna und Joe Barbera, erweckte diese Cartoons zum Leben.

Die Geschichten waren fast ausschließlich die Arbeit von Barbera, einem der kreativsten Geister, die jemals auf dem Gebiet der Animation wirkten. Diese eine Person konnte so viele Variationen über ein Grundthema entwickeln, daß es erstaunlich ist. Zusätzlich zum Komischen arbeitete Barbera mit der Charakterzeichnung, die seinem Story-Repertoire weiteren Zunder verlieh. Dank der Fähigkeiten seiner Animatoren entwickelten sich Tom und Jerry zu vollständigen Charakteren mit Gedanken und Gefühlen. Barbera lernte es, diese Nuancen in effektvolle Storyideen einfließen zu lassen. Toms Jagd auf Jerry ist das Ritual der Serie. Doch irgendwie erkennt das Publikum, wenn alles gesagt und getan wurde, daß die Katze nicht *wirklich vorhat,* die Maus zu fressen; es ist das Jagdfieber, das zählt. Zwischen Tom und Jerry gibt es eine

Das Tom-und-Jerry-Team mit den sieben OSCARS: Animatoren Ed Barge und Irv Spence, Layouter Dick Bickenbach, Regisseure Joe Barbera und Bill Hanna und Animator Ken Muse (v. l. n. r.).

Grundverbindung, die diesen Cartoons ungeheure Kraft und Liebenswürdigkeit verleiht. Bei Gelegenheit verbünden sie sich, um einen Eindringling zu beseitigen, der in ihr Hoheitsgebiet eindringt (wie in *Old Rockin' Chair Tom* und *Dog Trouble*). Bei anderen Gelegenheiten enthüllen Tom und Jerry ihre Liebe-Haß-Beziehung. In *Nit Witty Kitty* zieht sich Tom eine Amnesie zu und benimmt sich wie eine Maus; Jerry sieht es als seine Pflicht an, ihn durch einen Schock in seinen Normalzustand zurückzuversetzen. In *Flirty Birdy* wetteifert ein Habicht mit Tom um Jerrys Versteck, und Tom muß seinen Vorrang verteidigen. Manchmal scheiterten diese Verdrehungen der normalen Routine – keine so erbärmlich wie der späte *Blue Cat Blues*, in welchem erst Tom, und dann Jerry beschließt, Selbstmord zu begehen.

Heavenly Puss ist von allen der Beste, ein brillanter Cartoon, der nur mit so liebenswerten und gut definierten Figuren

wie den beiden funktionieren konnte. Tom stirbt und kommt zum Himmelstor, wo er erfahren muß, daß seine Vergangenheit überhaupt nicht gut gewesen sei. Seine Quälerei der Maus hat ihm praktisch jede Chance genommen, jemals in den Himmel zu kommen. Das kommt dem Teufel gerade recht, den man als eine Bulldogge neben einem Topf kochenden Wassers in einer Feuerhölle stehen sieht und der ruft: »Überlasse ihn mir! Schick ihn runter!« Der Pförtner »oben« erklärt Tom, er habe eine Stunde, um den Himmels-Express zu erwischen. Wenn er zur Erde zurückkehren kann und Jerry dazu bringen würde, ein »Zertifikat der Vergebung« zu unterschreiben, könne er an Bord des Zuges kommen. Toms Machenschaften – und Enttäuschungen – bei dem Versuch, diesen Termin einzuhalten und Jerrys Sympathie zu gewinnen, sind gleichzeitig vergnüglich und haarsträubend, während die Aussicht auf einen Fehlschlag mit jeder verrinnenden Minute anschaulich aufgezeigt wird. Das fantastische Element dieser Cartoons wird wundervoll erkannt und steigert gleichzeitig die dramatischen und komischen Bestandteile, die die Geschichte anzubieten hat. Schließlich, als alles verloren scheint, erwacht Tom aus seinem Alptraum. Er ist darüber so erleichtert, daß er am Leben und wohlauf ist, daß er zu Jerry läuft und ihn mit Umarmungen und Küssen überhäuft. Der Film endet damit, daß Jerry sich uns, dem Publikum, zuwendet und in völliger Verwirrung die Achseln zuckt.

Hanna und Barbera erlebten mit der Tom und Jerry-Serie einen ungeheuren Erfolg, gewannen sieben »Oscars« und brachten der MGM eine ganze Menge Geld ein. Doch als Gene Kelly 1944 die Idee hatte, mit einer Cartoonfigur einen Tanz aufzuführen, war sein erster Gedanke, sich an Walt Disney zu wenden – obwohl sein Film bei MGM gemacht wurde! Disney lehnte den Auftrag ab, erklärte jedoch Kelly, daß seine Idee sicherlich durchführbar sei; erst dann kamen der Tänzer und seine Partner zu Bill und Joe. Die daraus resultierende Sequenz in *Achors Aweigh* (Urlaub in Hollywood) gehört zu den berühmtesten und ungewöhnlichsten in der Geschichte des Filmmusicals – eine herrliche Nummer, bei der Jerry Mouse Kellys Bewegungen Schritt für Schritt bei einer schwierigen Tanznummer folgt.

Die Arbeit, die in die Planung und Ausführung dieser Sequenz gesteckt wurde, war beträchtlich. Zuerst wurde alles auf einem *storyboard* notiert. Dann wurde Kellys Tanz gefilmt, wobei der Star und der Kameramann so taten, als ob die Maus in der Szene sei. Dann wurde die komplette Sequenz rotoskopiert – Kelly auf Animations-Papier kopiert – so daß die Animation von Jerry Bild für Bild präzise an Kellys Bewegungen angeglichen werden konnte. Das Ergebnis ist technisch hervorragend – und unwiderstehlich unterhaltend.

Nach dem Erfolg von *Anchors Aweigh* forderte George Sidney, der Regisseur des Filmes, Hanna und Barbera auf, eine gezeichnete Eröffnungsnummer für sein Musical *Holiday in Mexico* zu liefern. Einige Jahre später wurden Tom und Jerry einberufen, um mit Esther Williams in *Dangerous When Wet* (Die Wasserprinzessin), einem weiteren MGM-Spielfilm, zu schwimmen. Doch es war Gene Kelly, der 1953 zu Bill und Joe mit dem ehrgeizigsten Projekt, das jemals in Angriff genom-

Tom und Jerry und Esther Williams in ›Dangerous When Wet‹ (Die Wasserprinzessin, 1953, Regie Charles Walters), einem Spielfilm mit Zeichentrickeinlagen.

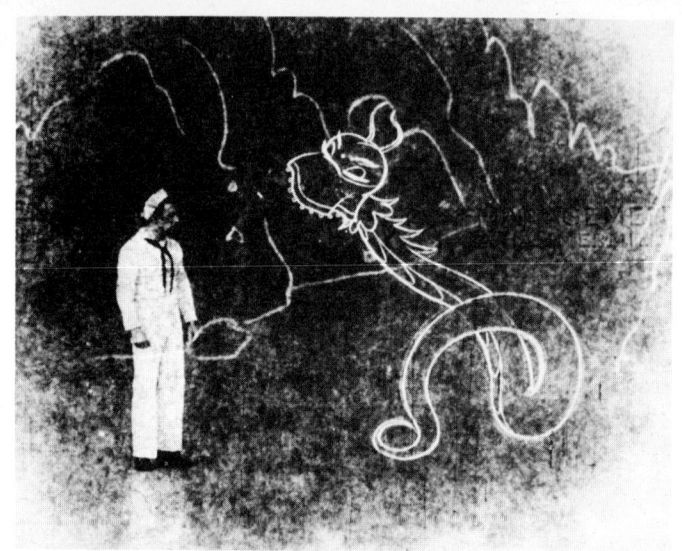

Von Animator Michael Lah präpariert: Gene Kelly in ›Invitation to the Dance‹ (Einladung zum Tanz, 1954, Regie Kelly).

men wurde, zurückkehrte: Ein vollständiges Segment seines Spielfilmes *Invitation to the Dance* (Einladung zum Tanz), das »Sindbad the Sailor« genannt werden sollte, sollte vor einem Zeichentrick-Hintergrund spielen.

Michael Lah, der an dieser Sequenz mitarbeitete, sagte: »Die Animation von Jerry mit seinen Beinen und Armen (in *Anchors Aweigh*) war nur eine Frage der Imitation von Kelly, doch es war eine ganz andere Herausforderung, dieselbe Sache mit der Figur der Schlange in *Invitation to the Dance* zu machen. Ich glaube, das war das größte zeichnerische Problem, das ich jemals hatte, diesen Tanz mit einer Schlange zu schaffen, die keine Beine oder Arme hatte.«

Für diesen Teil der Sequenz filmte Kelly den Tanz mit Carol Haney, die die Schlange imitierte. Dann vollführte er den Tanz noch einmal, doch dieses Mal ohne sie. »Wir mußten Kelly rotoskopieren, damit das alles funktionierte«, erklärte Lah, »doch wir hatten den Tanz von Carol Haney auf einem

Gags und Kinkerlitzchen: Eine Szene aus Tex Avery's ›TV of Tomorrow‹ (1953).

Extrafilmstreifen, um ihn als Bezugspunkt zu verwenden und ließen ihn immer wieder auf einem Movieola laufen.« Die Schlange wurde *nicht* Haneys Bewegungen nachgezeichnet. Sie wurde von den Animatoren erschaffen, »und das ist der Punkt, wo die Kreativität ins Spiel kommt«, sagte Lah. Die Kritiker waren einheitlich der Meinung, daß »Sindbad the Sailor« das erfolgreichste und unterhaltsamste Segment von *Invitation to the Dance* war.

Um nicht völlig übertroffen zu werden, verwendete Tex Avery in seinem einfallsreichen Gag-Cartoon *TV of Tomorrow* Spielfilmmaterial mit Dave O'Brien, dem Star von MGMs *Pete Smith Specialities*. Der Kurzfilm zeigte zum Beispiel, wie ein Fernseher im Badezimmer mit der größten Diskretion betrieben werden kann, da das Umdrehen des Apparates O'Brien im Gerät dazu veranlaßt, sich ebenfalls umzudrehen, so daß seine Augen von dem nackten Badenden abgewandt waren. Ein Gag-Auftritt wie dieser – oder die Mitwirkung der lateinamerikanischen Schönheit Lina Romay in Averys *Senor Droopy* – kam nur durch die allgemeine Kameraserie auf dem MGM-Gelände zustande.

Tex Avery verließ 1950 MGM und es entstand eine Lücke; als Grund wird allgemein einfache Überarbeitung angegeben. Um ihn zu ersetzen, engagierte Quimby den erfahrenen Animator und Regisseur Dick Lundy. Lundy machte einen *Droopy*-Cartoon, doch seine Hauptaufgabe lag in der Wiederbelebung von Barney Bear (für eine weitere Runde).

»Ich fühlte, daß der Wallace Beery ähnliche Charakter eine liebenswerte und sympathische Persönlichkeit war«, sagt Lundy heute. »Die Filme von Tex waren meistens Gag-bezogen mit einem guten Timing und einer hineingeworfenen Prise Persönlichkeit. Katze und Maus hatten Persönlichkeit mit Slapstick-Gags. Diese beiden Serien waren in einem sehr schnellen Tempo angesetzt. Ich wollte, daß Barney ein langsameres Tempo und eine liebenswerte Ausstrahlung für das Publikum erhielt. Disney hatte diese Handlungsart in den *Silly*

Nur Tex Avery versuchte so etwas und kam damit durch. Eine Reaktion aus ›Little Rural Riding Hood‹ (1949).

Symphonies. Das war es, was ich bei Barney erreichen wollte. Manchmal habe ich es geschafft, und manchmal habe ich es verfehlt.«

Lundys Fehlschläge waren in keiner Weise bodenlos – doch Barney war kein Pluto, und die Gag-Struktur seiner Cartoons schien nicht zu der weicheren, Persönlichkeits-bezogenen Annäherung zu passen, die dem Regisseur vorschwebte. Als er eine schärfere Linie bei den Gags einschlug, wie in *Sleepy-Time Squirrel,* traf er ins Schwarze. *Busy Body Bear, The Impossible Possum* und andere Cartoons sind unterhaltend aber unkompliziert, weil sie irgendwo zwischen den Stilrichtungen von Ising und Avery liegen.

Lundy verließ die MGM, als Tex Avery im Oktober 1951 ins Studio zurückkehrte. Die Diskrepanz zwischen diesem Datum und dem Jahr 1954, bis zu welchem Filme unter Lundys Namen weiterhin herausgebracht wurden, bietet eine Ahnung davon an: a) wie lange das Studio seine Cartoons aufs Lager legte, bevor es sie herausbrachte; und b) wie lange es dauerte, bis ein Cartoon fertiggestellt war. Der durchschnittliche Hanna-Barbera-Kurzfilm mit Tom und Jerry brauchte *anderthalb Jahre* von der ursprünglichen Storyarbeit bis zum vollendeten Film.

In den fünfziger Jahren versuchten Hanna und Barbera, neue Nebenfiguren zu entwickeln, um die Tom und Jerry-Serie frisch zu halten. Aus *The Milky Waif* kam Little Nibbles (manchmal Tuffy genannt), Jerrys jugendliches Gegenstück und Nachläufer, der in späteren Filmen wie *Two Mouseketeers, Two Little Indians* und *Touché Pussy Cat* auftrat. Danach gab es eine Ente (in *Southbound Duckling* und anderen) mit einer niedlichen, quäkenden Stimme, die unter dem Namen Yakky Doodle in Hanna und Barbera-TV-Programmen wieder auftauchte. Schließlich stellten Hanna und Barbera eine Bulldogge und ihren Sohn, genannt Spike und Tyke vor. Von ihrem Erstauftritt als Nachbar von Tom und Jerry in *Barbecue Brawl* gingen sie weiter, um die Hauptrollen in ihrer eigenen kurzlebigen Serie zu spielen. (Im Verhalten, wenn nicht in der Erscheinung, bildeten sie auch die Grundlage für spätere H-B Fernsehfiguren – Augie Doggy und Doggy Daddy.)

Die fünfziger Jahre brachten in der Zeichentrick-Industrie Veränderungen, und MGM war davon genauso betroffen wie jedes andere Studio. Die Kosten stiegen und Quimby versuchte, seine Budgets unter Kontrolle zu halten. Vielleicht um die Tatsache aufzuwiegen, daß ihre Cartoons ein höheres Budget erhielten als die von Tex Avery, trugen Hanna und Barbera ihr Schärflein bei, indem sie ungefähr einmal im Jahr einen »Schwindel«-Cartoon produzierten. Das war ein Film, in welchem der Hauptanteil des Materials aus früheren Cartoons geklaut wurde und mit der Erfindung eines Sammelbuches oder einer Serie von Erinnerungen zusammengehalten wurde (zu den Beispelen zählen *Life With Tom* und *The Smitten Kitten*). Quimby wurde auch bei der Laufzeit genauer. Wo in den vierziger Jahren noch acht Minuten akzeptabel waren, wurden nun sieben Minuten die Höchstgrenze und sechs Minuten die bevorzugte Länge. Die Einsparung von einer Minute reduzierte die Kosten beträchtlich – es wurden weniger Zeichnungen angefertigt, weniger Zeit auf die Produktion verwendet, weniger Technicolor-Material für jede Kopie verbraucht.

Eine neue Ausgabe war jedoch notwendig, um im Geschäft zu bleiben, und das war die Einführung von CinemaScope. MGM brachte seinen ersten Breitwand-Cartoon Ende 1954 heraus, und ab 1956 wurde jeder Cartoon auf diese Art gefilmt. Die Mannschaft eignete sich diese neue Technik relativ leicht an, doch Irven Spence erinnerte sich: »Die Zwischenzeichnungen mußten genauer sein, weil die Leinwand so groß war und man jeden kleinen Holperer oder Sprung in der Linie sehen konnte; sogar die Tintenzeichnung mußte besser sein.«

Um dieses Problem auszugleichen, wurde in einigen der späteren Cartoons eine dickere Tintenlinie verwendet, und das vervollständigte einen Modernisierungsprozeß, der das Design von Tom und Jerry in jüngster Zeit verändert hatte. Tom, dessen zerzaustes Haar einer glatten Körperlinie weichen mußte, litt am meisten unter dieser Änderung.

Einfacher Figurenentwurf und Hintergrund waren Teil eines Evolutionsprozesses, der jedes Zeichentrickstudio heimsuchte. Tex Avery erzählte Joe Adamson: »Nun, eigentlich war es eine Frage der Kosten. UPA begann den neuen

Barney Bear, neu überarbeitet und gezeichnet von Preston Blair und Michael Lah in den späten vierziger Jahren. Vergleichen Sie diese gestrichelte Version mit dem Original von Rudolf Ising.

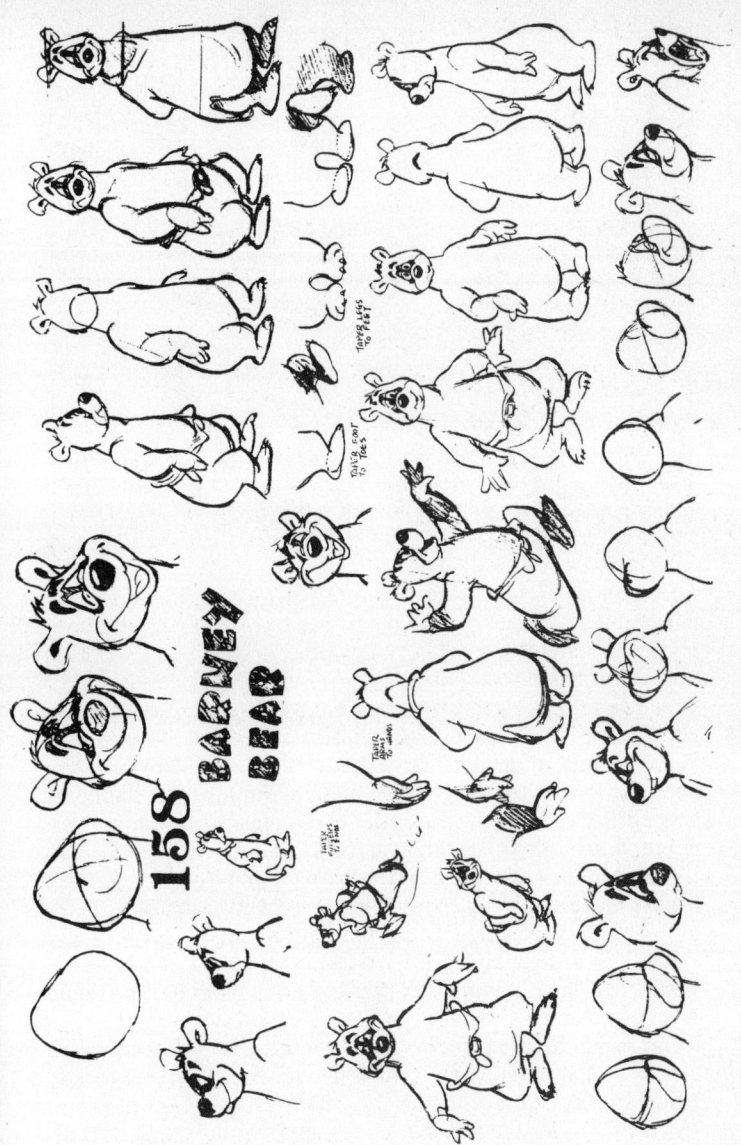

Ein gefälliges Layout für den Tom-und-Jerry-Zeichentrickfilm ›Two Mouseketeers‹ (1952).

Trend bei ihren Hintergründen. Ich mochte sie; sie waren so einfach und die Figuren kamen besser heraus. Dann fingen Warners damit an, und wir waren die Letzten der drei Großen. Wir versuchten, von dem blauen Himmel und dem grünen Gras wegzukommen, und einfach alles zu tun, um angenehme Farbkombinationen zu erreichen.«

Ed Benedict war bei der Schöpfung von neuen Entwürfen für Avery einflußreich, und Richard Bickenbach arbeitete zu dieser Zeit für Hanna und Barbera am Layout-Design.

Tex Avery verließ MGM 1954 und Michael Lah wurde als sein Nachfolger benannt. Er war bei einigen der letzten Filme Averys dessen Co-Regisseur gewesen und hatte mit ihm so lange zusammen gearbeitet, daß dieser Übergang natürlich erschien. Lah inszenierte fünf Cartoons mit Averys Droopy; *One Droopy Knight* (1957) wurde für einen »Oscar« nominiert. Doch die Unermeßlichkeit des CinemaScope-Verfahrens paßte nicht wirklich zum kleinen Droopy, und sogar die besten Gags im Stil von Avery erschienen viel schwächer als in der früheren, konventionelleren Umgebung.

Lah behielt eine Wolf-Figur bei, die er zusammen mit Avery in Filmen wie *Three Little Pups* und *Billy Boy* eingesetzt hatte. Wie so viele andere Figuren basierte diese auf einer Stimme, der von Daws Butler – einer affektierten tiefen Stimme.

Als die Zeichentrickabteilung von MGM schloß, machte Daws Butler Karriere damit, diese Stimme für andere Studios nachzuahmen. Walter Lantz veränderte die Figur zu einem Bären namens Smedley, und Hanna und Barbera machten seine Stimme zur Grundlage ihres ersten Fernseh-Zeichentrickstars Huckleberry Hound.

Fred Quimby zog sich 1955 zurück. In Anerkennung ihrer organisatorischen Fähigkeiten – und ertragreichen Beiträgen für

Animator Irv Spence überprüft einen Gesichtsausdruck für Spike im Spiegel.

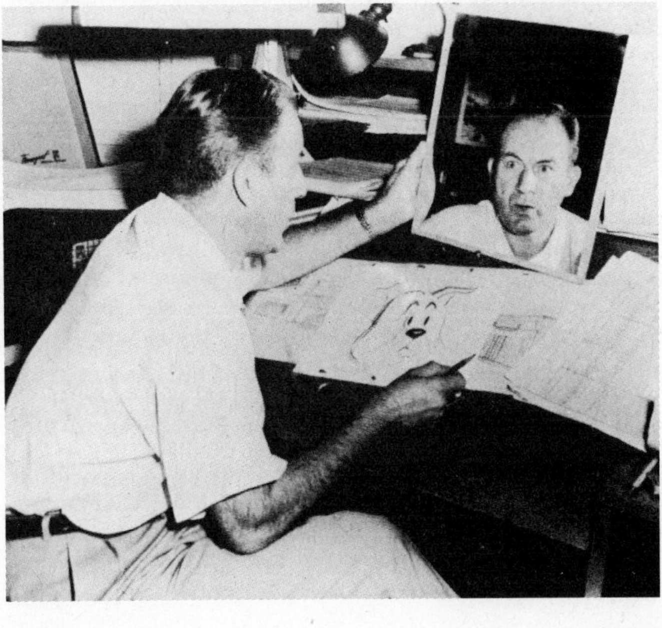

die MGM-Kasse – wurden Hanna und Barbera zu seinen Nachfolgern ernannt. Hal Elias blieb weiterhin Produktionsmanager.

Hanna und Barbera produzierten 1955 und 1956 ihre letzte Gruppe von Tom und Jerry-Cartoons. Einige von ihnen zählen zu den Besten, die die Serie anzubieten hatte. *Designs on Jerry* ist ein äußerst einfallsreicher Kurzfilm, in welchem Toms Blaupausen für eine Rube Goldberg-Mausefalle in einem Traum lebendig werden, in welchem Tom und Jerry als kreideweiße Strichfiguren dargestellt sind. *Muscle Beach Tom* (in CinemaScope) ist ein hitziger, lustiger Ausflug am Strand und enthält einige herrliche Bildgags. (Tom stopft sich zum Beispiel Heliumballons in seinen einteiligen Badeanzug, um muskulöser auszusehen – mit verheerenden Folgen.)

Am anderen Ende des Spektrums gibt es Cartoons, die so schlecht sind, daß man es kaum glauben kann, daß sie von denselben Leuten gemacht wurden. Es *gab* neue Mitglieder in der Belegschaft – Zeichner wie Lewis Marshall und Ken Southeworth, und Autor Homer Brightman, dem ersten Mann, der im Titelvorspann eines Tom und Jerry-Cartoons als Autor erschien – doch Hanna und Barbera hatten immer noch die Führung in fester Hand, und die meisten ihrer Kollegen waren Studioveteranen.

Man kann einfach nicht verstehen, wie es möglich war, daß die Charakterisierungen so weit voneinander abwichen. In Filmen wie *Busy Buddies* und *Tot Watchers* sind Tom und Jerry gewaltlose Kumpels, die sich zusammen tun, um auf ein boshaftes Kind aufzupassen. In dem bereits erwähnten *Blue Cat Blues* planen sie, einen doppelten Selbstmord zu begehen!

Auch das Aussehen dieser Spät-Produkte ist schmerzlich. *Royal Cat Nap* kehrt in das Milieu von Filmen wie *The Two Mouseketeers* zurück, versucht aber nicht einmal, die Pracht der Originalausstattung wiederzuerlangen. Was noch schlimmer ist, Tom und Jerry fingen an, seltsam auszusehen. In *Happy Go Ducky* sind Jerrys Ohren viel zu groß, und Tom – der bereits an der verdickten Tintenlinie rund um seinen Körper leidet – hat Gesichtszüge, die einfach in sein Gesicht geklatscht sind, anstatt ihre anatomischen Abmessungen zu behalten. Er ist zu einer Papp-Karikatur seines früheren Ichs geworden.

Wenn man all das bedenkt, war es vielleicht doch nicht so

tragisch, daß die MGM im Frühjahr 1957 beschloß, ihr Zeichentrickstudio zu schließen. Hanna und Barbera erklären fröhlich, daß dies, trotz des anfänglichen Schocks, der glücklichste Bruch war, den sie je durchmachen mußten. Er zwang sie dazu, ihr eigenes Studio aufzumachen, das zum größten und erfolgreichsten der Welt angewachsen ist. Ironischerweise boten Bill und Joe zuerst ihre Idee an, billige Cartoons für das Fernsehen zu machen, doch MGM lehnte ab. Eine Geschichte erzählt, daß Metros ausführender Produzent Eddi Mannix gesgt habe, es gäbe für TV-Cartoons keine Zukunft. Michael Lah erinnert sich an jemanden, der Hanna und Barbera beschuldigte, sie wollten einfach nur ihre Jobs behalten, und bemerkte, »Warum habt ihr sie nicht früher so billig gemacht?«

Wie auch immer der Fall gelegen sein mag, die Schließung des Studios machte einen Schlußstrich unter die Qualitätsproduktion von über zwanzig Jahren Zeichentrickfilm und versetzte zwei der größten Cartoonstars des Landes, Tom und Jerry, in den Ruhestand.

Aber nicht für lange.

Es ist teilweise Hanna-Barberas ungeheurem Erfolg im Fernsehen anzurechnen, daß einige Studios Anfang der sechziger Jahre das Gefühl bekamen, es sei Zeit für eine Renaissance des Cartoons. MGM beschloß, daß es sich lohnen würde, neue Cartoons in den Kinos herauszubringen – wenn der Preis stimme.

Ein angemessenes Angebot kam von Produzent William Snyder, der den amerikanischen Emigranten Gene Deitch vertrat, einen talentierten Zeichentrick-Regisseur, der in Prag lebt und arbeitet. Deitch brachte 1961 und 1962 dreizehn brandneue Tom und Jerry-Kurzfilme heraus. Seine tschechischen Zeichner waren fähig, nach dem Betrachten von nur sechs Hanna-Barbera-Cartoons, ihre Figuren kennenzulernen. Trotz niedriger Kosten ist einiges in der Animation ziemlich gut, doch diese Filme sind blasse Vorstellungen der erlesenen Tom und Jerry-Cartoons. Es gibt Bewegung, aber keine Komödie; es gibt Animation, aber keine Charakterisierung. Die Musik, die anscheinend in einem Waschraum aufgenommen wurde, drückt die Cartoons nieder, anstatt sie emporzuheben, wie es Scott Bradleys Musik immer getan hat.

Variationen über Tom und Jerry: links Gene Deitch's Fassung, Mitte und rechts ein Entwurf von Chuck Jones (beide Fassungen aus dem Jahre 1940).

Was für Fehler sie auch immer aufwiesen, so bewiesen diese Kurzfilme der MGM, daß Kino-Zeichentrickfilme immer noch ein lebensfähiger Artikel waren – und daß Tom und Jerry immer noch große »Stars« waren. (Die Company brachte 1962 sogar einen Ersatzfilm mit dem Titel *The Tom and Jerry Festival of Fun* heraus, der aus achtzehn alten Cartoons bestand.)

Als Warner Brothers ihr Zeichentrickstudio zumachten, gründeten Chuck Jones und Produzent Les Goldman die Firma Tower 12 Proudctions. Nachdem sie an einigen eigenen Projekten gearbeitet hatten, wurden sie von MGM angesprochen, um noch eine weitere Tom und Jerry-Serie zu machen. »Ich akzeptierte nur aus dem einen Grund, daß mein vorgelegtes Budget mir erlauben würde, ausschließlich mit der Animation weiterzumachen«, sagt Jones heute. Mit 42.000 Dollar lagen sie um 12.000 Dollar über dem letzten Warner Brothers-Budget.

Jones konnte auf die Dienste seiner hervorragenden Warners Kollegen zurückgreifen: Autor Michael Maltese, Co-Regisseur und Layouter Maurice Noble, Hintergrundmaler Philip De Guard, und Zeichner wie Ben Washam, Richard Tompson und Tom Ray.

Das Ergebnis waren, ohne Frage, die ansehnlichsten Cartoons der sechziger Jahre – und sie zählen zu den am eindrucksvollsten entworfenen Zeichentrickkurzfilmen, die jemals gemacht wurden. Ihr einziges Problem lag darin, daß sie nicht lustig waren.

Jones gab Tom und Jerry ein neues Design, um sie seinem Stil anzupassen, was bedeutete, daß Jerrys Augen vergrößert wurden (für Niedlichkeit) und Toms Gesicht umstrukturiert wurde (für Ausdrücke von Frustration). Jones hatte kein Interesse daran, Hanna und Barberas Jagd-und-Gewalt-Formel weiterzuführen; er war mehr daran interessiert, Tom und Jerry als Figuren zu verwenden, mit der Art an Gesichtsmimik und Persönlichkeitsnuancen, die seine Arbeit bei Warners so spezifisch gemacht hatte. Doch viel zu oft wurde dieses Ziel von Gag- und Storyelementen vernachlässigt, und die Cartoons wurden einfach zu einer Aneinanderreihung von Posen und Gesten.

Die bemerkenswerten Ausnahmen sind die Cartoons, zu denen Gag-Spezialist Michael Maltese die Story lieferte. Dazu gehört besonders *The Cat Above and the Mouse Below,* in dem sich Maltese *und* Jones in Höchstform zeigen und mit einer musikalischen Vorlage arbeiten. Tom ist der Bariton Thomassino Catti-Cazzaza und singt »Largo el Factotum« aus dem *Barbier von Sevilla,* während Jerry in seinem Heim unterhalb der Konzerthausbühne zu schlafen versucht. Ihr daraus resultierender Kampf erinnert an so herrliche Cartoons wie *Cat Concerto* mit Tom und Jerry und Jones' früherem *Long-Haired Hare.*

Nachdem die Produktion dieser Serie bereits in Arbeit war, wurden Tower 12 Productions von MGM absorbiert und in MGM-Animation/Visual Arts umgetauft. Jones' Abkommen mit der Studioleitung ermöglichte es ihm, andere Projekte für Kino und Fernsehen in Angriff zu nehmen. Er übergab die Regiearbeit bei Tom und Jerry an Abe Levitow, Ben Washam, Jim Pabian und Tom Ray, und machte sich selbst damit frei, um an zwei ungewöhnlichen Kurzfilmen zu arbeiten – *The Dot and the Line* und *The Bear That Wasn't.*

The Dot and the Line (A Romance in Lower Mathematics) ist ein bezaubernder und ideenreicher Film, der auf Norton Justers Buch über eine gerade Linie basiert, die mit einer gewellten Linie um die Aufmerksamkeit eines Punktes wetteifert. Das Drehbuch folgt Justers Buch sehr nahe und wird von Robert Morley eindrucksvoll gelesen. Doch für Jones lag die Hauptherausforderung darin, geometrischen Figuren einen Ausdruck zu verleihen und sie in einer attraktiven Umgebung zu plazieren. An einer Stelle wurde eine haarfeine Linie benötigt, was zu einer Anzahl von Experimenten führte. Jones malte seine Linie schließlich auf japanisches Reispapier, ließ sie auslaufen und fotokopierte das Ergebnis auf Zelluloid. *The Dot and the Line* gewann einen wohlverdienten »Oscar« als bester Zeichentrick-Kurzfilm und setzte MGMs langer Verbindung zu den Cartoons eine erfreuliche Kappe auf.

Jones' zweiter »Spezial«-Kurzfilm, nach Frank Tashlins Buch *The Bear That Wasn't,* war weder so unwiderstehlich noch so erfolgreich, und sein Spielfilm *The Phantom Tollbooth* geriet in die Mühlen der Studiopolitik und kam gerade noch in die Kinos. MGM beschloß außerdem, die Tom und Jerry-Serie einzustellen.

Jones produzierte weiterhin Fernseh-Specials für MGM, einschließlich der ersten gezeichneten Fassung von Walt Kellys *Pogo,* und einigen Dr. Seuss-Stories. Trotz des Erfolges, verlor das Studio – zu dem Zeitpunkt inmitten einer Umwälzung der Geschäftsleitung begriffen – völlig sein Interesse an der Animation.

Dieses Mal gab es keinen Aufschub. Wie andere große Studios mit großem Cartoon-Besitztum, war es MGM unmöglich einzusehen, wie die fortgesetzte Produktion – für das Fernsehen oder die Kinos – sich gegen die Millionen durchsetzen sollten, die man aus Spielfilmen und Fernsehserien mit lebenden Darstellern gewinnen konnte.

Die Tom und Jerry-Cartoons wurden im Fernsehen erstmals als Samstag-Vormittag-Sendung eingesetzt; zu diesem Zeitpunkt wurde die Figur der Mammy Two-Shoes, einer scharzen Stereotype, die in vielen der besten Episoden auftrat, neu gezeichnet und von June Foray als ein irisches Hausmädchen gesprochen. Doch die allerletzte Ironie trat 1975 ein, als Hanna und Barbera eine *neue* Serie mit Tom und Jerry speziell fürs Fernsehen ankündigten. Barbera führte einige der alten Kurzfilme den Leitern von ABC vor, die herzhaft lachten, ihm jedoch erklärten, daß die Gewalttätigkeit heutzutage niemals akzeptabel sein würde. So wurden Tom und Jerry also, als die neue Serie produziert wurde, komplett umgemodelt – gehen auf zwei Beinen, statt auf vier, sind als Kumpels vereint, statt als Feinde, und beschäftigen sich mit faden und farblosen Abenteuern. Jerry trug eine seltsame Fliege zur Schau, und den Gesichtern der Figuren fehlte jede Ausdruckskraft. Es war ein langer Weg von *Puss Gets the Boot* bis heute gewesen. Wie vorauszusehen wurde diese neue Serie bei der neuen Kindergeneration kein Hit.

MGMs Geschichte auf dem Gebiet des Zeichentrickfilms war abwechslungsreich und ungewöhnlich. Sie unterstützte unabhängige Produzenten und führte auch ihr eigenes Studio. Sie verschrieb sich zwanzig Jahre lang der Qualität und zerstörte dieses Image dann in den folgenden Jahren. Doch als die Zeichentrickabteilung der MGM in Schwung war, mit Tex Avery, Bill Hanna und Joe Barbera an den Zügeln, und einer talentierten Mannschaft im Schlepptau, brachte sie einige der besten Zeichentrickkurzfilme heraus, die jemals gemacht wurden – und setzte einen Qualitätsstandard, der niemals wieder erreicht wurde.

11. Paramount/Famous Studios

Als Paramount Pictures Max und Dave Fleischer im Januar 1942 aus der Leitung ihres Studios entfernte, wurde dem leitenden Personal versichert, das Geschäft ginge »wie gewöhnlich« weiter und es gäbe keine Unterbrechung.

Es war nicht wirklich so einfach.

Die hochtrabende Mannschaft, die für die Arbeit an dem Spielfilm *Mr. Bug Goes to Town* gebraucht worden war, wurde sofort zusammengestrichen, und hinterließ nur die leitenden Animatoren und Techniker von Fleischer, die neue Verträge erhielten. Im Mai 1942 wurde die Gesellschaft in die Hände von Sam Buchwalt gelegt, der Produktionsmanager gewesen war; in die von Seymour Kneitel, einem Hauptzeichner, der zufällig auch Max Fleischers Schwiegersohn war; und in die von Izzy Sperber, der sich vom Botenjungen zum Autor emporgearbeitet hatte. Der Name der Gesellschaft wurde in Famous Studios umgeändert (abgeleitet von Paramounts ursprünglichem Körperschafts-Namen Famous Players), und innerhalb eines Jahres wurde der Betrieb von Miami Beach zurück nach New York verlegt, wo er seinen Wohnsitz in der

Baby Huey (Paramount/Famous Studios).

528

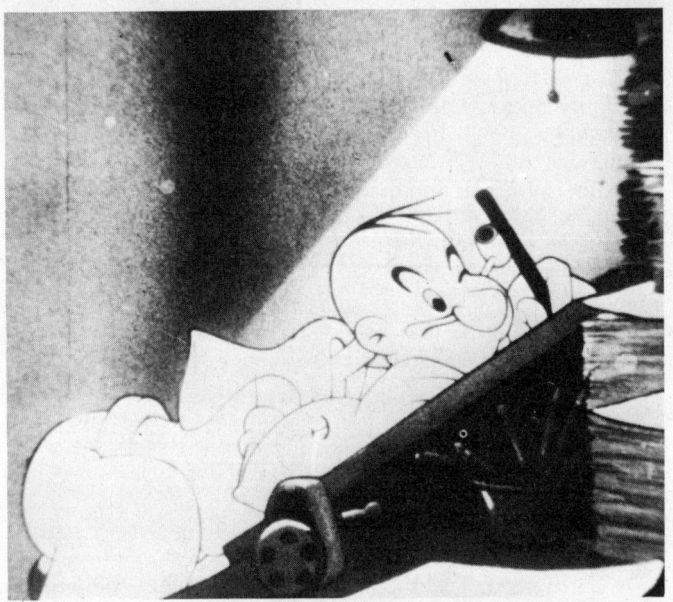

Popeye als Animator in ›Cartoons Ain't Human‹ (1943).

Fünfundvierzigsten Straße West aufschlug, nicht weit von dem ursprünglichen Laden der Fleischers entfernt.

Da die ganze Famous-Crew von Fleischers Regime übernommen worden war, erwartete Paramount klarerweise keine Änderung in der Qualität ihrer Filme. Wenn man die glanzlosen Anstrengungen betrachtete, die Fleischer Anfang der vierziger Jahre produziert hatte, gab es sogar Hoffnung auf eine Verbesserung.

Von einem geschäftlichen Standpunkt aus erfüllte Famous Studios alle Anforderungen Paramounts. Die Kurzfilme, die sie herausbrachten, wurden auf dem Markt wohlwollend aufgenommen und waren finanziell erfolgreich. Die »Kritikerreaktion« war niemals ein körperschaftliches Barometer für den Erfolg, so schien es nichts auszumachen, daß Famous-Paramount in fünfundzwanzig Jahren keine einzige »Oscar«-Nominierung erhielt, ganz abgesehen von der begehrten Statuette selbst. In den vierziger Jahren, als sie vielleicht eine Chance gehabt hätten, unterstützte Paramount seine etwas ansehnlichere Serie *Puppetoons,* die an der Westküste von George Pal produziert wurde. In den fünfziger Jahren war das Famous-Produkt in einen solchen Schlendrian verfallen, daß jede Diskussion über Preise als unpassend abgetan wurde.

Daß das Studio trotzdem bis 1967 überlebte, ist ausgesprochen übernatürlich und liefert eine Ahnung davon, wie wenig sich jeder um die Qualität der Kino-Cartoons kümmerte, solange sechs Minuten Vorführzeit ausgefüllt wurden.

Es war nicht immer so.

Jeder schien sich in den vierziger Jahren mehr darum zu kümmern – Kinobesitzer, Kinogänger, und die Leute, die die Filme machten. Eine der ersten Aufgaben von Famous war es, ihr Image aufzupolieren und neues Interesse an ihrem Produkt zu wecken. *Popeye* war immer noch der größte Brötchenverdiener der Gesellschaft, doch die Kinobesitzer beschwerten sich, daß sich die Neuartigkeit der *Superman*-Kurzfilme bereits abgetragen habe.

Also verkündete Paramount für die Film-Saison 1943/44 eine große Umwandlung. Künftig sollten alle Famous Studios-Cartoons in Technicolor hergestellt werden, einschließlich *Popeye. Superman* wurde fallengelassen, und ein neuer Star wurde vorgestellt: Little Lulu, die sich bereits in den Zeichenepisoden von Marge (Majorie Henderson Buell) in der *Saturday Evening Post* großer Beliebtheit erfreute.

Lulus todernstes Verhalten in kindlichem Unheil machte sie zu einer anziehenden Figur, mit der man gerne arbeitete, und die Serie erwies sich als eine von Famous' besten. Da diese Cartoons auf ein Lächeln und nicht auf lautstarkes Gelächter abzielten, hatten sie einen beträchtlichen Charme und wurden von einem köstlichen Titellied begünstigt, das von Fred Wise, Sidney Lippman und Buddy Kaye geschrieben wurde. Sie schafften es bestenfalls, niedlich zu sein, aber nicht aufdringlich – ein Kunststück, das die Famous-Mannschaft in späteren Jahren nicht wiederholen konnte.

Lulu in Hollywood, einer der ersten Leinwandauftritte, beleuchtete das Mißverhältnis von Lulu, die in Hollywood wie ein Star behandelt wird, obwohl sie ihre Lutscher jedem offensichtlicheren Filmstar-Putz vorzieht. Andere, typische Filme porträtieren Lulu als ein neugieriges kleines Mädchen mit einem Hang zum Unheil, das von einem sturen aber liebevol-

Ein Kinoplakat für ›Little Lulu‹.

len Hausmädchen namens Mandy gequält wird. Originallieder und Traumsequenzen erscheinen in einigen der besseren Kurzfilme, wie etwa *Lulu's Birthday Party* und *The Baby Sitter*.

Little Lulu lief fünf Jahre lang und schien ein großer Erfolg zu sein. Ob es nun daran lag, daß Verhandlungen mit Marge eine Entscheidung herbeizwangen, oder einfach daran, daß Famous einen Weg suchte, um Geld zu sparen, so wurde die Serie jedenfalls 1948 fallengelassen und eine »neue« Figur namens Little Audrey eingeführt. Audrey klang, handelte und war anders als Lulu, aber die Inspiration war klar – und Famous mußte jetzt niemandem mehr Tantiemen für eine Figur mit Copyright zahlen.

Zur selben Zeit als *Lulu* auf der Bildfläche erschien, brachte Famous eine Serie unter dem Titel *Noveltoons* heraus. »Das Publikum will NEUHEITEN und FARBE«, verkündete eine Verkaufsanzeige. »Diese NEUE Serie gibt ihm beides ... und jeder Kurzfilm hat andere Figuren!« Während Famous in dieser Serie eine Anzahl an »one-shot« Cartoons herausbrachte, verwendete es den Namen *Noveltoons* auch als Deckmantel für Mini-Serien mit verschiedenen fortlaufenden Figuren, die keine Extranennung garantieren konnten.

Eine der Absichten des Studios war es, ein neues Format für Johnny Gruelles Raggedy Ann and Andy zu schaffen, die in einem früheren »Special« von Max Fleischer aufgetreten waren. Raggedy Ann kehrte in einem *Noveltoon* von 1944 mit dem Titel *Suddenly It's Spring* zurück, der sich einiger der eindrucksvollsten künstlerischen Arbeiten von Famous rühmen konnte. Doch die sorgfältig ausgearbeiteten Schauplätze und die sehr sentimentale Story (über ein kleines Mädchen, daß sterben muß, wenn nicht die Sonne, mit ihrer heilenden Kraft, durch die winterlichen Wolken scheint) taten nicht das Geringste, um Raggedy Anns Persönlichkeit zu entwickeln oder zu zeigen. Es ergab sich daraus keine Serie. Es gab nur einen Folgefilm drei Jahre später mit *The Enchanted Square*.

Ein weiterer sentimentaler Cartoon aus dem Jahre 1945 hatte sehr viel mehr Wirkung. Animator Joe Orilo brachte eine fertige Kindergeschichte ins Studio, wo sie als *The Friendly Ghost* in Produktion ging. Keiner hielt sie für mehr als eine einseitige Prämisse über einen kleinen Geisterjungen, der sich mit den Leuten anfreunden möchte, statt sie zu er-

Frühe Modellzeichnungen für Herman the Mouse von Bill Hudson.

schrecken. Doch Sam Buchwald, Präsident der Famous, mochte die Idee und schlug einen weiteren Film über dieses kleine Gespenst zweieinhalb Jahre später vor, *There's Good Boos Tonight* wurde im April 1948 uraufgeführt und ein weiterer Nachfolger (mit praktisch derselben Handlung) kam im Mai 1949 unter dem Titel *A Haunting We Will Go* heraus.

Schließlich gab Buchwald 1950 seine Einwilligung dazu, *Casper, the Friendly Ghost* zu einer regulären Serie zu machen. Es war die einträglichste Entscheidung, die er jemals getroffen hatte, denn Caspar war, im Gegensatz zu Popeye, völlig das Eigentum von Paramount, und die Lizenzrechte – für Comic-Hefte, Schallplatten, Puppen, und Scherzartikel – brachten von diesem Zeitpunkt an ein kleines Vermögen ein. Die Tatsache, daß Casper die eintönigste Figur seit Mighty Mouse war, die in das Zeichentrickland eingefallen war, wird durch den finanziellen Erfolg Lügen gestraft. Es sah so aus, als

Casper spielt mit den Zeichentrickcharakteren von Famous: Little Audrey, Baby Huey, Herman and Katnip.

ob jeder Casper-Cartoon der gleichen Grundgeschichte mit nur unwesentlichen Variationen folgte.

Animator Myron Waldman, der an der Serie seit ihren Anfängen mitgearbeitet hatte, sagt: »Die Jungs im Studio haben mich für gewöhnlich aufgezogen, als wir die *Caspers* machten; sie nannten sie die ›uuh-aah‹-Filme, doch ich hatte immer das Gefühl, daß diese Filme viel länger bestehen würden als ein Film, der nur auf Gags basierte, weil sich niemand an Gags erinnern kann. Wenn sie sich die Filme wieder ansehen, oder über sie sprechen, mögen sie eine Geschichte, glaube ich – insbesondere Kinder.«

Waldman hat recht. Kinder mögen Geschichten und sie

sehnen sich nach Wiederholung. Casper richtete sich, wie eine wachsende Anzahl von Famous-Cartoons, ausschließlich an Kinder – was seine Anziehungskraft in den Kinos einschränkte, ihn aber auf anderen Gebieten doppelt verkäuflich machte. Später wurden die Casper-Cartoons im Fernsehen sogar ein noch größerer Hit und zwar von solch einem Ausmaß, daß in den sechziger Jahren eine neue Serie von Kurzfilmen speziell für das Fernsehen in Auftrag gegeben wurde.

Myron Waldman war einer von fünf Hauptzeichnern, die jahrelang für Famous arbeiteten. Er, Al Eugster, Tom Johnson, Steve Muffati und Dave Tendlar hatten bereits unter Fleischer gearbeitet, und taten dieses in derselben Art und Weise, die Max und Dave schon Jahre zuvor eingeführt hatte. Die offiziellen Regisseure handelten eher wie Aufseher, während die Hauptzeichner das ganze Timing und die Layouts für die Cartoons entwarfen und die Arbeit ihrem Stab von drei Animatoren übergaben. Der Hauptzeichner war auch für den Entwurf von Nebenfiguren verantwortlich, die in jedem Cartoon auftauchten; die meisten anderen Studios hatten Leute, die nichts anderes als das taten.

Zu den Animatoren bei Famous zählten George Cannata, Orestes Calpini, George Germanetti, Johnny Gentilella, Jim Tyer, Bill Hudson, Chuck Harriton, Tom Johnson, Phil Klein, Russ Dyson, Bill Pattengill, George Rufle, Allen Rose, Morey Reden, Marty Taras, Nick Tafuri, Gordon Whittier, Dante Barbetta und Sal Maimone. Viele der Assistenten und Zwischenzeichner machten anschließend ausgezeichnete Karrieren in der Animation, einige leiteten ihre eigenen Studios: Phil Kimmelman, Howard Post, Lee Miskhin, Howard Bekkerman, Cliff Augustson, Jack Dazzo, Ben Farrish, Dan Hunn, Jon Swojak, George Bakes, Sal Fallaice und Milt Stein.

Die Famous-Künstler schafften pro Woche durchschnittlich 7,2 Meter Animation, was soviel bedeutete, daß jeder Kurzfilm alles in allem fünf bis sechs Wochen in der Animation war. Man benötigte ungefähr dieselbe Zeit, um eine Story zu erarbeiten.

Es gab für gewöhnlich vier Autoren im Betrieb, die entweder allein oder im Team arbeiteten, um mit dem Terminplan des Studios Schritt zu halten. In den vierziger Jahren gehörten zu den Autoren die Fleischer-Veteranen Jack Ward, Bill Turner, Joe Stultz, Larry Riley und Jack Mercer, der auch bei der Stimmensynchronisation arbeitete. Kurzzeitig stieß Otto Messmer zu ihnen, der arbeitslos war, als die Leuchtreklamen, die er für den Times Square entworfen hatte, von den Verdunkelungs-Anforderungen des Zweiten Weltkrieges ausgelöscht wurden. Am Ende des Jahrzehnts schrumpfte die Autorenmannschaft jedoch auf vier Hauptpersonen zusammen, die die Last der Produktion bis in die fünfziger Jahre trugen: I. Klein, Carl »Mike« Meyer, Larz Bourne und Jack Mercer. Zeichner Irv Spector steuerte später in den fünfziger Jahren auch Cartoon-Stories bei.

Die Autoren arbeiteten so lange allein, bis ein *storyboard* fertig zur Vorführung stand. Dann wurde der Regisseur zu einer Konferenz einberufen, manchmal schlossen sich auch andere, wie Sam Buchwald und der Hauptzeichner des speziellen Cartoons, der Sitzung an. Sobald Änderungen herausgearbeitet worden waren und ein vollendetes »Board« vorbereitet war, hielt der Regisseur eine Aufnahmesitzung ab.

Eine Handvoll von Stimmenexperten lieferte die Tonspur für fast jede Figur, die in Famous-Cartoons auftrat, von der

Werbeplakat für › Boo Moon‹ (in 3-D).

Promotion for BOO MOON. © **Harvey Famous Cartoons.**

Tonmixer Maurice Manne versieht eine Popeye-Sequenz mit seinem Movieola-Gerät mit Ton. Seymour Kneitel, Izzy Sparber und der Verkaufsförderer Seymour Schultz sehen zu. Das Bild entstand in den späten fünfziger Jahren.

Mitte der vierziger Jahre bis Anfang der sechziger Jahre. Mae Questel lieferte die Stimme für die meisten Frauen und Kinder, einschließlich Olive Oyl und Little Audrey, Arnold Stang war die Stimme von Herman der Maus. Komiker Sid Raymond brachte die »dummen« Stimmen für Katnip und Baby Huey. Jackson Beck war Bluto in der Popeye-Serie und Buzzy die Krähe. Und Jack Mercer, den Beck »den vielseitigsten Stimmenimitator, den ich jemals getroffen habe« nennt, spielte Popeye und eine Anzahl von anderen Figuren. (Als Mercer während des Zweiten Weltkrieges in der Armee war, legte das

Studio die Drehbücher in der Hoffnung zurück, man könne Aufnahmetermine vereinbaren, wenn er auf Urlaub war. Als er nicht zur Verfügung stand, sprach Mae Questel die Stimme von Popeye!)

Da so viele frühere Mitarbeiter von Fleischer auf der Lohnliste standen, war es nicht überraschend, daß die Suche nach »neuen« Ideen oftmals in die Vergangenheit führte. Famous machte eine ganze Anzahl von Remakes und fand außerdem Wege, altes Filmmaterial wiederzuverwenden. Doch der größte Rückschritt in vergangene Zeiten lag in der Wiederkehr des ›Bouncing Ball‹ in einer neuen *Screen Song*-Serie. Jeder Cartoon basierte auf einem Thema – wie den Tagen des Goldrausches, den Mississippi River Showbooten und ähnlichem – mit »Blackout« Gags, die schließlich zu einem passenden Lied führten. Im Gegensatz zu den früheren Cartoons hatte diese Serie keine bekannten Gaststars, kein eingebautes Spielfimmaterial, und der hüpfende Ball wurde gezeichnet, statt einem realen Menschen, der in den Tagen von Fleischer auf die einzelnen Noten gedeutet hatte.

Wortspiele und Gewalt wurden im Humor der Famous Studios zu seltsamen Bettgenossen. Jedes Zeichentrickstudio verließ sich von Zeit zu Zeit auf visuelle Wortspiele, doch die Cartoons von Famous waren mit ihnen übersät. Manchmal sah es so aus, als ob sie die einzige Art Gag waren, die Famous kannte. Ganze Cartoons wurden um sie herum entworfen – *Vegetable Vaudeville* mit seinen »geschmorten«* Tomaten, die herumtorkeln, und »Alligatoren«-Birnen, die lange, schuppige Schnauzen haben, ist nur ein Beispiel – und die Studioangestellten bekamen fünf Dollar für wortspielerische Cartoon-Titel angeboten.

Die Cartoons, die sich mehr auf eine Geschichte oder Figur verließen, schwelgten in endloser – und oftmals gedankenloser – Gewalt, mit einer Nonchalance, die Tom und Jerry im Vergleich dazu gepflegt und vornehm aussehen ließen. Am Ende von *Mice Meeting You* dekoriert Herman die Maus Katnip die Katze wie einen Weihnachtsbaum und steckt deren Schwanz in eine Steckdose, um den Schmuck erstrahlen zu lassen, während er, Herman, »Merry Christmas to you« singt!

---

* Der englische Ausdruck für »geschmort« ist »stewed«, der gleichzeitig auch die Bedeutung von »verwirrt« oder »aufgeregt« hat. (A.d.Ü.)

Der entmutigendste Aspekt der Famous-Cartoons war jedoch ihr stures Vertrauen auf vorgefertigte Formeln. Dieser Trend entwickelte sich in den späten vierziger und frühen fünfziger Jahren und stellte den endgültigen Bruch der Tradition von Fleischer dar. Während sich neue Serien entwickelten *(Casper the Friendly Ghost, Little Audrey, Baby Huey, Herman and Katnip, Buzzy the Crow)*, standardisierten die Autoren und Regisseure die Grundstories so, daß sie aus der Fortführung dieser Serien einfach eine Frage der Ausfüllung von leeren Stellen machten.

Casper sucht bis in alle Ewigkeit nach einem Freund, doch ganz egal wo er hingeht, brauchen die Leute, die er trifft, nur einen Blick auf ihn zu werfen, um den Schrei »Ein G-G-Geist!« loszulassen (wobei ihnen die Augen hervortreten). Im Allgemeinen sind es Kinder oder junge Tiere, die seine Freundschaft annehmen. Little Audrey besucht bis in alle Ewigkeit Phantasieländer und erhält Unterricht in Toleranz. Herman die Maus rettet seine kleinen Verwandten vor den Krallen des bedrohlichen Katnip. Buzzy die Krähe wird von einer dummen Katze verfolgt, die Krähenfleisch zur Heilung irgendeiner Krankheit braucht. Baby Huey will entweder mit seinen uninteressierten Enten-Freunden spielen und rettet sie aus den Klauen eines Fuchses, oder es treibt Mutter und Vater, mit den ungeschickten Versuchen hilfreich zu sein, in den Wahnsinn.

Die meisten dieser Drehbücher wiederholen sich so sehr, daß man sich fragt, warum die Zeichner sich überhaupt damit befassen mußten, ihre Arbeit von einem Film zum nächsten zu wiederholen. Sogar die verschiedenen Musikuntermalungen von Winston Sharples klingen gleich. Das schändliche daran ist, daß die Famous-Cartoons Anfang der fünfziger Jahre einen ziemlich guten Standard an Qualität aufwiesen. Die Animation war für gewöhnlich gut; der Hintergrund war oft hervorragend, besonders wenn es sich um einen Technicolor-Film handelte.

Doch die Standard-Kost bei Famous war genau das – Standard – und es kam selten vor, daß das Grundmuster durchbrochen wurde. Es überrascht einen nicht, daß es die außertourlichen Cartoons waren, die sich in den meisten langlebigen Serien hervorhoben. Eine der beliebtesten Ersatzlösungen bei den Storyschreibern war die Ansiedlung eines Filmes im Cartoon-Studio selbst, was immer eine erfreuliche Abwechslung von der Routine lieferte. In *Herman the Cartoonist,* der auf *Out of the Inkwell* zurückgeht, werden Herman und Katnip auf dem Zeichenbrett eines Künstlers wieder zum Leben erweckt, während Caspar in *Ghost of Honor* von seiner Filmkarriere berichtet und sich an die Zeiten erinnert, wo er jeden außer seine Zeichentrickkollegen durch Schrecken aus dem Studio vertrieb.

In den Jahren 1953—54 experimentierte Famous kurzzeitig bei der Produktion von zwei Cartoons mit dem neuen 3-D-Verfahren. *The Ace of Space,* ein Film mit Popeye, war ziemlich durchschnittlich, doch *Boo Moon* mit Casper nahm die Gelegenheit wahr, sich an einer ungewöhnlichen Science-fiction-ähnlichen Story zu versuchen und eine alte Fleischer-Figur, King Bombo aus *Gulliver's Travels,* wieder erstehen zu lassen. Natürlich erwies sich 3-D als eine vorübergehende Liebhaberei und es wurden keine weiteren Versuche gestartet, aus diesem Verfahren einen Gewinn herauszuschlagen.

Zu diesem Zeitpunkt lag die Überwachung des Famous-Produktes fast ausschließlich in den Händen von zwei Männern, Seymour Kneitel und Izzy Sparber. Sam Buchwald starb 1951, und mit ihm starb ein wichtiger Führungsgeist, wie einige fühlten. Es mag kein Zufall sein, daß das Studio in dieser Zeit in einen ziemlichen Schlendrian verfiel. »Kneitel und Sparber waren nur mittelmäßig kreative Männer«, erzählte Dave Tendlar dem Fleischer-Chronisten Leslie Cabarga. »Sie hielten an Clichés aus der Vergangenheit fest und das Studio machte keine Fortschritte.« Tendlar folgte ihrer Führung, als er Anfang der fünfziger Jahre vom Animator zum Regisseur befördert wurde.

Für kurze Zeit sah es so aus, als ob es für Famous eine Hoffnung gäbe. Das Studio heuerte Mitte der vierziger Jahre den hervorragenden Bill Tytla als Regisseur an. Er blieb sechs Jahre, doch sein Talent wurde an abgedroschenes Material verschwendet und seine Fähigkeiten als Animator wurden fast völlig außer Acht gelassen.

Mitte der fünfziger Jahre wurde Famous von dem enormen Durchschlag von UPA etwas beeinträchtigt und begann damit, mit verschiedenen Filmarten zu experimentieren. Doch die Versuche des Studios, mit phantastischen Geschichten und stilisierten Dekorationen und Figuren, wurden durch

Schwerfälligkeit und Unsicherheit behindert. Famous versuchte, 1958 etwas nachzuvollziehen, was UPA sechs oder sieben Jahre zuvor in Vollendung hergestellt hatte. Ein Film wie *Dante Dreamer* (über einen kleinen Jungen mit einer großen Einbildungskraft) war nichts weiter als eine schwache Imitation von *Christopher Crumpet* mit damals bereits konventionellen Grafiken.

1956 wurden Famous Studios aufgelöst und der Name wurde in Paramount Cartoon Studios umgeändert. Die Versicherungen, der Status quo würde aufrecht erhalten werden, gingen in Rauch auf, als Personal und Budget nur ein paar Monate später gleichermaßen scharf beschnitten wurden. Die Wirkung zeigt sich auf der Leinwand: Ab 1956 haben die Figuren der Famous-Cartoons dickere Konturstriche und weniger Beweglichkeit. Einige Kurzfilme sehen so aus, als ob die Figuren ohne jegliche Zwischenzeichnungen auf Zelludoid gebannt wurden.

Für einige Studios hätte dieser plötzliche Wechsel das Ende bedeutet. Im Fall von Paramount war es nur der Anfang vom Ende.

Ein entscheidender Wendepunkt war Popeyes Pensionierung als Kinozeichentrickfilmfigur im Jahre 1957. Dafür war nicht etwa ein Rückgang seiner Popularität verantwortlich, sondern der Verkauf des gesamten *Popeye*-Cartoon-Materials in diesem Jahr an das Fernsehen.

Popeye war etwas besser als die meisten Serien von Famous gelaufen, da er auf so einer starken Grundlage aufgebaut war. Der Übergang von Fleischer zu Famous war in den vierziger Jahren für diese Serie kaum sichtbar gewesen, und spätere Schwarz-Weiß-Filme wie *Scrap the Japs* und *Cartoons Ain't Human* kommen jedem gleich, der unter Dave Fleischers Aufsicht entstanden war. Frühe Farbkurzfilme wie *We're on Our Way to Rio* verhalfen der »neuen« Serie zu einem fliegenden Start, und spätere Reisen außerhalb des ausgetretenen Pfades in Filmen wie *Rocket to Mars* (ein eindrucksvoller Nachkriegs-Science-fiction-Kurzfilm) erreichten ein hohes Qualitätsniveau.

Doch in den frühen fünfziger Jahren fielen die *Popeye*-Kurzfilme in ein Tretmühlen-Muster, wie auch die anderen Famous-Serien, und wiederholten dieselben veralteten Geschichten bis zum Umfallen. Einige der besonders vielver-

Paramount-Stars gratulieren Popeye zu seinem zwanzigsten Jahrestag in ›Popeye's 20th Anniversary‹ (1954): Jerry Lewis, Dean Martin, Bob Hope (wie immer als Zeremonienmeister) und Bing Crosby. Die Dame ist Olive Oyl, Popeye's Angebetete.

sprechend klingenden Titel – *Popeye for President,* der im Wahljahr 1956 herauskam, und *Popeye's 20th Anniversary* – waren die größten Enttäuschungen, da sie auf die alten Formeln zurückgriffen. Besonders der letztere Titel war erschreckend, da er sich als ein richtiggehender »Schwindel« voller Material aus älteren Cartoons herausstellte.

Die besten *Popeyes* der fünfziger Jahre waren Remakes von früheren Cartoons – ohne jedoch viel von der Spontaneität ihrer Vorgänger auszustrahlen. Außerdem fehlte ihnen das freimütige Gemurmel von Jack Mercer, der in den späteren Jahren dieses charmante Merkmal abmilderte. In *Spree Lunch* eifern die Gastwirte Popeye und Bluto nach Wimpy als Kundschaft um die Wette, wie sie es bereits in *What! No Spinach?*

und *We Aim to Please* getan hatten. *Baby Wants Spinach* und *Thrill of Fair* wiederholen die Vorlage von *Little Swee' Pea*, wobei das unschuldige Kind in Schwierigkeiten hinein- und wieder herauskriecht, während Popeye ihm hart auf den Fersen bleibt. *A Haul in One* erinnert an die Rivalität von *Let's Get Movin*, der ungefähr zwanzig Jahre früher entstanden war. Man kann mit den Beispielen endlos fortfahren.

Die fehlende Zutat bei diesen späteren *Popeye*-Filmen war der *Spaß* – die Art des leichtbeschwingten Verhaltens, die die Kurzfilme der dreißiger Jahre so unterhaltend machte. Die Famous-Cartoons nahmen sich selbst viel zu ernst und verloren die Vitalität, die die früheren Filme auszeichnete.

Kurz nach dem Auslaufen der *Popey*-Serie verkaufte Paramount ihren Bestand an übriggebliebenen Cartoons nach 1950 an die Harvey Company, ein Verlagsunternehmen, das alle Famous-Studio-Figuren zu Comic-Heft-Stars umfunktioniert hatte. Durch diese Haupttransaktion erwarb Harvey nicht nur die Filme, sondern auch die Rechte an den Figuren auf ewig. Die Company drehte die Haupttitel aller Kurzfilme neu, ersetzte das Paramount Emblem durch einen Harveytoons Schriftzug, und verdiente am Verkauf dieses Farb-Pakets an das Fernsehen.

Die Paramount verlor zu diesem Zeitpunkt nicht nur ihre ganzen Hauptfiguren, sondern auch eine ihrer Hauptpersonen. Izzy Sparber starb Ende der fünfziger Jahre und überließ somit Seymour Kneitel das alleinige Kommando. Versuche, Interesse an neuen Figuren wie Cat und Jeepers and Creepers 1960 zu wecken, produzierten nur ein Gähnen, und zum Ausgleich seiner Cartoon-Produktion verließ sich Kneitel auf die regelmäßige Versorgung mit »One-Shot«-Ideen durch seine Autoren. Die Paramount-Mannschaft versuchte mit Geschichten über den Weltraum zeitgerecht zu bleiben, trieb jedoch dieses Thema durch endlose Wiederholungen schnell in den Abgrund.

Paramount erwarb 1961 einen Zeichentrickkurzfilm für die Kinoaufführung von einem außenstehenden Produzenten, William Snyder; der Cartoon, *Munro*, gewann einen »Oscar«, und Paramount verlieh daraufhin weitere Kurzfilme, die sie von Snyder und dem Regisseur Gene Deitch bekam. Mitte der sechziger Jahre kaufte Paramount eine ganze Serie mit dem

Titel *Nudnick,* die Deitch in seinem Studio in der Tschechoslowakei inszenierte.

In der Zwischenzeit wurden Kneitel und das Paramount-Studio von King Features als einer der Lieferanten für ihr neues Paket an Fernseh-Cartoons angeheuert. Hauptproduzent Al Brodax wollte 212 neue *Popeyes,* 50 *Beetle Baileys,* 50 *Krazy Kats,* und 50 *Snuffy Smith*-Cartoons herstellen – und das alles in einem Zeitraum von zwei oder drei Jahren. Diese Berechnung war einfach phantastisch und kein einziges Zeichentrickstudio hätte sie jemals erfüllen können. Statt dessen wurde die Arbeit über den ganzen Kontinent verteilt und die meisten *storyboards* und Tonspuren zwischen Produktionsfirmen in New York und Kalifornien aufgeteilt. Wenn man sagen würde, daß die Ergebnisse widersinnig waren, wäre das eine milde Untertreibung.

Während Kneitel und seine Mannschaft bereits bei der Animation zurückgesteckt hatten, um innerhalb ihres Kinobudgets zu bleiben, machten die Erfordernisse der TV Produktion die Tätigkeit sogar noch heikler. In Anbetracht dessen, daß die Erarbeitung eines *storyboards* vormals sechs Wochen beanspruchte, war ihre jetzige Herstellung in einer Woche einfach aberwitzig. Die Animation wurde auf ein absolutes Minimum reduziert und ganze Szenen wurden im Hinblick auf eine Wiederverwendung entworfen. Niemand hatte bei Paramount zuvor jemals von so einer Sache gehört – obwohl die wiederholbare Natur ihrer Cartoons das vielleicht angedeutet hätten. Als Kneitel lernte, daß die Wiederverwendung einer Animation ein Hauptgegenstand der TV-Massenproduktion war, rief er: »Wir hätten schon vor Jahren daran denken sollen!« Als Teil der Produktionsabmachung brachte Paramount einige der King Features TV-Cartoons im Kino heraus, wo sie besonders armselig ausgesehen haben müssen.

Nach der Fertigstellung dieser Fernseh-Cartoons kehrte Paramount zu ihrem Kinoplan zurück. Doch am 30. Juli 1964 erlitt Seymour Kneitel einen Herzanfall und starb.

Er wurde von Howard Post ersetzt, einem jungen Mann, der zehn Jahre zuvor im Studio als Zwischenzeichner gearbeitet hatte, und der sich inzwischen den einträglicheren Gefilden der Comic-Bücher zugewandt hatte. Er arbeitete mit Kneitel an den Geschichten für die King Features-Cartoons

Honey Halfwitch und ihr Freund Silent Knight in ›Baggin' the Dragon‹ (1966).

und es war diese Verbindung, die zu seiner Rekrutierung bei Paramount führte.

Es gab einigen Verdruß darüber, daß ein jüngerer Mann von »draußen« hereingebracht wurde, um die Zügel in dieser Abteilung zu übernehmen, doch Post gab sein Bestes, um diesem Job gerecht zu werden.

Post komponierte auch einige Songs selbst und ermutigte den musikalischen Leiter Winston Sharples dazu, in der Form von Melodien und Musikthemen zu denken, doch die Idee erregte kein besonderes Aufsehen. Sicherlich half weder Posts zähes Titellied zu der *Honey Halfwitch*-Serie beim Verkauf der hartnäckig niedlichen Hexen-Anfängerin an das Publikum – noch die Stories, die sich um diese Figur drehten.

Der Regisseur und Produzent erbte außerdem Kneitels *Swifty and Shorty*-Serie, von der man auch nicht viel Aufhebens zu machen braucht. Komiker Eddie Lawrence (»der alte Philosoph«) lieferte die Stimmen für diese Geschichten über einen langen, kettenrauchenden Schwindler und einen kleinen knubbeligen Feigling – eines der uninteressantesten Cartoon-Teams, das jemals kreiert wurde.

Post fuhr mit »One-Shot«-Gag-Cartoons viel besser, doch die ihm auferlegten gekürzten Produktionspläne inspirierten gelegentlich sogar in Serien-Folgen eine gewisse Erfindungsgabe. Bei einem *Swifty and Shorty*-Cartoon beauftragte er seine Belegschaft, die beiden Figuren ausschließlich weiß zu malen, ohne jegliche Linienführung innerhalb dieser Konturen; diese Prozedur ersparte nicht nur Zeit, sondern ermöglichte es ihrem Hintergrundmaler, farbenprächtigere und ausführlichere Malereien darzustellen, da die Figuren stets dazu paßten.

Einer der glücklichsten Momente trat für das Studio ein, als der Zeitungscartoonist Jack Mendelsohn sich im Schreiben und bei der Regie versuchte. Er inszenierte zwei Cartoons, die auf einer kindlichen Sicht der Welt basierten. Einer von ihnen, *The Story of George Washington,* ist ein köstlicher Film, der eine Wiederaufführung und Weiterverbreitung verdient. In ihm erzählt ein Schuljunge die Geschichte von Washington, während kindliche Buntstiftzeichnungen seine Worte untermalen und visuelle Wortspiele bringen, die auf dem Mißverständnis von Phrasen und Bedeutung beruhen. Animator Al Eugster folgte Mendelsohns *storyboard*-Zeichnungen so nah wie möglich, um das absichtlich unverdorbene, kindliche Aussehen beizubehalten.

Zu dieser Zeit arbeitete nur ein Animator an einem Film. Mit der vereinfachten Methode der eingeschränkten Animation lag die Gesamtlängenquote irgendwo zwischen zweiundzwanzig und dreißig Metern pro Woche, was soviel bedeutete, daß ein Mann die Arbeit ausführen konnte, die vorher von vieren in Angriff genommen wurde. Eugster, Marty Taras, Morey Reden, Bill Pattengill und Nick Tafuri waren während dieser Periode die Hauptstützen der Abteilung.

Doch Howard Posts Tage waren gezählt. Seit langer Zeit bestehende Schwierigkeiten zwischen ihm und seinem Vorgesetzten bei Paramount erreichten gegen Ende des Jahres 1965 ihren Höhepunkt. Es gab Probleme bei der Fertigstellung eines Fernseh-Pilotfilms mit Bill Dana (als José Jiménez), und einen befremdlichen Augenblick, als *Two by Two* – einer von Posts Lieblingscartoons, über eine Ente, die sich gegen die Partnersuche für Noahs Arche sträubt – von einem empfindlichen Mitglied in Paramounts Regiestab als »blasphemisch« abgelehnt wurde.

Shamus Culhane ersetzte Howard Post im November 1965. Er war fest entschlossen, das Studio auszubessern und zu reorganisieren und glaubte, daß es viel Platz für Fortschritte gab. Einer seiner ersten Schachzüge war es, die Bezahlungssumme für unabhängige Storyschreiber zu verdoppeln, in der Hoffnung, damit besseres Material anzuziehen. Zu seinen Mitarbeitern zählten Eli Bauer, Joe Sabo und Howard Beckerman.

Er wollte auch mögliche ausgefahrene Geleise vermeiden und verzeichnete, interessanterweise, seinen größten Erfolg in fast derselben Art wie vor ihm Post mit einem Kinder-orientierten Film namens *My Daddy, the Astronaut:* Der Film ist, wie sein Vorläufer, in kindlichem Gekritzel gezeichnet. Er erzählt die Geschichte eines Vaters, der zum Mond geflogen war, jedoch einen Tag im Vergnügungspark nicht halb so gut übersteht. Der Kurzfilm war ziemlich erfolgreich und markierte den ersten Paramount-Film, der jemals auf dem International Animation Festival in Annecy, Frankreich, gezeigt wurde.

Die scheinbare Rettung des Studios kam mit einem Kontrakt für die Herstellung von Fernsehsegmenten von *The Mighty Thor* für Produzent Steve Krantz. Culhane übernahm die Aufgabe und vergrößerte seine Belegschaft durch Studenten von der Kunstschule. Er sagt heute, daß die Herausforderung, einen neuen Typus von Zeichentrickfilm zu machen, und dabei eine Mannschaft von »alten Hasen« und Neulingen, die zusammen lernen, einzusetzen, einen wunderbaren Korpsgeist schuf. Zu den Animatoren im Betrieb zählten Doug Crane, Jack Schnert und Chuck Harriton, der auch einige Kurzfilme inszenierte. Culhane hoffte, das Arbeitsgebiet sogar noch zu expandieren; und zwar zur Produktion von Fernseh-Werbespots und Industriefilmen, und er glaubte, daß das Prestige des Namens Paramount ein ungeheurer Vorteil für den Anfang sei.

Unglücklicherweise reduzierten Produktionsprobleme bei *The Mighty Thor* durch Unerfahrenheit den Profit des Studios bei dieser Arbeit auf ein Minimum. Als Krantz zu Paramount mit einer großen Bestellung für *Spiderman*-Episoden zurückkehrte, gab die Studio-Hierarchie ihm einen Korb. Das Studio war kürzlich vom Gulf and Western-Konglomerat übernommen worden, und die Hauptbücher wurden überprüft.

Die Ablehnung von Krantz' lukrativem Angebot ließ Culhane die Koffer packen, und die Animations-Abteilung mußte sich einem weiteren Führungswechsel anpassen. Dieses Mal war der neue Produzent und Regisseur Ralph Bakshi, der neunndzwanzigjährige »Wunderknabe« von Terrytoons. Bakshi kam im Mai 1967 an und hatte bald sechs Cartoons in Produktion – jeder von ihnen in der Art von Story oder Design ungewöhnlich. Er arbeitete eng mit seinem talentierten Designer/Layouter Cosmo Anzilotti zusammen, und mit Storyschreibern wie Eli Bauer, den er bereits von Terrytoons her kannte.

Einige von Bakshis Cartoons sind würdige Bestrebungen, etwas Neues und Andersartiges zu versuchen. *Mini-Squirts* beschäftigt sich mit einem Knirps und einem Mädchen, die Ehe mit kompromißlosem Ernst »spielen«, während *Marvin Digs* von einem Hippie handelt (als ein Haarknäuel mit großen Augen und einem freundlichen Lächeln gezeichnet), der das Haus seiner Eltern mit psychedelischen Mustern bemalt. Während diese Cartoons visuell gefällig sind, erringen sie für ihre guten Absichten Punkte und nicht für das Resultat. Beide Vorlagen werden durch schwerfällige Ausführung sabotiert – ein bekannter Fehler in Bakshis Frühwerk. Erst als der junge Regisseur seinen ersten abendfüllenden Film mit *Fritz the Cat* herstellte, konnte er aus den traditionell kommerziellen Erwägungen ausbrechen und sich offen und ehrlich ausdrücken.

Kurz nach dem Wahltag im Jahre 1967 ging Animator Al Eugster zu Bakshi, um sich für eine Szene einen Rat zu holen. »Da war ich nun und beschäftigte mich mit der inneren Funktion meiner Szene,« erinnert er sich, »und Ralph sagte, ›Vergiß es, Al, wir machen zu.‹ Das löste *dieses* Problem!«

Bakshi konnte noch ein paar in Produktion befindliche Arbeiten fertigstellen, bevor Gulf and Western die Tore von Paramounts Cartoon-Studio im Dezember endgültig schloß. Einige der Leute, die arbeitslos wurden, waren über dreißig Jahre beim Studio gewesen.

Doch die Arbeitslosigkeit war der einzige greifbare Verlust, der mit Paramounts Schließung zu tun hatte. Niemand schien die Cartoons zu vermissen. Sie hatten beim Publikum keinen entscheidenden Eindruck hinterlassen, und sie bedeuteten auch ihren Schöpfern nicht besonders viel.

Niemand beweinte den Tod von Paramounts Zeichentrickstudio für das, was es gewesen war – eine kleine Mannschaft, die schwunglose Kurzfilme herausbrachte. Doch im Animations-Geschäft gab es traurige Gefühle darüber, was *hätte* sein können – und was vor vielen Jahren einmal *gewesen* war.

Schließlich hatten dieselben Animatoren Popeye und Betty Boop zum Leben erweckt.

12. UPA

Im Jahre 1952 schrieb der berühmte Kritiker Gilbert Seldes in der *Saturday Review:* »Man kann United Productions of America am bestens identifizieren, indem man sagt: ›Das sind die Leute, die *Gerald McBoing Boing* machten.‹ Und die Qualität des Produktes kann man am besten identifizieren, wenn man sagt, daß jedes Mal, wenn man einen ihrer gezeichneten Cartoons sieht, man wahrscheinlich das Gefühl wiedererleben kann, das beim erstmaligen Ansehen von *Steamboat Willie,* den frühen *Silly Symphonies,* und *The Band Concert* auftrat – die Empfindung, daß etwas Neues und Wundervolles passiert ist, etwas, was fast zu gut ist, um wahr zu sein.«

Andere Kritiker teilten Seldes' Enthusiasmus und gewährten den UPA-Cartoons eine Zustimmung, die man seit jenen frühen Tagen von Disneys Triumphen bei der Animation nicht mehr gehört hatte. Die UPA hatte ihren Erfolg jedoch nicht über Nacht. Obwohl ihr Durchbruch beim Publikum und der Kritik Anfang der fünfziger Jahre erfolgte, hatte die Gesellschaft bereits seit Mitte der vierziger Jahre hart gearbei-

Gerald McBoing Boing (UPA).

tet. Und während ihr Ruf auf der radikalen Abwendung ihrer Filme vom Disney-Stil basierte, hatten praktisch alle UPA-Mitglieder ihr Animations-Training im Disney-Studio absolviert.

Ende der dreißiger Jahre hungerte Disney nach Talenten. Seine Gesellschaft bot jungen Männern frisch von der Kunstschule weg eine einträgliche Beschäftigung – und bedeutende Herausforderung – und sie kamen in Scharen. Diese »neue Rasse«, die in der *Snow White*-Periode der Studioexpansion rekrutiert wurde, neigte dazu, progressiver und künstlerisch bewußter zu sein als die frühere Welle von Disney-Animatoren. Dieser Unterschied verursachte schließlich eine Trennung, da die jüngeren Männer glaubten, sie müßten den Angriff der Anti-Kunst-Neigung unter den älteren Mitarbeitern abblocken, die fast oder überhaupt keine künstlerische Ausbildung genossen hatten.

Bill Hurtz sagte: »Die jüngeren Leute waren außerdem genügend selbständig und hoben Walt nicht in den Himmel, deswegen waren sie die Anführer, als bei Disney 1941 der Streik ausbrach. Sie hatten sich während der Depression herumgetrieben und hatten eine Art soziales Bewußtsein. Während der typische Junge, der Präsident seines High-School-Cartoon-Clubs war und seine künstlerische Ausbildung bei Disney erhielt – und es war eine sehr gute – eher dazu neigte, ›Wenn es Walt nicht gäbe, wäre ich nicht da, wo ich jetzt bin,‹ zu sagen.«

Die Disney-Streikenden, die in der kürzlich gegründeten Screen Cartoonists Guild aktiv waren, ermunterten ihre Kollegen, sich über Änderungen und Fortschritte im Medium Cartoon Gedanken zu machen. Die März-Ausgabe von *The Animator* aus dem Jahr 1942, herausgebracht von Mitgliedern wie Phil Eastman, John Hubley und Eugene Fleury, enthielt ein deutliches Gesuch:

»Eine progressive, intelligente Annäherung an die Animation und die Erkenntnis, daß sie ein ausdrucksstarkes und kein mechanisches Medium ist, werden dringend notwendig, wenn wir eine Stagnation im Zeichentrickfilm verhindern wollen. Die Weiterentwicklung und das Wachstum in der Animation hängen von verschiedenen, bezeichnenden Gegenständen ab, die in einer organisierten Form präsentiert werden, die sich aus den dem Medium anhaftenden Elementen entwickelten.

Zu den am wenigsten verstandenen Elementen zählen die graphischen, trotz der Tatsache, daß sich die Animation fast ausschließlich mit Zeichnungen beschäftigt, Zeichnungen, die gleichzeitig in Zeit und Raum funktionieren müssen.«

Das war die Stimme der Kunst, die verzweifelt versuchte, durch die Barrieren aus Apathie und Fließbandproduktion in einer sehr enggeknüpften Industrie zu brechen. Der erste Durchbruch gelang, als Ex-Disney-Mann Frank Tashlin die künstlerische Kontrolle über das Screen Gems-Studio übertragen wurde, und er praktisch seine ganze Belegschaft aus der Disney-Streikfront rekrutierte.

Tashlin war ein künstlerischer Kopf und ermutigte seine Männer zu Experimenten – im Stil wie auch im Inhalt. Die Filme waren immer noch Gag-orientiert, doch Tashlins besonderes Brandzeichen der manischen Komik, plus der graphischen Erfindungen von Designern wie Zack Schwartz, John Hubley, John McLeish und Ted Parmelee machten das Screen Gems-Produkt fraglos anders.

Diese Haltung war der Keim für die UPA.

Viele dieser Screen Gems-Künstler trafen sich während des Zweiten Weltkriegs in der Army's First Motion Picture Unit, stationiert in Fort Roach in Culver City, Kalifornien, wieder. Hier stießen sie auf Animatoren und Künstler aus anderen Studios, um Uncle Sams beträchtliche Nachfrage nach kriegsbezogenen Filmen in Angriff zu nehmen. Die Atmosphäre war überraschend kreativ. Das Verhältnis der Armee zum Film war ein funktionelles und kein künstlerisches; sie kümmerte sich nicht um den graphischen Stil, solange er sich mit dem zu verkündenden Standpunkt im Einklang befand. Einige abenteuerlustige Künstler machten sich diese Situation zunutze und probierten neue Ideen aus, die in einem kommerziellen Studio nicht überlebt hätten.

Wieder erhielten die Ideen, die sich bei UPA festsetzen sollten, eine wichtige Probeaufführung.

Inzwischen wurde unter bescheidenen Umständen die Gesellschaft geboren, aus der schließlich die UPA wurde. Zwei Freunde, die beide bei Disney gearbeitet hatten, beschlossen, in einem Geschäftsgebäude in Los Angeles einen Raum anzumieten, den sie als Malstudio in ihrer Freizeit verwenden konnten. Zachary Schwartz arbeitete damals bei Screen Gems

Steve Bosustow in theatralischer Pose, während er vor einer Tafel mit Zeichnungen mit Zack Schwartz und Dave Hilberman diskutiert. Das Foto entstand zu Anfang der vierziger Jahre.

und Dave Hilberman bei Graphic Films (obwohl er diese bald verließ und sich der Frank Capra Army First Motion Picture Unit anschloß).

Ein weiterer Disney-Senior, Stephen Bosustow, hatte seine Vorgesetzten bei Hughes Aircraft von der Notwendigkeit überzeugt, einen Filmstreifen über die Sicherheit herzustellen, und er brachte die Idee zu Graphic Films. Als Lester Novros von Graphic sie ablehnte, schlug Hilberman vor, er und Schwartz sollten es auf eigene Faust versuchen. Als diese Arbeit fertiggestellt war, sahen sich die drei heimlichen Künstler nach einem anderen Job um.

Genau zu diesem Zeitpunkt interessierte sich die Gewerkschaft der United Auto Workers bei der naherückenden Präsidentschaftwahl 1944, für die Förderung eines Pro-Roosevelt-Filmes, und sie wandte sich an den Geschäftsagenten Bill Pomerance der Screen Cartoonists Guild um Unterstützung bei diesem Unternehmen. Er setzte sich mit John Hubley in Verbindung, der damals in Fort Roach stationiert war, und Hubley bereitete mit Phil Eastman und Bill Hurtz ein *storyboard* vor.

Adrian Woolery erzählte: »Sie bewarben sich für den Film und erhielten im Januar den Vertrag. Der Film sollte vor der Versammlung im August fertiggestellt sein, was soviel bedeutete, daß sie eine Zeitspanne von sechs Monaten für die Arbeit hatten, vom ersten Skizzenstrich bis zum vollendeten Film. Zack, Steve und Dave gründeten eine Gesellschaft, nannten sie Industrial Films and Poster Service, und ich war der erste Angestellte.«

Der Film wurde *Hell Bent for Election* betitelt und war eine Gemeinschafts-Produktion. Zack Schwartz sagte: »Über Nacht war der kleine Studioraum, der als Zufluchtsort für Dave und mich dienen sollte, bis unters Dach mit Leuten vollgestopft. Alle unsere Freunde, hauptsächlich von Screen Gems und Warner Brothers, steckten bis über beide Ohren mit uns zusammen, um diesen Film herauszubringen. Wir mieteten im selben Gebäude weitere Räume. Tagsüber war es eine Geisterstadt, doch abends erschien die ganze Mannschaft und der ganze Laden erzitterte. Diese ganzen wundervollen Leute arbeiteten, nach ihren regelmäßigen Jobs tagsüber, fast bis zum Sonnenaufgang an *Hell Bent.*«

Warum legte sich jeder dabei so ins Zeug? »Weil die Wahl

so wichtig war, und weil wir F.D.R. als Gewinner sehen wollten«, sagte Schwartz. »Und ich glaube, daß es daran lag, daß die Herstellung eines Zeichentrickfilmes zu diesem Anlaß eine große Aufregung darstellte.« Das Engagement war ehrlich; viele dieser Leute arbeiteten gratis, einschließlich Regisseur Chuck Jones. Die Musik wurde von Earl Robinson geschrieben und die Texte von E.Y. »Yip« Harburg (berühmt für *The Wizard of Oz*).

Hell Bent for Election ist ansehnlich, stilistisch und überzeugend. Der Film hat einen dünnen graphischen Stil, der erregend und modern ist und an einige zeitgenössische Jones-Cartoons wie *The Aristo-Cat* und *The Dover Boys* erinnert, an denen viele dieser Künstler mitgarbeitet hatten. Er ist nicht so fortschrittlich wie die späteren UPA-Produkte, doch er ist einen Riesenschritt weg vom Disney-Styling.

Und was das Wichtigste war, er war ein großer Erfolg. Das Team der Industrial hatte seinen ersten Film produziert und die UAW war zufrieden. Doch während der Produktion hatten Schwartz, Bosustow und Geschäftsmanager Ed Gershman ihre Tagesjobs aufgegeben, um sich diesem überaus wichtigen Projekt zu widmen. Nun brauchten sie Arbeit und es lag keine in der Luft, abgesehen von einigen Diafilmen, die von den Auto Workers in Auftrag gegeben wurden.

Adrian Woolery sagte: »Gerade als es so aussah, als ob wir aus dem Geschäft wären, realisierte sich eine Arbeit für das Signal Corps, auf die wir gesetzt hatten. Ab diesem Zeitpunkt schien immer Arbeit hereinzukommen, Industrie-Filme, Regierungs-Filme, Dias, und so weiter. Wir konnten eine ganz schön ansehnliche Ganztages-Mannschaft aufstellen und in ein neues und größeres Quartier umziehen. Es wurde außerdem beschlossen, den Namen der Gesellschaft zu ändern, und so erlangte United Productions of America ihre Existenz, die anschließend zu UPA abgekürzt wurde. Es war eine Dreier-Partnerschaft, wobei Zack Schwartz, Dave Hilberman und Steve Bosustow zu gleichen Teilen beteiligt waren.«

Nach *Hell Bent for Election* war *Flat Hatting* der nächste wichtige UPA-Film. Er wurde für die Marine als Teil der *Flight Safety*-Serie hergestellt und zeichnete sich durch seine Anwendung von verschmitzter Satire aus, um die Piloten vor den Gefahren des Tiefflugs zu warnen. Doch er erreichte auch einen gewissen Bekanntheitsgrad in der Zeichentrickfilm-Industrie für seinen modernen graphischen Stil. Der Designer war der Cartoonist Robert Osborne vom *New Yorker*.

Es folgte ein weiterer »Meilenstein«-Film. John Hubley hält *Brotherhood of Man* für den künstlerischen Wendepunkt des Studios. »Wir arbeiteten mit sehr flachen stilisierten Figuren, statt der globalen drei-dimensionalen Disney-Figuren«, erklärte er 1973 in einem Interview für John D. Ford vom Mid-America Film Center.

»Das war Bobe Cannons großer Film«, fügt Dave Hilberman hinzu, »weil er die kleine negative Persönlichkeit in uns allen erfaßte und sie als diesen kleinen grünen Mann sichtbar machte. Bobe war der erste Animator, der einen Stil entwikkelte, der aus der neuen Art von Figuren organisch herauswuchs, die wir entwarfen.«

Brotherhood of Man war auch für seine Folgeerscheinungen bedeutsam. Er wurde wie *Hell Bent for Election* von den United Auto Workers gesponsort. »In diesem Falle organisierte sich die Gewerkschaft im Süden und hatte Probleme, Schwarze und Weiße in dieselbe Ortsgruppe zu bekommen«, erklärt Hilberman. »Deshalb wurde der Film nicht aus irgendwelchen altruistischen Gründen gedreht, sondern um bei der Organisierung im Süden zu helfen.« Später wurde der Film überall in den Staaten aufgeführt und verkündete seine Botschaft weit über die Grenzen der Gewerkschaftsmitgliedschaft hinaus.

Das Script von Ring Lardner Jr., Maurice Rapf, Hubley und Phil Eastman basierte auf einem Pamphlet von zwei Anthropologen der Columbia Universität. Es war ein einfacher Aufruf zu Toleranz und Verständnis und brachte UPA als einem Studio Pluspunkte, das fähig war, gehaltvolle Themen in einem neuen und dynamischen Format zu behandeln.

Dadurch errang die Gesellschaft weitere Aufträge in der Nachkriegszeit, die nicht für die Kinos bestimmt waren. Langsam wurde eine vollbeschäftigte Belegschaft aufgebaut, zu der folgende Personen gehörten: Hubley, Regisseur und Animator Robert (Bobe) Cannon, Autor Phil Eastman, die Designer William (Bill) Hurtz, Paul Julian, Jules Engel, Herb Klynn und Animator Joyce Weir.

1946 traten Uneinigkeiten zwischen Schwartz und Hilberman auf der einen Seite und ihrem Partner Bosustow auf der anderen Seite auf. Obwohl jeder Beteiligte seine eigene Ver-

The Fox and Crow: UPAs ›The Magic Fluke‹ (1949).

sion lieferte, wie die Trennung zustande kam, ist das Ergebnis eine Tatsache: In dem Jahr verkauften Zack Schwartz und Dave Hilberman widerwillig ihre Anteile an der Gesellschaft. (Hinterher eröffneten sie in New York mit Tempo Productions ein anderes Studio.)

»Und dann machten wir einen sehr schwerwiegenden Fehler«, sagte Hilberman. »Anstatt unsere Anteile Hub (John Hubley), Bill Hurtz und den anderen, besonders Bobe Cannon, anzubieten, offerierten wir sie Steve Bosustow. So erhielt er die Kontrolle über das Studio. Das war ein sehr ernster Schnitzer, und ich bedauerte es noch Jahre später, denn die Künstler hätten das Studio leiten können und es wäre eine ganz andere Geschichte dabei herausgekommen.«

Wie es sich traf, verkaufte Bosustow Teile seiner Aktien an die meisten der führenden Belegschaftsmitglieder – ein wichtiger Schachzug, da es das schwankende Vermögen der Firma unmöglich machte, in den nächsten Jahren regelmäßig wöchentliche Lohnzahlungen zu leisten. Doch Bosustow behielt die Kontrolle bei UPA und machte sich selbst zum ausführenden Produzenten und John Hubley zum leitenden Regisseur. Adrian Wollery blieb als Produktionsmanager bei der Firma, und Ed Gershman war weiterhin der Geschäftsleiter.

Etwa zur gleichen Zeit landete Bosustow seinen ersten Coup, indem er Columbia Pictures für den Verleih von UPA-Cartoons interessierte. Columbia war über die Produktion seines Screen Gems-Studios unzufrieden und bot der UPA eine Probezeit an, falls sie damit einverstanden waren, die bestehenden Figuren der Firma, den Fuchs und die Krähe, zu verwenden. Bosustow sagte ja, und die Mannschaft ging an die Arbeit.

»Der erste Film mit Fuchs und Krähe war *Robin Hoodlum*«, erinnerte sich John Hubley Jahre später. »Der Fuchs als Robin Hood, die Krähe als der Sheriff von Nottingham. Robins fröhliche Schar war ein heißblütiger Haufen von Tee-trinkenden Engländern. Er war sehr lustig und sehr verdreht. Columbia mochte ihn nicht – es war kein Standardfilm für das Publikum. Wir drehten mit *The Magic Fluke* einen weiteren, der eine leicht zu begreifende Story hatte und dieselben Figuren verwendete, den Fuchs und die Krähe. Er war erfolgreicher. Wir gebrauchten sehr moderne Techniken, obwohl wir mit den konventionellen Figuren arbeiten mußten ... Wir malten sehr moderne Hintergründe mit flachen Mustern, deckfähigen Farben und anderen Sachen, die nicht gerade ›klassisch‹ waren.«

Klassisch oder nicht, *Robin Hoodlum* und *The Magic Fluke* erhielten beide »Oscar«-Nominierungen, und Columbia erkannte, daß UPA ihren Cartoon-Anforderungen von dieser Zeit an nachkommen konnte.

Es gab jedoch eine letzte Schranke, die niedergerissen werden mußte – daß Columbia das Studio seine eigenen Figuren entwerfen ließ. Hubley und die anderen wollten von den lustigen Tieren loskommen und etwas anderes versuchen, etwas mit einer *menschlichen* Figur. Sie schlugen eine Story vor, die Columbia widerwillig akzeptierte, aber nur weil sie sowohl ein Tier wie auch einen Menschen enthielt und den Titel *Ragtime Bear* trug. Der wirkliche Star des Filmes war der kurzsichtige Mister Magoo.

Magoo wurde in diesem Film als ein schrullenhafter alter Mann dargestellt, der mit seinem dummen Neffen Waldo auf Urlaub fährt. Der Junge trägt einen Waschbärmantel und spielt Banjo; als er auf der Strecke verloren geht und ein Grizzly das Banjo schnappt, hält Magoo versehentlich das Tier für seinen Neffen, mit entsprechend ausgelassenen Konsequenzen.

Es war eine lustige Idee, und die Handhabung der Hauptfigur war dynamisch und neuartig. Ein Schlüsselelement war die Wahl von Jim Backus als Sprecher. Jerry Hausner, der Backus empfohlen hatte und die Rolle von Waldo spielte, erzählte dem Magoo-Chronisten Howard Rieder zu *Ragtime Bear*: »Wir gingen mit zwei Seiten Dialog ins Studio. Wir lasen die ganzen Sprüche, die niedergeschrieben waren. Dann tat Hubley etwas, was kein anderer Zeichentrickfilm-Regisseur jemals in meiner Gegenwart getan hat. Er sagte, ›Wir wollen es noch einmal machen und das Thema improvisieren. Wirf jeden wilden Gedanken hinein, der Dir einfällt.‹ Wir machten davon eine weitere Version. Backus begann aus dem Häuschen zu geraten und sich zu amüsieren ... Er erfand eine Menge Dinge und brachte eine frische, wunderbare Annäherung an die Cartoons.«

Obwohl die Figur fiktiv war und ein perfektes Opfer für visuell orientierte Cartoon-Gags, leitete sie sich von einigen wahren Personen ab. Hubley entwarf sein Magoo-Konzept nach einem dickköpfigen Onkel. Backus bezog sich auf Beobachtungen seines Vaters, der Geschäftsmann war. Und andere, die an den frühen Filmen arbeiteten, sahen in W.C. Fields Leinwandpersönlichkeit eine Quelle der Inspiration.

Schließlich erhoben einige Leute einen Anspruch auf die Schöpfung von Mister Magoo. Der einzige Mann, der kaum erwähnt wurde, war Millard Kaufman, der die Story zu *Ragtime Bear* geschrieben hatte. Doch Bill Hurtz faßt ein allgemeines Gefühl unter den UPA-Veteranen zusammen, wenn er sagt: »Es kann vier oder fünf Leute gegeben haben, die wirklich für die Entfaltung von Magoo verantwortlich waren, doch man konnte mühelos sagen, daß Hubs Stempel bei weitem den stärksten Eindruck hinterlassen hat.«

John Hubley liebte »den alten Knacker«, und obwohl er die Idee einer fortlaufenden Serie mißbilligte, machte er einen zweiten Kurzfilm, *Spellbound Hound,* und kehrte dann ein

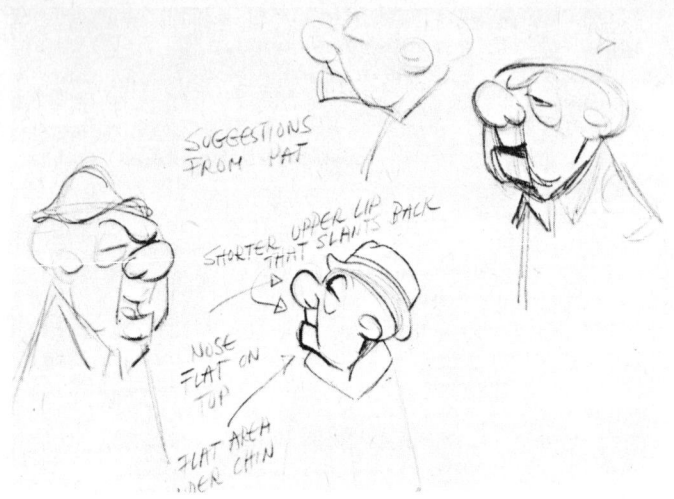

Mr. Magoo nimmt Formen an.

Jahr später für einen der allerbesten Filme, *Fuddy Duddy Buddy,* zur Serie zurück. Animator Pete Burness übernahm von Hubley die Regie bei dieser Serie und machte in den frühen fünfziger Jahren einige vortreffliche Cartoons, doch Hubleys *Fuddy Duddy Buddy* war kaum zu übertreffen. Er präsentierte einen der raren Momente an Charaktereinsicht in der langen Geschichte der Serie – als Magoo mit der Tatsache konfrontiert wird, daß er ein Walroß für seinen Tennis-spielenden Freund gehalten hat, läßt er seinen Kopf hängen und ist momentan von seiner Kurzsichtigkeit besiegt und nicht fähig, sie abzuleugnen, nicht einmal vor sich selbst. Dann reißt er sich zusammen, muntert sich selbst auf und erklärt, Walroß oder nicht, »Ich *mag* ihn!« und er beschließt, sein Verhältnis zu der liebenswerten Kreatur neu zu beleben. Solche Charakternuancen waren in späteren Magoo-Cartoons selten.

Magoo brachte UPA ihren ersten allgemeinen Erfolg, doch es war ein weiterer Film, der die Reputation des Studios erhärtete: *Gerald McBoing Boing,* 1950 fertiggestellt und im Januar 1951 herausgebracht.

Am 5. Februar 1951 berichtete das *Time* Magazin:

»*Gerald McBoing Boing* erzählt eine lustige Geschichte

über einen kleinen Jungen, dessen Sprechversuche nur Toneffekte wie ›Boing! Boing!‹ produzieren. Alles an dem Film ist einfach aber hochstilisiert: Verwegene Linienführungen, bewußt gemilderte Bewegung, eindrucksvolles Farb- und Konturen-Design im Geist der modernen Plakatkunst, karikierte Bewegungen und Hintergründe wie auch Figuren.«

Time sagte abschließend: »Klein-Geralds Talente sind für viele andere Geschichten zu spezialisiert, doch in seiner eigenen Art kann sich sein ›Boing!‹ vielleicht als genauso nachhaltig erweisen, wie der erste Piepser der Mickey Mouse.«

Die Prophezeiung dieser Zeitschrift traf genau ins Schwarze. Dieser Film – einer der besten Zeichentrickfilme, die jemals hergestellt wurden – machte einen Eindruck, der gleichzeitig unmittelbar und langanhaltend war. Kurz gesagt, er etablierte UPA als die vorherrschende Macht in der Animation. Gerald errang Begeisterungsstürme bei intellektuellen Kritikern, Zeitungsrezensenten und dem hartgesottensten Publikum von allen: den Berichterstattern des Filmgewerbes, die lobend anerkannten, wie sehr er die Fließbandproduktionen der meisten anderen Studios übertraf.

Eine Szene aus ›*The Fallen Idol*‹.

›*Gerald McBoing Boing*‹ (1951), UPAs erster großer Erfolg.

Im Frühling 1951 erhielt *Gerald McBoing Boing* einen »Oscar« als der beste Zeichentrick-Kurzfilm. (Die Konkurrenz war ein MGM Tom und Jerry-Cartoon, *Jerry's Cousin,* und ein weiterer UPA Film, *Trouble Indemnity* mit Mister Magoo.) Es war für UPA ein Augenblick des Triumphes – die formelle Anerkennung ihrer bahnbrechenden Anstrengungen in einem Jahr, in dem kein Disney Kurzfilm auch nur nominiert wurde.

Die Beifallsstürme, die *Gerald McBoing Boing* bei seinem Debüt in New York begrüßten, hallten noch durch einige Jahre und bereiteten ein wachsendes Publikum auf andere UPA-Bestrebungen vor.

Einige Kritiker sahen in UPAs visuellem Stil jedoch den Hauptvorzug des Cartoons, und unterschätzten die Bedeutung der Story-Selektion und -Bearbeitung. Nichts bewies ihren Standpunkt deutlicher als die schließlichen Nachfolger von *Gerald McBoing Boing* aus dem Studio, die alle von Bobe Cannon inszeniert wurden. *Gerald McBoing Boing's Symphony* (1953), *How Now McBoing Boing* (1954), und *Gerald McBoing Boing on the Planet Moo* (1955) eiferten dem visuellen Eindruck des Original-Cartoons nach und verdoppelten ihn in gewisser Weise. Gerald wurde in derselben gewinnenden Art dargestellt. Doch die Cartoons selber waren mittelmäßig, aus dem einfachen Grund, daß die Geschichten erfunden und nicht überzeugend waren. Nicht einmal Bobe Cannon konnte diese hohlen Drehbücher mit Charme erfüllen.

Der Triumph der UPA lag nicht in ihrem Kunsthandwerk, sondern in ihrer Verbindung von Form *und* Inhalt. Wenn diese Elemente perfekt aufeinander abgestimmt waren, waren die Ergebnisse unschlagbar.

UPAs »Vision« des Zeichentrickfilmes bot der Mannschaft eine willkommene Abwechslung – und eine Unmenge Herausforderungen. Die Künstler in anderen Studios hätten vielleicht dagegen rebelliert, ungelenke oder eckige Figuren wie den originalen Magoo zu zeichnen, doch das UPA-Personal kümmerte sich nicht darum. Da die meisten von ihnen während des Krieges Trainingsfilme gezeichnet hatten, war die Vorstellung, seltsam geformte Objekte zu zeichnen und zu bewegen, bereits wohlbekannt.

UPA war mit ihrem Bruch gegenüber der Wiederholung und Arbeitsformel bei den anderen Studios einmalig. »Ich habe bei Warner Brothers gearbeitet, bevor ich zu UPA ging, und Junge, es war genauso wie eine Frischluftbrise«, sagte Animator Bill Melendez. »Es war wirklich ein großes Abenteuer.«

Doch dieses große Abenteuer hatte seine Probleme. Erstens gab es ununterbrochen finanzielle Nöte. UPAs Anfangsvertrag mit Columbia stellte für jeden siebenminütigen Kurzfilm ein Budget von ungefähr 27 000 Dollar zur Verfügung, wobei UPA 25 Prozent Eigentumsrecht an dem Film behielt. Doch jeder Film überzog das Budget und das Studio sah sich gezwungen, der Columbia Anteile an ihrem Besitzrecht zurückzuverkaufen, um den Fehlbetrag auszugleichen.

Der einzige Grund dafür, daß sich das Studio in so eine mißliche Lage manövrieren ließ, war die totale Verpflichtung der Künstler an die Qualität. Männer wie Hubley orientierten sich nicht am Budget; sie orientierten sich am Film. In späteren Jahren wurde das stilisierte UPA-Format als Versuch, die Animation *einzuschränken,* mißgedeutet. Das ist einfach nicht wahr. »Wir sprachen von *guter* Animation«, sagte Bill Melendez. »Es ist so, als ob man Chaplin beschuldigen würde,

Steve Bosustow (links) und Walt Disney (Mitte) erhalten Preise aus Großbritannien, Bosustow für ›Gerald McBoing Boing‹ und Disney, ironischerweise, für einen Kulturfilm, nämlich ›Beaver Valley‹ (Das Tal der Biber, 1951).

er ginge nur mit seinem lustigen Watschelgang um schneller über die Leinwand zu kommen und somit Filmmaterial zu sparen.«

Jules Engel stimmte damit überein. »Sogar wenn wir mehr Geld gehabt hätten... sagen wir mal, wir hätten weitere 20.000 Dollar gehabt, dann hätten wir einen Film mehr ausgefeilt, doch der Charakter des Filmes wäre immer noch der gleiche gewesen. Wir hätten vielleicht Szenen wieder herausgenommen und sie neu gemacht und die Sachen verfeinert. In dieser Hinsicht hätte das Geld geholfen, doch nicht bei den Ideen und der graphischen Darstellung.«

Doch der Druck bestand und verursachte die verschiedensten Rückschläge im ganzen Studio – von unregelmäßigen Lohnzahlungen bis zu periodischen Verzögerungen. Niemand wollte bei der Produktion eines Filmes Kompromisse schließen, nur um innerhalb des Budgets zu bleiben. »Es war ein reines Wunder, daß das Studio bei dieser vorherrschenden Haltung überlebte«, behauptete Adrian Woolery. »Wir waren stets pleite. Wenn das Fernsehen nicht mit seinen TV-Werbe-

filmen einen neuen Markt eröffnet hätte, hätte UPA *nicht* überleben können.«

»Wir machten mit J. Walter Thompson einen Vertrag, eine Serie aus acht 60-Sekunden Werbefilmen für Ford Motors mit Dr. Seuss herzustellen. Ich hatte ein gutes Budget ausgearbeitet, das einen beträchtlichen Profit versprach, wenn wir es einhalten konnten. Es war wahrscheinlich der erste Profit, dem sich UPA seit ihrer Existenz gegenübersah. Aus reiner Verzweiflung hockte ich wie eine Mutterhenne über der ganzen Produktion, und siehe da, wir machten einen erstklassigen Profit. Es wirkte für die Moral Wunder. Endlich schien es das Gefühl zu geben, man habe einen sicheren Arbeitsplatz – jede Woche ein Lohnscheck, und auch ein paar Gehaltserhöhungen wurden ausgehändigt.«

Inzwischen ermöglichten es die Einspielergebnisse von *Gerald McBoing Boing* und den ersten *Mr. Magoo*-Cartoons Bosustow, von Columbia eine Budget-Erhöhung auf fast 35 000 Dollar pro Kurzfilm zu ergattern. Die Dinge sahen gut aus.

Die frühen fünfziger Jahre sahen eine bemerkenswerte

Auslieferung von blendenden, schöpferischen Cartoons. Bobe Cannon war besonders produktiv und inszenierte eine Serie von Kurzfilmen, die Charme und Vorstellungskraft gegenüber Gags und Stories hervorhoben. *Georgie and the Dragon* war eine köstliche Komödie über einen schottischen Burschen und sein schnell-wachsendes, feuer-speiendes Haustier; *The Oompahs* beschäftigte sich mit einer Familie aus Musikinstrumenten; *Christopher Crumpet* handelte von einem Jungen, der seinen Frustrationen damit Luft machte, daß er sich in ein Huhn verwandelte; und *Madeline* war eine elegante Fassung von Ludwig Bemelmans bekannter Kindergeschichte.

John Hubley war zu sehr mit seinen Überwachungspflichten beschäftigt, um viel Zeit mit seinen eigenen Filmen zu verbringen. Schließlich schuf er *Rooty Toot Toot,* einen der bekanntesten UPA-Filme, »und machte bei der Herstellung beinahe das Studio kaputt«, laut einem Kollegen. Die Anstrengung hatte sich gelohnt, denn diese stilisierte Fassung der Frankie and Johnny-Story erwies sich als ein Klassiker in der modernen Animation. Hubley arbeitete mit Bill Scott an der Adaptation, und mit Paul Julian an Farbe und Design. Hubley und Julian waren verwandte Seelen, mit ähnlichem Geschmack und Hintergrund; sie wurden von vielen modernen Künstlern und Designern beeinflußt und inspiriert und scheuten sich nicht, ihre Ideen in einem siebenminütigen Unterhaltungscartoon zum Ausdruck zu bringen. Hubley vermittelte auch den wahrscheinlich ersten Filmvertrag für einen schwarzen Komponisten für eine Filmmusik, an Phil Moore für die Jazzmusik von *Rooty Toot Toot.*

In dem Jahr, als *Rooty Toot Toot* herauskam (1952), arbeiteten Hubley und Julian an einem weiteren Animationswerk, das UPA weitverbreiteten Jubel einbrachte: den Haupttiteln und verbindenden Segmenten von Stanley Kramers Spielfilm *The Fourposter.*

The Fourposter ist eine liebenswerte, intelligente Adaptation von Jan de Hartogs Zwei-Personen-Stück mit Lilli Palmer und Rex Harrison in den Hauptrollen, und verfolgt das Verhältnis eines verheirateten Paares über einen Zeitraum von ungefähr fünfunddreißig Jahren. UPA steuerte sieben »Zwischenszenen« bei, die nicht so sehr Ergänzungen waren, sondern vielmehr integrierte Teile der Geschichte – und erzählen in wenigen Augenblicken mit Zeichentrickbildern von dem

Ludwig Bemelman's ›Madeline‹ (1952), von Bobe Cannon auf die Leinwand gebracht.

Verlauf der Zeit oder der Charakteränderung zwischen einem Live-Segment und dem nächsten.

Diese geistreichen, ruhigen und ausdrucksvollen Sequenzen repräsentieren einige der besten Arbeiten von UPA und erreichen das überaus wichtige Ziel der hervorragenden Verflechtung von Form und Inhalt.

(Der Vertrieb von *The Fourposter* hatte ein unerwartetes Ergebnis. Es war der erste UPA-»Cartoon«, der in Jugoslawien gezeigt wurde, wo seine stilistischen Neuerungen eine Gruppe von jungen Künstlern inspirierte. Von Enthusiasmus beflügelt und plötzlich von der Idee befreit, die Animation müßte voll ausgefeilt und literarisch sein, begannen sie Filme zu machen und wurden schließlich das Zagreb Animation Studio, eines der besten Studios auf der Welt in der heutigen Zeit.)

Da sich Hubley weiterhin mit solchen Projekten beschäftigte, wurden zwei ehemalige Designer zu Regisseuren von Kinokurzfilmen befördert. Bill Hurtz, der für die Firma Industrie- und Werbefilme inszeniert hatte, verzeichnete mit der Leinwandbearbeitung von James Thurbers *A Unicorn in the Garden* einen persönlichen Triumph. In späteren Jahren wurde die Animation von sehr persönlichen Zeichnungen von

›Rooty Toot Toot‹ (1952) von John Hubley.

Künstlern gebräuchlicher, doch die getreue Reproduktion von Thurbers Figuren und Schauplätzen war für 1953 besonders eindrucksvoll. Hurtz erinnert sich, daß er die Reinzeichenarbeit bei diesem Film bewußt »einigen der schlechtesten Zeichner im Studio, um dieses nette schlampige Aussehen zu erreichen« übertrug. Er fing außerdem den unterschwelligen Charme von Thurbers Fabel ein, was wahrscheinlich schwieriger war, als die Reproduktion des visuellen Stils.

(Eine Person, die nicht von dem fertigen Produkt beeindruckt war, war Produzent Bosustow, der sich weigerte, *Unicorn* für den Wettbewerb um den Akademiepreis zu melden.)

Ted Parmelee war wie Hurtz Designer gewesen, ging dann jedoch zur Regie über und machte sich mit einer hervorragenden Wiedergabe von *The Tell-Tale Heart* einen Namen. Bill Scott und Fred Gable bearbeiteten die Edgar Allan Poe-Story, und James Mason wurde angeheuert, um den Film zu erzählen. Der *Motion Picture Exhibitor,* eine Publikation für Kinobesitzer, schrieb: »Dieser vieldiskutierte Cartoon sollte weitverbreiteten Zuspruch finden, wegen seinem äußerst einfallsreichen Kunststil. Er erzählt die berühmte Edgar Allan

Poe-Geschichte von dem Wahnsinnigen, der einen alten Mann töten muß, nicht aus Habgier, sondern weil er ein »teuflisches Auge« besaß. Die Technik, die sich mit der Erzählung dieser unheimlichen Geschichte beschäftigt, ist originell, verwegen und ausdrucksvoll. Die ganze Sache ist in Skizzen ausgeführt, wobei der Wahnsinnige nie wirklich auftaucht. Man fühlt seine Präsenz jedoch doppelt so stark in der Verwendung von Licht und Schatten, die den Eindruck von drohendem Unheil vermitteln. Der künstlerische Stil stammt von Eugene Berman, Bühnen- und Ballett-Designer der Metropolitan Opera. Dieser Film liegt auf demselben hohen Niveau wie andere UPA-Angebote. James Mason erzählt, und der Film wurde von Stephen Bosustow produziert. Ted Parmelee führt Regie und Paul Julian ist künstlerischer Leiter.«

Es war kein geringer Triumph, als der blasierte Rezensent dieser Handelspublikation den Beitrag von Regisseur und Designer zu dem Cartoon herausstrich. Es war auch ein weiterer Hinweis auf den Respekt und die Bewunderung, die UPA-

Bill Hurtz' Adaption von ›A Unicorn in the Garden‹ (1953).

›The Tell-Tale Heart‹ (1953), eine von UPAs verblüffenden Kreationen.

Cartoons einflößten, und das sogar in der rein Geschäftsorientierten Welt des Filmvertriebes. *The Tell-Tale Hearth* war nicht nur ein weiterer Cartoon, den man so abhandeln konnte, wie den neuen Film *Heckle and Jeckle*. Er bewirkte Kritiken und Publizierungen wie ein Spielfilm – und hatte einen selbständigen Marktwert. James Masons Name gab dem Film außerdem eine Extra-Reklame.

Wenn man sich *The Tell-Tale Heart* heute ansieht, ist er immer noch stilistisch eindrucksvoll, obwohl er als eine Poe-Adaptation inzwischen von dem fabelhaften und düsteren *Masque of the Red Death* aus den Zagreb-Studios in den Schatten gestellt wurde. Das größte Problem von *The Tell-Tale Heart* ist das Tempo; er läuft einfach ein bißchen zu schnell ab, um das volle Potential seiner unheimlichen Erzählung erkennen zu lassen. Er ist ein Beispiel dafür, daß sieben Minuten für die Ausarbeitung der Arbeit einfach eine zu kurze Zeitspanne waren. Steve Bosustow erinnerte sich mit einigen Schmerzen daran, daß das Publikum lachte, als es den Film zum ersten Mal sah. Das Problem lag nicht nur in der Grundvoraussetzung, sondern in der Unfähigkeit des Cartoons, Zuschauer bei diesem schnellen Tempo in seine dramatische Welt miteinzubeziehen.

UPAs Magie konnte in der ganzen Palette ihrer Filme gefunden werden, von denen jeder auf einer neuen Idee basierte und ein neues Konzept in Design und Farbe aufwies. (Einige der Industrie- und Sponsorenfilme der Firma waren beim Ansehen so erfreulich, daß sie auch im Kino aufgeführt wurden.) Anstatt einen musikalischen Leiter im Betrieb zu haben, heuerte UPA bekannte Komponisten wie David Raksin und Ernest Gold an, wie auch unbekannte, um ihre Musik zu schreiben. Sie fühlten, daß es genauso wichtig war, für jeden Film eine frische Tonspur zu haben, wie auch einen individuellen grafischen Stil. Die Resultate waren folgerichtig lohnend.

Während die Gründer der UPA in den vierziger Jahren nach dem allgemeinen Ziel der Stilisierung suchten, begann sich ihre künstlerische Annäherung zu wandeln, als die Jahresproduktion zunahm und einzelne Arbeitseinheiten eingeführt wurden.

In den frühen Tagen der Kinokurzfilme wurde Meister-Animator Art Babbitt von UPA als Regisseur angestellt und bahnte sich einen Weg zu einer viel konventionelleren Annäherung als der Rest der Mannschaft. Filme wie *Giddyap, The Popcorn Story* und *The Family Circus* waren kaum als UPA-Schöpfungen zu erkennen. Babbitt kehrte schließlich zur Animation zurück, wo sein Talent viel besser eingesetzt wurde.

Zuerst schlossen sich die Hauptregisseure der UPA mit Designern zusammen – Hubley mit Paul Julian, Cannon mit Bill Hurtz. Doch als das Studio wuchs, wurden die Aufgaben aufgeteilt, und neue Designer stießen zu der Belegschaft, die den Firmenprodukten sogar noch eine größere Abwechslung hinzufügten. Zu den talentierten künstlerischen Leitern zählten Robert Dranko, Sterling Sturtevant, Lew Keller (später Regisseur), Art Heinemann (der *Madeline* entwarf), und der eigentümliche T. Hee, der auch als Storyschreiber einsprang.

Die *Magoo*-Serie folgte einem konventionelleren Pfad als jeder andere zeitgenössische »One-Shot«-Cartoon, obwohl sie eindeutig den Stempel von UPA trug. »Natürlich wollte man sie auf demselben Gebiet wie *Gerald McBoing Boing* einsetzen«, sagte Jules Engel, »doch die grafische Ausstattung lag immer noch weit über allem anderen in der Industrie.« Viele der frühen Filme wurden von Abe Liss entworfen.

Diese Kurzfilme wurden als das Alltagsprodukt der UPA angesehen und erhielten selten künstlerischen Zuspruch, doch wenn man sie heute betrachtet, wird man von dem Reichtum an Farbe und Design beeindruckt, besonders bei den Titeln aus den frühen fünfziger Jahren (die auch die lustigsten sind).

Das Problem bei *Magoo* war dasselbe, dem man sich bei jeder Cartoon-Serie gegenüber sah: Wie man es vermeiden kann sich festzufahren. Es war nicht leicht. John Hubley fühlte, daß die Figur irgendwie an Substanz verlor, als sie Serienstar wurde: »Sie verwendeten nur sehr eingeschränkte Aspekte der Figur – hauptsächlich die Kurzsichtigkeit – und hielten an ihnen fest. Ein Großteil der Originalfigur, ihre Stärke, lag in der Tatsache, daß Magoo so verdammt dickköpfig war. Es lag nicht nur daran, daß er nicht sehr gut sehen konnte; sogar wenn er sehfähig gewesen wäre, hätte er immer noch dumme Fehler begangen, weil er eben so ein dickköpfiger, eigensinniger, sturer alter Bock war.«

Burness büßte einen Punkt bei Howard Rieder ein, der über Magoo eine Doktorarbeit schrieb und seine Schrift im *Cinema Journal* zur Veröffentlichung brachte. Burness erklärte, daß sich er und andere gegen Hubley bei der Erweichung von Magoos Persönlichkeit stellten, um ihn gefälliger zu machen. Später revidierte Burness seine Ansicht etwas: »Ich fragte mich, ob ich Recht hatte. Ich habe mich gewundert, weil er zunehmend herzlicher wurde, bis er schließlich geschwächt war. Es hätte Scharfsinn angewendet werden müssen. Er hätte von Zeit zu Zeit in eine sentimentale Stimmung verfallen können, doch ich glaube, sein Grundcharakter wäre stärker gewesen, wenn er weiterhin schrullenhaft und sogar etwas gehässig geblieben wäre.«

Solche Betrachtungen waren einer nachträglichen Einsicht zu verdanken, während Magoo seinen Status als eine beliebte, einträgliche Figur in Kinozeichentrickfilmen in den fünfziger Jahren aufrechterhielt. Tatsächlich gewannen zwei von Burness' Cartoons – *When Magoo Flew* (1954) und *Magoo's Puddle Jumper* (1956) – jeweils einen »Oscar«. Ersterer,

Eine der lustigeren Versionen von Mister Magoo: ›Captains Outrageous‹ (1952).

UPAs erster CinemaScope-Cartoon, hat eine amüsante Prämisse über eine Identitätsverwechslung, wobei Magoo an Bord eines Flugzeuges geht und glaubt, er betrete ein Kino. Als das »Fasten Seat Belt« Signal aufleuchtet, hat er sich voll darauf eingestellt, ein Epos wie *The High and the Mighty* zu sehen, doch statt dessen wird er Zeuge eines realen Abenteuers mit einem flüchtigen Dieb. Als er das Flugzeug verläßt, bemerkt er zu der Stewardess, er bedaure nur, daß sie keinen Cartoon gezeigt hätten – besonders einen mit dem herrlich kurzsichtigen Kerl. Die Verantwortung für die Story dieses Kurzfilms teilten sich Barbara Hammer und der altgediente Cartoon-Gagschreiber Tedd Pierce, die kurz zuvor zur Mannschaft gestoßen waren.

Magoo's Puddle Jumper beschäftigt sich mit Magoos Kauf eines elektrischen Autos und einer ereignisreichen Unterwasserfahrt, bei der Magoo und sein Neffe Waldo von einem Motorradpolizisten verfolgt werden. Das Hauptmerkmal des Cartoons ist – neben guter Gags von Dick Shaw – sein Sieg bei der »Oscar«-Verleihung in einem Jahr, in dem die beiden rivalisierenden Kurzfilme, die sich auch um den Preis bewarben, ebenfalls von UPA gestellt wurden: *The Jaywalker* und *Gerald McBoing Boing on the Planet Moo*.

Zu dieser Zeit gehörten jedoch die Kinokurzfilme bei UPA zu den weniger wichtigen Aufgaben. CBS gab 1956 eine Serie von halbstündigen Filmen für *The Gerald McBoing Boing Show* in Auftrag, die das erste Zeichentrickfilmprogramm war, das extra für eine Fernsehgesellschaft hergestellt wurde. Sie verlangte mehr Filmmaterial als UPA jemals auf einer regulären Basis herausgebracht hatte und nötigte zu einer sofortigen Talentsuche. Viele der Hauptstützen des Studios (Hubley, Eastman, Scott, Hurtz, Parmelee und Melendez unter anderem) waren gegangen, was für Neuankömmlinge die Türen öffnete, denen sofort eine kreative Verantwortung übertragen wurde. Zu den Veteranen, die sich verpflichteten, gehörten der kanadische Animator und Regisseur George Dunning, Storyschreiber Leo Salkin und die Zeichner Aurie Battaglia, Don Roman und Bob McIntosh. An der Spitze der jungen Talente standen Ernie Pintoff, Fred Crippen, Jimmy Murikami, Jim Hiltz und Mordi Gerstein.

Pintoff, dessen Hintergrund grafisches Design war und der vor seiner Einstellung bei UPA keine Animations-Erfahrungen hatte, erhielt die Freiheit, Drei-Minuten-Segmente für die CBS-Show zu schreiben, zu inszenieren und zu entwerfen – eine beispiellose Möglichkeit, die eine große Karriere nach sich zog. Pintoffs Miniprojekte für die Show reichten von der Verbildlichung eines satirischen Stan Freberg-Songs *(Fight on for Old)* bis zu einer Zusammenarbeit mit dem Experimentalfilmer John Whitney *(Lion Hunt)*.

Das einzige Problem der *Gerald McBoing Boing Show* war, daß sie keinen Schmiß hatte. Ihre vielen Komponenten (einschließlich alter UPA-Cartoons) wurden seperat vorbereitet, und als Serien-Produzent Bobe Cannon die Ergebnisse sah, stellte er fest, daß der Gesamteffekt irgendwie »geziert« wirkte. Er beauftragte sofort Autor Bill Scott, die komischen Aspekte der Show aufzumöbeln, doch für eine zufriedenstellende Überholung war es ein bißchen zu spät.

Die Show hatte definitive Vorzüge, doch die Einzelteile waren besser als das Ganze und der sanfte Stil des Programms machte es bei den PTA-Gruppen und Fernsehkritikern beliebter als bei den Kindern. Die Show überlebte als ein Zeichen des guten Geschmacks bei CBS vom 16. Dezember 1956 bis zum 3. Oktober 1958.

In der Zwischenzeit gedieh UPA in einem separaten, halbautonomischen Studio, das in New York eingerichtet worden war, um sich ausschließlich mit Werbefilmen und Arbeiten, die nicht für das Kino bestimmt waren, zu beschäftigen. Columbia Pictures finanzierten diesen Betrieb, der Anfang der fünfziger Jahre aufmachte und Abe Liss als künstlerischen Leiter und Don McCormack als Produktionsmanager sah. Ed Cullen, der damals ausführender Vize-Präsident der UPA war, streicht heraus, daß es nicht nur wichtig war, in New York zu sitzen, weil diese Stadt der Mittelpunkt der Fernsehproduktion und Werbeagenturen war, sondern auch, weil sie der Sitz von Columbia Pictures war, die als finanzieller Unterstützer und Verleiher der UPA die Aktivitäten der Firma an einem ziemlich kurzen Zügel hielt.

Das New Yorker Studio hatte auf dem Werbefeld großen Erfolg, was an der künstlerischen Qualität seiner Arbeit lag und auch an seinem guten Ruf. »Die Agenturen mochten die Idee, mit einem Akademiepreis-gekrönten Studio zu arbeiten«, erinnerte sich Cullen. Der größte Erfolg, den das Studio jemals hatte, war die einzigartige Bert und Harry Piel-Kampagne, die von Ed Graham, Young and Rubicam entworfen wurde. Diese Persönlichkeits-orientierten Bier-Werbungen, mit den Stimmen von Bob Elliott und Ray Goulding, nahmen die New Yorker Gegend im Sturm und kamen einem Theater-»Hit« gleich.

Ein wichtiges Talent, das sich bei UPA/New York selbst einen geeigneten Platz schaffte, war Gene Deitch. Deitch hatte sich Ende der vierziger Jahre dem Studio in Kalifornien als Assistent von Bill Hurtz angeschlossen und beanspruchte später für sich, die erste Person gewesen zu sein, die ihre ganze Animations-Ausbildung bei UPA erhielt – die einzige, die keine »klassische« Disney-Vergangenheit hatte. Da Deitch jedoch Assistent war, gehörte er immer zu den ersten, die bei den periodischen Schlummerzeiten des Studios entlassen wurden. Schließlich schloß er sich Jam Handy an, einer führenden Filmfirma in Detroit, die keine Kinoproduktion herstellte. Als das New Yorker Studio sich nach Talenten umsah, erinnerte es sich an Deitch, und er wurde erster Regisseur in dem angesehenen Werbefilmhaus. Er war an dem Erfolg der Piel-

Der letzte Magoo-Film, in New York hergestellt: ›Terror Faces Magoo‹ *(1959).*

Werbung beteiligt, was ihm ein Sprungbrett lieferte, zuerst zu John Hubleys Studio und dann zu Terrytoons, wo er 1956 künstlerischer Leiter wurde – und wohin er auch die Piel-Kampagne lockte. (Siehe auch Kapitel 4.)

Nachdem Deitch und Liss die UPA verließen, übernahmen *art director* Chris Ishii und Animator Jack Goodford die Rollen der künstlerischen Überwacher. Die New Yorker Mannschaft bestand aus solchen altgedienten Animatoren wie Grim Natwick, Lu Guarnier und Irv Spector, und vielversprechenden Neulingen wie Tissa David und Howard Beckerman. Der Kontakt zum Büro an der Westküste wurde durch einen Fernschreiber aufrecht erhalten, und Beckerman erinnert sich, daß am Tag nach der »Oscar«-Verleihung an *When Magoo Flew,* eine Botschaft auf der Maschine folgendes verkündete: »Wir feiern alle. Warum tut ihr nicht dasselbe?« Die New Yorker Abteilung nahm mit *Terror Faces Magoo* auch einen Kinokurzfilm in Angriff, als nur wenig Werbearbeiten vorlagen. Chris Ishii inszenierte diesen Film, der die zweifelhafte Auszeichnung erhielt, der letzte Kinokurzfilm zu sein, den das Studio jemals herausbrachte.

In dieser Zeit war UPA mehr als nur der Name einer Firma. Der Terminus »UPA Animation« war die Beschreibung der modernen Animation im allgemeinen in Kurzform. In Amerika wurden UPA-inspirierte Grafiken von vielen Produzenten von TV-Werbungen übernommen, und sogar die großen Filmstudios (Warners, MGM, und die anderen) änderten ihre formelle Annäherung an Design und Hintergrund, um mit UPA Schritt zu halten. Das vielleicht größte Kompliment machte Disney, durch seinen Gebrauch von UPA-typischer Stilisierung in Kurzfilmen wie *Toot, Whistle, Plunk and Boom* und *Pigs is Pigs*.

Unglücklicherweise litt das Studio, das den Zeichentrickfilm revolutioniert hatte, an unheilbaren Wachstumsschmerzen und wurde bald von anderen Gesellschaften (von denen viele von ehemaligen UPA-Mitgliedern geführt wurden) in den Schatten gestellt, die die Fackel hochhielten, die UPA angezündet hatte.

Der Mann, dem für gewöhnlich UPAs Untergang angelastet wird, ist Steve Bosustow, dessen offensichtlicher Opportunismus und Bereitwilligkeit, die Lorbeeren für die vielen Errungenschaften des Studios entgegenzunehmen, ihn gleichzeitig unbeliebt und zum Zentrum der Kontroverse machten. Niemand bestritt seine Entschlossenheit – es war Bosustow, der die Kamera anforderte, die den ersten Film der Industrial Films fotografierte – doch als er sich in späteren Jahren als der Schöpfer von Mister Magoo präsentierte, nagte das an vielen seiner kreativen Kollegen.

Ein langjähriger Angestellter erinnerte sich: »Es wurde von Bosustow gesagt, daß von zehn seiner Entscheidungen, die er als Präsident traf, neun verheerend waren und die zehnte die Firma rettete.«

Doch Adrian Woolery, der nach einem Disput mit Bosustow UPA verließ, behauptete: »Ich bin sicher, daß UPA niemals ins Leben gerufen worden wäre, wenn Steve nicht gewesen wäre... Er war ehrgeizig, aggressiv und manchmal erbarmungslos. Als Präsident war er natürlich Haupt- und Mittelpunkt bei Preisverleihungen. Doch er kannte und erkannte gutes Talent und bot innerhalb seiner Domäne jede Gelegenheit für einen unverminderten Ausdruck der Kreativität.«

Es gibt andere Punkte, über die man nachdenken muß. Wenn man UPAs Produktionsrekord bedenkt, erscheint es unwahrscheinlich, daß UPA hätte überleben können, wenn sie ausschließlich von Künstlern geführt worden wäre. Jemand mußte die Entscheidungen treffen, die die Firma am Leben halten würden und ihre künstlerische Unabhängigkeit aufrechthielten. Ob nun zum Guten oder zum Schlechten, dieser Mann war Bosustow. Irgendwie schaffte er es, daß das Studio sich über Wasser hielt.

Wachsende Schmerzen können bei jedem Unnternehmen fürchterliche Schäden anrichten. UPA arbeitete am besten, als das Studio eine kleine Firma war und sich jedermann einem gemeinsamen Ziel verschrieben hatte. Die Expansion war ein natürlicher Feind, und der Erfolg schuf persönliche Konflikte, die nichts mit dem Mann an der Spitze zu tun hatten. Die Atmosphäre war späterhin weit davon entfernt, phantastisch zu sein.

Sicherlich wollte Bosustow keinen Anteil an der berüchtigten »Schwarzen Liste« der Filmindustrie, die Anfang der fünfziger Jahre, auf dem Höhepunkt von Amerikas Kommunisten-Hexenjagd, zirkulierte. Auf jedes Filmstudio wurde Druck ausgeübt, man möge »gebrandmarkte« Angestellte entfernen, die angeblich Verbindungen mit linksgerichteten Organisationen pflegten. Der Verlust von John Hubley und Phil Eastman, die lieber zurücktraten als der UPA unpassende Mühen zu verursachen, war für das künstlerische Wachstum des Studios ein fürchterlicher Schlag.

Dieser und andere Faktoren dämpften den Einschlag der späteren Arbeiten von UPA, die in einer feiner Tradition fortfuhr, aber die bahnbrechende Erregung der früheren Hits vermissen ließ. Columbia Pictures zwangen Bosustow dazu, die »One-Shot«-Cartoons fallenzulassen und sich auf Magoo zu konzentrieren, was er auch tat, mit Ausnahme einer letzten, ungewöhnlichen Serie mit dem Titel *Ham and Hattie*. Jede Episode dieser Serie paarte zwei dreieinhalb-Minuten Cartoons, wobei im ersten ein kleines Mädchen namens Hattie die Hauptrolle spielte, und der zweite einem musikalischen Thema mit Hamilton Ham folgte. Diese herrlichen und erfreulichen Cartoons, viele unter der Regie von Lew Keller, brachten der UPA in den glanzlosen Tagen ihrer Kurzfilm-Periode etwas Würde. Der erste *Ham and Hattie*-Cartoon, *Trees and Jamaica Daddy,* brachte der UPA ihre letzte »Oscar«-Nominierung.

1958 wurden drei Animatoren der Belegschaft (Rudy Larriva, Tom McDonald und Gil Turner) für die Regie bei *Magoo* Cartoons ausgewählt, damit Pete Burness mit der Arbeit an dem ersten abendfüllenden Film des Studios, *1001 Arabian Nights,* beginnen konnte.

Seit den Tagen von UPAs ersten Erfolgen wurde immer wieder über einen Zeichentrick-Spielfilm geredet. Ben Jonsons *Volpone,* eine Gilbert und Sullivan-Operette, und James Thurber Stories wurden als mögliche Objekte erwähnt. Das Material von Thurber wurde sogar für eine eventuelle Verwendung in die engere Wahl genommen, doch es wurde nichts daraus.

»Wir wollten *Don Quijote* mit Magoo als Don Quijote machen«, erinnerte sich Jules Engel. »Wir hatten Aldous Huxley an der Hand, um das Script dafür zu schreiben. Er brachte ein ungefähr dreißigseitiges Gerippe zu Papier, doch die Bank wollte es nicht kaufen. Sie hatten nie von Don Quijote gehört, aber sie hatten von *Tausendundeine Nacht* gehört, so bekamen wir das Geld für *Tausendundeine Nacht.«*

Die Produktion lief nicht gerade reibungslos. Pete Burness stritt sich mit Bosustow und verließ das Studio. Die Suche nach jemandem mit einem guten Komödienruf, um die Regie bei dem Film zu übernehmen, führte Bosustow zum Disney-Veteranen Jack Kinney, dessen Bruder Dick für die Arbeit an der Story ebenfalls angeheuert wurde. Der gesamte Produktions-Entwurf wurde von Robert Dranko überwacht.

Der fertige Film ist attraktiv und gut gemacht, doch er leidet unter einem Kardinalfehler: Stumpfsinnigkeit. Während jede Anstrengung unternommen wird, um Mister Magoo eine Bedeutung für die Story zu geben, bleibt er oberflächlich, ein erfundener Repräsentant der komischen Befreiung in der Geschichte von Aladdin, einer wunderschönen Prinzessin, und einem bösen Zauberer, der unter Verwendung einer Wunderlampe versucht, ein Königreich in seine Macht zu bekommen.

1001 Arabian Nights ist ein angenehmer Film, der mit anspruchsvollen Designs und Farben prahlt, aber sonst kaum mehr aufzuweisen hat. Er brachte UPA keine Auszeichnung ein und schaffte es nicht, den Kassenerfolg auszulösen, den sich Columbia Pictures erhofft hatte. Es gab keinen zweiten Teil.

Das war UPAs dritter großer Rückschlag innerhalb von

UPAs letzte Kinoserie: ›Ham and Hattie.‹ Dieser Film wurde mit ›Trees and Jamaica Daddy‹ eingesetzt, aus welchem diese Illustration stammt.

zwei Jahren. Das New Yorker Büro schloß 1958, als die Konkurrenz in der Werbebranche ein Überleben unmöglich machte. Im selben Jahr erlebte man den Zusammenbruch einer ehrgeizigen Zweigstelle in London, die wahrscheinlich das größte Fiasko der Firma war.

1959 verließen Herb Klynn und Jules Engel das nach ihrer Meinung sinkende Schiff und nahmen einige Dutzend talentierter Leute mit, um »Format Films« zu gründen. Andere UPA Veteranen wie Bill Scott, Bill Hurtz, Pete Burness, Ted Parmelee und Lew Keller schlugen mit ihren ausgelassenen *Rocky and Bullwinkle*-TV-Cartoons für Jay Ward Productions hohe Wellen. Damit blieb keiner des ursprünglichen UPA-Teams im Personal außer Steve Bosustow, und er verkaufte kurz darauf an Produzent Henry G. Saperstein.

Unter Saperstein betrat UPA aktiv das Feld der Fernseh-Cartoons und warf mit einem Stoß ihre Reputation für Qualität über Bord. Die 130 *Magoo* Cartoons, die zwischen 1960 und 1962 produziert wurden (zur gleichen Zeit wurde eine gleiche Anzahl an *Dick Tracy*-Episoden hergestellt), ließen das zeitgenössische Hanna-Barbera-Produkt im Vergleich sorgfältig ausgearbeitet erscheinen. Die *Tracy*-Cartoons hatten starke Comic-Figuren, doch sie verließen sich wie die *Magoos* auf Formeln, Wiederholungen und Schauplätze, die eher nicht existierten oder nur spärlich zu finden waren.

Später nahm die Firma ehrgeizigere Projekte in Angriff, einschließlich ein paar einstündigen Specials unter der Regie von Animator Abe Levitow (wobei das erste, *Magoo's Christmas Carol,* das beste war), und einer hübschen, wenn auch eindeutig unpassenden Hauptsendezeit-Serie, genannt *The Famous Adventures of Mr. Magoo,* in der die Figur in ernsten Fassungen von klassischen Geschichten, von *Don Quijote* bis *Moby Dick,* die Hauptrolle spielte!

Levitow inszenierte 1962 UPAs zweiten abendfüllenden Cartoon, *Gay Purr-ee.* Dieser ungewöhnliche Film prahlte mit hübschen Technicolor Dekorationen (Victor Haboush hatte die künstlerische Leitung), den Stimmen von Judy Garland und Robert Goulet, und einer Originalmusik von Harold Arlen und E.Y. »Yip« Harburg. Doch die Story von Chuck

›Gay Purr-ee‹, *UPAs zweiter und letzter abendfüllender Zeichentrickfilm (1962), der durch Warner Brothers in die Kinos gelangte.*

Jones und seiner Frau Dorothy war zu mühsam – und zu zurückhaltend – um einen solchen Aufwand zu verdienen.

Gay Purr-ee markierte den Schlußpunkt für UPA. Die Filma nach 1960 hatten nichts mehr mit der UPA zu tun, die so viele Jahre existiert hatte, aber dann ihren Ruf verscherbelte. Während die Jahre dahinzogen und die alten UPA-Cartoons in Vergessenheit gerieten, verringerte sich sogar dieser Ruf (außerhalb der Zeichentrick-Industrie). Für jeden, der an UPAs fürs Fernsehen gedrehte Produkt gewöhnt ist, ist es unmöglich zu glauben, daß der kurzsichtige Mister Magoo einmal eine wirklich lustige Figur gewesen ist.* Und für jeden, der von der Kunstlosigkeit der »begrenzten Animation« im Fernsehen abgeschreckt wird, ist es schwierig zu begreifen, daß der Trend auf der obersten Stufe der künstlerischen Bemühung einsetzte.

Doch UPAs Einfluß auf die Welt der Animation kann niemals vergessen werden. Junge Animatoren, die niemals einen UPA-Cartoon gesehen haben, schulden den Männern, die vor ungefähr dreißig Jahren dieses Studio gründeten, eine ganze Menge Dank. Sie erweiterten den Horizont der Animation – innerhalb eines kommerziellen Rahmens – und ebneten den Weg für neue Ideen, die vielleicht sonst ungenutzt liegen geblieben wären.

Wenn es keine UPA gegeben hätte, hätte sie jemand erfinden müssen. Glücklicherweise tat es einer.

---

* 1977 gestattete UPA den DePatie-Freleng-Studios, sechzehn halbstündige Samstagmorgen-TV-Shows zu drehen, die den Titel *What's New, Mr. Magoo?* trugen. Ihre Qualität hat vielleicht einen Strich über den Anstrengungen von 1960 gelegen.

13. ... und all die anderen

Was verursachte den Tod des Kino-Zeichentrickkurzfilms? Paul Terry hatte eine ehrliche und umfassende Antwort, als er 1969 diese Frage gestellt bekam: »Nun, der Cartoon verlangte niemals einen Preis«, sagte er zu Harvey Deneroff, »und es wurde einfach zu teuer, ihn herzustellen. Die Produktionskosten stiegen immer weiter und man konnte niemals von dem Aufführer mehr Geld für sein Produkt bekommen.«

»Der Cartoon hat im Kino keine Zugkraft«, fuhr er fort. »Man geht ins Kino und *genießt* den Cartoon, das ist klar, aber man würde auch den gleichen Eintrittspreis zahlen, wenn sie keinen Cartoon zeigen würden. Er ist so was ähnliches wie eine Vorspeise, wobei es für den Hauptfilm auch keinen Unterschied macht, ob vorher nun ein Cartoon läuft oder nicht.«

Walt Disney gehörte zu den ersten, die in den fünfziger Jahren die Kurzfilm-Produktion einschränkte, da er sich weigerte, sein großzügiges Budget zu beschneiden. »Ich werde nun gelegentlich einen Kurzfilm machen, der dann zusammen mit

The Pink Panther (DePatie-Freleng).

einem meiner Spielfilme aufgeführt wird«, sagte er 1961, »nur um die Kinobesitzer davon abzuhalten, mit meinem eigenen Film irgendeinen fürchterlichen Kurzfilm zu buchen. Doch es kostet 100.000 Dollar, um einen siebenminütigen Cartoon herzustellen, und man kann sein Geld nicht wieder hereinbekommen.«

Disney hatte natürlich Alternativen – Zeichentrickspielfilme, Live-Action Filme, Fernsehen, und Vergnügungsparks – um seinen Betrieb in Gang zu halten. Andere Studios konnten sich nur dem Fernsehen zuwenden, und viele der alteingesessenen Firmen wollten nicht (oder konnten nicht) die Anstrengungen der Massenproduktion auf sich nehmen.

Das Fernsehen, das vielleicht ein Saatfeld für große neue Zeichentrickfilme hätte werden können, wurde statt dessen der Friedhof für die Cartoons.

Nachdem sie 1957 MGM verlassen hatten, interessierten Bill Hanna und Joe Barbera die Columbia Pictures an fürs Fernsehen gedrehten Cartoons und garantierten, sie könnten neue, ansprechende Programme zu den Zeit-und-Geld-Bedingungen des Fernsehens liefern. Die ersten Shows waren so erfolgreich, daß sich die Firma schnell vergrößerte. Bald produzierten Hanna und Barbera mehr Zeichentrickfilme pro Woche als sie früher in einem Jahr herausbrachten.

Wie schafften sie es? Bill Hanna erklärte: »Disney-ähnliche Animation ist für das Fernsehen ökonomisch undurchführbar, und wir entdeckten, daß wir auch mit weniger über die Runden kamen.«

Begrenzte Animation ebnete den Weg für eine systematische Zerstörung des Cartoons als Kunstform, wie sich bald herausstellte. Indem sie die Bewegung auf ein absolutes Minimum reduzierte, die Figuren- und Nuancenanimation eliminierte, und schnell heruntergeschlampte Tonspuren hervorhob, verdiente sich diese Form der Produktion den Spitznamen »illustriertes Radio«.

Zuerst kompensierten die Hanna-Barbera-Cartoons ihre visuellen Nachteile mit hervorragenden komischen Scripts, doch es dauerte nicht lange, bis die guten Absichten von der reinen Arbeitsüberhäufung besiegt wurden. Die Wiederholung – von Figuren-Design und Entfaltung bis zu den Stories – wurde in der riesigen Produktion des Studios allmählich wirkungslos. Den Kindern schien es jedoch nichts auszumachen,

Loopy de Loop in einem Zeichentrickfilm von Hanna-Barbera: ›*Child Sock-Ology*‹ *(1961).*

und so hatten die Werbefirmen und Fernsehbosse keinen Grund zur Beschwerde. Andere Studios folgten Hanna-Barberas Vorbild, und bald wurde diese Art Fließband-Produkt als die Norm angesehen.

(Einige Leute widerstanden dieser Schnipsel-Methode: Jay Ward Productions, mit ihren ausgelassenen *Bullwinkle*- und *George of the Jungle*-Drehbüchern; Bob Clampett, in seiner gekonnt gezeichneten Version von *Beany and Cecil;* Chuck Jones, in seiner fortlaufenden Serie von vollständig gezeichneten halbstündigen Specials; Gene Deitch, mit seiner geistreichen, wenn auch sehr billigen, *Tom Terrific*-Serie; und Bill Melendez, in seinen beschaulichen Adaptationen von Charles M. Schulz' *Peanuts comic-strip.*)

In der Zischenzeit hatte das schrumpfende Kino-Zeichentrickfilm-Geschäft seine eigenen Schwierigkeiten. Die meisten Studios mußten ihre Budgets kürzen, um am Leben zu bleiben, mit dem unglücklichen Ergebnis, daß diese Kinokurzfilme langsam ihren TV-Partnern ähnlich sahen. Das endgültige Verschwimmen der Präzision trat ein, als Hanna-Barbera eine neue Serie für die Kinos unter dem Titel *Loopy de*

Loop produzierten; sie war nicht von einer Episode ihrer TV-Serie zu unterscheiden.*

Auf dem Kino-Gebiet gab es ein weiteres ernstes Problem: die Stagnation. Die meisten Leute, die in den sechziger Jahren Cartoons herstellten, waren zwischen zwanzig und fünfzig Jahren in dem Geschäft. Sie hatten als Jugendliche voller Ambitionen und Energie angefangen, als das Medium neu und der Konkurrenzsinn noch stark war. Nun gab es weniger Anreize als jemals zuvor, und außerdem geringe Budgets, einen Mangel an Konkurrenz und ein weitverbreitetes Desinteresse an dem Produkt. Zusätzlich suchten die Studios nicht nach jungen Leuten und zogen sie auch nicht an, obwohl sie vielleicht wertvolle neue Ideen beigesteuert hätten.

Man wundert sich also kaum darüber, daß selbständig produzierte Zeichentrickkurzfilme aus Amerika und Ländern rund um den Globus allmählich die Anerkennung (und Aufführung) erhielten, die früher einmal den Studio-Cartoons zuteil wurde.

Eine erwähnenswerte Ausnahme von diesem Trend bildeten *DePatie-Freleng Enterprises,* die 1963 gegründet wurde. Als Warner Brothers ihr Cartoon-Studio schlossen, mieteten Friz Freleng und David H. DePatie das Gebäude, um ihre eigenen Zeichentrickfilme zu produzieren. Sie überlebten indem sie TV-Werbespots herstellten, bis Regisseur Blake Edwards an sie herantrat, und sie wegen des Entwurfes eines Zeichentrickvorspanns für seinen Spielfilm *The Pink Panther* (Der rosarote Panther, 1963) ansprach.

Nicht nur ein Kritiker bemerkte, daß die Titelsequenz des Films, mit seiner naseweisen Figur und Henry Mancinis Titelmusik, besser war als der nachfolgende Film. United Artists verstand den Wink und machte mit DePatie-Freleng einen Vertrag für eine Serie von Kinokurzfilmen mit dem Pink Panther in der Hauptrolle. *The Pink Phink* hob die Serie auf gute Art aus der Taufe, mit hervorragender Pantomime und Komik (inszeniert von Freleng und geschrieben von John Dunn), stilvoller Farbe und Design. Er gewann nicht nur einen »Oscar«, sondern erhielt auch mehr Vorbestellungen für die Serie, als es sich UA jemals ausgemalt hatte.

---

* Hannah-Barbera produzierten zwei Kinofilme, die auf den erfolgreichen TV-Shows basierten: *Hey There, It's Yogi Bear* (1964) und *The Man Called Flintstone* (1966).

Der rosarote Panther (The Pink Panther) machte sein Leinwanddebüt in dem Kurzfilm ›The Pink Phink‹ (DePatie-Freleng-Mirisch-Geoffrey), der einen OSCAR gewann (1964).

DePatie-Freleng brachten ab dieser Zeit einen *Pink Panther* pro Monat heraus, wobei Freleng nach der ersten Handvoll die Regie dem langjährigen Assistent Hawley Pratt überließ. Andere Serien folgten: *The Inspector,* basierend auf Peter Sellers' Figur Inspector Clouseau; und *The Ant and the Aardvark, Roland Ratfink, The Tijuana Toads, Blue Racer,* und *Hoot Kloot.* Unglücklicherweise ging es mit der Qualität nach dem ersten Jahr steil bergab, und ihr immer gefälliges grafisches Design konnte die angestrengten Versuche in der Komik kaum aufwiegen. Ihr finanzieller Erfolg war der Tatsache zu verdanken, daß sie in den siebziger Jahren die einzigen neuen Cartoons auf dem Markt waren.

Schließlich richteten DePatie-Freleng ihre Anstrengungen wieder auf das Fernsehen aus und schlossen sich Hanna-Barbera und Filmation als den führenden Lieferanten aus Samstag-Morgen Kinder-Futters an. Friz Freleng machte sich keine Illusionen über seine Arbeit und findet eindeutige Vergleichspunkte zu der vergangenen Ära der Kinozeichentrickfilme:

»Wir haben alle in unserem Leben Reinfälle produziert oder wir würden keine Menschen sein. Doch wenn ich mir einige wieder ansehe, die ich damals in den Warners Tagen für fürchterlich hielt, erscheinen sie mir gut im Vergleich zum heutigen Zeug.«

»Wenn man damals einen wirklich guten gemacht hatte, hatte man die Chance, daß er in vielen Kinos lief, daß man die Reaktion des Publikums mitbekam, und er für ein oder zwei Jahre in den Kinos blieb. Wir nahmen diese Filme mit, zeigten sie in einem Kino, und wenn die Leute an den Stellen lachten, an denen man ein Lachen eingeplant hatte, war es sehr zufriedenstellend. Heute (im Fernsehen) kennt man das Ergebnis nicht. Man kann sich nur nach den Einschaltquoten richten, und man weiß nicht, ob sich die Leute amüsiert haben.

»Ich glaube, daß sich deswegen die Leute nicht besonders darum kümmern, und nicht mehr so hart arbeiten, um gute Filme zu machen, denn sie erleben dabei ja keine Selbstbefriedigung mehr. Das ist das Schlimme an dem ganzen Cartoon-Geschäft. Die Leute widmen sich ihm nicht mehr richtig. Einige der Leute, die augenblicklich hier arbeiten, werden nächstes Jahr für Hanna-Barbera arbeiten, oder für Filmation, oder sonstwo. Sie sind nicht so wie wir damals bei Warner Brothers. Wir waren ein Team und wir versuchten, Disney zu schlagen. Heute kümmert sich niemand darum.«

Es sieht so aus, als ob die ganze Aufmerksamkeit und Kreativität in die Herstellung von Fernseh-Werbespots einfließt, und nicht in Fernseh-Shows. Neuerungen in Design, Animation und Humor können öfter in Werbespots gefunden werden, als in den Shows, die sie unterbrechen. Einige von Amerikas führenden Animations-Talenten – junge und alte – arbeiten auf diesem Gebiet, neben Spitzen-Cartoonisten aus der Zeitschriftenbranche, Illustratoren und Designern.

Es gibt natürlich viele andere talentierte Leute, die Zeichentrickfilme herstellen, aber nicht auf der alten Linie der Studio-Tradition. Der »Festival-Kreislauf« ist am Leben und wohlauf, und dient den Anforderungen von unabhängigen Filmemachern, wie auch als Schaukasten für Hochschul- und College-Animatoren.

Die überraschendste Entwicklung der letzten Jahre liegt jedoch in dem Hervortreten von abendfüllenden Zeichentrickfilmen. Jahrelang wurde dieses Format als ein risikoreiches Gebiet eingeschätzt, in das sich nur Disney zu trauen wagte. Nun hat diese Situation eine dramatische Wendung durchgemacht.

Alles, was du brauchst, ist Liebe – und Phantasie. Eine Szene aus ›Yellow-Submarine‹ (1968).

Alles begann 1968 mit *Yellow Submarine* (Yellow Submarine). Zum ersten Mal seit Disneys frühesten Erfolgen, zahlten Erwachsene und Jugendliche Eintritt, um einen Zeichentrickfilm im Kino zu sehen. Natürlich war es der Name der Beatles, der die meisten Leute anzog, doch es war der Einfallsreichtum des Filmschaffenden, der sie zum Verweilen veranlaßte – und zur Rückkehr, um ihn noch einmal zu sehen. Dieser bahnbrechende Film, unter der Regie von George Dunning und dem künstlerischen Entwurf von Heinz Edelman, mit seinen psychedelischen Bildern und stilisierten Bewegungen, beeinflußte das kommerzielle Design über viele Jahre hinaus. Doch

Eine dramatische Szene aus ›Fritz the Cat‹ (1972). Produktion Steve Krantz.

Yellow Submarine hatte ein witziges Drehbuch und unwiderstehliche Musik, um seine visuellen Neuerungen zu komplementieren.

Ironischerweise war die erste Firma, die aus *Yellow Submarines* Erfolg einen Nutzen zog, Disney. Disney kündigte eine Wiederaufführung von *Fantasia* als dem »ultimate visual experience« an und erreichte nun das überaus wichtige jugendliche Publikum. (Animator Art Babbitt wurde von einigen jungen Leuten, die den Film zum ersten Mal sahen, gefragt, ob er und seine Kollegen Drogen genommen hätten, als sie vor dreißig Jahren den Film machten. »Ja, ich stand unter Drogen«, antwortete Babbitt, »Ex-Lax und Pepto Bismol!«)

Da es nun ein wachsendes Publikum gab, das für Kinozeichentrickfilme aufnahmefähig war, wagten Produzent Steve Krantz und Regisseur Ralph Bakshi mit *Fritz the Cat* (1971) einen weiteren Schritt vorwärts. Der Film basierte auf Robert Crumbs Untergrund-*comic-strip* und erreichte sofort eine gewisse Berühmtheit als der erste Zeichentrickfilm *nur* für Erwachsene. Doch Bakshi gab seinem Publikum viel mehr: Eine

Auch an der Animation geht das Alter nicht spurlos vorüber: Ralph Bakshi's ›Heavy Traffic‹ (Starker Verkehr, 1973). Produktion Steve Krantz.

erregende, persönliche Aussage zum Leben in den sechziger Jahren, der sexuellen und politischen Revolution, und die heuchlerischen Stellungnahmen zum »guten Geschmack«.

Bakshi schärfte seinen Blick auf einen zweiten Film, den viele für seinen besten halten: *Heavy Traffic*.[1] Wieder verdiente er seine Bezeichnung »nicht jugendfrei« durch eine unangenehme Darstellung des Lebens in der Gosse von New York, doch er gestaltete seine Vorstellungen in einem Vehikel von fast elektrisierender Intensität. *Heavy Traffic* war wie kein anderer vorheriger Zeichentrickfilm – und es schien, als ob Ralph Bakshi das Medium neu definierte.

Seine Arbeit ist ungewöhnlich und provokativ geblieben. *Coonskin, Hey Good Lookin', Wizards* (Wizards), *The Lord of the Rings*[2] und *American Pop* passen in keine zweckdienliche Kategorie, und das ist genau das, was Bakshi will.

[1] dt. Titel: Starker Verkehr
[2] Der Herr der Ringe

Es gibt jedoch keinen Zweifel über den Einfluß, den seine frühen Filme auf das Animations-Geschäft ausübten; *Fritz the Cat* und *Heavy Traffic* öffneten das Tor für neue und andersartige Zeichentrickfilme. Die siebziger Jahre sahen ein bemerkenswertes Sprießen von Spielfilmcartoons, aus Amerika und der Alten Welt, für jeden möglichen Publikums-Typ: *A Boy Named Charlie Brown* und die *Peanuts*-Filme, *The Nine Lives of Fritz the Cat, Charlotte's Web, Dirty Duck, Hugo the Hippo, Fantastic Planet, Raggedy Ann and Andy, Allegro Non Troppo, Tubby the Tuba, The Mouse and His Child, Watership Down,*[1] *The Heavy Metal Movie,* und solche Kurzfilm-Zusammenstellungen wie *Bugs Bunny Superstar* und *Fantastic Animation Festival.*

Ist dies eine Cartoon Renaissance? Vielleicht. Sie markiert sicherlich einen neuen Ausbruch an Aktivität und Billigung. Und wenn wir vielleicht auch nie wieder ein Niveau an Produktivität und Einfallsreichtum erleben sollten, das dem der dreißiger und vierziger Jahre gleichkommt, so mag es vielleicht gleich um die Ecke andere aufregende Aussichten geben. Die Animation ist ein grenzenloses Medium und alles ist möglich, mit Zeit, Geräten, und Gedanken.

---

[1] in deutsch ebenfalls »Watership Down«.